本書出版得到
安徽省古籍整理出版資金會資助
安徽省古籍整理出版辦公室資助

戴震全書

第柒册

修訂本

（清）戴震 撰
楊應芹 諸偉奇 主編

黄山書社

戴震全書第七册目次

二、書信

三、序跋

四、雜評上

五、雜評下

六、書考

戴震全書附録

研究資料選編

胡錦賢等 ◎輯校
何慶善 楊應芹 ◎審訂

一、傳誌表銘

清史稿本傳

戴震，字東原，休寧人。讀書好深湛之思，少時塾師授以説文，三年盡得其節目。年十六七，研精注疏，實事求是，不主一家。與郡人鄭牧、汪肇龍、方矩、程瑶田、金榜從婺源江永游，震出所學質之永，永爲之駭嘆。永精禮經及推步、鐘律、音聲、文字之學，惟震能得其全。性特介。年二十八補諸生，家屢空，而學日進。與吴縣惠棟、吴江沈彤爲忘年友。以避讎入都，北方學者如獻縣紀昀、大興朱筠，南方學者如嘉定錢大昕、王鳴盛、餘姚盧文弨、青浦王昶，皆折節與交。尚書秦蕙田纂五禮通考，震任其事焉。

乾隆二十七年，舉鄉試，三十八年，詔開四庫館，徵海内淹貫之士司編校之職，總裁薦震充纂修。四十年，特命與會試中式者同赴殿試，賜同進士出身，改翰林院庶吉士。震以文學受知，出入著作之庭。館中有奇文疑義，輒就咨訪。震亦思勤修其職，晨夕披檢，無間寒暑。經進圖籍，論次精審。所校大戴禮記、水經注尤精覈。又於永樂大典内得九章、五曹算經七種，皆王錫闡、梅文鼎所未見。震正訛補脱以進，得旨刊行。四十二年，卒於官，年五十有五。

震之學，由聲音、文字以求訓詁，由訓詁以尋義理。謂：「義理不可空憑胸臆，必求之於古經。求之古經而遺文垂絶，今古懸隔，必求之古訓。古訓明則古經明，古經明則賢人聖人之義理明，而我心之同然者，乃因之而明。義理非他，存乎典章制度者也。彼歧古訓、義理而二之，是古訓非以明義理，而義理不寓乎典章制度，勢必流入於異學曲説而不自知也。」

震爲學精誠解辨，每立一義，初若創獲，乃參考之，果不可易。大約有三：曰小學，曰測算，曰典章制度。

其小學書有六書論三卷，聲韻考四卷，聲類表九卷，方言疏證十卷。漢以後轉注之學失傳，好古如顧炎武，亦不深省。震謂：「指事、象形、諧聲、會意四者爲書之體，假借、轉注二者爲書之用。一字具數用者爲假借，數字共一用者爲轉注。初、哉、首、基之皆爲始，卬、吾、台、予之皆爲我，其義轉相注也。」又自漢以來，古音寖微，學者於六書之故，靡所從入。顧氏古音表，入聲與廣韻相反。震謂：「有入無入之韻，當兩兩相配，以入聲爲之樞紐。真至仙十四韻，與脂、微、齊、皆、灰五韻同入聲；東至江四韻及陽至登八韻，與支、之、佳、哈、蕭、宵、肴、豪、尤、侯、幽十一韻同入聲；浸至凡九韻之入聲，則從廣韻，無與之配。魚、虞、模、歌、戈、麻六韻，廣韻無入聲，今同以鐸爲入聲，不與唐相配。而古音遞轉及六書諧聲之故，胥可由此得之。」皆古人所未發。

其測算書原象一卷，迎日推策記一卷，句股割圜記三卷，曆問一卷，古曆考二卷，續天文略三卷，策算一卷。自漢以來，疇人不知有黃極，西人入中國，始云赤道極之外又有黃道極，是爲七政恒星右旋之樞，詫爲六經所未有。震謂：「西人所云赤極，即周髀之正北極也；黃極即周髀之北極璿璣也。虞書『在璿璣玉衡，以齊七政』，蓋設璿璣以擬黃道極也。黃極在柱史星東南，上弼、少弼之間，終古不隨歲差而改。赤極居中，黃極環繞其外，周髀固已言之，不始於西人也。」

震所著典章制度之書未成。有詩經二南補注二卷，毛鄭詩考〔正〕四卷，尚書義考二卷，儀經考正一卷，考工記圖二卷，春秋即位改元考一卷，大學補注一卷，中庸補注一卷，孟子字義疏證三卷，爾雅文字考十卷，經說四卷，水地記一卷，水經注四十卷，九章補圖一卷，屈原賦注七卷，通釋三卷，原善三卷，緒言三卷，直隸河渠書一百有二卷，氣穴記一卷，藏府〔算〕〔象〕經論四卷，葬法贅言四卷，文集十卷。

震卒後，其小學，則高郵王念孫、金壇段玉裁傳之；測算之學，則曲阜孔廣森傳之；典章制度之學，則興化任大椿傳之：皆其弟子也。後十餘年，高宗以震所校水經注問南書房諸臣曰：「戴震尚在否？」對曰：「已死。」上惋惜久之。王念孫、段玉裁、孔廣森、任大椿自有傳。

（輯自中華標點本清史稿儒林傳二）

戴先生行狀

洪　榜

曾祖景良，故，不仕。妣邵氏、王氏。祖寧仁，故，不仕。妣程氏。父弁，封文林郎。妣朱氏，贈孺人。本貫：徽州休寧縣由山鄉忠義里。

先生姓戴，諱震，字慎修，一字東原。戴氏自唐銀青光禄大夫檢校國子祭酒兼監察御史曰安，有子曰顔，由饒州樂平遷歙州，葬母於歙之黄墩小練源，廬於墓側，稱孝隱先生，卒葬休寧隆阜，因家焉。世爲休寧人。先生爲嫡長宗。先生以雍正元年十二月己巳生邑里之居第，乾隆〔十六〕年補縣學生，二十七年舉於鄉，三十八年奉召充四庫全書館纂修官，三十九年奉旨得與乙未貢士一體殿試，四十年賜同進士出身，授翰林院庶吉士，以四十二年五月辛卯卒於官，享年五十有五。

先生生而體貌厚重，性端嚴。生十歲乃能言。就傅讀書，過目成誦，日數千言不肯休。授大學章句「右經一章」以下，問其塾師曰：「此何以知其爲孔子之言而曾子述之？又何以知其爲曾子之意而門人記之？」師應之曰：「此先儒子朱子所注云爾。」即問：「子朱子何時人也？」曰：「南宋。」又問：「孔子曾子何時人也？」曰：「東周。」又問：「周去宋幾何時矣？」曰：「幾二千年矣。」又問：「然則子朱子何以知其然？」師無以應，大奇之。先生讀書，每一字必求其義，塾師略舉傳注訓解之，先生意每不釋然。師不勝其煩，因取漢許叔重説文解字十五卷授之。先生大好其書，學之三年，盡得其節目。又取爾雅、方言及漢儒箋注之存於今者，搜求考究。一字之義，必貫羣經、本六書以爲定詁。由是盡通前人所合集十三經注疏，舉其辭無遺，時先生年十六七矣。隨父文林公客江西南豐，就近課學童於邵武，又一年，於經學益進。

先生以爲經之至者道也，所以明道者其辭也，所以成辭者字也，必由字以通其辭，由辭以通其道，乃可得之。又經之難明，在一事必綜其全而覈之，鉅細畢究，本末兼察，信而有徵，合諸至道而不留餘議。

誦周南、召南自關雎而往，不知古音，徒强以協韻，則已齟齬失讀。誦古禮先士冠禮，不知古者宮室衣服等制，已迷於其方，莫辨其用。不知古今地方沿革，則禹貢職方、山鎮、川澤，春秋列國疆域、會盟攻戰之地，失其處所。不知古今推步之長，則如夏書之「辰不集於房」，魯太史引以爲「正陽之月孟夏」，東晉古文尚書繫之「季秋」，繫之「仲康肇位四海」；小雅十月之交，鄭康成以爲周正十月，劉原甫以爲夏正十月；春秋傳兩記「日南至」，歷代史志載步算家上考，曲合其一而卒違其一；儒者何以識古今之真僞，辨箋解之得失？決魯曆至朔之當否？不知少廣、旁要，則考工之器不能因文而推其制。不知鳥獸蟲魚草木之名號狀類，則比興之意乖。六書之學，詁訓音聲未始相離，聲與音又經緯衡從宜辨。魏有孫叔然創立翻語，厥後考經論韻悉用之。晉人以譯西域釋氏之言，釋氏之徒羣習其法，因竊爲己有，謂來自西域，儒者數典不能記憶也。中土準望用勾股，西法易名三角八綫，而正弦比例之根，生於勾股，則勾股能御三角，三角不能御勾股，雖深明西人之算者，咸昧其由來也。管、吕言五聲十二律，宮位乎中，黃鐘之宮，四寸五分，爲起律之本。學者蔽於鐘律失傳之後，不追溯未失傳之先，宜乎其說之多鑿也。凡經之難明，有此數事。先生日夜孳孳，蒐集比勘，凡天文、曆算、推步之法，測望之方，宮室衣服之制，鳥獸、蟲魚、草木之名狀，音和、聲限古今之殊，山川、疆域、州鎮、郡縣相沿改革之由，少廣、旁要之率，鐘實、管律之術，靡不悉心討索，知不可以雷同勦說，瞻涉皮傅。因悟聖人之道，如繩之縣，如臬之樹，苟差之毫釐，則謬以千里。其學彌博而探指彌約，其資愈敏而持力愈堅，年二十餘而五經立矣。

先生病夫後之治經者，依於傳聞以擬其是，擇於衆説以裁其優，出於空言以定其論，據於孤證以信其通，以此治經，失「不知爲不知」之意。苟立一説，則徒增一惑，即起一辨，使後之學者不勝其勞，因取其説之易曉者，淺涉而堅信之，用自滿其量之能容受，不復求遠者大者。治經益疏，而去道益遠。故嘗以爲古今學問之途，其大致有三：或事於義理，或事於制數，或事於文章。自子長、孟堅、退之、子厚諸君子之爲文章，咸知文之爲末，而道之爲本，欲因文以求進據乎道，而被之于文。其于道也，亦有得有不得。譬猶仰觀泰山，知羣山之卑，臨視北海，知衆流之小，然而未履其巔，未跨其涯，故其所得終于藝也，而非道也。聖人之道在六經，漢儒窮其制數，宋儒窮其義理，子長、孟堅、退之、子厚諸君子，根柢之以爲文章，若分途而馳，異次而宿，不知其不可以闕一也。制數之不明，於古人之文章，多有不省矣。文辭之不達，則所謂義理，固一己之義理，而非六經聖賢之義理。君子之道，不可誣也。蓋先生之爲學，自其早歲稽古綜核，博聞强識，而尤長於論述。晚益窺於性與天道之傳，於老、莊、釋氏之説，入人心最深者，辭而辟之，使與六經、孔、孟之書，截然不可以相亂。蓋其學之本末次第，大略如此。

先生之自邵武歸也，年甫二十，同縣程中允恂一見，大愛重之，曰：「載道器也。吾見人多矣，如子者，巍科碩輔，誠不足言。」先生家極貧，無以爲業。至是始爲科舉文，窮幽極眇，於有明以來，尤愛西安四子、西江五家所傳遺稿。每有所作，意既奥曲，辭復超遠，淺學讀之茫如，或相與非笑之。同族戴長源先生瀚以此名於時，家於江寧，文林公因往江寧，命先生步隨以從，就謁長源先生。至，一見，叩其所學，曰：「當今無此人也，吾誠不能有所益。」因館于其家，令與諸子圍棋談説，不關以文事。既月餘，一日取案上檀弓，令先生口講其義。先生每講終一節，未嘗不稱善。因命題令爲時義一通，先生援筆立成，大加嗟賞。翌日，謂文林公曰：「是子誠不能限其所至。今歸矣，所業甚精，可無以示人。」先生自江寧歸時，淳安方粲如先生掌教紫陽書院，一見先生文，深折服，謂己所不及。繼而嘆曰：「今之徐子卿也。」同學者請曰：「若某某句，其可通耶？」方先生指而示之曰：「是出某經某史，顧若未讀耳。」因言其命意之精，同學者駭嘆，由是稍稍知先生之能文。

時郡守何公，常以月某日，延郡之名人宿學，講論經義於書院之懷古堂。婺源江先生永治經數十年，精於三禮及步算、鐘律、聲韻、地名沿革，博綜淹貫，巋然大師。先生一見傾心，因取平日所學就質正焉。江先生見其盛年博學，相得甚歡。一日舉曆算中數事問先生曰：「吾有所疑，十餘年未能決。」先生請其書，諦觀之，因爲剖析比較，言其所以然。江先生驚喜，嘆曰：「累歲之疑，一日而釋，其敏不可及也。」先生亦嘆江先生之學周詳精整。時先生同志密友，郡人鄭牧、汪肇龍、程瑤田、方矩、金榜六七君，日從江先生、方先生從容質疑問難。蓋先生律曆聲韻之學，亦江先生有以發之也。

先生學日進而遇日益窮，年近三十乃補縣學生，用是絶志舉子業，覃思著述，家屢空而勵志愈專。所爲考工記圖、屈原賦注、句股割圜記諸書，皆成於是時矣。有傳其書至浙中者，天台少宗伯齊公召南見之曰：「曠世才也。」嘉嘆不絶於口。由是江以南北，稍稍知先生名。

東吴惠定宇先生棟，自其家三世傳經，其學信而好古，於漢經師以來，賈、馬、服、鄭諸儒，散失遺落，幾不傳於今者，旁搜廣摭，裒集成書，謂之古義，從學之士甚衆。先生於乾隆乙亥歲北上京師，見惠於揚州，一見訂交。嘉定光禄王君鳴盛嘗言曰：「方今學者，斷推兩先生，惠君之治經求其古，戴君求其是，究之，舍古亦無以爲是。」王君博雅君子，故言云然。其言先生之學，期於求是，亦不易之論。

先生之始至京師，當時館閣諸公，今光禄卿嘉定王君鳴盛，今學士嘉定錢君大昕，大興朱君筠，紀君昀，餘姚盧君文弨，今大理卿青浦王君昶，皆折節交先生。時大司寇秦文恭公方爲少宗伯，編纂五禮通考之書，延先生邸舍，就與商榷，其所采摭先生各經之説甚多，先生因出其笥中所藏江先生推步法解一書，以示秦公，秦公取全書載入焉。先生因盡言江先生之學於秦公。乾隆二十七年，江先生以疾卒於家，先生爲之狀其行實及著書卷數，上之續文獻通考館、史館，以備采擇。其後學士朱公督學安徽，檄盡取江先生之書上之於朝，亦由先生力爲表揚之也。

先生以乾隆壬午科舉於鄉，會試屢黜於有司，往來教授燕、晉間。先生精博於輿地之學，嘗謂：「今古遷移，不可究詰。治斯學者，因川原之派别，知山勢之逶迤。由山鎮之陰陽，水行所逕過，知州郡之沿革遷徙。大凡水之上流，川出於兩山之間，歷千百年如其故道，至其委流，地平衍而土疏斥，不數歲輒遷徙不常，是以滹沱、桑乾、漳水之流爲難考。」先生屢應志局之聘，文書圖册，雜錯糾紛於前。先生披圖覽册，有謬誤即圖上批示，令再圖以進。户吏始不服，及親履其地，果如先生言，無不驚嘆以爲神。其治事精敏類如此。後魏酈道元水經注一書流傳至今，經、注溷淆，前後錯簡，文章家以爲掇拾辭采之書而已。先生究心於是者八九年，尋其義例，按以準望，整之還其舊，俾諸水經支，川渠委納，釐然就條貫，而是書遂爲考輿地家適用之書。先生治是書將卒業，會朝廷開四庫全書館，奉召與爲纂修。先生於永樂大典散篇内，因得見鄘氏自序，又獲增益數事。館臣即以是屬校正，上其書，詔允刊行焉。

先生以算在六藝，古者以賓興賢能，教習國子，治經之士所當知。故其自早歲以名家，論多前人所未發。周髀之書，雖傳於今，曆家不能通其用。有正北極及北極旋機之名，有七衡六間、冬至日當外衡、夏至當内衡、春秋分當中衡之規法。釋周髀者數家，未解北極旋機何指，而虞夏書之旋機注，徒以爲可旋轉曰機，不得其本象。先生以爲，所謂正北極者，今之赤道極也；所謂北極旋機者，今之黄道極也。赤道極爲左旋之樞，黄道極爲右旋之樞。自中土言之，皆在北方，故通曰北極。赤道極不動，黄道極每晝夜左旋環繞之而過一度，每一歲而周四游。故周髀謂赤道極曰正北極，而黄道極無其名，取諸測器之名命之。用是知唐、虞時設旋機環轉於中，擬夫黄道極者也。先生此論，匪惟得周髀之解，并以見古旋機玉衡之遺制。其在館也，屬校周髀書，先生悉心正其訛舛，補圖以進，亦得旨刊行。先生於永樂大典内得九章、五曹算經凡七種，自通人王寅旭、謝野臣、梅定九諸子，皆以算名家，未之獲見。先生校正是書，焚膏繼晷，正訛補脱，審知劉徽注内舊有圖而今闕，補之。書既進，亦得旨刊行，皆有御製詩冠其卷首。而古書之晦者以顯，而周官九數之學益明。

先生嘗謂漢經師康成鄭氏之學，集衆家之大成，俾六藝散而復聚。魏、晉而後，雖王肅、虞翻之流，時加駁難，而學者宗之，比于周、孔。自唐義疏之行，鄭氏所注周易、尚書乃亡，今所存者獨三禮注、毛詩箋，而三禮注尤精博，謂當與禮經並行，如春秋之有三傳。先生留心於是書者數十年，校讎是正，用功尤深。適會編校唐人李如圭儀禮集釋，其書全載鄭氏原注，因校李書，即考定鄭注，實可爲此經定本。而禮記、周官經亦以次定正焉。

又嘗以爲古者小學一家，列於六藝之末。今所存者，獨爾雅、方言、説文解字數家。方言之書，迄無善本，先生受是書校之，正其舛訛漏略，採摭羣書，以爲考證，幾及萬言。先生之校方言也，已得疾，足痿不能行，猶日夜勘定不倦。是書及大戴記校已畢，未及上進，而先生已卒矣。

先生所著書：今文尚書經二卷，毛詩補注一卷，春秋即位改元考一卷，考工記圖二卷，大學補注一卷，中庸補注一卷，孟子字義疏證三卷，聲韻考四卷，聲類表四卷，句股割圜記三卷，曆問四卷，經説四卷，屈原賦注一卷，通釋一卷，音義一卷，經史籌算一卷，氣穴記一卷，藏府象經論四卷，葬法贅言四卷，文集四卷，制義一卷。先生嘗爲七經小記之書，凡經中訓詁、制度、象數、水地諸事，以及天人之道，經之大訓，皆比類合義，具其端委，論其指歸，俾學者因是以求六經，用力約而功多。書未竟業，成者原象一卷，原善一卷，學禮篇一卷。水地記三十卷，先生卒之前數月，手自整理所著書，命工寫録，亦未及竟。

先生以爲道、釋自貴其神識，而儒者在善治事情。凡人之患二：曰私，曰蔽。私生於欲之失，而蔽生於知之失。異氏尚無欲，君子尚無蔽。異氏之學，主静以爲至。君子强恕以去私而問學以去蔽，主以忠信而止于明善。凡生於其心，必發於其事。私者逞己以縱欲，無良而憯不畏明。無私矣，尚不能無蔽。蔽者不求諸事情，以其意見，信爲義理，公而不能明，廉潔而流于刻。記曰：「夫民有血氣心知之性，而無喜怒哀樂之常，應感起物而動，然後心術形焉。」凡有血氣心知，於是乎有欲，性之徵於欲，聲色臭味而愛畏分。既有欲矣，於是乎有情，性之徵於情，喜怒哀樂而慘舒分。既有欲有情矣，於是乎有巧與智，性之徵於巧智，美惡是非而好惡分。生養之道存乎欲者也，感通之道存乎情者也。二者自然之符，天下之事舉矣。盡美惡之極致，存乎巧者也，宰御之方，由斯而出。盡是非之極致，存乎智者也，賢聖之德，由斯而備。二者亦自然之符，精之以底於必然，天下之能舉矣。君子之治天下也，使人各得其情，各遂其欲，勿悖於道義。君子之自治也，情與欲，使一於道義。夫遏欲之害，甚於防川，絕情去智，充塞仁義。人之飲食也，養其血氣，而其問學也，養其心知，是以貴乎自得。血氣得其養，雖弱必强，心知得其養，雖愚必明，是以貴乎擴充。君子獨居思仁，公言言義，動止應禮。竭所能之謂忠，履所明之謂信，平所施之謂恕。馴而致之仁且智，不私不蔽者也。君子之未應事也，敬而不肆以虞其疏；事至而動，正而無邪，以虞其僞，必敬必正，而要於致中和，以虞其偏與謬。戒疏在乎戒懼，去僞在乎慎獨，致中和在乎達禮、精義、至仁、盡倫。天下之人，同然而歸之善，可謂至善矣。夫以理爲學，以道爲統，以心爲宗，探之茫茫，索之冥冥，不若反求諸六經。此原善之書所以作也。

先生抱經世之才，其論治以富民爲本。故常稱漢書云：「王成、黄霸、朱邑、龔遂、召信臣等，所居民富，所去民思，生有榮號，死見奉祠，廩廩庶幾德讓君子之遺風。」先生未嘗不三復斯言也。今巡撫陝西畢公沅素與先生相知，因陛見入都，就見先生。先生所居巷隘，不容車馬，步入坐定，因乞先生言。先生爲言：「大吏以知人爲難。夫鄉曲之氓，問其令君之賢否，言未有不當者。自監司至督撫涖其上，或往往不察，豈智不逮哉？所蔽者多也。」先生於史記，尤喜張釋之、馮唐、汲黯、鄭當時列傳，有味乎其言之。

先生事親至孝，夫婦躬操井臼，漿酒飲食，親自進之。文林公性方嚴，先生怡怡孺慕，曲得其歡。先生之奉召入京師，文林公攜家至邸舍。居一年，思歸，先生欲留不可。自是，先生未嘗一日不願歸也。其疾累月不愈，亦冀纂修事將畢，當得請以行，凡書籍之類，皆已緘縢矣。

先生治家和而有法，嘗言：「子弟有小過，當立加斥責，至有大過，當微示以意，苟顯揭之，令不可爲人，則自棄於惡矣。所謂中也棄不中也。」先生行己嚴介，不苟然，必絜以情理，不爲矯激之行。先生接物待人以誠，謀人之事，如恐其不遂，揚人之善，如恐其不聞。其教誨人，終日矻矻，不以爲倦也。先生之言，平正通達，近而易知。博極羣書，而不少馳騁，有所請，各如其量以答之。凡見先生者，未嘗不有所得也。先生之學，雖未設施於時，既没，其言立，所謂不朽者與！

娶〔朱〕氏，封孺人。子一人，中立。女一人，許嫁户部主事曲阜孔繼涵次子廣〔根〕。先生郡人洪樸、洪榜兄弟，得交先生，從燕遊久，凡先生之行事緒論，蓋得其大略焉。先生之子中立，將以七月某日扶柩歸葬於某鄉之某原。謹書家世行業及論著之大凡，以求誌於作者。辭繁而不敢殺，蓋有待於筆削云耳。乾隆四十二年六月□日，歙後學洪榜謹狀。

（輯自二洪遺稿 初堂遺稿）

戴先生震傳

錢大昕

戴先生震，字東原，休寧人。少從婺源江慎修游，講貫禮經制度名物及推步天象，皆洞徹其原本，既乃研精漢儒傳注及方言、説文諸書，由聲音、文字以求訓詁，由訓詁以尋義理，實事求是，不偏主一家，亦不過騁其辯以排擊前賢。

嘗謂：「今人讀書，尚未識字，輒薄訓詁之學。夫文字之未能通，妄謂通其語言，語言之未能通，妄謂通其心志，此惑之甚者也。論者又曰：『有漢儒之經學，有宋儒之經學，一主於訓詁，一主於義理。』此愚之大不解者。夫使義理可以舍經而求，將人人鑿空得之，奚取乎經學？惟空憑胸臆之無當於義理，然後求之古經，求之古經而遺文垂絶，今古縣隔，然後求之詁訓。訓詁明則古經明，而我心所同然之義理乃因之而明。古聖賢之義理非他，存乎典章制度者是也。昧者乃歧訓詁義理而二之，是訓詁非以明義理，而訓詁胡爲？義理不存乎典章制度，勢必流入於異端曲説而不自知矣。」

又嘗與友人書云：「僕數十年來得於行事者，立身則曰不苟，待人則曰無憾。事事不苟，猶未能遠恥辱也，念念求無憾，猶未能免怨尤也。其得於學者，不以人蔽己，不以己自蔽，不爲一時之名，亦不期後世之名，凡求名之弊有二，非掊擊前人以自表襮，即依傍昔儒以附驥尾，二者不同而鄙吝之心同，是以君子務在聞道也。今之博雅能文章善考核者，徒株守先儒而篤信之，如唐人所譏『寧言周、孔誤，不道鄭、服非』，此非志乎聞道者也。其私智穿鑿者，即不自表襮，而學不師古，積非成是，惑以終身，無鄙吝之心，而失與之等，其於道亦無遠矣。講明正道，修辭立誠，以俟後學，其或聽或否，或傳或墜，或尊信，或非議，所不計也。」

性介特，多與物忤，落落不自得。年三十餘，策蹇至京師，困於逆旅，饘粥幾不繼，人皆目爲狂生。一日，攜其所著書過予齋，談論竟日。既去，予目送之，嘆曰：「天下奇才也。」時金匱秦文恭公蕙田兼理算學，求精於推步者，予輒擧先生名。秦公大喜，即日命駕訪之，延主其邸，與講觀象授時之旨，以爲聞所未聞。秦公撰五禮通考，往往採其説焉。高郵王文肅公安國亦延致先生家塾，令其子念孫師之。一時館閣通人：河間紀太史昀、嘉定王編修鳴盛、青浦王舍人昶、大興朱太史筠，先後與先生定交，於是海内皆知有戴先生矣。

乾隆壬午，中江南鄉試，明年試禮部不第，薄游汾、晉間。會汾州修郡志，朱方伯珪請先生任其事。乃博稽史籍，駁正舊志之訛。謂汾陽於漢爲茲氏縣，戰國時屬趙不屬魏，漢時屬太原郡不屬西河郡，後魏太和八年，改六壁鎮，置西河郡，治茲氏城，而西河之名移于此。酈道元注水經，以武侯浮西河事繫之夏陽，子夏陵及廟室繫之郃陽，而於謁泉山及文水，絶不涉及子夏設教事。張守節、李吉甫輩始指爲魏之西河，子夏退老居此，皆非其實。吉甫又謂「黄初二年，於漢茲氏縣置西河郡，即今州理」，不知魏、晉之西河皆治離石，非茲氏。吉甫又謂「周宣帝於此置汾州，大業三年廢汾州」，不知周、隋之汾州皆非西河郡境。吉甫元和郡縣志叙述最有法，而猶有舛謬。甚矣！地理之不易言也。

癸巳歲，天子開四庫館，妙選校讎之職，總裁諸公疏薦先生，以鄉貢士入館充纂修官。特命與會試中式者同赴廷對。乙未夏，授翰林院庶吉士。先生起自單寒，獨以文學爲天子所知，出入著作之庭。館中有奇文疑義，輒就咨訪，先生爲考究巔末，各得其意以去。先生亦思勤修其職，以稱塞明詔。經進圖籍，論次精審。晨夕披檢，靡間寒暑，竟以積勞致疾。丁酉夏，卒於官，年五十有五。

平生無他嗜好，惟專於讀書，雖詞義鈎棘難曉者，一再讀之，輒已涣然冰解，旁觀皆驚爲宿悟，要由精誠所致。其學長於考辨，每立一義，初若創獲，及參互考之，果不可易。

後儒多言易亂於費直。先生以漢書證之曰：「藝文志『易經十二篇，施、孟、梁丘三家』。十二篇者，經上、下二篇，十翼十篇，此三家之所同也。儒林傳云『費直易無章句，徒以彖、象、繫辭十篇之言，解說上、下經』。蓋費氏不自立章句，其解說經，即用十篇之言，而十二篇之目未嘗改也。『劉向以中古文易校施、孟、梁丘經，或脫去「無咎」、「悔亡」，惟費氏經與古文同』，初不言篇題與諸家異。後人誤讀儒林傳，輒咎費氏改經，不察之甚也。」

周禮大馭：「右祭兩軹，祭軌。」注云：「故書軹爲軒。杜子春云：『軒當爲軹，軹謂兩轊，或讀軒爲簪笄之笄。』」先生辨之曰：「軒當從『或讀如笄』，杜君改爲軹，與輢内之軹，二名混淆，非也。以轊釋轂端之軒，亦非也。軹者，車軨；軒者，轂末；轊者，軸末。後代字書，並軒字無之矣。『祭軓』字刊本多訛爲『軌』。毛公釋『濟盈不濡軌』云：『自輢以上爲軌。』陸德明依說文別之，以『軌從九，車轍也』；『軓從凡，車式前也』。依傳意，宜音犯，若音犯則字當作軓，以韻考之又不合。疑漢時軌軓二字相溷，毛君殆誤併二字爲一歟？」

其述明堂之制曰：「明堂，五室十二堂，故曰明堂月令。中央曰太室，正室也，一室而四堂：東堂曰青陽太廟，南堂曰明堂太廟，西堂曰總章太廟，北堂曰玄堂太廟。四隅之室，夾室也。四室而八堂：東北隅之室，玄堂之右夾，青陽之左夾也，其北堂曰玄堂右个，東堂曰青陽左个；東南隅之室，青陽之右夾，明堂之左夾也，其東堂曰青陽右个，南堂曰明堂左个；西南隅之室，明堂之右夾，總章之左夾也，其南堂曰明堂右个，西堂曰總章左个。西北隅之室，總章之右夾，玄堂之左夾也，其西堂曰總章右个，北堂曰玄堂左个。凡夾室前堂，或謂之箱，或謂之个。左氏傳『置饋於个』，杜云『个，東西箱』是也。个者，兩旁之名也。古者宮室之制，前堂後室，有夾有个有房，惟南嚮一面，明堂四面闓達，亦前堂後室，有夾有个而無房。禮：『婦人在房』，明堂非婦人所得至也。四正之堂，皆曰太廟，四正之室，共一太室，故曰太廟太室。世之言明堂者，有室無堂，不分个夾，失其傳矣。」

春秋昭二十二年十月王子猛卒，而其夏秋已兩書王猛，說者莫得其解。先生曰：「王猛與鄭忽，皆以國氏者也。王者，諸侯目王畿之辭，非天王之號。春秋凡書王，猶列國之書其國，書天王，猶列國之書爵，故王人與列國書人，同爲微者。王猛與鄭忽同爲以國氏。忽未即位而出奔，歸不得書爵，書『世子』，正其復國也。王子猛未即位稱王，故卒稱『王子』。若先正其號曰『王』，不得復稱『王子』矣。」

周髀言「北極璿璣四游」，又言「正北極樞，璿璣之中」，後人多疑其說。先生解之曰：「正北極者，魯論之北辰，今人所謂赤道極也；北極璿璣者，今人所謂黄道極也。正北極者，左旋之樞，北極璿璣每晝夜環之而成規。冬至夜半在正北極下，是爲北游所極；日加卯之時在正北極左，是爲東游所極；日加午之時，在正北極上，是爲南游所極；日加酉之時，在正北極右，是爲西游所極；此璿璣之一日四游所極也。冬至夜半起正北子位，晝夜左旋一周而又過一度，漸進至四分周之一，則春分夜半爲東游所極，又進至夏至夜半爲南游所極，又進至秋分夜半爲西游所極，此璿璣之一歲四游所極也。虞夏書：『在璿璣玉衡，以齊七政。』蓋設璿璣以擬黄道極，後世失其傳也。」

今人所用三角八綫之法，本出於句股，而尊信西術者輒云「句股不能御三角」。先生折之曰：「周髀云：『圜出於方，方出於矩，矩出於九九八十一。』三角中無直角，則不應乎矩，無例可比矣。必以法御之，使成句股而止。八綫比例之術，皆句股法也。」

嘗謂：「儒者治經，宜自爾雅始，世所傳郭注已删節不全，邢疏又多疏漏。如釋言：『桄，充也。』六經無桄字。鄭注樂記、孔子閒居皆訓横爲充。横、桄古通用。書：『光被四表。』漢書引作『横被』，今孔傳猶訓光爲充，文訛而義不殊也。釋言：『庥，廕也。』即詩『不可休思』之『休』。釋木：『桑柳醜條。』即詩『蠶月條桑』之『條』，莊子云『已而爲知者』、『已而不知其然』，當從釋詁解『已』爲『此』。」其考證通悟多如此。

水經注訛舛久矣。王伯厚引經文四事，其三事皆注之溷於經者，則經、注之淆，南宋時已然。先生獨尋其義例，區而别之云：「經文每一水云『某水出某郡縣』，此下不更舉水名，注則兼及所納羣川，故須重舉；經云『過某縣者』，統一縣而言，注則詳言所逕委曲，故有一縣而再三見者；經據當時縣治，善長作注時，縣邑流移，是以多稱故城，經無言故城者也。經例云『過』，注例云『逕』。以是推之，經、注之淆者可正也。」閻百詩、顧景范、胡朏明雖善讀古書，猶未悟斯失。先生始釐正之，同時頗有狂而不信者，予深贊成其説。今武英殿所刊，用先生校本，海内始復見此書之真面目焉。

先生在書局，校定五經算術、海島算經、孫子算經等書，皆官爲版行。其所撰述，有毛鄭詩考正四卷，考工記圖二卷，孟子字義説三卷，方言疏證十三卷，原善三卷，原象一卷，句股割圜記三卷，策算一卷，聲韻考四卷，聲類表九卷，屈原賦注九卷，文集十卷，則曲阜孔户部繼涵爲刊行之。

（輯自潛研堂文集卷三十九）

戴東原先生事略狀

凌廷堪

東原先生卒後之六年，廷堪始游京師，洗馬大興翁覃溪先生授以戴氏遺書，讀而好之。又數年，廷堪同縣程君易田復爲言先生爲學之始末。深惜與先生生並世，而不獲接先生之席也。

自宋以來，儒者多剽襲釋氏之言之精者，以説吾聖人之遺經。其所謂學，不求之於經，而但求之於理；不求之於故訓、典章、制度，而但求之於心。好古之士雖欲矯其非，然僅取漢人傳注之一名一物而輾轉考證之，則又煩細而不能至於道。於是乎有漢儒經學、宋儒經學之分。一主於故訓，一主於理義也。先生則謂理義不可舍經而空憑胸臆，必求之於古經。求之古經而遺文垂絶，今古懸隔，然後求之故訓。故訓明則古經明，古經明則賢人聖人之理義明，而我心之所同然者，乃因之而明。理義非他，存乎典章制度者也。彼歧故訓、理義而二之，是故訓非以明理義，而故訓何爲？理義不存乎典章制度，勢必流入於異學曲説而不自知。故其爲學，先求之於古六書九數，繼乃求之於典章制度。以古人之義釋古人之書，不以己見參之，不以後世之意度之，既通其辭，始求其心，然後古聖賢之心不爲異學曲説所汩亂。蓋孟、荀以還所未有也。學成乃著書以詔後之學者，不幸哲人遽萎，書多未就。今案其遺編，學之大者猶可考見，特懼讀之者不得旨要之所在，以矜奇炫博遇之，不然，或與安庸巨子譏罵洛、閩者等視而聊綴輯成篇，爰綜其論著及生平出處之大略，廷堪於先生爲同郡後生，齊觀，則先生之學由此而晦矣。自附於私淑之末，并以備他日采擇焉。

先生姓戴氏，諱震，字東原，休寧之隆阜人也。生九歲始能言，年十餘入鄉塾讀詩，即爲小戎圖，觀者咸訝其詳覈。時婺源江君永，精禮經及推步、鐘律、音聲、文字之學，先生偕其縣人鄭牧、歙人汪肇漋、方矩、汪梧鳳、金榜師事之，而先生獨能得其全。將三十始爲諸生。乾隆十九年，以避讎入都，是時先生之學已大成，在都數年，北方學者如獻縣紀尚書昀、大興朱學士筠，南方學者如嘉定錢少詹大昕、餘姚盧學士文弨、青浦王侍郎昶等，皆在館閣，交愛重之，先生亦不吝爲之講說。無錫秦尚書蕙田纂五禮通考，先生實任其事。二十二年，歸自京師，客揚州盧運使見曾所，與元和惠徵君棟論學有合。二十七年，應江寧鄉試，青田韓錫胙爲同考官，得先生文異之，亟薦於主司，遂中式。屢試禮部不第。游汾、晉間，廷堪座主朱石君先生時爲山西布政使，延之撰方志，禮遇有加焉。三十八年，天子稽古右文，開四庫館，徵海内淹貫之士，司編校之役，金壇于文襄敏中，以先生名應詔，充永樂大典纂修官。四十年，命與會試中式舉人一體殿試，賜同進士出身，改翰林院庶吉士。未散館，於四十二年夏五月卒於京邸，年五十有五。以弟霖之子中孚爲後。

先生之學無所不通，而其所由以至道者，則有三：曰小學，曰測算，曰典章制度。其小學之書有聲韻考四卷、聲類表十卷、方言疏證十三卷。自漢以來，不明故訓音聲之原，以致古籍傳寫，誤其溷淆莫辨，先生則謂詩「勞心慘兮」，慘本懆字之訛，而釋文以爲七感反之類，皆文字先誤，因而誤其音聲者也。

又有「鸗雉鳴」，鸗釋文本音以水反，從唯得聲，後水訛作小，廣韻遂收入三十小之類，皆文字不誤，因傳寫而遞訛音聲者也。音聲誤，故訓或因之而誤矣。夫字書主於故訓，韻書主於音聲，二者恒相因。音聲有不隨故訓變者，則一音或數義；音聲有隨故訓變者，則一字或數音。其例或義由聲出，或聲同義別，或聲義各別，唯洞究其旨，凡異字異音絶不相通者，其誤自能別之，庶釋經論字不至茫然失據也。

自漢以來，轉注之説失傳，徐鉉、徐鍇、鄭樵、戴仲達、周伯琦，皆穿鑿附會，不得其解。而蕭楚、張有諸人，以轉聲爲轉注之論爲尤謬。雖好古如顧炎武，亦不復深省。先生則謂指事、象形、諧聲、會意四者爲書之體，假借、轉注二者爲書之用。一字具數用者爲假借，依於義以引伸，依於聲而旁寄，假此以施於彼也，數字共一用者爲轉注。如初、哉、首、基之皆爲始，卬、吾、台、予之皆爲我，其義轉相爲注也。轉注與假借正相反，説文於考字訓之曰老也，於老字訓之曰考也，即轉相爲注也。以説文證説文，可不復致疑矣。

自漢以來，古音寖微，學者於六書諧聲之故，靡所從入。廣韻東冬鍾江、真諄臻文、欣元魂痕、寒桓删山、先仙、陽唐、庚耕清青、蒸登侵、覃談鹽添、咸銜嚴凡，共三十五韻有入聲，外此如支脂等二十二韻無入聲。顧氏古音表反是。先生則謂有入無入之韻，當兩兩相配，以入聲爲之樞紐。真以下十四韻，與脂微齊皆灰五韻同。入聲東以下四韻及陽以下八韻，與支之佳咍蕭宵肴豪尤侯幽十一韻同。入聲侵以下九韻之入聲，則從廣韻無與之配。魚虞模歌戈麻六韻，廣韻無入聲，今同以鐸爲入聲，不與唐相配。而古音遞轉，及六書諧聲之故，胥可由此得之，皆古人所未發也。

其測算之書，有原象四篇、迎日推策記一篇、句股割圜記三篇、續天文略三卷、策算一卷。

自漢以來，疇人不知有黄極，西士入中國，始云赤道極之外，又有黄道極，是爲七政恒星右旋之樞，詫爲六經所未有。先生則謂西人所云赤極即周髀之正北極也，横極即周髀之北極璿璣也。虞夏書「在璿璣玉衡以齊七政」，蓋設璿璣以擬黄道極也。黄極在柱史星東南上弼少弼之間，終古不隨歲差而改，赤極居中，黄極環繞其外。周髀固已言之，不始於西人也。

又月建所指，亦謂黄極。夫北極璿璣，冬至夜半恒指子，春分夜半恒指卯，夏至夜半恒指午，秋分夜半恒指西。以周髀四游所極推之，則月建十有二辰，爲黄極夜半所指顯然，漢人以爲斗杓移辰者非也。

自漢以來，月之九道史雖載之，而在若明若昧之間。郭守敬以月道爲白道，九道之説遂廢。西人於月行之遲疾加減至有四輪，亦未能言九道之義也。先生則謂月道出入黄道内外。二十七日有奇而交道一終。交終不復於原處，其差一度半弱。每年之差，自東而西十九度强。古法有九道八行，所以考其差也。借青朱白黑以别之，借八節之名以命之。如交入陰律在黄道冬至立冬，半交必在春分立春，爲二青道。交退在秋分立秋，半交必在冬至立冬，爲二黑道。交退在夏至立夏，半交必在秋分立秋，爲二白道。交退在春分立春，半交必在夏至立夏，爲二朱道。以四年過半循二道，十八年過半八行一周。其交道出入，當交、半交去赤道遠近交差，每月在某次兩交與朔望不齊，皆於是考焉。此古法之廢而宜舉者也。

自漢以來，九數佚於秦火，儒者測天，多不能盡句股之藴。明末，西人傳弧三角之術，推步始爲精密。其三邊求角及兩邊夾一角，求對角之邊加減捷法，梅氏用平儀之理爲圖闡之，可謂剖極淵微，然用餘弦折半爲中數，則過象限與不過象限，有相加相減之殊，猶未爲甚捷也。先生則謂，用餘弦者或加或減，易生歧惑，乃立新術，用總較兩弧之矢，相較折半爲中數，則一例用減，更簡而捷矣。蓋餘弦者，矢之餘也。八綫法弧小則餘弦大，弧大則餘弦小，弧若大過象限九十度，則餘弦反由小而漸大。唯矢不然，弧小則矢小，弧大則矢大，弧若大過象限九十度，則矢更隨之而大，是矢與弧大小相應，不似餘弦之參差，故以易之。此立法之根，先生所不言者，亦皆古人所未發也。

其典章制度之書未成。有文集十二卷，考工記圖二卷，毛鄭詩考〔正〕四卷，詩經補注僅二南二卷，屈原賦戴氏注七卷，通釋二卷。考證之精者，多散見其中。至於原善三篇、孟子字義疏證三卷，皆標舉古義，以刊正宋儒，所謂由故訓而明理義者，蓋先生至道之書也。又因西人龍尾車法作贏旋車記，因西人引重法作自轉車記，皆見文集。其地理之學僅水地記一卷。禮經及鐘律之學未著書，故不得論次云。其在館所校，如儀禮集釋、儀禮識誤、大戴禮記、水經注、周髀算經、九章算術、海島算經、孫子算經、五曹算經、夏侯陽算經、張丘建算經、五經算術、緝古算經、數術記遺、孟子趙注、孟子音義、方言諸書，皆詳慎不苟。周髀、九章爲之補其圖，五曹爲之訂其誤，而大戴禮記、水經注則又舊所勘定者也。先生卒後，其小學之學則有高郵王給事念孫、金壇段大令玉裁傳之；測算之學則有曲阜孔檢討廣森傳之；典章制度之學則有興化任御史大椿傳之，皆其弟子也。先生於讀書知條貫者，就其學之淺深高下，或引而友之，或進而教之，循循如不及。非是族也，雖負理學盛名，及以詩古文自雄者，悉揮斥之，未嘗少假辭色焉。

先生所著書，文辭淵奥，兼多微見，其端留以俟學者之自悟。今取其發古人所未發者，稍稍表出之，非敢謂能舉其大也，亦非敢有所損益去取也。昔河間獻王實事求是，夫實事在前，吾所謂是者，人不能强辭而非之，吾所謂非者，人不能强辭而是之也，如六書九數及典章制度之學是也。虚理在前，吾所謂是者，人既可别持一説以爲非，吾所謂非者，人亦可别持一説以爲是也，如理義之學是也。故於先生之實學，詮列如左。而理義固先生晚年極精之詣，非造其境者，亦無由知其是非也。其書具在，俟後人之定論云爾。謹狀。

（輯自校禮堂文集卷三十五）

戴東原先生事略

余廷燦

君名震，字東原，姓戴氏，休寧之隆阜人。少家貧，無以親師友，亦不喜隨人治世俗學。聞孔子定六經示後人，求其一經讀之，茫茫然無覺悟。尋思既久，乃自討曰：經之至者道也，所以明道者其辭也，所以成辭者其字也。由字以通其辭，由辭以通其道，必有漸。於是考諸篆書，得許氏説文解字，三年知其節目，漸睹古聖人制作本始。更念爾雅爲承學治古文者津筏，又殫心其書，屢淹星鳥。然後從友人假十三經注疏，朝夕諷誦，旁推交勘讀之，則盡得其古畫、古義、古音聲、古度數名物，直聳然躋身於嬴、劉、周末，與諸經師宿儒相語言謦欬於一堂。有一字不準六書，一字解不通貫羣經，即無稽者不信，不信者必反復參證而後即安。以故胸中所得，皆破出傳注重圍，不爲歧旁駢枝所惑，而壹稟古經，以求歸至是，符契真源，使見者聞者，洒然回視易聽。

步算家測北極兼測黄道極也，則據周髀經證之曰：「黄道極者，即周髀之北極璇璣也。璇璣，今尚書作璿璣，伏生大傳及隋書所引並作璇機。璇取旋運之義，機取樞機之義。惟正北極居中不動，黄道極環繞其外，四周旋運。凡日夜半在正北極下位子，出卯在正北極左，加午在正北極上，入酉在正北極右，此璇機之一日四游所極也。冬至夜半起正北子位，晝夜一周而又過一度，漸進至四分環周之一，位正卯，則春分，又漸進爲夏至，夜半位正午，又漸進爲秋分，夜半位正酉，此璇機之一歲四游所極也。璇機所建，即十有二月建之本，與日躔黄道，發南斂北相應。因其璇運不已，故周髀以北極璇機名之。」

日、月、五星之右旋也，儒者又疑右旋爲逆。君則正之曰：「黄道爲日星右旋之天周，不惟日循之而南北發斂以成寒暑，列宿部星亦循之而古今推移。右旋者，日、月、五星列宿旋轉之實也，論南北不論東西。左旋者，爲大氣所運，遂成東出西没之象，論東西不論南北。雖名以左右，而非一順一逆。知南北與東西殊致，則無疑於日月星實右旋矣。」又就晉書「蟻行磨石」之喻，推論日行黄道南北，其象顯然。

周禮大司徒土圭之法，君論其義曰：「日南日北，猶堯典之度南交、度朔方也，日東日西，猶堯典之度嵎夷、度西也。日南景短，日北景長，取中而得尺有五寸，以是求南北之中。日東景夕，日西景朝，時刻差移，取中加時，以是求東西之中，所謂測土深，以南北言。聖人南面而治，古宫室皆南嚮，故南北爲深。表景之短長，即南北之遠近，必測而後得，故曰測土深也。正日景，則以東西言。自東至西，環地面各有子、午、卯、酉。東方日中景正，西方尚在午前而爲景朝，西方日中景正，東方已過午後而爲景夕。以率率之，去一次則差一時，地與天恒相應也。東西相差若干時，半之則爲地中與東西所差之時，是則地中景正，而東方景夕，西方景朝。必正其日中之景，以審時之相差，故曰正日景也。是二者，一爲南北里差，一爲東西里差，前古測之極詳，猶今之測北極高下也。凡寒暑進退，晝夜永短，隨地不同，必悉測之而後偏中可知，分至啓閉可定也。」

又嘗言：周禮大馭「右祭兩軹，祭軌」，鄭注曰：「故書軹爲軒。杜子春云：『軒當爲軹，軹謂兩轊也。』」則注改經之軒爲軹，既與輢内之軹，二名無別，又釋軹爲轊，轊與軒亦若二制無別者。禮記少儀「祭左右軌范」，鄭注曰：「周禮大馭『祭兩軹，祭軌，乃飲』，軌與軹，於車同謂轊頭也。」則注既不辨經文軌字即軒字之誤，又從濶軌於軹。軹既誤釋爲轊，軌亦因之誤釋爲轊者。若「濟盈不濡軌」之軌，毛詩故訓傳由輈以上爲軌。依毛傳意，則宜讀犯。此又注之濶軌於軓，且聲從軌而義從軓者。數字如治絲而棼，不可究詰，今宜還軒於轂，軒，轂末也。還軹於輢内，軹，車軨也。辨軌字之誤於少儀，軌，車轍，不得謬訓轊頭也。正轊爲軸末，於軹與軌無關，正軓爲式前，更於軌不合。辨其名，詳其制，乃可正交錯繆説。

有苦考工記難讀者，則删取鄭注而自定爲補注，更繫之圖。其正「軹崇三尺」之「軹」當爲「軒」，車人「徹廣六尺」之「六」當爲「八」，弓人「膠三鋝」之「鋝」當爲「鍰」，皆經文傳誤，漢儒已莫能正者。其訓「軫」，通前後左右材皆爲軫，以軫象地方也。訓輈人之「任正」即輈，爲下當兔圍發意；「衡任」即軸，爲下軸圍發意，訓「鍰」「鋝」之數，以鍰之假借字作「垸」；鋝之假借字史記作「率」，漢書作「選」，伏生大傳作「饌」。其數大小不同，未可如鄭注之合爲一數也。訓桃氏「設其後」之「設」，宜與「設其旋」、「設其羽」

同義，不得獨訓爲大。訓鐘之「鉦間」，記雖無明文，然鐘自銑至鉦，自鉦至舞，斂緷以二，凖諸勾股法，銑間八，鉦間亦八，是謂鐘長十六也。若舞乃其上覆，其修六廣四，蓋舉鐘羡之度，不得援合以湊鐘長之數，鄭謂「鉦間六合鼓間六與舞廣四爲十六」者，殆未審也。

辨明堂：五室十二堂，故曰明堂月令。中央太室，正室也，一室而四堂：青陽、明堂、總章、玄堂是也。四隅之室夾室也，四室而八堂，則青陽、明堂、總章、玄堂各具左夾、右夾、左个、右个是也。凡夾室之前堂，或謂之箱，或謂之个。左傳昭四年：「使寘饋於个。」杜注：「个，東西箱。」是箱得通稱个，亦或隨左右夾而稱之爲北堂、東堂、南堂、西堂，故曰八堂，要皆兩旁之名也。古者宫室，前堂後室，有夾有个有房，惟南嚮一面。明堂則四面闓達，亦前堂後室，有夾有个而無房。房者，婦人在房，明堂非婦人所得至，故無房，宜也。此又治經者循習鄭注，千餘年來未有如此明辨以析者。

六書之説，雜然歧出，而轉注考、老，人尤不解。猥云：「考字左回，老字右轉」，别舉「側山爲阜，反人爲匕」，以象形之變轉者當之。而徐鉉、鄭樵又謂「祖考之考，古銘識通用丂，於丂之本訓轉其義而加老」，則以諧聲之聲義兩近者當之。至蕭楚、張有諸人，繆以轉聲爲轉注。雖顧炎武亦不深省，竟援説文假借舉「令長」字，乃移而屬之轉注也。君則謂説文：「老從人毛匕，言鬚髮變白也」，「考從老省，丂聲」，二字本一屬會意，一屬諧聲，而説文又引以證轉注者，則會意諧聲其體，而轉注乃其用也。轉注之云，猶曰互訓云爾。説文於考字訓老，於老字訓考，轉相爲注，是以叙中論轉注，又舉此二字以實之也。大致造字之始，無所憑依，惟事與形兩大端而已。指其事之實，一、二、上、下是也，象其形之大，日、月、水、火是也。文字既立，則聲寄於字，而字有可調之聲，意寄於字，而字有可通之意，是又文字之兩大端也。因而博衍之，取乎聲諧曰諧聲，聲不諧而會合其意曰會意。四者，書之體止此矣。由是之於用，有數字共一用者，如初、哉、首、基皆爲始，卬、吾、台、予皆爲我，其義轉相爲注；有一字具數用者，依於義以引伸，依於聲而旁寄，假此以施於挔曰假借。所以用文字者，又其兩大端也。君論六書孳乳次第，皆自然而精覈如此。

宋、元以來，論反切之學，俱稱釋神珙傳西域三十六字母於中土。君則謂反切之法，起於孫叔然；叔然受學康成之門人，稱東州大儒者也。崇文總目叙曰：「孫炎始作字音。」深寧叟曰：「倉頡制字，孫炎作音，沈約撰韻。」此唐、宋人論反切字，咸溯源叔然也。若珙之反紐圖，惟五音聲論列字四十，而不曰字母。今所傳三十六字母，乃定於釋守温，又在珙後者也。嘗詳之珙自叙曰：「昔梁沈約創立紐字之圖。」是珙圖遠在沈休文後。叙内又及元和韻譜，是珙更後乎元和。何釋氏之徒，既移反切之法於珙，又移珙於四三百載之前，冒入北魏，欲追而上之休文，以欺惑後世，而儒者數典自忘，亦且筆之於書，併口一談也？

君又謂水經注四十卷，崇文總目云：「亡者五卷。」後人因加割裂，以傅合四十卷之數。如注文「江水又東逕巫縣故城南」，注訛列爲經，遂與前經文「又東過巫縣南」割分異卷。凡經例云「過」，注例云「逕」。凡經立文首云某水所出，已下不複舉；而注内詳及所納羣川，加以採摭故實，則水名不得不更端再見。又經文叙次所過郡縣，如云「又東過某縣」之類，一語實賅一縣；而注則必沿溯縣西，以終於東，詳記所逕委曲。又經據當時縣治，至善長作注時，縣邑流移，是以多稱故城，經則無稱故城者。以是數者推之，經與注溷殽甚夥，而尋求端末，乃可各歸條貫。蓋君之訂正訛舛，即水經一書，亦實從來所未發者。

君修幹軒偉，强識鋒辯，要其著書，取理道顯白，未嘗過騁議論以排擊前人。嘗謂：「淹博難，識斷難，精審難。」於天官、地志、句股、音韻之學，靡不悉心鑽研，貫宗勾極。嘗自言：「治經者不知恒星七政所以運行，則誦堯典數行，即掩卷不能卒業。不知古今地理沿革，則禹貢職方失其處所。不知古音，徒强以協韻，則誦二南自關雎而往，俱齟齬失讀。不知古者宫室衣服等制，則誦古經士冠禮，即迷於向方，莫辨其用。不知少廣、旁要，則考工之器不能因文而推其制。不知鳥獸蟲魚草木之狀類名號，則比興之意乖，而諷咏之指趣失矣。」又戒鑿空立論，謂「趙宋而降，去聖久遠，學者多習所見聞，喜談虚無、性命，未免蔽以異趣」。乃原本經旨，推究天人之道，陰陽善惡之理，作原善三篇，自明祈嚮。

乾隆壬午，舉於鄉。癸巳，詔開四庫全書館，必得如劉向、揚雄其人者司讎校，君用諸城劉文正公薦入館充校理。又明年乙未，與會試中式者同赴廷對，洊升翰林。又明年丁酉，以勤於職業，病不復起，卒年五十有六，時五月二十六日也。

其在館校定水經注、五經算術、孫子算經等書，官爲板行。所自著書：毛詩補傳若干卷，考工記圖二卷，爾雅文字考若干卷，孟子字義疏證若干卷，續天文略三卷，六書論三卷，聲韻考一卷，聲類表九卷，方言疏證十三卷，屈原賦若干卷，原善三卷，原象一卷，文集十卷。

初，君與其同郡鄉先生江慎修永相講貫，友善。慎修碩學耆儒，著述甚富，然勤一世於山巖屋壁間，竟無所遇，以老死。若君者，遭際稽古右文之盛，得出所學於承明著作之廷，不待後世復有子雲，既聲譽隆隆滿天下，而又不永其年齡以大抒其所蓄，天之生斯人而奮興於斯學也，遂如是止乎？

君既死，遺文零落，無所收拾。其後曲阜孔君繼涵取其書，校付剞劂，稍稍流布海内。海内既注仰孔君之表章嗜學，而又幸君之死而不死，以爲潛心大業，其顯晦升沉之際，乃有如是之感召默成也。

君感愴慎修死，爲作事略狀。廷燦未識君面，而喜讀君書，後君之死十有二年來京師，從士大夫之後，日聞君之學與君之人，恐久就墮逸，因叙次其事略，以待史館採擇焉。謹狀。

（輯自存吾文稿卷四）

戴東原先生墓誌銘

王昶

門人黟縣知縣張君善長由黟走書來告曰：「戴先生東原與善長相識，夫子所稔也。今東原卒，柩歸于家。黟與休寧壤接，將謀所以葬東原者。洪舍人榜既爲之狀矣，敢以誌墓之文爲請。」

嗚呼！余之獲交東原，蓋在乾隆甲戌之春，維時秦文恭公蕙田方纂五禮通考，延致于味經軒，偕余同輯「時享」一類，凡五閱月而别。及余爲中書舍人，東原始以鄉試中式，來于都。至余自蜀中歸，則東原已被薦擢翰林，同寓京師，而東原遽以病殁。蓋余兩人離合之迹如此。若東原之敦善行，精經誼，余雖不獲企其少分，而定交之久，與知東原之深，莫如余也。非余誰當志者？

按狀：東原諱震。曾祖景良，祖寧仁，父弁，皆不仕。東原以乾隆十六年補縣學生，二十七年舉于鄉，三十八年奉詔充四庫全書館纂修官，四十年賜同進士出身，授翰林院庶吉士，又二年卒于官。

東原生而體貌厚重，性端嚴。十歲乃能言。就傅，讀書過輒成誦，日數千言不肯休。授大學章句至大注「右經一章」以下，問其塾師曰：「此何以知爲孔子之言而曾子述之？又何以知爲曾子之意而門人記之？」師應之曰：「此先儒朱子所注云爾。」又問：「朱子何時人？」曰：「南宋。」又問：「孔子、曾子何時人？」曰：「東周。」又問：「周去宋幾何時？」曰：「幾二千年。」又問：「然則朱子何以知其然？」師無以應，大奇之。東原讀書，默而好深湛之思，塾師略舉傳注講解，意每不釋。師苦其煩，因授以許慎說文解字。東原學之三年，盡得其節目。又取爾雅、方言及漢儒箋注之存于今者，搜求研究。一字之訓，必貫羣經、本六書以爲定，由是盡通前人古義，凡十三經注疏，舉其辭無遺者，時年纔十六七爾。隨父客南豐一年，經學益進。

東原謂經之至者道也，所以明道者辭也，所以成辭者字也。必由字以通辭，由辭以通道，乃可得之。又經之難明，在一事必綜其全而覈之，鉅細必究，信乃有徵。如誦詩而不知古音，强以協韻，則已齟齬失讀。讀禮而不知古宮室衣服之制，已迷其方，莫辨其用。不知古今沿革，則禹貢職方、山鎮、川澤，春秋列國疆域、會盟攻戰之地，失其處所。不知古今推步之法，則如夏書之「辰不集于房」，魯太史引以爲正陽之月孟夏，東晉古文尚書繫之季秋；小雅「十月之交」，鄭康成以爲周正十月，劉原甫以爲夏正十月；春秋日食三十六，歷代史志載步算家上考，曲合其一而卒違其一；儒者何以識古書之真僞，辨箋解之得失，決魯曆至、朔之當否？不知少廣、旁要，則考工之器不能因文而推其制。不知鳥獸蟲魚草木之名號、狀類，則比興之意乖。六書之學，訓詁、音聲未始相離，聲與音又經緯衡從。魏孫炎創翻語後，考經論韻悉用之，晉人以譯釋氏之言，其徒竊爲己有，謂來自西域，儒者數典不能記憶也。中土準望用句股，蓋肇于周髀，西法易名三角八綫，而正弦比例之根，生于句股，則句股能御三角，三角不能御句股，雖深明西法者，咸昧其由來也。於是日夜孳孳，蒐集比勘，靡不悉心討索，雷同勦説，悉埽而除之。其學彌博而探指彌約，其資愈敏而持力愈堅，年二十餘而五經通矣。

又謂古今學問之途，大致有三：或事義理，或事制數，或事文章。漢儒窮其制數，宋儒窮其義理，馬、班、韓、柳諸君子，根柢之以爲文章，若分途而馳，異次而宿，不知其不可以闕一也。制數之不明，于古人之文，多所不省矣。經義之不達，則所謂義理，固一己之義理而非六經聖賢之義理矣。君子之道，不可誣也。蓋東原之爲學，自其早歲，稽古好學，博聞强識，而尤長于論述；晚窺性與天道之傳，于老、莊、釋氏之説，辭而闢之，使與六經、孔、孟之書，截然不可以相亂，具見于原善、原象及與彭進士紹升書，蓋其學之本末次第，大略如此。

婺源江先生永治經數十年，精于三禮及步算、鐘律、聲韻、地理。東原取平日所學質之江先生，爲之駭嘆。年近三十，考工記圖、屈原賦注、句股割圜記諸書已成，傳至浙中，齊少宗伯召南嘉嘆不已。元和惠先生棟三世傳經，其學信而好古，於荀、虞之易，鄭、孔之禮，何休之春秋，旁搜廣摭，發明古義。東原見于揚州，交相推重也。東原家居，同郡鄭牧、汪肇龍、程瑶田、方矩、金榜皆從問業。至京師，光禄寺卿王君鳴盛、學士錢君大昕、朱君筠、紀君昀、盧君文弨皆折節定交焉。其客文恭公所也，出江先生推步法解，公于通考中盡載其書；其後學士朱君任安徽學政，盡檄江先生所著書，上于朝，入四庫全書館，東原表揚之力爲多。

酈道元水經注，流傳錯簡，東原尋其義例，按以準望，整之還其舊，俾諸水經支，川渠委納，釐然就貫。旋于永樂大典内見酈氏自序，且獲增益數事録之，始爲完書。嗣又得九章、五曹算經凡七種，自王寅旭、謝野臣、梅定九諸子，皆未之見。東原正訛補脱，如劉徽注内舊有圖而今闕者，補之。書進，得旨刊行，而古書之晦者以顯。其後得疾，足痿不能行，猶日夜校讎説文、方言、大戴禮記，以次勘定，未及上進而疾已亟矣。

東原所著書：毛鄭詩考四卷，詩補注一卷，尚書義考二卷，儀禮考正一卷，考工記圖二卷，爾雅文字考十卷，方言疏證十三卷，聲韻考四卷，聲類表十卷，原善三卷，大學補注一卷，中庸補注一卷，孟子字義疏證三卷，原象一卷，迎日推策記一卷，歷問一卷，古歷考二卷，句股割圜記三卷，屈原賦注二卷，文集六卷。凡遺書二十種，曲阜孔君繼涵梓之以行。其未成之書，水地記七册，直隸河渠書六十四册，付子中立，寫藏於家。

東原生雍正元年十二月某日，殁于乾隆四十二年五月某日，年五十有五。娶朱氏，封孺人。子一，中立。女一，許字曲阜孔廣根，蓋繼涵次子也。

嗚呼！東原之學，苞羅旁蒐於漢、魏、唐、宋諸家，靡不統宗會元，而歸于自得。名物象數，靡不窮源知變，而歸于理道，本朝之治經者衆矣，要其先之以古訓，折之以羣言，究極乎天地人之故，端以東原爲首。昔韓昌黎銘施士丐，柳子厚表陸淳，皆稱先生，蓋以經師爲重。今竊取是例，以示張君，俾刻于幽竁。乃銘曰：

鄭、孔既没，大義寖湮，各以闚觀，莫溯其全。先生觥觥，搜玄摘秘，貫串三才，上窮六藝。公卿動色，天子嗟咨，媿古大師，誰曰非宜？龍蛇召灾，遺言在笥，吾言匪誣，俟諸百世。

（輯自春融堂集卷五十五）

戴東原先生墓表

任兆麟

東原先生諱震，戴氏，系出子姓宋戴公子文之後。南唐時兵馬使護，始居歙州之婺源，五傳至睿，徙爲休寧人。又二十六傳至景良，先生曾祖也。祖寧仁，父弁，皆不仕。

先生生而體貌厚重，性端嚴。十歲始能言，讀書日數千言不肯休，每字必求其義。師不勝煩，授以許氏説文，學之三年，盡得其節目。又博稽漢儒箋注，一字之義必貫羣經、本六書以爲定詁。遂盡通十三經注疏，舉其辭無遺。隨父之邵武，課徒一年，於經學益邃。

嘗以爲聖人之道在六經，漢儒得其制數，宋儒得其義理。經之至者道也，所以明道者詞也，所以成詞者字也，必繇字以通其詞，繇詞以通其道，乃可得之。又經之難明，在一事必綜其全而覈之，鉅細畢究，本末兼察，信而有徵，合至道而不留餘議。誦堯典至「乃命羲、和」，不知日月列星之所以運行，則掩卷不能卒業。誦周南、召南自關雎而往，不知古音，徒强以協韻，則已齟齬失讀。誦古禮先士冠禮，不知古者宮室衣服等制，已迷於其方，莫辨其用。不知古今地名沿革，則禹貢職方、山鎮、川澤，春秋列國疆域、會盟、攻戰之地，失其處所。不知古今推步之長，則如夏書之「辰弗集於房」，魯太史引以爲「正陽之月孟夏」，古文尚書繫之「季秋」；小雅十月之交，鄭康成以爲周正，劉原甫以爲夏正；春秋傳兩記「日南至」，歷代史志載步算家上考，曲合其一而卒違其一；儒者何以識古書之真僞，辨箋解之得失，決魯至朔之當否？不知少廣、旁要，則考工之器不能因文而推其制。不知鳥獸蟲魚草木之名號狀類，則比興之意乖。六書之學，詁訓音聲未始相離，聲與音又經緯衡從。孫炎創立翻語，厥後考經論韻用之。釋氏之徒從而習其法，因竊爲己有，謂來自西域，儒者數典而忘之也。中土準望用勾股，西法易名三角八綫，而正弦比例之根生於勾股，則勾股能御三角，三角不能御勾股，雖深明西算者，咸昧其由來也。管、吕言五聲十二律，宫位乎中，黃鐘之宮，四寸五分，爲起律之本。學者蔽於鐘律失傳之後，不追溯未失傳之先，宜乎說之多鑿也。凡經之難明若干事，先生靡不研心考究，會通折中，故其學彌博，探恉彌精覈，年二十餘而五經立矣。

婺源江先生永通經術，爲江以南大師，因就正焉。有論小學書，辨證確核，謂「古六書之義獨說文師承不失」，江深韙之。時同郡鄭牧、程瑶田、汪肇龍、方矩、金榜，皆考古士，以學藝互相切劘。然遇日益窮，習舉業者，父兄率戒其子弟弗與交，謂所學迂遠無當也。年近三十補縣學生，遂絶意進取，覃思著述，所撰考工記圖、句股割圜記諸書皆成。天台齊公召南見之，曰「此曠世才也」。乾隆二十七年舉江南鄉試，教授燕、晉間。

先生精於輿地之學，嘗謂今古遷徙，不可究詰，治斯學者，因川原之派別，知山勢之逶迤；由山鎮之陰陽，水行所逕過，知州郡之沿革遷徙。大凡水之上流，川出於兩山之間，歷千百年如其故道，至其委流，地平衍而土疏斥，不數歲輒遷徙不常，是以滹沱、桑乾、漳水之流爲難考。汾州聘修郡縣志，文書圖册紛錯幾案間，先生披圖覽册，有謬訛即改正，令吏再圖以進。吏始不服，及親履其地，果如先生言。其治事精敏類如此。後魏酈氏水經注流傳本，經、注混淆多錯簡，先生究心於是者八九年，尋其義例，按以準望，删補授校，整復其舊。三十八年，朝廷開四庫全書館，奉召爲纂修官，校閱永樂大典，得酈氏自序，又增益數事。館臣上其書，詔允刊行。旋有旨與乙未貢士一體殿試，四十年賜同進士出身，授翰林院庶吉士。

在館搜討典籍，多所訂正。嘗以算在六藝，古者以教國子，周髀之書雖傳，曆家不能通其用。有正北極旋機之名，有七衡六間、冬至日當外衡、夏至日當内衡、春秋分當中衡之規法。釋周髀者，不解正北極旋機何指。蓋正北極者，今赤道極也；北極旋機者，今黄道極也。赤道極爲左旋之樞，黄道極爲右旋之樞。自中土言之，皆在北方，故通曰北極。赤道極不動，黄道極每晝夜左旋環繞之而過一度，每一歲而周四游。故周髀謂赤道極曰正北極，而黄道極無其名，取諸測器之名命之。用是知唐、虞時，設旋機環轉於中，擬黄道極者也。因校正周髀經。又於大典内得九章、五曹算經七書，正訛補脱，審之劉徽所注舊有圖而今闕者，補之。書進，俱詔刊行，御製詩篇冠諸首。先生嘗謂漢經師鄭氏學，集衆家之大成，俾六藝散而復聚。雖虞翻、王肅時加駁難，而學者宗之。自唐義疏行，鄭氏注易、書乃亡，存者三禮注、毛詩箋，而三禮尤精博，當與禮經並行，如春秋有三傳。先生潛心於是書者數十年，校讎是正，用功尤深。會編校李如圭儀禮集釋，書中全載鄭注，因校李書，即考定鄭注，而周官、禮記亦以次定正焉。又謂古者小學家，列六藝之末，今存者，爾雅、方言、説文數家。方言無善本，爲正其訛脱，捃摭它書，成考證一書。時得足痿疾，不能行，猶日勘定不倦，暨大戴禮記未及進，而先生没矣。

所著書：毛鄭詩考正四卷、詩補注二卷、尚書義考二卷、考工記圖二卷、爾雅文字考十卷、方言考十三卷、韻考四卷、聲類表九卷、原善三卷、原象一卷、迎日推策記一卷、句股割圜記三卷、曆問一卷、古曆考二卷、屈原賦注十二卷、文集十二卷、制義一卷、戴氏族支譜一卷、汾州府志三十四卷、汾陽縣志十卷，其水地記七册、直隸河渠書六十四册，未成書，遺稿藏於家。

先生之始至京師也，時館閣諸通儒若王光禄鳴盛、錢學士大昕、盧學士文弨、王大理昶、紀學士昀、吴學士鼎，皆折節交先生。無錫秦文恭公撰五禮通考，延致商推，採摭其説爲多。

先生之學，自其早歲稽古綜核，博聞强識，而尤長於論述，期在實用。晚益窺性與天道之傳，於老、莊、釋氏之説，辭而闢之，使與六經、孔、孟之書，截然不得以相亂。嘗語其弟子段玉裁曰：「吾生平著述之大，以孟子字義疏證爲弟一，所以正人心也。」噫，是可知先生矣。吾吴惠徵君棟，以古學倡，既遇於揚州，論議吻合，甚相善。王光禄曰：「方今學者，斷推兩君，惠之治經求其古，戴求其是，究之，舍古無以爲是。」海内以爲知言。考據家無不稱惠、戴云。

先生抱經世之才，其論治以富民爲本。每舉漢書王成、黄霸、朱邑、龔遂、召信臣等，所居民富，所去民思，生有榮號，死見奉祠，廩廩庶幾德讓君子之遺風，未嘗不三復其言也。今陝撫畢公沅陛見入都，先生爲言大吏以知人爲難，鄉曲之氓問其邑令賢否，未有不當者。自監司至督撫涖其上，或往往不察，豈智不逮哉？所蔽者多也。

先生立身不苟，然亦不爲矯激之行。待人求其無憾，凡謀人之事，如恐不遂，揚人之善，如恐不聞。教人懃懇不倦，有所請業，各如其量答之，凡見先生者，未嘗不有所得而復也。先生之學，雖未設施於時，既没，其言立，非古所謂不朽者與！

先生以雍正元年十二月乙巳生，乾隆四十二年五月辛卯卒於京邸，得年五十有五。娶朱氏，有子一，中立。女適孔廣根。先生既没，中立將以七月某日歸葬休寧縣由山鄉之原，以狀來請誌。基振與先生同鄉舉，忝長一歲，雅以兄事，義不獲辭。惟著作文章具本集，故不臚載，兹特舉出處著述大槩，以表其墓，俾來者式焉。

（輯自有竹居集卷十）

祭戴東原先生文

段玉裁

維乾隆四十三年歲次戊戌十月丁巳朔越八日，弟子巫山縣知縣段玉裁，謹遣役李志德，以清酌庶羞之奠，致祭於吾師東原徵君之靈曰：

嗚呼先生，名世之英，儲靈匯秀，先覺羣生。自漢以後，六籍晦冥，辭章浮艷，道學虚聲，一華一空，無補於經。聖人之道，下學乃精，詁訓制度，物有其情。公實生知，絶學乃賡。六書九數，條貫縱横，至嘖不亂，胸羅列星，乃淪其源，乃摭其菁，郊廟鴻鉅，菹醢瑣零，天象地輿，製儀寫形，典謨雅頌，天人性命，洞發重扃，殷奏其聲。潤色萬物，流浹杳冥。無疑不泮，無謬不剷。聿自癸未，始識先生。幸得爲徒，執摯請正，先生曰否，相友相型。玉裁唯唯，師弟之盛。盛於炎漢，六經孔明。昌黎抗顔，籍、湜砢砢。恥學於師，願鑒其酲。十年四聚，問答紛縈。如雩得霽，如劍得鎣。同之大原，同居燕京。行則同輿，飯則同鉶。自慚惷愚。不痦多瞠。別久會希，溯洄依埊。弟子至蜀，師揚於廷。間闊五千，書郵不停。每奉翰墨，如聆咸韺。云胡丁年，起起悼驚。足疾而隕，庸醫可剄。易簀之前，書來錦城。細論音均，繩墨以絣。切切節節，丁丁嚶嚶。仲秋告歸，養痾筆耕。鄙人狂喜，亦擬東行。自今從遊，投老合并。豈意山積，梁木其傾。哀音至蜀，風凄雨霝，翩其丹旐，言返休寧。遺書誰取，碑石誰銘？先生之才，而不公卿，禮樂黼黻，以光太平。先生之德，而不遠齡，鮐背凍梨，中公宓生。海内故交，淒其涕零。著録多士，哭寢失聲。矧茲淺劣，尤辱丁寧。負土九江，仰慚桓榮。日月如駛，東望傷情。一介之使，隻雞之誠。用述故言，用慰幽靈。無戀陔蘭，陔蘭孔馨。微言未絶，竊願參訂。魂兮有知，鑒此心盟。尚饗！

（輯自經韻樓集卷七）

祭戴東原先生文

洪　朴

維年月日，晚生洪朴謹以清酌庶饈之儀，致祭于東原先生之靈，而言曰：人惟三才，盡人立極。分有所閡，明有所域。孰是斯人，克全其德。羣言紛紛，聖學茫茫。孰賢孰愚，奚底于成。後之人才，漸不如古。法度既弛，其事焉舉。聖人之言，盡在六經。苟會其歸，奚有不明？發於其言，害於其政。寧謂空談，不立民命。德脩毀來，君子之常。既歿言立，終焉以臧。夫子之身，雖不用世，苟上其言，未必無濟。夭壽不貳，君履其恒，吁嗟遺孤，責在友朋。咸忝子知，匪友伊師，小人則棄，君子知歸。用與不用，名節斯凛。子實有言，敢不詳審。靈之來臨，各見其心。遠矣萬古，昭哉自今。尚饗！

（輯自二洪遺稿伯初文存）

五友記（節録）

程瑶田

庚午、辛未之閒，余與稚川及余姊壻汪松岑三人同研席，每論當世士可交而資講習益者，余曰戴東原也。東原名震，休寧隆阜人。先是己巳歲，余初識東原，當是時東原方躓於小試，而學已粗成，出其所校太傅禮示余。太傅禮者，人多不治，故經傳錯互，字句訛脱，學者恒苦其難讀。東原一一更正之，余讀而驚焉，遂與東原定交。至是，稚川、松岑亦咸交於東原矣。壬申夏，松岑言於其從祖之弟在湘，在湘因延東原至其家，以教其子，於是余數人時時與東原處，故知東原最深也。

東原曰：「水經酈道元注亦如大傳禮，人所不治者，其經、注之錯互，字句之訛脫，與大傳禮無異。揚雄方言，所謂『縣諸日月，不刊之書』，治古文者資之，與爾雅、說文同功。而文章之古，益以轉寫之訛，人望之如蠶叢未闢者，然是皆不可不治其蕪雜，使就條理。」余觀東原之學以治經爲先，自諸經而外，又旁及於百家衆流，無所不窺，而獨致意於是三書者，蓋東原之治經也，以能知古人之文章。其知古人之文章也，以能窺六書之微指，而通古人之訓詁。三書之舛繆難治，苟非東原以其所能治之，後之人雖有一知半解，欲爲功於三書者，吾知其有所不能也。有東原以其所能先治之，後之人或有拾遺補闕，以裨益於三書者，吾知其有所甚易也。東原生九歲始能言，十五始力學，既通訓詁知古人之文章，挾其真知灼見以上下古今，如是者二十年。學成而人皆知之，出與當世學士大夫遊。所交皆窮經博洽之士，然往往讓東原出一頭地。當是時，著作之富盈箱篋矣，而東原益用弢掩，謂古人每悔成書太早也。然知東原者，欲爭先睹，皆慫恿之，乃曰：「吾圖考工記，蓋少日爲之，已數易稿矣。句股割圜記，專家之學也，自不知者視之，茫然無所從入，知而言之，亦非復有疑義者。屈原賦注則於諸家注外，竊寓表章之旨，必欲付梓，姑以是先焉。」

國家大集四庫全書，東原與纂修，官翰林，所校大傳禮、水經注、方言諸書，皆編入全書，而水經注更邀御製詩冠之篇首。同時有趙一清者亦治是書，校酈注所得多於東原，其書出，人皆珍異之。然東原之書能以經之下互於注者，出而還之於經；注之上互於經者，擇而歸之於注，於此益見東原之不可及也。水經自唐藝文志以爲桑欽撰，至今因之。東原謂班固嘗引欽言，欽在固前，而水經有小廣魏、魏寧諸地，是撰者上不逮漢，下不及晉，斷爲魏人，非桑欽也。東原讀書特識，往往如此。東原在官，諸書經其排類者，皆今世絶學。

其所著書，東原死後，曲阜孔葓谷盡爲付諸開雕，人皆謂東原死且不朽。然余獨念與東原交垂三十年，知東原最深，死之日僅五十五歲，其素所蓄積，尚有未筆之書者，有雖筆之書而未竟者。如假之年，治經之功豈止於是！抑古今之秘，天地將洩之；而又不欲盡洩之，是則余之所不能知也。

（輯自通藝録修辭餘鈔）

四先生合傳

汪　灼

四先生者，皆吾師也，先嚴直諒多聞友也。先嚴學垂成，卒於柳子厚之年。四先生亦皆未六七十卒，然其學各有成，可以信今而傳後。

四先生者，一以和易勝，一以恢諧勝，其二人以通博嚴直勝。通博者長於治經，嚴直者長於窮理，恢諧者長於詩，和易者長於文，而其旨歸，要皆不離大中至正之道。予困青衿十有八載，學無所知，人亦不之知。甲辰夏五月，墨雲鬱稠，停凝而忘歸，涷雨使蕉桐檐池日夕作聲，似助哀怨狀，室廬沈於水者再，足不出門户四十日，掩卷嘆息，不知何以慘然不樂。久之，復流涕，蓋有念於老成凋謝之爲可哀也已。因述後先從游之叙，見其人大槩，并言其所以誘導者爲學道者則焉。

予出就傅三年，先嚴延休陽學官弟子爲兄弟之師，世人多咄咄稱怪。

先生名震，姓戴氏，字東原，中乾隆壬午科孝廉。我皇上御極之三十有八年，詔開四庫全書館，首及先生名，赴京欽賜進士。明年廷試官翰林。四庫全書將告成而先生死矣。先生名成於徵聘而學之成原於兩館余家。當是時，室人無北門之嘆，又得通博藝林，先嚴力助之也。先生目直視，光炯炯射四座。學宗漢鄭君康成，六經、秦漢之書無不讀，隨讀研究，析疑義，明制度，豈非考之約而覽之博與！嘗憶兒時入塾，先生授説文解字，俾遂字尋六書之義，因訓曰：「讀書始於識字，積字成句，累句成文，庶免扞格難通之弊。日爲餘功認十字，計三載可竟功。當讀之書，不外聖賢經傳。文可法者，馬遷史記、班固漢書而已。近世工剽竊，尚腔調文，與俗近者去古遠，汝曹慎之，勿學也。」與先嚴同學不疏園，南東異室處，偶讀書有得，未嘗不來先嚴處，分榻坐，抵掌談道，歡聲達墻外。有村人暨他族以事白，或持文就正先嚴者，先生即拂衣起，歸室據一席高歌無所顧，如冰炭然。而稚川先生來，則又如冰之投水，炭之在爐，冷熱各相得。京師多達官長者，聞先生處之亦若是，以故多不理人口，然猶未至世皆欲殺者，以素未肯與俗爭是非也。先生與東方日俱起，所讀之書，五色燦然，終朝握管，考覈禮經，爲古文辭，不作一行草字。夜則起視星斗，占人事得失。所著句股割圜記，集天官書、梅氏、利瑪竇之大成。尤精水經、律吕、音韻。其遺書刻自衍聖公家三十餘種，予大半不得見，惜壯也未從之遊。而先生之身爲事君，致獨不解今日洋溢之聲，竟出於昔年咄咄稱怪之口，何耶？春秋傳云：「取精多而用物宏。」吾知先生精氣當不滅於天壤。

松麓夫子，同姓也，與先嚴、戴師交共生死，歲之辛巳，同教授於予家。余亦何幸獲此兩師耶！側聽三賢一堂講學，先生往往執論辯至聲色並厲，大約先嚴與戴師是者七八，而先生思遲，是者不過一二。旁求側引，及思而有得於心，較聰穎者更勝。晨起必大呼：「二公昨日之言真不罔。」未得夜繼日以思，已得即心折，未嘗强不知以爲知。其爲學率多如此。今夫學不通經，不能明理，理不明，則人品不威不重，而孝者尤大節也。先生援經而察理，循理以盡孝，容止舉動，悉追閩、洛之淵源。而於子朱子文集、遺書、語類常究心焉。少時家固貧，名雖賈書爲業，實則席門前咫尺地，構殘帙，日售數十錢爲菽水計。嘗一二日不食，而父母未嘗饑。衣無綿不禦冬，而父母未嘗不藉緼袍增煖。嫂寡弟幼妻少，亦賴雙手以生。詩曰：「妻子好合，如鼓瑟琴，兄弟既翕，和樂且躭。」孔子曰：「父母其順矣乎？」先生雖貧，父母妻弟忘其貧，夫亦可以少慰也已。先生道貌岸然，望而生悸，教子弟循循無過，則蚩然喜。或偶側其頭，先生曰：「頭容直也。」偶舞其手，先生曰：「手容恭也。」偶交其足，先生曰：「足容恭也。」昔常苦迂拘，今幸折旋罔敢越規矩，先生之訓爲多。先生名肇龍，字稚川，松麓其號也。生爲郡人，迥異城市習，面方而頰赤，鬚髯直豎，見者驚以爲神。氣常阻，必喉際作聲乃得達，而頸亦紫赤。軀長八尺，坐時腰令正直，故坐立皆出人一頭。不妄爲言笑，有問即敬答，上而卿大夫，下至孩提，率其真不以欺人。而世之傲慢者，不敢驕以色，善戲謔者，不敢苟其辭，敬先生嚴直也。至若貧有一技可録，投之必物色，無歸者乞友之貲以贈之。有妻不能娶，告之縣官以畢其婚。後生而祈嚮，教之更益其助使得讀。於是近遠争歸之，非以名市也。心存不忍之仁，發於至誠而不矯，猶有憎先生而疑其詐者。嗚呼！何人心之不淳耶。既没而思之，又未嘗不以爲古之君子。先是先生館族人家，近古井旁，時應童子試，知讀宋人書，間三五日，手寫得數紙，遣學徒持之以正先嚴，先嚴用丹黄校其是，摘其非，而深破其疑。積二年而理道貫豁，雖當廿八之歲，始知讀書，而能操樞要，闡儒學之藴，誰不謂之豪傑之士耶！惜其游幽、冀，浮雲夢、瀟湘，書不暇成，且所得不謂是，故多散落，惟音釋徐某家藏古銅盤銘三百餘字，見賞於朝野之言金石者。尤工説文鐘鼎篆章，得者如獲珍寶。先生亦壬午科博副車，因偕戴師往都門，恐予學荒於嬉也，爲薦古笣先生以爲師。

先生元師山鄭公之後裔也，名爲龍，字古笣。喬居於蕪湖二世，口音不以歙語易。然家世原於雙橋溪上，故號雙橋。及其没也，亦在雙橋親族家。先生善恢諧，語笑必有所寓，非性使之然。故長貧不得已之志以没，亦可以爲感嘆矣。自先生設教園中，僅兩載，予年十三四，雖知讀古書，崇理學，常苦周禮、儀禮難通，而宋諸儒道德仁義性命之説，幽奥而難明，然篤喜誦毛詩。追思昔年從先君子扶鳩擢檠於山水間，每見雲峰縹緲，變幻無定狀，灌木陰翳，疊石峥嶸，披草得泉，汩汩從石罅出，下挂十百尋，俯瞰河流，徐迴澄澈見底，風激則水立，自然成文，余時心目留連若愁結不得發。及見春花明艷，如燕、趙佳人，秋月入懷，復如逢名士，風颯颯至，非不泠然善也。倏焉河山一白千里，時而冬矣，四運之中，登者、遊者、歌者、載酒者，各相依以爲樂，余又若愁結不得發。先生來謂余曰：子之游何爲有所思乎？殆無以寫其性情者乎？三百篇詩，漢、魏、晉、宋、齊、梁、陳、唐樂府古今體詩，四韻律詩，五言七言斷句詩，皆足以狀山川風月花雪之景況。因物以賦物，第學宜宗古詩十九首、建安七子、陶、謝、王、孟、韋、柳、李白、杜甫、韓愈、蘇軾諸家，餘涉獵之而已。於是欣然幸，囅然笑，大抒從前之愁結，使歡樂悲感，一見之於詩。酷暑勝酷吏，乘月納荷風，先生踞竹牀坐階上，予兄弟以簟布階下，常舉史册中趣事以相娛哂，或連吟以盡興，至夜分暑退乃寢，若忘師弟之分，然學日進，敬益加。先生外有柳下惠風，而中塗炭若伯夷，故人樂親之而不敢犯。視予猶子也，汪、鄭百年不聯婣，而先生以族人鄭君宏績第二女爲余配，時論紛起中阻之，先生力主其事不少顧，惜未迨昏期而先生死。歸十一年而余婦亦死。嗟乎！作合者人，俾之離者非天耶。先生中明經，終身不顯，冒風而病，病數日而歿。予宿雙橋侍疾，爲啓手足永別也。悲夫！

先生敏於詩，刻寸香就十數首，出語成章，中多奇逸句，其時藝見知於方朴山前輩，大士而後稱繼響，敏亦似之，無如隨作隨焚，詩文世不概見，偶見無不爭讀者，其亦可以知不得已之志矣。

歙之治小，猶分郡邑兩城，其民爲吏者十之三，爲役者十之五，餘二分，爲商販者得分有半，士特分其半而錯處焉。然則吏役之子恒爲吏役，士之子欲恒爲士得乎？士有志於學，皆樂郲居僻壤，入山欲其深，入林欲其密，恐氛埃之污人也。雖然，人之生有地，而志不可期，不爲地拘，則習俗何從易，既爲士，當不爲吏役之氣侵，爲士而善，當自有綱維主宰之不同乎俗。有若曰：出乎其類，拔乎其萃。何論居於鄉居於郡之有異哉？

似璪先生，邑城人也。與汪師郡城地隔不及里許，性和易樂道，不立一格以褒棄時藝，郡之人羣起宗法，無一異辭。蓋文壇有將有帥，將衆而帥一，艾東鄉，文中之帥也；陳、黃、章、羅、楊，文中之將也。

將秉帥之令以行，則三軍無無紀律之師。若先生者，其真歙州之東鄉也與！予年十有七，先嚴命往郡就先生學，於宅之南爲讀書舍，與弟少海同卧起，一老僕隨爨食，三年得補博士弟子。師弟之情，天倫之愛，相思於二十年後，猶前日事也。先生請業多學徒，日向暮，聞履聲過短墻，穿竹籬蕉葉下出，至則據几席，余兄弟左右分侍坐，先生曰：「自創爲四子書文，造其極者，明之唐荆川、歸熙甫，國朝熊鍾陵、李安溪，四君子爲可法，從而研究經義，參宋儒之書以明其理，而後熟精秦、漢、唐、宋之文以暢其氣，庶不失朝廷選士之正。」其論卓然，其言藹如也。始知不徒工墨調，摭拾諸經子集字句爲文章，然而屢試黜於有司，亦命也。豈先生之教爲迂闊耶？先生由鄉薦登明通榜，爲常州、通州教授，官雖冷，而二州之人皆沾時雨化，知時文道出於正，不流於詭遇。余秋試五寓秣陵，每值常州、通州學老儒，猶能言先生當時善教，稱誦不絶口。先生姓畢氏，名擢。余從學時，適老於家，歙之能以文匡時而爲余所折衷者，先生一人而已矣。

門弟子灼曰：天地毓靈，各鍾人傑，或産蕪湖，或生休、歙，學莫傳子而傳諸徒。自慚質魯，不克相如，嗟哉！四先生者今皆無後，豈秀異之氣萃一身，後起者難爲繼，故絶之耶？抑天忌賢才，不欲後裔窮其經，明其理，而工爲詩文耶？古之人名不没於世，有子若孫，且不知也。老泉之有軾、轍，幸也，軾、轍之子聞也，而孫不聞也。身以繼道，學不同而道歸於一，若四先生者皆聖人之徒也。

（輯自國圖藏鈔本漁村詩文集）

疇人傳・戴震

阮　元

戴震字東原，休寧人也。乾隆壬午舉人。壬辰歲，詔開四庫館，震以薦入館充校理，命與會試中式者同赴廷對，欽賜翰林院庶吉士。未及散館而卒，年五十有五。

西法三角八綫，即古之句股弧矢，自西學盛行，而古法轉昧。取梅文鼎所著三角法舉要、塹堵測量、環中黍尺三書之法，易以新名，飾以古義，作句股割圜記三篇，言因周髀首章之言，衍而極之，以備步算之大全，補六藝之逸簡，凡爲圖五十有五，爲術四十有九，記二千四百一十七字。

上篇曰割圜之法。中其圜而觚分之，截圜周爲弧背，絙弧背之兩端曰弦，值弧與弦之半曰矢。弧矢之内，成相等之句股二，半弧弦爲句，減矢於圜半徑，餘爲股。絙句股之兩端曰徑隅，亦曰弦，句股之弦，適圜半徑也。方圜之周、徑，信其周以爲袤，以徑爲廣，其冪咸四倍於方圜之冪。圜之内函方，其内復函圜，則内圜適外圜之半，方之内函圜，其内復函方，則内方適外方之半。句股之數，由斯起矣。句股弦三矩，方之，合句與股二方，適如弦之大方。減矢於圜徑，餘爲股弦和，矢恒爲股弦較。和較相乘爲句之方。減句於圜半徑，餘爲次弧背之矢。倍股爲次弧弦。減次弧背之矢於圜徑，餘爲句弦和，其矢爲句弦較。和較相乘爲股之方。方圜相函之體，用截圜之周徑，而函句股和較之率，四分圜周之一如之。規方之四隅，而函圜之周，凡四觚如之。因方以爲句股，函圜之半周，凡三觚如之。爲矩以準望，凡百分以矩之，百分爲圜半徑，自一隅規之。其隅設垂綫，截一矩之規成半弧背者二。弧外之句謂之矩分。引徑隅爲弦，謂之徑引數，股適圜半徑也。次弧外之股，謂之次矩分，弦謂之次引數，句適圜半徑也。規法九十有六限，限四之。一矩之規，其限二十有四。爲立成以起算，積矩函分萬。如次矩分而一，得過滿百之矩分。凡規限，半弧背也。半弧弦以爲句，謂之内矩分，其股謂之次内矩分，規限倍之爲半弧背，曰倍弧。規限之半，曰分弧。矩分以爲句，取次半弧背之分弧矩分，加於句爲之弦，得徑引數。圜周六分之，其弧弦適圜半徑，是故周三徑一者，六觚之周也。圜半徑爲股，半之爲句，求其弦。句弦較十之，是爲十觚之周。圜周之外内所成句股弦，皆方數也。隨徑隅所指，割圜周成弧背，皆圜限也。限同，則外内相應，句股弦三矩通一爲率。外内相應，句股弦三矩通一爲率，斯可以小大互權矣。弧之外内，其句股弦，平行觀之，成同限之句股三，矢與圜半徑成方冪，半之，分弧内矩分之方也。減次矩分於次引數，其較爲分弧之矩分，小大兩弧之和較互權也。小弧次内距分以爲弦，兩弧和較之内矩分半和爲之句，次内矩分半和爲之股，小弧内矩分以爲弦，兩弧和較之次内矩分半較爲之句，内矩分半較爲之股，有大弧互權之率。若大弧次内矩分以爲弦，兩弧和較之内矩分半較爲之句，次内矩分半和爲之股，大弧内矩分以爲弦，兩弧和較之次内矩分半較爲之句，内矩分半和爲之股，有小弧互權之率。弧之外内句股弦，終於一矩之規，方圜之致備矣。凡同限互權之率，句股之大恒也。句股應矩之方。變而三觚。不應矩之方。以句股御之，截爲句股六，而同限者各二。三三交錯，是以展轉互權。半弧背過一矩之規，以減圜半周，而得外弧。三觚句於句股，截其内。三觚一倨於句股，引而截其外。所知之距爲弦，其對觚之規限内矩分爲之股，所測之距爲弦，測知之規限内矩分爲之股。或測知兩距一觚，所知之觚，所知之兩距旁之。則於圜半周減一觚規限，餘爲兩觚規限之和。半之，爲半和限。兩距之和較，與半和限、半較限之矩分相應。凡矩分，隨數之和較得以相權；凡内矩分，必兼和較小大相權也。

中篇曰渾圜。中其圜而規之。二規之交，循圜半周而得再交。距交四分圜周之一，規之，翕闢之節也。緣是以爲經，謂之經限。横截經限之外謂之緯限。經之内規之謂之經弧，緯之内截其規謂之緯弧。經、緯之限界其外，經、緯之弧截其内，是爲半弧背者四，以句股御之。半弧背之外内矩分平行相應，得同限之句股弦各四，古弧矢術之方直儀也。儀不具次矩分之句股徑隅面各一，加一於四而五，是故參其體，兩其用。用也者，旁行而觀之也。旁行以用於經限，是經弧矩分爲句，緯限次内矩分爲之股。經弧内矩分爲句，緯弧次内矩分爲之徑隅。旁行用於緯限，則緯弧矩分爲句，經限次内矩分爲之股，緯弧内矩分爲句，經弧次内矩分爲之徑隅。旁行用於經弧，則經限矩分爲句，緯限經引數爲之股，經限内矩分爲句，緯股徑引數爲之徑隅。旁行用於緯弧，則緯限矩分爲句，經限徑引數爲之股，緯限内矩分爲句，徑弧徑引數爲之徑隅。儀之立也爲方四成，旁行而得同限之句股四。經限矩分爲句，則緯限矩分爲之股；經限内矩分爲句，則緯弧矩分爲之股；經弧矩分爲句，則緯限内距分爲之股。經弧内矩分爲句，則緯弧内距分爲之股。凡句股二十有四，爲互求之率五。遵古已降，推步起日至，斯其本法也。引而伸之，以經限爲節者，其二規皆緯也。自交已至經弧，謂之次緯儀。以緯限爲節者，其二規皆經也。自交已至緯弧，謂之次經儀。儀各爲半弧背者三，成規限之句股徑隅。于是命半弧背之外内矩分，曰方數句股徑隅。規限句股徑隅也者，古弧矢術也，必以方數句股徑隅御之。方數爲典，以方出圜，立術之通義也。次緯儀，經弧爲其句限，緯限之次半弧背爲其股限，緯弧之次半弧背爲其隅限。規限句股徑隅，其外内矩分平行相應，得同度方數句股徑隅各三。儀不具次矩分之句股徑隅面各一，加一於三而四。旁行觀之，股限徑引數爲股，則隅限徑引數爲之徑隅，以用於句限。句限次内矩分爲徑隅，則隅限次内矩分爲之股，以用於股限。股限次内矩分爲股，則句限徑引數爲之徑隅，以用於隅限。儀之立也，旁行而得同限之方數句股徑隅三，爲三成，股限矩分爲股，則隅限矩分爲之徑隅；句限矩分爲句，則股限内矩分爲之股。隅限内矩分爲徑隅，則句限内矩分爲之句。取節於方直儀之經限以爲其限。凡句股十有八，爲互求之率四。次經儀亦如之。次緯儀翕闢之節、經限也，是故有經限互求之率。次經儀翕闢之節，緯限也，有緯限互求之率。距經緯之弧四分圜周之一，規之，謂之外規。爲總儀，凡構綴之規法五，皆四分之以爲其限。而交加前卻之。分儀半弧背，四合而爲儀者五，曰方直儀，曰右方儀，曰右次方儀，曰左方儀，曰左次方儀。半弧背三，合而爲儀者十，曰次緯儀，曰次經儀，曰兩緯儀，曰兩經儀，曰次經緯度儀。儀之句度股度互易，則外内矩分各旋而易，故五名而其儀十。凡爲儀十有五，是謂一終，得方數之句股徑隅三百。弧矢術之正整之就叙矣。

下篇曰三觚非弧矢術之正。以句股弧矢御之，渾圜之規限，正視之中繩，側視之隨其高下而羡，惟平視之中規。胥以平寫之，循規限之端，竟半周得圜徑。衡截圜徑，齊規限之末，抵外周，得規限所爲半弧弦。弧與弦易，正側之勢以爲平，於是命外周之限分爲其規限。凡矢屬於規限之端，弦屬於規限之末，一從一衡相遇也，用矢用内矩分準是率，率之。四分圜周之一，古推步法謂之象限，是爲一矩之規。

率之變也，減兩距於圜半周，用其餘弧爲兩距，減對兩距之觚於圜半周，用其外弧，爲兩觚内矩分共用之半弧弦也，餘一距及其對觚，共用之觚與距也。若三觚各以爲渾圜之一極，距觚四分圜周之一規之，三規之交成三觚三距，則觚同其距之規限，距同其觚之規限。前術大小倨句之體更也，後術觚與距之體更也。句股相權之大恒，觚之規限内矩分，各與對距相應。三距爲渾圜之規限，則觚之内矩分相應，相應而展轉互權矣。所求非對距對觚，則截之成規限句股徑隅者二，各視次緯儀之率通之。凡内矩分爲半弧弦，其弧背渾圜大規也。半弧弦不滿圜半徑者，以矢爲樞，以半弧弦規之，成渾圜之小規，衡截正視側視之規。側視之規，亦截小規，而與中圍之大規相應。截小規之徑爲大小矢，則與中圍大規之徑爲大小矢相應。三觚之用兩距和較也，所求之觚或所知之觚，所知之兩距旁之，其觚謂之本觚。旁於本觚之右距以平寫之，爲平視之規，則左距爲側視之規。截左距之末成小規，而識左距於平。兩距和限較限之矢較，半之，爲矢半較，以爲句，小規之半徑爲之徑隅。以較限與對本觚之距兩矢較爲句，左距側視之規，截小規之徑成大小矢爲之徑隅。如是得同限之句股二，而句與徑隅通一爲率。凡觚之規度，中圍大規也。大小規之半徑及其矢並通一爲率。若左距適四分圜周之一，則所成之規適爲中圍大規。若左右距相等無較限，則和限之矢半之爲句，小規之半徑爲之徑隅。對距之矢爲句，小規之大小矢爲之徑隅。以觚求距，求對距之矢也。以距求觚，求本觚規限之大小矢也。

是記所謂内矩分即正弦，次内矩分即餘弦，矩分即切綫，次矩分即餘切，徑引數即割綫。次引數即餘割，倨即鈍角，句即鋭角，度謂之限，角謂之觚，邊謂之距。又以環中黍尺，用總存兩餘弦相加減，用時宜審餘弦同在半徑不同在半徑。震立新法，改用兩矢較半之，與以餘弦相加減所得初數同，且免詳審加減之煩。

又著原象八篇、迎日推策記一篇，以明推步原象。一曰日循黄道右旋，斜絡乎赤道而南北者，寒暑之故也。虞夏書以璇璣玉衡寫天，逸文猶見周髀之書。論語之北辰，周髀所謂正北極，是爲左旋之極。日躔黄道，其極周髀所謂北極璇璣，環正北極者也。月道之極，又環璇璣者也，是爲右旋之樞。璇璣之環正北極而成規也。冬至夜漏中起正北極之下，日加卯在正北極左，日加午在正北極上，日加酉在正北極右。晝夜一周而過一度。均分其規位，十有二子。春分夜漏中則起正北極之左，是爲建卯。夏至起正北極之上，是爲建午。秋分起正北極之右，是爲建酉。冬至而復起於正北極下，是爲建子。中氣十有二，皆中其建。如是終古不變，以與日躔黄道相應。凡三百六十有五日小餘不滿四分日之一，日發斂一終。月道斜交乎黄道，凡二十有七日小餘不滿少半日，月逡其道一終。日月之會，凡二十有九日小餘過半日以起朔。十二朔，凡三百五十有四日，小餘不滿四分日之一，而近歲終。積其差數置閏月，然後時序之從乎日行發斂者以正。故堯典曰：「期三百有六旬有六日，以閏月正四時成歲。」日兆月而月乃有光，人自地視之，惟於望得見其光之盈。朔則日之兆月，其光嚮日下，民不可得見，餘以側見而闕。日月之行，朔而薄於交道，日爲月所揜，則日食。日高月卑，其間相去蓋遠，故其食分淺深，隨地之方所見者不同。望薄交道，而月入闇虚，則月食。張衡靈憲之文曰：「當日之衝，光常不合者，蔽於地也，是謂闇虚，月過則食。」闇虚之爲地景，故食分淺深，見者皆同。月出入黄道表裏，最遠不及六度。日發斂於赤道外内四十餘度之間。赤道者，中衡也。古有分、至、啓、閉，謂之八節，準以設衡。其五衡與外衡、内衡，發斂所極至也。中衡，南北之中分也。自南斂北，入次四衡爲春，入次二衡爲夏，當其衡啓也。自北發南，出次二衡爲秋，出次四衡爲冬，當其衡、閉也。周髀之七衡六間，則準乎中氣十有二。外衡冬至，内衡夏至，中衡春秋分，不相變革。日之發斂，以赤道爲中，月之出入，以黄道爲中。此天所以有寒暑進退，成生物之功也。日月之贏縮遲疾，皆有規法，於以見運行之機，至動有常，是以曆數得而明之。凡地之方所近日下，盛陽下行，故暑。日遠側照則氣寒。寒暑之候，因地而殊。中土值内衡之下已北，其外衡之下已南，寒暑與中土互易。中衡之下，兩暑而無寒，暑漸退如春秋分乃復。南北極下，凝陰常寒矣。二曰堯典：「日中星鳥，以殷仲春。日永星火，以正仲夏。宵中星虚，以殷仲秋。日短星昴，以正仲冬。」日夜分暨永短，終古不變者也。星鳥之屬，列星之舉目可見，大小有差，闊狹有常，相距不移徙者也。終古不變者，因乎地而生里差。相距不移徙者，以考日躔而生歲差。唐、虞春分日在胃、昴之間，故鳥中；夏至日在七星，故火中，火，心也；秋分日在氐、房之間，故虚中；冬至日在虚，故昴中。鳥南陸；蒼龍，房、心東陸；玄武虚危，北陸；昴西陸。昴同日西下，必龍角東陞，鳥值南，虚在極之北，四正之位，各協其方。然則列星四象，辨自羲、和，仲春初昏，不違天部也。夏小正「五月初昏，大火中」，協於星火仲夏之交。而春秋傳張趯曰：「火星中而寒暑退」，謂季冬寒退旦中，季夏暑退昏中也。凡星未中，見而東陞，過中，乃西流。故豳詩曰：「七月流火。」小正與堯典合，春秋傳與詩合。星以紀候者，先後一月。虞、夏日躔所在，與周差一次，與今差二次。星之見伏昏旦中，悉因之而異。此其大經也。二十有八舍、十有二次，周時之文始詳。春秋傳：「婺女爲元枵，維首。」又曰：「元枵虚中也。」據是遞之：星紀，斗、牽牛也；元枵，婺女、虚、危也；娵訾之口，營室、東壁也；降婁，奎、婁也；大梁，胃、昴也；實沈，畢、觜觿、參也；鶉首，東井、輿鬼也；鶉火，柳、七星、張也；鶉尾，翼、軫也；壽星，角、亢也；大火，氐、房、心也；析木之津，尾、箕也。元枵一曰天黿，一曰顓頊之虚。娵訾之口，一曰豕韋。斗或以建星，觜觿以罰，東井、輿鬼以狼、弧。營室謂之定，柳謂之噣，氐謂之本，房謂之駟，尾謂之依。大水，定也，鳥帑，軫也，亢氐之間，天根也，房，農祥也。天策在尾旁，攝提俠、大角、南門在亢之南。斗杓是爲招摇，當依織女向降婁者也。假恒星識日月之躔逡。恒星蓋二萬五千餘年右旋一終。古在赤道外者，今迤而入乎赤道内矣，古在赤道内者，今迤而出乎赤道外矣。星之與衡相值也，並古今殊。日發斂一終而成歲，於黄道無差數，冬至起外衡，仍復底外衡。而星則異其所，其爲差數也微，是謂歲差。故歲功終古不忒，而星之見伏昏旦中，隨時爲書以示民，千百年然後一易。周人以斗、牽牛爲紀首，命曰星紀。自周而上，日月之行，不起斗、牽牛也。然則十有二次之名，蓋周時始定。唐、虞冬至日在虚，元枵次也。今冬至日在箕，初析木之津也。三曰周官經土圭之法。「測土深，正日景，以求地中。」日南景短，日北景長，取中而得尺有五寸，以是求南北之中。日東景夕，日西景朝，時刻相差比，以是求東西之中。蓋所謂測土深者，以南北言也。聖人南面而聽天下以法天，故南北爲經，東西爲緯，南北爲深爲輪，東西爲廣。表景短長，即南北遠近，必測之而得，故曰測土深。所謂正日景者，以東西言也。地中景正，日加午；東方已過午後而爲景夕，西方尚在午前而爲景朝。周髀立晝夜異處，加四時相及之算，謂地中與東西相距四分圜周之一，則地中午，東方酉，西方卯。自卯至午，自午至酉，皆四時也。必正其日中之景，以審時之相差，故曰正日景。兼是二者，一爲南北里差，一爲東西里差。測非獨夏至，夏至日中景最短，及其最長，皆以土圭度之。古人用是考黃、赤二道，猶漢已降之考北極高下也。土圭之法不惟建王國用之，封國必以度地，以此知某國或日南日北，或日西日東，然後可定各地之分至啓閉。陰陽大論之文：「地之爲下否乎？地爲人之下，太虚之中者也，馮乎大氣舉之也。」步算家考北極及月食，得地體周七萬二千里，環地之周，戴天曰上，履地曰下。南行近二百里，而北極下一度，北行近二百里，而北極高一度。處乎地者無攲側之患，何也？大氣使然也。晝夜永短，南北以漸而差。南至赤道下，南北極與地適平，晝夜均無永短。北至極下，赤道與地適平如帶，自春分至秋分爲晝，秋分至春分爲夜。凡氣朔之時刻漸西則氣朔早，漸東則氣朔遲。月過闇虚而虧食，西見食早，東見食遲。此地與天相應之大較也。地之廣輪，隨其方所，皆可假天度測之矣。四曰洪範五紀。一曰歲，二曰月，三曰日，四曰星辰，五曰曆數。分至啓閉，紀於歲者也；朔望朏霸，紀於月者也；永短昏昕，紀於日者也；列星見伏昏旦中，日躔月逡，紀於星辰者也；贏縮經緯，終始相差，紀於曆數者也。紀於歲者，察之日行發斂；紀於月者，察之日月之會，交道表裏；紀於日者，察之晝夜刻漏，出入里差；紀於星辰者，察之十有二次；紀於曆數者，隨時測驗，積微成著，修正而不失。屈原賦之文曰：「圜則九重。」九重者，自下而上數之，月一，辰星二，太白三，日四，熒惑五，歲星六，填星七，恒星八。有象之高下止於八，並各爲右旋，然則大氣左旋而九與？古之治曆者，考日月之行以授時，表中星以著候，不言五步也。漢以降，推測滋繁，於是五步之遲疾留退見伏有稽。天左旋，日月星隨之而左者，晝夜之象也。各爲經緯，是以知日月星皆右旋。右旋者，發斂之軌也。日入次二衡而暑盛，出次二衡而暑以漸微。日入次二衡而減夏之暑，增冬之寒，出次二衡反是。是故知日月出入之行，可以知寒暑之所由消息矣。日之贏縮，月之遲疾，五步之益以留退，有規法，以知差數。日月五步循之而旋也，漸高則距地遠，而人視之加小。漸下則距地邇，而人視之加大。日月五步之規法，贏縮之故也。一逆一順，自然而成，至動有常之機也。古寫天之器，莫善於璇機玉衡。漢以降，失其傳也久。可徵而復也，爲儀象考識日躔。渾圜而中規之象赤道，距規四分圜周之一設其樞象天極也。爲規載之曰子午之規，半出於地平，規隨北極高上，以察各方之永短昏昕。斜絡赤道外内爲規，象黄道。距黄道四分圜周之一，是爲南北璇機。璇機者，黄道極也。準赤道爲規法，二分之規曰中衡，赤道也。冬至之規曰外衡，夏至之規曰内衡。凡爲衡者五，應一歲之分至啓閉。衡百度，度六之，應晝夜之漏刻。刻七十有二分，以知里差。經歲三百六十有五日，不滿四分日之一，以是爲日躔黄道之度分。是故黄道日也，赤道刻也。星儀考識昏旦中，設其樞以象星極；爲游規而載之，以知歲差。規設天極焉，載於子午之規，以周知一歲。婺女爲元枵之維首，而周分十有二次，以紀日月之躔離。察玉衡以知左旋，察璇機以知右旋。天行之大致舉矣。自五篇以下，文與句股割圜記大同不具。

迎日推策記曰：「日月之盈縮遲疾，步算家積驗於既往，定爲規法。日躔黄道，其高下逆順以成盈縮者，曰左旋之規。中其規屬於黄道，循黄道而右，所謂平行者此也。凡三百六十五日小餘不及四分日之一，適終其道，謂之經歲。其周曰右旋之規，中其規屬於左旋之規，隨之而左，歲不及一終，積至五十餘年而差及一度。日屬於右旋之規，隨之而右。左旋之規一終，右旋之規恒倍之而再終。四分左旋之規以爲四限，其下半周之半爲盈初，上半周之半爲縮初。自盈初至盈末，日之實體前於平行。自縮初至縮末，日之實體後於平行也。月道，其高下之規法以生遲疾者，曰左旋之規。中其規屬於月道。循月道而右，凡二十七日近少半日，平行終其道。其周曰右旋之規。中其規屬於左旋之規，隨之而左，不及一終而差數生焉。三千二百三十餘日，差數之積滿一周。四分左旋之規以爲四限，其上半周之半爲遲初，下半周之半爲疾初。遲初至遲末，猶日之縮初縮末也。疾初至疾末，猶日之盈初、盈末也。屬於右旋之規者，曰附綴之規。其周曰次右旋之規，與右旋之規恒相切也，其周曰次左旋之規。月距日一度，則次右旋之規其旋也二度，次左旋之規亦如之。月屬於次左旋之規，朔望恒旋而在下，上下弦恒旋而在上也。二十九日過日之半，而月與日會，是謂朔策。月道交於黄道，自南而北，其交曰中交，於是月逡黄道之北謂之陰曆。自北而南，其交曰正交，於是月逡黄道之南，謂之陽曆。其入陰曆也，已及六度，中土測之尚在日南。其入陽曆也，尚差六度，中土測之已在日南，黄道高於月道故也。月之南北行，以玉衡界黄道而八，古推步法謂之九道八行。其二十七日有奇，而月道一終也。二交不復於其所差而西，凡一度又幾度之半。自外衡以起差數，三十交而值次四衡，三十交而值中衡赤道，三十交而值次二衡，三十交而值内衡，三十交而復值次二衡，如是以底於外衡。凡十有八年過年之半，而八行一終。月道極之環繞黄極也，曰左旋之規。以黄極爲之中，曰月道極所屬之規。中其規屬於左旋之規，隨之而左。十八年過年之半而一終。交道之有差數，以此月道極所屬之規亦左旋。其旋也，一月而再終。朔、望，月道極近黄極，故月道與黄道相距爲之加邇焉。上下弦，月道極遠於黄極，故月道與黄道相距爲之加遠焉。黄道與赤道相距，近較數百年間漸差而近。雖翕闢之節未昭然明著，其故亦猶是也。填星、歲星、熒惑在日之上爲三重，太白、辰星在日之下爲二重。其規法高下逆順以成遲疾留退者，曰左旋之規。中其規各屬於其道。循其道而右，其周曰右旋之規。中其規屬於左旋之規，隨之而左。填星、歲星、熒惑、太白左旋之規一終，右旋之規倍之而再終。辰星左旋之規一終，右旋之規其旋也再倍之而三終。五步之平行終其道也，填星凡二十有九年幾年之半，歲星幾十有二年，熒惑幾二年，太白二百二十有四日過日之半，辰星過八十有八日。左旋之規不及一終而差數生焉。星所屬之規，中其規屬於右旋之規。在日上者三星，以日躔相推而遲，故星所屬之規右旋，在日下者星二，以速於日躔，故星所屬之規左旋。星之見伏，環日上下各有定距，成環日之規。在日上者，環日之規類於左旋以就日，在日下者，類於右旋以就日也。自赤道以會於天極，其度閒廣狹殊體。自赤道以視日月五步之道，其升降正斜殊勢。自地周上至恒星，其高下表裏殊觀。環地之周，上應天周，中其，圜是爲地體之中。故算之所得，中乎地體，測望所得，周乎地體，而兩者殊數。水土之氣，烝而上浮，日月星之度，閒以舒，下者以升，小者以大，晝夜旦夕，其爲蒙氣殊變，盈縮遲疾，至於蒙氣交錯，相差之明著者也。若夫靡今靡古，莫知紀極，譬寸寸度之，至尺則差。銖銖權之，至兩則差。故設器觀象，與法相濟，俾差數未睹者，仍之差數。既睹者修而正之，此終始相差之無定者也。明著者立之，法無定者不改於其法，可以治曆矣。

又著續天文略三卷。文多不載，載其目：曰星見伏昏旦中，曰列宿十二次，曰星象，曰黄道宿度，曰七衡六閒，曰晷景短長，曰北極高下，曰日月五步規法，曰儀象，曰漏刻。或補通志所闕遺，或賡所未及，凡占變推步不與焉。震在四庫館分校天文、算法書甚夥，其海島算經、五經算術二種，則震從永樂大典中掇拾殘賸集合而成者。曲阜孔公繼涵，以震所校周髀算經、周髀音義、九章算術、九章音義、海島算經、孫子算經、五曹算經、夏侯陽算經、張丘建算經、五經算術緝古算經、數術記遺，并震所撰九章算術、補圖策算、句股割圜記，合而刻之，即今世所傳算經十書也。戴氏遺書算經十書。

論曰：九數爲六藝之一，古之小學也。自暴秦焚書，六經道湮，後世言數者，或雜以太一三式占候卦氣之說，由是儒林之實學，下與方技同科，是可慨已。庶常以天文輿地聲音訓詁數大端，爲治經之本，故所爲步算諸書，類皆以經義潤色，縝密簡要，凖古作者，而又罔羅算氏，綴輯遺經，以紹前哲，用遺來學，蓋自有戴氏。天下學者，乃不敢輕言算數，而其道始尊。然則戴氏之功，又豈在宣城下哉？

（輯自疇人傳卷四十二）

國朝漢學師承記·戴震

江　藩

戴震，字慎修，一字東原，休寧人。祖寧仁，父弁，皆不仕。君年十歲乃能言，就傅讀書，過目成誦。塾師授以大學章句「右經一章」，問其師曰：「此何以知爲孔子之言而曾子述之？又何以知爲曾子之意而門人記之？」師曰：「此子朱子云爾。」又問朱子何時人，曰：「南宋。」又問曾子何時人，曰：「東周。」又問周去宋幾何時，曰：「幾二千年。」曰：「然則子朱子何以知其然？」師不能答。讀書一字必求其義，塾師略舉傳注訓解之，意不釋。師惡其煩，乃取許氏説文解字令檢閲之，學之三年，通其義，於是十三經盡通矣。隨父客南豐，課學童於邵武。自邵武歸，年甫二十，同縣程中允恂一見奇之。時江君慎修來歙，見君，目爲儒者，一日舉曆算中數事曰：「吾積疑十有餘年而未剖析者。」君爲之比較，言其所以然。江君驚喜曰：「今之定九也！」年二十八，補縣學生。家屢空，而學日進。著考工記圖、屈原賦注、句股割圜記，流傳浙東、西。天台齊侍郎召南讀其書，恨不識其人，江南惠定宇、沈冠雲二徵君皆引爲忘年交。乾隆二十七年壬午舉於鄉。策蹇至京師，困於逆旅，人皆以狂生目之，幾不能供饘粥，獲交於錢少詹大昕，稱爲天下奇才。秦文恭公纂五禮通考，求精於推步者，少詹舉君名，文恭延之，纂觀象授時一類。後高郵王文肅公安國請君至家塾課其子念孫，一時館閣通人如河間紀庶子昀、嘉定王編修鳴盛、青浦王蘭泉先生、大興朱笥河先生，皆與之定交，從此海内知東原氏矣。試禮部，不第。後朱方伯珪招之游晉，修汾州府志。三十八年，奉召充四庫全書館纂修官。三十九年乙未，特命與會試中式者同赴廷對，授翰林院庶吉士。四十二年五月，卒於官，享年五十有五。

生平無嗜好，惟喜讀書，詞義鉤棘難通之文，一再讀之，涣然冰釋。其學長於考辨，立一義，初若創獲，及參互考之，確不可易。春秋昭公二十二年「十月，王子猛卒」，而其夏秋已兩書「王猛」，説者莫得其解，解之曰：「王猛與鄭忽，皆以國氏者也。王者，諸侯目王畿之辭，非天子之號。春秋凡書王，猶列國之書其國；書天王，猶列國之書爵；故王人與列國書人，同爲微者。王猛與鄭忽同以國氏，忽未即位而出奔，歸，不得書爵，書世子，正其復國也。王子猛未即位稱王，故卒稱王子，若先正其號曰王，不得復稱王子矣。」

周髀言「北極璿璣四游」，又言「正北極樞璿機之中」，後人多疑其説，解之曰：「正北極者，魯論之北辰，今人所謂赤道極也。北極璿機者，今人所謂黄道極也。正北極者，左旋之樞，北極璿璣每晝夜環之而成規，冬至夜半在正北極下，是爲北游所極；日加卯之時在正北極之左，是爲東游所極；日加午之時在正北極之上，是爲南游所極；日加酉之時在正北極之右，是爲西游所極：此璿璣之一日四游所極也。冬至夜半起正北子位，晝夜左旋一周而又過一度，漸進至四分周之一，則春分夜半爲東游所極；又進至夏至夜半，爲南游所極；又進至秋分夜半，爲西游所極：此璿璣之一歲四游所極也。虞夏書『在璿璣玉衡以齊七政』，蓋設璿璣以擬黄道極，世失其傳也。」

今人所用三角八綫之法，本出於句股，而尊信西術者輒云「句股不能御三角」，折之曰：「周髀云：『圜出於方，方出於矩，矩出於九九八十一。』三角中無直角，則不應乎矩，無例可比矣。必以法御之，使成句股而止。八綫比例之術，皆句股法也。」

嘗謂儒者治經，宜自爾雅始。世所傳郭注已删節不全，邢疏又多疏漏。如釋言「桄，充也」。六經無「桄」字，鄭注樂記、孔子閒居皆訓「横」爲「充」。「横」「桄」古通用。書「光被四表」，漢書引爲「横被四表」，今孔傳猶訓「光」爲「充」，文訛而義不殊也。釋言「庥，廕也」，即詩「不可休思」之「休」。釋木「桑柳醜條」，即詩「蠶月條桑」之「條」。莊子云「已而爲知者」，「已而不知其然」，當從釋詁解「已」爲「此」。其考證通悟多如此。

水經注訛舛多矣，王伯厚引經文四事，其三事皆注之溷於經者，則經、注之淆，南宋時已然。君獨尋其義例，區而别之云：「經文每一水云『某水出某郡縣』，此下不更舉水名；注則兼及所納羣川，故須重舉。經云『過某縣』者，統一縣而言；注則詳言所逕委曲，故有一縣而再三見者。經據當時縣治，善長作注時，縣邑流移，是以多稱『故城』，經無言『故城』者也。經例云『過』，注例云『逕』。以是推之，經、注之淆者可正也。」閻百詩、顧景范、胡朏明雖善讀古書，猶未悟斯失，至君始釐正之。今武英殿所刊，即用其校本，海内始復見此書之真面目焉。

嘗論學云：「經之至者，道也；所以明道者，辭也；所以成辭者，字也。必由字以通其辭，由辭以通其道，乃可得之。」又云：「治經之難，雖一事，必綜其全而覈之。誦堯典，至『乃命羲、和』，不知日月星辰之所以運行，則掩卷不能卒業。誦周南、召南，自關雎而往，不知古音，徒强以協韻，則已齟齬失讀。誦古禮，先士冠禮，不知古者宮室衣服等制，已迷於其方，莫辨其用。不知古今地方沿革，則禹貢職方、山鎮、川澤，春秋列國疆域、會盟攻戰之地，失其處所。不知古今推步之長，則如夏書之『辰不集於房』，魯太史引以爲正陽之月孟夏，東晉古文尚書繫之季秋；小雅十月之交，鄭康成以爲周正十月，劉原父以爲夏正十月；春秋傳兩記『日南至』，歷代史志載步算家上考，曲合其一而卒違其一；儒者何以識古今之真僞，辨箋解之得失，決魯曆至朔之當否！不知少廣、旁要，則考工之器不能因文而推其制，不知鳥獸蟲魚草木之名號狀類，則比興之意乖。六書之學，訓詁音聲未始相離，聲與音又經緯衡從宜辨。魏有孫叔然創立翻語，厥後考經論韻悉用之，晉人以譯西域釋氏之言。釋氏之徒羣習其法，因竊爲己有，謂來自西域，儒者數典，不能記憶也。管、吕言五聲十二律，宮位乎中，黄鐘之宮四寸五分，爲起律之本，學者蔽於鐘律失傳之後，不追溯未失傳之先，宜乎其說之多鑿也。」

又訓學者二：曰私，曰蔽。私生於欲之失，而蔽生於知之失。異氏尚無欲，君子尚無蔽。異氏之學主静以爲至；君子强恕以去私，而問學以去蔽，主以忠信而止於明善。凡生於其心，必發於其事，私者逞己以縱欲無良而憯不畏明。無私矣，尚不能無蔽。蔽者不求諸事情，以其意見信爲義理，公而不能明，廉潔而流於刻。記曰：「夫民有血氣心知之性，而無喜怒哀樂之常，應感起物而動，然後心術形焉。」凡有血氣心知，於是乎有欲，性之徵於欲，聲色臭味而愛畏分。既有欲矣，於是乎有情，性之徵於情，喜怒哀樂而慘舒分。既有欲有情矣，於是乎有巧與智，性之徵於巧智，美惡是非而好惡分。生養之道，存乎欲者也；感通之道，存乎情者也。二者，自然之符，天下之事舉矣。盡美惡之極致，存乎巧者也，宰御之方由斯而出；盡是非之極致，存乎智者也，聖賢之德由斯而備。二者亦自然之符，精之以底於必然，天下之能舉矣。君子之治天下也，使人各得其情，各遂其欲，勿悖於道義；君子之自治也，情與欲使一於道義。夫遏欲之害，甚於防川，絕情去智，充塞仁義。人之飲食也養其血氣，而其問學也養其心知，是以貴乎自得。血氣得其養，雖弱必强，心知得其養，雖愚必明，是以貴乎擴充。君子獨居思仁，公言言義，動止應禮。竭所能之謂忠，履所明之謂信，平所施之謂恕，馴而致之仁且智，不私不蔽者也。君子之未應事也，敬而不肆以虞其疏；事至而動，正而無邪以虞其僞。必敬必正，而要於致中和以虞其偏其謬。戒疏在乎戒懼，去僞在乎慎獨，致中和在乎達禮精義，至仁盡倫，天下之人同然而歸之善，可謂至善矣。夫以理爲學，以道爲統，以心爲宗，探之茫茫，索之冥冥，不若反求諸六經。此原善之書所以作也。

其所撰述，有毛鄭詩考正四卷、考工記圖二卷、孟子字義疏證三卷、方言疏證十三卷、原善三卷、原象一卷、句股割圜記三卷、策算一卷、聲韻考四卷、聲類表十卷、儀禮正誤一卷、爾雅文字考十卷、屈原賦注四卷、九章補圖一卷、古曆考二卷、曆問二卷、水地記一卷、戴氏水經注四十卷、直隸河渠書六十四卷、文集十卷，皆曲阜孔户部繼涵爲刊行之。君没後十餘年，高廟校刊石經，一日命小璿持君所校水經注問南書房諸臣曰：「戴震尚在否？」對曰：「已死。」上嘆惜久之。時人皆謂君若不死，必充纂修官。嗟乎！君以庶吉士得邀特達之知，亦可謂稽古之榮矣。

同時學者，郡人鄭牧、方矩、程瑶田、汪龍。鄭、方二人事蹟不得其詳。瑶田字易田，又字易疇，歙人，乾隆庚辰舉人，太倉州校官，著有通藝録行於世。汪龍字蟄泉，乾隆丙午舉人，著有毛詩申成、毛詩異義，皆未刊行。親受業者，高郵王念孫，字懷祖，乾隆乙未進士，授庶吉士，散館，改主事，官至直隸永定河道，精於訓詁，著有廣雅疏證十卷。子引之，字伯申，嘉慶己未姚文田榜以第三人及第，今官翰林院侍講學士，能世其學。段大令玉裁字若膺，一字懋堂，金壇人，乾隆庚辰舉人，官四川巫山縣知縣。講求古義，深於小學，著書滿家，刊行者惟詩經小學録四卷、説文解字注三十二卷。盧學士文弨、紀相國昀、邵學士晉涵、任侍御大椿、洪舍人榜、汪孝廉元亮，皆同志之友而問學焉。孔檢討廣森，則姻婭而執弟子之禮者也。懋堂大令之婿曰龔麗正，號闇齋，仁和人，以懋堂爲師，能傳其學，著有國語韋昭注疏，嘉慶丙辰進士，今官禮部祠祭司郎中。

（輯自中華書局標點本國朝漢學師承記卷五）

文獻徵存録·戴震

錢　林

戴震，字東原，安徽休寧人。少爲諸生，與其縣人鄭牧、歙汪肇瀧、方矩、汪梧鳳、金榜同受業於江永。通六經，精治三禮，兼習推步、鐘律，於音聲文字之學尤核。嘗曰：學者必由聲音以求訓詁，由訓詁以尋義理，失此者非學也。性狷介，多與物忤，落落不自聊。

年三十餘至京師，困於逆旅，饘粥將不繼，誦讀如故，人目爲狂生。一日，攜所著書詣嘉定錢大昕，大昕覽而異之，既去，曰：「此非狂生也，閉户生也。」尚書秦蕙田求雅才好博者，大昕舉震，蕙田大喜，即日詣之與談。尚書纂五禮通考，震爲之斟酌意指，以成盛業。高郵王安國長禮部，重震，遣子念孫事之。獻縣紀昀、餘姚盧文弨、青浦王昶，爲當世名人，見震莫不加禮。

乾隆二十七年，舉江南鄉試。試禮部，被放。又之山西，布政使朱珪屬修汾州志書，乃徧檢前籍，駁正舊志之訛，謂汾陽於漢爲兹氏縣，戰國時屬趙不屬魏，漢時屬太原郡不屬西河郡，後魏太和八年改六壁鎮置西河郡，治兹氏城，而西河之名移於此。酈道元注水經，以武侯浮西河事繫之夏陽，子夏陵及廟室繫之部陽而於謁泉山及文水絶不涉。及子夏設教事，張守節、李吉甫輩始指爲魏之西河，子夏退老居此，非其實也。吉甫又謂黄初二年於漢兹氏縣置西河郡，即今州理，不知魏、晉之西河皆治離石，非兹氏。吉甫又謂周宣帝於此置汾州；大業三年廢汾州，不知周、隋之汾州，皆非西河郡境。吉甫元和郡縣志叙述有法，而猶有舛誤。甚矣，地理之難言也。

三十八年，高宗立四庫館，公卿舉震以鄉貢士入館，充纂修官。旋命與會試中式者赴廷對，賜同進士出身，改庶吉士，時四十年也。

震以六書轉注其義寖失，指事、象形、諧聲、會意四者書之體，假借、轉注二者書之用，一字具數用者爲假借，數字共一用者爲轉注。初、哉、首、基之爲始，卬、吾、台、予之爲我，其義轉相注也。論諧聲，廣韻東、冬、鍾、江、真、諄、臻、文、欣、元、魂、痕、寒、桓、删、山、先、仙、陽、唐、庚、耕、清、青、蒸、登、侵、覃、談、鹽、添、咸、銜、嚴、凡，共三十五韻有入聲，外此支、脂等二十四韻無入聲。顧氏古音反是。震謂有入無入之韻，當兩兩相配，以入聲爲之樞紐，真以下十四韻與脂、微、齊、皆、灰、五韻同入聲，東以下四韻，陽以下八韻，與支、之、佳、咍、蕭、宵、肴、豪、尤、侯、幽十一韻同入聲。侵以下九韻入聲，則從廣韻無與之配。魚、虞、模、歌、戈、麻六韻廣韻無入聲，今同以鐸爲入聲，不與唐相配。而古音遞轉，及六書諧聲之故，可由此得之矣。蓋皆用江永説。後儒言易亂於費直，震以漢書破之，曰藝文志易經十二篇，施、孟、梁丘三家十二篇者，經上下二篇，十翼十篇，此三家所同也。儒林傳云費直易無章句，徒以彖、象、繫辭之言解説上下經，蓋費氏不自立章句，其解説經即用十篇之言，而十二篇之目未嘗改。劉向以中古文易校施、孟、梁丘經，或脱去无咎、悔亡，惟費氏經與古文同。初不言篇題與諸家異，後人誤讀儒林傳，輒咎費氏改經，不察之甚也。

周禮大馭「右祭兩軹，祭軓」注云：「故書軹爲軒，杜子春云『軒當爲軹，軹謂兩轊。或讀軒爲簪笄之笄。』」震辨之云：「軒當從『或讀如笄』，杜君改爲軹，與輢内之軹，二名混淆，非也。以轊釋轂端之斬，亦非也。軹者，車軨。斬者，轂末。轊者，軸末。後代字書，并斬字無之矣。『祭軓』字刊本無，訛爲『軌』。毛公釋『濟盈不濡軌』云『自輈以上爲軌』，陸德明依説文別之，以軌從九，車轍也；軓從凡，車式前也。依傳意，宜音犯，若音犯則字當作軓，以韻攷之又不合，疑漢時軌、軓二字相溷，毛君殆誤併二字爲一與！」

其述明堂之制云：「明堂，五室十二堂，故曰明堂月令。中央曰太室，正室也，一室而四堂：東堂曰青陽太廟，南堂曰明堂太廟，西堂曰總章太廟，北堂曰玄堂太廟。四隅之室，夾室也。四室而八堂：東北隅之室，玄堂之右夾，青陽之左夾也，其北堂曰玄堂右个，東堂曰青陽右个，南堂曰明堂左个；西南隅之室，明堂之右夾，總章之左夾也，其南堂曰明堂右个，西堂曰總章左个；西北隅之室，總章之右夾，玄堂之左夾也，其西堂曰總章右个，北堂曰玄堂左个。凡夾室前堂，或謂之箱，或謂之个，左氏傳『置饋於个』，杜云：『个，東西箱是也。』个者，兩旁之名也。古者宮室之制，前堂後室，有夾有个有房。惟南嚮一面，明堂四面闓達，亦前堂後室有夾有个而無房。禮婦人在房，明堂非婦人所得至也。四正之堂，皆曰太廟，四正之室，其一太室，故曰太廟太室。世之言明堂者，有室無堂，不分个夾，失其傳矣。」

春秋昭公二十二年十月王子猛卒，而其夏秋已兩書王猛，説者莫得其解。釋之曰：「王猛與鄭忽皆以國氏者也。王者，諸侯目王畿之辭，非天子之號，春秋凡書王猶列國之書其國，書天王，猶列國之書爵，故王人與列國書人，同爲微者，王猛與鄭忽同爲以國氏。忽未即位而出奔，歸不得書爵，書「世子」正其復國也。王子猛未即位稱王子，若先正其號曰王，不得復稱王子矣。」

又謂儒者治經，宜自爾雅始。世所傳郭注已删節不全，邢疏又多疏漏。如釋言「桄，充也」。六經無桄字，鄭注樂記、孔子閒居，皆訓横爲充，横、桄古通用。「光被四表」，漢書引爲「横被四表」，今孔傳猶訓光爲充，文訛而義不殊也。釋言「庥，蔭也」，即詩「不可休思」之休；釋木「桑柳醜條」，即詩「蠶月條桑」之條。莊子云「已而爲知者」，「已而不知其然」，當從釋詁解「已」爲「此」。

震天文算學出於永，其妙勝永。西術以爲赤道極之外有黄道極，爲七政恒星右旋之樞，詫爲言曆者所未發，震折之曰：西人所謂赤極，即周髀之正北極也。黄極即周髀之北極璿璣也。虞夏書「在璿璣玉衡以齊七政」，蓋設璿璣以擬黄道極。黄極在柱史星東南上弼少弼之閒，終古不隨歲差而改。赤極居中，黄極環繞其外。周髀固已言之，不始於西人也。又月建所指，亦謂黄極。夫北極璿璣冬至夜半恒指子，春分夜半恒指卯，夏至夜半恒指午，秋分夜半恒指酉。以周髀四游所極推之，則月建十有二辰，爲黄極夜半，所指顯然，漢代以爲斗杓移辰者非也。

泰西測天傳弧三角術，其三邊求角及兩邊夾一角，求對角之邊加減捷法，宣城梅氏用平儀之理爲圖闡之。震以用餘弦折半爲中數，則過象限與不過象限有相加相減之殊，雖密猶疏，故謂用餘弦者，或加或減，易生歧惑。今立新術，用總較兩弧之矢相較折半爲中數，則一例用減，更得簡捷。蓋餘弦者，矢之餘也，八綫法弧小則餘弦大，弧大則餘弦小，弧若大過象限九十度，則餘弦反由小而漸大。惟矢不然，弧小則矢小，弧大則矢大，弧若大過象限九十度，則矢更隨之而大，是矢與弧大小相應，不似餘弦之參差，故以易之也。

水經經、注相淆久矣，王伯厚引經文四事，其三事皆注之溷於經者。震尋其義例，區而別之，云：「經文每一水，云某水出某郡縣，此下不更舉水名；注則兼及所納羣川，故須重舉。經云過某縣者，統一縣而言；注則詳言所逕委曲，故有一縣而再三見者。經據當時縣治，善長作注時縣邑流移，是以多稱故城，經無言故城者也。經例云過，注例言逕。」以是推之，經、注之淆者可正也。閻若璩、顧祖禹、胡渭善讀書，未悟斯失，至震乃發之。其後武英殿刊水經注，即用震所校本也。

震論學云：「經之至者道也，所以明道者辭也，所以成辭者字也，必由字以通其辭，由辭以通其道，乃可得之。」又云：「治經之難，雖一事必綜其全而覈之，誦堯典至『乃命羲、和』，不知日月星辰之所以運行，則掩卷不能卒業。誦周南、召南，自關雎而往，不知古音，徒强以協韻，則已齟齬失讀。誦古禮先士冠禮，不知古者宮室衣服等制，已迷於其方，莫辨其用。不知古今地方沿革，則禹貢職方、山鎮、川澤，春秋列國疆域、會盟攻戰之地，失其處所。不知古今推步之長，則如夏書之『辰不集於房』，魯太史引以爲『正陽之月孟夏』，東晉古文尚書繫之『季秋』；小雅十月之交，鄭康成以爲周正十月，劉原父以爲夏正十月；春秋兩記『日南至』，歷代史志載步算家上考，曲合其一而卒違其一；儒者何以識古今之真僞，辨箋解之得失，決魯曆至朔之當否！不知少廣、旁要，則考工之器不能因文而推其制。不知鳥獸、蟲魚、草木之名號狀類，則比興之義乖。六書之學，訓詁音聲未始相離，聲與音又經緯衡從宜辨。魏有孫叔然，創立翻語，厥後考經論韻悉用之。晉人以譯西域釋氏之言，釋氏之徒羣習其法，竊爲己有，謂來自西域，儒者數典不能記憶也。管、呂言五聲十二律，宮位乎中，黄鐘之宮，四寸五分，爲起律之本。學者蔽於鐘律失傳之後，不追溯未失傳之先，宜乎其説之多鑿也。

又作原善篇，以明儒之異乎老、釋。曰道釋在貴其神識，而儒者在善治事情。凡人之患二：曰私，曰蔽。私生於欲之失，而蔽生於知之失。異氏尚無欲，君子尚無蔽。異氏之學主静以爲至，君子强恕以去私，而問學以去蔽，主以忠信而止於明善。凡生於其心，必發於其事，私者逞己以縱欲，無良而憯不畏，明無私矣尚不能無蔽。蔽者，不求諸事情，以其意見信爲義理，公而不能明廉潔，而流於刻。記曰：「夫民有血氣心知之性，而無喜怒哀樂之常；應感起物而動，然後心術形焉。」凡有血氣心知，於是乎有欲，性之徵於欲，聲色臭味而愛畏分；既有欲矣，於是乎有情，性之徵於情，喜怒哀樂而慘舒分；既有欲有情矣，於是乎有巧與智，性之徵於巧智，美惡是非而好惡分。生養之道，存乎欲者也；感通之道，存乎情者也。二者，自然之符，天下之事舉矣。盡美惡之極致，存乎巧者也，宰御之方由斯而出；盡是非之極致，存乎智者也，聖賢之德由斯而備。二者，亦自然之符，精之以底於必然，天下之能舉矣。君子之治天下也，使人各得其情，各遂其欲，勿悖於道義。君子之自治也，情與欲使一於道義。夫遏欲之害，甚於防川，絶情去智，充塞仁義。人之飲食也，養其氣血，而其問學也，養其心知，是以貴乎自得。血氣得其養，雖弱必强，心知得其養，雖愚必明，是以貴乎擴充。君子獨居思仁，公言言義，動止應禮。竭所能之謂忠，履所明之謂信，平所施之謂恕。馴而致之。仁且智，不私不蔽者也。君子之未應事也，敬而不肆，以虞其疏；事至而動，正而無邪，以虞其僞。必敬必正，而要於致中和，以虞其偏與謬。戒疏在乎戒懼，去僞在乎慎獨，致中和在乎達禮。精義至仁盡倫，天下之人同然而歸之善，可謂至善矣。夫以理爲學，以道爲統，以心爲宗，探之茫茫，索之冥冥，不若反求諸六經，此原善之書所由作也。

嘗與友人書云：僕數十年來得於行事者，立身則曰不苟，待人則曰無憾。事事不苟，猶未能遠恥辱也，念念求無憾，猶未能免怨尤也。其得於學者，不以人蔽己，不以己自蔽，不爲一時之名，亦不期後世之名。凡求名之弊有二，非掊擊前人以自表襮，即依傍昔儒以附驥尾，二者不同而鄙吝之心同，是以君子貴在聞道也。今之博雅能文章善考核者，徒株守先儒而篤信之，如唐人所譏，「寧言周、孔誤，不道鄭、服非」，此非志乎聞道者也。其私智穿鑿者，即不自表襮，而學不師古，積非成是，惑以終身，無鄙吝之心，而失與之等，其於道亦遠矣。講明正道，修辭立誠，以俟後學，其或聽或否，或傳或墜，或尊信，或非議，所不計也。震嘗謂今人讀書，尚未識字，輒薄訓詁之學。夫文字之未能通，妄謂通其語言，語言之未能通，妄謂通其心志，此惑之甚者也。論者又曰：有漢儒之經學，有宋儒之經學，一主於訓詁，一主於義理，此愚之大不解者。夫使義理可以舍經而求，將人人鑿空得之，奚取乎經學？惟空憑胸臆之無當於義理，然後求之於古經。求之古經而遺文垂絶，今古懸隔，然後求之故訓。故訓明則古經明，古經明則聖人賢人之義理明，而我心同然之義理乃因之而明。古聖賢之義理非他，存乎典章制度者是也。彼歧訓故理義而二之，是訓故非以明理義，而訓故無用。理義不存乎典章制度，勢必流入於異學曲説，而不自知矣。震於老、莊、釋氏説辭而闢之，使與六經、孔、孟之書不相亂，人以爲其功不在韓愈下。所撰孟子字義疏證，段氏序東原集引戴氏説，自以生平著述之大此爲第一。洪素人易贊、程易田卷首諸篇，皆宗其學。在書局校定五經算術、海島算經、孫子算經，皆録而奏之。領秘書僅二年，未及授職，遽卒，年五十五。

有今文尚書經二卷、毛鄭詩考正四卷、毛詩補注二卷、春秋即位改元考一卷、考工記圖二卷、大學補注一卷、中庸補注一卷、孟子字義疏證三卷、原善三篇、聲韻考四卷、聲類表十卷，方言疏證十二卷、原象四篇、迎日推策記一篇、句股割圜記三篇、續天文略三卷、策算一卷、曆問四卷、氣穴記一卷、藏府象經論四卷、葬法贅言四卷、屈原賦戴氏注七卷、通釋音義一卷、文集十二卷，其詩經補注僅二南，蓋未成之書也。曲阜孔繼涵皆爲刊行之。

震嘗語人曰：「當代學者，吾以曉徵爲第二人。」蓋以第一人自居。曉徵，嘉定錢大昕也。江都汪中作贊曰：

國朝通儒若顧亭林、閻百詩、胡朏明、惠定宇、戴東原，皆繼往開來者。亭林始闓其端，河圖、洛書至胡氏而絀，中西推步至梅氏而精，力攻古文者閻氏也，專治漢易者惠氏也，及東原出而集大成焉。作六儒頌贊之，其服膺戴氏之學至矣。

（輯自文獻徵存録卷八）

戴東原先生事略

李元度

戴先生震，字東原，休寧人。生十歲始能言，書過目不忘。甫授大學章句，問塾師：「此何以知爲孔子之言而曾子述之？又何以知爲曾子之意而門人記之？」師曰：「朱文公説也。」問：「文公何時人？」

曰：「宋人。」「孔子、曾子何時人？」曰：「周人。」「周、宋相去幾何時？」曰：「幾二千年矣。」曰：「然則文公何以知其然？」塾師不能對。自後讀書，每字必求其義。得許氏說文解字，大好之，遂盡通十三經注疏，能全舉其辭。嘗曰：「經以載道，所以明道者辭也，所以成辭者字也。學者當由字以通其辭，由辭以通其道。某自十七歲時有志聞道，謂非求之六經、孔、孟不得，非從事於字義、制度、名物，無由以通其語言。爲之數十年，灼然知古今治亂之源在是。宋儒譏訓詁之學，而輕語言文字，是猶度江河而棄舟楫也。」

時婺源江先生永，治經稱大師。先生年二十，以所學就正，江先生驚異之。齊侍郎召南見所作考工記圖，曰：「奇書也！」年二十九，補縣學生。有族豪侵佔祖塋地，訟之。豪倚財結縣令，欲文致先生罪，乃脱身挾策入都。時紀編修昀、王編修鳴盛、錢編修大昕、王中書昶、朱編修筠，皆甲戌進士，以學問名一時，見先生，皆擊節嘆服，遂館於紀氏，作句股割圜記。秦文恭蕙田延致之，與講觀象授時之學。五禮通考中全載其句股割圜記，以集古今算法之大全。尋館王文肅安國家，公子念孫從受學，能得其傳。南歸，識惠先生棟於揚州。時盧編修紹弓爲盧運使見曾校刊大戴禮，先生數指其訛，遺書與任進士大椿論禮經。舉（康熙）〔乾隆〕壬午鄉試。是時秦文恭用江慎修及先生之説，疏請刊正韻書，薦先生與錢君大昕任其事。高宗以相沿已久，未允也。

先生以宋儒言性，言理，言道，言才，言誠，言明，言權，言仁義禮智，言智仁勇，皆非六經、孔孟之言，而以異學之言糅之。故就孟子字義開示，使人知人欲浄盡、天理流行之語病。於是作孟子疏證及原善、論性諸篇。嘗言：「朱子注大學，開卷言『虚靈不昧』，便涉異學。其言『以具衆理應萬事』，尤非理字之恉。古人曰：『理解者，尋其腠理而析之也。』曰天理者，如莊周言『依夫天理』，即所謂『彼節者有閒也。』古聖賢以體民之情，遂民之欲爲得理。今人以己之意見不出於私爲理。是以意見殺人，咸自信爲理矣。中庸注言『性即理也』，其可乎？論語開卷言『學以明善而復其初』。『復其初』出莊子，絶非孟子以擴充言學之意也。」其持獨見多類此。

朱文正珪雅善先生，爲山西布政使時，聘修汾州府及汾陽縣志，先生正舊志之訛，謂「汾陽於漢爲茲氏縣，戰國時屬趙不屬魏，漢時屬太原郡，不屬西河郡，後魏太和八年改六壁鎮，置西河郡，治茲氏城，而西河之名移於此。酈道元注水經，以武侯浮西河事繫之夏陽，子夏陵及廟室繫之郃陽，而於謁泉山及文水，絶不涉及子夏設教事，張守節、李吉甫輩始指爲魏之西河，子夏退老居此。皆非其實。吉甫又謂黄初二年於漢茲氏縣置西河郡，即今州治，不知魏、晉之西河，皆治離石，非茲氏。吉甫又謂周宣帝於此置汾州，大業三年廢汾州，不知周、隋之汾州，皆非西河郡境。吉甫元和郡縣志叙述最有法，而猶有舛謬。甚哉，地理之難言也！」

乾隆三十八年，詔開四庫全書館，于文襄敏中以紀文達昀、裘文達曰修之言，薦先生於朝。上素聞其名，遂以舉人特召，充纂修官。首校水經注，别經於注，正唐以來經、注混淆之失。高廟褒嘉，御製詩冠首，蓋先生之受主知深矣。乙未會試不第，上命一體與殿試，賜同進士出身，授庶吉士。先生起自孤寒，獨以文學爲天子所知，出入著作之庭。館中有奇文疑義，輒就咨訪，先生爲考究顛末，各得其意以去。晨夕討論，靡間寒暑。竟以積勞致疾，卒於官，年五十有五，時四十二年夏五月也。

先生所校定官書，自水經注外，曰周髀算經。謂「此古蓋天之法，自漢迄元、明，皆主渾天，明時歐羅巴入中國，始稱別立新法，其實皆出於周髀，所謂『天子失官，學在四夷』者也。」曰孫子算經、張丘建算經、夏侯陽算經、五曹算經、海島算經、五經算術、九章算術，皆王寅旭、謝野臣、梅定九諸公所未見者，先生悉心讎正。高宗皆製詩題卷首，刊行，而古九數之學大顯矣。曰儀禮釋宮、儀禮識誤、儀禮集釋、項氏家說、蒙齋中庸講義、大戴禮、揚子方言，皆能正其闕誤。所自著書曰原善三卷、孟子字義疏證三卷、句股割圜記三卷、策算一卷、原象一卷、考工記圖二卷、聲韻考四卷、聲類表十卷、文集十卷、續天文略二卷、水地記一卷、方言疏證十三卷、毛鄭詩考正四卷、考正鄭氏詩譜一卷、杲溪詩經補注二卷、大學補注一卷、儀禮考正一卷、曆問一卷、古曆考二卷、六書論三卷、爾雅文字考十卷、屈原賦注九卷。孔户部繼涵爲刊戴氏遺書，弟子段君玉裁復刊之。

先生無他嗜好，惟專力於讀書，雖詞義鉤棘難曉者，一再讀之，輒渙然冰釋，旁觀驚爲宿悟，要由精誠所致。其學長於考辨，每得一義，初若創獲，及參互考之，確不可易。後儒多言易亂於費直，先生以漢書證之，曰：「藝文志，易經十二篇，施、孟、梁丘三家。十二篇者，經上下二篇，十翼十篇，此三家所同也。儒林傳云：『費直易無章句，徒以彖、象、繫辭十篇之言解説上下經。』蓋費氏不自立章句。其解經即用十篇之言，而十二篇之目未嘗改。後人誤讀儒林傳，輒咎費氏之改經，不察之甚也。」周禮大馭「右祭兩軹，祭軓」注云：「故書軹爲軒。杜子春云：軒當爲軹。軹謂兩轊，或讀軒爲簪笄之笄。」先生辨之曰：「軒當讀如笄。杜君改爲軹，與輢内之軹，二名混淆，非也。以轊釋轂端之軒，亦非也。軹者，車軨。軒者，轂末。轊者，軸末。後代字書并軒字無之矣。『祭軓』字，刊本多訛爲軌。毛公釋詩云：『自輈以上爲軌。』説文：『軌，從九，車轍也。』『軓，從凡，車式前也。』依詩意宜音范，以韻考之，又不合。疑漢時『軌、軓』二字相溷，毛公殆誤併爲一歟！」

其述明堂之制曰：「明堂，五室十二堂，故曰明堂月令。中央曰太室，正室也。一室而四堂，東堂曰青陽太廟，南堂曰明堂太廟，西堂曰總章太廟，北堂曰玄堂太廟。四隅之室，夾室也。四室而八堂，東北隅之室，玄堂之右夾，青陽之左夾也，其北堂曰玄堂右个，東堂曰青陽左个；東南隅之室，青陽之右夾，明堂之左夾也，其東堂曰青陽右个，南堂曰明堂左个；西南隅之室，明堂之右夾，總章之左夾也，其南堂曰明堂右个，西堂曰總章左个；西北隅之室，總章之右夾，玄堂之左夾也，其西堂曰總章右个，北堂曰玄堂左个。凡夾室前堂，或謂之箱，或謂之个。左氏傳『寘饋於个』。杜云：『个，東西箱是也。』个者，兩旁之名也。古者宫室之制，前堂後室，有夾，有个，有房，惟南嚮一面明堂，四面闓達，亦前堂後室，有夾有个而無房。禮『婦人在房』。明堂非婦人所得至也。四正之堂，皆曰太廟。四正之室共一太室，故曰太廟太室。世之言明堂者，有室無堂，不分个、夾，失其傳矣。」

春秋昭二十二年十月，「王子猛卒」，而其夏秋已兩書「王猛」，説者莫得其解。先生曰：「王猛與鄭忽，皆以國氏者也。王者，諸侯目王畿之辭，非天子之號。春秋凡書王，猶列國之書其國；書天王，猶列國之書爵。故王人與列國書人，同爲微者，王猛與鄭忽，同爲以國氏。忽未即位而出奔，歸不得書爵，書世子，正其復國也。王子猛未即位稱王，故卒稱王子。若先正其號曰王，不得復稱王子矣。」

今人所用三角八綫之法，本出於句股，而尊信西術者，輒云「句股不能御三角」。先生折之曰：「周髀云，圜出於方，方出於矩，矩出於九九八十一。三角中無直角，則不應乎矩，無例可比矣，必以法御之，使成句股而止。八綫比例之術，皆句股法也。」

又言治經宜自爾雅始。如釋言：「桄，充也。」六經無桄字，鄭注樂記、孔子閒居，皆訓横爲充。横、桄古通用。書「光被四表」，漢書引作「横被」。今孔傳猶訓光爲充，文訛而義不殊也。釋言「庥，廕也」，即詩「不可休思」之休。釋木「桑柳醜條」，即詩「蠶月條桑」之條。莊子云「已而爲知者」，「已而不知其然」，當從釋詁解已爲此。其考證通悟類此者，不可枚舉。

璿璣玉衡爲古觀天之器，久失其傳。先生神悟於二千年後，令巧匠爲之，且詳其制於原象篇，所繪地圖尤精核。國朝言地理者，有顧景范、顧亭林、閻百詩、胡朏明、黄子鴻、趙東潛、錢竹汀諸家，然皆以郡國爲主而求山川，先生則以山川爲主而求郡縣，故精審能出其上。殁後十餘年，一日高宗校刊石經，命小璫問南書房諸臣：「戴震尚在否？」對曰：「已死。」上嘆息久之。

先是，總督方恪敏觀承聘先生修直隸河渠書百十一卷，未成而恪敏薨，稿藏周制軍元禮家。嘉慶己巳，吴江王履泰以貲爲通判，得書，攘爲己有，删其半，益以乾隆己丑以後事實，易名畿輔安瀾志，進於朝。仁宗謂此有用之書，命武英殿刊行，賞履泰同知，發永定河試用。先生嗣子仲孚攜原稿入都，欲爲辨正，不果。亦可見先生經世述作，身後猶見賞於朝廷云。（輯自國朝先正事略卷三十五經學）

清代樸學大師列傳・戴震

文偉成

戴震字慎修，一字東原，安徽休寧人。生於雍正元年十二月二十四日。十歲乃能言。就傅讀書，授大學章句至「右經一章」以下，問其塾師曰：「此何以知其爲孔子之言而曾子述之？」又何以知其爲曾子之意而門人記之？」師應之曰：「此先儒朱子所注云爾。」即問：「朱子何時人？」曰：「南宋。」又問：「孔子、曾子何時人？」曰：「東周。」又問：「宋去周幾何時？」曰：「幾二千年矣。」又問：「然則朱子何以知其然？」師無以應，大奇之。讀詩經至秦風小戎篇，即自繪小戎圖，觀者咸訝其詳覈。讀書每一字必求其義。塾師略舉傳注訓解之，意每不釋然。師不勝其煩，授以許氏說文解字。先生大好之，學三年盡得其節目。性强記，十三經注疏皆盡舉其辭。時年十六七耳。

先生家極貧，無以爲業，年十八，隨父客南豐，設塾於邵武，課童蒙自給。越二年乃歸。乾隆十六年，補縣生。師事江永。二十七年，江先生卒，先生是年舉於鄉，爲之狀其行實及著書數上之史館。

先生自十七歲時即有志聞道，謂當先從事於字義制度名物以通六經之語言。考諸篆書，由說文以睹古聖人制作本始。更念爾雅爲承學津筏，又殫心其書。旁推交勘，盡得古畫古義古音聲。有一字不準六書，一解不貫羣經，即無稽者不信，不信者必反復參證而後即安。夫字書主於故訓，韻書主於音聲，二者恒相因；音聲有不隨故訓而變者，則一音或數義；音聲有隨故訓變者，則一字或數音。其例或義由聲出，或聲同義别，或聲義各别。唯洞究其旨，凡異字異音絶不相通者，其誤自能别之。庶釋經論字，不至茫然失據也。自漢以來，轉注之説失傳：先生則謂指事、象形、諧聲、會意四者爲書之體，假借、轉注二者爲書之用。一字具數用者爲假借：依於義以引伸，依於聲而旁寄，假此以施於彼也。數字共一用者爲轉注：如初、哉、首、基之皆爲始，即吾、台、予之皆爲我，其義轉相爲注也。説文於考字訓之曰老也，於老字訓之曰考也，即轉相爲注也。以説文證説文可不復致疑矣。自漢以來古音寖微。學者於六書諧聲之故，靡所從入。廣韻東、冬、鍾、江等凡共三十五韻有入聲，外此如支脂等二十二韻無入聲。顧氏古音表反是。先生則謂有入無入之韻當兩兩相配，以入聲爲之樞紐。真以下十四韻與脂、微、齊、皆、灰五韻同入聲，東以下四韻及陽以下八韻與支、之、佳、咍、蕭、宵、肴、豪、尤、侯、幽十一韻同入聲。侵以下九韻之入聲，則從廣韻，無與之配。魚、虞、歌、戈、麻六韻，廣韻無入聲，今同以鐸爲入聲，不與唐相配。而古音遞轉及六書諧聲之故，皆可由此得之。此古人所未發也。其小學之書，有聲韻考四卷，聲類表十卷，方言疏證十三卷。

先生以算在六藝，古者以賓興賢能，教習國子。周髀之書雖傳於今，曆家不能通其用。有「正北極」及「北極璇璣」之名，有「七衡」、「六間」、「冬至日當外衡，夏至日當内衡，春秋分當中衡」之規法。釋周髀者數家，未解「北極璇璣」所指。先生以爲「正北極」者，今之赤道極也，所謂「北極璇璣」者，今之黄道極也。赤道極爲左旋之樞，黄道極爲右旋之樞，自中土言之，皆在北方，故通曰北極。赤道極不動，黄道極每晝夜左旋環繞之而過一度，每一歲而周四遊。故周髀謂赤道極曰正北極，而黄道極無其名，取諸測器之名命之。用是知唐、虞時設璿璣環轉於中，擬夫黄道極者也。此論匪惟得周髀之解，並以見古璿璣玉衡之遺制。曾自指點巧匠，製成其器，藏於孔繼涵家；繼涵又曾命工仿造云。其測算之書，有原象四篇，迎日推策記一篇，句股割圜記三篇，續天文略三卷，策算一卷。

先生亦精地理學，以山川爲主而求郡縣。嘗謂因川原之派别，知山勢之逶迤；由山鎮之陰陽，水行所經過，知州郡之沿革遷徙。大凡水之上流，川出於兩山之間，歷千百年如其故道；至其委流，地平衍而土疏斥，不數歲輒遷徙不常。先生屢應志局之聘，文書圖册雜錯糾紛於前，披圖覽册，有謬誤即圖上批示令再圖以進。户吏始不服，及親履其地，果如先生言，無不驚奇。後魏酈道元水經注一書，流傳至今，經、注溷淆，前後錯簡，文章家以爲掇拾辭采之書而已。先生究心於是者八九年，尋其義例，按以準望，整之俾還其舊。其所得經與注分别之例有三：一曰獨舉複舉之不同：經文甚簡，首舉水名，下不再出。注文繁，一水内必詳其注入之小水，是以主水名，屢舉而不厭。一曰「過」與「逕」之不同也：經必曰「過某」，注則必曰「逕某」，所以别於經。一曰某縣及某縣故城之不同也：注所謂某縣故城者，即經之某縣也。經時之縣，注時多爲故城。經無言故城者也。執此三例，沛乎莫禦，釐之有如振槁。

先生發願成七經小記。七經者，詩、書、易、禮、春秋、論語、孟子也。謂治經必分數大端以從事，各究洞原委。始於六書九數，故有詁訓篇，有原象篇；繼以學禮篇，繼以水地篇，約之於原善篇。詁訓、學禮兩篇未成；水地篇三十卷，成者僅一卷。原象、原善則已成。其典章制度之書未成。有考工記圖二卷，蓋少作。又因西人龍尾車法，作嬴旋車記；因西人引重法作自轉車記；皆見文集。

先生生平著述，以孟子字義疏證、原善二書爲最精深。本漢學之性理，易宋學之空言，詮明理欲之真。謂理在事情，不在意見。自宋儒舍情求理，至以意見當之，而生民遂受其禍無終極。尊者以理責卑，長者以理責幼，貴者以理責賤，雖失謂之順；卑者幼者賤者以理争之，雖得謂之逆。於是下之人不能以天下之同情天下所同欲者達之於上。上日以理責其下，而在下之罪，人人不勝指數。人死於法，猶有憐之者，死於理其誰憐之！所言多發明公理，排斥專制，與近日哲儒所言平等共和之説相合。其治經力求新理，獨有心得類如此。

先生終身在貧困中。年三十時，家中乏食，與麵舖相約，日取麵屑爲饔飧。以其時閉户著屈原賦注。三十三歲避仇入都，名公卿争納交焉。秦蕙田纂五禮通考，延主其邸。王安國延之課子念孫。既屢試不第，旅食諸方。嘗遊山西，修汾州府志、汾陽縣志。遊直隸，修直隸河渠書。嘗主講浙東金華書院。五十歲，當乾隆三十八年，四庫館開，以舉人充纂修官，蓋異數也。旋特賜同進士出身，授庶吉士。在館五年，積勞卒於官。

（輯自清代樸學大師列傳 皖派經學家列傳）

劉師培

戴震傳

戴先生震，字東原，安徽徽州府休寧縣人。生具異禀，十歲始能言，就傅讀書過目成誦，日數千言不肯休。授大學章句至「右經一章」節，問塾師曰：「此何以知爲孔子之言而曾子述之，又何以知爲曾子之意而門人記之？」師應之曰：「此朱文公所述。」即問：「朱文公何時人？」曰：「宋朝人。」「孔子、曾子何時人？」曰：「周朝人。」「周朝、宋朝相去幾何時矣？」曰：「幾二千年矣。」「然則朱文公何以知其然？」師無以應。識者知其非常人。年十五普讀羣經，每字必求其義，好漢許氏説文解字，盡得其節目。又取爾雅、方言及漢儒傳注箋存于今者，參互考究，一字之義必本六書、貫羣經以爲定詁。由是盡通前儒之説。

年十七即有志聞道，謂非求之六經、孔、孟不能得，非從事於字義制度名物，無由通其語言。宋儒譏訓詁之學輕語言文字，是猶渡江河而棄舟楫，欲登高而無階梯也。故其言曰：經之至者道也，所以明道者其辭也，所以成辭者字也，必由字以通其道，乃能得之。是則先生之學以小學爲入門，故所著之書，亦以小學書爲最先。嘗作六書論三卷，謂轉注猶言互訓，許君以考老示轉注之例，後人不得考老之義，以字形左回右轉釋之，最爲紕繆。其他或分形聲當之，或分假借當之，皆不可通。觀説文訓考爲老，訓老爲考，故序中論轉注舉之，大抵造字之始，事與形兩大端而已。文字既立，則聲寄於字，而字有可調之聲，意寄於字，而字有可通之義，是又文字之兩大端也。由是而推之於用，則數字共一用者曰轉注，一字具數用者曰假借，是又用文字者兩大端也。六者之次第出於自然，其涯略見于答江慎修書。六書論今未見。今有答江先生論小學書一篇，發明此義，江氏得其書，謂衆説紛紜，此爲定論，誠無以易也。又作爾雅文字考十卷，復以訓詁之學自爾雅外，惟方言、説文切於治經。曾以方言之字校説文；或以字爲綱，以方言之字傳説文之字；或以訓爲綱，以方言之訓傳説文之字；又或以聲爲主，以方言同聲之字傳説文，可謂同條共貫之學矣。嗣又校正方言十三卷，正訛補脱，疏通證明，一仿邢氏疏爾雅例，即今聚珍殿所刊之本也。

然音韻之學較訓詁之學尤精。嘗以訓詁必出於聲音，當據聲音求訓詁，成轉語二十章，以爲言出於口，聲音以成而抑揚高下各不同，以喉齒唇舌之音互相參伍，而聲之用蓋備，蓋即中國字母之濫觴也。先生成此書在二十五歲時，孔氏序戴氏遺書則云未見，蓋此書失傳已久，惟自序一篇尚見文集中。蓋先生深明音韻，其論韻之文有書玉篇聲論反紐圖後諸篇。又著聲韻考四卷，凡韻書之源流得失，皆隱栝其間。時江慎修作四聲切韻表，細區今韻歸之字母音等，又著古韻標準，囑先生商訂，先生舉艱、鰥二字以證字從偏旁得聲。特江氏分古韻爲十三部，嗣金壇段氏又分古韻爲十七類，先生折衷其間，謂亭林作音學五書，於古音有艸創之功。江、段之書皆因而加密，段氏分支、脂、之爲三，自爲卓識，然得失互見，乃作聲類表一書，析聲韻爲九類，類各爲卷，於今音古音無不兼綜，彼此相配四聲一貫，而反切之學大明。其撰述大義，具見於與段若膺論韻書，小學家咸奉爲圭臬云。

繼潛心典章制度，擬作學禮篇，取六經禮制之糾紛者，事各爲類，折衷衆説，萃爲一編。雖所成僅十三篇，即冕服記、爵弁服記、朝服記、玄端記、深衣記、中衣裼衣襦褶之屬記、冕弁服記、冠衰記、括髮免髽記、經帶記、繅藉記、捍決記是也。後段氏刊入戴先生文集之中。然銓釋禮制，以類相求，簡約詳明，遠駕江氏禮書綱目上。弟子興化任大椿本之作爲釋繒數篇，蓋用先生之例云。先生所著之文，又有春秋即位改元考數篇，亦詳解古禮之文，見文集中。先生説典制之書，復有考工記圖注，齊召南目爲奇書。

先生治經之暇，兼留意天文算法，先成籌算一卷，首列乘除，次列命分，次開平分，次列籌式，略舉經籍之資於算者，推衍成帙，以備治經之用。後更名策算，孔氏繼涵取以附九章算術，謂凡學九章者，必發軔於此。又作釋天四篇，以堯典璿璣玉衡、中星、周禮土圭、洪範五紀命題而天行之大致畢舉。曾以璿璣玉衡乃古代觀天之器，漢後失傳，爰詳其制於釋天之末，復命工仿造，現藏曲阜孔氏家。繼作句股割圜記三篇，嘗言精神好時句股割圜記三篇不必要注，就本文亦可瞭然。釋準望一篇、迎日推策記一篇，咸足裨疇人之用。後合九篇爲原象，列爲七經小記之一云。秦蕙田輯五禮通考，於觀象授時一門，詳載先生之説。其所校之書，復有周髀算經、五經算術、海島算經、孫子算經、張丘建算經、夏侯陽算經、五曹算經，嘗謂周髀算經即古蓋天之法，自漢迄明，皆主渾天，惟歐羅巴人入中國，始稱別立新法。然其言地圜，即所謂地法覆槃滂沱四隤而下也。其言南北里差，即所謂北極左右夏有不釋之冰，中衡左右冬有不死之艸，是爲寒暑推移，隨南北不同之故也。其言東西里差，即所謂東方日中，西方夜半，西方日中，東方夜半，晝夜易處，如四時相反，是爲節氣合朔加時早晚，隨東西不同之故也。新法曆書述第谷以前，西法三百六十五日四分日之一，每四歲之小餘成一日，即所謂三百六十五日者三，三百六十六日者一也。西法出於周髀，所謂「天子失官，學在四夷」者歟！而皇古數學自此大明。先生又作曆問一卷，古曆考一卷，洪氏行狀曾載之，今未見刊本，故不復録。

然先生之論地學也，亦發前人所未發。蓋近儒言地理者有顧景范、顧亭林、胡朏明、閻百詩、錢竹汀，然皆以郡國爲主而求其山川，先生則以山川爲主而求其郡國。其叙水經注云：「因川源之派別，定山勢之逶迤，高高下下，不失地防。」又爲汾州府志發凡曰：「以水辨山之脈絡，而汾之東西山，爲幹爲支，爲來爲去，俾井井就序。水則以經水統枝水，因而編及澤泊堤堰井泉。令衆山如一山，羣川如一川。府境雖廣，山川雖繁，按文而稽，各歸條貫。」又推其例作水地記，欲合天下之山爲一山，合天下之川爲一川，以山川爲綱，凡古今郡國之地望悉依山川而定。雖僅成一卷，自崑崙起至太行山止，孔氏刻之叢書中。然以山川定郡邑，則固地學之精言也。又校勘水經一書，謂水經注向無善本，乃改正經、注互淆者，使經必統注，注必統於經，以正經、注之互訛，亦爲先生之卓識。別著幾輔安瀾志，以大川統小川，以今水證古水，其體例一仿水經。別修汾州府志，及壽陽縣志。又手製地圖，畫方計里，用晉裴秀注，以里數之遠近定北極之高下，惜書本失傳。則先生研精地學，乃地理家致用之學也。

殆及晚年，窮究性理之本原。先著原善三篇，以性爲主，以仁義禮爲性所生，顯之爲天明之爲命，實之爲化順之爲道，循之有常曰理，合此數端斯名曰善。又由性生材，因材施教，亦成爲善。人性既善，則得於心者，爲誠信應於事者爲道德。又作孟子字義疏證，以爲宋儒言性、言理、言道、言才、言誠、言權、言仁義禮智，皆非六經、孔、孟之言，而以異學之言糅之。故就孟子字義開示來學，謂區而別之是謂理，血氣心知是爲性，智能所別是爲才，人倫日用是爲道，生生之德是謂仁。義禮該於仁，智該於仁義禮。據真實而言則曰誠，就輕事而言則曰權。字各爲篇，篇各數千言。然其辨析最精者，則天理人欲之説也。自宋儒講學，以爲天理與人欲不兩立，惟人欲净盡，斯天理流行。先生力斥其非，謂古人所爲天理，不外絜民之求，遂民之欲，必求之人情而無憾，然後即安。理也者，即情欲之不爽失者也，故理即寓於欲中。蓋一人之欲，即千萬人所同欲也。自宋儒以意見爲理，舍是非而論順逆，然後以空理禍斯民，故人死於法，猶有憐之者，死於理其誰憐之？嗚乎！此可以知先生之學矣。別有答彭進士允升書，以證宋儒之學出于釋、老，與儒家之言不同，使陸、王不得冒程、朱，釋氏不得冒孔、孟。又作大學、中庸補注，皆存鄭注而補之，與原善、疏證二書互相印證。而格物、親民、中和諸説，尤足補先儒所未言。則先生之言性理，殆所謂特立成一家言者與。蓋先生之學，先立科條，以慎思明辨爲歸。凡治一學，著一書，必參互考驗，曲證旁通，博徵其材，約守其例。復能好學深思，實事求是，會通古説，不尚墨守。而説經之書，厚積薄發，純樸高古，雅近漢儒。先生初謂天下有義理之源，有考覈之源，有文章之源，吾於三者庶得其源。既而悔曰：「義理即考覈、文章之源也，義理又何源哉？」又答方晞原書曰：「好道而肆力古文，必先求其本，求其本更有所謂大本者，大本既得矣，然後曰：是道也，非藝也。如馬、班、韓、柳之文，烏睹其非藝歟？」

先生有言「學貴精，不貴博，吾之學不務博也，故凡守一説之確者，當終身不易」。又曰：「讀書當識其正面背面。好學當得其條理，得其條理則由合而分，由分而合，無不可爲。」蓋先生治學之功，胥于斯乎？先生少貧，以課徒爲業，繼乃橐筆傭書，往來燕、晉、閩、越間，數更府主，卒以供職四庫館之故，官翰林院庶吉士。生於雍正元年，卒于乾隆四十二年，年僅五十有五。先生既殁，段玉裁彙其學行輯爲戴氏年譜，謂先生合義理、考覈、文章爲一事，浩氣同盛于孟子，精義上駕乎鄭、朱，修詞俯視乎韓、歐。識者以爲知言。其所著書，尚有屈原賦注、詩補注及文集若干卷。子一，名中立。

劉光漢曰：「戴先生之學，出於婺源江氏，特由博反約，與江氏稍殊。厥後訓詁之學傳之高郵王引之，典章之學傳之興化任大椿，而義理之學則江都焦循能擴之。故先生之學，惟揚州之儒得其傳，則發揮光大，固吾郡學者之責也。方先生之殁也，京師人士共製輓詞，謂：「明德之後必有達人，孟子之功不在禹下。」雖譽或過失，然探賾索隱，提要鈎玄，鄭、朱以還，一人而已。自桐城姚鼐以宋學鳴於時，爲先生所峻拒，因集矢漢學，桐城文士多和之，致毁失其真。嗚乎！夫亦不自量之甚矣！

（輯自左盦外集卷十八）

戴東原先生傳

梁啓超

啓超謹案，關於東原先生傳記之資料，最詳者爲洪初堂所著行狀及段茂堂所著年譜，次則王述庵著有墓誌銘，錢竹汀著有傳，凌次仲著有事略狀，孔巽軒著有遺書總序，次則阮芸臺之國史儒林傳稿，錢東生之文獻徵存録、江子屏之漢學師承記、李次青之先正事略，咸各有專篇。洪爲先生同里後學，其狀作於乾隆丁酉六月，先生卒後之一月耳。洪於先生所學，能深知其意，且時近地切，見聞最真，故所記實爲一切資料之基本。段爲先生門下老宿，所作年譜，最爲詳贍，但書成於嘉慶甲戌，譜中未記著作年月，據經韻樓集卷七，東原先生札册跋知之。距先生卒三十八年，茂堂年且八十矣，所追憶或涉影響，其大節目則多取諸洪也。王、錢、凌、孔皆先生同時摯友或後輩，所記足互相補者尚不少。阮傳爲國史館稿，薈集衆篇，務取簡絜，錢、江、李以下則鈔録舊文而已。本篇以洪、段二氏爲主，參以諸家，其本集及他文集筆記中有可取材者亦附入焉。不敢云備，庶可見先生風裁學詣之崖略云爾。體例依前代史稿，專採前人成文，不自撰一語，時或爲行文便利起見竄易增加數字而已。私見所及，則别爲案語綴各段之後。所據重要篇目及其略號如下：

洪　榜　初堂遺稿内戴先生行狀略稱洪狀

段玉裁　戴東原先生年譜略稱段譜

王　昶　述庵文鈔内戴先生墓誌銘略稱王志

錢大昕　潛揅堂集内戴東原傳略稱錢傳

余廷燦　戴東原事略略稱余略

凌廷堪　校禮堂集内東原先生事略狀略稱凌略

孔廣森　巽軒駢儷文内戴氏遺書總序略稱孔序

江　藩　國朝漢學師承記略稱江記

李元度　國朝先正事略略稱李略

先生姓戴，諱震，字慎修，一字東原。戴氏當唐時有自江西饒州樂平遷安徽歙州者，卒葬休寧之隆阜，因家焉，故世爲休寧人。父名弁，母朱氏。洪狀。先生以雍正元年十二月二十四日乙巳生於里第。段譜。乾隆十六年補縣學生，二十七年舉於鄉，三十八年奉召充四庫全書館纂修官，四十年賜同進士出身授翰林院庶吉士，越二年卒於官，王志。實乾隆四十二年五月二十七日，時客京師崇文門西范氏之穎園，年五十有五。段譜。

先生生而體貌厚重，性端嚴，洪狀。十歲乃能言，蓋聰明藴蓄者深矣。段譜。就傅讀書，授大學章句至「右經一章」以下，問其塾師曰：「此何以知其爲孔子之言而曾子述之？又何以知其爲曾子之意而門人記之？」師應之曰：「此先儒朱子所注云爾。」即問：「朱子何時人？」曰：「南宋。」又問：「孔子、曾子何時人？」曰：「東周。」又問：「宋去周幾何時？」曰：「幾二千年矣。」又問：「然則朱子何以知其然？」師無以應，大奇之。洪狀。讀詩經至秦風小戎篇即自繪小戎圖，觀者咸訝其詳覈。凌略。讀書每一字必求其義，塾師略舉傳注訓解之，意每不釋然，師不勝其煩，授以許氏説文解字，先生大好之，學三年盡得其節目。洪狀。性强記，十三經注疏能盡舉其辭，嘗語段玉裁曰：「余於疏不盡記，經、注則無不能背誦也。」段譜。時年十六七耳。洪狀。

先生家極貧，無以爲業，洪狀。年十八，隨父客南豐，設塾於邵武，課童蒙自給，越二年乃歸。段譜。時婺源江慎修先生永治經數十年，精於三禮及步算、鐘律、聲韻、地名沿革，博綜淹貫，巋然大師，先生一見傾心，段譜。偕其縣人鄭牧、歙人汪肇瀧、方矩、汪梧鳳、程瑶田、金榜師事之，先生獨能得其全。凌略。及江先生卒，乾隆二十七年。先生爲之狀其行實及著書數上之史館。秦蕙田纂五禮通考，延先生商榷，先生因出所藏江氏推步法解示秦，秦全採載入。後朱筠督學安徽，爲祠祀江，且檄取江書盡上之朝，亦由先生力爲表揚也。洪狀。

啓超謹案：魏默深謂「戴爲江永門人，及名既盛，書中稱引師説，但稱『同里老儒江慎修』，不稱先生，背師盗名」。周壽昌思益堂日札引。啓超謂先生所以推崇慎修者，具見於所撰江慎修先生事略狀，文集卷十二。其不背慎修不俟辯。至其曾否受業慎修稱弟子，則難確考。先生與姚姬傳書謂：「古之所謂友，固分師之半，僕與足下無妨交相師。」文集卷九。段茂堂上書稱弟子，先生復札云：「古人所謂友，原有相師之義，我輩但還古之友道可耳。」段譜葉十六。其平日持論如是，則其所以事慎修者，固當率此義以行，況其學原非盡出慎修耶！且子貢、子思，皆字稱仲尼，未有疑其慢者。甚矣！魏氏之責人無已也。

自宋以來，儒者多剽襲釋氏之言之精者以説經，其所謂學，不求之於經而但求之於理，不求之於故訓典章制度而但求之於心。好古之士雖欲矯其非，然僅取漢人傳注之一名一物而輾轉考證之，則又煩細而不能至於道。於是有漢儒經學宋儒經學之分，一主於故訓，一主於義理也，先生則謂義理不可舍經而空憑胸臆，必求之於古經，求之古經而遺文垂絶，今古懸隔，然後求之故訓，故訓明則古經明，古經明則賢人聖人之義理明，而我心之同然者乃因之而明。義理非他，存乎典章制度者也。彼歧故訓義理而二之，是故訓非以明義理，而故訓何爲？義理不存乎典章制度，勢必流入於異學曲説而不自知。凌略。先生自十七歲時即有志聞道，謂當先從事於字義制度名物以通六經之語言，爲之三十餘年，灼然知古今治亂之原。與段茂堂書。段譜引。蓋自其蚤歲，稽古綜覈，博聞强識，而尤長於論述。晚益窺於性與天道之傳，於老、莊、釋氏之説入人最深者辭而闢之，使與六經、孔、孟之書截然不可以相亂。其學之本末次第大略如此。洪狀。

先生之論治學也，曰：「尋求所獲，有十分之見，有未至十分之見，所謂十分之見，必徵之古而靡不條貫，合諸道而不留餘議，鉅細畢究，本末兼察。若夫依於傳聞以擬其是，擇於衆説以裁其優，出於空言以定其論，據於孤證以信其通，雖溯流可以知源，不目睹淵泉所導，循根可以達杪，不手披枝肆所歧，皆未至十分之見也。以此治經，失不知爲不知之意，而徒增一惑，以滋識者之辯也。」文集九與姚姬傳書。又曰：「爲學之道，不以人蔽己，不以己自蔽，不爲一時之名，亦不期後世之名。有名之見其弊二：非掊擊前人以自表襮，即依傍昔賢以附驥尾，二者不同，而鄙陋之心同。」文集九答鄭用牧書。又曰：「學有三難，淹博難，識斷難，精審難，三者僕誠不足以與其間，其私自持，暨爲書之大概，端在乎是。」文集九與是仲明書。又曰：「知十而皆非真，不若知一之爲真知也。」段玉裁經韻樓集娛親雅言序引。又曰：「學者莫病於株守舊聞而不復能造新意，莫病於好立異説而不深求之以至其精微所存。」文集十春秋究遺序。其治學之方大略如此。時東吴惠棟，三世傳經，信而好古，王鳴盛嘗合評兩家曰：「方今學者，斷推兩先生：惠君求其古，戴君求其是。」洪狀引。錢大昕曰：「先生實事求是，不偏主一家，亦不過騁其辨以排擊前賢，每立一義，初若創獲，及參互考之，果不可易。」錢傳。可謂知言。

先生之學無所不通，而其所由以至道者則有三：曰小學，曰測算，曰典章制度。凌略。

先生以爲經之至者道也，所以明道者辭也，所以成辭者字也，必由字以通其辭，由辭以通其道，乃可得之。洪狀。嘗謂今人讀書，尚未識字，輒薄訓詁之學，夫文字之未能通，妄謂通其語言，語言之未能通，妄謂通其心志，此惑之甚者也。錢傳。於是考諸篆書，由説文以睹古聖人制書本始，更念爾雅爲承學津筏，又殫心其書，旁推交勘，盡得古畫古義古音聲。有一字不準六書，一解不貫羣經，即無稽者不信，不信者必反復參證而後即安。余略。其小學之書，有聲韻考四卷、聲類表十卷、方言疏證十三卷。夫字書主於故訓，韻書度於音聲，二者恒相因。音聲有不隨故訓而變者，則一音或數義，音聲有隨故訓而變者，則一字或數音，其例或義由聲出，或聲同義別，或聲義各別，唯洞究其旨，凡異字異音絶不相通者，其誤自能別之。庶釋經論字，不至茫然失據也。自漢以來，轉注之説失傳，徐鉉、徐鍇、鄭樵、戴仲達、周伯琦，皆穿鑿附會不得其解；而蕭楚、張有諸人以轉聲爲轉注之論爲尤謬；雖好古如顧炎武亦不復深省。先生則謂指事、象形、諧聲、會意四者爲書之體，假借、轉注二者爲書之用。一字具數用者爲假借，依於義以引申，依於聲而旁寄，假此以施於彼也。數字共一用者爲轉注，如初、哉、首、基之皆爲始，卬、吾、台、予之皆爲我，其義轉相爲注也。轉注與假借正相反，説文於考字訓之曰老也，於老字訓之曰考也，即轉相爲注也。以説文證説文，可不復致疑矣。凌略。

自漢以來，古音寖微，學者於六書諧聲之故，靡所從入，廣韻東、冬、鍾、江、真、諄、臻、文、欣、元、魂、痕、寒、桓、删、山、先、仙、陽、唐、庚、耕、清、青、蒸、登、侵、覃、談、鹽、添、咸、銜、嚴，凡共三十五韻有入聲，外此如支、脂等二十二韻無入聲，顧氏古音表反是。先生則謂有入無入之韻當兩兩相配，以入聲爲之樞紐，真以下十四韻與脂、微、齊、皆、灰五韻同入聲，東以下四韻及陽以下八韻與支、之、佳、咍、蕭、宵、肴、豪、尤、侯、幽十一韻同入聲，侵以下九韻之入聲，則從廣韻無與之配，魚、虞、模、歌、戈、麻六韻廣韻無入聲，今同以鐸爲入聲，不與唐相配，而古音遞轉及六書諧聲之故，胥可由此得之，此古人所未發也。凌略。

其測算之書，有原象四篇、迎日推策記一篇、句股割圜記三篇、續天文略三卷、策算一卷。凌略。先生以算在六藝，古者以賓興賢能，教習國子。周髀之書雖傳於今，曆家不能通其用，有「正北極」及「北極璇璣」之名，有「七衡」、「六間」、「冬至日當外衡夏至當内衡春秋分當中衡」之規法，釋周髀者數家，未解「北極璇璣」所指。先生以爲「正北極」者，今之赤道極也，所謂「北極璇璣」者，今之黄道極也。赤道極不動，黄道極每晝夜左旋環繞之而過一度，每一歲而周四遊，故周髀謂赤道極曰正北極，而黄道極無其名，取諸測器之名命之。用是知唐、虞時設璿璣環轉於中，擬夫黄道極者也。此論匪惟得周髀之解，並以見古璿璣玉衡之遺制。洪狀。曾自指點巧匠，製成其器，藏於孔繼涵家，繼涵又曾命工倣造云。段譜。

自漢以來，九數佚於秦火，儒者測天，多不能盡句股之藴。明末西人傳弧三角之術，推步始爲精密。其「三邊求角」及「兩邊夾一角求對角之邊」加減捷法，梅氏用平儀之理爲圖闡之，可謂剖析淵微，然用餘弦折半爲中數，則「過象限」與「不過象限」有相加相減之殊，猶未爲甚捷也。先生則謂用餘弦者或加或減，易生歧惑，乃立新術，用總較兩弧之矢相較折半爲中數，則一例用減，更簡而捷矣。蓋餘弦者矢之餘也，八綫法，弧小則餘弦大，弧大則餘弦小，弧若大過象限九十度，則餘弦反由小而漸大。唯矢不然，弧小則矢小，弧大則矢大，弧若大過象限九十度，則矢更隨之而大，是矢與弧大小相應，不似餘弦之參差，故以易之。此二法之限，先生所常言者，亦皆古人所未發也。凌略。先生在四庫館，校周髀經，悉心正其訛舛，補圖以進。又於永樂大典内得九章、五曹算經凡七種，自通人王寅旭、謝野臣、梅定九諸子，皆以算名家，未之獲見，先生則正訛補脱，審知劉徽注内舊有圖而今闕，補之以進，而古書之晦者以顯。洪狀。

啓超謹案：先生於天文學，所言不能與今世科學家吻合，此自時代所限，不容苛求。先生之功，則在能考古術，知吾國二千年前周髀時代。之天文學如是而已。其在數學上所創造，上不逮王、寅旭。梅，定九。下不逮汪、孝嬰。李，尚之。然搜校諸遺籍於闇曶既久之後，能理棼正舛而復其舊，使人知三國、六朝間此學之若何發達，而因以引起研究興味以促斯學之獨立，則先生之功也。

清初治地理學者，有顧景范、顧亭林、閻百詩、胡朏明、黄子鴻、趙東潛、錢竹汀諸家，然皆以郡國爲主而求山川，先生則以山川爲主而求郡縣。李略。嘗謂因川原之派別，知山勢之逶迤，由山鎮之陰陽，水行所經過，知州郡之沿革遷徙。大凡水之上流，川出於兩山之間，歷千百年如其故道，至其委流，地平衍而土疏斥，不數歲輒遷徙不常，是以滹沱、桑乾、漳水之流，號最難考。先生屢應志局之聘，文書圖册，雜錯糾紛於前，先生披圖覽册，有謬誤即圖上批示令再圖以進。户吏始不服，及親履其地，果如先生言，無不驚嘆以爲神奇。後魏酈道元水經注一書，流傳至今，經、注溷淆，前後錯簡，文章家以爲掇拾辭采之書而已。先生究心於是者八九年，尋其義例，按以準望，整之俾還其舊。洪狀。其所得經與注分别之例有三：段譜。一曰獨舉複舉之不同，經文甚簡，首舉水名，下不再出，注文繁，一水内必詳其注入之小水，是以主水名屢舉而不厭；一曰「過」與「逕」之不同也，經必曰「過某」，注則必曰「逕某」，所以别於經；一曰某縣及某縣故城之不同也，注所謂某縣故城者，即經之某縣也，經時之縣，注時多爲故城，經無言故城者也。執此三例，沛乎莫禦，釐之有如振槁，承學讀至白首不解者，豁然開朗。經韻樓集卷七與梁燿北論戴趙二家水經注。時杭州趙東潛𥫗磨水經注數十年，鄞縣全謝山七校是書，深窺秘奥，而其説皆往往與先生同，段譜。先生又嘗應直隸總督方觀承聘，修直隸河渠書百十一卷，未成而方卒，藁藏後任總督周元理家，嘉慶間爲王履泰所竊，删其半，益以乾隆己丑以後事實，易名幾輔安瀾志，後先生嗣子攜原稿入都欲爲辨正，不果云。李略。

啓超謹案：趙東潛與先生同時先後並校水經注，而所校什九相同，於是孰爲剽竊，成爲學界一場公案。以啓超觀之，蓋純屬閉門造車出門合轍，絶不成爲道德責任問題，其事實始末及兩造争論之點，别於拙著東原著述考篇中詳叙之。

又案：直隸河渠書稿晚出，故初堂、述庵、竹汀、次仲諸狀誌皆未言及，惟段譜記其大略。此書亦與東潛有關，段氏復有與方葆巖兩書及趙戴直隸河渠書辨，記始末頗詳，具見東原著述考中。

其典章制度之書未成，凌略。有考工記圖二卷，蓋少作。據段譜。又因西人龍尾車法作嬴旋車記，因西人引重法作自轉車記，皆見文集。凌略。

啓超謹案：此兩篇及原象卷四所記璇璣玉衡製法，皆足見先生之垂意工學。

先生發願成七經小記，七經者：詩、書、易、禮、春秋、論語、孟子也。謂治經必分數大端以從事，各究洞原委，始於六書九數，故有詁訓篇，有原象篇，繼以學禮篇，繼以水地篇，約之於原善篇。詁訓、學禮兩篇未成，水地篇三十卷，成者僅一卷，原象、原善則已成。節段譜文。

啓超謹案：七經小記之著述體例，略見段譜卷末。觀此可見先生治學方法及其精神，蓋先生雖以考證名家，然所考證並非枝枝節節，疲精神於一字句一名物之間，彼每研究一對象，必貫通羣籍而斷之以己之所自得。其言曰：「最要體會條理二字，得其條理，由合而分，由分而合。」段譜卷末引。所謂極分析綜合之能事也。

先生之言曰：「六書、九數等事，如轎夫然，所以舁轎中人也。以六書、九數等事盡我，是猶誤認轎夫爲轎中人也。」又嘗與段玉裁書曰：「僕生平著述之大，以孟子字義疏證爲第一，所以正人心也。」噫，是可以知先生矣！經韻樓本東原集段玉裁序。先生以爲：「宋以前，孔、孟自孔、孟，老、釋自老、釋，談老、釋者高妙其言，不依附孔、孟。宋已來，孔、孟之書，盡失其解。儒者雜襲老、釋之言以解之，於是有讀儒書而流入老、釋者。有好老、釋溺於其中，既而觸於儒書，樂其道之得助，因憑藉儒書以讀老、釋者。孔子曰：『道不同不相爲謀。』言徒紛然詞費也。」文集卷八答彭允初書。於是爲原善三篇，尋衍之爲三卷。又著緒言三卷，晚更改名爲孟子字義疏證，約段譜語。蓋先生至道之書也。凌略。其大旨以爲釋、道自貴其神識，而儒者在善治事情。凡人之患二：曰私，曰蔽。私生於欲之失，蔽生於知之失。異氏尚無欲，君子尚無蔽。異氏之學，主静以爲至。君子强恕以去私，而學問以去蔽，主以忠信而止於明善。凡生於其心必發於其事。私者，逞己以縱欲，無良而憯不畏明。無私矣，尚不能無蔽。蔽者，不求諸情事，以其意見信爲義理，公而不能明，廉潔而流於刻。記曰：「夫民有血氣心知之性，而無喜怒哀樂之常，應感起物而動，然後心術形焉。」凡有血氣心知，於是乎有欲，性之徵於欲，聲色臭味而愛畏分。既有欲矣，於是乎有情，性之徵於情，喜怒哀樂而慘舒分。既有欲有情矣，於是乎有巧與智，性之徵於巧與智，美惡是非而好惡分，生養之道，存乎欲者也。感通之道，存乎情者也。二者自然之符，天下之事舉矣。盡美惡之極致，存乎巧者也。宰御之方，由斯而出，盡是非之極致，存乎智者也。聖賢之德，由斯而備。二者亦自然之符，精之以底於必然，天下之能舉矣。君子之治天下也，使人各得其情，各遂其欲，勿悖於道義。君子之自治也，情與欲使一於道義，夫遏欲之害，甚於防川，絶情去智，充塞仁義。人之飲食也，養其血氣，而其問學也，養其心知，是以貴乎自得。血氣得其養，雖弱必强，心知得其養，雖愚必明，是以貴乎擴充。君子獨居思仁，公言言義，動止應禮。竭所能謂之忠，履所明謂之信，平所施謂之恕，馴而致之仁且智，不私不蔽者也。君子之未應事也，敬而不肆以虞其疏，事至而動，正而無邪以虞其僞，必敬必正而要於致中和，以虞其偏與謬。戒疏在乎戒懼，去僞在乎慎獨，致中和在乎達禮精義至仁盡倫，天下之人同然而歸之善，可謂至善矣。夫以理爲學，以道爲統，以心爲宗，探之茫茫，索之冥冥，不若反求諸六經，此原善之書所以作也。洪狀。

啓超謹案：先生之學，體大思精，原善、孟子字義疏證兩書，語極簡而義極豐，殆於一字一金。洪氏此狀，頗能擷其要點，故全録之。其他精語，別於拙著東原哲學篇中分別徵引。

先生自述其著書之意曰：「當孟子時羣共稱其好辯，而孟子曰：『我知言。』蓋言之謬，非終於言也。將轉移人心，心受其蔽，必害於事，害於政……是又後乎孟子者之不可已也。苟吾不能知之亦已矣，吾知之而不言，是不忠也，是對古聖人賢人而自負其學，對天下後世之仁人而自遠於仁也，吾用是懼。」孟子字義疏證序。然則所謂害政者如之何？先生曰：「理與事分爲二，而與意見合爲一，是以害事。」疏證葉十。又曰：「惟以情絜情，故其於事也非心出一意見以處之，苟舍情求理，其所謂理無非意見也，未有任其意見而不禍斯民者。」疏證葉五。又曰：「程、朱以理『爲如有物焉，得於天而具於心』，啓後世人人憑在己之意見而執之曰理以禍斯民，更淆以無欲之説，於得理益遠，於執其意見益堅，而禍斯民益烈，豈理禍斯民哉，不自知其爲意見也。離人情而求諸心之所具，安得不以心之意見當之。」文集卷八答彭允初書。又曰：「聖人之道，使天下無不達之情，求遂其欲而天下治。後儒不知情之至於纖微無憾是謂理，而其所謂理者同於酷吏之所謂法，酷吏以法殺人，後儒以理殺人。」文集卷九與某書。先生所不能已於言者以此。

先生終身在貧困中，年三十時，家中乏食，與麵鋪相約，日取麵屑爲饔飧，以其時閉户著屈原賦注。三十三歲避仇入都，行李衣服皆無有，寄旅於歙縣會館，饘粥或不繼，而歌聲出金石。是時紀昀、王鳴盛、錢大昕、王昶、朱筠俱甲戌進士，以學問名一時，耳先生名，往訪之，莫不擊節嘆賞，於是聲重京師，名公卿争納交焉。秦蕙田方纂五禮通考，延主其邸，朝夕講論。王安國延之課子，子即念孫，最能傳先生學，復以傳其子引之，所謂高郵王氏父子也。既屢試不第，旅食諸方，嘗遊山西，修汾州府志、汾陽縣志，遊直隸，修直隸河渠書。嘗主講浙東金華書院。五十歲，當乾隆三十八年，四庫館開，以舉人充纂修官，蓋異數也。旋特賜進士出身授庶吉士。在館五年，校水經注、算經等書，積勞卒於官。以上約舉洪狀、段譜語。先生事親至孝，夫婦躬操井臼，酒漿飲食，親自進之。父性方嚴，先生怡怡孺慕，曲得其歡。治家和而有法，嘗言子弟有小過，當立加斥責，至有大過，當微示以意，苟顯揭之，令不可爲人，則自棄於惡矣，所謂「中也棄不中」也，行己嚴介，然不爲矯激之行。謀人之事，惟恐其不忠；揚人之善，如恐其不及。其教誨人終日矻矻，不以爲倦也。先生之言，平正通達，近而易知，博極羣書，而不事馳騁，有所請各如其量以答之，未嘗不有所得也。其學雖未設施於時，既没，其言立，所謂不朽者歟。洪狀。

先生終其身未嘗一日廢學，聲類表一書，爲臨終十數日前所作，五日而成。答彭允初書五千言，段茂堂所謂「以六經、孔、孟之恉還諸六經、孔、孟，以程、朱之恉還之程、朱，以陸、王、佛氏之恉還諸陸、王、佛氏」者，亦臨終前一月作也。約段譜語。易簀時語人曰：「生平讀書，絶不復記，到此方知義理之學可以養心。」王惕甫未定稿引戴衍善所述。世人或引爲先生懺悔所學而復歸於宋儒，焦里堂循曰：「不然。東原所著書，惟孟子字義疏證最爲精善，蓋精魄所屬，故臨殁時往來於心，其所謂『義理之學可以養心』者，即東原自得之義理，非講學家西銘太極之義理也。」雕菰樓集申戴篇。

梁啓超曰：同治間戴子高撰顔氏學記，謂東原之學，衍自顔、李，信也。李恕谷嘗南遊，而程綿莊惲皋聞大弘其學於江介，東原合有聞焉。不然，何其揆之相合若此甚也。然習齋尊行絀知，東原則言「强恕以去私而學問以去蔽」，知行並進，視習齋周矣。其踸踔蹈厲不如習齋，弟子中又無恕谷其人，故學中斬焉。當時學者雖萬口翕然誦東原，顧能知其學者實鮮。王述庵、錢竹汀所撰傳、誌，美其能考證，而於其自得之學無所發明。洪蕊登之狀，善矣。原稿全載答彭進士書，而朱笥河佛然，謂：「何圖更於程、朱之外復有論説，戴氏可傳者不在此。」蕊登雖上書力争，看初堂遺稿上朱笥河先生書。然無如何。其孤竟削狀中此文云。凌次仲極能知東原者，猶曰：「義理固先生晚年之極詣，非造其境者亦無由知其是非。」是又以原善諸篇所謂爲東原一家之「意見」，而儕諸其所謂「探之茫茫索之冥冥」者，豈爲知東原哉！乾、嘉諸老揭櫫漢學以傲宋學，乃其神識所濡染所充塞，皆宋學之餘也，漢學則以譁世而自文已耳，其不能有契於東原也固宜。東原之學，其朋輩中能受之者，莫如程易疇，次則金檠齋。其鄉後學能受之者，莫如洪蕊登，次則凌次仲。蕊登壽僅三十五，倘假以年，亦東原之恕谷也。其弟子最著者段茂堂、孔巽軒、王懷祖及其子伯申。語其一曲，知或過師，雖然，未可云能傳東原學也，無已則私淑艾之焦里堂乎？

本篇因拘於史稿體例，修纂陳言，不能盡發吾意，且屬稿倉猝，僅以一晝夜之力成之，益用不慊，姑存以俟更端。一月十五日，啓超自記。

（輯自飲冰室文集卷四十）

戴東原年譜

魏建功

明亡之後，主張「天下興亡匹夫有責」的顧亭林慨然倡「經學即理學」，很想藉此轉學者空談性理的趨向到重實學的方面來，好有一番振作，結果導引了清朝樸學的潛流。亭林的用心不可謂不深，但是注重在經學上尋義理去有所作爲實在難能，因爲一入於經籍的名物訓故考據圈子裏總不易跳出，就是有所得也都不是他所希望產生的。所以，我很覺得亭林的「經學即理學」一句話只是開了清朝樸學的潛流，而没有得到他「天下興亡匹夫有責」的主義的成功，雖然這個主義到近幾十年，等由他導引成的樸學衰落了才影響而生中國革命——種族革命——運動。

樸學的長處是訓練我們有純科學化的腦筋和手腕，就是思想縝密，方法正確。牠的短處是使得人容易有兩種弊病：

（一）信古而愚——爲古人所奴，失之株守執拗。

（二）不知而作——憑臆見妄斷，失之鑿空嚮壁。

牠的長處固然影響到後來學術的科學化，把經學的範圍裏分出了若干的獨立的科學——文字學最著，考據學也是。同時牠的短處也把牠自身的發展縮小了，到太平天国之役以後，顯然現出不足以救亡的缺陷。於是西學入而代之，當時所謂西學，側重科學，其實樸學便是「科學化的經學」，雖係與科學不全同，而實開科學的先路。

我們且講亭林以後的樸學大師戴東原。他從十幾歲就有志聞道。「少時家貧，不獲親師；聞聖人之中有孔子者，定六經示後之人，求其一經啓而讀之，茫茫然無覺。尋思之久，計於心曰：『經之至者，道也；所以明道者，其詞也；所以成詞者，字也。由字以通其詞，由詞以通其道，必有漸。』」與是仲明書。這樣，他便走上樸學的道兒。他以爲：「凡學始乎離詞，中乎辨言，終乎聞道。離詞，則舍小學故訓無所藉；辨言，則舍其立言之體無從而相接於心。」沈學子文集序。但是「生千載後求道於典章制度，而遺文垂絶，今古懸隔，時之相去殆無異地之相遠，廑廑賴夫經師故訓乃通，無異譯言以爲傳導也者。又況古人之小學亡，而後有故訓；故訓之法亡，流而爲鑿空」。古經解鈎沈序。所以他「嘗謂學之患二：曰私，曰蔽」。沈處士戴笠圖題詠序。又説：「信古而愚，愈於不知而作；但宜推求，勿爲株守。」與王内翰鳳喈書。「數十年得於學，不以人蔽己，不以己自蔽，不爲一時之名，亦不期後世之名。」答鄭丈用牧書。如此的態度自然教他得到如此的成就，在清代學術史上佔很重要的地位，總匯樸學潛流的大師。

東原事於經學，知有三難：「淹博難，識斷難，精審難。」與是仲明書。他以爲：「數百年已降，説經之弊善鑿空而已矣！鑿空之弊有二：其一，緣詞生訓也；其一，守訛傳謬也。緣詞生訓者，所釋之義非其本義。守訛傳謬也，所據之經併非其本經。」古經解鈎沈序。所以他自述：「凡僕所以尋求於遺經，懼聖人之緒言闇紊於後世也。然尋求而獲，有十分之見，有未至十分之見。所謂十分之見，必徵之古而靡不條貫，合諸道而不留餘議，鉅細畢究，本末兼察。若夫依於傳聞以擬其是，擇於衆説以裁其優，出於空言以定其論，據於孤證以信其通，雖溯流可以知源，不目睹淵泉所導；循根可以達杪，不手披枝肄所歧，皆未至十分之見也。以此治經，失不知爲不知之意，而徒增一惑，以滋識者之辨之也。先儒之學，如漢鄭氏、宋程子、張子、朱子，其爲書至詳博，然猶得失中判。其得者，取義遠，資理闕，書不克盡言，言不克盡意，學者深思自得，漸近其區；不深思自得，斯草薉於畦而茅塞其陸。其失者，即目未睹淵泉所導，手未披枝肄所歧者也，而爲説易曉，學者淺涉而堅信之，用自滿其量之能容受，不復求遠者，闕者。故誦法康成、程、朱不必無人，而皆失康成、程、朱於誦法中，則不志乎聞道之過也。誠有能志乎聞道，必去其兩失，殫力於其兩得，既深思自得而近之矣，然後知孰爲十分之見，孰爲未至十分之見。如繩繩木，昔以爲直者其曲於是可見也；如水準地，昔以爲平者其坳於是可見也。夫然後傳其信，不傳其疑；疑則闕，庶幾治經不害。」與姚孝廉姬傳書。他用這樣的尋求的工夫治經，便走完了樸學的路，得著了他所聞的道——他自己的哲學。亭林説：「經學即理學。」東原却是受用他這句話，而成了個由經學到理學的大師。他尋求的方面多，所以在樸學即所謂經學。方面努力的成績也多，因而自然的位置到派分後期樸學的支脈的老祖師地位——甚至於可算也是介紹西學的一個先鋒！

亭林是個清代樸學領土開闢的指揮者，東原就是第一個受命經略的健將。這一員健將雖未曾如亭林的初衷有很大的作爲，在「天下能興亡之責」上發展；然而確是在考據圈子裏鑽出條路來了。這條路祇有他走過了！在十八世紀中葉的中國那安徽南部山中寒苦人家出了這樣一個支配二百年學術界趨勢的戴東原，實在很值得紀念的。這是我作此文的一點動機。

我信服東原説的「不以人蔽己，不以己自蔽，不爲一時之名，亦不期後世之名」，現在作此文也謹奉之。因爲篇幅的限制，此文大部分不免有簡略不詳的地方；因爲識力的淺薄，此文更不免有膚淺的地方。這是我對戴東原和研究戴東原或崇信戴東原的人們要抱歉而聲明的。

一九二四，四，四，北京

家世

許多學術大師的成就淵源於家學，戴東原却不如此。從前戴家的先世雖很顯貴，等到東原的父祖時代却久已衰敗零落了。東原有篇族支譜序，段集十一。自述先世：

戴之先，子姓；至春秋時，宋有戴、武、宣、穆、莊之族。

戴氏之稱，緣於戴族。史游急就篇「戴公生公子文，遂稱戴氏」，是也。前代治譜牒者不知有公子文，而承武公宣公下，及書傳所有公卿名人，悉牽引聯采。

蓋譜牒所記，戴公已下護公已上，不審信也。

護公，南唐天祐中按當九〇四—九〇六間。爲兵馬使，本居歙之篁墩，因戍守婺，留居婺鳳亭里。

護公子曰壽公，爲中書舍人。

壽公子曰安公，官銀青光禄大夫，謚忠恭，即今隆阜所追之一世。洪狀：「戴氏自唐銀青光禄大夫，檢校國子祭酒，兼監察御史曰安，有子曰顔，由饒州樂平遷徽州，葬母於歙之黄墩小練源，廬於墓側，稱孝隱先生；卒葬休寧隆阜，因家焉，世爲休寧人。」

遷隆阜自顔公之子睿公。戴軼事：「睿公凡十一傳，至若采公，乃分爲三門。」

睿公凡十四傳，至外公，是爲三門支系所起。戴軼事：「其時隆阜支丁極繁，族中共分十三門，多建支祠。我家敬愛祠即紫竹門、樓門、三門三支所合建。三門自若采公後十三傳，至景良公，即公按指東原。曾祖。」洪狀：「曾祖景良，不仕，妣邵氏、王氏。」戴軼事：「景良公傳寧仁公。」洪狀：「祖寧仁，不仕，妣程氏。」

外公又十四傳，至弁。戴軼事：「寧仁公傳公指東原。父弁，商於南豐，輕財尚義，嘗修三門支先」洪狀：「父弁，封文林郎；妣朱氏，贈孺人。」洪狀：「先譜，獨力建衆廳，以爲族黨讌叙之所。」

生爲嫡長宗。名震，字愼修，又字東原。」

休寧地「少平原曠野，依山爲居，商賈東西，行營於外，以就口食。然生民得山之氣質，重矜氣節；雖爲賈者，咸近士風」。戴節婦家傳。這是他自稱他鄉里風氣的話，現在寫來當做他環境的情形。

年譜

一八一五年，東原的弟子段玉裁已經著了一卷戴東原先生年譜，附在段氏經韻樓本戴東原集後面。段氏那時已距東原死後三十七八年才成此書，自己的年紀也將近八十，所記的總不免有些憑記憶而不能全是。現在用他的年譜做根據，再加參考。

東原活了五十五歲，可以分兩個大時期；三十歲以前是一時期，這時期全在徽州一帶生活；三十歲以後是一時期，這時期游食四方，以至於死。年譜也分成這兩個部分。

上（自一歲至三十歲）

雍正元年癸卯（一七二三—一七二四）

冬十二月二十四日己巳，先生生於徽州府休寧縣由山鄉忠義里居第，當公曆一七二四，一，一九。洪狀、段譜。時先生父年二十四。段譜言先生死時，父年七十八，推知。

先生名震，字慎修，一字東原，四十四歲時注詩，稱杲谿。洪狀、江記、段譜。

「生而體貌厚重」；「性端嚴」，「介特多與物忤」。洪狀、王墓誌銘、錢傳。按，先生遺像今有二本：一藏長洲陶氏，北京晨報副鐫部曾假得，印於東原二百年紀念號中；一藏番禺葉氏。

「平生無他嗜好，惟專於讀書」。錢傳。

是年先生友人及同時與學術有關係者：

陸燿、法式善、陳夢元生。夢元與先生同年同月生，先生呼之爲兄。文自炳陳夢元傳。

王鳴盛、孫士毅二歲。

錢維城、汪隨三歲。

程晉芳、邵齊燾五歲。

邵晉涵六歲。

袁枚、盧文弨七歲。

褚寅亮、江衡九歲。
胡世皐十歲。
裘曰修十二歲。
錢載十五歲。
全祖望十八歲。
齊召南二十一歲。
方粲如二十二歲。
沈大成、吴敬梓二十三歲。
盧見曾二十四歲。
惠棟、錢陳羣二十七歲。
王安國二十八歲。
梅文鼎三十一歲。
程廷祚三十三歲。
謝濟世三十五歲。
王蘭生三十六歲。
沈德潛四十歲。

江永、李如蘭四十二歲。永著禮經綱目八十卷已成書一年。

惠士奇五十三歲。

李塨六十五歲。

查慎行七十八歲。

何焯、汪紱已死一年，李光地已死五年，胡渭已死九年，毛奇齡已死十三年，王士禎已死十六年，朱彝尊已死十七年，顔元、尤侗已死十九年，萬斯同已死二十一年，黄宗羲已死二十九年，陸隴其已死三十一年，惠周惕已死三十二年，湯斌已死三十六年，顧炎武已死四十三年，孫奇逢已死四十九年，李顒已死五十一年。

雍正二年甲辰（一七二四—一七二五）

先生年二歲。

雍正三年乙巳（一七二五—一七二六）

是年先生友人蔣士銓、劉亨地、王昶、紀昀、戴祖啓及同時學者（佛學）汪縉生。

先生年三歲。

雍正六年戊申（一七二八—一七二九）

是年先生友人及當時學者程瑶田、汪梧鳳、王杰生，張伯行生。

先生年六歲。

是年先生友人錢大昕、諸世器、余蕭客生。

雍正七年己酉(一七二九—一七三〇)

先生年七歲。

是年先生友人朱筠、馮廷丞、侍朝、吉夢蘭生。

雍正八年庚戌(一七三〇—一七三一)

先生年八歲。

是年先生友人方根矩、畢沅生。

雍正九年辛亥(一七三一—一七三二)

先生年九歲。「始能言」。程瑶田通藝録修辭餘鈔五友記。按洪狀、王墓誌銘、段譜、凌事略狀、江記均作十歲,大概是舉其成數而言的;程氏親述其摯友,所説當較可信,所以就將此語從程氏説列在九歲的時候。然而九、十兩字並無多大關係;我們看了這種記載總不免覺得有些神秘。中國人最愛講靈異的,凡是一個大人物,往往就把他變做神話化的非常人,於是就會附出種種的奇異事蹟來。東原先生能説話的時候晚一點,這或者是事實。至於段氏説:「先生是年乃能言,蓋聰明蘊蓄者深矣!」在十歲下。這種「得天獨厚」的觀念,我們卻不可有。

段譜十歲之下云:「就傅讀書,過目成誦;日數千言不肯休。授大學章句,至「右經一章」以下,問塾師曰:『此何以知爲孔子之言而曾子述之?又何以知曾子之意而門人記之?』師應之曰:『此朱文公所説。』即問：『朱文公何時人？』曰：『宋朝人。』『孔子、曾子何時人？』曰：『周朝人。』『周朝、宋朝相去幾何時矣？』曰：『二千年矣。』『然則朱文公何以知其然？』師無以應，曰：『此非常兒也！』」洪狀、王墓誌銘、江記也都這樣説。這件事實的有無，我們不能斷定；總之東原先生的「求是精神」幼年時代早就有了。但是段氏把「十（或九）歲乃能言」與就傅詰師編在一年，我們不免要起疑惑。十歲始能言及十歲就傅，兩件事似乎不能並確。洪榜作先生的行狀，程瑶田作五友記，自然是時近誼切，較爲翔實；但是這事理的證明也不能少。況且東原先生自己與是仲明的信裏説：

僕自少時家貧，不獲親師；聞聖人之中有孔子者，定六經示後之人，求其一經啓而讀之，茫然無覺。與是仲明論學書。

他自己説「少不獲親師」，所以余廷燦作先生事略曰：「少家貧，無以親師友，亦不喜隨人治世俗學；聞孔子定六經示後人，求其一經讀之，茫然無覺悟。」這種事實的有無和真假既不能定，而前人傳説又很盛的，我們祇好寫在這裏，由大家自己斷定。

雍正十一年癸丑（一七三三—一七三四）

是年先生友人朱珪、曹仁虎、姚鼐及先生爲作墓誌銘之毛德濟生。

先生年十一歲。先生夫人朱孺人二歲。據段玉裁誥封孺人戴母朱夫人八十壽序推。

是年當時學者羅有高生，李塨死。

雍正十二年甲寅（一七三四—一七三五）

先生年十二歲。

是年淮南學者李惇生。

雍正十三年乙卯（一七三五—一七三六）

先生年十三歲。凌事略：「年十餘入鄉塾，讀詩，即爲小戎圖，觀者咸訝其詳覈。」按先生就傅事雖有疑問，然據此可知：先生初識字時則曾就傅，而以其「讀書默而好深湛之思」，王墓誌銘。「每一字必求其義；塾師略舉傳注訓詁語之，意每不釋」。洪狀、王墓誌銘、段譜。因此就未曾得著好的教師，並且沒有受到塾師一點益。所以他自述就說「不獲親師」的了。照此看來，先生入塾直等於未曾入塾，完全是自己尋求得來的門徑。那末，洪狀、王墓誌銘、段譜、江記一切的記載都不過是證明他「不獲親師」——沒有得到能指導他的先生——的材料而已。洪狀：「師不勝其煩，因取漢許叔重說文解字十五卷授之。先生大好其書。」先生自己就說「求其一經，啓而讀之，茫茫然無覺；尋思之久，計於心曰：經之至者道也；所以明道者其詞也；所以成詞者字也。由字以通其詞，由詞以通其道，必有漸。求所謂字，考諸篆書，得許氏說文解字。」與是仲明論學書。所以段譜云：「塾師因取近代字書及漢許氏說文解字授之，先生大好之。」與先生所說「考諸篆書，得……說文解字」的話相映照。再按下文，總是說「說文解字……先生……學之三年，盡得其節目；又取爾雅、方言及漢儒箋注之存於今者，搜求考究，一字之義必貫羣經本六書，以爲定詁」。我們參酌前後事實，可以把他開始學說文解字的年代編在這年。

是年先生友人金榜、弟子段玉裁及爲先生作事略之余廷燦生。

鼓吹種族革命之曾静、張熙，冬十二月當一七三六年。被殺。乾隆朝東華録二。

乾隆元年丙辰（一七三六—一七三七）

先生年十四歲。

是年開博學鴻詞科，程恂以員外郎被舉，授檢討。乾隆朝東華録三，陳康祺記聞。恂，先生稱之曰「先師」，字慄也，與先生同縣：，雍正甲辰進士，後官至中允，充大清會典、三禮館纂修官，與李清植同刊儀禮之誤，極爲研審。鶴徵後録卷一。與先生相見事在乾隆七年。

盧見曾自江右遷兩淮轉運使：，不數月罷去。雅雨堂刻金山志盧見曾序。

程廷祚綿莊北上過淮，與程晉芳相識。程晉芳綿莊先生墓誌銘。

是年先生友人及當時學者：孫長東、王仲愚生，王蘭生死。

乾隆二年丁巳（一七三七—一七三八）

先生年十五歲，「始力學」。程五友記。自前年得説文解字，至是三年，盡「知其節目，漸睹古聖人制作本始；又疑許氏於故訓未能盡，從友人假十三經注疏讀之，則知一字之義當貫羣經本六書，然後爲定」。與是仲明論學書。又取爾雅、方言……搜求考究。洪狀、王墓誌銘、段譜。十三經注疏能全舉其辭。洪狀，王墓誌銘，段譜。先生對段玉裁説過：「余於疏不能盡記，經注則無不能倍誦也。」段譜。

明末流寇之亂，徽地以僻處山中，獨獲完善，休養生息，至乾隆朝，故徽屬最稱殷富。維時族之人多務商業，以豪侈相尚，雖未知爲學之道，而故家大户藏書頗富。公父爲族人經營布業於江西之南豐，家寒素;無力購置之本,多向族人假借。公記憶力極强,鉤稽參考,夜以繼日。」戴逸事。這一段記載,我們很可以注意,與先生自言的「家貧不獲親師」相參證;並且可以證明是年先生父已經營布業於南豐了。後先生十八歲時隨父往南豐,即課學童於邵武;此時在家刻苦攻讀,亦意中事,五友記云「年十五始力學」故列於此。

乾隆三年戊午(一七三八—一七三九)

先生年十六歲。

先生說:「爲學須先讀禮;讀禮要知得聖人禮意。」段譜。

又說:「鄭康成之學盡在三禮注,當與春秋三傳並重。」同上。

又說:「周易當讀程子易傳。」同上。

乾隆四年己未(一七三九—一七四〇)

先生年十七歲。

是年先生友人及弟子章學誠、余集、任大椿生。

盧文弨舉順天鄉試。

先生年十七歲。先生既讀十三經注疏,尚覺經之難明的還有許多,以爲「儒者不宜忽置不講」。他寫信給段玉裁就說過:「僕自十七歲時有志聞道,謂非求之六經、孔、孟不得,非從事於字義制度名物,無由以通其語言。」段譜。所以他認爲不宜忽置不講的許多經之難明者,從此就「日夜孳孳,搜集比勘,靡不悉心討索,其學彌博,而探指彌約,其資愈敏,而持力愈堅」了。王墓誌銘、洪狀。這些經裏難明的若干事是：

(一)誦堯典數行，至「乃命羲、和」，不知恒星七政所以運行則掩卷不能卒業。

(二)誦周南、召南，自關雎而往，不知古音徒强以協韻則齟齬失讀。

(三)誦古禮經，先士冠禮，不知古音宫室衣服等制則迷於其方莫辨其用。

(四)不知古今地名沿革，則禹貢職方失其處所。

(五)不知少廣、旁要，則考工之器不能因文而推其制。

(六)不知鳥獸蟲魚草木之狀類名號，則比興之意乖。

(七)而字學故訓音聲未始相離，聲與音又經緯衡縱，宜辨。

(八)中土測天用句股，今西人易名三角八綫……然而三角之法窮必以句股御之，用知句股者法之盡備名之至當也。

(九)管、吕言五聲十二律，宫位乎中，黄鐘之宫四寸五分爲起律之本，學者蔽於鐘律失傳之後，不追溯未失傳之先，宜乎説之多鑿也。與是仲明論學書。

乾隆五年庚申(一七四〇—一七四一)

先生年十八歲。「隨父文林公客南豐，課學童於邵武」。段譜、洪狀、王墓誌銘。

乾隆六年辛酉(一七四一—一七四二)

是年學者崔述及詩人趙翼生。

先生年十九歲。「經學益進」。段譜、洪狀、王墓誌銘。

是年先生師江永年六十，遊京師，程恂延主其邸。時開三禮館，總裁方苞以經術自命，舉冠禮、昏禮數條爲難。永從容詳對，方折服。又吴紱亦深三禮，質以周官疑義。永爲之作周禮疑義舉要，先生爲江氏作事略狀，云此書著於庚申辛酉間者是也。永是年又成七政衍、金水二星發微、冬至權度、恒氣注曆辨、歲實消長辨、曆學補論、中西合法擬草七書，各一卷。王昶江慎修先生墓誌銘、錢大昕江慎修先生傳、江藩漢學師承記，先生撰江慎修先生事略狀。

乾隆七年壬戌（一七四二—一七四三）

先生年二十歲。通五經。自邵武歸，與程恂相見，「恂一見，大愛重之，曰：載道器也！吾見人多矣，如子者，巍科碩輔誠不足言！」先生家極貧，無以爲業，至是始爲科舉文，窮幽極渺，於有明以來尤愛西安四子、西江五家所傳遺稿。每有所作，意既奥曲，辭復超遠，淺學讀之茫如，或相與非笑之。先生同族戴長源瀚，家于江寧，以科舉文著名當時。文林公往江寧擕先生同行，就謁長源。「至，一見，叩其所學，曰：當今無此人也！吾誠不能有所益。」因館於其家，令與諸子圍棋談説，不關以文事。既月餘，一日取案上檀弓令先生口講其義。先生每講終一節，未嘗不稱善，因命題爲時義一通。先生援筆立成，大加嗟賞。翌日，謂文林公曰：「是子誠不能限其所至，今歸矣，所業甚精，可無以示人！」洪狀。

先生「因西人龍尾車法作贏旋車記，因西人引重法作自轉車記。凌事略狀。贏旋車記注明「壬戌春」，段刻文集在卷七，孔刻在卷二。自轉車記未注時日，所載卷數同贏旋車記。兩記文字，全學考工記，足見先生也曾致力於古文。

先生孟子字義疏證序曰：「余少讀論語端木氏之言曰：『夫子之文章可得而聞也。夫子之言性與天道不可得而聞也。』讀易，乃知言性與天道在是。」

又書盧侍講所藏宋本廣韻後云：「余少時得顧寧人氏所校刻廣韻。後又於友人處見大版廣韻，與顧無異，殆及顧君所據之書也。」

乾隆八年癸亥（一七四三—一七四四）

先生年二十一歲。

是年先生友人王昶爲諸生，盧文弨中順天鄉試舉人授内閣中書。

是年先生師江永年六十二爲歲貢生，成近思録集注十四卷，十月應江西學政金德瑛招。王昶江慎修先生墓誌銘。友人秦蕙田由右通政遷内閣學士。邵晉涵、江志伊、胡亦常生。

乾隆九年甲子（一七四四—一七四五）

先生年二十二歲。「長至日成籌算一卷，首乘，次除，次命分，次開平方，次籌式，爲横籌反對兩句股，略舉經籍之資於算者，推衍成帙，爲治經之士覽觀。自叙云：爾後增改其書，更名策算。孔户部繼涵以附九章算術者是也。學九章者必發軔於此。」段譜。按籌算即策算。段刻文集卷七，孔刻遺書及算經十書中策算之首，均有策算序一。序末云：「乾隆甲子長至日，東原氏戴震序。」序中曰：「以九九書於策，則盡乘除之用，是爲策算。策，取可書。不曰『籌』，而曰『策』，以别於古籌算，不使名稱相亂也。」

是是年即成策算，非籌算增改可知。段氏恐有誤。

先生既著策算，復從事整理九章，著手求其書。刊九章算術序曰：「九數即九章，世罕有其書。近時以算名者，如王寅旭、謝野臣、梅定九諸子，咸未之見。余訪求二十餘年不可得，擬永樂大典或嘗録入。」按先生後在丁亥，才因曹文埴入翰林院觀永樂大典，想綴集而未能。「二十餘年」至於丁亥，大概自此時始。

是年先生友人程瑶田與鄭用牧交。通藝録修辭餘鈔松石間書齋記：「余憶弱冠時，與吾郡鄭用牧交。」按瑶田是年近二十歲，文中曰「弱冠時」，故附於此。

是年先生友人王安國爲兵部尚書，丁憂。方觀承爲直隸布政使。友人及同時學者：錢坫、王坦修、汪中生。弟子王念孫、裘行簡生。

乾隆十年乙丑（一七四五—一七四六）

先生年二十三歲。是年成六書論三卷，此書未見，有自序一篇，段刻文集卷三、孔刻文集卷五、湖海文傳卷二十二均載之。序末曰：「時乾隆乙丑孟冬，戴震撰。」序中云：「六書也者，文字之綱領，而治經之津涉也。載籍極博，統之不外文字。文字雖廣，統之不越六書。綱領既違，訛謬日滋。故考自漢以來迄於近代，各存其説，駁別得失，爲六書論三卷。」

六書論書雖未得見，但是先生的六書論大旨可從答江慎修論小學書中概見一斑。書云：「大致造字之始，無所馮依。宇宙間，「事」與「形」兩大端而已。指其事之實曰指事，一、二、上、下是也；象其形之大體曰象形，日、月、水、火是也。文字既立，則聲寄於字，而字有可調之聲；意寄於字，而字有可通之意：是又文字之兩大端也。因而博衍之，取乎聲諧曰諧聲；聲不諧而會合其意曰會意。四者書之體止此矣，由是之於用。數字共一用者，如初、哉、首、基之皆爲始，卬、吾、台、予之皆爲我，其義轉相爲注曰轉注。一字具數用者，依於義以引伸，依於聲而旁寄，假此以施於彼曰假借。所以用文字者，斯其兩大端也。六書之次第出於自然，立法歸於易簡。」此書段玉裁編年譜時已佚。

是年先生友人王安國被命爲禮部尚書，俟服闋赴部。秦蕙田遷禮部右侍郎。程瑶田至杭州應商籍試，識江衡、汪隨、洪性鈉。時程從汪云岫遊，在其竹園山家塾中。衡字岳南，隨字謹度，皆程摯友，詳其五友記中。性鈉字秔原，又字又存，詳其讓堂亦政録、輓洪又存詩自注中。

是年先生友人武億生。

乾隆十一年丙寅（一七四六—一七四七）

先生年二十四歲。成考工記圖。段譜：「是年考工記圖注成。後序云：『柔兆攝提格，日在南北河之閒，東原氏書於游藝塾。』按段云『圖注』，誤。是年所成僅爲圖耳，注在乙亥始爲之，詳見紀昀序。段刻文集卷十、孔刻卷五，及遺書本考工記圖卷首有考工記圖序一篇。序中云：『立度辨方之文，圖與傳注相表裏者也。自小學道湮，好古者靡所依據，凡六經中制度禮儀，覈之傳注，既多違誤，而爲圖者又往往自成詰詘，異其本經，古制所以日即荒謬不聞也。舊禮圖有梁、鄭、阮、張、夏侯諸家之學，失傳已久，惟聶崇義三禮圖二十卷見於世，於考工諸器物尤多疏舛。同學治古文詞，苦考工記難讀者，余語以諸工之事，非精究少廣旁要，固不能推其制，以盡文之奧曲。鄭氏注善矣，茲爲圖翼鄭學，擇其正論，補其未逮。圖傳某工之下，俾學士顯白觀之。因一卷書當知古六書九數等，儒者結髮從事，今或皓首未之聞，何也？」段刻文集卷十、孔刻卷五及遺書本考工記圖卷末有考工記圖後序一篇。序中云：「執吾圖以考之羣經暨古人遺器，其必有合焉爾。」段譜云：「先生謂：考工記圖既成，後來乾隆某年所上江西大鐘，正與余說合。」

是年先生友人洪亮吉生。先生爲作墓誌銘之汾陽人王瑞之輯五死。程瑶田秋與汪隨由杭州歸歙，交汪肇滏稚川。程瑶田五友記。

乾隆十二年丁卯（一七四七——一七四八）

先生年二十五歲。是年仲春成轉語二十章。此書已佚。段譜云：「玉裁按：此於聲音求訓詁之書也。訓詁必出於聲音，惜此書未成。孔檢討廣森序戴氏遺書亦云未見。」孔巽軒駢儷文戴氏遺書總序：「先生文集尚有轉語二十章及六書論三卷自序，此二種遺稿未見。」段刻文集卷四，孔刻卷五中載其序文。序末云：「時乾隆丁卯仲春，戴震撰。」序中云：「夫聲自微而之顯，言者未終，聞者已解。辨於口不繁，則耳治不惑。」「人之語言萬變，而聲氣之微，有自然之節限。是故六書依聲託事，假借相禪，其用至博，操之至約也。學士茫然莫究。」（孔本有「所以」二字）「昔人既作爾雅、方言、釋名，余以謂猶闕一卷書，創爲是篇用補其闕。」——這以上是他著作的動機。他序他的目的是：「俾疑於義者以聲求之，疑於聲者以義正之。」所以他希望：「說經之士，搜小學之奇觚，訪六書之逸簡，溯厥本始。」他的主要方法是：「別爲二十章，各從乎聲，以原其義。」他以聲原義的結果是：「人口始喉下，底脣末，按位以譜之，其爲聲之大限五，小限各四，於是互相參伍，而聲之用備矣。」他按位譜聲，所得的參伍之律有二：

（一）凡同位爲正轉，位同爲變轉。

（二）凡同位則同聲，同聲則可以通乎其義；位同則聲變而同，聲變而同則其義亦可以比之而通。

依他的律則，「聽五方之音及少兒學語未清者，其展轉訛溷，必各如其位」，於是定「古今言音聲之書紛然淆雜，大致去其穿鑿，自然符合者近是」。

是時齊召南見先生考工記圖（初無補註本），嘆爲奇書。紀文達公遺集卷八考工記圖序：「昔丁卯戊辰間，先師程中允出是書以示齊學士次風先生。學士一見而嘆曰：誠奇書也！」

是年先生友人王鳴盛舉於鄉。先生爲作墓誌銘之李如蘭死。

乾隆十三年戊辰（一七四八——一七四九）

先生年二十六歲。「是年娶孺人朱氏。」段譜。按朱夫人是時年十七。段玉裁經韻樓集卷八，誥封孺人戴母朱夫人八十壽序：「誥封孺人，戴母朱夫人，吾師戴東原先生之伉儷也……先生年將三十，夫人歸於先生，先生方爲諸生，攻苦食淡，以侍舅姑，事君子，米鹽凌雜，身任之，俾先生專壹於學。」按先生爲諸生，段譜在二十九歲時；據壽序看，娶朱夫人就該在那一年。但段譜却編在這年，從之；因爲壽序有些行文的關係，或不免含混，而年譜所述較爲翔實。戴琴泉戴東原先生軼事亦云：「年二十六，娶朱氏。嘗讀書至午夜，送糉糖以充飢；及畢，始知糖乃蘸墨而食！」

程瑶田、洪性鈉同讀書於飛布山中。程瑶田輓洪又存詩自注。

乾隆十四年己巳（一七四九—一七五〇）

先生年二十七歲。先生年十七有志聞道，從事經。經學之難明者，皆究其本始，爲之十年，至是時漸有會通，而知：

「聖人之道如縣繩樹槷，豪釐不可有差。」與是仲明論學書。

是年成爾雅文字考十卷。段譜：「書藁藏曲阜孔户部家。蘇州吴方伯蠡濤後者，先生壬午同年也。户部既殁，方伯之子慈鶴就其家，取諸户部長子博士廣根，云將付梨棗。今書藁尚在吴處，未刊。」孔奭軒戴氏遺書總序：「景純有云：『爾雅者，九流之津涉，六藝之鈐鍵。』虎闈小學，未束髮而知書；豹鼠奇編，不下席而觀古。故辨言之樂，對於三朝；首基之文，問於五始……爲爾雅文字考十卷。」先生有自序，段刻文集卷三、孔刻卷五載之。段譜：「自序云：『余謂儒者宜自爾雅始，取而讀之，殫心於兹十年。……偶有所記，懼過而旋忘，録之成帙，爲題曰爾雅文字考，亦聊以自課而已；若考訂得失，折衷前古，於爾雅萬七百九十一言合之羣經靡所扞格，姑俟諸異日。』按是書未知何年所成，據『於兹十年』之語，則自十七歲有志聞道，潛心訓詁始，成書蓋在戊辰己巳庚午間也。曰『姑俟諸異日』，則意有未滿之辭；然先生之於小學，始基之矣。」

先生論爾雅、毛詩、説文語：

（一）毛詩與爾雅

答江慎修先生論小學書：「今所有傳注莫先毛詩，其爲書又出爾雅後。

爾雅：『杜甘，棠；梨山，樆；榆白，枌。』立文少變。杜澀，棠甘，而名類可互見。杜，赤棠，白者棠，以棠見杜。杜甘，棠，以杜見棠。毛詩『甘棠，杜也』，誤！『枌，白榆也』，不誤。杜甘曰棠，梨山生曰樆，榆白曰枌。朱子詩集傳於陳東門之枌云『枌，白榆也』，本毛詩；於唐山有蓲云『榆，白枌也』，殆稽爾雅而失其讀。其他毛詩誤用爾雅者甚多。先儒言爾雅往往取諸毛詩，非也。」

（二）説文與爾雅　程瑶田通藝録解字小記，乾隆庚子元旦作説文引經異同叙：「昔吾友戴東原語余云：爾雅、説文二書，賓書也。其異義處則互有得失，如衛風『深則厲』，説文『厲』作『砅』，釋之曰『履石渡水也』；而爾雅則曰：『以衣涉水，繇帶以上爲厲。』以説文之得，而爾雅之失也。」答江慎修先生論小學書略同，又云：「説文所載九千餘文，當小學廢失之後，固未能一一合於古；即爾雅亦多不足據，姑以釋詁言之：如『台、朕、賚、畀、卜、陽，予也』。『台、朕、陽』，當訓『予我之予』；『賚、畀、卜』，訓『賜予之予』，不得錯見一句中。『孔，魄、哉、延、虚、無、之、言，間也。』郭氏注云：『孔、穴、延、魄、虚、無皆有間隙，餘未詳。』考之説文：『哉，言之間也。』『言之間』即詞助；然則哉、之、言三字乃『言之間』，言爲詞助，見詩，易多矣。『豫，射，厭也。』郭氏注云：『詩曰服之無射，豫未詳。』『豫』蓋當訓『厭足』、『厭飫』之『厭』；『射』訓『厭倦』、『厭憎』之『厭』。此皆掇拾之病；其解釋詩、書，緣詞生訓，非字義之本然者不一而足。」

是年程瑶田、汪隨同爲博士弟子員，初識先生。五友記云：「方是時，東原方躓於小試，而學已粗成，出其所校太傅禮示余。太傅禮者，人多不治，故經傳錯互，字句訛脱，學者恒苦其難讀，東原一一更正之。余讀而驚焉，遂與東原定交。至是稚川、松岑亦咸交于東原矣。」

是年方粹然居徽，程瑤田常過之，承講畫之益。粹然字心醇，淳安樸山先生第二子；少從何義門遊於京師，爲其高第弟子，至是遊黄山乃寓徽城外之河西，自號河西寓公。程瑤田河西寓公叙略。

是年先生友人方觀承爲直隸總督。彭紹升生。方苞死。先生言：「方望溪釋禮經之文多不似說禮語言，其說春秋較善。」段譜。

乾隆十五年庚午（一七五〇—一七五一）

先生年二十八歲。方綮如主紫陽書院，見先生文大讚服。程瑤田河西寓公叙略：「己巳……明年，遂與吾弟光瑩及二三學友往受業。是年樸山（即綮如）先生亦應郡守何公之聘，來徽主紫陽講席；瑤田以門下後學亦得飫聞樸山先生緒論。」洪狀：「先生自江寧歸，時淳安方綮如先生掌教紫陽書院，一見先生文，深折服，謂己所不及。繼而嘆曰：『今之徐子卿也！』同學者請曰：『若某某句，其可通邪？』方先生指而示之曰：『是出某經某史，顧若未讀耳。』因言其命意之精，同學者駭嘆，由是稍稍知先生之能文。」按此可知是時先生在紫陽書院，與郡之士子相觀摩，段譜不載。又先生當在是時始見江慎修而師之，段譜在二十歲時云：「婺源江慎修先生永治經數十年，精於三禮及步算、鐘律、聲韻、地名沿革，博綜淹貫，巋然大師。先生一見傾心，取平日所學就正焉。」段說誤。洪狀：「時郡守何公常以月某日，延郡之名人宿學講論經義于書院之懷古堂。婺源江先生永，中段即段譜所引。……見其盛年博學，相得甚歡。一日，舉歷算中數事問先生曰：『吾有所疑，十餘年未能決。』先生請其書諦觀之，因爲剖析比較，言其所以然。江先生驚喜嘆曰：『累歲之疑，一日而釋，其敏不可及也！』先生亦嘆江先生之學周詳精整。」可證。故先生此時實客於汪梧鳳家，與鄭用牧、金榜、汪肇瀧、程瑤田、方矩等從江、方二先生質疑問難，而同學諸人多問業於先生。汪中大清故貢生汪君墓誌銘：「乾隆初紀，老師略盡，而處士江慎修崛起婺源，休寧戴東原繼之。經籍之道復明，始此。兩人自奮於末流，常爲鄉俗所怪，又孤介少所合，而地僻陋無從得書。是時歙西溪汪君獨禮而致諸其家，飲食供具惟所欲，又斥千金置書，益招好學之士日夜誦習，講貫其中，久者十數年，近者七八年、四五年，業成散去。」鄭虎文汪梧鳳行狀：「君既師江而又客戴氏、汪氏（指肇瀧）於家，汪爲尤久。久處，昕夕無他語，語必經義。義難輒辨，辨必力持，不相下則辨益疾，而君故口吃，嘗咽塞不能出聲氣，鬢眉動張，童僕往往背立匿笑，已乃復辯，必彼我意通乃已。」洪狀：「時先生同志密友，郡人鄭牧、汪肇龍（即肇瀧）、程瑤田、方矩、金榜六七君，日從江先生，方先生從容質疑問難。蓋先生曆律聲韻之學亦江先生有以發之也。」王昶江慎修先生墓誌銘：「余友休寧戴君東原，所謂通天地人之儒也，常自述其學術實本之江慎修先生。」王墓誌銘：「東原家居，同郡鄭牧、汪肇龍、程瑤田、方矩、金榜皆從問業。」程瑤田五友記：「庚午辛未之間，余與稚川（即肇瀧）及余姊婿汪松岑三人同研席，每論當世士可交而資講習益者。余曰，戴東原也！」徐書受金榜墓誌銘：「先生受經學於江永慎修暨戴東原，學詩古文辭於劉大櫆耕南，學科舉之文於方棨如樸山。數君子者各以所長擅天下，先生或師之或友之，而皆得其宗。」先生以司馬法賦出車徒，二法難通，金榜乃舉小司徒「正卒」、「羨卒」以釋之。江藩漢學師承記金榜記。續疇人傳程瑤田傳：「少與休寧戴震相友善，故其經術最深。」皆足證。

先生制義經方棨如手定，刻入新安三子課藝。三子是汪梧鳳、鄭用牧與先生。鄭虎文汪梧鳳行狀。

關於文章的方面，先生有些言論，見段譜，現在列録如下：

先生言：「爲古文當讀檀弓。余好批檀弓，朋儕有請余評點者必爲之評點。」想休、歙間，其本子猶有存焉者也。

先生言：「閻百詩能考覈而不能做文章。顧亭林文章較勝。」

先生言：「司馬相如封禪文顏色如天上雲霞，奇麗絶。」

先生少時學爲古文，摘取王板史記中十篇，首項羽本紀，有信陵君列傳、貨殖傳，其他題記憶不清，皆密細字評其結構用意用筆之妙。鄭炳也先生虎文曾借讀。今聞（按當嘉慶甲戌時）孔户部以此授長子伯誠爲讀本。伯誠雖亡，書猶在也。

先生言：「劉耕南小文章好，大文章不好。」

序劍一篇，段刻文集卷十一，孔刻卷六載之，爲方友璜作。按先生此時正與友人治古文，且壬申以後不多作應酬文。參看壬申年事蹟。方友璜當是同遊於汪氏的朋友，疑即是方晞原。故編於此。

代程虹宇爲程氏祀議一篇，段刻文集卷十一，孔刻卷三載之。按孔刻本篇末附江慎修批語。先生二十九歲後不常居徽，與江氏接近又實在此時，故此文當在二十九歲前所作，因編於此。程虹宇不知爲誰。

鳳儀書院碑文一篇，段刻文集卷十一，孔刻卷九載之。按碑文言，鳳儀書院乃瑞州太守楊公將筠陽書院改新的。楊公不知爲何人。此文頗以爲先生在南豐、邵武閒遊後居徽時所作，因爲先生的文名也是此時才聞於世，故附於此。

是年先生師江永年六十九，成四書典林四十卷，推步法解五卷。先生友人秦蕙田爲刑部侍郎。爲先生作行狀之洪榜約在是年至後年閒生。

乾隆十六年辛未（一七五一—一七五二）

先生年二十九歲。補休寧縣學生。洪狀、王墓誌銘、段譜。先生入學爲「鄉人儺」三字題，所爲文旁徵博引，考證詳明。宗師雖賞其文，而以故實幽僻，疑爲抄襲，發落日面質先生。先生歷舉所出，如數「家珍」，宗師大激賞，以衣冠贈之。戴軼事。此事諸家未述，雖爲傳説，姑存之。

暮春手抄春酒堂集若干卷。此書今藏旌德吕氏，計二册。五言古詩四十頁爲一卷，五言律詩二十六頁爲一卷，合成一册；七言律詩四十四頁爲一卷，詩餘二頁爲一卷，合成一册。當爲末後一册，最終有注字一行曰：「辛未暮春休寧戴震抄本」，下有「臣震」章一。全書用黑印格紙，頁十八行，面九行，行二十字，影寫。按春酒堂集是明遺民鄞人周容（鄮山）著的，今只存二册，原寫卷數已被挖去。先生既補縣學生，乃絶志舉子業，覃思著述。洪狀。

是年先生友人錢大昕應召試，賜舉人，補内閣中書，與吴烺、褚寅亮同習梅氏算術。方黎如辭紫陽書院講席歸。程瑶田河西寓公叙略。

江永不赴婺源縣知縣陳某之起薦，與書先生曰：「馳逐名場非素心。」江慎修先生事略狀。

是年先生弟子孔廣森及淮南學者劉台拱生。

乾隆十七年壬申（一七五二—一七五三）

先生年三十歲。夏，至汪梧鳳家，教汪之子。程瑶田五友記：「壬申夏，松岑言于其從祖之弟在湘；在湘因延東原至其家，以教其子。於是余數人時時與東原處，故知東原最深也。」據此，則先生客汪氏當在是時，而二十八歲時已與諸人相識，會文於紫陽書院了。先生至是年已成考工記圖、屈原賦注、句股割圜記。「有傳其書至浙中者，天台少宗伯齊公召南見之曰：『曠世才也！』嘉嘆不絶于口。由是江以南北，稍稍知先生之名。」洪狀、王墓誌銘。

考工記圖二十四歲時成，已見前文。

段譜：「是年注屈原賦成。歙汪君梧鳳庚辰仲春跋云：『自壬申秋得屈原賦戴氏注九卷讀之。』可證也……此書音義三卷，亦先生所自爲，假名汪君。」孔顨軒駢儷文戴氏遺書總序：「于是辨韻之餘，留觀百氏；研音之下，雅愛三閭。以爲：娥臺訪女，近窈窕之遺聲；湘水搴芳，續榛苓之逸響。叔師注尚未詳，辨招附而不可，核之漢志，名從主人；爲屈原賦注四卷。」段譜庚辰年下云：「按屈原賦注，盧學士爲之序，注七卷，通釋二卷，音義三卷，凡十二卷。歙汪梧鳳跋其後云（見上）……然則成於壬申秋以前。壬申，先生年三十耳，而所詣如此！」

「句股割圜記以西法爲之注，亦先生所自爲，假名吴君思孝，皆如左太沖三都賦注假名張載、劉逵也。」段譜。按吴氏有二十年作序一篇云：「前六載，余抄得八綫表者，稍稍究之。」當即爲先生託名而自述者。此書刻於二十三年，後詳。是時實爲著手著作之時。

是時先生作詩補傳。此書未成，後别録其辨證爲毛鄭詩考正，説詳三十年條下。按文集詩比義述序云：「昔壬申、癸酉歲，震爲詩補傳未成，别録書内辨證成一帙。曾見有襲其説以自爲書刊行者，不知先生（指王涵齋）何由見震元書，擇其合於比義若干條，俾得以名附大著中。」可證其未成。

方沛霖字雨三舉於鄉，將官鳳陽之虹縣教諭，其母於先生爲姑行。先生爲其外祖母作傳，載段刻文集卷十二，孔刻在卷九，曰戴節婦家傳。

程瑶田通藝録修辭餘鈔刻章小傳藁草曰：「程瑶田字易田，五十以伯仲則字之曰伯易；安徽歙縣人，世居縣城之荷花池，用屈原賦『葺之兮荷蓋』之語而自號曰葺荷。」按是年先生爲程氏書篆書聯一對，文曰「論古姑舒秦以下，游心獨在物之初」。下款署「海陽戴震」四字，而印章文則曰「葺荷散人」，曰「白玉兮爲鎮，疏石蘭兮爲芳」。款下又有識語一段：

乾隆壬申歲，戴東原爲瑶田作此聯。自以爲不能作楷書，遂令瑶田爲書款也。自是之後，即篆書亦絶不肯爲。越廿有六年，歲在丁酉，東原卒於京師；又後九年，偶見故人手蹟，悲感交并，因援筆記之。乙巳正月廿一日，印（易田）。

此物今藏於吴興蔣氏，影印本刊。按：「海陽」即休寧古名，見安徽通志四十五，古蹟二，休陽廢縣及海陽廢縣條下。「葺之兮荷蓋」見湘夫人四章；「白玉兮爲鎮，疏石蘭兮爲芳」，見湘夫人五章。程氏印章用於先生款下，恐有誤會，特詳記之。

先生是年家居時甚困頓。段譜：「先生嘗語玉裁云：其年家中乏食，與麵鋪相約，日取麵爲饔飧，閉户成屈原賦注。蓋先生之處困而亨如此。」又段玉裁經韻樓集卷八，誥封孺人戴母朱夫人八十壽序有云：「先生年將三十，夫人歸於先生，先生方爲諸生，攻苦食淡，以侍舅姑，事君子，米鹽凌雜身任之，俾先生專壹於學。」又按戴琴泉記先生軼事云：「乾隆十七年，休地大旱，斗米千錢。公家乏食，日以麵果腹，閉户著屈原賦注十二卷。」可知是年實以旱荒困頓。

先生有戴童子壙銘并序一文，惜未詳記其生卒年月。文中有云「休陽之隆阜，童子所生也」。按先生娶朱夫人在二十六歲時，自是以後即展轉奔走於外，童子之生當約在此年以前。此童子應是先生長子，早殤，詳見後文。

是年先生友人盧文弨殿試對策，直言直隸差徭之重。高宗飭總督方觀承（亦先生友人）中奏自劾。段玉裁盧文弨墓誌銘。

全祖望年四十八歲，至是已七校水經注，是年度嶺至端溪書院爲山長。董秉純全祖望年譜。

先生友人盧見曾復任兩淮運使。盧見曾金山志序：「反起用畿輔，忽忽遂十六年，余則已老矣……仰荷聖恩，仍畀原任。」

是年春程瑶田往揚州。

（未完）

（輯自國學季刊一九二五年第二卷一號）

段著東原年譜訂補

楊應芹

世宗憲皇帝雍正元年癸卯，先生生。

先生諱震，字東原。曾祖景良。祖寧仁，贈文林郎。父弁，封文林郎。世居休寧隆阜。妣朱氏，贈孺人。先生以十二月己巳生邑里之居第。

訂補：又字慎修。早年室名「游藝塾」。考工記圖書末落款：「時柔兆攝提格日在南北河之間，東原氏書於游藝塾。」中年後題名爲「愛日樓」。北大圖書館藏水經一卷抄本，卷首題有「愛日樓定本」五字。上海圖書館藏聲韻考稿本，封面書「愛日樓聲韻考」。胡適曰：「揚子法言孝至篇：『不可得而久者，事親之謂也，孝子愛日。』東原之父尚在，已年高，故樓名『愛日』。」其生日公曆爲一七二四年一月十九日。以下各年歲數，依公曆當分别減一歲。

二年甲辰，二歲。

三年乙巳，三歲。

四年丙午，四歲。

五年丁未，五歲。

六年戊申，六歲。

七年己酉，七歲。

八年庚戌，八歲。

九年辛亥，九歲。

十年壬子，十歲。

先生是年乃能言，蓋聰明蘊蓄者深矣。就傅讀書，過目成誦，日數千言不肯休。授大學章句，至「右經一章」以下，問塾師：「此何以知爲『孔子之言而曾子述之？』又何以知爲曾子之意而門人記之？」師應之曰：「此朱文公所說。」即問：「朱文公何時人？」曰：「宋朝人。」「孔子、曾子何時人？」曰：「周朝人。」「周朝、宋朝相去幾何時矣？」曰：「幾二千年矣。」「然則朱文公何以知然？」師無以應，曰：「此非常兒也。」

訂補：魏建功戴東原年譜雍正九年條曰：「中國人最愛講靈異的，凡是一個大人物，往往就把他變做神話化的非常人，於是就會附會出種種的奇異事跡來。」關於「右經一章以下」云云，梁啓超清代學術概論十一曰：「此一段故事，非惟可以說明戴氏學術之出發點，實可以代表清學派時代精神之全部。蓋無論何人之言，決不肯漫然置信，必求其所以然之故，常從衆人所不注意處覓得間隙，既得間則層層逼拶，直到盡頭處，苟終無足以起其信者，雖聖哲父師之言不信也。此種研究精神，實近世科學所賴以成立，而震以童年具此本能，其能爲一代學派完成建設之業固宜。」

十一年癸丑，十一歲。

十二年甲寅，十二歲。

十三年乙卯，十三歲。

高宗純皇帝乾隆元年丙辰，十四歲。

二年丁巳，十五歲。

三年戊午，十六歲。

四年己未，十七歲。

先生十六七以前，凡讀書，每一字必求其義。塾師略舉傳、注訓詁語之，意每不釋。塾師因取近代字書及漢許氏説文解字授之，先生大好之，三年盡得其節目。又取爾雅、方言及漢儒傳、注、箋之存於今者，參伍考究。一字之義，必本六書、貫羣經以爲定詁。由是盡通前人所合集十三經注疏，能全舉其辭。

先生嘗謂玉裁曰：「余於疏不能盡記，經、注則無不能倍誦也。」又嘗曰：「經之至者道也，所以明道者其辭也，所以成辭者字也。必由字以通其辭，由辭以通其道，乃可得之。」此則先生説經謜本肇始於小學，而其敏且專可知矣。又按先生丁酉正月與玉裁書曰：「僕自十七歲時，有志聞道，謂非求之六經、孔、孟不得，非從事於字義、制度、名物，無由以通其語言。宋儒譏訓詁之學，輕語言文字，是猶渡江河而棄舟楫，欲登高而無階梯也。爲之三十餘年，灼然知古今治亂之源在是。」

訂補：關於戴震少年治學，集中地記述在與是仲明論學書一文中。他説：「僕自少時家貧，不獲親師。」可見是自學成才。其治學之道，除「由字以通其辭，由辭以通其道」外，更重要的還在於他嚴謹求實，好讀書而必求甚解。其文曰：

至若經之難明，尚有若干事。誦堯典數行，至「乃命羲、和」，不知恒星七政所以運行，則掩卷不能卒業。誦周南、召南，自關雎而往，不知古音，徒强以協韻，則齟齬失讀。誦古禮經，先士冠禮，不知古者宮室、衣服等制，則迷於其方，莫辨其用。不知古今地名沿革，則禹貢職方失其處所。不知少廣、旁要，則考工之器不能因文而推其制。不知鳥獸、蟲魚、草木之狀類名號，則比興之意乖。而字學、故訓、音聲未始相離，聲與音又經緯衡從宜辨。漢末孫叔然創立反語，厥後考經論韻悉用之。釋氏之徒，從而習其法，因竊爲己有，謂來自西域，儒者數典不能記憶也。中土測天用句股，今西人易名三角八綫，其三角即句股，八綫即綴術，然而三角之法窮，必以句股御之，用知句股者，法之盡備，名之至當也。管、呂言五聲十二律，宮位乎中，黄鐘之宮，四寸五分，爲起律之本，學者蔽於鐘律失傳之後，不追溯未失傳之先，宜乎説之多鑿也。凡經之難明，右若干事，儒者不宜忽置不講。僕欲究其本始，爲之又十年，漸於經有所會通，然後知聖人之道，如縣繩樹槷，毫釐不可有差。

五年庚申，十八歲。

隨父文林公客南豐，課學童於邵武。

六年辛酉，十九歲。

經學益進。

七年壬戌，二十歲。

是年，自邵武歸。同邑程中允恂一見大愛重之。曰：「載道器也。吾見人多矣，如子者，巍科碩輔，誠不足言。」婺源江慎修先生永治經數十年，精於三禮及步算、鐘律、聲韻、地名沿革，博綜淹貫，巋然大師。先生一見傾心，取平日所學就正焉。

訂補：程恂，字慄也，雍正二年（一七二四）進士，官至直隸定州知府。乾隆元年（一七三六），又召試博學鴻詞，授檢討，官至中允。據江錦波、王世重江慎修先生年譜載，江永與程恂關系甚密，自乾隆五年（一七四〇）起，江永數館其家。江慎修先生七十壽序曰：「吾師江慎齋先生……震少知嚮慕，既數年始獲一見，又數年始拜先生於吾邑之山斗。」乾隆七年（一七四二）九月，徽州郡守朱大人敦請江永講學於紫陽書院。休寧山斗是由江村至徽城的必經之道，程恂的家亦在山斗。大概在這時候，戴震始得拜見江永。江永答戴生東原書曰：「暮年得兩知已，天姿敏妙，志識不凡，可與劇談天地古今，甚慰平生。」書見善餘堂文集，今藏上海圖書館。

八年癸亥，二十一歲。

九年甲子，二十二歲。

是年長至日，成籌算一卷。首乘，次除，次命分，次開平方，次籌式，爲横籌反對兩句股，略舉經籍之資於算者，推衍成帙，爲治經之士覽觀。自叙云爾後增改其書，更名策算，孔户部繼涵以附九章算術者是也。凡學九章者，必發軔於此。

十年乙丑，二十三歲。

是年孟冬，成六書論三卷，孟冬自序。先生以六書轉注之爲互訓，失其傳且二千年，言六書者訛謬日滋，爲此書辨之。今其稿未見，故不著録，而存此叙，可得其涯略。六書論者，論百家言六書者，皆多繆説也。若答江慎修先生書，則專辨言轉注者之繆也。是時先生得於小學者深，六書中轉注，許氏以考、老釋之，後儒多不解。先生有答江先生論小學書言：「周禮六書，劉歆、班固云：『象形、象事、象意、象聲、轉注、假借。』鄭衆云：『象形、會意、轉注、指事、假借、諧聲。』説文序稱：『一指事，二象形，三形聲，四會意，五轉注，六假借。』許氏最爲得其次弟，許氏説轉注曰：『建類一首，同意相受，考、老是也。』後人不得考、老之義，以字形左迴右轉釋之，最爲紕繆。其他或分諧聲當之，或分假借當之，皆不可通。震謂考、老二字，屬諧聲、會意者，字之體；引之言轉注者，字之用。轉注之爲言，猶曰互訓云爾。説文於考字訓曰老也，於老下訓曰考也，是以序中論轉注舉之。大致造字之始，事與形兩大端而已。文字既立，則聲寄於字，而字有可調之聲；意寄於字，而字有可通之意，是又文字之兩大端也。由是之於用，數字共一用者曰轉注，一字具數用者曰假借，是又用文字者兩大端也。六者之次第出於自然。震所以信許叔重論六書必有師承也。」江先生得其書，謂：「衆説紛紜，得此論定，誠無以易。」

按先生此書作於何年，未可詳，而六書論成於乙丑，則此書當附見於乙丑。

訂補：答江慎修先生論小學書的内容，基本上見諸經考卷五爾雅，而論小學書的内容則更爲縝密具體，顯然是在經考卷五爾雅内容的基礎上寫成的。經考卷四大戴禮記八十五篇後署「乾隆丁丑夏東原氏記」，則答江慎修先生論小學書無疑作於乾隆二十二年丁丑之後。

十一年丙寅，二十四歲。

是年，考工記圖注成，後序云「柔兆攝提格日在南北河之間，東原氏書於游藝塾。」

訂補：考工記圖注當作考工記圖。注作於乾隆二十年乙亥。紀昀考工記圖序曰：「戴君東原始爲考工記作圖也，圖後附以己説而無注。乾隆乙亥夏，余初識戴君，奇其書，欲付之梓。遲之半載，戴君乃爲余删取先、後鄭注，而自定其説以爲補注。」梁啓超戴東原著述纂校書目考曰：「然則此書初本有圖有説而無注，今本乃徇紀文達之請續增者也。」

十二年丁卯，二十五歲。

是年仲春，成轉語二十章，自序見文集。「人口始喉下，底脣末，按位以譜之，爲聲之大限五，小限各四，於是互相參伍，而聲之用蓋備」。昔人既作爾雅、方言、釋名，先生謂猶缺一卷書，創爲是編，用補其闕，俾疑於義者以聲求之，疑於聲者以義求之。玉裁按：此於聲音求訓詁之書也。訓詁必出於聲音。惜此書未成。孔檢討廣森序戴氏遺書，亦云未見。

訂補：一九二九年，曾廣源著戴東原轉語釋補，其叙曰：「所著轉語二十章，韻經聲緯，位以錯綜，探原于爾疋、方言、釋名，而攬其樞要，六書之諧聲讀若，經子傳記之聲音通籍，皆一以貫之。學者通知其説，以詒詁言，解闕緡，郭如也。孔氏刻東原遺書，見餘稿大題無標爲轉語者，臆謂轉語已逸，遽取戴君丙申春間答段氏論韻書，與聲類表合爲一刻，而别録轉語叙于文集。不審表與叙合，即爲轉語二十章，並未逸缺。自是叙、表斯裂，無所取證，世乃疑叙爲徒作，以聲類表爲專表韻部矣。考戴君之卒在乾隆四十二年五月，距表成祇二十日，既不及爲例言，以發其義，而丙申答段氏書，又浮沉至身後始達，故懋堂爲聲類表叙，祇稱戴君論韻集諸家大成，于聲位之説，不能有所發明。其後阮氏學海堂經解，刻戴君文集，更割裂此叙，存創例而盡芟要言，欲轉語之不亡，胡可得乎？」曾氏之説是否確當，尚未可知，姑録之備考。

十三年戊辰，二十六歲。

紀文達公考工記圖序曰：「戴君語予曰：昔丁卯、戊辰間，先師程中允出是書以示齊學士次風先生，學士一見而嘆曰：『誠奇書也。』今再遇子奇之，是書可不憾矣。」

是年娶孺人朱氏。

訂補：齊次風，名召南（一七〇三—一七六八），號息園，天台人。乾隆元年舉博學鴻詞，官至禮部侍郎。熟於三禮，尤長地理，有水道提綱二十八卷、寶綸堂文鈔八卷等。

戴震在世時，乾隆某年所上江西大鐘，正與考工記圖合。「當兔在輿下正中」，與一九八〇年秦俑考古發掘的大型銅馬車構件不謀而合。

朱氏事略，見段玉裁誥封孺人戴母朱夫人八十壽序。

十四年己巳，二十七歲。

先生有爾雅文字考十卷，自序見文集。云：「余謂儒者宜自爾雅始，取而讀之，殫心於茲十年，偶有所記，懼過而旋忘，録之成帙，爲題曰爾雅文字考若干卷，亦聊以自課而已。若考訂得失，折衷前古，於爾雅萬七百九十一言，合之羣經，靡所扞格，姑俟諸異日。」按是書未知何年所成，據「於茲十年」之語，則自十七歲有志聞道，潛心訓詁，始成書蓋在戊辰、己巳、庚午間也。曰「姑俟諸異日」，則意有未滿之辭，然先生之於小學始基之矣。書稿藏曲阜孔户部家。蘇州吴方伯蠡濤俊者，先生壬午同年也。户部既歿，方伯之子慈鶴就其家取諸户部長子博士廣根，云將付梨棗。今書稿尚在吴處未刊。

訂補：經雅當成書於爾雅文字考之前，其二書之關係待考。

是年程瑶田與戴震一見定交。

何達善是年任徽州郡守。道光徽州府志職官志：「何達善字子兼，别字澹庵，河南濟源人，乾隆十四年以翰林來守是邦……公愛民而好士，紫陽諸生肄業，必延名宿爲之師。」

十五年庚午，二十八歲。

訂補：是年受教於方楘如。洪榜戴先生行狀曰：「先生自江寧歸時，淳安方楘如先生掌教紫陽書院，一見先生文，深折服，謂己所不及。繼而嘆曰：『今之徐子卿也。』同學者請曰：『若某某句，其可通耶？』方先生指而示之曰：『是出某經某史，顧若未讀耳。』因言其命意之精，同學者駭嘆，由是稍稍知先生之能文。」後來戴震作文，頗得方氏之道。段玉裁云：「師嘗聞作文之訣於方氏文輈曰：『善做不如善改，善改不如善删。』故師作文不厭改删。」（見答程易田丈書）方氏主紫陽期間，定有新安三子課藝。鄭虎文汪明經梧鳳行狀曰：「方氏楘如所定三子者，即君與戴震、邑人鄭用牧也。」周永年制義類編收有戴震兩篇制義文章，即吾十有五和旅酬下爲上。

是年與汪肇瀧（字稚川，瀧亦作龍）等定交。程瑤田五友記曰：「庚午辛未之間，余與稚川及余姊婿汪松岑三人同研席，每論當世士可交而資講習益者，余曰：『戴東原也。』東原名震，休寧隆阜人。先是己巳歲，余初識東原。當是時，東原方躓於小試，而學已粗成，出其所校太傅禮示余。太傅禮者，人多不治，故經、傳錯互，字句訛脱，學者恒苦其難讀，東原一一更正之。余讀而驚焉，遂與東原定交。至是，稚川、松岑亦交於東原矣。」

五友記又記東原語曰：「水經酈道元注亦如太傅禮，人所不治者。其經、注之錯互，字句之訛脱，與太傅禮無異。揚雄方言，所謂『懸諸日月，不刊之書』，治古文者資之，與爾雅、説文同功。而文章之古，益以轉寫之訛，人望之如蠶叢未闢者然。是皆不可不治其蕪雜，使就條理。」

是年七月七日，江永七十大壽，戴震謹爲先生壽且序。詳見修訂本戴震全書第六册東原文集補遺江慎修先生七十壽序。又戴震先生行狀曰：「時郡守何公，常以月某日，延郡之名人宿學，講論經義於書院之懷古堂。婺源江先生永治經數十年，精於三禮及步算、鐘律、聲韻、地名沿革，博綜淹貫，巋然大師。先生一見傾心，因取平日所學就質正焉。江先生見其盛年博學，相得甚歡。一日舉曆算中數事問先生曰：『吾有所疑，十餘年未能決。』先生請其書，諦觀之，因爲剖析比較，言其所以然。江先生驚喜，嘆曰：『累歲之疑，一日而釋，其敏不可及也。』先生亦嘆江先生之學周詳精整。時先生同志密友，郡人鄭牧、汪肇龍、程瑤田、方矩、金榜六七君，日從江先生、方先生從容質疑問難。蓋先生律曆聲韻之學，亦江先生有以發之也。」

十六年辛未，二十九歲。

是年，補休寧縣學生。

訂補：是年暮春手抄春酒堂詩集。原本兩册，爲安徽旌德吕伯威所藏。北京大學國學季刊一九二五年十二月第二卷第一期影印有該抄本的首頁及末頁。末頁後署有「辛未春休寧戴震抄本」，其下加蓋「臣」、「震」二圖章。春酒堂詩集的作者周容，浙江鄞縣人，明末諸生，明亡後爲僧，既而因侍母返俗。其踪跡遍天下，所交皆遺民，有人以博學鴻詞薦，竟以死拒之。

孟子私淑録三卷亦作於是年或稍前。繆荃孫藝風藏書記卷一曰：「孟子私淑録三卷，休寧戴震撰。問答體。曲阜孔氏散出書。卷面題字『乾隆十六年歲次辛未春三月録』三行。」

十七年壬申，三十歲。

是年注屈原賦成，歙汪君梧鳳庚辰仲春跋云，「自壬申秋得屈原賦戴氏注九卷讀之」，可證也。先生嘗語玉裁云：「其年家中乏食，與麵鋪相約，日取麵爲饔飧，閉户成屈原賦注。」蓋先生之處困而亨如此。此書音義三卷，亦先生所自爲，假名汪君。句股割圜記以西法爲之，注亦先生所自爲，假名吴君思孝。皆如左太沖三都賦注假名張載、劉逵也。

訂補：爲程瑶田作篆書對聯：「論古姑舒秦以下，游心獨在物之初。」後署「海昜戴震」，爲程瑶田手跡，下加瑶田「葺荷散人」印章。瑶田别號「葺荷」，世居歙縣荷花池，故取湘夫人「葺之兮荷蓋」句意以爲號。下聯於署名印章下，程瑶田記曰：「乾隆壬申歲，戴東原爲瑶田作此聯，自以爲不能作楷書，遂令瑶田爲書款也。自是之後，即篆書亦絶不肯爲。越廿有六年歲在丁酉，東原卒於京師。又後九年，偶見故人手跡，悲感交并，因援筆記之。乙巳正月廿一日，易田（印）。」句股割圜記是在算學初稿四種的基礎上寫成的。其四種即：準望簡法、割圜弧矢補論、句股割圜全義圖、方圜比例數表。此四種的成稿約在乾隆九年前後。

是年夏，始館於汪梧鳳家。程瑶田五友記曰：「壬申夏，松岑言於其從祖之弟在湘，在湘因延東原至其家，以教其子。」

題惠定宇先生授經圖：「先生執震之手言曰：『昔亡友沈冠雲嘗語余，休寧有戴某者，相與識之也久。冠雲蓋實見子所著書。』」據此，則東原之書在他三十歲之前已流傳甚廣。按：沈氏名彤，字冠雲（一六八八—一七五二），别字果堂，吴江人。

十八年癸酉，三十一歲。

是年，詩補傳成，有序，在癸酉仲夏。

訂補：江慎修先生年譜載：「十八年癸酉（一七五三），七十三歲，館歙邑西溪，歙門人方矩、金榜、汪梧鳳、吴紹澤從學，休寧鄭牧、戴震、歙汪肇龍、程瑶田前已拜門下問業。是年殷勤問難，必候口講指畫，數日而後去。」

詩補傳二十六卷，被傳抄出去後題名曰「戴氏經考」。原抄件今藏北京國家圖書館，有「汪灼校書藏畫之印」、「葉氏德輝鑒藏」、「南宫邢氏珍藏善本」等印章。由此可見該抄本在民間流傳的始末。而該書被傳抄出去，當在戴震生前，但他自己卻不知道，因此晚年給王千仞詩經比義述一書作序時，看到書中不少引文是出自他的詩補傳，而感到很奇怪，故而曰：「不知先生何由見震元書，擇其合於比義若干條，俾得以名附大著中。」（見詩比義述序）詩補傳是戴震治詩的未定稿，故曰「震爲詩補傳未成」，但絶非是未完篇的意思，由於其抄本鮮爲人知，因而多生誤解。詩補傳的最初成書時間可能在庚午或稍前，此時所作與是仲明論學書曰：「今程某奉其師命來取詩補傳，僕此書尚俟改正，未可遽進。」所謂「尚俟改正」，足見初稿已粗就。至壬申、癸酉又作修改，然戴震仍視其爲「未成」，故「別録書内辨證成一帙」。這「一帙」就是毛鄭詩考正。所謂「善做不如善改，善改不如善刪」，戴震作文不厭改刪，亦於斯可見。

十九年甲戌，三十二歲。

訂補：約在是年前後，作水地記初稿。孔繼涵四十二年丁酉（一七七七）六月題序曰：「乾隆丁酉夏四月，飲於同年程吏部魚門米市衚衕寓，假是二書歸抄之。水地記乃戴東原先生二十餘年前流傳之稿底也，魚門兄題云未定本。癸巳之夏，東原寓於洪刑曹素人兄處，見其所著水地記未曾編次，置一大簏中，手檢以相示，及抄得是本。與東原語及，東原曰：『是草稿者，不足存也。』」水地記初稿約有三分之一的篇幅引用了水經注的原文。這些引文已大部分同於殿本的文字。凡殿本有案校「近刻訛」、「近刻脱」、「近刻衍」，水地記初稿引其文者，半數以上都作了改補刪乙。如濟水篇有案校二百六十五條，水地記初稿濟水引文涉及案校一百三十五條，已改正訛誤八十六條。淮水篇有案校一百四十八條，水地記初稿淮水引文涉及案校九十條，已改正訛誤四十八條。水地記初稿是戴震早年研究水經注的見證，他晚年校定水經注之所以能取得巨大的成績，絶不是偶然的。水地記抄本五册，其中有初稿五卷，定稿一卷，今藏江蘇省南通市圖書館。精抄本有初稿二卷，定稿一卷及孔繼涵親筆序，今藏北京國家圖書館。

是年入都。王昶戴東原先生墓誌銘曰：「余之獲交東原，蓋在乾隆甲戌之春，維時秦文恭公蕙田方纂五禮通考，延致于味經軒，偕余同輯『時享』一類，凡五閱月而别。」錢大昕自編竹汀居士年譜十九年甲戌條：「是歲移寓横街……無錫秦文恭公邀予商訂五禮通考。休寧戴東原初入都，造居士寓，談竟日，嘆其學精博。明日言於文恭公，公即欣然與居士同車出，親訪之，因爲延譽，自是知名海内。」

二十年乙亥，三十三歲。

蓋是年入都。冬，紀文達公刻考工記圖注成。程易田云：「是年假館紀尚書家，所作句股割圜記，丁丑南下，戊寅溪南吴行先付刻。」是年，以方言寫於李燾許氏説文五音韻譜之上方，自題云：「乙亥春，以揚雄方言分寫於每字之上，字與訓兩寫，詳略互見。」玉裁按：所謂寫其字者，以字爲主，而以方言之字傳説文之字也；寫其訓者，以訓爲主，而以方言之訓傳説文之字也。又或以聲爲主，而以方言同聲之字傳説文。所謂詳略互見者，兩涉則此彼分見，一詳一略，因其便也。先生知訓詁之學，自爾雅外，惟方言、説文切於治經，故傳諸分韻之説文，取其易檢。既入四庫館纂修，取平時所校訂，遍稽經史諸子之義訓相合，及諸家之引用方言者，詳爲疏證，令此書爲小學斷不可少之書，奉命刻聚珍板惠海内。而此分寫本者，乃草創之始也。分寫本，玉裁自庚寅、己丑假觀，遂攜至玉屏。壬辰入都，拜先生於洪蕊登京寓，先生索此書曰：「分韻説文不足貴，欲得所分寫方言耳。」玉裁旋入蜀，竟以道遠難寄，藏弆至今。然假此書時，未知重方言也，乃始將讀説文耳。今四十餘年，於説文討論成書，於方言亦窺閫奥，何莫非先生之覺後覺哉。

紀文達公考工記圖序曰：「乾隆乙亥夏，余初識戴君，奇其書。」蓋先生是年訟其族子豪者侵佔祖墳，族豪倚財結交縣令，令欲文致先生罪，乃脱身挾策入都，行李衣服無有也。寄旅於歙縣會館，饘粥或不繼，而歌聲出金石。是時紀太史昀、王太史鳴盛、錢太史大昕、王中翰昶、朱太史筠，俱甲戌進士，以學問名一時，耳先生名，往訪之，叩其學，聽其言，觀其書，莫不擊節嘆賞，於是聲重京師，名公卿爭相交焉。金匱秦文恭公聞其善步算，即日命駕，延主其邸，朝夕講論五禮通考中「觀象授時」一門，以爲聞所未聞也。文恭全載先生句股割圜記三篇，爲古今算法大全之範，其全書往往采先生説。

是年秋，有與王内翰鳳喈書，説尚書「光被四表」，孔傳「光，充也」，義本爾雅，字當作「桄」、作「横」。鳳喈後官光禄寺正卿，名鳴盛。

按此書可見訓詁之學，凡一字必徵之古而靡不條貫。

又有與姚孝廉姬傳書，論尋求遺經：「有十分之見，有未至十分之見。所謂十分之見，必徵之古而靡不條貫，合諸道而不留餘議，鉅細畢究，本末兼察。若夫依傳聞以擬其是，擇衆説以裁其優，出空言以定其論，據孤證以信其通，溯流而不目睹源泉所導，循根而不手披枝肄所歧，皆未至十分之見也。以此治經，失不知爲不知之義，而徒增一惑，以滋學者之辨也。」

先生學高天下，而不好爲人師。姬傳是時爲孝廉，傾心先生之學，欲奉爲師。此書末，先生繳其稱謂云：「非徒自顧不足爲師，亦非謂所學如足下，斷然以不敏謝。古之所謂友，蓋分師之半。無妨交相師，以求十分之見。苟有過則相規，便是在人不在言，斯不失友之謂。」

是年夏，有周禮太史正歲年解二篇，又有周髀北極璿璣四游解二篇。又有與方希原書，大旨論文章必求其本，求其本更有所謂大本，大本既得矣，然後曰：是道也，非藝也。則凡馬、班、韓、柳諸君子，畢力以求其本者，固又待大本以爲榮悴者也。聖人之道在六經，以聖人之道被諸文，如造化之終始萬物也。希原名矩，先生同鄉同志者。

訂補：由王昶墓誌銘和錢大昕自編年譜來看，戴震入都後首先拜會錢大昕，由大昕推薦而爲秦蕙田所延請，因在秦氏味經軒同纂五禮通考而結識王昶。後來紀昀、王鳴盛、朱筠等先後與戴震結交。段玉裁對於同諸公定交的先後次序失考，徒據紀昀考工記圖序「乾隆乙亥夏，余初識戴君」，以及與王內翰鳳喈書寫於乙亥(見經韻樓本文集卷三)，而誤定戴震入都在乾隆二十年乙亥。族子侵佔戴震祖上墳地出賣給程氏，盧文弨曾爲之調解。詳見盧氏乾隆戊寅與程致堂以道進士書。周禮太史正歲年解二篇、周髀北極璿璣四游解二篇皆節録自經考卷四。前二篇爲大戴禮記八十五篇一節的按語，其文末署曰「乾隆丁丑夏東原氏記」。後二篇爲月令一節的按語，文末未署年月。此四篇均應記在「二十二年丁丑」條下。微波榭本文集於周髀北極璿璣四游解一題下妄加「乙亥夏」三字，段玉裁未加審視，因襲其誤。

姚鼐方晞原傳曰：「方根矩，歙人，晞原其字也。」此與玉裁所記有異，不知孰是。

二十一年丙子，三十四歲。

是年，蓋館於大宗伯高郵王文肅公第，公子念孫從學，今永定河道王君懷祖是也。是時懷祖方受經，而其後終能得先生傳。

是年冬，有讀淮南洪保一篇云：「盧編修紹弓以其外王父馮山公先生景淮南子洪保示予，予讀其論古音有疑焉，惜隋、唐辨聲之法之失傳也。」

二十二年丁丑，三十五歲。

是年，識惠先生棟於揚之都轉運使盧君雅雨署内。文集内題惠定宇先生授經圖所云，「自京師南還，始覿先生於揚之都轉運使司署内」者也。

是年孟夏，有大戴禮記目録後語，内云：「今春正月，盧編修紹弓以其校本示予，又得改正數字。」

又與王鳳喈書，書後曰：「丁丑仲秋，錢太史曉徵爲余舉尚書『横被』一證，見後漢書馮異傳。」此皆先生是年在都門之證也。而沈學子文集序云：「彊梧赤奮若之歲，余始得交於華亭沈沃田先生，既而同處一室者更裘葛。」似先生是年冬日出都，在揚州交沈沃田。沃田名大成，華亭名士，老客揚州，以是知之。與是仲明論學書，當亦其時所作。仲明名鏡，是姓，江陰人，客遊於揚者，欲索先生詩補傳觀之，先生答此書。平生所志所加功，全見於此，亦以諷仲明之學非所學也。仲明築室於江陰舜過山講學，其人不爲先生所重，故諷之。

又先生有金山志一小册，當亦此時鹽運使盧君雅雨屬先生渡江所爲。曾摘一節，謂玉裁云：「余山上偶見奇景，修此一段。」

訂補：又與錢大昕書曰：「晤惠定翁，讀所著明堂大道録，真如禹碑商彝，周鼎齊鍾，蘊藏千載，班班復睹，微不滿鄙懷者，好古太過耳。」

錢穆中國近三百年學術史第八章，據是仲明年譜所記，指出段説之誤。一、是仲明非江陰人，乃世居陽湖。二、是仲明與顧眗滋等同講學於無錫共學山居，而未曾築室於舜過山講學。三、乾隆二十二年是仲明已六十五歲，無客游揚州事。四、與是仲明論學書非丁丑所作。是譜載，乾隆十四年己巳五十七歲，仲明春游徽州，次年庚午五月再之徽州，游黄山。錢穆推測，「己巳、庚午兩年，是、戴相晤於徽州」。按，戴震庚午（或稍前）隨父由江寧歸，與是仲明相見當在此年。論學書記「昨遇名賢枉駕，望德盛之容，令人整肅，不待加以誨語也」云云，可斷此書即作于同是仲明相晤後之數日。該書題下經韻樓本有「癸酉」二字，此二字爲微波榭本所無，顯爲段編文集時據詩補傳序作於「癸酉仲夏」而誤增，不可爲據。

是年，與金榜等又從江永游。江慎修先生年譜：「二十二年丁丑，七十七歲，館歙靈山方矩家，從學者如癸酉歲。」

二十三年戊寅，三十六歲。

是年，歙人吴行先名思孝爲序刻句股割圜記成，記其後曰：「總三篇，凡爲圖五十有五，爲術四十有九，記二千四百十七字，因周髀首章之言衍而極之，以備步算之全。」

是年，蓋客揚州。上年冬至是年夏，皆在揚也。故沈學子文集序曰「裘葛一更」。

二十四年己卯，三十七歲。

秋九月，爲王蘭泉舍人作鄭學齋記。

是年先生北闈鄉試，相傳考官欲令出門下，而以不知避忌置之。

是年有書小爾雅後一篇。

訂補：是年孟冬，爲桐城葉酉（字書山）春秋究遺一書作序。

二十五年庚辰，三十八歲。

是年客揚州。夏，有沈處士大成戴笠圖題咏序。

是年冬，有與盧侍講召弓書，論校大戴禮事云：「大戴禮記刻後印校，俗字太多，恐傷板，所有誤字，曷未核出，姑正其甚者。」玉裁按：校刻大戴禮，蓋即揚州運使盧公見曾雅雨堂本也。盧學士文弨先爲校訂，刻既成矣，先生復細校之，故有庚辰冬、辛巳夏兩與學士之書，臚舉應改之字。今考雅雨堂刻本，凡庚辰札内所舉者，已皆剜板改之，皆先生所爲也。其辛巳札内所舉，皆未之改，則先生已離揚之故也。用此知先生庚辰歲館於揚矣。

是年冬，又有與任孝廉幼植書，幼植名大椿，丙戌進士，弱冠負奇才，與先生書論禮，先生以此箴之。

禮經所謂兄弟與昆弟，立文大不同，至先生而其義始著。是冬，屈原賦注刻成。辛巳夏，再與盧侍講書云「去冬刻就屈原賦注，屬舍弟印送」是也。按，屈原賦注，盧學士爲之序，注七卷，通釋二卷，音義三卷，凡十二卷。歙汪梧鳳跋其後云：「自乾隆壬申秋，得戴氏注讀之。」然則成於壬申秋以前，壬申，先生年三十耳，而所詣已如此。戴氏遺書皆孔户部繼涵刊板，雖已刻者皆重刊，獨此書但有歙汪氏刊板而已，頗好古者廣其傳焉。

訂補：任大椿當爲乾隆三十四年己丑進士（見清史列傳卷六十八及明清進士題名碑録索引），段氏作「丙戌」，誤。

是年在揚州與沈大成同校何焯校本水經注。楊希閔過録沈大成校水經注，有沈大成記曰：「庚辰初夏，從吾友吴中朱文斿奂借何義門校本，復校于廣陵。同觀者休寧戴東原震，亦耆古之士也。」該水經注今藏中國社會科學院考古研究所，有戴震親筆校批九十七條，並圈定出經文，基本爲殿本水經注所采用。

二十六年辛巳，三十九歲。

是年夏，有再與盧侍講書，論校大戴禮事。蓋大戴禮一書，訛舛積久，殆於不可讀，先生取雅雨堂刻一再讎校，然後學者始能從事。至癸巳，召入四庫館充纂修官，取舊説及新知悉心核訂，其書上於先生既殁後一月。自後曲阜孔廣森太史因之作補注。

二十七年壬午，四十歲。

是年三月十三日，江先生卒於家，先生作江慎修先生事略狀，次其治經要略、著書卷數。

是年舉於鄉。考官爲嘉興少司寇錢先生東麓，諱汝誠；大庚戴太史筤圃，諱第元；同考官爲金匱縣知縣青田韓先生介屏，諱錫胙。錢、韓二先生，即庚辰恩科玉裁之座師、房師也。韓先生嘗語玉裁曰，「闈中閱東原卷，文筆古奥，定爲讀書之士。榜發，竊自喜藻鑑不謬」云。

訂補：王昶江慎修先生墓誌銘曰：余友休寧戴君東原，所謂通天地人之儒也，常自述其學術實本之江慎修先生。乾隆二十七年三月，先生卒，是年東原舉於鄉，明年來京師，求所以誌先生者，卒不果。又十餘年，余自蜀還朝，而東原薦授庶吉士，校理四庫館書，於是取所自爲狀及汪世重等年譜而屬余銘之……至戴君總校四庫書，乃盡取先生二十種寫之，以藏秘府。先生弟子著籍甚衆，而戴君及金君榜尤得其傳。

二十八年癸未，四十一歲。

是年春，先生入都會試不第。

爲王君涵齋作詩比義述序。涵齋，癸未進士王粟人寬之父也。

不第後，居新安會館，一二好學之士，若汪元亮、胡士震輩，皆從先生講學，玉裁與焉。是時秦文恭公聞江慎修先生及先生之論「元」與「魂」、「痕」，當依三百篇析爲二；「殷」韻當從唐人與「真」同用。上聲「拯」韻、去聲「證」韻，當分出獨用，奏請刊正韻書，薦先生與錢君曉徵任其事。純皇帝以相沿已久，未允也。先生深明音韻，其論韻之文，有書玉篇卷末聲論反紐圖後，有書劉鑑切韻指南後，有顧氏音論跋，有書盧侍講所藏宋本廣韻，蓋皆成於是年。其夏，遂出都矣。

又按：江先生古韻標準例言云：「余既爲四聲切韻表，細區今韻，歸之字母音等，復與同志戴東原商定古韻標準四卷、詩韻舉例一卷，分古韻爲十三部，於韻學不無小補」云。江先生例言不志年月，考江先生卒於壬午三月，則先生之佐助標準，在壬午以前可知。先生丙申與玉裁論韻書云：「江先生撰古韻標準時，曾代爲舉『艱』、『鰥』二字，辨論其偏旁得聲，江先生喜而采用之。」

是年往江右，有鳳儀書院碑。

先生大制作：若原善上、中、下三篇，若尚書今文古文考，若春秋改元即位考三篇，皆癸未以前、癸酉甲戌以後十年内作也。玉裁於癸未皆嘗抄謄，記先生嘗言：「作原善首篇成，樂不可言，喫飯亦別有甘味。」又言：「作改元即位考三篇，倘能如此文字做得數十篇，春秋全經之大義舉矣。」又言：「尚書今文古文考，此篇極認真。」又學禮篇十三首，不記是癸未前作，抑癸未後作。

訂補：爲王千仞作詩比義述序，當在乾隆四十一年丙申。乾隆五十七年嘉德堂刊詩經比義述，其序三篇，首篇乃戴震所作，文末署「乾隆丙申三月」。文集中的詩比義述序，將所署時間刊落。屈原賦注已引用有古韻標準的文字（詳見屈原賦注卷十二「過失」條之注）。據辛巳再與盧侍講書，「去冬刻就屈原賦注」云，則戴震佐助江永作古韻標準，當在乾隆二十五年庚辰之前。
是年段玉裁第一次拜識戴震。
鳳儀書院碑，似十五年庚午居徽時作。詳見魏譜乾隆十五年條。

二十九年甲申，四十二歲。

訂補：此條原年譜缺漏，爲訂補者所增。

三十年乙酉，四十三歲。

是年秋八月，定水經一卷，自記云：「夏六月，閲胡朏明禹貢錐指引水經注，疑之，因檢酈氏書展轉推求，始知朏明所由致謬之故，實由唐以來經、注互訛。如濟水，經文『東至礫溪南』，注文『又東南礫石溪水注之』。水出滎陽城西南李澤，東北注於濟，世謂之礫石澗，即經所謂礫溪矣。經云濟水出其南，非也』。今注重列爲經，乃妄增字爲北礫溪、南礫溪。朏明從之，不知注明言礫石溪東北注濟，濟實過其北。辨正經文，不當云『至礫溪南』，其無二礫溪，固顯然也。書中類此者不勝悉數，今得其立文定例，就酈氏所注，考定經文，别爲一卷。兼取注中前後倒紊不可讀者，爲之訂正，以附於後。是役也，爲酈氏書還其脈絡，非治水經而爲之也。」玉裁按，此水經一卷，今未著録，然别經於注，令經、注不相亂，此卷最爲明晰。後召入四庫館纂修此書，綱領不外乎是，特於討論字句加詳耳。玉裁昔年寫得此本，并自記一篇，固當鐫贈同志。

是年，入都過蘇，有題惠定宇先生授經圖一篇，見文集。

訂補：水經一卷由水經、附考、後記三部分組成，另外又附有作者「以河、江爲綱，按地望先後」而考定的水經一百二十三水的新次序，故又題名曰水經考次。水經一卷抄本今藏北京大學圖書館，水經考次今藏北京圖書館。從混淆的經、注中辨離出全部經文，是這一卷書的中心内容。

「附考」乃力圖補正渭水篇漏簡和潁水諸篇錯簡之嘗試。「後記」交代了辨析經、注的辦法和標準，即四大義例。「後記」若作獨立成篇的文章當題名爲書水經後。段玉裁收此篇入文集誤增一字，曰「書水經注後」，又删去了因「其語已見於前篇」的二百多字，其中包括四大義例。

三十一年丙戌，四十四歲。

入都會試不第，居新安會館。始，玉裁癸未請業於先生，既先生南歸，玉裁以札問安，遂自稱弟子。先生是年至京面辭之，復于札内辭之。又有一札云：「上年承賜札，弟收藏俟繳，致離舍時，匆匆檢尋不出。在吾兄實出於好學之盛心，弟亦非謙退不敢也。古人所謂友，原有相師之義，我輩但還古之友道可耳，今將來札奉繳。」觀於姬傳及玉裁之事，可以見先生之用心矣。直至己丑相謁，先生乃勉從之。朱文正公嘗曰：「汝二人竟如古之師弟子，得孔門漢代之家法也。」

入都時，在蘇州借朱文斿奐所藏禮記注疏，此書乃惠定宇先生依吴進士泰來所藏宋刊本校出，凡爲卷七十，與唐、宋志合。除此本外，無不六十三卷者，其字句不同處，今本脱去連行無考處，一一完善。程太史魚門晉芳、姚比部姬傳鼐及玉裁皆臨繕一部。

是年先生所著聲韻考四卷已成。同志傳寫。凡韻書之源流得失，古音之由漸明備，皆檃括於此。玉裁刻諸蜀中。癸巳以後，先生又取玉裁音均表之説，支、佳一部，脂、微、齊、皆、灰一部，之、咍一部，漢人猶未嘗通用，畫然爲三，補入論古音卷内。李大令文藻刻諸廣東，孔户部繼涵又刻諸曲阜。二刻與前刻詳略不同。

是年玉裁入都會試，見先生云「近日做得講理學一書」，謂孟子字義疏證也，玉裁未能遽請讀。先生没後，孔户部付刻，乃得見，近日始窺其閫奥。蓋先生原善三篇、論性二篇既成，又以宋儒言性、言理、言道、言才、言誠、言明、言權、言仁義禮智、言智仁勇，皆非六經、孔、孟之言，而以異學之言糅之。故就孟子字義開示，使人知「人欲浄盡，天理流行」之語病。所謂理者，必求諸人情之無憾而後即安，不得謂性爲理。

是年不第後，館於裘文達公邸第，文達公命子孫師之，故直隸總督名行簡，其徒也。注詩周南、召南，名之曰杲谿詩經補注，「杲谿」二字，蓋以自别於諸言詩者。先生不隨俗爲别號，天下稱東原先生而已。先是，癸酉成詩經補傳，已而在揚州，以此書之序及論鄭聲一條示是仲明，仲明索觀詩補傳，先生辭之，作書與之論學而已，蓋亦自恐於斯未信也。至是，始成二南，改稱補注。作詩本旨，詳於某篇幾章幾句之下，其體例猶舊也。今二南著録，而詩補傳已成者不著録。先生所謂「每憾昔人成書太早，多未定之説」者，於此可見。

訂補：段、戴相見，此爲第二次。

「近日做得講理學一書」，梁啓超云「正是緒言耳」（見戴東原著述書目考）。錢穆云：「東原所告懋堂『近日做得講理學一書』者，實即原善三篇之擴大本，懋堂不察，未經面質，後遂誤認爲東原所告乃指字義疏證也。」梁、錢所云，不知孰是，姑録之待考。

戴東原先生文樂山記中有「杲谿」、「杲山」。又屏山石室記中有「杲谿先生」，後朱筆改「杲谿」

爲「友堂」。眉批曰：「杲谿字友堂。」以上二文分别代吴入雲、吴希聲。疑杲谿詩經補注亦爲捉刀謀食之作，故有此名而未得完篇。

是年在都，章學誠登門謁見。章學誠答邵二雲書曰：「丙戌春夏之交，僕因鄭誠齋（虎文）太史之言，往見戴氏休寧館舍，詢其所學，戴爲粗言崖略。」於此同年，章學誠與族孫汝南論學書曰：

往僕以讀書當得大意，又年少氣鋭，專務涉獵，四部九流，泛覽不見涯涘，好立議論，高而不切，攻排訓詁，馳騖空虛，蓋未嘗不憪然自喜，以爲得之。獨怪休寧戴東原振臂而呼曰：「今之學者，毋論學問文章，先坐不曾識字。」僕駭其説，就而問之。則曰：「予弗能究先天後天，河、洛精蘊，即不敢讀『元亨利貞』；弗能知星躔歲差，天象地表，即不敢讀『欽若敬授』；弗能辨聲音律吕，古今韻法，即不敢讀『關關雎鳩』；弗能考三統正朔，周官典禮，即不敢讀『春王正月』。」僕重愧其言！因憶向日曾語足下所謂「學者只患讀書太易，作文太工，義理太貫」之説，指雖有異，理實無殊。充類至盡，我輩於四書一經，正乃未嘗開卷，可爲慚惕，可為寒心！

由此書可以看出，章學誠早年治學曾深受戴震的影響。

三十二年丁亥，四十五歲。

是年玉裁景山萬善殿教習期滿，住于户部雯峻處，先生在京時，枉駕過之。四五月間，玉裁出京矣。

序屈君曾傳刻九章算術云：「予訪求九章二十餘年不可得，擬永樂大典或嘗録入，書在翰林院中。丁亥歲，因吾鄉曹編修文埴往一觀，則離散錯出，思綴集之，未之能也。出都後，恒寤寐乎是。及癸巳夏，奉召入京師，與修四庫全書，躬逢盛典，乃得盡心纂次，訂其訛舛。」此序但云丁亥，不言何時。客冬至京師，蓋客江右而又入都，其冬有送右庶子畢君沅赴鞏秦階道序。

訂補：戴、段相見，此爲第三次。

「客冬至京師，蓋客江右而又入都」，此記有誤。二十八年癸未條曰「是年往江右」，三十年乙酉條曰「是年入都過蘇」，三十一年丙戌條曰「入都會試不第」。按會試當在春季，而丙戌不第後又未曾出都。因此據年譜所記，「客冬至京師」當爲「前冬至京師」。

三十三年戊子，四十六歲。

是年應直隸總督方恪敏公之聘，修直隸河渠書一百十一卷，未成。會恪敏薨，接任者前大學士楊公廷璋，不能禮敬先生，辭之入都。己丑春，謂玉裁曰：「吾固樂此不疲，惜未能竟。聞後莅事者請余君仲林蕭客爲之，恐其才不足。予書經水、支水先後延接，皆按地望地脈次第，不可稍移，恐仲林不能耳。」先生殁後，此書清稿，一藏曲阜孔户部府中，一在直隸總督吴江周公名元理家。嘉慶己巳，有吴江王履泰者，捐納通判也。其父乃周公之甥婿，履泰因此得先生之書，掩爲己有，删削幾半，益以乾隆己丑以後事實，易名畿輔安瀾志，繕寫進呈。上謂「此有用之書也」，命武英殿刊板。恩賞履泰同知，發永定河試用。先生嗣子中孚聞之，之曲阜取原稿百十一卷入都，意欲辨正，而無肯言於上者。中孚抑鬱攜歸，以存玉裁所，屬玉裁校刊。玉裁謂：「我力能校，而不能刊也。」其書首衛河七卷，今履泰改永定河第一，失先生自南而北次第之意。次漳水十一卷，次滏水三卷，次大陸澤五卷，次寧晉泊一卷，次虖沱河八卷，次東西淀合唐河、沙河、滋河、府河、易水、淶水、清河共三十一卷，次白河合潮河、榆河、大通河共十九卷，次薊運河合下淀河共九卷，次陡河一卷，次灤河合熱河一卷。惟灤河、熱河僅有綱領而條目未詳，其他皆考之古而無不貫通、核之近今而無不確實。尚書禹貢、周禮職方、春秋經傳之地名，班之地理志，酈之水經注，以及歷代史事、百家著述、國朝典故，辨别是非，元元本本，非恪敏不能聚儲其書籍，非先生不能綜貫其條理。惜恪敏云殂，一簣未竣。今上一見即謂有用之書，刊板頒行。聖明鑒賞，如日月之照臨，地下有知，定應涕泗感激。至於小夫攘竊，正天之欲顯此有用之書，爲國家水利農田利澤無疆之助，而假手斯人，在先生及恪敏應不以爲憾也。特彼以不學，妄爲刪改，深可張目，有力者應奏請重刊。

先生自記云：「戊子，余應方制府之請，寓保定蓮花池園内，適河間同知黄君尋灤河源至，方公以圖示余，録其所實歷及今地名如此。」按黄君，方恪敏所使尋灤源者也，以圖進呈。黄名立隆，見純皇帝御製灤河濡水源考證。

訂補：段玉裁與方葆巖制府書、直隸河渠書辨，均統計直隸河渠書爲一百零二卷。此曰一百十一卷，然而將諸水一一相加，實乃九十六卷。以與方書同年譜相比勘：其一，與方書「東西淀二十一卷」下有小字注文，詳列各河泊之卷數，累計正好二十一卷。年譜則籠統云「共三十一卷」，其「三」無疑爲「二」之誤。其二，與方書有「永定河十六卷」，年譜無永定河。以上兩項差錯，使使年譜比與方書少了六卷，而爲九十六卷。估計年譜中「永定河十六卷」系刻漏，段玉裁並未寫漏。東西淀「二十一卷」錯爲「三十一卷」，成稿時便寫錯，統計時又未發現，這樣便多出十卷。再者「灤河合熱河一卷」，因「僅有綱目而條目未詳」，故統計時便排除在外，則正好多出九卷，致使原來的「一百零二卷」訛爲「一百十一卷」。

又胡適一九四八年九月，在南京借得中央圖書館所藏直隸河渠書稿本二十六册，「核實計算，除去複本，除去末册，二十三册共存九十二卷」（胡適手稿跋直隸河渠書稿本）。

三十四年己丑，四十七歲。

入都會試不第。

爲余仲林作古經解鉤沈序。

是年夏，先生與朱文正公善。文正時爲山西布政司使，先生偕玉裁往，玉裁主講壽陽書院，先生客文正署中。已而汾州太守孫君和相聘修府志，是年成汾州府志三十四卷，其書之詳核，自古地志所未有。志莫難於辨沿革，先生辨元和志一條中，紛然不治者有六，詳見與曹給事學閔書。先生考子夏設教西河，在龍門西河，不在汾州謁泉山，著作不可假借也。從晁以道之説，以汾州之吕梁、狐岐，釋禹貢「治梁及岐」，辨舊説及蘇子瞻、曾彦和、閻百詩、胡朏明之穿鑿，詳晁以道之所不能詳，斥蔡仲默引書耳食之病，使學者曉然知經文梁、岐以下，治冀州汾、沁、澤、潞，及其間諸山澗谿谷，不當牽合治河，惟壺口爲治河耳。修一志而大經以明，非細故也。玉裁曾節抄府志例言、圖表、沿革、星野、疆域、山川、古蹟，將付諸梓，以爲修志楷式。

訂補：段玉裁刻聲韻考序曰：「己丑之春，先生成聲韻考四卷，都下傳寫，玉裁録之置篋中。」此書稿本現藏上海圖書館，封面題曰「愛日樓聲韻考」，審爲段玉裁手書。副頁有戴震識語二則。一云「此稿本雖着圈點句讀，刻時俱不用」。一云「戊子年擬用小板付梓，後因論古韻未詳備，遂止。其古韻一條，壬辰年始改定」。目録首頁有「李南澗藏書印」一枚，稿本後有顧廷龍的手跋。是年六、七月，作開成石經補缺正非、石經孟子訛字録。另有穀梁石經改字、唐石經葛本春秋左氏傳校謬，于文公二年傳下注：「時乾隆丁亥十月廿四日。」四種合訂爲一册，題名曰石經補字正非，手稿今藏北京大學圖書館。

戴、段第四次相見。此次相處時日最長。

段玉裁答程易田丈書曰：「己丑五月往山西方伯朱文正署中，客山西者幾三年。己丑秋後，自藩署至汾州修府志，庚寅乃竣。辛卯又修汾陽縣志。」

三十五年庚寅，四十八歲。

是年有代壽陽令龔君導江記洞過水一篇。龔君方修壽陽志，請先生點竄，先生因爲辨正晉、隋、唐史「壽」、「受」二字之訛亂，并爲審定目録，今手稿猶在玉裁處，皆端楷也。

是年夏，玉裁銓得貴州玉屏縣，未嘗拜别先生也。蓋先生尚羈山右，聞銓得玉屏，寄書到京，言玉屏又勗玉裁曰：「想風氣未開，未必不可施政教也。」其札可當送行一序，藏弆日久而失之。

先生之在山右也，有代某作應州續志序，有與曹給事書，有沂川王君祠碑，有于清端成龍傳，有張義士瑛傳，有王廉士敏傳，有答朱方伯書，有例贈宣武大夫王公秀升墓表，有王韓五先生墓誌銘，有代冀寧道徐君飛山浩山陰義莊序。

是年爲孔户部作重刊五經文字九經字様序，户部於戊子冬以拓本不能家有，遂彫印，又詳加考正，别爲卷附焉，先生於都門序之。

是年有查氏七烈女墓誌銘，云：「庚寅冬，宛平松茂道查禮以烈女編寄予。」蓋先生是年在都門，待辛卯恩科會試也。

訂補：記洞過水的原稿爲段玉裁手跡，後經戴震增删修改。原稿五百一十二字，戴震增改後爲八百二十字，而實際增删四百多字。後來又有無名氏對本文圈閲評點，其字數也在三百之多。微波榭本東原文集未收此篇，玉裁重編東原文集時將此文收入卷六之中，並於年譜中又加記述。後人見文章的原稿是玉裁手跡，因此又將此文收入經韻樓集卷七之中。原稿今藏北京大學圖書館。

又臺灣學者陳君鴻森認爲：記洞過水的原作者當爲龔導江，詳見陳君記洞過水非段玉裁所作辨（載「中央研究院」歷史語言研究所集刊第七十三本第四分）。

經韻樓本文集記洞過水題下有「己丑代」，應州續志序題下亦有「己丑代」。則此二篇非作於庚寅。又查吴炳應州續志，應州續志序乃代山西冀寧道徐浩撰。

「辨正晉、隋、唐史『壽』、『受』二字訛亂」，見於壽陽縣志序，手稿藏北京大學圖書館。

是年尚有汾州府志序（代朱珪撰）、寧鄉縣志序（代朱㦸炳撰）、永寧州志序（代王興穀撰）、正汾州府名宦祠秩祀碑（代孫和相撰），均作於山西。

戴震在汾陽府志纂編完畢後，實際上又參加了難度較大的寧鄉縣志的編訂。寧鄉縣志序曰：「縣合於離石，起曹魏；合而復分，起宇文周。漢縣爲西河郡中陽，見水經，當參以李吉甫元和郡縣圖志，竟莫之或知；以廣輪言，右舒左縮，水出縣右，西入黄河，行百餘里者凡四，許叔重説文解字『濡水出中陽，入河』，宜求之四水中，而無一川見於志……適休寧戴君東原受纂修府志之聘，尚未南轅，遂兼質焉；得覈訂爲八卷，洵乎可資證實，無惑矣。」

三十六年辛卯，四十九歲。

是年會試不第，後修汾陽縣志。季冬有温方如西河文彙序，云：「己丑秋，再至山西。余至汾陽，應太守孫公之召也。屬纂次府志，爲之考訂累日月。今李侯復以縣志事，邀之再至。」又有代某作董愚亭詩序。壬辰，玉裁因公詿誤，入都，見先生案上有新修汾陽縣志，舉一條相示云云，今已忘之。汾州府志，玉裁於盧學士家得之，縣志今不可得也。

訂補：「序云己丑秋」下，「再至山西」四字衍。

是年爲沈大成作沈學子文集序。學福齋集首載其序，落款曰「乾隆辛卯休寧戴震序」。

三十七年壬辰，五十歲。

是年自汾陽入京，會試不第。玉裁見先生於洪孝廉榜寓宅。

是年主講浙東金華書院，刊自定水經注，至癸巳，未及四之一，而奉召入都矣。後在都踵成之，今不用校語之本是也。聚珍板本，依舊時卷第，全載校語，而經、注相淆者悉更之。得之者，可以知宋後本之無不舛誤。自刻板本，悉去校語，悉將正文改定，於注文循其段落，每節跳起，難讀處可一目了了，而不分卷數，爲十四册。以今所存水百二十三，每水爲一篇，以河、江爲綱，按地望先後，分屬於河、江左右爲次。得之者可以撇棄校訂，專壹考古。善長之書，合二本無遺憾矣。自刻本有先生自序，及曲阜孔户部序，與聚珍板同時而出者也。

是年爲國子監丞任君領從名□□，高郵人，作爾雅注疏箋補序，任君自丙戌已成書，至此七年，成定本，請序。

是年會試南歸，與順德胡亦常同舟月餘。亦常能好學得師者，益都李君文藻門下士也。

是年春，有孟子趙注跋一篇，見微波榭刻本。

孟子字義疏證原稿名緒言，有壬辰菊月寫本，程氏易田於丙申影抄。

訂補：戴、段第五次相見。而此次見面，相聚短促，故癸巳十月與段玉裁書曰「去夏一晤，倉遽即别，時時懷想」。想不到此竟爲最後一别。

是年在都，曾館於朱珪家（見段玉裁答程易田丈書）。水經注自刻本的版子歸孔繼涵，後世即認爲其書爲孔氏所刻，徑稱爲「遺書本」，實大誤。自刻本與武英殿聚珍本均無成書之年月。四十一年丙申十一月，戴震在京與段玉裁書時，寄去了「水經注全部，計十四册」。龐鴻書讀水經注小識序云，自刻本「乃東原真本」，「武英殿本雖亦題戴氏名，然已經館中諸人改易，其校語亦非盡出於東原手也。」

錢大昕孝廉胡君墓誌銘曰：「胡亦常同謙，以詩經舉於鄉，出吾友益都李南澗之門……既下第南歸，與休寧戴東原同舟，至富春江乃别，舟中盡鈔東原所著書攜歸，將刊之東粤。」

關於「孟子字義疏證原稿名緒言」，玉裁有詳證，見答程易田丈書。

領從名基振，與任大椿、任兆麟有「三任」之目（見清史列傳卷六十八）。

三十八年癸巳，五十一歲。

是年，先生主講金華書院，丁酉作六書音均表序云：「癸巳春，癸巳秋刻，文集作辛巳，誤。寓居浙東，取顧氏詩本音，章辨句析，而諷誦乎經文，嘆始爲之之不易，後來加詳者之信足以補其未逮。」謂言古音者，崑山顧氏而後，江先生及玉裁之書。丙申，答段若膺論韻云「癸巳春，僕在浙東，據廣韻分爲七類」，可證也。

上開四庫館，于文襄公以紀文達公、裘文達公之言，薦先生於上，上素知有戴震者，故以舉人特召，曠典也。奉召充纂修官，仲秋至京師。

是年，裘文達公薨，先生作墓誌銘，代于文襄公筆也。

訂補：是年夏，與章學誠相遇於寧波道官署，對於方志的内容、編修的體例，二人的分歧甚大。章學誠記與戴東原論修志云：「見余和州志例，乃曰：『此於體例則甚古雅，然修志不貴古雅。余撰汾州諸志皆從世俗，亦無一定義例，唯所便爾。夫志以考地理，但悉心於地理沿革，則志事已竟。侈言文獻，豈所謂急務哉？』」又云：「明日示余汾州府志曰：『余於沿革之外，非無別裁卓見者也。舊志人物門類乃首名僧，余欲删之，而所載實事，卓卓如彼，又不可去。然僧豈可以爲人？他志編次人物之中，無識甚矣。余思名僧必居古寺，古寺當歸古跡，故取名僧事實歸之古跡，庸史不解此創例也。』」

戴震入都後，十月三十日與段玉裁書曰：「僕今暫寓紀公處，出月初五移洪素人兄處。」其時他手頭頗拮据，書又曰：「僕此行不可謂非幸邀，然兩年中無分文以給旦夕。曩得自由尚内顧不暇，今益以在都費用，不知何以堪之。」汪灼與戴東原先生書曰：「去年歲暮宴坐，即念長安米貴，思所以爲一夕之衛者而未得其便，兹值世兄奉太夫子就養都門，謹措百金，爲湊道里之費。灼忝附門軿，於先生事自當惟力是視，所恨食指多，家計落，不克稱此心耳，尚何敢當言藉耶！」由此可見，戴震在都生計已部分靠借貸維持。

三十九年甲午，五十二歲。

是年十月，先生校水經注成，恭上。水經注自北宋以來無善本，不可讀。先生讀此書既久，得經、注分別之例有三：一則水經立文，首云某水所出，以下無庸再舉水名，而注内詳及所納羣川，加以采摭故實，彼此相雜，則一水之名，不得不更端重舉。一則經文叙次所過州縣，如云「又東過某縣」之類，一語實賅一縣，而注則沿泝縣西以終於東，詳記所逕委曲。經據當時縣治，至善長作注時，縣邑流移，是以多稱「故城」，經無有言「故城」者也。一則經例云「過」，注例云「逕」，不得相淆。得此三例，迎刃分解，如庖丁之解牛，故能正千年經、注之互訛，俾言地理者，有最適於用之書。大典本較勝於各本，又有道元自序，鉤稽校勘，凡補其缺漏者二千一百二十八字，删其妄增者一千四百四十八字，正其臆改者三千七百一十五字。高廟褒嘉頒行，御製詩六韻，有云：「悉心編纂誠（堪）［宜］奬，觸目研（摩亦）［磨信］可親，設以春秋素臣例，足稱中尉繼功人。」蓋先生之受主知深矣。顧此書自先生校定後，宋以來舊刻必盡廢更，數十百年後，且莫知先生發潛之功，故聚珍板足貴，好事者當廣其傳也。是年，校九章算術成。九章算術，晉劉徽撰。先生以世人罕有其書，近時以算名者，如王寅旭、謝野臣、梅定九諸子，咸未之見。丁亥歲，因曹君竹虚入翰林院，觀永樂大典，知有是書。病其離散錯出，思綴集之而不能。癸巳奉召，乃盡心排纂成編，並考訂訛異，附案語。其注中所指朱實、青實、黄實之類，皆按圖而言，圖既不存，則注猝不易曉，因推尋注意，爲之補圖，以成完帙。純皇帝御製詩，冠於端首，命聚珍板刊行，而古九數之學大顯矣。已而屈君曾傳刻於常熟，孔户部復刻於曲阜云。按先生於水經注改正經、注互淆者，使經必統注，注必統於經，其功最鉅，此乃先生積久頓悟所成，非他人能贊一辭也。顧更正經、注，定於乾隆乙酉，入都即以示紀文達、錢曉徵、姚姬傳及玉裁不過四五人。錢、姚皆録於讀本，玉裁亦以明人黄省曾刊本，依仿以朱分勒，自此傳於四方矣。杭州趙東潛一清精於地理之學，研摩水經注者數十年，但其校本從未至京師。先生與趙雖或相聞，未嘗相識，其所業未嘗相觀也。四庫館搜討遺書，趙書亦得著録，其書校正字句，及剖析地理最詳，而更正經、注，一如戴本者，蓋趙精詣絶羣。鄞全謝山太史七校是書，深窺秘奥。兩公交最深，或閉户暗合，或麗澤相取，而其説往往與先生同，是可以知著書精美，不患千年後無校讎諟正之人，而學問深醇，即未相謀面，所言如一。且趙書經錢塘梁處素履繩校刊，有不合者，據戴本以正之，故今二本大段不同者少也。

是年十月三十日與玉裁書蜀中云：「數月來纂次永樂大典内散篇，於儀禮得張淳識誤、李如圭集釋，於算學得九章、海島、孫子、五曹、夏侯陽五種算經，皆久佚而存於是者，可貴也。」按所謂散篇者，姚廣孝等編永樂大典，以分韻爲綱領，每書散置各韻中，如儀禮士冠禮則入翰韻，士昏禮則入元韻是也。大典内禡韻之書亡，故鄉射禮、大射禮闕。

是年十月，校五經算術成，恭上五經算術二卷，舉尚書、孝經、詩、易、論語、三禮、春秋之待算乃明者列之。而推算之術，悉加「甄鸞按」三字於上，故知是書甄鸞所撰也。唐有李淳風注唐明算科五經算即是書，於永樂大典中得之。先生校成恭上，有提要一篇。按先生乾隆甲子作策算，略舉經籍之資於算者，推衍成帙，正與古人用意不謀而合也。

訂補：孔繼涵戴氏自刻本水經注序曰：「東原氏之治水經注……刊於浙東未及四之一而奉召入

京師，與修四庫全書。又得永樂大典內之本，兼有酈道元自序，乃仍其四十卷，而以平日所得詳加訂正。」朱筠戴氏校訂水經注書後曰：「東原初徵入四庫館，以其生平所校水經注本，更據永樂大典所引互校，損益至二、三千言之多，而酈氏原序亦出焉，乃並録以成書，官刻編之聚珍板中者也。」戴震在四庫館校訂水經注，孔、朱二氏均在都中，且一向與戴震過往甚密，以上記述，當爲目擊實録。

「是年十月三十日與玉裁書」云，「是年」當爲「去年」，即癸巳。

四十年乙未，五十三歲。

是年會試不第，奉命與乙未貢士一體殿試，賜同進士出身，授翰林院庶吉士。

四月，校海島算經成。海島算經亦晉劉徽撰，唐李淳風注。徽本以周禮九數中「重差」命名，不名「海島」，後人因卷首以「海島」立表設問，遂改名之。唐選舉志稱算學生九章、海島共限習三年，試九章三條、海島一條。其書惟散見永樂大典中，先生與九章同爲表章，有提要一首。此年月見聚珍本。

是年二月，校儀禮識誤成。儀禮識誤，宋張淳撰，朱子云「號爲精密，較他本最勝」，於永樂大典內綴録成編，先生加案語，正其得失，俾瑜瑕不相掩，有提要一首。此年月見聚珍本。

訂補：朱筠戴氏校訂水經注書後：「歲乙未，余購得此本於武英殿中。」

四十一年丙申，五十四歲。

訂補：是年春作詩比義述序、答段若膺論韻，秋作送巡撫畢公歸西安序、崑山諸君墓誌銘。夏侯陽算經、五曹算經校成。

是年秋，新任陝西巡撫畢沅，在離都前登門拜訪戴震。戴震作序相送，詳説官場「知人之難」，特別告戒他：「有知人之責，而工詐欺之人至矣，潛妒誣之人至矣。又況情好或偏，彼探窺得之入焉。」並語重心長，希望他體恤民艱，「有一念及其民，則民受一念之福」。

十一月二十二日與段玉裁書曰：「僕自三月初獲足疾，至今不能行動，以纂修事未畢，仍在寓辨理。擬明春告成，乞假南旋。」書又曰：「僕於本月十六移寓北官園范宅，在海岱門之西、前門之東。更遠人迹。」

四十二年丁酉，五十五歲。

先生在四庫館所校定之書，進呈文淵閣本，皆具載年月銜名，聚珍板亦載之，而杭州文瀾閣寫本不載，故不能詳者，類述於此。大抵皆癸巳以後、丁酉以前五年所定也。

一曰周髀算經，此經爲算學十書之首，而三千年來，學者昧其旨趣。先生謂：「此古蓋天之法，自漢以迄元、明，皆主渾天。明時歐羅巴人入中國，始稱别立新法，然其言地圜，即所謂地法覆槃，滂沱四隤而下也。其言南北里差，即所謂北極左右，夏有不釋之冰，中衡左右，冬有不死之草，是爲寒暑推移，隨南北不同之故也。其言東西里差，即所謂東方日中，西方夜半，西方日中，東方夜半，晝夜易處，如四時相反，是爲節氣合朔，如時早晚，隨東西不同之故也。新法曆書述第谷以前西法，三百六十五日四分日之一，每四歲之小餘成一日，即所謂三百六十五日者三，三百六十六日者一也。西法出於周辨，所謂天子失官，學在四夷者歟？而刻本脱誤，多不可通。古本五圖，而失傳者三，訛舛者一，凡皆正之補之。」學者可以從事，如道河積石，源流正矣。有提要一首。浙閣本五十二年二月。

一曰孫子算經，唐之選舉，算學孫子、五曹共限一歲習肄。舊本久佚，從永樂大典裒集編次爲二卷。朱錫鬯文集跋云：「出於孫武。」先生辨其非是。有提要一首。浙閣本未寫月日。

一曰張丘建算經，是書亦唐人明算科十經之一也，限一年業成。此書久佚，有毛晉汲古閣影鈔宋槧，猶北宋時本。先生詳加校勘，補舊有圖今缺者四，補脱字若干。有提要一首。浙閣本五十二年三月。

一曰夏侯陽算經，唐選舉志所列算書十種，此亦居其一。傳本久佚，永樂大典内有之，逐條割裂，分附九章算術各類之下，幾不得其端緒。幸有原序、原目可考，先生尋繹編次，條貫其文，今裒輯排比，又得元豐京監本，釐爲三卷。有提要一首。夏侯陽者，先生提要云：「隋人，蓋無可疑。」而跋孔體生所得影抄元豐監本云：「據宋史禮志載算學祀典，封晉張丘建〔信〕成（紀）男、夏侯陽平陸男。」又張丘建算經序云「夏侯陽之方倉」，定爲晉人。新唐書藝文志云「韓延夏侯陽算經一卷」，謂韓延所注本也。韓延傳其學，而以己説纂入之，所定皆隋制，延蓋隋人，此本即延本，非甄鸞注本也。據聚珍板提要，乾隆四十一年二月恭校上，浙閣本五十年五月。

按永樂大典内所得算經五種：九章、海島、孫子、五曹、夏侯陽也，皆王寅旭、謝野臣、梅定九諸子所未見者。先生悉心校正，進呈高宗純皇帝，皆有御製詩題其卷首，刊行宇内。

一曰儀禮釋宫，宋李如圭撰，從永樂大典中録存。有提要一首。聚珍本四十二年三月恭校上。

一曰五曹算經，作者不知爲誰。唐時明算科孫子、五曹共限一歲業成。元、明以來無刻本，散見永樂大典内，經文尚逐條完善，先生參伍考校，俾還舊觀，遂爲絶無僅有之善本。五十一年六月恭校上。

一曰儀禮集釋，宋李如圭撰，全録鄭康成注，而旁徵博引以爲之釋。先生據以補注疏本脱字二十四，改訛字十四，删衍字百六。其鄉射、大射二篇已闕，參取惠棟、沈大成二家本所校宋本，證以唐石經，以成儀禮完帙，可誦習。有提要一首。乾隆四十七年二月恭校上，此年月得於聚珍板，去先生下世已六年矣。

一曰項氏家説，宋項安世撰，有提要一首。

一曰蒙齋中庸講義，宋袁甫撰，有提要一首。

一曰大戴禮，是經經盧運司見曾刊於揚州，學士盧文弨洎先生，庚辰冬、辛巳夏二次校定，稱善本矣。但辛巳所校，未及剜改。先生在四庫館永樂大典内散見者僅十篇，以與各本及古籍中摭引大戴禮記之文，參互考核，附案語於下方，是經乃可與三禮并讀。有提要一首。四十二年六月恭校上。

一曰方言十三卷，漢揚雄撰，宋洪邁以爲斷非雄作，先生實駁正之，其文詳矣。先生以是書與爾雅相爲左右，學者以其古奥難讀，郭景純之注語焉不詳，少有研摩者，故正訛、補脱、删衍，復還舊觀。又逐條援引諸書，一一疏通證明，具列案語。蓋如宋邢昺之疏爾雅，而精確過之。漢人訓詁之學於是大備。乾隆四十四年五月恭校上。有提要一首。案此年月得於聚珍板，去先生四十二年五月下世爲日已久。

案先生所校官書，皆天文、算法、地理、水經、小學、方言諸書，皆必精心推核，失之毫釐則繆以千里者。而儀禮、大戴禮二經，古本蘊蘊已久，闡發維艱，先生悉心耘治，焚膏宵分不倦，至於身後，館臣乃以大戴、方言二種進呈，謂先生鞠躬盡瘁，死於官事可也。又況先生自所著述，亦刻無少休。有儀禮考正一卷，檢討孔廣森爲戴氏遺書總序曰：「君入書局分淹禮，乃取忠甫識誤、德明釋文，殫求亥豕之差，期復鴻都之舊，互相參檢，頗有整齊，削康成長衍之條，退喪服厠經之傳。」今其書藏曲阜孔氏，玉裁未得見也。

又丙申之春，作書與玉裁論韻，長六千字，大略謂：「玉裁六書音均表之書，有得有失，僕近日分爲九類。顧氏於古音有草創之功，江君與足下皆因而加密。顧、江兩家得者，宜引顧、江之説，述而不作。至支、脂之有别，此足下卓識，可以千古矣。僕更分祭、泰、夬、廢及月、曷、末、黠、薛，而後彼此相配，四聲一貫，則僕所以補前人而整之就緒者，顧及大著未刻，或降心相從而參酌。」此書丙申春未達，而六書音均表已於是夏刻成矣，故未能遵先生之意也。

丁酉正月上旬，作六書音均表序，十四日札云：「大著既刻成，應撰序，兹兼寄。」故知此序上旬所爲也。今手批之稿現存。

丁酉五月與予書，言：「去年曾寄一書論韻，係龔公敬身寄于老師文襄門上失之。」

至於丁酉五月上旬，作聲類表凡九卷。所云九卷者，即與予書所謂九類，每類爲一卷也。先是，癸巳春，先生在浙東金華書院，以古音分爲七類。至丙申與余書，則七類又改爲九類。至臨終十數日之前，因成此書。孔户部刻諸微波榭，而冠以與段若膺論韻六千字者是也。九卷每類於今音古音無不兼綜。户部書云：「凡五日而成，固由精熟詣極，然先生神思亦恐太瘁矣。形太用則極，神太勞則敝。

嗚呼！孰知此爲先生著書之絶筆也哉。」户部書至蜀，命余作序，彼時余恐淺陋不敢爲，今三十年後乃成之，併莫谷亦久下世矣。

丁酉五月二十七日晡時，先生卒。時先生寓崇文門西范氏穎園。孔户部於是月三十日發書至蜀云：「月之二十二日，在東原先生寓中坐間，見封新刊九章算術奉寄。後三日，金輔之榜、洪素人樸兩兄來云：『東原先生服黑山梔一兩，吐後病即劇。』初聞疑甚，前見作吾兄札時，精神朗澈，又將泚筆爲王廷相作傷寒論注序，非病瘵者，乃竟於二十七日晡時，不可作矣。斯人而死，何痛如之！」蓋先生丙申冬與余書云：「三月初獲足疾，至今不能行動，以纂修事未畢，乃在寓辦理，擬明春告成，乞假南旋。」蓋先生用心過勞，至於痿躄而不自止，病已深矣。心煩如欲吐者，庸醫乃以黑山梔寒之而吐之，斯不可爲矣。嗚呼傷哉！

又先生丁酉四月，有答彭進士紹升書洪舍人榜作先生行狀云：「此先生没前一月手書也。」彭君好釋氏之學，長齋佛前，僅未削髮耳。而好談孔、孟、程、朱，以孔、孟、程、朱疏證釋氏之言。其見於著述也，謂孔、孟與佛無二道，謂程、朱與陸、王、釋氏無異致。同時有羅孝廉有高、汪明經縉倡和其説，先生以所作原善、孟子字義疏證示之。彭君有書與先生。刻其文集内。先生答此書，以六經、孔、孟之旨，還之六經、孔、孟，以程、朱之旨還之程、朱，以陸、王、佛氏之旨還之陸、王、佛氏。俾陸、王不得冒程、朱，釋氏不得冒孔、孟，其書幾五千言。有此而原善、孟子字義疏證之説愈明矣。孔户部附刻疏證之後，洪舍人蕊登全録於行狀中。

先生丁酉正月十四日，作書與玉裁曰：「僕自十七歲時，有志聞道，謂非求之六經、孔、孟不得，非從事於字義、制度、名物無由以通其語言。爲之三十餘年，灼然知古今治亂之源在是。古人曰理解者，即尋其腠理而析之也。曰天理者，如莊周言，「依乎天理」，即所謂「彼節者有間」也。古賢人、聖人，以體民之情、遂民之欲爲得理，今人以己之意見不出於私爲理，是以意見殺人，咸自信爲理矣。此猶舍字義、制度、名物，去語言、訓詁，而欲得聖人之道於遺經也。」丁酉四月二十四日，作札與玉裁云：「僕足疾已踰一載，不能出户，定於秋初乞假南旋，實不復出也。僕生平論述，最大者爲孟子字義疏證一書，此正人心之要。今人無論正邪，盡以意見誤名之曰理，而禍斯民，故疏證不得不作。」丁酉五月二十一日，作書與玉裁云：「前月二十六至今，一病幾殆。正卧牀榻，見來使，强起作札。歸山之志早定，八月準南旋。老親七十有八，謂封文林公。非得一書院不可。陝西畢公沅欲招之往，太遠不能就也。外九章算術、海島算經二種。」嗚呼！孰謂此即先生與玉裁永訣之書也哉！

訂補：戴震在逝世前的半年中，給段玉裁前後寫了四封信，每一封信都説到要「南旋」的打算，而且一封比一封態度堅決。甲申十一月二十二日書曰：「擬明春告成（指纂修事），乞假南旋。」丁酉正月十四日書曰：「今夏纂修事似可畢，定於七八月間乞假南旋。」四月二十四日書曰：「定於秋初乞假南旋，寔不復出也。」五月二十一日，即臨終前六天的書曰：「歸山之志早定，八月準南旋。」貧病交加，世態炎凉，戴震晚年在都中的處境、心境，均由此可見。

戴震在四庫館共校書十六種，除了張丘建算經、蒙齋中庸講義外，其餘十四種皆曾由武英殿以聚珍版刊出，於題署「總纂官内閣學士臣紀昀、侍讀學士臣陸錫熊」的同時，也題有「纂修官舉人（後改爲進士、庶吉士）臣戴震」的名字。戴震去世後出的書則在「纂修官」上加一個「原」字。而這些著作在收入文淵閣四庫全書時則一概删去戴震的名字，另加署總纂官孫士毅和總校官陸費墀。

戴東原先生文（今藏北京大學圖書館）中有儀禮注疏的考正文字兩頁，爲戴震的手稿。估計是佚著儀禮考正的殘卷。

是年四月，將水地記第一卷定稿交付孔繼涵，此即孔刻戴氏遺書中水地記一卷，自河出「昆侖之墟」，至「太行八陘」而卷終。

痛斥「後儒以理殺人」的與某書，同孟子字義疏證的寫作時間似不相前後。其書手稿收在戴東原先生文册中，爲狂草疾書。「死矣更無可救矣」之下，原稿有「人各巧言理，視民如異類焉，聞其呼號之慘而情不相通」二十二字被删去。由字跡、語氣可以看出，戴震作此書時很憤慨，很激動。

焦循申戴：「王惕甫未定稿載上元戴衍善述戴東原臨終之言曰：『生平讀書絶不復記，到此方知義理之學可以養心。』」

原象、迎日推策記，孔戶部所刊戴氏遺書十五，合爲一册。原象凡八篇，一篇、二篇、三篇、四篇，即先生之釋天也。初名釋天，以堯典「璇機玉衡」、「中星」、周禮「土圭」、洪範「五紀」四者命題，而天行之大致畢舉。璇機玉衡，漢後失傳，先生乃詳其儀制於四篇之末。五篇、六篇、七篇，即句股割圜記上、中、下三篇也。其八篇，則爲矩以準望之詳也。迎日推策記亦舊時所爲，玉裁與釋天皆於癸未抄寫，則成書皆在壬午以前可知矣。至晚年，合九篇爲原象，以爲七經小記之一。天體算法全具於此。

原善卷上、卷中、卷下，孔戶部所刊戴氏遺書第九，合爲一册。始先生作原善三篇，見於戶部所刊文集中者也。玉裁既於癸未抄寫熟讀矣，至丙戌，見先生援據經言疏通證明之，仍以三章者分爲建首，比類合義，古賢聖之言理義，舉不外乎是。孟子字義疏證亦所以闡明此旨也，爲七經小記之一。先生之學，上承孔、孟，於此可見。

曆問一卷，儀鄭堂總序作二卷。古曆考二卷，洪舍人榜撰先生行狀有此二書，玉裁皆未之見，而孔檢討作總序有之，則其稿在孔戶部家可知矣。戶部所刊，乃有續天文略二卷，而無曆問、古曆考，疑古曆考即天文略也。先是，朝廷開館續鄭樵通志，蓋當事者輓先生爲之，既而未用，欲改名古曆考，而舍人行狀内遂改其名耳。此二種成書年月，今皆不能考。續天文略自序曰：「天文一事，樵所不知，而欲成全書，固不可闕而不載，是以徒襲舊史，未能擇之精、語之詳也。今更爲目十：曰星見伏昏旦中，曰列宿十二次，曰星象，曰黄道宿度，曰七衡六間，曰晷景短長，曰北極高下，曰日月五步，曰儀象，曰漏刻。」其書未成，北極高下以上爲卷上、卷中，其日月五步以下，當爲卷下，蓋闕如也。然以此發明釋天，已令學者暢然滿志矣。

大學補注一卷、中庸補注一卷，未成，至「柔遠人也，懷諸侯也」而止。玉裁向未得見，今乃得哲嗣中孚郵寄讀之，蓋亦癸未以前所爲，未暇竟成之耳。其言理皆與原善、孟子字義疏證無纖微不合者，皆存鄭注而補之。大學之説「親民」，説「格物」，中庸之説「致中和」，説「上下察」，尤可補先儒所不到。始，户部與玉裁書，欲刊大學補注，然未果而卒。

學禮篇，先生七經小記之一也。其書未成，蓋將取六經禮制糾紛不治，言人人殊者，每事爲一章發明之。今文集中開卷記冕服、記爵弁服、記朝服、記玄端、記深衣、記中衣裼衣襦褶之屬、記冕弁冠、記冠衰、記括髮免髽、記經帶、記繅藉、記捍決極凡十三篇，是其體例也。嘗言此等須注乃明。

水地記，此書刻於孔户部者祇一卷，自崑崙之虚至太行山而止。洪舍人行狀則曰「未成書，水地記七册」，蓋所屬草稿尚不止此，蒖谷取其可讀者爲一卷刻之，其叢殘則姑置之。國朝之言地理者，於古爲盛，有顧景范、顧寧人、胡朏明、閻百詩、黄子鴻、趙東潛、錢曉徵，而先生乃皆出乎其上。蓋從來以郡國爲主而求其山川，先生則以山川爲主而求其郡縣。其叙水經注曰：「因川源之派别，知山勢之逶迤，高高下下，不失地阞。」爲汾州府志發凡曰：「以水辨山之脈絡，而汾之東西山爲榦爲枝，爲來爲去，俾井然就序。水則以經水統其注入之枝水，因而遍及澤泊、堤堰、井泉，令衆山如一山，羣川如一川。府境雖廣，山川雖繁，按文而稽，各歸條貫。」然則先生之水地記，固將合天下之山爲一山，合天下之川爲一川。而自尚書、周官、春秋之地名，以及戰國至今，歷代史志建置沿革之紛錯，無不依山川之左右曲折，安置妥帖，至賾而不亂。此書固非旦夕之所能成，先生志願之大，以爲必有能助之者，而不料其所成止此也。水地記亦七經小記之一，使經之言地理者，於此稽焉。

詁訓篇，亦先生七經小記之一。經學非詁訓不明，先生欲作此書而未及爲，轉語二十章，亦未卒業。然爾雅文字考、方言疏證猶存，亦可稍窺涯略矣。

七經小記者，先生朝夕常言之，欲爲此以治經也。所謂七經者，先生云：「詩、書、易、禮、春秋、論語、孟子是也。」治經必分數大端以從事，各究洞原委，始於六書、九數，故有詁訓篇，有原象篇，繼以學禮篇，繼以水地篇，約之於原善篇，聖人之學如是而已矣。假令先生如申公、伏生之年，安見不如其志哉？嘗謂玉裁曰：「余乖於時，而壽似可必。」後以此言告錢學士曉徵，曉徵曰：「天下固無可必之事也。」金殿撰榜曰：「先生之堅强，窮困時能日行二百里，發願成七經小記。余語之曰：『歲不我與，一人有幾多精神？』先生答曰：『當世豈無助我者乎？』」竟以積勞痿足，廢門一年，中屢換眼鏡，最後鬻眼鏡者曰：「此老光之最者，過此無可換矣。」是非不厭不倦，神太勞則弊故歟？

手批六書音均表一部，此先生丁酉五月上旬之筆，距不諱之期十餘日耳。玉裁於乾隆庚子巫山官廨，得丁進士小雅杰以此書見寄。跋云：「丁酉六月，戴東原先生卧病京邸，余偕友人往候之，時先生撰聲類表甫畢，又力疾點定段君六書音均表，指卷四第四十二葉語余曰：『擫捋用點，肆棄用圈，凡用點者蓁、人之入聲，與用圈者無涉也。余不及語段君矣，子盍持此書歸。』未數日，先生卒，不知段君何由知之，不遠數千里致書來索，乃擇生徒臨副本寄之。庚子二月二十二日，記於爛麵衚衕寓齋。」按小雅此札云：「先生六月卧病，往候得此書，不數日而卒。」所言月日誤也，孔户部言五月二十七日。孔檢討遺書總序亦言「丁酉五月二十七日疾卒。」户部又云「月之上旬，於五日之中，爲聲類表九卷」，皆可據，小雅言作聲類表甫畢，即力疾批點音均表者是也。五月二十一日作札寄蜀，不附寄此，則因數日前已付小雅故耳。小雅述先生語云：「蓁、人入聲用點，與用圈者無涉。」核之於書，用紅點者元、寒之類，用紅圈者真、文之類，别之以分質、術至屑、薛十二韻爲二也。既詳於聲類表及與段若膺論韻書矣。小雅所記，乃適互訛，今此書藏余處。小雅當又屬程蕺園晉芳、周林汲永年、邵二云晉涵三編修各録其副，又以臨本一贈孔葓谷農部即繼涵、程易田孝廉瑶田，從遊金生紹綸亦得其一。於是太行以東、大江南北皆有傳本，庶幾哉。先生臨終絶筆，無湮没之患矣。諸君子於先生皆石交，覺其遺墨，存没之感，毋亦有不約而同者乎？此皆見小雅跋内語，余珍藏之。今小雅終於寧波府儒學官舍，又將十年矣。小雅好學，從先生遊久，而著述皆如零圭斷璧，未曾成書，其子方蒐輯之也。

丁酉，有與丁升衢杰書二篇、論晁以道易玄星紀譜。晁氏此書未之見，蓋以揚子太玄演爲圖，凡八層，以傅合曆法者。先生指摘其於算法、曆法不合處，纖入無倫，固非先生不能爲也。二篇由升衢寄到者，孔氏遺書中未刻，今已刻諸經韻樓矣。

先生没後，京師同志輓聯曰「孟子之功不在禹下，明德之後必有達人」。嗚呼！先生之所學，無愧此語矣。

唐宋文知言集上、下二册，集上五十九篇，集下七十二篇，旋又有删去及上移下者，皆於宜興儲在陸唐宋十家文内摘取者也。玉裁請問分上下之旨，曰：「集上，理與辭俱無憾；集下，則不惟其理，惟其辭也。」昔抄目録，今尚謹藏。觀其别裁，可以見先生古文之學之一斑矣。

文集十卷，爲戴氏遺書之二十三，孔氏微波榭所刻也。戴東原集十二卷，玉裁自蜀歸後，刻於經韻樓者也。始，孔户部刻戴氏遺書凡十五種，曰原善三卷，曰孟子字義疏證三卷，曰句股割圜記三卷，曰策算一卷，曰原象全卷，曰考工記圖三卷，曰聲韻考四卷，曰聲類表九卷，併卷首爲十卷，曰文集十卷，曰續天文略卷上、卷中二卷，曰水地記一卷，此二種皆未成之書。曰方言疏證十三卷，此即四庫館聚珍板頒行之本。一曰毛鄭詩考正四卷，併考正鄭氏詩譜一卷爲五卷。一曰杲溪詩經補注二卷，此亦未成之一種，户部初意刻不止於此，與余書有刻大學補注之語而未刻。其他若直隸河渠書，洪舍人云六十四册，孔檢討總序云六十四卷，今令嗣中孚從山東取到，則户部於未亡時併爲二十三册，而題署各册之首爲之最目，親書之，是亦有意刪剟也，而未竟其志耳。已刻者：毛鄭詩考正，爲遺書之一；詩經補注，爲遺書之二；原善、疏證合爲遺書之九；聲韻考、聲類表合爲遺書之十四；原象爲遺書之十五；文集爲遺書之二十三；未識次第之意。其他已刻則不列次第，後之人勿疑已刻有二十三種也。凡文已附見聲韻考、聲類表、孟子字義疏證者，則不再見於文集中，蓋合諸書爲全集也。而論音韻、論六書轉注、論義理之學諸大篇，不可不見文集中，故愚經韻樓刻輒補入。又因丁升衢旁搜得數篇附焉，定爲十二卷，近日江東人頗得家弦户誦矣。惜牽於家事，未能親校。友人臧庸、顧明編次失體，字畫訛誤，未稱善本，近日謀一新之，以垂久遠焉。

先生初謂：「天下有義理之源，有考核之源，有文章之源，吾於三者皆庶得其源。」後數年又曰：「義理即考核、文章二者之源也。義理又何源哉？吾前言過矣。」按先生與方晞原書曰：「足下好道，而肆力古文，必將求其本。求其本，更有所謂大本者；大本既得矣，然後曰是道也，非藝也。如馬、班、韓、柳諸君子之文，惡睹其非藝歟？」先生於性與天道，了然貫澈，故吐辭爲經，如句股割圜記三篇、原善三篇、釋天四篇、法象論一篇，皆經也。其他文字，皆厚積薄發，純樸高古，如造化之生物，官骸畢具，枝葉並茂。嘗言：「做文章極難，如閻百詩極能考核，而不善做文章。顧寧人、汪鈍翁文章較好。吾如大鑪然，金銀銅錫入吾鑪一鑄，而皆精良矣。」蓋先生合義理、考核、文章爲一事，知無所蔽，行無少私，浩氣同盛於孟子，精義上駕乎康成、程、朱，修辭俯視乎韓、歐焉。

經義十八首，吴江任上舍兆麟所抄贈也。此雖先生餘事，然名家未有能過之者。江明經沅受而讀之，以爲得未曾有。姚刑部姬傳與秦小峴書，言「歸震川集當附刻經義」，余謂如震川及先生經義，皆當附於文集也。記先生言，「王云勄文得徐思曠深處」。又云：「云勄所選明文治，便是時文之譜。」又曾言：「文有二種，一則題如大堅石，作者用大於石之鐵椎，一椎粉碎，此一奇也。一則用口氣一吹嘘，便使大石軟如綿，飛舞空中，飄墮無迹，如吾此作是也。」因取「天下之言性」一章題文相示，至今猶彷僾當日音響云。

璇機玉衡，虞夏書觀天之器，自漢以後失其傳，而先生神晤於四千年之下，即詳其制於原象第四章，令善讀者可構造矣。曾自指點巧匠爲之，藏於孔户部家。户部又曾命工仿造，將來有讀遺書而作儀器者，當知法物之尚存也。地圖，先生之所製也。丙戌，見先生自畫地圖，白紙紅格，每格方減寸許，畫方計里，用晉裴秀法，而里數之遠近，即可計北極之高下。凡直、省、府、廳、州、縣方鄉，四至八到，無少差誤。玉裁彼時未臨摹，今日想此不可得。先生令子中立在時，曾索此物，答書云：「俟臨寫自齎至巫山。」今向中孚求之，絶無此物。記先生云：「地圖畫三副：一贈朱六先生，即文正公，一贈某，一自存。」今將寓書文正令嗣求之，或丁升衢家有之，亦未可知也。

訂補：標題「附著述輯要」及下文「附言談輯要」，均爲訂補者所加。

北京國家圖書館藏有深衣解稿本一卷，分條列出經文，先引鄭注、孔疏，然後折中考辨。據段玉裁「嘗言此等須注乃明」云，則文集中記冕服等十三篇祇是内容提要而已，都要梳理考釋，寫成深衣解的形式。可見學禮篇寫作規劃是不小的。

「洪舍人行狀則曰『未成書，水地記七册』」，「洪舍人行狀」當爲「王昶墓誌銘」。洪榜行狀曰「水地記三十卷」。按，王、洪二氏所記皆是。水地記七册，當是王氏所見抄本的册數；三十卷，可能是戴震的寫作計劃。南通市圖書館現藏其抄本五册，記有河水、濟水、淮水等，四大瀆中少了江水。其中有兩册封面標有册次，其餘三册未標。標有册次的是「水地記初稿二」，内容記河水，又「水地記初稿五」，内容記濟水。孔繼涵題序曰：「檢其遺稿，則皆整比爲長編，而未及作中第四、第六二册。」此四、六兩册當是記江水的初稿及其他有關内容。孔刻定本水地記一卷祇記了黄河流程的一半，另外水地記不僅記水，還要記山、記郡，原抄本已有了記山、記郡的初稿便是明證。因此，水地記要寫成三十卷的大書，則庶無疑問。

「孔户部刻戴氏遺書凡十五種，」然其下小字注總共衹列了十四種。按，在戴震身後，孔刊戴氏遺書爲十二種。小字注所列「曰句股割圜記三卷，曰策算一卷」，此二種刻在戴震生前，收在算經十書之中。算經十書之中還有戴震的九章算術訂訛補圖一卷，五經算術考證一卷。因此孔刻戴書乃十六種。戴氏遺書、算經十書皆屬於微波榭叢書，我們可以統稱孔刻戴書十六種爲微波榭叢書本或微波榭本；如果把算經十書中的策算等四種也稱爲戴氏遺書本，則未必確當。

戴氏遺書所收的十二種子書皆有次第，其末「文集爲遺書之二十三」，段玉裁曰「未識次第之意」。按孔廣森戴氏遺書總序，包括水經注，共列其著作二十三種，估計孔氏原有全部刊刻之打算，無奈家境衰落，繼涵早逝，致使未得如願。

關於「經義十八首」，任兆麟戴東原制義叙曰：「歲丙申，余甄綜近世名人制義爲一集，兄領從自京邸郵寄數家，休寧戴君東原文稿在焉。君於學靡所不通，爲世儒宗，制義抑其末也。顧識趣體格，並臻極至，言性諸篇，與所著原善相表裏……東原數藝俾長留天壤間，詎不幸與！它日有傳其别集者宜采焉。」今不知是書存佚。

戴震是直隸河渠書的修訂者之一，而不是這部書的著作者。詳見胡適記中央圖書館藏的河渠稿本二十六册。

在孔繼涵微波榭叢書之後，戴震著作依次刊刻的有：

緒言三卷，清無名氏刊，與原善合爲一册，今北京圖書館有藏。

尚書義考二卷，光緒中，貴池劉世珩刊，收入聚學軒叢書第三集。

經考五卷，南陵徐乃昌刊，收入鄦齋叢書。

中庸補注一卷，刊於國粹學報一九一〇年一號六十三期。

續方言手稿不分卷，劉半農一九二八年得之於北京廠肆，中央研究院一九三二年影印。

經考附録稿本七卷，一九三六年安徽叢書編印處影印，收入戴東原先生全集。

屈賦注初稿三卷，同右。

與段茂堂等十一札遺墨一卷，同右。

孟子私淑録三卷，刊於四川省立圖書館圖書集刊一九四二年創刊號。

新編戴震全書增收未刊稿如下：

毛詩補傳二十六卷，原藏北京圖書館。

深衣解一卷，同右。

石經補字正非四卷，原藏北京大學圖書館。

經雅七卷，原藏湖北省圖書館。

水地記初稿五卷，原藏江蘇省南通市圖書館。

水經考次一卷，原藏北京圖書館。
算學初稿四種，原藏北京大學圖書館。
戴東原先生文一卷，同右。
戴氏雜録一卷，同右。

附言談輯要

先生言：「爲古文當讀檀弓，余好批檀弓，朋儕有請余評點者，必爲之評點。」想休、歙間其本子猶有存焉者也。

先生言：「閻百詩能考核而不能做文章，顧亭林文章較勝。」

先生言：「方望溪釋禮經之文，多不似説禮語言，其説春秋較善。」

先生言：「錢辛楣五禮通考中説話，多有似是處。」

先生言：「朱子四書注大學，開卷説『虚靈不昧』，便涉異學；云『以具衆理應萬事』，尤非理字之旨。中庸開卷『性即理也』，如何説性即是理？　論語開卷，言『學可明善以復其初』，『復其初』出莊子，絶非孟子以擴充言學之意。」

先生言：「讀史方輿紀要祇是大體好，細處未能盡善。」

先生言：「欲知山之脈絡，祇看水之去來，水無有不依山脈者也。」

先生言：「精神好時，句股割圜記三篇不必要注，便就本文可以了然。」

先生言：「爲學須先讀禮，讀禮要知得聖人禮意。」

先生言：「周易當讀程子易傳。」

先生言：「鄭康成之學，盡在三禮注，當與春秋三傳並重。」

先生言：「學貴精不貴博，吾之學不務博也。」

先生言：「知得十件而都不到地，不如知得一件卻到地也。」

先生言：「總須體會孟子『條理』二字，務要得其條理，由合而分，由分而合，則無不可爲。」

先生言：「明之王文成，亦衹是借講學以自韜晦，成功不居之意也。」

先生言：「孟子『必有事焉而勿正，心勿忘，勿助長也。』『正心』二字，不可强爲之説。依吾語，『正心』二字，便是『忘』字離爲二字，而『亡』訛『正』，乃字之誤也。『必有事焉而勿忘』下，複舉勿忘者，古人每多此文法。」玉裁按：此確不可易。既勿忘矣，又須勿助長，忘與助長二弊，各有所偏，不忘則又慮其助長，故頓跌言之，謂雖勿忘，卻又不可助長也。如詩云「江有汜，不我以」矣，必再言「不我以」，而後可言「其後也悔」，謂始雖如此，而終不如此也。凡詩之複句，多此文法。

先生言：「闓百詩善讀書，百詩讀一句書，能識其正面、背面。」

先生謂：「考工記圖既成，後來乾隆某年所上江西大鐘，正與余説合。」

先生言：「大國手門下，不出大國手；二國手、三國手門下，教得出大國手。」

先生言：「守一説之確者，終身不易乃是。」

先生言：「唐以前師弟道重，宋人言學，尚有漢人師弟之意。」

癸未初，見先生以春秋改元即位考三篇付抄，云：「春秋一經，余欲做此種文字數十篇，便令大義畢舉。」

癸未先生言：「尚書今文古文考，此篇文字卻認真。」

文集中詩生民解，本出毛鄭詩考正，先生曾爲余言，可取出修改，入於文集。玉裁刻文集十二卷時，因入諸卷(五)〔一〕，而不敢修改一字也。其詩摽有梅解，亦取諸詩經補注。毛鄭詩考正，初名詩補傳。

先生言：「唐初，漢時書籍存者尚多，作正義者，不能廣爲搜羅，得所折衷。於春秋專取杜預，於易專取王弼，於尚書專取孔安國，遂使士人所習不精。即三禮用鄭注矣，而其疏紕繆不少，亦只可有四五分也。」

先生言：「水經注『水流松果之山』，鍾伯敬本『山』訛作『上』，遂連圈之，以爲妙景，其可笑如此。『松果之山』，見山海經。」

先生言：「司馬相如封禪文，顔色如天上雲霞，奇麗絶。」

憶玉裁於庚寅夏，銓授貴州玉屏縣，先生自汾陽寄以書，今失其手迹。大略云「玉屏之地當五嶺起處」，今不記其詳。又云「想風氣未開，未必不可施教化也」。余乃於辛卯旋以註誤罷。由今思之，有負先生言多矣。

先生少時學爲古文，摘取王板史記中十篇，首項羽本紀，有信陵君列傳、貨殖傳，其他題記憶不清，皆密密細字，評其結構、用意、用筆之妙。鄭炳也先生虎文曾借讀。今聞孔户部以此授長子伯誠爲讀本，伯誠雖亡，書猶在也。

先生言：「江右風水，好在鄱陽湖一聚。」

先生言：「割圜全體，祇吃一杯茶時，洞然了澈。」

先生言：「割圜上二篇成，下一篇難做，卻取太史公信陵君列傳玩味一番，遂成下篇。」

先生言：「人須養神。若精，乃是粗東西耳。」

先生言：「書，年代略舊，便有些子好處。」

先生言：「宋本不皆善，有由宋本而誤者。」

先生言：「劉耕南小文章好，大文章不好。」

訂補識語

戴東原先生年譜，作於嘉慶甲戌（一八一四）或前一年。該譜以治學爲中心，記述戴震一生的著述與交遊，内容豐贍，材料翔實，是後世研究戴震及其同時代有關學者的必不可少的重要文獻。年譜的作者段玉裁，於乾隆癸未（一七六三）拜識戴震於都中，從此師友相交十幾年，對戴震最爲瞭解。始爲戴震作譜者，若非段玉裁，後世誰也不可能寫到如此詳盡的地步。玉裁作譜之功，當千秋不滅。

年譜之作成，戴震已故三十七、八年，玉裁亦爲八十老翁。由於時間久隔，作者年邁，漏記誤記，在所難免。且譜成之次年，玉裁也與世長辭了，故未得嚴加修訂。與修戴震全書，陸續檢得部分材料，不揣淺陋，作補正於是；近年來又得部分新材料，發現了原訂補的錯漏，特作修正。謹俟同仁賜教。

二〇〇九年九月再修訂

二、書信

與戴東原書

錢大昕

前遇足下於曉嵐所，足下盛稱婺源江氏推步之學不在宣城下，僕惟足下之言是信，恨不即得其書讀之。

頃下榻味經先生邸，始得盡觀所謂翼梅者。其論歲實，論定氣，大率祖歐邏巴之說而引而伸之。其意頗不滿於宣城，而吾益以知宣城之識之高。何也？宣城能用西學，江氏則爲西人所用而已。及觀其冬至權度，益啞然失笑。夫歲實之古强而今弱也，漢以前四分而有餘，漢以後四分而不足，而自「乾象」以至「授時」歲實，大率由漸而減，此皆當時實測，非出臆斷，故以古法下推，則必後天由於歲實强也；以今法上考，亦必後天由於歲實弱也。楊光輔、郭守敬輩知其然，故爲百年加減一分之率以消息之，雖過此以往，未之或知，而以之考古，則所失者鮮，是其術未始不善也。西人之術止實測於今，不復遠稽於古，然其所謂平歲實者，亦復累有更易，則固非以爲永遠可守之歲實也。江氏乃創爲本無消長之說，極詆楊、郭，以傅會西人，然史册所書景長之日，班班可考，難以一人手掩盡天下之目也。於是爲定冬至加減之説以加之，加之而仍後天也；於是又爲本輪、均輪半徑古大今小之説以加之，加之而仍後天也。詞遁而窮，則直斷以爲史誤，毋乃如公孫龍之言「臧三耳」，甚難而實非乎！

天道至大，非一時一人之術所能御。日月五星之行，皆有盈縮，古人早知之矣，各立密率以合天行。郭太史之垜積新法之本輪、均輪、次輪，皆巧算，非真象也，約加減之數，而假象以爲立算之根，合則用之，小不合則增減之，大不合則棄之。本無輪也，何有於徑？本無徑也，何有古大而今小？且夫兩輪半徑之數之減也，西人固疑其初測之未合而改之，非定以爲古多今少之率也。就如江説兩半徑古大而今小，則仍是楊、郭百年消長之法，以矛陷盾，其何説之辭！夫以兩春分考歲實，較之兩冬至爲近，然小餘二四二一八七五者，回回之舊率而地谷所用也。崇禎時嘗改爲二四二一八八六四矣，今則又改爲二四二三三四四二矣，只此百年之中，西士已不能守其舊率，而江欲以地谷所用之數，上考千載以前，謂必無消長也，有是理乎？本輪、均輪本是假象，今已置之不用，而別創橢圓之率，橢圓亦假象也，但使躔離交食推算與測驗相準，則言大小輪可，言橢圜亦可，然立法至今未及百年，而其根已不可用，近推如此，遠考可知，而江氏取其已棄之筌蹄，爲終古之權度，其迂闊亦甚矣。

西士之術固有勝於中法者，習其術可也，習其術而爲所愚弄不可也。有一定之丈尺而後可以度物，有一定之衡石而後可以權物，今江所持以衡量者有一定乎？無一定乎？言平歲實則其數可多可少也，言最卑行則其行忽遲忽疾也，言輪徑差則借象而非真象也。以槃爲日而詆羲、和，以錐指地而嗤章亥，持江氏之權度以適市，必爲司市所撻矣。向聞循齋總憲不喜江説，疑其有意抑之，今讀其書，乃知循齋能承家學，識見非江所及。當今學通天人者，莫如足下，而獨推江無異辭，豈少習于江而特爲之延譽耶？抑更有説以解僕之惑耶？請再質之足下。

（輯自潛研堂文集卷三十三）

與戴東原書

錢大昕

孫愐唐韻序稱前後總加四萬二千三百八十三言，今檢廣韻卷首，云「凡二萬六千一百九十四言」。廣韻本於唐韻，不應唐韻所收之字，轉倍於廣韻。若然，則雍熙之所修者，當云删韻不當云廣韻矣。意孫愐序所云增加者，兼注中字而言，邵長蘅遽謂孫愐增字至四萬有奇，似可未信。惟高明示之。

（輯自潛研堂文集卷三十六）

與戴東原書

錢維城

六書之道，有形有聲。形者字體也，聲者音韻也。儒者論述必衷六經。易稱庖犧氏仰觀天文，俯察地理，觀鳥獸之文，與地之宜，始作八卦。而書契之興，未詳作者，然卦畫已具字形。竊謂三畫即乾字，六畫即坤字，大輅椎輪必自於此。傳流至周，已非庖犧之舊。況自蝌蚪、篆隸、八分，以至今體，其爲流變豈可推尋？所謂象形、會意、轉注、處事、假借、諧聲，創始之源，難以意測，欲即今體强合古文，北轍南轅未見其合。至於音釋爾雅爲經，然恂慄威儀，詞因戴記周公所作。夫豈其然？蓋亦後儒所托耳。

説文即爲最古而强立偏旁，文多傅會，文馬爲駁、短尾從佳，若斯之類，不可枚舉。按之經義殊不盡然，在今言今，不過釐正俗書，無乖古訓，足矣。

音韻之説，古無專書，然易、書、詩俱在，大抵矢口而成，不煩擬議，所謂天籟也。時地變遷，遂生齟齬，以今合古强名爲叶，乃後人之矯揉，豈作者之本然哉！雙聲疊韻，自古有之，窈窕、參差，開卷即是，是則反語權輿，叔然尚爲傳述，況神珙、守温耶？三十六母，本以收聲，非爲韻設，經堅輕牽，母以生子，子以召音，宛轉關生，非假造作。顧古音多，今音少，知澈澄孃非微六母，漸可從删。而泥從床三母亦失本音，時代使然，不能勉强也。不特此也，古音四，今四等漸亡，二等亦寡，存者一二耳，必力求古音，啓口驚俗，一人衣錦，衆客楚咻，安可家喻而户曉哉？

以五均爲五音，非始西河，其部分井然，不同牽合，欲求古韻，此爲近之。第五音之説，人各不同，求其指歸，卒難通曉。竊以一字具有七音，不關牙舌喉齒唇也。何以明之？七音正於律呂，今則譜爲九宫。七音者，七調也。不聞一調之辭，止用一宫之字，此則歌者之轉喉，非辭家之選字。今之樂猶古之樂也。四聲既分，乃有正閏、正紐、倒紐，其圖實繁，然止列其格，未詳其故，則平上入去易知，而入去上平難曉也。要之聲韻之道，百姓與能，里巷歌謡，自然合度，康衢擊壤，振古已然。自詞人鉤深，矜爲絶學，四聲二百六部，事近苛細，去古遂遥，即休文、法言輩，意在成一家之言，非欲强之天下後世，況可執是以繩古人哉！惟是朝廷取裁，必有矜式。唐、宋以後以詞賦取士，勒爲官書，翕然遵守，然亦苦其窄，少議併議，通代有加。展今之平水，益非舊章，若竟撤去藩籬，必且乖違時尚，惟一稟同文，無敢改作，庶幾範我馳驅耳。

家君於字書韻學最所研窮，所著聲韻圖譜，久經梓行，尚有易韻、毛詩韻亦已成書。維城幼時每承提命，而質氣粗浮，學力淺薄，未能卒業。伏讀大著，尋源溯流，釋疑訂誤，精微浩博，莫可名言，非好學深思，何以喻此！承命撰叙，愧不敢當，謹就管蠡之見及素所聞於庭訓者，略舉以質足下，幸終教之。

（輯自湖海文傳卷四十五）

與戴東原書

彭紹升

承示原善及孟子字義疏證二書，其于烝民、物則、形色、天性之旨，一眼注定，旁推曲鬯，宣洩無餘。其文之切深奥衍，確然戴記之遺，漢、唐諸儒言義理者，未之或先也。紹升懵于學問，于從人之塗，不能無異，要其同然之理，即欲妄生分辨，安可得邪？顧亦有一二大端，不安于心者，敢質其説于左右。

竊謂學問之道，莫切于審善惡之幾，嚴誠僞之辨。善惡之幾審，則能日進于善，而終止于至善。至善者，一天道之日新而已矣。誠僞之辨嚴，則能日進于誠，而終于至誠無息。至誠者，一天命之不已而已矣。天命不外乎人心，天道不外乎人事，是故離人而言天不可也，是二書之所極論也。其或外徇于形名，内錮于意見，分別追求，役役焉，執筌蹏爲至道，而日遠乎無聲無臭之本，然不知天，其何以知人？是故外天而言人，不可也。程伯子云「天人本無二，不必言合」，一語之下全體洞然，殆二書所未及察也。

原善之言天命也，引記云「分于道謂之命」，解之曰「限于所分曰命」，此恐不足盡中庸天命之義。

中庸之言天命也，言上天之載而已，此上不容有加。若有加，何以云至？維天之命，於穆不已，天之所以爲天，無去來，亦無内外，人之性于命也亦然。昭昭之天，即無窮之天，孰得而分之？命有自分，即性有所限，其可率之以爲道邪？率有限之性以爲道，遂能位天地育萬物邪？此其可質者一也。

虚寂之文見于大易。咸之象曰：「君子以虚受人。」大傳曰：「寂然不動，感而遂通天下之故。」不虚則不能受，不寂則不能通，清明在躬，氣志如神，虚寂之謂也。今謂犬之性、牛之性，當其氣無乖亂，莫不沖虚自然，則亦言之易矣。人于無事時，非有定力，不入于昏則流于散，而況犬牛乎？又曰「老、莊尚無欲，君子尚無蔽」，似亦未盡。無欲則誠，誠則明，無蔽則明，明則誠。未有誠而不明，明而不誠者也。其謂「君子之欲也，使一于道義」，夫一于道義，則無欲矣。程伯子云：「天地之常，心普萬物而無心，聖人之常，情順萬事而無情。」故君子之學，莫若廓然而大公，物來而順應，無欲之旨，蓋在于是，固非必杜耳目，絶心慮，而後乃爲無欲也。此其可質者又一也。

疏證以朱子「復其初」之云本莊周書而訾之，以爲德性資于學問，進而聖智，非復其初明矣。是謂德性不足以盡道，必以學問加之，則德性亦不足尊矣。夫學問非有加于德性也，蘄有以盡乎其量而已。盡乎其量，則聖智矣，故曰堯、舜性之也，湯、武反之也。性之者，明其無所加也。反之者，復其初之謂也。又以老、莊、釋氏之自貴其神，而轉以訾夫張、朱二子。夫神之爲言，不始于老、莊、釋氏，易大傳曰：「神無方而易無體。」又曰：「神也者，妙萬物而爲言者也。」何謂邪？謂不當以神與形爲二本，二之非也。將先形而後神，而不知神之無可先也。此其可質者又一也。

合觀二書之旨，所痛攻力闢者，尤在「以理爲如有物焉，得于天而具于心」，謂涉于二氏，先儒語病則不無，然外心以求理，陽明王子已明斥其非矣。將欲避真宰、真空之説，謂離物無則，離形色無天性，以之破執可也，據爲定論，則實有未盡，以鄙意言之，離則無物，離天性無形色。何也？物譬之方員，則譬之規矩，未有舍規矩而爲方員者也。舍規矩而爲方員，則無方員矣。形色譬之波，性譬之水，未有舍水而求波者也。舍水而求波，則無波矣。于此欠分明，則于易所謂神、詩所謂上天之載，皆將遷就以傅吾之説，而先聖之微言滋益晦。其究也，使人逐物而遺則，徇形色、薄天性，其害不細。更望精思而詳説之，幸甚。不宣。

（輯自二林居集卷三）

與戴東原先生書

汪　灼

去夏中途拜别，不獲罄所欲言，今思之猶惘惘也。比者，二先生至得手翰，並叩悉起居萬福，忻忭不盡。蘇氏有言：「文章議論與人難合，甚於世故，與知者謀之，而與不知者敗之，此官書之所以不善也。」今先生所總領者，天文、地理、字源、音韻，灼於四者竊有疑焉，敢言其大略，以質吾夫子。

梅定九曆算叢書，備詳測天之法，利瑪竇圖爲南北兩極，位黄赤道之星辰，無毫髮差舛，而句股割圜記則又合天官書及諸史天文志而萃其精，然而形度空垂，未聞有如漢匡衡、董仲舒、劉向融六經，斷災異，有驗於天時人事者。

郡縣沿革，山川名勝，咸可考而知，獨九河失禹故迹，致狂瀾泛溢，奔放而不可遏，雖遵河防一覽、行水金鑑、水道提綱以爲治，未能俾水循其道以安流，豈區區之一蘆一葦，朝築而夕浮，塞此而決彼，藉河工以圖利禄者所能順其性哉？又豈閉户讀水經，校經、注之錯亂，即有補於治水哉？

說文字少而義精，非若各字書卷帙浩煩，雜無所統一，徒載俗字、訛字、似字、同字，而莫辨其所以俗、所以訛、所以似、所以同，是未究其源也。

沈約以後諸書，知音而不知韻，韻須字尾收音處，細爲體驗，以平上去入之四聲，合之五六工尺，一四合凡一之九調，善歌者於脣齒喉鼻舌齶間疾徐焉，重輕焉，悠揚而高下焉，庶幾吞吐而傳之，發其凡於中原之韻，延一綫於度曲之口，而又非世俗之樂工所能解悉。

幸四者皆先生專門之業，正可獨力編摩，勒成有用一書，永啓後學。文治之昌，殆天所以位置先生，先生雖勞，不得辭矣。性即濟於榮寵，獨無有如涑水之薦范淳父者乎？亦可喜也。

去年歲暮宴坐，即念長安米貴，思所以爲一夕之衛者而未得其便，兹值世兄奉太夫子就養都門，謹措百金，爲湊道里之費。灼忝附門牆，於先生事自當惟力是視，所恨食指多，家計落，不克稱此心耳。尚何敢當言藉耶？先君子末年以灼業毛詩，時有質問，隨筆存録，名曰詩學女爲，身後檢集手稿，因草書須詳爲審諦，其先後端緒，亦待編次，將來訂正成書，思送館上，想先生見之而泫然也。先大母去秋不幸殁世，已於十二月中祔葬鮑村之原。家兄弟雖治生事未練習，然尚安頓勝於灼。遠念垂及，敢以附瀆。儀禮識誤、儀禮集解，能募人録一副本，幸甚！又聞崔氏三禮義宗，永樂大典中尚有之，後於開三禮館時爲人竊去，今不知何如矣？ 敬此上問萬安，諸惟珍護，不盡馳仰。灼叩頭。

（輯自國圖鈔本漁村詩文集）

復戴東原言理欲書

陸燿

春杪接書，久未裁復。紛紜案牘之中，力小任重，日夜惶疚，即此稽緩，亦足見其才力之困也。閣下究心典籍，高出羣儒，修述之事，方期身任，胡遽有秋令假歸之語，行止何如？ 臨期尚祈示及，如果言旋，倘可迂道濟南，一訪鵲華之勝，尤所跂望。

來教舉近儒理欲之説，而謂其以有蔽之心，發爲意見，自以爲得理，而所執之理實謬，可謂切中俗儒之病。乃原其病之所起，則鶩名之一念實爲之。蓋自宋儒言理，而歷代推尊以爲直接孔、孟者，程、朱數大儒而已。於是莫不以理名學，如前世所譏「太極圈兒大，先生帽子高」者，其來已非一世，繇理學之名可以虛附故也。

夫理懸於虛，事徵於實。虛者易冒，實者難欺。唯言理而著之於事，證之於跡，空虛無實之談，庶不得而妄託。西山大學衍義，此其宗乎！ 至於朱、陸、王之辨，近世尤多聚訟。其所訟者，皆在豪釐影響之間。若盡舉朱子之行社倉、復水利、蠲税銀，與象山之孝友於家，惠愛於民，陽明之經濟事功，彪炳史册，以爲理學真儒之左契，則矍相之圃僅有存者矣！ 顧以此求之，詎易多得？ 則擇其言之切於今者，莫如顧崑山之「行己有恥」、田簣山「利之一字，蝕人最深」二語，爲廢疾膏肓之藥石，沉迷大寐之晨鐘，而不貴言性言命，存天理遏人欲之虚談，庶幾於風俗之盛衰，吏治之得失，民生之疾苦，在在與民同好惡而不私。於閣下之教，得毋近之，而不止以其名乎？

近日從事文鈔一編，大指如此。惟是所見不多，綱羅未盡，淺人易炫，决擇未精，其中不無遺憾，是以未敢郵正。今大教諄諄，似欲匡其所不逮者，又可不獻其醜拙耶？燿再拜。

（輯自湖海文傳卷四十五）

上笥河朱先生書

洪　榜

洪榜頓首頓首笥河先生閣下：

前者具狀戴先生行實，俾其遺孤中立稽首閣下之門，求志其墓石。頃承面諭，以狀中所載答彭進士書可不必載，性與天道不可得聞，何圖更於程、朱之外復有論説乎，戴氏所可傳者不在此。榜聞命唯唯，惕於尊重，不敢有辭。退念閣下今爲學者宗，非漫云爾者，其指大略有三。其一謂程、朱大賢，立身制行卓絶，其所立説，不得復有異同，疑於緣隙奮筆加以讓嘲，奪彼與此。其一謂經生貴有家法，漢學自漢，宋學自宋，今既詳度數，精訓故，乃不可復涉及性命之旨，反述所短以揜所長。其一或謂儒生可勉而爲，聖賢不可學而至，以彼矻矻稽古守殘，謂是淵淵聞道知德，曾無溢美，必有過辭。蓋閣下之旨出是三者，仰見閣下論學之嚴，制辭之慎。然恐閣下尚未盡察戴氏所以論述之心，與榜所以表章戴氏之意，使榜且得罪，不可以終無辭。

夫戴氏與彭進士書，非難程、朱也，正陸、王之失耳；非正陸、王也，闢老、釋之邪説耳；非闢老、釋也，闢夫後之學者實爲老、釋而陽爲儒書，援周、孔之言入老、釋之教，以老、釋之似，亂周、孔之真，而皆附於程、朱之學。閣下謂程、朱大賢，立身制行卓絶，豈獨程、朱大賢，立身制行卓絶，陸、王亦大賢，立身制行卓絶，即老、釋亦大賢，立身制行卓絶也。唯其如是，使後儒小生閉口不敢道，寧疑周、孔，不敢疑程、朱。而其才智少過人者，則又附援程、朱以入老、釋。彼老、釋者，幸漢、唐之儒抵而排之矣。今論者乃謂先儒所抵排者，特老、釋之粗，而其精者雖周、孔之微旨不是過也。誠使老、釋之精者，雖周、孔不是過，則何以生於其心，發於其事，繆戾如彼哉？況周、孔之書具在，苟得其解，皆不可以强通。使程、朱而聞後學者之言如此，知必急急然正之也。然則戴氏之書，非故爲異同，非緣隙釀嘲，非欲奪彼與此，昭昭甚明矣。

至謂治經之士宜有家法，非爲宋學，即爲漢學。心性之説，賈、馬、服、鄭所不詳，今爲賈、馬、服、鄭之學者亦不得詳。夫言性言心，亦不自宋以後興也，周末諸子及秦、漢間著書立説者多及之。其辭雖殊，其意究無大異，凡以勸學立教而已。惟老聃、莊周之書乃有沖虚之説、真宰之名，不寄於事，不由於學，謂之返其性情而復其初。魏、晉之間，此學盛興，而諸佛書流入中土，亦適於此時爲盛。其書本淺妄無足道，譯者雜以老、莊之旨，緣飾其説，大暢玄風。唐傅奕曾言其事矣，然而未敢以入儒書也。至乎昌黎韓氏力闢佛、老，作爲原道等書，使學者昭然知二氏之非。而其時佛氏之説入人既深，則又有柳子厚之徒，謂「韓氏所罪者其跡也，忿其外而遺其中，譬之知石而不知韞玉。彼其不可斥者，往往與易、論語合，不與孔子異道也。」此說一出，後之學者往往執是說以求之易、論語，而所謂易、論語者，則又專用魏王氏之注與何氏之集解，其人本深於老、釋，其說亦雜於二家，此則宜其有合也。歷唐之末，逮宋之初，此論紛紜，固結而不可解。於是讀易、論語書者，或往往先從事於二氏，因即以其有得於二氏之精者以說易、論語之書。是以眉山蘇氏作六一居士集序曰「新學以佛、老之似亂周、孔之真，識者憂之」也。宋熙寧以後，此弊日深，至於姚江王氏之學行，則直以佛書釋論、孟矣。彼賈、馬、服、鄭當時蓋無是弊，而今學者束髮受書，言理言道，言心言性，所謂理道心性之云，則皆六經、孔、孟之辭。而其所以爲理道心性之說者，往往雜乎老、釋之旨。使其說之果是，則將從而發明之矣。如其說之果非，則治經者固不可以默而已也。如使賈、馬、服、鄭生於是時，則亦不可以默而已也。前之二說，閣下苟詳察之，亦知戴氏之非私於其學，而榜之非私於戴氏矣。至於聞道之名不可輕以許人，猶聖賢之不可學而至。如閣下以此爲慮，此其猶存乎後儒之見也。孟子謂「聖人人倫之至」，首陽之義，孔子稱曰：「古之賢人。」夫聖賢不可至，蓋在是矣。雖然，安可以自棄乎哉！若夫高談深遠者謂之知道，不言而躬行者謂之未聞道，及夫治經訓者謂之儒林，明性道者謂之道學，此固戴氏所不道，而榜所望於閣下表揚之者，亦不在是也。

夫戴氏論性道，莫備於其論孟子之書，而所以名其書者，曰孟子字義疏證焉耳。然則非言性命之旨也，訓故而已矣，度數而已矣。要之，戴氏之學，其有功於六經、孔、孟之言甚大，使後之學者無馳心於高妙，而明察於人倫庶物之間，必自戴氏始也。惟閣下裁察焉。榜頓首頓首。

（輯自二洪遺稿 初堂遺稿）

答程易田丈書

段玉裁

易田先生執事：

伏惟起居安吉，眠食無恙。今年兩接手書，先生雖患目疾，而尚能因愚者所問，輒搜閲戴師著述，舉其文集中所記年分並一切著述先後可考者見示，感極感極！

又云孟子字義疏證孔葓谷所刻者，尚非定本，其定本改名「緒言」，抄本現在，當録以奉寄。於近日又接手書，得緒言一本，書中言丙申影抄，時戴本首葉有「壬辰菊月寫本」六字，自壬辰至丙申未嘗改竄，自丙申冬日南下，而戴君丁酉遽捐館矣，固知疏證非定本，緒言乃定本也。

玉裁謂先生之説似是，但謂改「疏證」爲「緒言」，恐不其然。孔葓谷於師最爲親近，緒言果爲後定之本，葓谷斷無不知者，斷不憒憒舍其定本而刊其初稿。先生乙未、丙申相見時，恐是其書尚未修改，師卒於丁酉五月廿七日。見孔葓谷寄玉裁來札。答彭允初書幾五千言，暢言性理，有云原善所指，加以孟子字義疏證反復辨論，咸與足下之道截然殊致，叩之則不敢不出耳。書作於殁前一月，見洪君榜所作行狀，是示彭允初者疏證，非緒言也。是年與玉裁書云：「僕生平著述之大，以孟子字義疏證爲第一，此正人心之要。今人無論正邪，盡以意見名之曰理，而禍斯民，故疏證不得不作。頃未得人抄寄。」師此札有鄭重相付之微意焉，而作札之日，乃四月廿四，距屬纊才六十餘日耳。所丁寧相屬者疏證，非緒言也。

據此二件，皆臨終之辭，疏證爲定本可知矣。再檢丁小山丁未以後來札，亦祇言孟子字義疏證，不及緒言，且云得原善初稿二本、孟子字義疏證初稿一本，細細校勘，知孔刻之脱誤。丁君亦於師處往來最熟者，乙未至丁酉，君皆在都門，倘緒言爲定本而洪谷不刻，丁君必議之，然則小山亦知有疏證，不知有緒言也。伏讀吾師一書，緒言三卷，上卷自立説，中卷尊孟子，下卷駁告子、荀子、楊子、周、程、張、邵、朱、王文成諸子及老、莊、釋氏，言之綦詳矣。疏證亦三卷，上卷性十五條，中卷天道四條、性九條，下卷才三條、道四條、仁義禮智二條、誠二條、權五條。自仁義禮智二條以上，緒言言之，而誠、權二目則未之及。誠之一目，所以正程、朱説中庸「所以行之者一也」，謂一爲誠之誤。權之一目，所以正程、朱説「一以貫之」之誤，言處事必有權，以爲重輕之準，非是執理無權。程、朱之説但執意見之理，不顧人情，此是執理無權也。二目補緒言之所未備，而二目以前諸條，取緒言删裁處、添補處、更换處，是三者皆大費鑪錘。師嘗聞作文之訣於方氏文輈曰：「善做不如善改，善改不如善删。」故師作文，不厭改删。況此乃所以垂世立教之言，尤爲鄭重。且分列諸目，使學者讀之了然，雖辭意多同，而疏證尤爲百鍊之金、精鑿之米。且有自序一篇，説明用孟子書字義爲目之故。而用韓子「求觀聖人之道，必自孟子始」之語爲歸宿。師之隱然以道自任，上接孟子意可見矣。玉裁以爲先生抄諸丙申者尚是緒言，則或丙申之冬、丁酉之春夏，悉心改定，而自序之。故小山輩傳抄，洪谷據刻，斷不得言緒言爲定本也。師在丙戌語玉裁云：「近做得道學書一本。」彼時玉裁無所知也，故亦不請讀。今據先生札云，壬辰師館京師朱文正家，自言曩在山西方伯署中，僞病者十數日，起而語方伯：「我非真病，乃發狂，打破宋儒家中太極圖耳。」

蓋其時著得孟子字義疏證。玉裁於此乃覺了然，「僞病十餘日」，此正是造緒言耳。竊揣此書創始於乙酉、丙戌，成於己丑朱方伯署中，己丑五月，往山西方伯朱文正署中，客山西者幾三年。己丑秋後，自藩署至汾州修府志，庚寅乃竣。辛卯，又修汾陽縣志。是爲緒言。改定於丙申冬後、丁酉春前，是爲孟子字義疏證。丁酉四月間與彭、段書，皆盛言疏證，是四月以前改定自序可知。先生疑緒言爲定本，玉裁未敢信，故敬述其所見，以復於先生焉。

仍擬將疏證刻諸吴中，或兼刻緒言兩存之，以持贈同學，雖下士必大笑之，無傷也。吾師年譜一編略具，俟脱稿後呈政。先生於吾師事有所聞知，仍望郵寄。高年惟静坐味道爲禱，如有所觸，命令孫輩繙查誦聽代寫，亦以消遣不勞爲妙。天既以目疾與先生息肩，何必更爲汲汲哉！敬請近安。不悉。伏惟珍重。玉裁頓首。

（輯自經韻樓集卷七）

與梁耀北書論戴趙二家水經注 己巳十一月

段玉裁

玉裁拜白耀北大兄足下：

邇者想侍奉萬安，尊體佳勝！水經注一書，爲言水道言地理者所必資，顧自宋以來，踳駁幾不可讀，惟吾師東原氏治之最勤，整齊其訛亂，鉤棘引歸，文從字順，上邀高宗純皇帝嘆賞，詩褒悉心編纂，可爲中尉素臣，食其利者沾溉無窮矣。然東原氏之功細大宜辨，據古本，搜羣籍，審地望，尋文理，一字之奪必補之，一字之羡必删之，一字之誤必更之。東原氏之能事也，然而其功細。自唐、宋淺學，迻書不知其義例，誤認「過某」、「逕某」之文無區别，任意互訛，大抵注訛經者十八，經訛注者十之一二。東原氏得其例有三：一曰獨舉、複舉之不同。經文甚簡，首舉水名，下不再出，注文繁，一水内必詳其注入之小水，以間厠其間，是以主水之名屢舉不厭，雖注入小水有所攜帶者相間，亦屢舉小水之名，經文斷無是也。一曰「過」、「逕」之不同也。經必曰過某，注則必曰逕某，所以别於經。一曰「某縣」及「某縣故城」之不同也。注所謂某縣故城者即經之某縣也，經時之縣，注時多爲故城，經無言故城者也。執此三例，沛乎莫禦，蠶之有如振槁，承學讀至白首不解者，豁然開朗。王伯厚、顧景范、胡朏明、閻伯詩稱引之誤，今皆可正，此則東原氏功之大者也。

東原氏明智卓絶，而於是書亦久乃得之。僕從先生遊，見歲乙酉六月，始因胡朏明「南北磔谿」之誤霍然大悟，將經、注畫清。是年八月，專寫經文爲一卷，摘注文前後倒亂甚者附考於後，又舉經、注三例爲跋尾，略同殿版提要。癸巳，召入纂修四庫，遂創改自宋以來經注，拘迂者駴不之信，其膽雄由其識卓也。

戴書上於甲午，奉命刊版，越十有三年丙午，杭郡趙誠夫先生水經注釋一書始出，而東原没於丁酉之夏矣。僕至今年始從友人借讀趙書，其所據古本校本之多，所考諸史百家之富，所采諸老宿顧亭林、顧景范、閻百詩、胡朏明、何屺瞻、全謝山緒論，折衷羣言，自攄所得，其於字句各本異同，别黑白，定一是，與戴書詳略可互證，精詣可互求，而最異者，更正經注，亦大略與戴無異。夫字句偶竄一二，校古之常也；取經注互易之，校古之創，人所不能爲者也。東原氏灼知而創爲之，故條舉經注之義例，冠於全書之首，大白於天下。又於分注逐事疏通，以爲不如是不可以信從也。誠夫於字句偶竄，必詳其原本，而經注混淆突兀創改者，不將何以互改之故，詳於自序及分注及附録及朱箋刊誤。假今無戴書，則互改之必可信者，誰其知之？爲駭俗之事而深没其文，非著書之體也。趙書成於乾隆甲戌，戴書成於乙酉，相距十二年，趙先於戴。戴書出於甲午，趙書出於丙午，相距十三年，戴先於趙。其果閉户造車，出門合轍與？何以東原氏條舉義例，誠夫不著一字也？兩先生之齒，趙長於戴，其將謂戴取諸趙與？則東原氏之德行非盗竊人物，以欺主上及天下者也。僕從游日久，未嘗言有所聞之也。且兩先生者，面未嘗相識也，足未嘗相過也，音問未嘗相通也。誠夫之書秘藏高庋，至其孫刊行，未嘗稍傳於外也，此兩家子弟所知，不可誣者也。將謂趙取諸戴與？則誠夫之學亦必非盗竊人物，以欺天下者也。未詳其卒於何年，即乙酉以後獲聞東原氏之説，補綴己書，亦必明言所出，斷不深没其文默默而已也。此僕所不能無疑者也。

丙午丁未間，盧召弓先生爲予言，梁氏耀北處素昆仲校刊趙氏水經注，參取東原氏書爲之。僕今追憶此言，意足下昆仲校刊時一切仍舊，獨經注互訛之處，不從戴則多不可通，故勇於從戴以補正趙書，以成酈書善本，與戴並行，所以護酈而非所以阿趙。召弓所云「參取東原氏爲之」者，此也。足下昆仲之意則善矣，但足下亦不宜深没其文，默默而已也。果出於閉户造車，出門合轍，當著其奇，以見東聖西聖心理之必同，果出於相取，當著其實，以見多聞從善之有益。果二公未嘗相取，而出於校刊者集腋成裘，亦當爲後序以發明之，以見期於酈書完善，而非借光鄰壁。不則無解於僕之疑，亦無解於天下後世或謂戴取趙，或謂趙取戴之疑。是則足下昆仲將尊戴而適侵戴，將助趙而適誣趙也。此僕之所以不敢不言也。

三代人作述，不自言姓字，惟其理明而已。後此乃譏譏自矜其名，創而確之説，必出於命世大儒，言未嘗不以人重也。令弟不可作矣。足下及今爲後序，刊於趙書之末，洞陳原委，破天下後世之疑，俾兩先生皆不被竊美之謗於地下，僕實企望焉。願明以教我。

注誤爲經，第一條曰：「河水又西逕罽賓國北。」戴云：按此九字，原本及近刻並訛作經。考注叙葱嶺之水分東西，先載葱嶺，分源西流，逕休循、難兜、罽賓、月氏、安息，入雷翥海之水，不得與經文淆紊，今改正。第二條：「又西逕四大塔北。」戴云：按此七字，原本及近刻並訛作經。考注内言葱嶺西流之水，因連及蜺羅跂禘水，逕于闐曰大塔、陀衛、安息，同入雷翥海，今改正。第四條：「河水又東逕皮山國北。」戴云：案此九字，原本及近刻並訛作經。考注文葱嶺河自岐沙谷北分爲二，此先叙南河，逕無雷、依耐、薄犂、皮山，而東合于闐河，不得與經淆紊，今改正。凡若此等，戴分注校語甚詳，何以趙氏不置一辭而改之？於注改爲經，首見處亦不自言其例也。

又如河水卷二：「注河水又東，洮水注之。」戴云：按此八字，原本及近刻並訛作經。朱謀瑋箋於前經文「洮水從東南來流注之」，欲改「洮水」爲「澆水」，由不知彼爲經，此爲注耳。趙之云朱箋刊誤，僅云「八字是注混作經」，名爲刊朱之誤，而不言朱語之何以誤。凡若此等，豈不可哂！

（輯自經韻樓集卷七）

與方葆巖制府書

段玉裁

葆巖制府閣下：

大門中恪敏公總督直隸，乾隆戊子延請戴東原師於蓮花書院，撰次直隸河渠書一部，凡百有二卷，首衛河七卷，次漳水十一卷，次滏水三卷，次大陸澤五卷，次寧晉泊一卷，次虖沱河八卷，次東西淀二十一卷，內唐河三卷、沙河一卷、滋河一卷、府河五卷、易水五卷、淶水一卷、清河五卷。次永定河十六卷，內永定河十二卷、桑乾河四卷。次白河十九卷，內白河八卷、潮河二卷、榆河四卷、大通河五卷。次薊運河九卷，次陡河一卷，次灤河一卷，內熱河。案此二河草創而未潤色，以嗣任總督不樂爲此也。此後有余君蕭客補之，東原云不配。諸水源流古今遷變，孰異孰同，爲利爲害，擘肌分理，考鏡具備，蓋恪敏實心實政，無在不求有利於民，有裨於國，此書其一端也。

非恪敏經畫，不能創此書規橅，非東原師熟於地理，博洽精敏，不能年餘遂成。此書爲國家鉅製。顧恪敏未及進呈，閣下方沖年，書遂流轉落吴江，惟東原師藏其副，爲真本。乾隆癸巳，東原師奉特召充四庫館纂修，高宗純皇帝深知戴震天文地理之學精義入神，其考正水經注及九章、周髀算經等書，御製詩篇嘉美頒行。洎丁酉卒都門，其著述藏曲阜孔户部誧伯繼涵家，此書在焉。洪舍人蕊登榜作戴行狀，孔檢討撝約廣森作戴氏遺書總序，皆記直隸河渠書六十四册。嘉慶十四年，有吴江捐職通判王履泰者，攘竊此書，易名畿輔安瀾，進呈，上嘉爲有用之書，賞以同知，發北河效用，仍命武英殿刊行。聖明天縱，一見此書，即知非通儒不能爲，故布其書於天下，與高宗皇帝賞識戴震先後一揆，豈非千載盛事哉！且上所謂有用者，非獨謂其考古精覈也，亦謂切於今用，爲三輔興利除害所必需。詳觀此書，自禹、益，山經，班志酈注，歷代史籍，唐、宋以來各家著述，直隸一省地圖志乘，積年檔案，網羅宏富，辨析精詳，因之某山某水，經流支流分合名實，故道今道，高高下下，元元本本，如觀燎火，如視掌紋。凡我祖宗，洪猷碩畫，一一具載。國家治水劭農，諸臣如欲仿宋何承矩、元郭守敬、明徐貞、明楊一桂，國朝怡賢親王諸君子，大興水利稻田，非得此書，無所依據。是固恪敏之盛心，而邀聖主之睿賞者也。夫言必以人重，此書履泰冒之，不足以重此書，而祇辱九重之殊賞，亦使恪敏與東原師之美俱湮没不著。且上年冬，東原師之子中孚，抱曲阜孔氏所藏真本入都，與軍機章京龔麗正往刻板處略觀，知其悉用原書妄爲删併，略增乾隆戊子以後事實，改百二卷爲五十六卷，且移易其目次先後，原本首衛河，以地勢自南而北爲次也，今乃首永定河，則全失其義例。竊謂履泰何物，乃敢删定通儒之書，恐失著書之用，閣下文章政事淵源世美，宜奏明是書原委，取真本進呈重刻，以章聖鑒之明，以成先志之美，以發東原著作之光，以懲履泰盗名之罪，究紹聞之實用，助聖代之經綸，幸甚！幸甚！

全書真本，中孚交付玉裁處繕抄，年内可畢。閣下如欲觀此全書，玉裁即當札致中孚也。玉裁再拜。

（輯自經韻樓集卷七）

與方葆巖

段玉裁

葆巖先生閣下：

閤下壹意養親，堅辭恩命，孝思蒸蒸，無愧古人，可敬可式！戴本直隸河渠書，前蒙索取，即札商東原師令嗣中孚，今來札云：「中孚前年僕僕數千里，將以張先人之著作，正王履泰之攘竊，未能如志。今葆巖公欲刻此，此書原代恪敏公作之，恪敏署名，而序、跋內將原委叙清，則恪敏與先人皆不朽矣。惟慮書往而不刻，成畫餅耳。」

玉裁竊謂閤下表章先美，萬無不刻者。直隸水道棼如亂絲，較他省最難考，恪敏在督任，奮然鉤考，乾隆甲申以前延趙東潛草創之，戊子延東原師删定之，支幹經緯，古今變遷，事實清析，如視諸掌，令治水患興水利者，雖百世有所持循，此其功不小矣。趙書名直隸河渠水利書，百三十二卷。戴改稱直隸河渠書，去「水利」二字，百二卷，減原書三十卷，而灤河、熱河僅存涯略一卷，因恪敏是年秋後薨於位，而書遂未竟也。趙書灤河六卷，若依戴本刊版，則灤河可取趙書補綴。戴本係影抄曲阜孔府原本，原本舛訛特甚，今有趙本互校，想訛脱尚可推求。又熱河今有志書，高宗御製灤河濡水源考證一篇，當時恪敏遣河間同知黄立隆尋討而得者。趙草創此書，在甲申以前，則非趙所知，即恪敏亦恐不及見熱河志。閤下似宜恭載御製於全書卷首，以爲冕弁。熱河入灤河，故趙、戴俱無熱河標目耳。畢竟刊刻用戴用趙，惟手教示之，並將趙本灤河六卷命小吏抄寄，感泐不小。伏惟侍奉萬安。玉裁篤老昏眊，尊紀金姓時來問候，因令將戴書二十二册呈上，外首册衛河末册滦河已在尊處，共二十四册，伏乞察收見復。玉裁拜。

又戴本虖沱卷八之尾，考次職官，分巡清河道轄保定正定道一員云云，以下失去一頁，乞抄寄。

原目但就各水分卷，云某水卷一至卷幾，而無挨次之總目。今按當作自卷一至卷一百二爲總目，而各水但云「某水一」、「某水二」，低一字列卷一卷二之下，似便於檢閲，如卷之一衛河一、卷之二衛河二是也。

段玉裁

（輯自經韻樓集卷七）

與王念孫書

愚弟段玉裁頓首啓懷祖大兄先生閣下：

直隸河渠書一事，誠如尊諭，但鳩同志輯費刻之，此事恐難，安得此等同志也？故命孫輩抄一部藏之而已。方葆巖制府進京，已託其清理改正，不知彼能辦否？

吾兄眠食無恙？令郎任滿入都，可以就其禄養，似無庸盡瘁於衰耄也。弟今年七十有六，心脈甚虚，既不能讀書，又不喜閒坐，甚苦。暇日，幸有以教之。東坡云：「疾病連年，人皆相傳爲已死。」柳州與王參元書：「因人南來，致書訪死生。」説文注未能刻，吾兄之相助者他用矣。東原師著作皆簡嚴，此書詳贍，亦各有體也。謹頌近安，諸惟珍攝自重，不宣。玉裁再拜。

東原師曾與弟書云：「僕生平著述，以孟子字義疏證爲第一，所以正人心也。」今詳味其書，實實見得宋儒説理學，其流弊甚大。閤下可曾孰之復之？弟擬刻此書，以廣其傳，言義理者，有所折衷。又行。

（輯自昭代經師手簡）

與余存吾太史書

紀昀

承示戴東原事略，具見表章古學之深心。所舉著書大旨，亦具得作者本意，惟中有一條略須商榷。東原與昀交二十餘年，主昀家前後幾十年，凡所撰録，不以昀爲弇陋，頗相證質，無不犁然有當於心者。獨聲韻考一編，東原計昀必異論，竟不謀而付刻，刻成昀乃見之，遂爲平生之遺憾。

蓋東原研究古義，務求精核，於諸家無所偏主。其堅持成見者，則在不使西國之學勝中國，不使後人之學勝古人。故於等韻之學，以孫炎反切爲鼻祖，而排斥神珙反紐爲元和以後之説。夫神珙爲元和中人，固無疑義，然隋書經籍志明載梵書以十四字貫一切音，漢明帝時與佛經同入中國，實在孫炎以前百餘年。且志爲唐人所撰，遠有端緒，非宋以後臆揣者比。安得以等韻之學歸諸神珙，反謂爲孫炎之末派旁支哉？在東原博極羣書，此條不應不見。昀嘗舉此條詰東原，東原亦不應不記，而刻是書時，仍諱而不言，務伸己説，遂類西河毛氏之所爲，是亦通人之一蔽也。若姑置此書不言，而括其與江慎修論古音者爲一條，則東原平生著作，遂粹然無瑕，似亦愛人以德之一端。

昀於東原交不薄，嘗自恨當時不能與力爭，失朋友規過之義，故今日特布腹心於左右，祈刊改此條，勿彰其短，以盡平生相與之情。芻蕘之言，是否可采，惟高明詳裁之。

附余廷燦按語：

案：隋書經籍志載華嚴經，每卷後，附以三字母，母下縱列十三字。其第一卷第一行，則「阿、侠、鞥、翁、烏、爊、哀、醫、因、安、音、諳、謳、阿」十四字也。所謂以十四字貫一切音者，則凡舉一字長言而詠嘆之，其音必歸於此十四字中也。當漢明帝時，已與佛經同入中國，其爲反切濫觴在孫叔然之前，固顯白無疑者。曉嵐先生據史以辨證等韻之孰先孰後，即有斷斷好同異者，諒亦百喙莫破堅城。廷燦初輯東原事略時，祇就東原聲韻考一書蒐採檃括，方喜其説之創獲不磨，及先生折簡見示，乃知讀書必公聽並觀，凡學識論斷，總宜平宜確，匪在取新取奇。然以東原之折衷羣言，左右採獲，亦未嘗好騁鋒辯，翻駁前人以自炫，而獨於此書固執成見不移者，則先生之言曰：「不欲使西域之學勝中國，不欲使後人之學勝古人」耳！此亦何嘗非篤信稽古用心於補苴攘斥者之一端？然意嚮稍有偏涉，即平生著述不能不留此一段餘憾。此先生所以回環懇欵，切切欲成東原之美。而至於今東原已死，猶必伸理前説，以告天下後世，見公論自在當時，不可罔者也。廷燦即欲取東原事略刊去此條，而另採其與江慎修所論古音者補入。歷城周太史永年見之曰：「何如兩存其説。一以見東原之博學淹通，未必不有武斷；一以見先生之好古精核，至不肯背負死生尚論尚友者。不可省括而知所從違乎！」因仍存事略舊本，並附先生札於右，而詳記其顛末如此。然華嚴字母與釋神珙字母又無論孰先孰後，而總皆可疑，則廷燦又嘗以書質之先生者。

（輯自存吾文稿）

與程致堂以道進士書　戊寅

盧文弨

貴鄉戴東原兄，僕重其學問，與之定交。今聞其因祖墳事與賢從兄弟將生嫌郤，此固戴氏不肖子孫爲之，然其羣子姓中，苟少有人心者，自不容見其先世百餘年藏魄之所，一旦受侵削震驚之患，亦漠然袖手緘口，不一校計。此在常情，尚不出此，况於賢者。在貴族初買之時，必不知爲戴氏祖墳之地，今則已知之矣，卜地以葬，求其安吾親也。今如所卜之地，恐吾先人，亦將不安。夫利他人有不肖之子孫，而吾得乘其間而取之，使吾亦有如是之子孫，而人亦得乘其間而奪之，一彼一此，其情有異乎否乎？賢者愛其親以及人之親，其必不肯陵人之親以爲孝也明矣。今之堪輿家，動以福利啗人，僕素不明此。然第以理觀之，人方銜哀茹痛，積怨含怒，不量其力之不敵，而必欲起而爲難，以求伸其爲人子孫之志，事儻不濟，而怨毒之氣，愈不能平。是在我方欲求福，乃反以之招怨而犯怒，訐訟由之而起，釁讎由之而深，恐亦非貴族之利也，年兄天屬相關，誠宜及早調處，如其昭然遠見，舉地相讓，以安兩家之先靈，此其於仁智孝慈之道，兼備無憾。戴氏子孫，宜何如感戢也！若其勢萬不能已，亦慎毋相逼太甚，期於兩安而已。年兄亦度其所能行者而盡誠以相告焉。譬之啓竁而遇水石蟲蟻之害，亦將不改卜乎？吾之爲此言，誠私於戴君，然自年兄言之，則亦可謂忠於貴族矣！佇望覆示。

（輯自抱經堂文集卷十八）

與端臨書

汪中

中于經文亦有是正數處，幸足下教之。堯典「光被四表」，僞孔傳訓光爲充，戴君云光當作横，本與下句爲對舉。中按鄭君治古文尚書詩「噫嘻」箋云：「噫嘻乎能成周公之功，其德已著至矣。」謂光被四表格于上下也。周頌詩譜引此亦作光字，「噫嘻」正義引注云「言堯德光耀及四海之外」，此鄭注也，其非横字明矣。漢書宣帝紀：「甘露二年，陛下聖德充塞天地，光被四表。」然則光又不可以充訓也。古音横、黄同聲。黄從炗，古光字。則又不必易光爲横也。多方云「天惟五年須暇之子孫」，于義不了，周頌武正義引書云「天惟五年須暇湯之子孫」，有一湯字，其義方足。文苑英華七百五十二卷朱敬則北齊文宣論則云「須夏湯之子孫」，又以暇爲夏，義亦得通。此異文不可不知也。

（輯自述學篇別録）

上阮學使書（節録）

桂馥

自束髮從師，授以高頭講章、雜家帖括，雖勉强成誦，非性所近。既補諸生，遂決然舍去，取唐以來文集説部泛濫讀之，十年不休。三十後，與士大夫游，出應鄉舉，接談對策，意氣自豪。周書昌見嘲云：「君因不喜帖括，遂不治經，得毋惡屋及鵲邪？涉獵萬卷，不如專精一藝，願君三思。」馥負氣不從也。及見戴東原，爲言江慎修先生不事博洽，惟孰讀經傳，故其學有根據。又見丁小雅自訟云：「貪多易忘，安得無錯？」馥憬然知三君之教我也。前所讀書，又決然舍去，取注疏伏而讀之，乃知萬事皆本於經也。竊謂訓詁不明，則經不通，復取許氏説文反復讀之，知爲後人所亂，欲加校治，二十年不能卒業。

（輯自晚學集卷六）

復蔣松如書（節録）

姚鼐

然今世學者，乃思一切矯之，以專宗漢學爲至，以攻駁程、朱爲能，倡於一二專己好名之人，而相率而效者，因大爲學術之害。夫漢人之爲言，非無有善於宋而當從者也，然苟大小之不分，精粗之弗別，是則今之爲學者之陋，且有勝於往者爲時文之士，守一先生之説，而失於隘者矣。博聞强識，以助宋君子之所遺則可也，以將跨越宋君子則不可也。鼐往昔在都中，與戴東原輩往復嘗論此事，作送錢獻之序，發明此旨，非不自度其力小而孤，而義不可以默焉耳。先生胸中，似猶有漢學之意存焉，而未能豁然決去之者，故復爲極論之。

（輯自惜抱軒全集卷六）

再復簡齋書（節録）

姚鼐

儒者生程、朱之後，得程、朱而明孔、孟之旨，程、朱猶吾父師也。然程、朱言或有失，吾豈必曲從之哉？程、朱亦豈不欲後人爲論而正之哉？正之可也，正之而詆毁之，訕笑之，是詆訕父師也。且其人生平不能爲程、朱之行，而其意乃欲與程、朱争名，安得不爲天之所惡？故毛大可、李剛主、程綿莊、戴東原，率皆身滅嗣絶，此殆未可以爲偶然也。愚見如是，惟幸教之。尚熱，未敢走謁，謹復。

（輯自惜抱軒全集卷六）

答邵二雲書

章學誠

來書於戴東原自稱原善之書欲希兩廡牲牢等語，往復力辨，決其必無是言。足下不忘死友，意甚可感！然謂僕爲浮言所惑，則不然也。戴君雖於足下相得甚深，而知戴之深，足下似不如僕之早。丙戌春夏之交，僕因鄭誠齋太史之言，往見戴氏休寧館舍，詢其所學，戴爲粗言崖略，僕即疑鄭太史言不足以盡戴君。時在朱先生門，得見一時通人，雖大擴生平聞見，而求能深識古人大體，進窺天地之純，惟戴氏可與幾此。而當時中朝薦紳負重望者，大興朱氏、嘉定錢氏，實爲一時巨擘。其推重戴氏，亦但云訓詁名物、六書九數、用功深細而已，及舉原善諸篇，則羣惜其有用精神耗於無用之地。僕於當時，力争朱先生前，以謂此説似買櫝而還珠。而人微言輕，不足以動諸公之聽。足下彼時，周旋嘉定、大興之間，亦未聞有所抉擇，折二公言，許爲乾隆學者第一人也。惟僕知戴最深，故勘戴隱情亦最微中，其學問心術，實有瑕瑜不容掩者。已别具專篇討論，篋藏其稿，不敢示人，恐驚曹好曹惡之耳目也。至於「兩廡牲牢」等語，本無足爲戴輕重，僕偶舉爲原道諸篇非有私意之旁證耳。足下疑其言之卑鄙，不似戴平日語，此説似矣。抑知戴氏之言，因人因地因時，各有變化，權欺術禦，何必言之由中。以僕親聞，更有甚於此者，皆可一笑置之，固不必執以爲有，亦不必辨以爲無也。夫子教之，必使言行相顧，宋儒鑿空，説理解經，不能無失，而其所以不可及者，綱常倫教，不待名物象數而後明者，莫不躬行實踐以期於聖賢也。戴譏躬行實踐，釋、老所同，非儒者之所以自異，然則戴之踐履，遠遜宋人，乃其所以求異於釋、老耶？是則闢釋、老者，固便於言是行非者也。此則戴之癥結，不可爲諱，若「兩廡牲牢」，人固知其以口給也。夫行不踐言，學者亦所時有，要其所言本於所見，卓然不可誣也。獨至戴氏，而筆著之書與口騰之説，或如龍蛇，或如水火，不類出於一人，將使後人何所準也。吾輩辨論學術，當有關於世道，私心勝氣，何以取後世之平？戴氏筆之於書，惟闢宋儒踐履之言謬爾，其他説理之文，則多精深謹嚴，發前人所未發，何可誣也！至騰之於口，則醜詈程、朱，詆侮董、韓，自許孟子後之一人，可謂無忌憚矣！然而其身已死，書存而口滅，君子存人之美，取其書而略其口説可也。不知誦戴遺書而得其解者，尚未有人；聽戴口説而益其疾者，方興未已，故不得不辨也。以僕所聞，一時通人，表表於人望者，有謂「異日戴氏學昌，斥朱子如拉朽」者矣。有著書闢宋理學，以謂六經、論語無理字，不難以易傳「窮理盡性」爲後儒之言，而忘「義理悦心」已見孟子者矣。漢儒言「仲尼没而微言絶，七十子喪而大義乖」，蓋言經典存文，不如口耳之授受也。今之尊戴而過者，亦以其法求戴遺言，不知其筆金玉而言多糞土，學者宜知所抉擇也。夫愛美玉者，攻其瑕而瑜乃粹矣，僕之攻戴，欲人别瑕而擇其瑜，甚有苦心，非好爲掎摭也。

或謂戴氏生平未嘗許可於僕，僕以此報怨者，此則置之不足辨也。僕之所學，自一二知己外，一時通人，未有齒僕於人數者，僕未嘗不低徊自喜，深信物貴之知希也。而於諸通人之所得，何嘗不推許稱説，幾於老估評值，未嘗有浮抑矣，又何修怨之有哉！嘗謂司馬、班、劉，果不生於今之世乎，則其於僕，將如慈石招鐵，琥珀拾芥，僕不彼求，彼將於僕致性命焉。且夫鐵不我前，僕已非慈石矣，何敢尤人？僕既幸慈石矣，則彼相靡而不動者，必其非真鐵也，於僕又何患乎？足下嘗許僕爲君家念魯身後桓譚，僕則不敢讓也，今求僕之桓譚，舍足下其誰與？雄、譚並時而生，於古未有，可無名言高論，激發後生志氣，而顧嘿嘿引嫌，不敢一置可否，豈不惜哉！足下勉之而已！不宣。

（輯自章氏遺書補遺）

與史餘村

章學誠

文章經世之業，立言亦期有補於世，否則古人著述已厭其多，豈容更益簡編，撑床疊架爲哉！僕於學有未至，或文於理有未足耳，若謂著述文字，尚有名心勝氣，有若文人相輕者然，則十年以來無此累矣。僕與邵先生書，有論戴東原語，偶舉爲辭，非莊論也。邵先生正辭厲色，爲戴辨誣，其意不忘死友，真古人之用心，惜其猶未達也。

近三四十年，學者風氣，淺者勤學而闇於識，深者成家而不通方，皆深痼之病，不可救藥者也。有如戴東原氏，非古今無其偶者，而乾隆年間，未嘗有其學識。是以三四十年中人，皆視以爲光怪陸離，而莫能名其爲何等學。譽者既非其真，毁者亦失其實，强作解事而中斷之者，亦未有以定其是也。僕爲邵先生言：「戴氏學識雖未通方，而成家實出諸人之上，所可惜者，心術不正，學者要須慎別擇爾。」邵先生深以僕爲知言。僕自爲世道計，別有專編，辨論深細，此時未可舉以示人，恐驚一時之耳目也。夫知之如是深切，而來書辨戴，猶恐僕惑浮言，是未審矣。僕答書頗申委曲，僕無私心勝氣，世道人心所係，名教大義所關，蓋有不得已於中者，非好辨也。

僕嘗以告後進，僕於學業文辭，不知於古有合與否，惟尺寸可自信者，生平從無貳言歧説，心之所見，口之所言，筆之所書，千變萬化，無不出於一律。著世命世，廷對颺言，科舉進身，上書干謁，同志述懷，以至與初學者言，答鄙夫問，或莊或諧，或詳或略，或淺或深，言有萬殊，理無二致，自謂學問之中，即此亦可辨人心術。而竊怪今之議學問者，往往不求心術，不知將以何者爲學爲問，而所爲學與問者，又將何所用也。戴氏好闢宋學，其説亦豈無因，然以世儒推重宋人躬行實踐，謂其無以異於釋、老，則其平日言行相違，於此正可見也。由其筆著之書，證其口騰之説，不啻相爲矛盾，即以對甲之言，證之辨乙之語，亦多不似一人。豈亦因佛氏有口語之誡，故戴氏力作狡詭，以示不類釋迦邪？僕謂人當問其果類聖賢君子否耳，由兼求退，高明沈潛，從入之途，古人已不一致，皆以聖賢君子爲準可也。必斤斤而摘其如何近釋，如何似老，不知釋、老亦人，其間亦有不能與聖人盡異者。宋儒於同志中所見有歧，輒以釋、老相爲詆毁，此正宋人之病。戴氏力闢宋人，而自度踐履萬不能及，乃併詆其躬行實踐，以爲釋、老所同，是宋儒流弊，尚恐有僞君子，而戴亦反，直甘爲真小人矣。戴氏著於文者尚且如是，何況騰口欺人，遺厲至今，方未艾耶！僕著書無他長，辨論學術精微，實有離朱辨色、師曠審音之妙。近則能於學問文章，別擇心術邪正。然所見既深，所言必少所可，而所以見怪於世人者亦必益多，故辨戴諸説，不欲遽爲今人所知也。

（輯自章氏遺書補遺）

與族孫汝楠論學書（節録）　丙戌

章學誠

學問之途，有流有别，尚考證者薄詞章，索義理者略徵實，隨其性之所近，而各標獨得。則服、鄭訓詁，韓、歐文章，程、朱語録，固已角犄鼎峙，而不能相下。必欲各分門户，交相譏議，則義理入於虚無，考證徒爲糟粕，文章祇爲玩物。漢、唐以來，楚失齊得，至今囂囂，有未易臨決者。惟自通人論之則不然，考證即以實此義理，而文章乃所以達之之具。事非有異，何爲紛然？自同鷸蚌，而使異端俗學，得以坐享漁人之利哉！往僕以讀書當得大意，又年少氣鋭，專務涉獵，四部九流，泛覽不見涯涘，好立議論，高而不切，攻排訓詁，馳騖空虚，蓋未嘗不憪然自喜，以爲得之。獨怪休寧戴東原振臂而呼曰：「今之學者，毋論學問文章，先坐不曾識字。」僕駭其説，就而問之。則曰：「予弗能究先天後天，河、洛精蘊，即不敢讀『元亨利貞』。弗能知星躔歲差，天象地表，即不敢讀『欽若敬授』。弗能辨聲音律吕，古今韻法，即不敢讀『關關雎鳩』。弗能考三統正朔，周官典禮，即不敢讀『春王正月』。」僕重媿其言！因憶向日曾語足下所謂「學者只患讀書太易，作文太工，義理太貫」之説，指雖有異，理實無殊。充類至盡，我輩於四書一經，正乃未嘗開卷，可爲慚惕，可爲寒心！

（輯自章氏遺書卷二十二）

上辛楣宫詹書（節録）

章學誠

學誠從事於文史校讎，蓋將有所發明，然辨論之間，頗乖時人好惡，故不欲多爲人知。所上敝帚，乞勿爲外人道也。夫著書大戒有二：是非謬於聖人，忌諱或干君父，此天理所不容也。然人苟粗明大義，稍通文理，何至犯斯大戒？惟世俗風尚，必有所偏，達人顯貴之所主持，聰明才雋之所奔赴，其中流弊，必不在小。載筆之士，不思救挽，無爲貴著述矣。苟欲有所救挽，則必逆於時趨。時趨可畏，甚於刑曹之法令也。戴東原嘗於筵間偶議秀水朱氏，籜石宗伯至於終身切齒，可爲寒心。韓退之報張司業書，謂「釋、老之學，王公貴人方且崇奉，吾豈敢昌言排之」？乃知原道諸篇，當日未嘗昭揭衆目，太史公欲藏之名山，傳之其人，不知者以謂珍重秘惜，今而知其有戒心也。韓退之云：「傳來世，莫若書；化當世，莫若口。」又曰：「親以言喻之，頑然不入。」則韓氏原道諸篇，雖未示世，口談固已及之。然戴氏之遭切齒，即在口談，則今世校唐時爲尤難矣。惟由韓氏之言體之，則著書爲後世計。而今人著書，欲以表襮於時，此愚見之所不識也。若夫天壤之大，豈絶知音，鍼芥之投，寧無暗合，則固探懷而出，何所秘焉？

（輯自章氏遺書卷二十九）

又答朱少白書（節録）

章學誠

程易田之於孫、洪諸君，自較勝矣。彼刻通藝録，直周官之精要義也，而不今不古之傳誌狀述，猶自以爲文也，而亦列其中，豈非自具村俚供招！若戴東原氏，則更進乎程矣。然戴集中應酬傳誌，亦自以爲文也而存之，且以惹人笑柄之汾州府志，津津自道得意，然則人之真自知者寡矣。自己尚然不知，如何能知古今人之是非？良可慨也！人才如是之難，足下能不自勉！倘因弟之所論，而遂有輕視一切之心，則非弟勉效砥礪之意，而反進鴆毒於足下矣。大抵身履其境，心知其意，方有真見解。不用功於實際，則見解雖高，而難恃也。

（輯自章氏遺書卷二十九）

又與朱少白書（節録）

章學誠

戴東原訓詁解經，得古人之大體，衆所推尊。其原善諸篇，雖先夫子亦所不取，其實精微醇邃，實有古人未發之旨，鄙不以爲非也。姚姬傳並不取原善，過矣。戴君之誤，誤在詆宋儒之躬行實踐，而置己身於功過之外。至於校正宋儒之訛誤可也，並一切抹殺，横肆詆訶，至今休、歙之間，少年英俊，不駡程、朱，不得謂之通人，則真罪過，戴氏實爲作俑。其實初聽其説，似乎高明，而細核之，則直爲忘本耳。夫空談性理，孤陋寡聞，一無所知，乃是宋學末流之大弊。然通經服古，由博反約，即是朱子之教。一傳而爲蔡九峰、黄勉齋，再傳而爲真西山、魏鶴山，三傳而爲黄東發、王伯厚。其後如許白雲、金仁山、王會之，直至明初宋潛溪、王義烏，其後爲八股時文中斷，至國初而顧亭林、黄梨洲、閻百詩，皆俎豆相承，甚於漢之經師譜系。戴氏亦從此數公入手，而痛斥朱學，此飲水而忘其源也。然戴實有所得力處，故原善諸篇，文不容没。若淵如則本無所得，全恃聰明，立意以掀翻古人爲主，而力實未能，故其文集疵病百出。鄙所糾正，特取與文史通義相關涉者而已，其餘非我專門，不欲强不知以爲知也。倘他篇又别有專門之人如鄙之糾駁，則身無完膚矣。其病却是欲速成，故不免於不遜悌耳。要之，不失爲奇才，鄙欲其内斂十年，然後可著作耳。與一時僞體假門面諸公，却不可同日語也。如何，如何？足下勉之，勉之！以才而論，不讓彼也。

（輯自章氏遺書卷二十九）

又與正甫論文

章學誠

近日言學問者，戴東原氏實爲之最。以其實有見於古人大體，非徒矜考訂而求博雅也。然戴氏之言又有過者。戴氏言曰：「誦堯典至乃命羲、和，不知恒星七政，則不卒業。誦周南、召南，不知古音則失讀。誦古禮經，先士冠禮，不知古者宫室衣服等制，則迷其方。」戴氏深通訓詁，長於制數，又得古人之所以然，故因考索而成學問，其言是也。然以此概人，謂必如其所舉，始許誦經，則是數端皆出專門絶業，古今寥寥不數人耳，猶復此糾彼訟，未能一定，將遂古今無誦五經之人，豈不誣乎？孟子言井田封建，但云大略，孟獻子之友五人，忘者過半，諸侯之禮則云未學，爵禄之詳則云不可得聞。使孟子生後世，戴氏必謂未能誦五經矣。馬、班之史，韓、柳之文，其與於道，猶馬、鄭之訓詁，賈、孔之疏義也。戴氏則謂彼皆藝而非道，此猶資舟楫以入都，而謂陸程非京路也。曾子之於聖門，蓋篤實致功者也，然其言禮則重在容貌顔色辭氣，而籩豆器數，非君子之所貴。由是言之，文章之用，較之區區掇拾之功，豈可同日語哉？

（輯自章氏遺書卷二十九）

三、序跋

戴氏遺書序 戊戌

盧文弨

千古之業，不爲一時之榮，而其道有兼得者，則以遭際盛時，蒐羅拔擇，不使魁磊宏碩之彥，終沈霾於草澤，於是出其所學，上可以契於君，而下亦可以孚於友，以視槁項黄馘，而一命未沾，平生辛苦著述，難必後世之有子雲者，其幸不幸何如也。

吾友新安戴東原先生，生於顧亭林、閻百詩、萬季野諸老之後，而其學足與之匹。精詣深造，以求至是之歸，胸有真得，故能折衷羣言，而無徇矯之失。其著爲説也，未嘗使客氣得參其間，泠然而入，豁然而解。理苟明矣，未嘗過騁其辯以排擊昔人，而求伸其説。其爲道若未足以變易當世之視聽，而實至名歸，一二名公卿賢士大夫灑然異之，聲譽遂隆隆起。天子開四庫館，以網羅放失，讎校之司必得如劉向、揚雄者，方足以稱上指。東原用薦者以鄉貢士起家，入館充校理，命與會試中式者同赴廷對，洊升翰林，天下士聞之咸喜，以爲得發抒所學矣。閱四三年，而東原以勤於其職致病，竟不起，此又天下士所爲同聲惋痛者也！

東原在館，校定大戴禮記、水經注、五經算術、孫子算經等書，既已官爲版行，而其遺書尚夥，或不免有零墜之患，意獨竊竊然慮之。今年春，得曲阜孔君溎谷書，則已爲之開雕，以其先成若干種寄余，余於是大慰，東原於是乎爲不亡矣！

蓋人能爲可傳，而不能使後世之必傳，況乎學樸知希，不知則不愛，不愛則一聽其紙刓墨敝，鼠嚙蠹蝕，而無肯爲之收拾，古今若此者多矣。溎谷嗜學，若飢渴之於飲食，尤好表章古人之遺文墜簡，嘗校梓唐人所爲五經文字、九經字樣，訛者正之，疑者闕之，東原見而喜其精審，爲子作序，固宜其臭味之無差池也。今不以死生易慮而亟爲版行其遺書，以公諸天下之同爲是學者，使諸老師碩儒一綫相延之緒不墜於地，而常有人焉踵起代興，以益光我朝右文之盛治，其功良偉，匪特不負良友而已！

東原之書出，天下後世必有能闡揚之者。余是以不爲東原惜，而且爲東原幸。轉以惜夫古人有是學，而或不遇其時，當世又無知己，以致灰飛煙滅，徒有其目，而卒不得見其書者之尤可嘆也。

（輯自抱經堂文集卷六）

戴東原集序

段玉裁

先生卒於乾隆丁酉，年五十有五。自先生以古學唱，三十年來，薄海承學之士，至於束髮受書之童子，無不知有東原先生，蓋其興起者盛矣。稱先生者，皆謂考核超於前古。始，玉裁聞先生之緒論矣，其言曰：「有義理之學，有文章之學，有考核之學。義理者，文章考核之源也，熟乎義理，而後能考核，能文章。」玉裁竊以謂義理、文章，未有不由考核而得者。自古聖人制作之大，皆精審乎天地民物之理，得其情實，綜其如終，舉其綱以俟其目，與以利而防其弊，故能奠安萬世，雖有姦暴，不敢自外。中庸曰：「君子之道，本諸身，徵諸庶民，考諸三王而不繆，建諸天地而不悖，質諸鬼神而無疑，百世以俟聖人而不惑。」此非考核之極致乎！聖人心通義理，而必勞勞如是者，不如是不足以盡天地民物之理也。後之儒者，畫分義理、考核、文章爲三，區別不相通，其所爲細已甚焉。夫聖人之道在六經，不於六經求之，則無以得聖人所求之義理以行於家國天下，而文詞之不工又其末也。先生之治經，凡故訓、音聲、算數、天文、地理、制度、名物，人事之善惡是非，以及陰陽氣化、道德性命，莫不究乎其實。蓋由考核以通乎性與天道，既通乎性與天道矣，而考核益精，文章益盛，用則施政利民，舍則垂世立教而無弊，淺者乃求先生於一名、一物、一字、一句之間，惑矣。

先生之言曰：「六書、九數等事，如轎夫然，所以舁轎中人也。以六書、九數等事盡我，是猶誤認轎夫爲轎中人也。」又嘗與玉裁書曰：「僕生平論述最大者，爲孟子字義疏證一書，此爲正人心之要。」噫！是可以知先生矣。先生所爲書，或成或未成，孔氏體生梓於曲阜十餘種，學者苦其不易得。文集十卷，先生之學梗概具見。武進臧氏在東、顧氏子述因增其未備，編爲十二卷。精校重刊，略以意類分，次其先後，不分體如他文集者，意欲求其學者之易爲力也。

壬子六月，弟子金壇段玉裁謹序。

（輯自經韻樓本戴東原集）

戴氏遺書總序

孔廣森

東原先生，姓戴氏，諱震，徽州休寧人也。學於古訓，言行可法，以薦爲四庫全書纂修，賜官庶吉士。春秋五十有五，乾隆丁酉五月二十七日疾卒。凡所著文章經義若干卷，叔父農部公，先生之昏因也，綴而刊之。廣森嘗聞先生緒論，又感先生崇闡漢儒，而不終其志以歿。乃爲序曰：

緬惟樂遊講蓺，訪太傅於石渠；元日談經，坐侍中於重席。時則玉羊既遠，金虎初開，著學官者凡十四家，説稽古者成數萬字。至若五是六沴之徵，定君陽武；三科七缺之法，弊獄淮南。士苟通經，皆能致用。蓋原其授受，本屬參商；叙其世年，未睽昌闕。是以祖之前師，沿之後葉。北方戎馬，不能屏視月之儒；南國浮屠，不能改經天之義。夫學有優劣者，時也；經有顯晦者，數也。五君晚出，非漢博士之傳；千禩相仍，廢鄭司農之註。縱横異説，别創先天；顛倒聖文，悉更後定。特以腐儒炫視，易謬驪黄；末士明經，原求青紫。但遵甲令，粗知帖括之詞；疇克庚言，紹彼先民之作。敏而好學，信而好古，惟於戴君見之已！

君以梅、姚售僞，孔、蔡謬悠，妄云壁下之書，猥有杭頭之字。古文一卷，祇出西州；小序百篇，舊名北斗。正謨攝誥，歷黄序而僅存；月采豐刑，遘赤眉而已燼。乃或誤援伊訓，滋元年正月之疑；强執周官，推五服一朝之解。譬之争年鄭市，本自兩非；議瓜驪山，良無一是。是用翦除假託，折衷羣淆，步驟五三，録目四七，爲尚書義考未成，成堯典一卷。

又以要聞五際，尚論四家。毛傳孤行，是觴源於牟、妙；鄭箋破字，每毫采於轅、嬰。莫不假聲注文，以意逆志，誠古訓之所式，多識之所資也。雖其篇冠以序，擇焉不精，或云託諸西河，或云造諸東海。然嗣衿貽玖，何必欲色之音；交扈羅鴛，實爲陳古之刺。爲毛鄭詩考正四卷；别爲詩補傳未成，成周南、召南二卷。

君之入書局也，西京客史，夙善徐生；東觀中文，遂分淹禮。乃取忠甫識誤，德明釋文，殫求豕亥之差，期復鴻都之舊。互相參檢，頗有整齊，削康成長衍之條，退喪服厠經之傳，爲儀禮正誤一卷。鄭斤粤鎛之篇，備遺事職；穹蓋星弓之教，首列巾車。九經九緯，營國有方；五溝五涂，奠水有則。尋筵既度，遂知洛邑之朝；圭槷未縣，孰辨營丘之夕。以至肆懸舞甬，五等琮璜，槐里樽空，椎成劍没。大夫嫁女之器，未必皆真；單于賄漢之銘，何嘗盡僞。諶鎰之所畫繢，梁聶之所更釐，不有參稽，將無競爽，爲考工記圖二卷。

古者冕服以祭，弁服以朝；祭則衣純，朝則以布。芾形連帶，制異於直方；屨色從裳，次分於繢繡。周壇饗帝，大裘降繁露之華；魯禘嫌王，旒璪飾丹雞之祝。等威昭焉，文質備焉。道學起而儒林衰，性理興而曲臺絶。齊、秦委武，莫識稱名；殷、夏圜章，焉能考據。溯增冰於積水，示祭海於先河，爲學禮篇一卷，冠其文集十卷之首。

且夫一陰一陽之爲道，見仁見知之爲性，通於六籍之爲學，辨於萬事之爲理。謂理具靈臺，則師智者得；謂學遺象罔，則悟寂者先。豈有略窺語録，便詡知天；解斥陽明，即稱希聖。信洛黨之盡善，疑孟氏之未醇，其説空空，其見小小。蓋繹鄭君生質之訓，誦周雅教木之箋，所謂受中自天，秉彝攸好。孔提可按，漢學非訛，爲原善一卷、孟子字義疏證三卷、大學、中庸補註各一卷。君之學術，此其大端歟？

景純有云：「爾雅者，九流之津涉，六藝之鈐鍵。」虎闈小學，未束髮而知書；豹鼠奇編，不下席而觀古。故辨言之樂，對於三朝；首基之文，問於五始。至於殊方別語，絶代離詞，皆轉注之指歸，亦凡將之墜緒，爲爾雅文字考十卷、方言考證十三卷。

書教有六，最夥諧聲；叔重無雙，惟傳解字。若乃部分平仄，母別見溪，官家恨狹，羊戎之所自爲；天子聖哲，梁武之所不信。古人韻緩，止屬椎輪；後世音繁，實精引墨。君審其清濁，道以源流。旁通反紐，發周、沈之舊聞；上協詩、騷，採顧、江之新義。爲聲韻考四卷、聲類表十卷。先生文集，尚有轉語二十章及六書論三卷，自序此二種；遺稿未見。

於是辨韻之餘，留觀百氏；研音之下，雅愛三閭。以爲娀臺訪女，近窈窕之遺聲；湘水搴芳，續榛苓之逸響。叔師註而未詳，辨招附而不可，核之漢志，名從主人，爲屈原賦注四卷。

自疇人分散，鄒大失居。九章中落，味商高積矩之言；八綫西來，竊師氏旁要之算。而耳聽下士，穴見小儒，不知五五之開方，輒薄九九之賤技。哨壺斗五，律管徑三，元晦以之存疑，季通以之强説。未知紀步，何能讀宅柳之經？未曉倨句，何能治上輿之記？爲九章補圖一卷、原象一卷、古曆考二卷、曆問二卷。

昔趙商難禮，先求五服之方；景伯受詩，即涉七州之地。君山川能説，郡縣成圖。酈元故籍，證其綿褫；崑、渤今流，條其絡脈。爲戴氏水經注四十卷、水地記一卷、直隸河渠書六十四卷。

嗚呼！君之著書，可謂博矣！君之見道，可謂深矣！向使壽之以年，行其所志，下安輪於都尉，授梯几於鴻臚。雍宫未建，命曹褒以定儀；大予將成，詔宋登而持節。雖復辨卿訟闕，公羊未必能明；子駿移書，逸禮難其置立。而太山郡將，北面稱師；上蔡通侯，西行受業。則何湯既貴，輜車方賜於五更；君上從遊，録牒庶多於萬計。豈謂陰堂告祲，圓石鎸名，一經之寫定無年，三歲之瓊瑰已夢。清明卷佚，長封下馬之陵；通德人亡，不待嗟蛇之歲。然而太玄覆瓿，終遇桓譚；都養陳謨，彌尊伏勝。鄭鄉絶學，倘千百載而重興；戴氏遺書，於十三經其有補。悲懷逝者，延佇將來。

（輯自儀鄭堂駢儷文卷二）

戴東原先生全集序

胡樸安

二百年來確有治學之方法，立有清一代考據學之基礎，衣被學者至今日猶享受之而未盡，則休寧戴東原先生其人也。

先生治學之方法，以識字爲讀經之始，以窮經爲識義理之途。其言曰：「經之至者道也，所以明道者詞也，所以成詞者字也。由字以通詞，由詞以通道。所謂字，考諸篆書，得許氏説文解字，三年得其節目，漸睹聖人制作本始。又疑許氏於古訓未能盡，從友人假十三經注疏讀之，則知一字之義當貫羣經、本六書，然後爲定。」以上與是仲明論學書。此先生治學之入手方法。

求字於説文解字，求義理於十三經，此二書誠爲治中國學者所當先讀之書，然僅拘守此二書，所見未宏，則所識不卓，必須詳徵而博引之，然後事有佐證，理無虛設。其言曰：「搜考異文，以爲訂經之助；廣覽漢儒箋注之存者，以爲綜考詁訓之助。」又曰：「鑿空之弊有二：其一緣詞生訓也，其一守訛傳謬也。緣詞生訓者，所釋之義非其本義；守訛傳謬者，所據之經並非本經。」以上古經解鉤沈序。此先生治學之進一步方法。

治學者株守一書，未有不犯鑿空之弊者。欲免緣詞生訓之弊，當廣覽漢儒之箋注，以得經之本義。欲免守訛承謬之弊，當搜考異文，以得經之本文。故治學之方法，當以淹博爲始基，然後精審而分析之，識斷而綜合之。先生有言：「事於經學，蓋有三難：淹博難，識斷難，精審難。」先生誠深知此中甘苦也，蓋識斷不當，由於審之不精，學之不博。故學也者，以淹博之見聞，經過精詳之思審，以求的當之識斷也。雖然，吾人今日以先生之方法而治古書，其治古書之目的究竟若何？清儒治學者分爲二派：一主詁訓，一主義理，二派各不相下。不由詁訓而發明之義理，固吾人所不取；然僅得詁訓而止，又豈吾人治學之初旨乎？先生治學，嘗能合詁訓義理而一之。其言曰：「言者輒曰：『有漢儒經學，有宋儒經學，一主於詁訓，一主於義理。』此誠震之大不解也。夫所謂義理，苟可以舍經而空憑胸臆，將人人鑿空得之，奚有經學之云乎哉？惟空憑胸臆之卒無當於聖賢之義理，然後求之古經。求之古經而遺文垂絶，古今懸隔也，然後求之詁訓。詁訓明則古經明，古經明則聖賢之義理明，而我心之所同然者乃因之而明。聖賢之義理非他，存乎典章制度者是也。學者事於漢經師之詁訓，以博稽三代典章制度，由是推求義理，確有依據。彼歧詁訓、義理二之，是詁訓非以明義理，而詁訓胡爲？義理不存典章制度，勢必流入異學曲説而不知，其遠乎先王之教矣。」以上題惠定宇授經圖。此先生治學方法更進一步，而抵於成也。

由聲音以求文字，由文字以求詁訓，由詁訓以求典章制度，由典章制度以求義理，與專講義理，蔑視詁訓，所謂「宋學」者不同，與專講詁訓，蔑視義理，所謂「漢學」者亦不同。此先生之學所以高於乾、嘉諸儒，而其治學方法則爲乾、嘉諸儒所未能盡也。夫治學之目的在於求義理，而義理必由聲音文字詁訓典章制度而來，始免宋儒空談義理之弊。禮記中庸云「博學之，審問之，慎思之，明辨之，篤行之」，此爲治學者一定之程序。而先生之淹博、識斷、精審，詁訓與義理並重，即本中庸治學之程序而用力，此先生之學所以博且精也。

安徽叢書第六集，搜集先生之書得二十二種，彙印爲東原先生全集。印既成，同人督余爲序，乃條舉先生治學之方法如上，與讀先生全集者共討論之也。

中華民國二十六年一月，後學涇縣胡樸安序。

（輯自安徽叢書第六期）

戴東原先生全集序

許承堯

安徽叢書第六集蒐刻戴東原先生書，多手稿未見之本。既竣事，授承堯爲序。

承堯以爲：先生之學，深造自得，不由師授。年未逾壯，所爲策算、六書論、考工記圖、爾雅文字考、屈原賦注皆成書。迨策蹇入都，一時通人如紀昀、王鳴盛、錢大昕、王昶、朱筠、盧文弨輩，莫不斂手。晚年由訓詁通義理，著原善、孟子字義疏證諸書，論者謂其「有功六經、孔、孟之言甚大」，非溢辭也。近世學者如章太炎、胡適之，皆推爲大儒，無異辭。適之尋析，尤爲精密。惟王靜安摭其校水經注一事，謂先生得見全祖望、趙一清二家書，「於其校定酈書也，爲得此書善本計，不能不盡采全、趙之説，而對于其人其書必盡泯其迹而後快，於是盡以諸本之美歸諸大典本。」承堯考洪汝登作先生行狀云：「先生究心水經注者八九年，將卒業，會朝廷開四庫全書館，奉召與爲纂修，於永樂大典散篇内見酈氏自序，又獲增益數事，館臣即以是屬校正，上其書。」是先生校此書，其出大典本者不過數事。至柳大中本、孫潛夫本，祖望見於揚州馬氏者，先生嘗客游揚州，馬氏爲同郡人，先生未必不之見據以勘校，宜其與全、趙二家大同，況全、趙二本刻時，曾據先生校本刊正乎。今先生所校固有出全、趙外，而全、趙所校亦有出先生外者，則靜安所云「盡采全、趙之説」，因已失之。而謂先生得見全、趙二家書，亦臆度之辭，未必然也。程讓堂五友記云：「趙一清校讎酈注，所得多於東原；然東原之書，能以經之下互於注者，出而還之於經，注之上互於經者，擇而歸之於注。於此益見東原之不可及。」其言至允。靜安又謂：烏程蔣氏所藏大典本第一卷，有塗改四處，爲先生私改，亦出揣測，此安知非館臣所爲？乾隆五十二年，紀昀因校書錯誤案，議處重校文淵、文源、文津三閣書籍，所有應行換寫篇葉、裝訂挖改，各工價均令紀與陸錫熊分賠。當時文網之密如此，覆閲者或見先生校本與大典不符，懼遭詰責，因私改數字亦未可知。否則，先生寧不知所校與大典異同之處甚多，不勝改而私改，私改而又不竟改乎？

靜安又謂先生之學出於江慎修，「其於江氏未嘗篤在三之誼，但呼之曰『婺源老儒江慎修』而已」。按行狀云：「先生自江寧歸，淳安方粲如先生掌教紫陽書院，一見先生文，深折服。時郡守何公，嘗以月某日，延郡之名人宿學，講論經義於書院之懷古堂。婺源江先生永治經數十年，博綜淹貫，先生一見傾心，取所學就正。江先生見其盛年博學，相得甚歡。一日舉曆算中數事爲問，先生爲比較剖析，言其所以然，江驚嘆其敏。」考何達善守徽在乾隆己巳，先生年二十七。明年庚午，方粲如應聘，主講紫陽，定新安三子課藝。三子者，先生與鄭牧、汪梧鳳也。又二年壬申夏，程讓堂姊婿汪松岑，言於其從祖之弟在湘，在湘因延先生至其家，教其子。在湘，梧鳳字，歙之西溪人，家有園名不疏園，多藏書。其松溪文集送劉大櫆序云：「余生二十五年，從游淳安方朴山先生，後三年從游星源江慎齋先生。」梧鳳生雍正丙午，少先生三歲，其從方粲如，年二十五，正在庚午，而後三年從江慎修，則在癸酉。汪容甫爲梧鳳墓誌云，江、戴二人，「孤介少合，君獨禮而致諸其家。」是江亦館汪氏，先生與江蹤跡之密，殆無逾於此時。又二年乙亥，先生入都。王昶撰先生墓誌銘作「甲戌之春」，此從段玉裁年譜。後七年壬午，江卒於家，先生撰事略狀上之續文獻通考館、史館，蓋江氏之學得先生而後表章，而先生與江自庚午相見，至乙亥不過五年，誼在師友之間，原未嘗著籍稱弟子。然先生書中於江多稱「眘齋先生」，且先生本亦字「慎修」，後遂不用，其尊之者至矣。靜安所云亦未諦也。

靜安又謂先生「一生精力專注於聲音訓詁名物象數，而於六經大義所得頗淺」，此亦襲姚姬傳、方方矩書字晞原，歙靈山人。植之、唐鏡海之説。姬傳謂學問有義理、考據、詞章三者，同不可廢，不知先生與言：「古今學問之道，其大致有三：或事於義理，或事於制數，或事於文章。事於文章者，等而末者也。」然則先生治學，固期於義理致精。或謂其睹當時詔令讁人不以法度，摭取洛、閩遺言以相稽，覘伺隱微，罪及燕語。其蓄傷深，故發憤著書。猶淺之乎視先生也！獨淩次仲云：「義理，固先生晚年極精之詣，非造其境者亦無由知其是非。」斯得之矣。大抵先生之學實事求是，一空依傍，堅卓自樹，亦不過騁其辭，以排擊前賢。跡其立身行己，無愧曩哲。而静安詆諆過甚，因論學而傷其人品，此不得不爲辨析也。民國二十六年一月，歙縣許承堯。

（輯自安徽叢書第六期）

戴震詩考四册　精鈔稿本

葉德輝

此戴東原毛鄭詩考正四卷之原稿也，大題詩經二字下云戴氏經考一。蓋當時本擬爲羣經考，成此一種，故存其原題；後僅成得此種，故遺書中名之爲毛鄭詩考正，其中有與所撰詩經補注文義相同者，殆先本一書而後析爲二耳。書中採及宋儒之説集傳外，有劉敞、蘇轍、吕祖謙、嚴粲、李樗、黄櫄、謝枋得諸家，文義與詩考正、補注或同或不同。今考正、補注于宋儒之説均已删削，此本震自序爲「昭陽作鄂之歲」，爲乾隆十八年癸酉，距其生在雍正元年癸卯，至癸酉三十二歲。乾隆三十八年奉召充四庫全書館纂修官，四十年賜同進士出身，授翰林院庶吉士，又二年卒于官，年五十有五。是撰此書尚在未通籍以前，據王昶撰墓誌、錢大昕撰傳、凌廷堪撰行狀，均言戴從婺源江慎修先生永受學，江先生固篤信朱子，精于漢人易數三禮之學者，故戴氏壯年所著書慎守師承，兼治漢、宋，迨通籍後在四庫館，日從紀文達昀、朱文正珪、秦文恭蕙田遊，遂盡變其學，專治兩漢諸儒訓故文字、名物制度，標榜漢學，其遺書寫定凡涉于宋人注解，概從削除。今幸此書尚存，可以推見其一生學業之成就，如僅以名鈔善本視之，亦末也。

（輯自郎園讀書志卷一）

考工記圖序

紀　昀

戴君東原始爲考工記作圖也，圖後附以己說而無注。乾隆乙亥夏，余初識戴君，奇其書，欲付之梓。遲之半載，戴君乃爲余刪取先、後鄭注，而自定其說以爲補注。又越半載書成，仍名曰考工記圖，從其始也。戴君語余曰：「昔丁卯戊辰間，先師程中允出是書以示齊學士次風先生，學士一見而嘆曰：『誠奇書也！』今再遇子奇之，是書可不憾矣。」

戴君深明古人小學，故其考證制度字義，爲漢已降儒者所不能及。以是求之聖人遺經，發明獨多，詩三百、尚書二十八篇、爾雅等皆有撰著。自以爲恐成書太早，而獨於考工記則曰：「是亞於經也者。考證雖難，要得其詳則止矣。」余以戴君之說與昔儒舊訓參互校覈，轂末之「軹」，明其當作「軒」，不得與輿人之軹、轛二名溷淆，今字書併軒字無之。車人「徹廣六尺」，以鬲長車廣當相等，兩轅之間六尺，旁加輻內六寸，輻廣三寸，綆寸，合左右凡二尺，則大車之徹亦八尺，字訛「八」爲「六」。弓人「膠三鋝」，一弓之膠不得過兩，有十銖二十五分銖之十四，正其當爲「三鍰」。此皆記文之誤，漢儒已莫之是正者。後鄭謂「軫，輿後横木」。戴君乃曰：「輈人言軫間，左右名軫之證也。加軫與轐，弓長庇軫，軫方象地，前後左右通名軫之證也。」輈人任正衡任，鄭以當軓與衡，而謂軓爲輿下三面材，輢式之所樹。戴君乃曰：「此爲下當兔圍，軸圍發其意也。若輢式之所樹，宜記於輿人，今輈人爲之殆非也。」鄭以戈胡句倨外博爲胡上下。戴君曰：「此不宜與已倨已句，字義有異。」鄭引許叔重説文解字及東萊稱證鍰、鋝數同，戴君乃曰：「鍰之假借字作垸，鋝之假借字史記作率，漢書作選，伏生尚書大傳作饌。數小大相縣，合爲一，未然也。」戟刺長短無文，鄭氏既未及，賈公彦云「蓋與胡同六寸」。戴君則曰：「戈一援，戟二援也。中直援名刺，與枝出之援同長七寸有半寸，刺連内爲一直刃，通長尺有二寸，猶夫戈之直刃通長尺有二寸也。」桃氏爲劍，中其莖設其後，鄭訓「設」爲「大」，謂從中已後稍大之，戴君曰：「不當與設其旋，設其羽之屬異義。『後』謂劍環在人所握之下，故名『後』與劍首對稱矣。」鐘之鉦間無文，鄭以爲與鼓間六等，而合舞廣四，爲鐘長十六。戴君乃曰：「鐘自銑至鉦，自鉦至舞，斂納以二，準諸句股法，銑間八，鉦間亦八，是爲鐘長十六。舞者，其上覆脩六廣四，蓋鐘羨之度不當在鐘長之數。」玉案以承棗㮚，莫詳其制，戴君引棜禁及漢小方案，定其有四周而局足。廬人「句兵欲無彈，刺兵欲無蜎」，鄭皆訓之爲掉，戴君讀「彈」如殄蟺之「蟺」，轉掉也；「蜎」，摇掉也。其所以補正鄭氏注者，精審類如此。他若因嘉量論黄鐘少宫，因玉人土圭，匠人爲規識景，論地與天體相應、寒暑進退、晝夜永短之理，辯天子諸侯之宫三朝三門，宗庙社稷所在，詳明堂个與夾室之制，申井田溝洫之法。觸事廣義，俾古人制度之大暨其禮樂之器，昭然復見於今。兹是書之爲治經所取益固鉅，然戴君不喜馳騁其辭，但存所是，文略。又於輈人龍旂鳥旟之屬，梓人簨虡，車人大車羊車之等圖不具，其言曰思而可得者，微見其端要，留以待成學治古文者之致思可也。斯誠得論著之體矣，余獨慮守章句之儒，不知引伸，膠執舊聞，沾沾然動其喙也，是以論其大指以爲之序。河間紀昀撰。

（輯自安徽叢書第六期）

書考工記圖後

姚鼐

休寧戴東原作考工記圖，余讀之，推考古制信多當，然意謂有未盡者。東原釋車曰「軫，謂之收」，此非也。記曰：「軫之方也，以象地也。」蓋軫方六尺六寸。記曰：「參分車廣之一以爲隧。」蓋以二尺二寸爲輿後。其前也其廣如軫，而深四尺四寸以設立木焉，是爲收。詩曰：「小戎俴收。」毛公曰：「收，軫也。」謂與深四尺四寸，收於軫矣，非謂軫名收也。古者之尺小，鞌之戰，綦毋張寓乘，韓厥肘之，使立於後。晉師入平陰，獲殖綽、郭最衿甲，坐中軍之鼓下，使軫深四尺四寸而已，此非四尺四寸所容也，故收非軫也。

夫車邸之四邊爲軫，後軫無立木，人所由登也。軫三面有立木者，謂之軓。記曰：「軓前十尺而策半之。」此前軓也。版之前於前軓者曰陰，陰一而已。少儀曰：「祭左右軓。」軓有三面也，古大車轅上附輿，小車輈下附軸。其既駕也，輈附軸者上離輿七寸，揉而升之，踰軓及衡，不及軓七寸而揉始焉，故記曰：「軓中有灂。」今圖謂「軓爲陰，而揉輈自軓始」，抑誤矣。輿上以一木再揉而曲爲三横，居前曰式。其餘輿上巨木皆曰較。記曰：「參分式圍去一以爲較圍。」又其餘細木爲櫺，旁者曰輢，前者曰軨，故横木其高平於式，而當式後較也。注家謂之輢士輚車，其崇者輢而已。大夫以上，飾車衷甸重較輢上二尺二寸，而設重較焉。左右衡、較皆二，立較皆三，短其一，修其二。記曰：「以其隧之半爲之較。」崇謂重較也。天子重較則爲繆龍，荀子曰：「彌龍以養威也。」今戴君謂較輢不重者，失之矣。

凡戴君説考工車之失如此，其自築氏而下，亦間有然者。然其大體善者多矣，余往時與東原同居四五月，東原時始屬稿此書，余不及與盡論也。今疑義蓄余中，不及見東原而正之矣，是可惜也。

（輯自惜抱軒全集卷五）

經考附録跋

許承堯

戴東原先生著有經考五卷，近年南陵徐君積餘假福山王氏天壤閣傳鈔本刻之。無序跋，卷首僅「休寧戴震記」五字，卷尾題云：「是書從河間紀先生處借録，經餘姚邵二雲手校一過，無甚訛誤矣。乾隆己丑九月十八日，益都李文藻記于京城虎坊橋北百順胡同寓舍。」又另行題「甲子八月據李南澗原本重校正」。是東原先生著有經考五卷，雖不見于先生年譜所列著作中，而已灼然無疑。因段若膺作年譜，於先生晚年事特詳，其中年以前事，如從江慎修先生讀書不疏園皆不著，似本不能盡知也。

承堯所得是書共七卷，題曰經考附録，不著撰人姓名，然按其體例與經考同，皆博引衆説，間加按語。其按語之精審嚴密亦同。以二書互校，則附録者，乃補經考所未備而爲之疏通證明。承堯以爲此二書者，皆先生早年治學時札記之書。在先生未視爲要籍，故段氏未之聞耳。承堯得此書時共三册，二巨册爲經考附録，一爲先生所撰屈賦注之首册，皆乾隆時寫本，皆湖田草堂舊藏，皆有墨印匡格，其匡格之尺寸大小亦同屈賦注，只有不疏園刊板，微波榭未重刊，見年譜。此首册前無盧學士序，寫極精工，當爲不疏園初寫本無疑。則此附録二册亦出不疏園同時寫本無疑矣。盧序乃先生出遊後所得，故初寫本無之。惜屈賦注只存首册，其他無可證明也。湖田草堂藏書皆咸豐亂後得之，其由不疏園流轉而出，揣之近理。且經考附録書跌題有「三、四」二字，而一二缺，然經考附録自卷一至卷七完全無缺，則所缺一二兩册其必爲經考又無可疑。又書中引諸家説皆稱名，惟江永稱「江昚齋先生」。十三經字數按語中有「吾友吴行先曰」。行先名思孝，歙豐南人，爲先生刻句股割圜記者，故承堯敢決言：此經考附録七卷爲東原先生未刊遺著，當與經考同爲刊行。至於書之徵引賅洽，條理秩然，非東原先生不能作，足爲治經門徑，固無俟乎余言也。中間有訛字，因屬羅君長名校正之。丙子疑盦許承堯記。

（輯自安徽叢書第六期）

經考附録識語

羅　更

東原先生著經考一書，秘不示人。江陰是仲明借觀，先生作書拒之。段、孔從學，均未得聞。此經考附録七卷，與經考原爲一書，爲先生所作，許疑盦文跋之詳矣。今文集中周易補注目録後語、尚書今文古文考、書鄭風後、書小雅十月之交篇後、書小雅後、大戴禮記目録後語一諸篇及詩經補注何彼穠矣注皆本於此。先生爾雅文字考序云：「偶有所記，懼過而旋忘，録之成袟，聊以自課。若考訂得失，折衷前古，姑俟異日。」此書之作，殆爲異日考訂之資，於此可窺先生治學與纂述之法。又書中精義尚多，如二程子更定大學條，謂：「自程子發明格物致知之説，始知大學有闕文，凡後儒謂格物致知不必補，皆不深究聖賢爲學之要，而好爲異端。」變亂大學條，謂「古人之書不必無殘闕，知其有闕而未言者，則書雖闕而理可得而全。苟穿鑿附會，强謂之全書，害於理轉大。讀古人書，貴心通乎道，尋章摘句之儒，徒滋異説以誤後學，非吾所聞」云云。皆通儒達識，非囿於漢、宋門户之見者所知。又贋孔安國書傳條，謂：「錢編修曉徵嘗與予論及此。」考先生與錢大昕相識在乾隆二十年乙亥入都以後，時先生年三十三歲，而大戴禮記目録後語二作於乾隆丁丑孟夏，又後於乙亥兩歲。大戴後語二云：「今春正月，盧編修召弓以其校本示余，又得改正數事。公冠篇訛爲公符。」今按家語贋本襲大戴記條，有史繩祖引公冠篇語，「公符」即作「公冠」。是先生此書雖爲早年治經時札記之書，而其寫定尚在丁丑三十五歲以後也。

丙子秋更自滬歸歙，居檀干，與疑盦丈昕夕過從，借閲此書。適程君演生函乞刊入安徽叢書，緟閲一過，爲校正遺誤八十餘事，別紙輯録歸之。觀朱竹垞引歐陽公詩「徐福行時書未焚」句，「焚」誤「逢」。吾邑西鄉讀「焚」如「逢」，同音致誤。則疑盦丈所云，此附録二册出不疏園寫本者，信也。後學羅更。

（輯自安徽叢書第六期）

屈原賦注序

盧文弨

吾友戴君東原，自其少時通聲音文字之學，以是而求之遺經，遂能探古人之心於千載之上。既著詩補傳、考工記圖、句股割圜記、七經小記諸書，又以餘力爲屈原賦二十五篇作注，微言奧指，具見疏抉，其本顯者不復贅焉。指博而辭約，義創而理確。其釋「三后純粹」，謂指楚之先君。「夏康娱以自縱」，謂「康娱」連文，篇中凡三見，不應以爲夏太康。宓妃之所在，及有娀、有虞，皆因其人思其地，冀往遇今之淑女，用輸寫其哀無賢士與己爲侶之意。九歌東皇等篇，皆就當時祀典賦之，非祠神所歌。九章無次第，不盡作於頃襄王時。懷沙一篇，則以史記之文相參定。「薜荔拍兮蕙綢」，王逸釋「拍」爲「搏壁」，近代多不知此爲何物，乃引釋名「搏壁，以席搏著壁」，增成其義。其典確舉類此。夫屈子之志，昭乎日月，而後世讀其辭，疑若放恣怪譎，不盡軌於正，良由炫其文辭而昧其指趣，以説之者之過，遂謂其辭之未盡善。戴君則曰：「屈子辭無有不醇者。」此其識不亦遠過於班孟堅、顔介、劉季和諸人之所云乎？余得觀是書，欲借鈔，既聞將有爲之梓者，乃歸其書而爲序以詒之，且慫恿其成云。姚江盧文弨。

（輯自安徽叢書第六期）

鈔本戴注屈原賦跋

盧　弼

戴東原注屈原賦九卷，汪梧鳳爲音義三卷，乾隆庚辰自刊行，傳本頗少。廣雅書局重雕本誤以音義爲戴氏所撰，又將序文、通釋之音義及汪跋均删去，致汪氏苦心著述全湮没。余於廠肆得精鈔本，卷中甯作寧、諄作諄，决爲汪刻以前之舊鈔，殊足珍也。癸亥秋日沔陽盧弼記。

頃閲段玉裁所編戴氏年譜云「此書音義三卷，亦先生所自爲，假汪君」云云，余前跋方爲汪氏申辯，然東原極貧，汪爲歙巨族，嫁名於彼，刻書亦傳，或亦意中事。抱經序亦言有爲之梓行者，當係指汪而言。嚴鐵橋之稿多託名他人，事亦相類。但廣雅翻本全抹殺，未免無識耳。盧弼再記。

（輯自安徽叢書第六期）

屈原賦注初稿跋

許承堯

右寫本戴東原先生屈原賦注一册，得之湖田草堂，疑原出西溪汪氏不疏園。惜至天問止，餘闕。段玉裁撰先生年譜云：「乾隆十七年壬申，先生三十歲，注屈原賦成。先生嘗語玉裁云：『其年家中乏食，與麵舖相約，取麵爲饔飧，閉户成屈原賦注。』蓋先生之處困而亨如此。」此書但有汪梧鳳刻本。先生是年館梧鳳家，見程讓堂五友記，與梧鳳跋語合。此爲初稿，前無盧抱經序，「恐美人之遲莫」下，亦不引紀曉嵐説。正文與刻本異者數十事，刻本多勝，蓋先生後據各本校正者也。其中亦有出先生改定者，如天問「焉有虯龍」，此本作「龍虯」，與下協韻；「環理天下」，此本從江慎修先生説作「環里」，刻本則皆仍舊文。可見先生著書體例之謹嚴矣。注文亦互有詳略異同，如離騷經刻本作離騷，訓「離」爲「隔」，此本從王逸章句有「經」字，謂「離、牢一聲之轉，猶今人言牢騷。」又謂「經之名起于周末，如音之凡首，織之有經」，不取洪興祖「後世尊之爲經」之説。他如説蘭蕙、説啓、説蕭鍾，二本皆異。且此本駁正舊注，皆直斥其非，刻本則詞較簡渾，但申己見而已。先生之治學矜慎，不護前如此。音義三卷，段氏謂先生所自爲，託名汪君，此本音義、通釋尚未析出，知段説不謬。汪跋殆亦先生自作，檢松溪文集無之也。因附印此本于刻本後，俾覽者得參證焉。丙子冬許承堯記。

（輯自安徽叢書第六期）

刻聲韻考序

段玉裁

己丑之春，先生成聲韻考四卷，都下傳寫，玉裁録之置篋中。先生之學精於六書，論「轉注同意相受」，得自漢後不傳之恉，既一洗諸説之踳駁矣。而「反語」本原漢、魏經師，匪始於釋氏字母，其言尤爲雅馴。又考今韻二百六部，宋景祐中許附近通用之十三處，補崑山顧氏所未詳，而唐、宋用韻功令沿革具見。學者得是書讀之，證諸宋時所存韻書，參考陳季立、顧亭林、江慎修以及予所著古音之説，可與讀古經傳，知聖人六書之法矣。玉裁繙繹有年，弗敢失墜，竊引而伸之，補所未備，成六書音韻表五卷。丙申之夏併鐫以贈問字者，以見予學之有師承，匪苟而已也。六月十一日弟子金壇段玉裁謹書。

（輯自安徽叢書第六期）

刻聲韻考跋

嚴式誨

古音之學，椎輪於崑山顧氏，而婺源江氏繼之。亭林考古之密，慎修審音之精，皆足超越前代。其後金壇段氏、曲阜孔氏，推究益以精密。而上承顧、江，下起段、孔，兼考古審音之長，則休寧戴氏也。東原於慎修爲弟子，於懋堂爲師。古韻標準、六書音韻表皆與商定。自著聲韻考述歷代韻書源流得失，明反切之法非始於梵書。晚年又著聲類表，分古音爲九類二十五部，與江、段之説互有異同。段氏亟稱其以脂、微去入分配真、文、元、寒爲二之説，而惜音表已刻成，不能追改，則其足有功韻學洵非淺鮮。今顧、江、段、孔所著幾於家有其書，而戴氏書獨尠傳本。余以舊藏微波榭本重爲刊行，竝據經韻樓集補録段氏兩序，冠於篇首，俾治聲韻之學者，有所考焉。歲在昭陽大淵獻相月朔三日，渭南嚴式誨謹識于時過學齋。

（輯自安徽叢書第六期）

昭代叢書本聲韻考跋

沈楙悳

不律爲筆，反語之始；喜、起、明、良，韻言之始。宫爲平，宫生徵爲上，徵生商爲平，商生羽爲上，羽生角爲入，四聲之始。然欲溯其成書，則必推孫炎、吕静、沈約矣。宋景德末，陳彭年重修廣韻二百六部，所注「同用」、「獨用」係唐時公令。及景祐初復修禮部韻略，從賈昌朝之請，合韻窄者十三處。今本廣韻上去聲末四韻，蓋沿其訛。崑山顧氏據以作音學五書，分十部；婺源江氏作古韻標準分十三部。自戴東原先生羅列諸韻書源流因革之故，門人段懋堂大令復作六書音韻表定爲十七部，而言古韻者，始有依據矣。辛丑冬日吴江沈楙悳識。

（輯自昭代叢書壬集）

稿本聲韻考跋

顧廷龍

此清戴震所撰聲韻考稿本，繕正後又經戴氏改定者。卷首有「李南澗藏書印」，末有「青州李氏藏書」兩圖記。卷三古音，增補按古音之「説近日始明」一段，皆親筆，惜僅存一頁，至「乃少有出入迄乎」以下均闕，約二千多字。書面題「愛日樓聲韻考」，審爲段玉裁手書。副頁有親筆識語二則。一云「戊子年擬用小板付梓，後因論古韻未詳備，遂止。其古韻一條，壬辰年始改定。」按段玉裁撰戴氏年譜，乾隆三十一年有云：「是年先生所著聲韻考四卷已成，同志傳寫，凡韻書之源流得失，古音之由漸明備，皆檃括於此。玉裁刻諸蜀中，癸巳以後先生又以玉裁音均表之説，支、佳一部，脂、齊、皆、灰一部，之、咍一部，漢人猶未嘗通用，畫然爲三，補入論古音卷内。」又云：「李大令文藻刻諸廣東。」據此，是稿係壬辰癸巳間所改定，爲南澗墨板底本。卷一反切之始篇中，在「孫炎始作反音」注：「時樂安孫叔然授學鄭玄之門人。」有篆書簽注一條云「林按授學鄭玄之門人當作受」。諦審「林」字上角，紙有闕損，當爲「森」字之殘存。「森按」者，蓋爲孔廣森之簽注也。

此稿已破爛不堪，一九七三年六月入藏重加裝治。

（輯自上海圖書館藏稿本聲韻考）

聲類表序

段玉裁

始，余乾隆癸未請業戴東原師，師方與秦文恭公論韻，言江慎修先生有古韻標準，據毛詩用韻爲書，真至仙十四韻，宋鄭庠謂漢、魏、杜、韓合爲一者，毛詩實分爲二。余聞而異之，顧未得見江氏書也。丁亥自都門歸里，取毛詩韻字，比類書之，誠畫然分別。因又知蕭、侯、尤之爲三，真、文之爲二，支、脂、之之必爲三，二百六韻之書，總之爲十七部，其入聲總爲八部，皆因毛詩之本然。已乃得崑山顧氏音學五書、婺源江氏古韻標準讀之，嘆兩先生之勤至矣。後進所得未敢自以爲是也。己丑就正吾師於都門，師謂支、脂、之分爲三者，恐不其然。是年隨師至山西，明年作吏入黔，又二年入蜀。癸巳師來札云：「大著辨別五支、六脂、七之如清、真、蒸三韻之不相通，通發自唐以來講韻者所未發。今春將古韻考訂一番，斷從此説爲確。」蓋吾師詳審數年，而後許可也，有如是夫！

今音二百六部分析至細，嚴於審音而已。古音之學，鄭庠僅分陽、支、先、虞、尤、覃六部，顧氏更析東、陽、庚、蒸而四，析魚、歌而二，故列十部；江氏於真以下十四韻、侵以下九韻各析而二，蕭、宵、肴、豪及尤、侯、幽亦爲二，故列十三部。余書又廣爲十七部，吾師序之云：「嘆始爲之之不易，後來加詳者之信足以補其未逮。」始爲之謂顧氏也，後來加詳者謂江氏及余也。余書刻於丙申四月，由富順寄都門，而師丁酉正月序之。丙申之春師與余書詳論韻事，將令及未刻參酌改正，而此札浮沈不達。先是師於癸巳，以入聲爲樞紐，以真以下十四韻與脂、微、齊、皆、灰、入聲質、術、櫛、物、迄、月、没、曷、末、黠、鎋、薛爲一類；蒸、登與之、咍、入聲職、德爲一類；東、冬、鍾、江與尤、侯、幽、入聲屋、沃、燭、覺爲一類；陽、唐與蕭、宵、肴、豪、入聲藥爲一類；庚、耕、清、青與支、佳、入聲陌、麥、昔、錫爲一類；歌、戈、麻與魚、虞、模、入聲鐸爲一類；閉口音侵以下九韻、入聲緝以下九韻爲一類。以七類之平、上、去分十三部及入聲七部得二十部，既詳其説聲韻考中。其中尤、侯不分，真、文不分，侵、覃不分，以及庚、支同入，歌、魚同入，與余書别異。而丙申春，命予參酌之書，又改七類者爲九類。真以下十四韻各爲二，真、臻、諄、文、欣、魂、痕、先，入聲質、術、櫛、物、迄、没、屑配之；元、寒、桓、删、山、仙，去聲祭、泰、夬、廢，入聲月、曷、末、黠、鎋、薛配之。又侵、鹽、添爲一類，覃、談、咸、銜、嚴、凡爲一類。侵、覃之分，同於江氏及余者也。質、月之分，又前人及余所未議也。

丁酉之五月，師又自著書曰聲類表，以九類者譜之爲九卷。一曰歌、魚、鐸之類，二曰蒸、之、職之類，三曰東、尤、屋之類，四曰陽、蕭、藥之類，五曰庚、支、陌之類，六曰真、脂、質之類，七曰元、寒、桓、删、山、仙、祭、泰、夬、廢、月、曷、末、黠、鎋、薛之類，八曰侵、緝之類，九曰覃、合之類。每類中各詳其開口、合口、内轉、外轉、重聲、輕聲。呼等之繁瑣，今音古音之轉移，綱領既張，纖悉畢舉。蓋江氏之論顧氏也，曰「考古之功多，審音之功少」，吾師之論余，亦云爾。江氏與師皆考古審音均詣其極，而師集諸家大成。精研爛熟，故能五日而成此編。距易簀之期僅二十日，未及爲例言。

孔誧伯户部刻之，取師丙申與余札六千言弁首，師作書之意既大著矣。誧伯又與余札云：「得足下序自當言之詳諦。」余自丁酉至今三十有三年，蹉跎未及染翰，而師與誧伯墓木拱者久矣。披閲手翰如新，愧無以對師友地下。且師與余論韻先後十五年，學與俱進。顧、江及余所未憭者，皆補其闕、詣其微，庶此事考覈稱無憾。余既未能依九類之説成書，吾師製作之大，亦奚忍不述其原委耶？

抑誧伯之猶子撝約太史又成詩聲類一書，謂陽聲有九，曰：元之屬，耕之屬，真之屬，陽之屬，東之屬，冬之屬，侵之屬，蒸之屬，談之屬；陰聲有九，曰：歌之屬，支之屬，脂之屬，魚之屬，侯之屬，幽之屬，宵之屬，之之屬，合之屬。元、歌同入，耕、支同入，真、脂同入，陽、魚同入，東、侯同入，冬、幽同入，侵、宵同入，蒸、之同入。談、無同入，以平入相配。其書精心神解，又與師及余説不同。東、冬爲二，以配侯、幽，尤徵妙悟。儻師得見之，不知以爲何如也。今撝約又歿矣。余以爲後之人，合五家之書觀之，古音今音之秘盡於是矣。遂敬書諸簡端，以復吾亡友，亦以質諸先師。嘉慶己巳四月弟子段玉裁撰於蘇州閶門外之枝園。

（輯自安徽叢書第六期）

戴東原續方言稿序

羅常培

民國十七年冬，江陰劉半農先生於北平廠肆得戴東原手寫續方言稿二卷，共十四葉，葉二十行，行二十一字。所采之書凡四種：從「昉」以下至「于諸」三十一條，皆何休公羊傳注所云；從「訏」以下至「掰」一百二十六條，皆許慎説文解字所云；從「惠」以下至「掌」三十八條，皆劉熙釋名所云；從「衢道」以下至「咸感也」十九條，出于荀子本文者十一，出于楊倞注者八：各依原書爲序，未加類次。錢大昕、段玉裁、洪榜、王昶等爲東原作别傳、年譜、行狀、墓誌均未著録此書，意爲東原輯而未竟之稿，既睹杭世駿書，遂即中輟者也。

案，杭世駿續方言二卷，四庫全書收入經部小學類。其成書年月，不見明文，卷首所載齊召南、胡天游二序，亦無年月可考。然稚威卒於清乾隆二十三年戊寅，在次風卒前十年，在大宗卒前十五年。據胡元琢爲其父所訂年譜，稚威自乾隆元年至十七年均留北京，十八年以後即赴蒲州，其爲續方言作序，當在與大宗同旅北京時。大宗以乾隆八年二月癸巳因考選御史對策獲譴（東華續録），次年既與施蘗齋、全謝山逍遥餘姚，同遊龍山諸勝（董秉純全謝山年譜）。則杭書之成，必在乾隆八年以前矣。今考段玉裁戴東原年譜，乾隆二十年乙亥，戴氏始以方言寫於李燾許氏説文五音韻譜之上方，自題云：「乙亥春以揚雄方言分寫於每字之上，字與訓兩寫，詳略互見。」玉裁案：「所謂寫其字者，以字爲主，而以方言之字傅説文之字也；寫其訓者，以訓爲主，而以方言之訓，傅説文之字也。又或以聲爲主，而以方言同聲之字傅説文。所謂詳略互見者，兩涉則此彼分見，一詳一略，因其便也。先生知訓詁之學自爾雅外惟方言、説文切於治經，故傅諸分韻之説文，取其易檢。既入四庫館纂修，取平時所校訂，遍稽經史諸子之義訓相合，及諸家之引用方言者，羣爲疏證，今此書爲小學斷不可少之書。奉命刻聚珍板惠海内，而此分寫本者，乃草創之始也。」是東原專攻方言實自乾隆二十年始，其補苴拾遺，必更後。且以此稿筆勢與旌德吕氏所藏乾隆十六年辛未東原手抄春酒堂詩集相較，遒逸峻整之異，一望可辨。則此稿爲辛未以後所書，亦可得一旁證。故其屬稿年代約在乾隆二十年專攻方言之後，三十八年入四庫館以前。然其經始雖後於大宗，而實閉户暗合，未嘗相襲。蓋大宗彙輯羣書，依爾雅類次，但不明標其目；而東原所輯，俱以原書爲序，未經排比。又大宗引用之書，於十三經注疏、逸周書、戰國策、説文、釋名、經典釋文、玉篇、集韻而外，尚有博物志、水經注、王逸楚詞注、高誘淮南子注、韋昭國語注、陸璣毛詩草木鳥獸蟲魚疏、郭象莊子注、裴駰史記集解、司馬貞史記索隱、張守節史記正義、顔師古漢書注、李賢後漢書注、李善文選注、顔師古急就章注、王應麟急就章補注等十餘種；較東原所引，惟闕荀子楊倞注一種，餘則博贍過之。然據四庫全書杭世駿續方言提要云：「所引之書既及王應麟急就篇補註，則宋以前書皆當詳采。今即耳目之前，顯然遺漏者：如玉篇引倉頡篇云：楚人呼竈曰寤。列子黄帝篇注引何承天纂文云：吴人呼瞬目爲眴目。韻會舉要引李登聲類云：江南曰辣，中國曰辛。爾雅釋草、釋文，宋庠國語補音引晉吕忱字林云：楚人名蔆曰芰，鶩秦名雅烏，鯷青州人呼鮎鯷。初學記及太平御覽引纂文云：梁州以豕爲豨，河南謂之彘，漁陽以猪爲豝，齊、徐以小猪爲豯。太平御覽又引纂文云：秦以鈷鏻爲銼鑹。爾雅釋親、釋文引纂文云：妹媦也。初學記引服虔通俗文曰：南楚以美色爲娃。初學記及山堂考索又引通俗文云：晉船曰舶。埤雅引廣志小學篇云：螻蛄會稽謂之蟷蛄。北户録引顔之推證俗音云：南人謂凝牛羊鹿血爲衉，⿰麥粦⿰麥婁内國呼爲餭餅，亦呼寒具，粰梳今江南呼曰饊飦；蝘蜓山東謂之蝀蜆；鯖吴人呼爲鯽魚也。凡此諸條，皆六朝以前方言，正可以續方言之著，而俱佚之，豈舉遠者反略近歟？」案錢大昕邵二雲墓誌云：「自四庫館開，而士大夫始重經史之學，言經學則推戴吉士震，言史學則推君。」是經部小學類書，大都應經東原審覈。若使此稿已成，或有意勦襲，則引據不當更陋於大宗。

且即兩家同引之公羊傳注、說文、釋名三書互校之，則杭有戴無者凡十三條：

徐者皆共之辭也，關東語。成十五年公羊傳注。

齊人與妻婢姦曰姘。說文引漢律。

楚人謂寡婦爲霜。杭原注說文，沈齡續方言疏證改作詩桃夭疏引說文。

汝南平輿里門曰閈。

鹽官三斛爲一黍。

北方以二十兩爲鋝。

歲貉女子無袴，以帛爲脛室，用絮補核，名曰繜衣。狀如襜褕。

稻江東呼稬。

齊謂麥秝也。

江南橦材其實謂之杸。

南越名犬獶獀。以上皆見說文。

天，豫、司、兗、冀以舌腹言之，天顯也。青、徐以舌頭言之，天坦也，坦然而高也。

風，兗、豫、司橫口合脣言之，風氾也，其氣博氾而動物也。青、徐言風踧口開脣推氣言之，風放也，氣放散也。以上皆見釋名。

戴有杭無者凡二十二條：

伐人者爲客，讀伐長言之，齊人語也。見伐者爲主，讀伐短言之，齊人語也。莊二十八年公羊傳注。

沇州謂欺曰詑。

憮，愛也。韓、鄭曰憮。

迣，迾也。晉、趙曰迣，讀若寘。

控，引也。匈奴言引弓曰控弦。

俗語謂死曰大殆。

北方謂鳥腊曰腒。

俗語謂始生子曰鼻子。

楚人名門曰閶闔。

欘，斫也。齊謂鎡錤。

東齊謂缶曰甾。

爨，齊謂之炊。

靴，馬尾靴也。或謂之般緧。

鏶，鍱也。齊謂之鍱。

希，河内名豕也。上谷名豬曰豭。

咒咒，呼雞重言之，讀若祝。以上皆見説文。

汝、潁言敏曰閔。

漢已來謂死爲物故，言其諸物皆就朽故也。

不借，齊人云搏腊，猶把作，麤貌也。荆州曰麤，麻韋草皆同名也。

齊人謂扇爲翣。

齊、魯謂光景曰枉矢。以上皆見釋名。

互有詳略，不相雷同。至大宗於説文泛稱「俗語」、「或曰」及方域不明者，皆削而不書；東原於釋名舌腹舌頭，横口㰷口之喻，亦不入録：斯蓋義例之殊，非關各人之疏密矣。

竊謂東原於致力方言之餘，初亦有意補苴揚書，惟涉筆摭録，未遑理董。及見大宗所續，引據類次，均出己右，遂止於二卷，不再裒集。而以其有關揚雄本書者，採入方言疏證。是以提要於大宗所引之書，雖譏其「耳目之前，往往遺漏」，而亦不得不稱其「蒐羅古義，有裨訓詁」，「大致此據典覈，在近時小學家猶最有根柢者矣」。今檢稿中，凡圈句或加「識者」，皆方言疏證所收：

燕、代、東齊謂信曰訦。方言疏證卷一，頁十一下。據微波榭刻戴氏遺書本。以下但注卷頁數。

沇州謂欺曰詑。卷一頁一下。

憮，愛也。韓、鄭曰憮。卷一頁三下。

南楚謂相驚曰獡。卷二頁七下。

青、徐謂慙曰惧。卷六頁二下。

河内之北謂貪曰惏。卷一頁九下。

秦、晉謂好曰娙娥。南楚之外曰嫷，吴、楚之間曰娃。卷一頁二上，卷二頁二上。

秦、晉謂細要爲嫢。卷二頁四下。

益州鄙言人盛諱其肥謂之釀。卷二頁四下。

朝鮮謂盧童子曰盱。卷二頁三下。

眄，衺視也。海、岱之間曰睇，江、淮之間曰瞷，南楚曰睇，眄，秦語也。卷二頁十下。

朝鮮謂兒泣不止曰咺，秦、晉曰咣，楚曰噭咷，宋、齊曰喑。卷一頁五下。

逜，往也。往，適之也。逜，齊語；適，宋、魯語。卷下頁八下。

逆，迎也。關東曰逆，關西曰迎。卷一頁十五上。

楚人謂跳躍曰蹠。卷一頁十四上。

齊謂多爲夥。卷一頁十二下。

自關已西，凡取物之上者爲撟捎。卷二頁九下。

攈，取也。南楚語。卷一頁十五上，攈方言作攗。

拓，拾也。陳、宋語也。卷一頁十五下。

鉆，相謁食麥也。秦人謂相謁而食麥曰䭣餀。楚人曰飵，陳、楚之間曰養。卷一頁十六上。

東齊婿謂之倩。卷三頁一下。

東齊謂布帛之細曰綾。卷二頁五下。

宋、衛之間謂華奕麗曰僷僷。卷二頁三上。

青、齊、沇、冀謂木細枝曰㚇。卷二頁五下。以上均見説文。

其未加圈識而録入疏證者，亦有十八條：

益、梁之州謂聾爲聹，秦、晉聽而不聞，聞而不達謂之聹。吴、楚之外凡無耳者謂之䏮。言若斷耳爲盟。卷六頁一下。

益州謂瞋目曰矖，吴、楚謂瞋目顧視曰睊。卷六頁三下。

譎，權詐也。益、梁曰謬欺天下曰譎。卷三頁七下。

東夷謂息曰呬。卷二頁十下。

楚謂疾行爲逞。卷二頁十三下。

自關已東謂取曰撩。卷六頁四下。

楚人謂藥毒曰痛瘌，朝鮮曰痨。卷三頁七上。

關東謂之槌，關西謂之㭙，㭙槌之横者也。關西謂之㰐。卷五頁九上。

江、淮之間謂釜曰錡，朝鮮曰錪，秦名土釜曰鬴。卷五頁一上。

楚謂大巾曰帑。卷四頁一下。

南楚謂襌衣曰襟。卷四頁一下。

艦，楚謂無緣衣也。卷四頁九下。

益州部謂蟥場曰坦。卷六頁六下。以上均見說文。

荆州謂單衣曰布襹。卷四頁三上。

綃頭或曰陌頭，齊人謂之幓。卷四頁十一上。

韠，齊人謂之巨巾。卷四頁三下。

齊人謂韋屨曰屝。卷四頁十二下。

不借，齊人云搏腊，搏腰猶把作，麤貌也。荆州曰麤，麻韋草皆同名也。卷四頁十二下。以上均見釋名。

繹其略例，大致與方言本文全同者，圈而「之」，與本文字句微異者，「而不圈」，不見於本文而可資詮釋者，圈而不「，至其未加圈識者，則並與本文不盡相傳者也。

自方言疏證成，此稿遂廢。然戴氏著作之有録無書者，如六書論三卷，轉語二十章，及七經小記中之詁訓、學禮兩篇，或僅存其序，或祇著其名，原稿並皆佚而不傳。此稿從未經東原道及，亦不見於諸家著録。今半農先生竟於無意中幸獲之，俾後之覽者，知東原於方言疏證而外尚有此未竟之長編，則吉光片羽蓋已彌足珍矣！承半農先生不自秘皮，允以原稿由本所景印流傳，並命常培序其顛末，因舉杭、戴兩書之異同，及其有關方言疏證者，述之如右。惟半農先生及海内通人匡而正之！

抑自杭、戴而後，采摭經傳故記以補子雲之遺者，尚有程際盛續方言補正一卷，徐乃昌續方言又補二卷，程先甲廣續方言四卷、廣續方言拾遺一卷，張慎儀續方言新校補二卷。際盛所補僅數十條，增引之書惟後漢書、越絶書及郭璞山海經、穆天子傳兩注。其餘三書較爲晚出，引據互有疏密，綜其所甄録者，自史傳、諸子、雜纂，類書，以迄古佚殘編，舊籍解詁，都凡六七十種；皆大宗、東原、東冶之所未及。旁搜雅記，廣羅逸典，囊括唐、宋小學諸書，輶軒所采，摭拾略備。然並徵引有加，義例未改。其或分地爲書及考證常言熟語者，自明、清以來亦有李實蜀語，張慎儀蜀方言，胡文英吴下方言考，孫錦標南通方言疏證，毛奇齡越語肯綮録，茹敦和越言釋，劉家謀操風瑣録，胡韞玉涇縣方言，詹憲慈廣州語本字，羅翽雲客方言，及岳元聲方言據，楊慎俗言，錢大昕恒言録，錢坫異語，翟灝通俗編，張慎儀方言别録，孫錦標通俗常言疏證，謝璿方言字考等，凡十餘種。至散見諸家筆乘及各省方志者，尤不勝覼縷。綜其義例，雖與杭、戴有别，然自羅翽雲等二三人外，大致如章太炎先生所謂：「撮録字書，勿能爲疏通證明，又不麗於今語。」或「沾沾獨取史傳爲徵，亡由知聲音文字之本柢。」縱有「略及訓詁者，亦多本唐、宋以後傳記雜書，於古訓藐然無麗。俄而撮其一二，又椈不理析也。」章君以爲：「考方言者，在求其難通之語，筆札常文所不能悉，因以察其聲音條貫，上稽爾雅、方言、説文諸書，敫然如析符之復合，斯爲貴也。戴君作轉語二十章，其自述曰：『人之語言萬變，而聲氣之微有自然之節限。是故六書依聲託事，假借相禪。其用至博，操之至約。五方之言，及小兒語未清者，其展轉訛溷，必各如其位。昔人既作爾雅、方言、釋名，余以爲猶闕一卷書，創爲是篇，用補其闕。疑於義者，以聲求之，疑於聲者，以義正之。』善哉！非耳順孰能與於斯乎？」因以比類，創通六例，成新方言十一卷，循音變友紀，博考今言，以推迹語根。杭、程諸家，遠非其匹。顧凡語皆求本字，以上合於爾雅、説文，必欲「今之殊言，不違姬、漢」，則猶未能如戴氏所謂「去其穿鑿，自然符合」者也！然則，戴氏續方言未成，尚無關宏恉，而轉語散佚，實至可惜。儻能演繹序文，闡彼遺意，旁搜方言殊語，明其孳衍所由，聲義互明，古今交證，不泥不鑿，信而有徵，則其所以酬東原之宿志，奠語學之新基，固愈於墨守聲類表以釋補轉語者遠矣！

中華民國二十一年四月五日，羅常培序於中央研究院歷史語言研究所。

（輯自中央研究院史語所集刊一九三二年二之四）

刻方言後序

李孟傳

西漢氏古書之全者，如鹽鐵論，揚子雲方言，其存蓋無幾。鹽鐵論，前輩每恨其文章不稱漢氏，唯方言之書最奇古。孟傳頃聞之，曾文清公嘗以三詩答吕治先，有云：「傷心昨夜杯中物，不對王郎對影斟。」紫微吕居仁次韻云：「書來肯際銅魚使，記我今年病不斟」，自注云：「出子雲方言。」今所在鏤板輒誤作「病不禁」。案：王應麟困學紀聞云：「方言：『斟，益也。凡病少愈而加劇，謂之不斟，或謂之何斟。』吕居仁答曾吉父詩：『記我今年病不斟』，蓋用此。而不知者改爲『不禁』。」與此所言同。此書世所有，而無與是正，知好之者少也。山谷詩云：「追隨富貴勞牽尾」，乃用太玄經語。紹興初，胡少汲、洪玉父、李文若諸人校黄詩刊本，乃誤作「縈牽尾」，自此他本皆承誤。「鬱蒼蒼」三字，文人多愛之，亦或鮮記其出於太玄。大抵子雲精於小學，且多見先秦古書，故方言多識奇字，太玄多有奇語。然其用之，亦各有宜。子雲諸賦多古字，至法言、劇秦所用則無幾。古人文章，蓋莫不然。西漢一書，唯相如、子雲等諸賦；韓退之文，唯曹成王碑》、柳子厚自騷詞、晉問等，他皆不用古字。本朝歐文忠、王荆公、蘇長公、曾南豐諸宗公，文章照映今古，亦不多用古字。得非以謂古文奇字聲形之學，雖在所當講，而文律之妙，則不專在是，若有意用之，或反累正氣也邪？學者要知所以用之。當其可，則盡善耳。今方言自閩本外不多見，每惜其未廣。予來官尋陽，有以大字本見示者，因刊置郡齋，而附以所聞一二，蓋惜前輩之言久或不傳也。慶元庚申仲春甲子，會稽李孟傳書。案：孟傳字文授，越州上虞人。父光，謚莊簡。父子皆宋名臣。宋史有傳，而孟傳有兩傳，一見卷三百六十三，一見卷四百一，前略後詳。後訛作「孟傅」。

（輯自安徽叢書第六期）

跋李刻方言

朱 質

漢儒訓詁之學惟謹，而揚子雲尤爲洽聞。蓋一物不知，君子所恥；博學詳説，將以反約。凡其辨名物，析度數，研精覃思，毫釐必計。下而五方之音，殊俗之語，莫不推尋其故，而旁通其義；非徒猥瑣拘泥，而爲是弗憚煩也。世之學者，忽近而慕遠，捨實而狥名，高談性命，過自賢聖。視訓詁諸書，往往束之高閣。盍亦思夫周官太平之典，其道甚大，百物不廢，雖醫卜方技，纖悉畢載。聖門學詩，不獨取其可興，可觀，可羣，可怨，而鳥獸草木之名，亦貴多識。本末精粗，並行而不相悖。故漢儒尊經重古，純慤有守之風，類非後人所能企及。子雲博極羣書，於小學奇字無不通。且遠採諸國，以爲方言，誠足備爾雅之遺闕。平時所以用力於此深矣。世知好之者蓋鮮。前太守尚書郎李公，一日語余，苦無善本。質偶得諸相識，字畫落落可觀。因以告而録之木，輒並附管見云。慶元庚申重午日，東陽朱質書。

（輯自安徽叢書第六期）

水地記抄本序

孔繼涵

乾隆丁酉夏四月，飲於同年程吏部魚門米市衖衕寓，假是二書歸抄之。水地記乃戴東原先生二十餘年前流傳之稿底也，魚門兄題云未定本。癸巳之夏，東原寓於洪刑曹素人兄處，見其所著水地記未曾編次，置一大篋中，手檢以相示，及抄得是本。與東原語及，東原曰：「是草稿者，不足存也。」遂出其已成之第一卷見付。後五日，五月之二十七日，而東原卒矣！檢其遺稿，則皆整比彙爲長編，而未及作中第四、第六二册，又不知何人借去，惜哉！人琴俱亡矣，因裝葺是書，愴惋記之。

今水經乃東原謂其未知地防者，以其假之俱自魚門也，遂并於後。六月初八日，孔繼涵書於壽雲簃。

（輯自北京圖書館抄本水地記）

東原先生札册跋

段玉裁

輯先生手蹟十五彙爲一册，時時覽觀。嗚呼！哲人其萎，失聲之哭，於兹三十有八年矣。思先生

而不可見，於是修先生年譜一卷付刻，又裒先生札得十四，付裝潢，末附與漁卿家信并函封。漁卿者，名
霖，先生之弟也。

嗚呼！余與先生鄉舉，皆出青田韓介屏先生諱錫胙之門。時先生宰金匱，余於庚辰，東原於壬午。
介屏先生學問淵博，有滑疑集行世。當時謂此二科得此二人，洵乎伯樂之能空馬羣也。余辛巳不第，旅
食都門，癸未東原先生至，心慕其學，屢請正師弟之稱，不許。先生不第歸，遂致書稱弟子。丙戌相見，
遽言尊東久欲奉還，朋友自可取益，奚必此也！今册中猶存三札，繳還稱謂，於以知先生德盛禮恭，遠
出昌黎氏抗顔之上。其言壽陽志一札，壽陽令龔君導江以壽陽志稿請訂正之答書也。其言五支六脂七
之，如清、真、蒸三韻之不相通，能發自唐以來講韻者所未發。今春將古韻考訂一番，斷從此説爲確論，
則先生言韻之一變也。蓋先生壬午以前，與江慎修氏成古韻標準，至己丑余以詩經及羣經韻譜請業，言
支脂之不相通。初不以爲然，遲之七年至於癸巳，乃謂此説最確。從此古音之全，通邑大都家論户曉，
謂非先生一言重於九鼎哉！又以見先生始之不輕信，終之勇於從好學深思，聞義則服，豈比夫淺夫知
非不改，堅自護短者哉？其言「非從事於字義制度名物，無由以通六經之語言」；「非知天理之不外於
人欲，則以意見誤名之曰理，而禍斯民」；「僕生平論述最大者爲孟子字義疏證一書，此正人心之要」。此
二札者，聖人之道在是，殆以玉裁爲可語此而傳之也。其他具見朋友之誼。此外尚有二札未能檢得者，
一爲初銓貴州玉屏縣時，自汾州寄都門，言玉屏地在五嶺發脈之所，想風氣未開，未必不可施政教也；
一爲在蜀時，自都門寄言在四庫館校水經注事，二札久亡之，時往來於懷。吾儕有得之者，必能什襲珍

之也。

烏呼！師弟之道不講，故世無學問。玉裁年八十矣，距與先生在都門周旋講學已四十餘年，猶於蛛絲煤尾，蠹紙敗墨，日夕摩挲，宛見先生之頎然長偉（然）雄健，聲如洪鐘，容貌温睟，將終身以之者。蓋向往之誠，有不容已，亦以傳示子孫，俾知世有剽竊師門一二，遽勇於樹幟，欲爲逢蒙者之爲可恥，而當以爲大戒也。册之背，爲故友孔葓谷書，爲先生令嗣中立札。嘉慶甲戌十二月二日，段玉裁記。

（輯自經韻樓集卷七）

戴氏重訂水經注序

孔繼涵

東原氏之治水經注也，始於乾隆乙酉夏。越八年壬辰刊於浙東，未及四之一而奉召入京師，與修四庫全書，又得永樂大典内之本，兼有酈道元自序，乃仍其四十卷，而以平日所得詳加訂正，進之于朝。聖天子俞其書，命刊行，御製詩章冠之端首，令數百年經、注溷淆，前後錯簡者，整之還其舊。

而曩時東原氏所刊某水各自爲篇，爲十有四册，循其注之綱目，復逐條畫分，俾讀者易見端末。雖遵修舊文，不增一語，固曉然如視掌文矣。第一册河水一，爲阿耨達山諸水；河水二，爲蔥嶺、于闐二水。次二册河水三，乃入中國河也。次三册渠至瓠子，皆出于河之水。次四册汾至清，自左以次入河。其間如晉水、文水、原公水，自右以次入汾；同過水、澮水，自左入汾。餘先後準此。次五册渭至伊，自右入河。次六册淇至漳，古皆入于河。次七册滱至浿，則河北以東，終于樂浪、朝鮮。次八册首濟瀆而汶，則入于濟。次九册淄至沭皆濟、汶以次而南之水。次十册首淮瀆，而汝至肥，皆淮之左右以次入淮，惟施別于肥，而入巢湖。次十有一册首大江，而夷、夏皆出於江，溳則入夏，澇又入溳。次十有二册漾至蘄，自左以次入江。次十有三册沫至贛，自右入江。次十有四册漸至日南二十水名，則越及南海羣川罔不就序。末載禹貢山水澤地，水經之舊第也。

前數年，東原氏爲予言曰：「是書經、注相淆，自宇文、歐陽二氏發之，而未之是正。至於字句訛舛，非檢閱之勤不易得也。子盍與我共治之。」予因旁搜羣籍積至數十事，東原氏蓋有取焉，且屬予撰序。東原氏既書其詳於目録，予謹舉其第次之意，以告讀是書者。

（輯自紅櫚書屋雜體文稿）

戴氏校訂水經注書後

朱 筠

此吾友休寧戴震東原初徵入四庫館，以其生平所校水經注本，更據永樂大典所引互校，損益至二三千言之多，而酈氏原序亦出焉，乃並録以成書，官刻編之聚珍板中者也。東原嘗言是書今本經、注混淆者不少，顧賴其書例可考而最易明者，若經稱一水必過一郡，而注則屢言是水逕某縣某故城，自西而南而東，或西北而東，此經與注一定之例也，傳寫者不知，往往取「過」與「逕」字妄改其舊；而郡縣及故城之例具在，不可易也。其刻本混淆者，大抵自宋以後，於是博考唐以前人撰著，若通典、初學記諸書所引，輒與東原所意斷是非符合，用是益以自信，而條理秩然。余謂其所校有功於酈氏良多，然或過信其説不疑而徑改者間有之。雖十得其八九，然於孔聖多聞闕疑之指，未敢以爲盡然也，要爲近來校讎絶無之本矣。歲乙未，余購得此本於武英殿中，越四年己亥冬，攜以來閩，庚子二月在延平使院，偶紬此書，紙裹撏敗，爰令及門青陽徐生鈺章之以琉球紙易去敗葉，裝爲八册，重閲之，因嘆東原校讎之精，而墓草之宿於兹三歲，於是乎書。

（輯自笥河文集卷六）

跋戴校水經注

成蓉鏡

戴氏據廣魏、魏寧定水經爲魏人纂。今考此書之作，其創始當在建安十三年以前，其成書不在黄初七年以後。

晉志建安十三年，魏武盡得荆州之地，分南郡以北立襄陽郡。宋書州郡志：「襄陽公相，魏武帝平荆州，分南郡編以北及南陽之山都立。」邔縣即於此時改屬，而禹貢山水澤地所在，猶偁南郡邔縣。魏志建安十七年割河内之蕩陰以益魏郡，而蕩水篇猶偁河内蕩陰。建安二十年，省雲中、定襄、五原、朔方郡，郡置一縣，領其民合以爲新興郡。晉志序例偁魏武所省，亦有上郡、朔方、五原、雲中、定襄、漁陽等郡；而河水篇猶偁「雲中楨陵」、「定襄洞過」、「五原西安陽」、「朔方臨戎」、「上郡高奴」；㶟水篇猶偁「漁陽雍奴」；沽水篇亦偁「漁陽狐奴」，故曰創始在建安十三年以前也。晉志魏文帝以漢中遺黎立魏興郡，而沔水篇有「魏興安陽」，於漢屬漢中，於魏屬魏興，而沔水篇偁「魏興安陽」。兩漢皆偁左馮翊、右扶風，魏去左右字。禹貢山水澤地所在「馮翊夏陽」，「馮翊懷德」，「扶風美陽」，「扶風汧縣」，「扶風武功」。漆水篇「扶風杜陽」，竝無左右字，知是書之成在入魏以後無疑矣。

然必謂魏初者曷故？黄初七年改涿郡爲范陽，而易水篇傳涿郡不偁范陽。太和六年魏復改廣陽爲燕國，而㶟水篇偁廣陽不偁燕國。景初二年省狐奴縣，而沽水篇猶偁狐奴。正始三年割河南郡縣自鞏闕以東，創建滎陽郡，陽武、密縣與焉，而陰溝水篇猶偁「河南陽武」，潁水、洧水、潩水三篇竝偁「河南密縣」。正始八年分河東之汾北十縣爲永安郡，永安、濩澤、北屈、皮氏皆與焉。而禹貢山水澤地所在猶偁「河東永安」，「河東濩澤」，「河東北屈」，「河東皮氏」，故曰成書不在黄初七年以後也。

至酈道元之作注，考江水注云：「晉沙陽縣，宋元嘉十六年割隸巴陵郡」，而沈約宋書州郡志郢州江夏郡沙陽縣云「文帝元嘉十六年度巴陵，孝武孝建元年度江夏。」宋元嘉十六年當後魏太武帝太延五年，宋孝建元年當後魏文成帝興光元年，然則是注之成在太延五年以後，興光元年以前可知。

（輯自心巢文録）

關於戴校本水經注

張　穆

世之讀水經注者，必主戴震本，次則趙一清本。兩家於此書皆不爲無功，至鑿山開道，則謝山之力爲多。一清治水經，謝山屢稱之，而其書刊行在戴本既行之後。戴氏則嘗窺見全書、趙書，而竊據潤飾以爲己有也。

戴以此書博世名，膺懋賞，其最得意者兩端：一曰據永樂大典原本也；一曰分别經、注不相牽涸也。大典弆翰林院，獲見者少，穆於辛丑之秋幸得親覽秘籍，用明以來通行水經本校出一部，勘驗戴書，始覺其詐。老友王臒軒以謝山稿本先鈔十卷，並謝山題詞目録一卷寄我，用以合校兩家，然後知戴、趙皆竊據謝山書，即分經、注之説，亦權輿謝山。戴但整比加密爾。謝山之功不容没，則戴、趙之書皆不可不辨。

四庫全書總目水經注四十卷，永樂大典本，此即戴震所校上之本也。提要曰：「是書自明以來絶無善本，惟朱謀㙔所校盛行於世，而舛謬亦復相仍。今以永樂大典所引各條水名逐條參校，非唯字句之訛層見疊出，其中脱簡有自數十字至四百餘字者。」穆案：今翰林院所弆大典乃嘉靖中照南京原書重繕之本，水經在卷一萬一千一百二十七至一萬一千一百四十二水字韻内，十六卷今合爲八巨册，其餘江、河、淮、濟諸韻中一一細檢，更無徵引水經之處。然則戴所據校之原本即此八巨册矣，乃云各案水名逐條參校，何也？至提要所云脱簡有自數十字至四百餘字者，此尤八巨册中絶無之事，戴氏恃大典秘書，學者無從窺見，遂敢造言欺人，以掩其盗竊前人之迹，居心殆不可問！

戴校每曰近刻訛某云者，對原本不訛而言也。原本何指？指大典本也，而余以原本校之，其出於大典者半，出於戴氏之校改及攘他人所校以爲己校者亦半。原書具在世，必更有獲見之者，取以相照，戴氏之詐立見矣。

段茂堂撰戴氏年譜曰：「水經注自北宋以來無善本，先生讀此書久，得經、注分别之例有三：一則水經立文，首云某水所出，已下無庸再舉水名，而注內詳及所納羣川，加以采摭故實，彼此相雜，則一水之名，不得不更端重舉。一則經文叙次所過州縣，如云東過某縣之類，一語實該一縣。而注則沿溯縣西以終於東，詳記所逕委曲。經據當時縣治，善良作注時，縣邑流移，是以多稱故城，經無有言故者也。一則經例云『過』，注例云『逕』，不得相淆。得此三例，迎刃分解，故能正經、注之互訛」云云。今案謝山題詞曰：「經文與注文頗相似，故能相溷而不知，熟視之，則固判然不同也。經文簡，注文繁，簡者必審擇於地望，繁者必詳於淵源，一爲綱，一爲目，以此思之，思過半矣。」此分別經、注創始謝山之堅據。謝山之書，戴氏從何處窺見，雖不可推測，然以直隸河渠書例之，則此君之好盗人書，素性固然。茂堂乃曰東原氏之德行非盗竊人物以欺主上及天下者也，其然豈其然乎？

乾隆間，直督方恪敏公延趙氏修直隸河渠書一百三十卷，繼延戴氏删定爲百二卷。恪敏薨，書未奏上。夫經始著書甚難，踵事修書稍易，古今通義。戴氏乃不欲自居於易，遂深没一清草創之勞。雖以茂堂從學之久，與論此書者非一端，亦不聞戴氏更有藍本。直至何元錫從小山堂寫其副本，然後知戴書即趙書也。戴書中載趙氏盧奴水考，云杭人趙一清嘗游定州，爲州牧姚立德作此考竝附於右云云，一似趙氏絕無與於河渠書者。茂堂乃曰趙雖精於地理，而尚不及戴，文章亦不及戴。此語良然，然不得因其不及，遂謂盗據之無傷也。使戴氏標明原本而删補之，豈不甚美，何乃爲此穿窬之行乎？尚論者所爲深惡其人也。

一清與謝山同治水經，大注夾注既從全本，則其分別經、注，亦必從全氏無疑。故茂堂戴氏年譜亦不敢固持前説，而調停其詞，曰：「趙書校正字句及剖析地理最詳，而更正經、注一如戴本者。蓋趙精詣絶羣，鄞全謝山太史七校是書，深窺秘奥。兩公交最深，或閉户暗合，或麗澤相取，而其説往往與先生同。是可以知學問深醇，即未相謀面，所言如一。且趙書經錢唐梁處素校刊，有不合者，攟戴本以正之，故今二本大段不同者少也。」然茂堂畢竟祇見趙書，未見全書，故重複申辨如此。假令早見謝山題詞，又何能爲其師諱乎？

段與梁耀北書所舉注誤爲經四條，「河水又西逕罽賓國北」，「又西逕四大塔北」，「河北又東逕皮山國北」，謂凡若此等，戴分别經、注，校語甚詳，何以趙氏不置一詞，今案此三條謝山早已盡歸於注，趙用全本，故不復加案，然猶於卷首全氏七校本顯言之曰：謝山謂河、洛、濟、渭、沔、江諸篇，經、注混淆，卧病中忽悟其義，馳書三千里至京師告子云云。若戴則竟久假不歸，用以詑於世，曰此我之獨得也。茂堂曰：僕從游日久，未嘗言有所聞之也。此語正足實戴氏罪狀耳。至第四條所舉河水又東洮水注之一節，尤謝山得意之筆，題詞中既特著其説，經文下又加校曰：「此條經文洮水入河，而第十六條又有洮水入河，則是有二洮水矣。胡渭因改此條之洮水以避之，不知此條是經文，以下十五條皆注，則正是此條洮水之釋文，非别有一洮水也」云云。戴氏其有所聞乎？無所聞乎？恐百喙無以自解矣！

最可異者，謝山謂經、注混淆，止於河、濟、江、淮、渭、洛、沔七篇，而戴所改正者亦止此七篇。此七篇余祇見謝山所訂河水五卷，今以題詞覈之，謝山曰予所定河水經文不過五十三條，而戴本經文亦祇五十六條，謝山濟水三十二條，戴三十四條；謝山江水二十二條，戴二十四條；謝山淮水八條，戴十四條；謝山沔水十八條，戴二十條。以河水一篇準其餘六篇，雖所訂未必一一相同，要其發凡起例，謝山實爲讀水經者啓其蓬心，故謝山之功，必不容没也。

戴本河水第一篇物理論曰：河色黄者，衆川之流蓋濁之也。校云：此十字當是注内之小注，故雜在所引爾雅之間。書内如此類甚多。又括地圖曰：「馮夷恒乘雲車，駕二龍。」校云：此十二字當是注内之小注，故雜在所引山海經之間。穆案：謂酈君作注，有大注有小注，有注中注，乃真全氏之創論。趙一清從之，戴氏並此説而勦襲之，亦不云前有所承也。何哉？謝山謂道元注中有注，題詞明著其説曰：「是言也，前人從未有及之者，首發之。先司空公實爲創獲，其後先宗伯公始勾出，爲朱墨分其界，先大父贈公，又細勘之，至予始直令繕寫爲大小字作爲定本。」所云得之先世舊聞者如此。而提要顧深斥之曰，所云先世舊聞，不識傳於何代，載在何書，殆出於以意推求而詭稱授受。夫明言先司空、先宗伯、先大父，何言詭稱授受？明言實爲創獲，何嘗謂古有如此水經注本？皆緣題詞藴霾。趙書略標大旨，不能明晰，戴氏既瘖不肯言，書局亦遂含胡下斷耳。

茂堂稱戴氏因胡朏明「南北磔溪」之誤，霍然大悟，將經、注畫清。穆案：「南北磔溪」之誤，正是謝山事。鮚埼亭集卷三十四有水經磔溪帖子柬慎南一首，其證甚明。謝山集向無刻本，直至嘉慶甲子餘姚史夢蛟始爲刊行，宜戴氏之敢於盜據耳。戴氏謂水經爲三國時人所作，此語亦本謝山，見題詞。戴氏自訂水經注次序，以沔江分二大綱，即謝山南瀆北瀆之説，而稍變通之，見目録。

若夫趙水經之刻也，則嘗聞其説於鹿邑徐松枰矣。乾隆乙巳、丙午間，畢秋帆巡撫河南，有奏銷積案，欲不任胥吏，得一明算之人，詳核以聞，時東潛之子載元以貲郎需次大梁，或薦其知算，畢召入，連下數十籌，簌簌立辦。畢大賞異，以此登薦剡，未期歲，擢知歸德府鹿邑。歸德屬徐，數以應試至郡，故知其刻水經事極詳。初畢之索書於載元也，載元急遣僕走浙中，恐父書或不當畢意，以巨貲購謝山本，而倩梁履繩、玉繩兄弟合併修飾之，朱文翰作謝山漢書地理志稽疑序，所謂水經校本，有大力者負之以趨是也。及畢既爲趙書作序，載元仍延梁氏兄弟於署，任校刊事，即今行趙本是也。今以盧氏所藏謝山稿本校之，其蹈襲之迹猶可一一覆案。然是載元及梁氏兄弟之過，不應追罪一清，蓋與戴氏之躬行篡竊者有間矣。程易疇五友記：東原纂修四庫書：「所校太傅禮、水經注、方言諸書，皆編入全書，而水經注更邀御製詩冠之篇首。同時有趙一清者亦治是書，校讎酈注所得多於東原，其書出，人皆珍異之。然東原書能以經之下互於注者，出而還之於經；注之上互於經者，擇而歸之於注，於此益見東原之不可及。」穆案：程氏以趙書與戴書竝論，殆亦不能無疑於戴，否則如今官校本趙氏之美，戴俱掠有之，又何多於戴氏之與？然仍以校正經、注之功歸戴，則不知有趙書，不知有全書也，顯晦有時。竊意謝山精神必不遽歸冥滅，世有得其定本，而板行之者，昕夕望之矣。

水經「伊水出南陽縣西」，謝山加校曰：「案南陽郡名，非縣名也，元和郡縣志引此文作南陽魯縣西。」趙一清本從之，不知自秦以來無魯縣，魯縣之名但見於左氏耳。予參考之，乃南陽之魯陽也，據此是全本較舊本增「魯陽」二字，趙本較舊本但增一「魯」字也。而今本戴、趙兩本俱作南陽魯陽縣。戴本經下加校曰：「案近刻脱『魯陽』二字」，而不言何本不脱，何故增此二字？其爲取之全本甚明。若今行趙本，則又梁氏兄弟據兩本增之耳。得此一證，案驗愈分明矣。王梓材曰：山右張石舟明經既見吾邑全謝山吉士七校水經注傳寫本十册，並其題詞、目録，即據之以案驗東潛、東原兩家校本，而抉戴氏攘竊於當躬，趙氏竄掇於身後。凡若干條，或以爲情事實然而翹過太甚。余告之曰：凡事有隙斯有案，有案斯有讞，讎對之謂何而尚容恕詞乎？而況其案驗者，皆平心之論乎！

案曰：七校水經注四十卷，王梓材從盧氏借鈔十卷，而其後復於門人陳勱處得見二十八卷，皆謝山翦裂分粘之本。惟卷三十、卷三十八底本無存，則以副本補之。其見於趙本所引及朱箋刊誤引全校者，皆爲録入鮚埼亭内、外集。題跋與東潛、慎甫諸帖子，亦分列其中，三月成編，始稱完帙。王氏手鈔一部藏之，又一部藏慈谿馮氏醉經閣中。其爲同邑王垄所鈔藏者，未經梓材校勘精審，當不逮也。

（輯自光緒鄞縣志藝文全祖望七校水經注）

書趙校水經注後

魏　源

近世趙一清水經注爲戴氏所剿，而其徒金壇段氏反覆力辯爲趙之剿戴，謂趙氏成書在前，刊書在其身後；凡分經分注之例，趙氏未嘗一言，至戴氏始發明之；及聚珍板官爲刊行，而後人校刊趙書，或采取戴説，故二書經文無異。是不以爲戴氏之剿趙，而反以爲趙氏之剿戴。且怪梁耀北昆仲刊趙書時，何不明著其參取戴校之故，謂以攘美成疑案。其説呶呶千餘言，詿誤後學，靡所折衷。請詳闢其妄，以正欺世盗名之罪。

考趙氏書未刊以前，先收入四庫全書。今四庫書分貯在揚州文匯閣、金山文宗閣者，與刊本無二。是戴氏在四庫館時先睹預竊之明證。其後聚珍官板刻行，又在其後。若謂趙氏後人刊本采取于戴，則當與四庫著録之本判然不符而後可。豈四庫書亦爲趙氏後人所追改乎？其妄一也。

若謂趙氏序例中未言「經文不重舉某水，注必重舉某水」之例，則不知趙本第二卷河水篇下首言之矣。江水又東逕永安宫下，爲注之混經，則附録中歐陽玄水經序又言之矣。皆戴氏所本。何謂趙氏不言？妄二也。

且趙一清與全氏祖望同時治水經，全氏水經未刊，予曾見其鈔本，凡例一卷，于經、注分析尤詳，凡戴氏所舉三例，皆在其中，故趙書不復重述凡例，豈若戴氏攘人所纂，故于趙書首闢其注中有疏之説，謂同于豐坊之僞本。及戴氏所校水經，則又于第一卷河水篇「爾雅河出崑崙墟」下，引物理論十六字，爲注中之小注，故雜在所引爾雅之間。山海經下引括地圖十三字，亦同此例。其餘不一而足。是則注中小注之説，戴氏既竊之而又斥之。盗憎主人，不顧矛盾，壹至是乎！妄三也。

此外，戴氏臆改經、注字句，輒稱永樂大典本，而大典現貯翰林院，源曾從友人親往翻校，即係明朱謀㙔等所見之本，不過多一酈序。其餘删改字句，皆係戴之僞託于大典，而大典實無其事。且恃秘閣官書，海内無從窺見，可憑城社售其臆欺。妄四也。

至趙氏畿輔水利書百六十卷，爲戴氏就館方制府時删成八十卷，則段氏亦不能曲諱，謂戴就方敏恪制府館半載，何能成此鉅帙？知其必有底稿，非出戴一人之手。試問戴氏水利書既據趙爲藍本，何以凡例中又不一字及于原書，深没其文，若同創造？是戴氏之于趙，一竊再竊，不僅「月攘」！宜其書至嘉慶中，又爲吴江通判王履泰所竊，删改爲畿輔安瀾志，進呈被賞，可爲郭象之報！妄五也。

戴爲婺源江永門人，凡六書三禮九數之學，無一不受諸江氏，有同門方晞所作羣經補義序，稱曰「同門戴震」可證。及戴名既盛，凡已書中稱引師説，但稱爲「同里老儒江慎修」，而不稱師説，亦不稱先生，其背師盗名，合逢蒙、齊豹爲一人。則攘他氏之書，猶其罪之小者也！平日譚心性，詆程、朱，無非一念争名所熾。其學術心術，均與毛大可相符。江氏亦不願有此弟子也。

（輯自周壽昌思益堂日札卷五）

聚珍本戴校水經注跋

王國維

壬戌春，余於烏程蔣氏傳書堂見永樂大典四册，全載水經注河水至丹水二十卷之文，因思戴校聚珍板本出於大典，乃亟取以校戴本，頗怪戴本勝處全出大典本外，而大典本勝處，戴校未能盡之，疑東原之言不實，思欲取全、趙二家本一校戴本，未暇也。既而嘉興沈乙庵先生以明黄省曾刊本屬余録大典本異同，則又知大典本與黄本相近。先生復勸余一校朱王孫本以備舊本異同，亦未暇也。

癸亥入都，始得朱王孫本，復假江安傅氏所藏宋刊殘本十一卷半、孫潛夫手校殘本十五卷，校於朱本上，又校得吴琯古今逸史本，於是於明以前舊本沿褫，得窺崖略。乃復取全、趙二家書，並取趙氏朱箋刊誤所引諸家校本，以校戴本，乃更恍然於三四百年諸家釐訂之勤。

蓋水經注之有善本，非一人之力也。更正錯簡，則明有朱王孫，國朝有孫潛夫、黄子鴻、胡東樵。釐訂經、注，則明有馮開之，國朝有全謝山、趙東潛。捃補逸文，則有全、趙二氏。考證史事，則有朱王孫、何義門、沈繹旃。校定文字，則吴、朱、孫、沈、全、趙諸家，皆有不可没之功。

戴東原氏成書最後，遂奄有諸家之勝，而其書又最先出，故謂酈書之有善本，自戴氏始可也。戴氏自刊酈注，經始於乾隆三十七年，見孔葒谷序。而告成則在其身後。所校官本刊於乾隆三十九年。逮五十九年趙氏書出，戴氏弟子段懋堂氏訝其與戴書同也，於是有致梁耀北二書，疑梁氏兄弟校刊趙書時，以戴改趙。道光甲辰，張石舟穆得謝山鄉人王䕶軒梓材所傳鈔全氏七校本，乃謂戴、趙皆襲全氏，而於戴書攻擊尤力。至光緒中葉，薛叔耘刊全氏書於寧波，於是戴氏竊書之案幾成定讞。然全校本初刊時，校勘者已謂王梓材重録本往往據戴改全，林晉霞頤山尤致不滿，至詆爲贋造。於是長沙王氏合校本，遂不取全本一字。然薛氏所刊全本，實取諸盧氏、林氏所藏黏綴底本及殷氏所藏清本，非專據王梓材本，未可以其晚出而疑之也。

余曩以大典本半部校戴校聚珍本，始知戴校並不據大典本，足證石舟之説。惟石舟謂提要所云脱簡有自數十字至四百餘字，此又大典絶無之事。今案卷十八渭水注中脱簡一葉四百餘字，大典實有之，張氏此説未諦。又以孫潛夫校本及全、趙二本校之，知戴氏得見全、趙二家書之説，蓋不盡誣。何以知之？趙氏本書，即曰梁處素兄弟據戴改之矣，然其朱箋刊誤中所引之全説，戴氏何以多與之合也？全氏之書，即曰王䕶軒據戴改之矣，然全本校語及所引趙氏校語，戴氏又何以多與之合也？ 夫書籍之據他書校改者，苟所據之原書同，即令十百人校之，亦無不同，未足以爲相襲之證據也，至據舊本校改，則非同見此本，不能同用此字。 如柳大中本、孫潛夫本，謝山見於揚州馬氏者，東潛則見謝山傳校本，渭水注中脱簡一葉，全、趙據柳、孫二本補之，戴氏自言據大典補之，今大典原本具在，戴氏所補，乃不同於大典本而反同於全、趙本，謂非見全、趙之書不可矣。 考全氏書未入四庫館，趙氏書之得著録四庫，當在東原身後，戴校本屢云此注内之小注，與全氏説同，而趙書題要則駁此説，故知此篇非出東原手。 而其書之入四庫館，則遠在其前。案浙江採集遺書總目，成於乾隆三十九年，其凡例内載浙江進書凡十二次，前十次所進書目，通編爲甲乙至壬癸十集，而第十一第十二次所進者則編爲閏集。 今考趙氏水經注釋及沈繹旃水經注集釋訂訛，其目均在戊集中，則必爲第十次以前所進書，亦必前乎三十九年矣。 而東原入館在三十八年之秋，其校水經注成在三十九年之冬，當時必見趙書無疑。 然余疑東原見趙氏書，尚在乾隆戊子三十五年。 修直隸河渠書時，東原修此書實承東潛之後，當時物力豐盛，趙氏河渠書稿百三十卷，戴氏河渠書稿百十卷，並有數寫本。 又趙校水經注，全氏雙韭山房録有二部，則全氏校本，趙氏亦必有之。 水經注爲纂河渠書時第一要書，故全、趙二校本，局中必有寫本無疑，東原見之，自必在此時矣。

至釐定經、注，戴氏是否本諸全、趙，殊不易定。 據段氏所撰東原年譜，自定水經一卷，繫於乾隆三十年乙酉，段刊東原文集書水經注後一篇，亦署乙酉秋八月，此篇雖不見於孔氏刊本，然段氏刊文集及年譜，均在乾隆壬子，五十七年。 其時趙書未出，趙、戴相襲之論未起也，則所署年月自尚可信。 而東原撰官本提要，所舉釐定經、注條例三則，至簡至賅，較之全、趙二家説尤爲親切，全説見五校本題辭，趙説謹附見於朱箋刊誤卷末。則東原於此事，似非全出因襲。且金宇文虚中、蔡正甫、明馮開之已發此論，固不必見全、趙書而始爲之也。余頗疑東原既發見此事，遂以酈書爲己一家之學，後見全、趙書與己同，不以爲助而反以爲讐，故於其校定酈書也爲得此書善本計，不能不盡採全、趙之説，而對於其人其書，必泯其迹而後快，於是盡以諸本之美歸諸大典本，盡掠諸家釐訂之功以爲己功。其弟子輩過尊其師，復以意氣爲之辯護。忿戾之氣相召，遂來張石舟輩竊書之譏，亦有以自取之也。

東原學問才力，固自横絶一世，然自視過高，騖名亦甚。其一生心力專注於聲音、訓詁、名物、象數，而於六經大義所得頗淺。晚年欲奪朱子之席，乃撰孟子字義疏證等書，雖自謂欲以孔、孟之説還之孔、孟，宋儒之説還之宋儒，顧其書，雖力與程、朱異，而亦未嘗與孔、孟合。其著他書，亦往往述其所自得而不肯言其所自出。其平生學術出於江慎修，故其古韻之學根於等韻，象數之學根於西法，與江氏同，而不肯公言等韻西法，與江氏異。其於江氏亦未嘗篤在三之誼，但呼之曰婺源老儒江慎修而已。其治酈書也亦然，黄、胡、全、趙諸家之説，戴氏雖盡取之，而氣矜之隆，雅不欲稱述諸氏，是固官書體例宜然。然其自刊之本，亦同官本，則不可解也。又戴書簡嚴，例不稱引他説，然於序録中亦不著一語，則尤不可解也。以視東潛之祖述謝山，謝山之於東潛稱道不絶口者，其雅量高致，固有間矣。由此氣矜之過，不獨厚誣大典本，抹殺諸家本，如張石舟之所譏，且有私改大典假託他本之迹。如蔣氏所藏大典本第一卷，有塗改四處：河水一「遐記綿邈」，遐邈二字中惟辶辶二偏旁係大典原本，叚貌二文皆係刮補，乃從朱王孫箋。今官本作「經記綿褫」，當是再改之本。又「令河不通利」，令字大典作今，乃從全、趙二本改今字下半作令。「天魔波旬」，大典與諸本同，乃改天字首筆作夭，以實其校語中夭妖字通之説。河水二「自析支以西濱於河首左右居也」，大典與諸本同作「在右居也」，乃從全、趙二本改在字爲左。全、趙從孫潛夫校。蓋戴校既託諸大典本，復慮後人據大典以駁之也，乃私改大典原本以實其説。其僅改卷首四處者，當以其不勝改而中止也。此漢人私改蘭臺漆書之故智，不謂東原乃復爲之。又戴氏官本校語，除朱本及所謂近刻外，從未一引他本，獨於卷三十一卷三十二卷四十中，五引歸有光本。今核此五條，均與全、趙本同。且歸氏本久佚，惟趙清常、何義門見之，全氏曾見趙、何校本，於此五條並不著歸本如此。孫潛夫傳校趙本，其卷四十尚存，亦不言歸本有此異同。以東原之厚誣大典觀之，則所引歸本，疑亦僞託也。凡此等學問上可忌可恥之事，東原胥爲之而不顧，則皆由氣矜之一念誤之。至於掩他人之書以爲己有，則實非其本意，而其迹則與之相等。平生尚論古人，雅不欲因學問之事，傷及其人之品格，然東原此書方法之錯誤，實與其性格相關，故縱論及之，以爲學者戒，當知學問之事，無往而不當用其忠實也。甲子二月。

（輯自觀堂集林卷十二）

戴震與水經注

——從發現新史料談起

楊應芹

一、早年研究水經注的見證

孔繼涵家抄本水地記三卷，已塵封了二百多年，現藏北京圖書館，筆者於近年有幸獲睹。該書第一卷爲河水，即孔刻戴氏遺書中的水地記一卷。第二、三卷爲濟水、淮水。二、三卷合計一百一十頁，四萬六千多字，其中三分之一的篇幅爲引用水經注的文字。

抄本前有孔繼涵親筆書序。序曰：

> 水地記乃戴東原先生二十餘年前流傳之稿底也，魚門兄題云未定本……及抄得是本，與東原語及，東原曰：「是草稿者，不足存也。」遂出其已成之第一卷見付。

程晉芳字魚門。「草稿」指濟水、淮水（爲區别定本河水，下文稱濟水、淮水者皆爲初稿本）。「已成之第一卷」即河水。孔序作於乾隆丁酉（一七七七）六月初八日，那麽「二十餘年前流傳之稿底」，即是説濟、淮二水作於乾隆甲戌年（一七五四）入都之前後。而戴震對水經注的關注和研究還遠在此之前。程瑤田五友記載：

> 先是己巳歲，余初識東原。當是時東原方躓於小試，而學已粗成，出其所校太傅禮示余。太傅禮者，人多不治，故經傳錯互，字句訛脱，學者恒苦其難讀，東原一一更正之……東原曰：「水經酈道元注亦如太傅禮，人所不治者，其經注之錯互，字句訛脱，與太傅禮無異。」（通藝录修辭餘鈔，安徽叢書本）

己巳歲即乾隆十四年（一七四九），可見戴震早年研究水經注又遠在其成初稿水地記之前。

初稿濟、淮二卷與河水卷都是記述河道地理的，其不同之處在於定稿引水經注的文字很少，且與引其他書的文字一樣，都是插在正文之中。而初稿却是大段大段地引用水經注，且與正文并列，另行書寫，如果我們不管正文，單看這兩卷引水經注的文字，亦從源到流，有頭有尾，似可看作專記河道的水經注删節本。這個「删節本」的文字已大部分同於殿本。凡殿本有案校曰「近刻訛」、「近刻脱」、「近刻衍」（下文「案校」，均指「近刻」訛、脱、衍的校語），水地記初稿引其文者，約半數都作了相應的改補删乙。如水經注：「又北與濟瀆合。」案：「近刻脱『與』字。」（水經注，殿本八卷六頁）又：「清河首受洪水，北注濟。」案：「『注』近刻訛作『流』。」（同上，七頁）又：「公及宋公遇於清。」案：「此下近刻衍『者也』二字。」(同上，九頁)水地記初稿濟水引用以上三條，分別在三十一頁前一行、三十一頁前七行、三十二頁前五行，文字與殿本完全相同，即已改正了殿本案校所指出的錯誤。初稿也有未直接改錯，而用雙排小字夾注説明的，如水地記初稿濟水：「今濟水重源出温城西北平地。」注：「北魏時濟水源爲軹縣境，當云『出軹縣西北平地』。」(水地記，孔抄本二卷四頁)又：「又東南逕郗城北而出於温矣。」注：「『郗』，當作『絺』。」(同上)又：「至太平真君八年，穎州刺史崔白自虎牢移州治此。」注：「北魏泰常中置禹州，治虎牢，然『穎州』乃『豫州』之訛。」(同上，三十七頁)以上引文分別在殿本水經注第七卷一頁後三行、二頁前五行、十一頁前二行，案校與上述注的内容相同。

現將水地記初稿全部引文與殿本水經注案校相比勘，統計如下。

水經注濟水有案校二百六十五條。水地記初稿濟水引其文字二十八段，涉及案校一百三十五條，已改正訛誤八十六條，未改正四十九。已改正的訛誤，占涉及案校總數的百分之六十四。

水經注淮水有案校一百四十八條，水地記初稿淮水引其文字二十二段，涉及案校九十條，已改正訛誤四十八條(詳附件一)。已改正的訛誤，占涉及案校總數的百分之五十三。

如果按照上述改正訛誤的比例，推測戴震早年研究水經注的成果，在水地記初稿問世的乾隆十九年前後，戴震至少已改正了通行本錯誤的百分之五十以上。由這個數字可以看出，戴震晚年校定水經注能取得巨大的成績，絶不是偶然的。

二、酈學史上劃時代的里程碑

水經注於六世紀初問世，流傳到北宋初年，已殘缺、淆紊，最嚴重的河、濟、淮、江、渭、洛、沔七大水流，經文多誤入注内，注文又誤爲經文，令人無可卒讀。幾百年來，校定水經注的學者們都試圖把混淆的經注文改正過來，事經七個多世紀，第一個真正解決這個難題的是戴震——他的水經一卷，把水經注中的經文全部離析出來了。

水經一卷成於乾隆三十年（一七六五）秋。第二年戴震入都，携有此書，「即以示紀文達、錢曉徵、姚姬傳及玉裁不過四五人」（段玉裁東原年譜三十九年）。由於此書未得刊刻，後世鮮爲人知，直到一九四六年，胡適從北京大學李盛鐸藏書中查得此書的一個抄本，才將它的内容、價值向世人作了較全面的介紹。該書由水經、附考、後記三部分組成，另外又附有作者「以河江爲綱，按地望先後」而考定的水經一百二十三水的新次序，因此北京圖書館藏的另一抄本題名曰水經考次。

從混淆的經注中辨析出全部經文，是這一卷書的中心内容。「附考」是戴震力圖補正渭水篇漏簡和潁水篇錯簡的嘗試。「後記」即經韻樓本東原文集卷六第二篇文章，所謂「書水經注後」。對於這一卷書來説，「後記」是理論總結，它不但考訂了水經的作者，交代了分離經文的緣起，更重要的是歸納總結了辨析經注的辨法和標準——四大義例，由此亦可推想到這一卷書的全部内容及其重要價值。該「後記」作爲獨立成篇的文章收入文集，應題名書水經後，遺憾的是玉裁誤增一字，題作「書水經注後」，在集中置於晚其近十年的水經酈道元注序之後。又因「其語已見於前篇矣」，而删去書水經後二百多字，其中正好有四大義例。即：

水經立文，首云某水所出，已下不復重舉水名；而注内詳及所納小水，加以采摭故實，彼此相雜，則一水之名不得不循文重舉。水經叙次所過郡縣，如云「又東過某縣南」之類，一語實賅一縣；而注内則自縣西至東，詳記水歷委曲。水經所列即當時縣治；至善長作注時，已縣邑流移，注既附經，是以云「逕某縣故城」，經無有稱「故城」者也。凡經例云「過」，注例云「逕」。

這四大義例從内容和文字兩方面抓住了經文與注文各自不同的特征，用高度概括性的語言表達出來，從而使幾百年的疑竇，「一旦曠若發蒙」（四庫全書總目水經注，中華縮印本，六一〇頁）。不過戴震發現四大義例，絶不是一朝頓悟，而是長期知識積累和縱横探索的結果。水地記初稿淮水引經文「又東逕新息縣南」，於「逕」下注曰「當作過」。由此一注，可見戴震早年對經文與注文的區别已有所意識。當然，水地記初稿引用水經注之所以能辨别出部分經注文，主要不是憑借這種意識，而是語感和上下文意。

從方法上看，水經一卷的校定，已超出校勘學的範疇。校勘學的基本方法是依據版本或他書來校定古書。水經注自問世到宋初刊刻之前，一直爲中秘書，元祐年間刊流於民間而傳於後世者皆爲經注混淆本，因此要分離經注文是無版本可依據的。戴震可能是在對水經注充分研究的基礎上，逐漸發現了經文與注文的不同特點，然後又反復比較分析，運用歸納的方法總結出四大義例，最後據四大義例從混淆的經注中分離出全部經文。因此，水經一卷之成書，用的是考據學的方法，而不是一般校勘學的手段。考據是戴震的專長。他少年時代，「凡讀書，每一字必求其義」，「一字之義，必本六書、貫羣經以爲定詁」（段玉裁東原年譜乾隆四年）。十七歲「有志聞道」之後，無論治經學、治小學，都特別注重充分占有材料，進行歸納驗證，「必徵之古而靡不條貫，合諸道而不留餘議」（東原文集與姚孝廉姬傳書），以求達到「有十分之見」的境地。可見考據學到了戴震的時代已基本采用科學的手段了。作爲一代考據學大師的戴震，也正是因爲他用考據學的科學方法研究水經注，所以他的成就能遠遠超過前人，也比他同時代的人高出一籌。

水經一卷的問世，標志着酈學史上經注混淆的時代已經過去，水經注不再是不可卒讀之書；未來的任務則是如何在文字上進一步正訛補漏，從而基本恢復這部巨著的歷史本來面貌。

三、水經注的殿本與自刻本

戴震晚年校定水經注完成了兩個本子，一個是刊自浙東、後在都踵成的自刻本，一個是武英殿木活字排印本，通常稱爲聚珍本或武英殿本，多簡稱之爲殿本。這兩個本子的關係，孔繼涵說：

東原氏之治水經注也，始於乾隆乙酉夏，越八年壬辰刊於浙東，未及四分之一而奉召入京師，與修四庫全書。又得永樂大典内之本，兼有酈道元自序，乃仍其四十卷，而以平日所得詳加訂正，進之於朝。（孔繼涵戴氏校訂水經注序）

朱筠説：

初徵入四庫館，以其生平所校水經注本，更據永樂大典所引互校，損益至二三千言之多，而酈氏原序亦出焉，乃并録以成書，官刻編之聚珍版中者也。（笥河文集戴氏校訂水經注書後）

孔、朱二人異口同聲説出了這樣的關係：戴震由大典本得見酈氏序，後又以其「平日所得」去校定大典本。二人均爲戴震好友，交往甚密，戴震入四庫館後，他們皆在都中，因此二人所言是可信的。大典本不但完整地保留有酈氏序，而且渭水、潁水諸篇也完好無損。戴震在水經附考中，試圖補正渭、潁水的漏錯簡，但補來正去，也不能恢復其原貌。得見大典本後，自然會了却這一心願。因此戴震用大典本來校補他的生平校本，這是無可置疑的。關於校定大典本，孔氏説「以平日所得」，朱氏則直説「以其生平所校水經注本」，這也是無可置疑的。由於戴震研究水經注已有二十多年的歷史，通行的各種版本，他當然是了若指掌，其「平日所得」也必然反映在他的生平校定本之中。因此以其生平校本去校定大典本，這是情理中的事。假如校定大典本的不是戴震，而是全祖望或趙一清，他們也會這樣做的。

最能説明戴震是否用生平校本去訂正大典本的，是殿本與大典本、自刻本的異同。

上文已統計出殿本濟水篇的案校爲二百六十五條，淮水篇一百四十八條。將殿本分別與大典本、自刻本一一對照比勘，其結果是：濟水篇，大典本不訛者十七條，訛者二百四十八條；自刻本不訛者二百六十條，訛者五條。淮水篇，大典本不訛者八條，訛者一百四十條；自刻本不訛者一百四十一條，訛者七條。

自刻本與殿本的異同，似多爲刻誤。如自刻本水經注濟水：「封閻澤赤爲侯國，河南之屬縣也。」（自刻本水經注濟水，十二頁）據殿本案「近刻脱『河南郡之』四字」，則此處只脱一個「郡」字。又：「縣在齊城北五十里」（同上，三十三頁），據殿本案，句末脱「也」字。還有一些訛誤，是後來校正的。如「焦氏山北有數山」（同上，三十七頁），據殿本案當作「焦氏山北數里」。又：「漢司隸校尉魯恭」（同上），據殿本案當作「魯峻」。此二條出自戴延之西征記，大典本亦同誤，可能是入四庫館後，查得西征記原書而改正的。

由上述查證結果，可以肯定戴震是用其生平所校水經注來校正大典本的。因此，後由武英殿排印的水經注既保留有原大典本的版本優點，又彙集了戴震研究水經注的生平全部所得，無疑至美至善。然而由查證對比，人們又不禁要問：明明十有八九是大典本的訛誤，案校爲什麽要把它歸之於「近刻」呢？這是個大疑點，後來許多問題都由此而生。

戴震一生整理過許多古書，其早年代表性的是毛詩補傳，晚年除水經注外，還有從永樂大典中輯出并勘校了的九章、海島、孫子、五曹、夏侯陽等算經。從整理的方式看，他一般都是徑改而不出校的，對於明顯的訛誤更是如此，即使偶有出校，則必定是針對原本錯誤而言，或説明校改的理由，或交代校改的根據，或存疑待定。至於底本不誤而他本他書誤者，戴震并不出校。殿本水經注却在底本之外，對他本大作校勘文章，所謂「近刻訛」、「近刻脱」等連篇累牘，除了殿本水經注外，在戴震整理的古書中再也找不出第二部。戴震著作引書也很多，偶而有出校説明的，但從未見有「近刻訛」等一類畫蛇添足的出校形式。

據胡適考證，乾隆皇帝題酈道元水經注六韻作於三十九年二月十六日。此時皇帝所看到的是一位纂修官從永樂大典中抄出的古本水經注。而這位纂修官并不是專治水經注的行家，所以後來便請戴震來校訂（詳見胡適手稿，第一集一卷一一六頁及四卷一〇頁，臺灣胡適紀念館編印）。乾隆三十九年七月初九日，四庫館總裁于敏中由熱河行宫致書總纂官陸錫熊説：「水經注既另辦，須善爲調停，使彼此無嫌無疑，方爲萬妥。」（同上，第六集，三卷三九一頁）此信爲易人的明證。戴震初入四庫館時，他的工作是從永樂大典中輯録儀禮與算經，這在三十八年十月與段玉裁書中已説得很明白（戴東原全集遺墨安徽叢書本）。因此，戴震接受大典本水經注的校定時間，當在乾隆三十九年的二月底到七月初之間。

總纂官們在這時候把大典本的校定任務交給戴震，會有什麼用心呢？我們細讀乾隆題詩，便會猜到一二。

題詩有「悉心編纂誠宜獎」、「足稱中尉繼功人」，若單從這幾句詩來看，乾隆皇帝好像要表彰纂修人員；但從全詩及其序來看，這位好大喜功的皇帝恰恰是要自我標榜稽古右文之功。尤其值得注意的是，乾隆還給大典本定了調子。他首先批評以朱謀㙔爲代表的今本，「其文與杜佑通典、樂史太平寰宇記所引，經注往往不合，又多意爲改竄，殊失本來面目」，然後説大典本「與今本相校，既有異同，且載道元自序一篇，亦世所未見，蓋猶據宋人善本録入」。乾隆所謂「異同」，顯然是説「今本」非而大典本是。另外乾隆還對大典本加以神化，説「若隱有呵護者然」（以上所引，皆見殿本水經注御題詩）。總纂官們對乾隆的旨意自是心領神會，爲了迎合皇帝的心理，自然就要對大典本大加美化。大典本雖有優點，但若干世紀因傳抄而致誤則同樣不可避免，誠如近人所指出：「細審大典，訛謬之處，與傳世之本無異。」（孟森商務影印永樂大典水經已將東原刮補涂改弊端隱没不存記，益世報之讀書周刊，一九三六年十一月十二日）戴震校定大典本，把「與傳世之本無異」的訛謬改正過來，這是不用説的，但是僅僅做到這一步，却還不能完全達到美化大典本的目的，更體現不了「與今本相校，既有異同」的聖意。總纂官們爲了體現聖意，就得説假話，這大概就是「近刻訛」云云隨之而來的原因。這些「近刻訛」云云，實際上是相對於戴震校正後的大典本而言，從而也就一筆筆抹煞了戴震校正大典本的功迹。因此，「近刻」云不可能出自戴震之手，而是出於總纂官們的竄改。竄改是四庫館總纂官們的權力，被竄改自是司空見慣。水經注武英殿本在目録提要之後，還署有「纂修官舉人戴震」，四庫全書本則把戴震的名字一筆鈎銷，又將「乾隆三十九年十月恭校上」的時間改爲「四十四年二月」。這便是竄改的又一證據，但不知此改是出於什麼目的。光緒年間，龐鴻書已看出武英殿本是被竄改過的。他説：自刻本「乃東原真本」；「武英殿本雖亦題戴氏名，然已經館中諸人改易，其校語亦非盡出於東原手也」（讀水經注小識序，光緒甲辰石印本）。

當「題戴氏名」的水經注由武英殿正式排印時，他的生平所校本也在趙刻之中，最後「與聚珍板同時而出」（段玉裁東原年譜三十七年）。戴震這種做法的本身就是一種無言的抗議。衆所周知，武英殿是清廷最權威的出版機構，而戴震當時手頭又極爲拮据。三十八年十月，他與段玉裁書曰：「僕此行不可謂非幸邀，然兩年中無分文以給旦夕，囊得自由尚内顧不暇，今益以在都費用，不知何以堪之。」（戴東原全集遺墨）在如此困難的情況下，戴震還要節衣縮食，完成他生平所校水經注的刊刻，顯然是爲了要留得真本在人間，讓後世好作比較，以便發現武英殿本被别有用心的竄改。因此可以這樣説：自刻本是戴震爲了保留清白的本子，我們要了解戴震晚年治水經注的真情實況，就必須研讀他的自刻本，切莫忽視了這個本子的價值。

四、一場不該發生的歷史風波

戴震對水經注的研究，傾注了二十多年的心血，「實先生畢生大業之一」（梁啓超語，見戴東原著述纂校書目考）。他所留下的應該是一塊令後世永久敬仰的豐碑。然而由於人們對他一生研究水經注的過程缺乏全面真實的了解，因而猜測、誤會，乃至釀成一場曠時百年的歷史風波——水經注戴趙相襲案。陳橋驛先生已撰文全面客觀地介紹過這場歷史風波（見水經注戴趙相襲案概述，鄭州大學學報，一九八六年第一期），下文就相襲的幾點「證據」，談談個人認識。

（二）關於戴趙「十同九九」的問題。

「十同九九」，最初出自楊希閔對戴校水經注殿本和趙氏水經注釋刻本有關校改經注混淆情況的估計（詳見水經注匯校序，光緒辛巳福州刊本），後來則被視爲相襲的重要證據。事實上，這是個不能作爲證據的數據。原因有二。

其一，「十同九九」是誇大了的比例。

筆者以水經注卷七、八濟水及卷三十淮水爲例，將殿本與四庫趙本作了對比統計。在殿本濟水二百六十五條案校中，校改的内容與趙本相同的爲一百七十一條，不同的九十四條。淮水一百四十八條案校，校改的内容與趙本相同的九十條，不同的五十八條。濟、淮二水，戴趙相同的比例分别爲百分之六十五和百分之六十。

楊家駱水經注四本異同舉例，抽樣統計了卷十八渭水，其結果是：「大典、戴校、趙釋三本有異同者凡九十處，其中戴同於趙者四十三處，戴同大典十二處，戴異二本者三十一處，三本互違者四處。」（轉引自水經注戴趙相襲案概述）該卷戴趙相同的比例爲百分之四十八。

其二，「十同九九」的比較方法是不全面的。

「十同九九」及其上述統計，其方法是静止的横向的比較，假如戴震生平從未研究過水經注，即殿本是他的處女校本的話，那麽無論「十同九九」，還是「十同四五」，都可以視爲抄襲的證據。然而戴震已有二十多年研究水經注的歷史，對於戴趙之相同，作發展的縱向的比較分析是絶不可缺少的，否則得出的結論便不免偏頗。

本文第一部分已統計，水地記初稿引文涉及殿本濟水、淮水的案校分别爲一百三十五條和九十條。現用趙本與殿本相比對，在濟水一百三十五條中，戴趙校改内容相同的爲七十九條；淮水九十條中，戴趙校改内容相同五十七條。再用戴趙校改内容相同的部分與水地記初稿引文相比對，在濟水七十九條中，水地記初稿已改正了五十二條；淮水五十七條中，已改正了三十九條（詳見附件一）。這就是説，在濟、淮二水戴趙相同的内容中，水地記初稿引文已分别改正了百分之六十六和百分之六十八。如果由此推測水經注所謂戴本同於趙本者，戴震在作水地記初稿的年代已改正了百分之六十以上。那時戴震絶無可能見到趙本，爲什麽有作如此相同的改正呢？結論只有一個：殊途同歸。趙一清、戴震都是當時第一流的歷史地理學家，他們對清初顧炎武、閻若璩、胡渭等人研究成果的繼承和借鑒是不言而喻的，而校定的底本又都是朱謀㙔的水經注箋，這樣校改的内容基本相同，則是必然的。因此，戴趙相同應成爲酈學史上閉户暗合的佳話，而不是什麽相襲的「證據」。

（二）關於直隸河渠書的夾條

王國維説：「余疑東原見趙氏書，尚在乾隆戊子三十五年修直隸河渠書時。東原修此書，實承東潛之後……水經注爲纂河渠書時第一要書，故全趙二校本，局中必有寫本無疑，東原見之，自必在此時矣。」（觀林集堂，中華書局影印本，第二册，五七八頁。案「乾隆戊子三十五年」之「三十五」，當爲「三十三」之誤）王氏顯然是把「十同九九」視爲戴襲趙的證據，進而要推測出戴見趙書的時間。「水經注爲纂河渠書時第一要書」，此説固是，而項絪、黄晟刻本當時極爲常見，趙氏造詣雖深，其時尚不著大名，又何必偏偏要用他的寫本呢？王氏推測的理由明顯站不住脚。然而現今尚有人爲王氏找證據，認爲：

這個推論是不錯的，戴震在河渠書卷一「唐河」中就説過：「杭人趙一清補注水經，於地理學甚賅，嘗游定州，爲定州牧姚立德作盧奴水考。」可證戴氏自己固已不諱而直言之。（水經校注前言，上海人民出版社一九八四年版）

其實，「杭人」云云，非出戴震之手，其所録正是一清本人。胡適一九四八年九月，借得南京中央圖書館藏直隸河渠書稿本二十六册，從内容到筆迹都作了辨别。該書的修訂者，部分爲趙一清，部分爲戴震。其中第十册唐河等，爲趙氏修改後的抄本。胡適從東潛詩稿中發現，趙一清修河渠書不是方觀承直接聘請的，而是爲金文淳代筆。金時爲順德知府，直隸總督方觀承委派他擔任修書的事。一清乃金的同鄉好友，此時正住在他妹夫姚立德定州官署，因此便把一清請去幫助他作修訂的事，由於趙氏爲人捉刀，采録他自己的文字用第三者修訂人的口氣留下此條，以作介紹（詳見胡適手稿第一集，三卷，三〇四頁）。

其條既非戴作，當然不能作爲見趙書的依據。退一步説，此條即便戴作，大概也不能作爲見過趙書的證據。聞其名而留其條，以表達對同仁的仰慕之情；若見趙氏而襲之，又作此條，則無異於自留賊證，天下哪有如此「不諱而直言」的行竊者。

趙一清水經注釋據孫潛過録柳大中本，補有半篇酈道元序，這是朱箋本等皆没有的。戴震入四庫後，始從大典本補得此序。由於自刻本於浙東已刊四分之一，其中當然包括目録，故序在自刻本目録中置於最後，作「禹貢山水澤地序」，當然序文也置於書之最後。很明顯，這目録中「序」字及其序文是入都後所增刻的。如果戴震在乾隆三十三年得見趙本，必然要抄録那半篇序，這樣也就不會首尾顛倒，置於全書之末了。由此可見，懷疑戴震在乾隆三十三年見到趙本，是没有任何根據的。

（三）關於水經注釋是否有「乾隆十九年趙氏刻本」的問題。

張之洞書目答問卷二「水經注釋四十卷」，范希曾補曰：「乾隆十九年趙氏家刻。」（書目答問補正，一四七頁，上海人民出版社一九八三年版）

范氏以治學嚴謹著稱，他對書目答問的補正有很高的參考價值。但是，他的補正并非在一一見過不同版本原書的基礎上進行的，故書目答問原來的訛錯便不可能一一改正，其所補者也未必條條可信。如卷五關於戴氏遺書，補曰：「十八種，乾隆丁卯微波榭刻本。」（同上，三三三頁）此補之錯至少有二：一、遺書當刻在戴震身後，即乾隆四十二年（一七七七）之後。「丁卯」爲乾隆十二年，戴氏正富於春秋，何荒唐至預刻「遺書」？二、孔刻戴氏遺書爲十二種，即便加上孔刻算經十書中的句股割圜記等四種，也祇有十六種，何乃至「十八種」之多？關於趙一清水經注釋「乾隆十九年趙氏家刻」云，當係范氏據莫友芝説。這個問題早在三十年代，鄭德坤就曾加以否定：

邵亭知見傳本書目録趙一清水經注釋，稱爲乾隆十九年趙氏家刻本，且謂趙氏板後歸振綺堂汪氏。此説疑誤，蓋此年書成，未聞付梓。趙書有刊印本，實始於乾隆五十一年也（水經注引得序，第十四頁，上海古籍出版社，一九八六年影印本）。

鄭氏時持水經注戴氏襲趙説，然而他對莫友芝所謂「十九年趙氏家刻本」説的否定，足見這位學者治學態度的嚴肅。

趙一清水經注釋自序後署「乾隆十九年仲冬上旬瓊華街散人東潛趙一清述」，這就是後人關於趙書成於乾隆十九年的依據。在莫氏之前從來没有「十九年刻本」之説。莫氏於版本目録之學似不專精，邵亭知見傳本書目疏誤頗多，即其明證。如卷五，和水經注釋同在一頁，於「水經注四十卷」下注曰：「戴震改定本，微波榭刻。」（邵亭知見傳本書目史部，五卷二十二頁，宣統元年排印本）這裏所謂「微波榭刻」，實爲戴震自刻。微波榭刊本版心皆有「微波榭」字樣，而戴校水經注却没有這樣的本子。孔繼涵關於戴氏自刻本，於序中説得很清楚：「壬辰刊於浙東，未及四分之一而奉召入京師……東原氏所刊某水各自爲篇，爲十有四册。」（戴氏校訂本水經注序）再者，戴氏自刻本是不分卷的，并非「四十卷」，此乃盡人皆知。由此看來，莫氏所謂「知見」，大概并非親目所見，至少也是未加審視辨識，否則不會出現這些常識性錯誤的。

據中國古籍善本書目史部著録，南京圖書館藏有清代汪氏振綺堂殘抄本水經注釋，其「卷六、十至十二……配清乾隆五十一年趙氏小山堂刻五十九年重修本」(中國古籍善本書目史部,下册一〇二七頁,上海古籍出版社)。莫氏所謂「十九年趙氏刻本」,指的大概就是五十九年重修本。七八十年代,全國善本書目大普查,發現趙氏稿本和兩種抄本(同上,一〇二六頁),如果有乾隆十九年家刻本,其印數再少,也不會少於抄本的,然而至今片紙未見。明清以來的版本學史表明,書刻於作者生前,其手稿多不傳世,抄本則更爲稀見。趙氏水經注釋之所以有稿本和抄本在,也證明了這一歷史現象。因此,「十九年趙氏刻本」説無疑是謬傳。

(四)關於大典本被涂改的問題。

王國維説,戴震「有私改大典假托他本之迹,如蔣氏所藏大典本第一卷,有涂改四處……蓋戴校即托諸大典本,復慮後人據大典以駁之也,乃私改大典原本以實其説」(觀林堂集,第二册,五八一頁)。王氏説得煞有其事,後來孟森又作商務影印永樂大典已將東原刮補涂改弊端隱没不存記,加以聲討。而戴震當年校定的大典本是抄本,而不是原本。永樂大典爲中秘書,是不可携之外出的,張穆等人當年便是由友人引進翰林院中方才看到大典本水經注的。戴震以一介舉子,破例入四庫館,已是衆目睽睽,豈敢冒欺君殺頭之罪,去涂改刮補皇家秘籍? 這是其一。其二,大典本的訛誤不是十處八處,而是數千處,誰敢設想,以涂改刮補的方式,能將其訛誤除掉? 其三,王氏説:「河水一遐記綿邈,『遐』『邈』二字中,惟『辶』『辶』二偏旁系大典原本,『叚』『貌』二文皆系刮補。」(同上)戴震晚年「屢换眼鏡,最後鬻眼鏡者曰:『此老光之最者,過此無可换矣。』」(段玉裁東原年譜,四十二年)却不知戴震以何目力,去涂改那筆畫繁細的「二文」。

戴震晚年的遺墨裏，有不少以「叚」爲偏旁的字，雖尚未見「貌」或以「貌」爲偏旁的字，但也有與其部件相關的字，如「懇」「藐」。將商務影印本「遐」、「邈」放大，與戴震手迹相比較，便可以很清楚地看出，無論筆形、筆勢，還是用筆的力度，大典本「叚」、「貌」二文都與戴震的手跡相去甚遠，而大典本上下文筆迹無二（詳見附件二）。因此「叚」、「貌」二文縱然爲刮補，亦當永樂大典的抄手所爲，與後世無涉，更與東原無關。

歷史的誤會往往是在所難免的，而歷史的事實一定會消除歷史的誤會。水經注戴趙相襲案争論了一百多年，并没有真正争出個結果。我相信，在沉霾了二百多年的水地記初稿、水經一卷完璧面世後，這場歷史公案一定會畫上一個公正的句號。這場公案的歷史教訓，也是很值得我們總結和借鑒的。

［附件一］

淮水篇三本異同一覽表

〇表示同殿本，×表示同“近刻”；〇×表示部分同殿本、部分同“近刻”

順次	殿本水經注			水地記初稿		四庫本水經注釋	
	正　文	案　校	頁.欄.行	引文	頁.欄.行	正文（括號内注文）	頁.欄.行
1	東流爲淮	此下近刻衍自字	1.b.1	〇	1.b.5	×（下有脱文）	1.b.3
2	淮水又東逕義陽縣	此八字原本及近刻並訛作經	1.b.8	〇	3.b.8	〇	2.a.5
3	淮水又逕義陽縣故城南	此十字原本及近刻並訛作經	2.a.1	〇	3.b.10	〇	2.a.7
4	世謂之白茅城	近刻脱之字	2.a.2	〇	3.b.10	〇	2.a.8
5	淮水又東，油水注之	此八字原本及近刻並訛作經	2.b.4	〇	4.b.7	〇	3.a.2

順次	殿本水經注			水地記初稿		四庫本水經注釋	
	正文	案校	頁.欄.行	引文	頁.欄.行	正文（括號内注文）	頁.欄.行
6	沿波三丈	沿下近刻衍流字	2.b.7	○	4.a.9	○	3.a.4
7	淮水又東北,與大木水合	此十字原本及近刻並訛作經	3.a.2	○	4.b.1	○	3.a.7
8	淮水又東北流,左會湖水	此十字原本及近刻並訛作經	3.a.5	○	4.b.4	○	3.b.1
9	淮水又東逕安陽縣故城南	此十一字原本及近刻並訛作經	3.a.6	○	4.b.5	○	3.b.3
10	淮水又東,得澌口水,源南出大潰山	此十四字原本及近刻并截上八字訛作經,下六字仍屬注文	3.b.2	○	4.b.6	○	3.b.7

順次	殿本水經注			水地記初稿		四庫本水經注釋	
	正　文	案　校	頁.欄.行	引文	頁.欄.行	正文 （括號内注文）	頁.欄.行
11	梁司州刺史馬仙琕不守	梁近刻訛作齊，仙琕訛作鮮卑	3.b.7	×	4.b.9	× （當作“梁”“仙”）	4.a.4
12	東逕鍾武縣故城南	近刻脱縣字	4.a.3	×	5.a.3	○	4.b.4
13	谷水南出鮮金山北流	此下近刻衍至字	4.a.9	×	5.b.2	○	5.a.2
14	又東過新息縣南	過近刻訛作逕	4.b.4	○	5.b.5	○	5.a.5
15	淮水又東逕浮光山北	此九字原本及近刻並訛作經	4.b.6	○	5.b.6	○	5.a.7
16	亦曰扶光山，即弋陽山也	近刻脱陽字	4.b.7	×	5.b.6	○×	5.a.8
17	山名玉及黑石，堪爲棊。其山俯映長淮，每有光輝，淮水又東	近刻脱此二十三字	4.b.9	×	5.b.7	○	5.b.1

順次	殿本水經注			水地記初稿		四庫本水經注釋	
	正　文	案　校	頁.欄.行	引文	頁.欄.行	正文（括號内注文）	頁.欄.行
18	又東南入淮	又東下近刻衍逕字	6.a.1	○	6.a.8	○×	6.b.4
19	淮水又東，右合壑水	此八字原本及近刻並訛作經	6.a.5	○	6.b.1	○	6.b.8
20	淮水又東北，申陂枝水注之	此十一字原本及近刻並訛作經	6.a.9	○	6.b.5	○	7.a.4
21	淮水又東逕淮陰亭北，又東逕白城南	此十五字原本及近刻並訛作經	6.b.3	○	6.b.7	○	7.a.6
22	東北去白亭十里	東上近刻衍又字	6.b.4	○	6.b.7	×	7.a.7
23	淮水又東北合黄水	此八字原本及近刻並訛作經	6.b.7	○	7.b.2	○	7.b.1
24	水導源木陵山	近刻脱源字	6.b.9	×	7.b.2	○	7.b.3

順次	殿本水經注			水地記初稿		四庫本水經注釋	
	正　文	案　校	頁.欄.行	引文	頁.欄.行	正文（括號内注文）	頁.欄.行
25	又東逕光城南	逕下近刻衍南字	7.a.1	×	7.a.4	×	7.b.4
26	光城左郡治	近刻脱城左二字	7.a.1	×	7.b.4	×	7.b.5
27	故弦國也	弦下原本及近刻并衍高字	7.a.2	○	7.b.5	×（引全氏説，存疑）	7.b.5
28	而東流注也	注下近刻衍之者二字	7.a.5	○	7.b.7	×	7.b.8
29	又東過原鹿縣	近刻脱又字	7.b.7	×	8.b.8	×	10.a.2
30	淮水又東，谷水入焉	此八字原本及近刻並訛作經	8.a.5	○	11.a.9	○	10.b.1
31	谷水又東於汝陰城東南注淮	近刻脱淮字	8.b.2	×	11.b.2	○	10.b.7

順次	殿本水經注			水地記初稿		四庫本水經注釋	
	正　文	案　校	頁. 欄. 行	引文	頁. 欄. 行	正文（括號内注文）	頁. 欄. 行
32	淮水又東北,左會潤水	此九字原本及近刻並訛作經	8. b. 3	○	11. b. 3	○	10. b. 8
33	逕荆亭北而東入淮	近刻脱淮字	8. b. 7	×	11. b. 6	○	11. a. 3
34	淮水又東北,窮水入焉	此九字原本及近刻並訛作經	8. b. 7	○	11. b. 8	○	11. a. 4
35	水出六安國安風縣窮谷	風近刻訛作豐,下同	8. b. 8	×	11. b. 8	×	11. a. 4
36	司馬沈尹戌與吴師遇於窮者也	近刻窮下衍谷字	9. a. 1	×	11. b. 9	×	11. a. 5
37	淮中有洲	近刻重一淮字	9. a. 6	○	12. a. 5	○	11. b. 3

順次	殿本水經注			水地記初稿		四庫本水經注釋	
	正　文	案　校	頁.欄.行	引文	頁.欄.行	正文（括號内注文）	頁.欄.行
38	沘水泄水合北注之	沘水泄水原本及近刻并訛作淠水洪水	9.b.3	○	13.b.8	○（引全氏説，作泄水）	12.a.4
39	淮水又東，左合沘口	近刻訛作淠口	9.b.5	○	13.b.10	○	12.a.6
40	淮水又東流與潁口會，東南逕蒼陵城北，又東北流逕壽春縣故城西	蒼陵城北近刻訛作倉陵北，又此二十七字原本及近刻並訛作經	9.b.6	○×	15.b.10	○	12.a.7
41	淮水又北，左合椒水	此八字原本及近刻並訛作經	10.a.4	○	16.a.5	○	12.b.6
42	東北流逕虵城南	城近刻訛作地	10.a.5	×	16.a.6	○	12.b.7
43	肥水從城西而北入於淮	近刻脱西字	10.b.1	×	16.a.9	○×	13.a.2

順次	殿本水經注			水地記初稿		四庫本水經注釋	
	正　文	案　校	頁.欄.行	引文	頁.欄.行	正文（括號内注文）	頁.欄.行
44	又東爲大漴陂	近刻訛天淙陂	11.a.3	○×	20.a.4	×（潁水注作“大漴陂”）	13.b.5
45	南爲夏肥水	近刻脱夏字	11.a.4	×	20.a.5	○	13.b.6
46	夏肥水東流	近刻脱水字	11.a.5	○	20.a.5	○	13.b.6
47	東流爲黄陂	近刻脱流字	11.a.5	○	20.a.6	×	13.b.7
48	鷄水右會夏肥水	右近刻訛作又,脱夏字	11.a.8	×	20.a.9	○×	14.a.1
49	淮水又北逕山硖中,謂之硖石	此十二字原本及近刻並訛作經	11.a.9	○	20.a.10	○	14.a.2
50	春秋哀公二年	哀近刻訛作襄	11.b.5	○	21.a.5	○	14.a.6

順次	殿本水經注			水地記初稿		四庫本水經注釋	
	正　文	案　校	頁.欄.行	引文	頁.欄.行	正文（括號内注文）	頁.欄.行
51	蔡昭侯	近刻訛作成公	11.b.5	×	21.a.6	×（引全氏説，作“昭侯”）	14.a.7
52	淮之東岸又有一城，即下蔡新城也	近刻脱即字	11.b.7	×	21.a.7	○	14.a.8
53	淮水東逕八公山北	近刻脱公字	11.b.7	○	21.a.8	○	14.b.1
54	又北逕蕭亭東	近刻脱又字	12.a.2	×	21.b.2	○	14.b.5
55	北肥水從縣東北注者也	近刻脱從字	12.a.7	×	21.b.7	○	15.a.4
56	淮水又北逕莫邪山西	此九字原本及近刻並訛作經	12.a.9	○	21.b.9	○	15.a.6
57	禹墟在山西南	墟近刻訛作娶	13.a.1	×	22.a.5	○	15.b.8

順次	殿本水經注			水地記初稿		四庫本水經注釋	
	正　文	案　校	頁.欄.行	引文	頁.欄.行	正文（括號内注文）	頁.欄.行
58	淮水又東北，濠水注之	此九字原本及近刻並訛作經	13.a.4	○	22.a.7	○	16.a.4
59	水出莫邪山東北溪	溪上近刻衍之字	13.a.5	○	22.a.7	○	16.a.5
60	淮水又北，沙水注之	此八字原本及近刻並訛作經	13.a.6	○	22.a.8	○	16.a.6
61	平阿縣有涂山	有下近刻衍當字	13.a.9	○	22.a.10	×	16.b.1
62	而揚濤北注也	而近訛作西，也訛作之	13.b.1	○	22.b.1	○×	16.b.2
63	淮水又東逕夏丘縣南	此九字原本及近刻並訛作經	14.b.1	○	24.b.1	○	17.b.5
64	渙水入焉……又東南	近刻脱入焉至此四十六字	14.b.2	○×	24.b.1	×	17.b.5

順次	殿本水經注			水地記初稿		四庫本水經注釋	
	正　文	案　校	頁.欄.行	引文	頁.欄.行	正文（括號内注文）	頁.欄.行
65	宋公子御説奔亳者也	奔下近刻衍於字	15.b.5	×	25.a.4	×	19.a.1
66	今睢陽東南三十里有故楊梁城	近刻脱城字	16.a.1	×	25.a.7	○×	19.a.5
67	水出譙城北白汀陂	白近刻訛作自	16.b.1	○	25.b.2	○	20.a.2
68	嵇康本姓奚	近刻脱康字	16.b.4	×	25.b.4	○	20.a.8
69	改爲嵇氏	改近刻訛作故	16.b.5	×	25.b.5	○	20.b.1
70	故甀鄉也	甀近刻訛作垂	16.b.9	×	25.b.7	×	20.b.7
71	左會八丈故瀆	左近刻訛作右	17.a.3	×	25.b.9	×	21.a.1
72	又逕虹城南	近刻脱又字,虹訛作蚿	17.a.7	×	26.a.3	○×	21.a.6

順次	殿本水經注			水地記初稿		四庫本水經注釋	
	正　文	案　校	頁.欄.行	引文	頁.欄.行	正文（括號内注文）	頁.欄.行
73	洨水又東南與渙水亂流而入於淮	近刻脱與渙水亂流五字及而字	17.b.4	×	26.a.6	×	21.b.4
74	南逕沛國夏丘縣絶蘄水，又南逕夏丘縣故城西	近刻脱水又南三字	17.b.7	○×	26.a.7	×	21.b.7
75	淮水又東逕浮山	此七字原本及近刻並訛作經	18.a.1	○	26.a.8	○	22.a.1
76	淮水又東逕徐縣南，歷澗水注之	此十三字原本及近刻並訛作經	18.a.3	○	27.a.6	○	22.a.3
77	淮水又東，池水注之	此八字原本及近刻並訛作經	18.a.6	○	27.a.8	○	22.a.5

順次	殿本水經注			水地記初稿		四庫本水經注釋	
	正　文	案　校	頁.欄.行	引文	頁.欄.行	正文（括號内注文）	頁.欄.行
78	東北入於淮，謂之池河口也	近刻脱河字	18.b.3	×	27.a.10	×（引全氏説，作“池河口”）	22.b.2
79	淮水又東，蘄水注之	此八字原本及近刻並訛作經	18.b.3	○	27.a.10	○	22.b.4
80	長直故溝出焉	長直上近刻衍南北二字，溝訛作瀆	18.b.9	○×	27.b.3	○×	23.a.2
81	淮水又東歷客山，逕盱眙縣故城南	此十四字原本及近刻並訛作經	19.a.3	○	27.b.8	○	23.a.5
82	淮水又東逕廣陵淮陽城南	廣陵下近刻衍歷字，復脱南字	19.a.6	○×	28.a.8	×	23.a.8
83	西北至末口入淮	西近刻訛作而，又脱入字	20.a.7	○	29.b.3	○	24.b.5

順次	殿本水經注			水地記初稿		四庫本水經注釋	
	正　文	案　校	頁. 欄. 行	引文	頁. 欄. 行	正文 （括號内注文）	頁. 欄. 行
84	其水上承歐陽埭	近刻脱埭字	20. a. 8	○×	29. b. 4	×	25. a. 8
85	又自湖之南口	近刻南下衍北字	21. a. 1	×	30. a. 2	○	26. a. 4
86	中瀆水又東	近刻脱水字	21. a. 9	×	30. a. 5	○	27. a. 4
87	應劭曰淮崖也	近刻訛作浦岸也	22. a. 2	×	30. b. 1	○	28. a. 6
88	又逕朐山西	逕近刻訛作匡	22. a. 4	○	30. b. 3	○	28. a. 8
89	游水又北逕東海利成縣故城東	成近刻訛作城，東上衍之字	22. b. 4	○×	30. b. 5	○×	29. a. 7
90	游水左逕琅邪計斤縣故城之西	計斤原本及近刻并訛作即丘	23. a. 6	○	30. b. 7	○×	30. a. 2

［附件二］

大典本水經注原字様

戴震手跡

説明：大典本水經注原字様，據永樂大典（商務影印本）卷一一一二七第一頁放大復印。戴震手跡，「暇」至「懇」分別據戴東原全集遺墨（安徽叢書本）第四、五、六、七、十頁復印。「蘊」字據戴震手稿題惠定宇先生授經圖（北京大學圖書館藏）照相復制。均有不同程度的放大。

（輯自臺北大陸雜志一九九五年八月）

戴東原制義叙

任兆麟

歲丙申，余甄綜近世名人制義爲一集，兄領從自京邸郵寄數家，休寧戴君東原文稿在焉。君於學靡所不通，爲世儒宗。制義抑其末也，顧識趣體格並臻極至。言性諸篇，與所著原善相表裏，蒙嘗憾近世考古家，於時藝多不屑爲，或爲之不工，工矣又不盡傳，東原數藝俾長留天壤間，詎不幸與！它日有傳其別集者宜采焉。

（輯自有竹居集卷八）

謝翁覃溪師贈戴氏遺書啓

凌廷堪

南閣祭酒綜異義於五經，北海司農貫羣言於六藝。守先以待後，尼山之金鏡彌輝；繼往而開來，泗水之珠囊倍朗。巨唐孔、賈未改遺規，炎宋邢、孫猶存故步。自元豐之世，三經之解盛行，迨皇慶以還，四子之書大著。置典章於不講，後生莫識儒林；競心性以相高，先達皆言道統。惟國家重熙累洽，至治日臻；而學校漸義摩仁，真儒篤起。道該本末，豈惟鄙郡之光；學貫天人，誠屬聖朝之瑞。遺編在笥，傳之其人，著書滿家，壽諸斯世。某草茅賤士，粗識古今，韋布少年，略研訓詁。未遑進履，遂傳圯上秘書；更使升堂，許作淹中弟子。從此青燈佔畢，時尋學海之源流；絳帳追隨，敢忘師門之授受？

（輯自校禮堂文集卷九）

箋戴東原書小雅後

楊傳第

東原書小雅後云：「鹿鳴已下二十二篇，漢經師以爲正雅，亡其詞者六，故鄭康成詩譜云：『小雅十六篇爲正經。』采薇、出車、杕杜，漢世有謂懿王時詩者，據詩中曰『天子』，曰『王命』，毛、鄭解爲殷王，徒泥正雅作於周初耳。苟其詩得乎義之正，而爲治世之正事，何必非正雅乎？文王未嘗自稱王，成、康以後，昭、穆、共、懿、考、夷、厲、宣八王，而宣王命吉甫北征曰：『玁狁孔熾』，則前此二百餘年間，固不必無玁狁崛强之事矣。宣王之臣皇父，謂南仲爲大祖，豈必遠求南仲於文王時歟？文王之臣亦未聞有南仲者。南陔已下，則又周初雅樂。未可泥今之篇什第次，定作詩時世也。」

國風二南、小雅鹿鳴已下至菁菁者莪，大雅自文王下及卷阿，皆周初作，以歌文、武之道爲後世法。孔子删詩，取以爲正經，王者之成法備於此矣。祖宗由之，末孫廢之，故孔子録變風變雅傷後王之失，欲其用詩道而反之正。毛公獨得情事，故於采芑詩文侈而知其劣，其他或以偏端見美，非王道之盛，不得升於正經。若夫陳古刺今之作，則孔子云「我觀周道幽厲傷之」。聖人爲東周之志一見於詩，因時世盛衰以分正變，其義例確乎不可拔，是不得謂毛、鄭泥正雅作於周初也。

班孟堅謂采薇爲懿王時詩，出車爲宣王時詩，司馬子長謂出車爲襄王時詩。此三家之異説，當以毛詩爲正。逸周書序言文王西距昆夷，北備玁狁，與毛詩合。周在殷季世有戎狄玁狁崛强之事，固不待成、康以後也。詩中曰天子曰王命，自指殷王。論語云：「三分天下有其二，以服事殷。」夫聖人則古昔稱先王，舍詩、書何所依據？ 采薇、出車以天子之命命將帥，實可爲服事之明證，安見至德之嘆，非考信於詩哉？

大雅言文王受命作周，謂文王功德昭著於天，膺帝厚眷，子孫遂有天下。漢儒信讖緯受洛書之説，謂文王自稱王。劉歆作三統曆，考上世帝王，以爲文王受命九年而崩，漢書律曆志載其説，於是賈逵、馬融、王肅、韋昭、皇甫謐，皆悉同之。凡斯傅會，正可援采薇、出車而辨其誤。南仲州内諸侯之屬於西伯者，故傳云文王之屬，未斥爲文王之臣。路史禹後有南氏二臣，南仲即其後，其言不經，無足據。然南仲爲夏、商之舊諸侯無疑也。馬融誤以出車南仲爲宣王臣。後漢書龐參傳。案常武以討淮夷，北伐實命吉甫，求之於經，未見其當，若謂即皇父之大祖，則本其先之有功德者勸之，何不可上溯之文王時。顧云「不必遠求」，則是述祖德限於高曾，誦清芬不數久遠也，此就常武箋説駁之。況出車、常武之南仲固判然兩人耶！ 南仲大祖，傳云「王命南仲於大祖」，案白虎通曰「王制爵人於朝與衆共之」，詩云「王命卿士，南仲大祖」，祭統曰「古者人君爵有德必於大祖。」毛義爲長，箋説非。必溷而一之，何不指春秋仍叔之子爲雲漢之仍叔，家父求金爲節詩之家父乎？ 非其理矣。詩之篇第非無錯置，如采蘋舊在草蟲之前，南陔以下六篇亡，而推改什首，至於風雅正變，時世犂然無可譏者，夫有所受之也。

（輯自汀鷺文鈔卷二）

新修汾州府志序（節録）

曹學閔

郡邑之有志也，其史家之流乎？ 稽之於古，則圈稱之陳留耆舊、虞預之會稽典録，祇述人物；羅含之記湘中，辛氏之記三秦，多談山水。二者各自成家，故劉知幾有郡書、地理書之別。自宋以來，州縣志乘，日以滋繁，山川疆域，貢賦户口，仕宦人物，莫不詳著於編，蓋兼古二家之法而爲之，所以存一方之文獻，備正史之考稽，烏可闕焉而不具哉？

然而吏胥之文簿抄寫，或失體裁；委巷之流傳沿襲，慮乖事實。是必有上下古今之學識，而佐以典雅之文，裁以簡要之筆，然後可以傳世而行遠也。

學閔曩在里門，與同年吕學三暨魏西銘昆仲私論及此，輒以爲憾。今太守諸城孫公以山左名宿來涖吾郡，政通人和，百廢俱舉，暇日繙閲前志，惜其久而未修，爰集紳士，咨訪舊聞，酌定體例，復延休寧戴孝廉東原考證古今，筆削成書。公於聽政之餘，仍親加潤色，閲一年而告成。體大思精，文約義贍，追常璩之詳審，匹劉炳之該博。所稱傳世行遠，而有益於史家者，其在斯乎！

乾隆三十有五年，歲在庚寅冬至前七日，賜進士出身吏科掌印給事中前史官郡人曹學閔撰。

（輯自乾隆汾州府志）

汾州府志序（節録）

徐　浩

予同年生孫君越薪，政尚清静，由滇南萬里命守汾郡，慨舊志之久而未續，因追王君意臚列而次第之，又獨力難勝，更聘戴東原先生襄其事。東原名士也，博覽羣書，考訂精核，寰海文人皆知之。相與丹黄甲乙。首沿革，終藝文，爲例三十，爲卷三十又四，使閲者雙眸炯炯，如白圭振鷺焉……由今溯昔，士循乎禮教，民習乎樸誠，事詩書，安耕鑿，不亦休哉！

時大清乾隆三十六年，歲次辛卯春三月，山陰徐浩書。

（輯自乾隆汾州府志）

汾陽縣志序（節録）

俞調元

郡志已梓成而邑志亦脱稿，李君文起以粤東名進士來尹斯土，游刃恢恢餘間染翰，又得新安戴孝廉東原佐其考覈，閲數月稿成，李君命繕書録成帙，質於余。取視之，爲卷十二，分目二十有八，義例嚴整，考據詳明，誠不愧名流手筆。

夫修志之難，不難于考文徵獻，而難于協輿情。故志，志實也；志地，志其勝也；志人，志其美也；志事，志其要也。他若無關輕重者，可仍則仍之，不煩齟齬焉。志如是是亦善矣！余因於簿書餘暇，就其本重加釐訂，稍稍潤色之。既成，遂郵札報光禄，而弁數語于簡端。其他既詳志中，兹不贅論。

時乾隆三十七年，歲次壬辰季秋之朔，知汾州府事海寧俞調元書。

（輯自乾隆汾陽縣志）

鄭堂讀書記（節録）

周中孚

毛鄭詩考正四卷 戴氏遺書本

國朝戴震撰。震字東原，休寧人。乾隆乙未進士，官翰林院庶吉士。是書於毛傳、鄭箋無所專主，多自以己意考證，或兼摘傳箋考正之，或專摘一家考正之，或止摘經文考正之。大都俱本古訓古義，推求其是，而仍以輔翼傳箋爲主，非若宋人説詩諸書，專以駁斥毛、鄭而别名一家也。首爲鄭氏詩譜，不入卷數。東原自識稱：「鄭氏譜亡，歐陽永叔得其殘本於絳州，取孔穎達正義所載之文補之，今其譜又復訛闕，聊加訂正，以存梗概云。」

杲谿詩經補注二卷　戴氏遺書本

國朝戴震撰。是書采輯毛傳、鄭箋、朱傳三家之説於經文之下，而自爲説以發明之。大旨與所作毛鄭詩考正相同，而此更博稽羣籍，以相參證。並於各章後自爲小序而爲之説，亦依傍原序，及傳、箋之説爲之。不似集傳及何氏世本古義諸書，全然自創一序也。其書首卷爲周南，次卷爲召南，蓋未成之本也。

孟子字義疏證三卷　戴氏遺書本

國朝戴震撰。震仕履見詩類。東原因今人無論正邪，盡以意見名之曰理而禍斯民，故作是書以正人心。上卷理十五條，中卷天道四條，性九條。下卷才三條，道四條，仁義禮智二條，誠二條，權五條。而以答彭尺木紹升書附之。前有自序一篇，述其書用孟子字義爲目之故，而用韓子求觀聖人之道必自孟子始之語爲歸宿，其隱然以道自任，上接孟子，意可見矣。近儒之講心性者，不知反而求之六經、論、孟，而尚以宋、明人語録是從焉，即當以是書爲先路之導可也。

聲韻考四卷　戴氏遺書本

國朝戴震撰。是編皆其考論聲韻源流本末，條例略仿顧氏音論，而精博則過之。蓋東原精于六書，論轉注同意相受，得自漢以後不傳之恉，既一洗諸説之舛駁矣，乃歷考反語本原于漢、魏經師，非始於釋氏字母，其言尤爲雅馴。又考今韻二百六部，宋景祐中許附近通用之十三處，以補亭林所未詳，而唐、宋用韻功令之沿革具見。故以是書證諸宋書所存韻書，參考陳季立、顧亭林、江慎修、段茂堂之説，斯可以讀古經傳而知聖人六書之法矣。經韻樓叢書亦收入之，並爲之序。

聲類表九卷　戴氏遺書本

國朝戴震撰。東原既著聲韻考，復專取古音，分爲九類而爲之表。一曰歌、魚、鐸之類，二曰蒸、之、職之類，三曰東、尤、屋之類，四曰陽、蕭、藥之類，五曰庚、支、陌之類，六曰真、脂、質之類，七曰元、寒、桓、删、山、仙、祭、泰、夬、廢、月、曷、末、黠、鎋、薛之類，八曰侵、緝之類，九曰覃、合之類。每類中各詳其開口合口，内轉外轉，重聲輕聲，呼等之綿瑣，今音古音之轉移。綱領既張，纖悉畢舉，彼此相配，四聲一貫，所以補前人所未爲而釐之就緒者也。按東原師江慎修之論亭林也，曰考古之功多，審音之功少。而慎修與東原則考古審音，均詣其極。東原極精心神解，更集諸家之成。其書甫成而殁，未及爲例言，孔誧伯廣栻刻之，取東原與段茂堂札弁其首，而東原作書之意大著矣。

原善三卷　戴氏遺書本

國朝戴震撰。震仕履見詩類。東原初撰原善三篇，皆約六經、論、孟之旨以成文，既而懼學者蔽以異趣也，復援據經傳，疏通證明之。上卷凡十一章，中卷凡五章，下卷凡十六章。而以向之三篇，分爲建首。自序謂比類合義，燦然端委畢著矣。天人之道，經之大訓萃焉。其言誠大而非誇，此與所著孟子字義疏證，皆東原窮理盡性之書。聖賢真法脈亦皆具此，兩書中無一字落宋、明人範圍之内，故求觀聖人之道，必自此兩書始。

續天文略二卷　戴氏遺書本

國朝戴震撰。震仕履見禮類。乾隆三十二年奉敕撰續通志，館臣因以天文略屬東原撰定，故有是編。案鄭漁仲本不知天文，而通志故不可闕此一門，因抄撮舊史，以充卷帙，宜其擇不精而語不詳也。東原乃更定爲十目：曰星見伏昏旦中，曰列宿十二次，曰星象，曰黄道宿度，曰七衡六間，曰晷景短長，曰北極高下，曰日月五步規定，曰儀象，曰漏刻。或補前書闕遺，或續所未及，凡占變推步不與焉，考自唐、虞以來，下迄元、明，見于六經史籍，有關運行之體者，約而論之，著于篇。其詳具見其自序中，是本止有上中兩卷，而無下卷，故日月五步規法以下三篇闕焉。或東原未及成書，爲他人所補全，以列入續通志，後孔體生刊遺書，遂亦不取以補刻也。

原象一卷　戴氏遺書本

國朝戴震撰。是編乃其天文步算之書。凡原象八編、迎日推策記一篇。今以臧刻東原文集核之，第一篇論璿璣玉衡，第二篇論中星，第三篇論土圭，第四篇論五紀，第五篇至第八篇句股割圜記。第八篇文集不載，内五紀篇臧刻甚略，以爲此章複見迎日推策記，而所載迎日推策記較之此篇反詳，當由東序刻集，即從孔刻文集本刊入，故各有詳略也。東原以天文爲治經之本，故所爲步算諸書，類皆以經義潤色，縝密簡要，準古作者，觀是編可知矣。句股割圜記四篇，較諸孔刻算經附刊本，僅有記文而無圖及附注，此蓋其初擬之本，其文且有詳略參差之不同，然則當以圖注之三卷爲定本焉。

策算一卷 戴氏遺書本

國朝戴震撰。東原稱以九九書于策，則盡乘除之用，是爲策算。因略取經史中資于算者，次成一卷，專爲乘除開方舉其例，俾治九章算術者，首從事焉。蓋是書本爲九章算術而作，猶王輔嗣之作易略例。故孔體生刊算經十書，取以附九章音義之後。講九章者，必先從事于此而可哉。

句股割圜記三卷 算經十書附刊本

國朝戴震撰。西法三角八綫，即古之句股弧矢，自西學盛行，而古法轉昧。東原乃取梅勿庵所著平三角舉要、塹堵測量、環中黍尺三書之法，易以新名，飾以古義，作此三篇。篇各一卷，凡爲圖五十有五，爲術四十有九，記二千四百一十七字，因周髀首章之言，衍而極之，以備步算之大全，補六藝之逸簡。又慮習今者未能驟通乎古，乃附注今之平三角弧三角法于下，以引申其義，較之戴氏遺書中原象僅存其記文者，此實爲定本矣。治經之士，能就斯記卒業，則凡疇人子弟所守，以及西國測量之長，胥可貫徹靡遺焉。前有歙縣吴思孝序。

戴氏遺書十四種附一種 曲阜孔氏微波榭刊本

國朝戴震撰。震仕履見詩類。東原少從婺源江慎修永游，講貫禮經制度名物，及推步天象，皆洞徹其原本。既乃研精漢儒傳注，及方言、説文諸書，由聲音文字以求訓詁，由訓詁以尋義理，實事求是，不偏主一家，亦不過騁其辨以排擊前賢。其在書局校定各書，皆官爲板行，其所撰述，則曲阜孔體生繼涵爲刊行之，乾隆戊戌，盧抱經文弨撰序。顧棻厓修彙刻書目所列十五種，後有策算一卷，句股割圜記一書。注云：二種附算經十書行世。蓋算經十書，爲東原所校定，孔氏合而刻之，棻厓亦載其目，於九章音義下附策算一卷，數術記遺後附句股割圜記。余所得遺書，則策算一卷仍在其中，惟無句股割圜記。考其記文，即刊入原象内，惟無圖五十有五，爲術四十有九耳。今諸書已分記於各類，仍依顧刻書目所列次序，並繫於左：

東原文集十卷、按臧在東鏞堂等復取是編，重加增定另刊，其本較此多三十一篇，少四篇，故以臧刻著録於集部別集類，此本僅附見云。

毛鄭詩考正四卷、杲溪詩經補注二卷、以上二種俱見經部詩類。

考工記圖二卷、見經部禮類。

孟子字義疏證三卷、見經部四書類。

聲韻考四卷、聲類表十卷、以上二種俱見經部小學類。

原善三卷、見子部儒家類。

原象一卷、續天文略二卷、上、中。以上二種俱見天文算法類。

水地記一卷、見史部地理類。

方言疏證十三卷、見經部小學類。

水經注三十五卷、按是書無卷數。但分爲一百二十五篇，渌飲誤也。又按此種版心無「微波榭刻」四字，因有孔序，知是遺書内本。見史部地理類。

策算一卷、見子部天文算法類。

句股割圜記一卷、原闕。

附屈原賦注七卷、通釋二卷、音義三卷。版心無「微波榭刻」四字。見集部楚詞類。

戴東原集十二卷 經韻樓刊本

國朝戴震撰。是編爲其門人段懋堂所校刊，前有懋堂序，稱先生所爲書，或成或不成，孔氏體生梓于曲阜十餘種，學者苦其不易得。文集十卷，先生之學梗概具見，臧氏在東、顧氏子述因增其未備，編爲十二卷，精校重刊，略以意類分次其先後，不分體如他文集者，意欲求其學者之易爲功也。余觀其文，大都辨證經義小學、天文水道、算法性理爲多。懋堂所謂考覈益精，文章益盛也。稍前則沈冠雲彤果堂集，在後即懋堂經韻樓集，可以鼎足。卷末附懋堂覆校札記，則刻板既成，不欲多剜，故箋其後，以俟得此書者照此校改云爾。此本較原刻增多三十一篇，而删原刻閩中師友淵源考、西河文彙序、跋殘本聖教序、毛公墓誌銘及附孔體生繼涵吴太孺人墓誌銘五篇，懋堂亦不言及，何也？

（輯自鄭堂讀書記卷八至卷七十一）

越縵堂讀書記（節録）

李慈銘

汾州府志　清戴震撰

閲汾州府志。其前列修纂姓名爲知府孫和相等，而無東原名，惟朱石君、徐飛山浩、曹孝如學閔三序及孫序皆言之。石君時爲山西布政，飛山吾邑人，時爲冀寧道，孝如則汾人也。其人物、義行等頗氾濫。然又立仕實一門，以史有疵議及無事跡者入之，如唐之宋之問、薛龍，五代之相里金、侯益，宋之王嗣宗皆與焉，似亦甄覈甚嚴。而所載元有陳政官定遠大將軍，王珪官都督大元帥，王仲文官中書省門下右丞相。元代未聞有大將軍之官，中書省不加門下二字，漢人亦未有官大元帥、右丞相者，蓋亦存疑而及之。其藝文一門，采及並時人詩文，則以修志之難，不能與流俗人争也。東原意專在地理，考辨致精，餘蓋非所措意矣。

光緒丙戌（一八八六）六月初十日

（輯自越縵堂讀書記 地理類）

戴氏遺書　清戴震著

閲翁批戴氏遺書，惟文集及毛鄭詩考證、詩經補注兩種，所批皆大字塗乙，盡言痛詆，其中未嘗記姓名及圖章，而觀其所言與其字跡，真覃谿也。覃谿金石之外，絶不知學，凌仲子最爲受知高弟，而校禮堂集中，未嘗一引其説。閩人何郊海，亦其高足，而跋經義考補正，縷舉其失，謂覃谿譜録之學，當推我朝第一，而説經非其所長。陳恭甫左海文集中，有答覃谿書，力詰其所訂阮氏説文校勘記、段氏周禮漢讀考之謬。今觀此書所評，或詆其文理不通，或詆其好造異説，蓋東原文辭簡質，多非覃谿習於文從字順者所能解。而覃谿又並注疏未嘗細讀，爾雅、説文之義，尤所不知，遂疑他人爲造作。如所譏深則厲，戴氏引説文及水經注證厲爲櫂，此確不可易者，而以爲：無往不造，可以知其妄庸矣。中有云：考訂是極要之事，何爲蔣心餘忽起而斥考訂之弊，實皆此一種人有以激成之；又有云：渠向日駡籜石，吾欲集同好至翰林公所聲其罪，同人勸解乃已。夫心餘、籜石，皆一小家詩人耳，蔣尤不知學，而覃谿暱之以爲助。覃谿佞於佛，此殆得婆羅門是我慢人之教而加厲者歟？惟評其論性諸篇，謂立意在駁朱子性即理也，常聞其口説縷縷矣，其實無所見；又云不過不甘以考訂自居，欲顯其進窺聖道耳，到底一字講不出；又云此等文字頗與惠定宇易述後幅亦性相似，實皆與經義無涉；則東原此等文，固不免支離。蓋戴氏師江氏，而江氏之學由性理以通訓詁，戴氏之學則由訓詁以究性理。江氏語言頗有迂冗之病，戴氏亦覺稍晦，不若後來凌氏、阮氏言性言仁之洞徹本原。而惠氏筆舌亦絀，其所發揮，往往枝梧，不如王、錢諸公。至覃谿譏其如雜劇内裝出一帶眼鏡之塾師粧作儒者模樣，則覃谿之自爲寫照矣。其稍可取者，天保詩羣黎百姓，戴氏引韋昭國語注百姓即百官，謂凡經傳言百姓皆此義。覃谿引易百姓用而不知、百姓與能，孟子誠有百姓者、百姓親睦等語以駁之，差爲近理。然戴氏説本毛傳，於天保詩本文之義，自從百官解爲長。六經文字無複疊者，此詩羣黎百姓，偏爲爾德，猶堯典所稱百姓昭明，黎民於變也。覃谿評此條云有心尋鬧，無怪籜石駡之。予按王述菴蒲褐山房詩話，有曰朱竹君極推東原經學，而籜石頗有違言，每聚語及此，籜石輒面熱頸發赤，齗齗不休。蓋籜石於經學，僅勝袁子才輩一等，而與同時程魚門、覃谿輩，固同調也。書中大批横抹，行間幾滿，相其書字，可知其無儒者氣象耳。

乾、嘉以後，爲漢學者，固多流蔽，無論阮氏詁經精舍及學海堂中諸子，不免依附剽襲；即如常州之臧氏鏞堂、莊氏述祖，徽州之程氏瑶田、汪氏嬰萊、俞氏正燮，雖涂徑各别，皆博而失之瑣，密而失之晦也，亦非吾之所取也。而毛氏説雖創，要亦自博考深思而得，終異於鄉壁虚造者；劉氏又不過漢儒家法之偏，此吾前所云爲漢學者其蔽亦非力學不能至也。

嗚呼！漢人傳經，時主所好，專門授受，多致通顯，上爲帝師，次典秘籍。故或賄改夫漆書，或争論於講殿，桓榮以車馬誇稽古，夏侯以青紫誘明經，士風景從，猶非無故。下至宋之談禮，宗廟以爲號；明之講學，朝廷畏其黨，習俗之靡，尚緣勢利。若我朝諸儒之爲漢學也，則違忤時好，見棄衆議，學校不以是爲講，科第不以是爲取。其初開國草昧，樸學椎輪，則亭林以遺民終，潛邱以布衣死。西河、竹垞，老籍詞賦，暫陪承明，旋即廢退。東樵獻書，仍淪草莽；玉林著述，不出里閈。吴江二長，朱長孺、陳長發。鄞江二萬，青衿飾終，黄馘就木。而淵源宋儒者，二曲布衣，關中講學，親屈萬乘，寵以大儒。潛庵、松陽，互標朱、陸，生爲羽儀，殁邀俎豆。安溪以其政事，緣飾儒風，揣摩當一日當國，皆不能剡揚素風，汲引同類。稍得志者惟嘉慶已未一科，儀徵主試，大興聽從，幸逢翩時，河間、儀徵兩文達耳。而河間畢生書館，勤於其職，及拜協揆，逾旬而殉；儀徵歷官使相，未嘗乾、嘉儒術爲首功，而微罪貶秩，一蹶不振。其弟文正公，頗持宋學，遂躋三公。其最以儒學顯用於溉序、小雅、孝臣，以進士終矣。雕菰、辰叔以舉人，容甫、可庵、鄭堂、璞園，且以諸生終矣。笥河於臺；而懋堂、珍藝、十蘭、二谷，桂未谷、武虛谷。以俗吏終矣；次仲、端臨、易田、階平，以教官終矣；左官投劾，聲華尤闇。石渠以名臣之子，早著才稱，而詞曹不終，豸冠終斥。芝田、頤谷，未久西闕人事？其繼掇巍科者，淵如、北江，一沈俗吏，一爲戍兵，雖踐金門，終飽蟫橐。吾鄉瑶圃邵氏，挂冠，著書林下，淡泊之操，鼎峙抱經。而歙有輔之，岱有眾仲，詞臣五隱，咸暢醇風，盡瘁簡編，何南江復由此升庸。然兩君以外，寂無徵焉。竹汀、西莊，清華通貴，而一謫九列，一終少端，皆盛年士。至於開四庫，求遺書，尤國朝儒林之一大際會也。笥河發其議，曉嵐總其功，東原既以兹通籍，首出。檠齋得臚上弟，旋復杜門；東原晚際昌時，公車入省校書，恩例超授翰林，天不憖年，終於吉庭，槁項卒世。婺源江君，學究天人，東南兩星，與惠相望，沈淪冑序，終晦少微。高弟戴、金，最爲亦皆學參漢、宋，未號專家。當時海内宗師，松厓一老，徵輿未上，壇席已除。都講弟子，仲林、艮學，薦書兩上，鶴車四出。然得官者五人：顧、陳、吴、梁，僅拜虚秩；當塗入館，更以年例。而諸公久居講幄；漳浦擢自閒廢，遂爲帝師。此則漢、宋相形，遭遇勝負，已可知矣。高宗盛時，首辟經宁，宗尚紫陽，位極鼎臺，久枋國政。江陰高安，相爲提挈；榕城繼席，名位益隆。望谿起於俘囚，翮，多班玉筍，論者謂此科得人，逾於乾隆鴻博。然惟龍首姚公、探花王公、文僖、文簡皆長春官，其餘則恭甫一列詞垣，告歸不出；蘭皋户部，十年不遷；皋聞始列庶常，幾于廢黜；周生沈於兵曹，春橋胡氏秉虔。没於郡佐。山尊稍以詞章，得躋侍從，終亦不振。嗣是而降，大雅云亡。蘭坡、墨莊，稍爲後出，並躋館職，未結主知，一退老於名山，一積勞於閩海。武進二申，李申耆、劉申甫。心壺、竹村，各述所傳，位不稱學。他若匪石、澗薲、簡莊、拜經、曉樓、碩父之終身蓆帽，連惓牖下者，更如書中蠹魚，聽其自生自滅而已。即以吾浙言之，仁和諸趙，德清諸徐，臨海諸洪，談經之窟也。鹿泉致位八坐，帖括所傳，或在人口；而谷林、寬夫、心田、筠軒諸先生，今猶有知其姓氏者耶！嘉興之李，次白氏貽德。仁和之二梁，諫庵氏玉繩，夬庵氏履繩。蕭山之王、穀塍氏宗炎。之徐、北溟氏鯤。之汪，蘇潭氏繼培。上虞之王，汾泉氏煦。歸安之嚴，鐵橋氏可均，鷗盟氏杰。仁和之翟、晴川氏灝。之孫，雨人氏同元。臨海之金，誠園氏鶚。此皆著述之卓然者，而鄉評校議尚及其人耶！尤可異者，蕭山王氏紹蘭，位望通顯，罷官之後，所作滿家，訓義邃精，幾頡惠、戴，而越人僅貴之爲中丞，未嘗尊之爲學者。嗚呼，由斯以觀，諸君子之抱殘守闕，齗齗縑素，不爲利疚，不爲勢詘，是真先聖之功臣，晚世之志士，夫豈操戈樹幟，挾策踞座，號召門徒，鼓動聲氣，呶呶陸、王之異辭，津津程、朱之棄唾者所可同年語哉！予質鈍健忘，又處窮阨，馬、鄭之學，棼無端緒；漢、唐之訓，浩無津涯。少時所習科舉講章之業，尚於宋儒爲近；諸家語録，其文淺俚，又便記誦。近日朝局，頗興宋學，倭公作相，李公掌憲，以性理導沖人，以道學議密政；又新召山東臬司吳公爲大理卿，皆服膺洛、閩，踐履篤實。明詔諄諄，時以格致誠正之旨教迪天下。以予之粗有文章，使承望風旨，附會儒言，既非難事，且可以徼名公卿，覬幸登薦。而去冬粤東舉人桂君文燦進所著書，專求漢詁，有詔訓厲以宜爲有用之學，雖留其書而斥其人。前鑒既彰，迷途可復，乃猶質衣買考索之書，傭食讀蟲魚之字，其亦顔尉之違三好，韓子之致五窮者歟。

同治癸亥（一八六三）正月二十四日

戴東原集　清戴震撰

閲戴氏東原集。此金壇段氏所刻，共十二卷，後附戴氏年譜及校刊札記。戴氏音韻考據之學，固爲卓絶，而不肯以此自居，謂窮極性命之理，其最切要在孟子字義疏證一書。又謂文最忌整，故所作務爲拙古，以自比于周、漢之儒。然義理固由考證而出，戴氏之學，訓詁、名物、地理三者爲最。其言陰陽性命，則去董江都等尚隔數層。所作原善三篇，綴集經子之言，而又欲自明所得，支離漫衍，按之皆糟粕耳，其中略無真際，而徒貌爲高古，以自附于垂世立教。其法象篇、書孟子言性後等作皆是類也。嘗爲陸稼書之學辨三篇，戴氏之原善三篇，一以闢陸、王，一以正程、朱，皆自謂功不在禹下，而適所以自發其覆。稼書于學本無所見，其逞臆駡人，自張其門户可矣，此辨出而朽然盡露，不特學術之誠僞無所發明，并陽明之是非亦茫然莫辨，而但坐以亡國之罪。然則礦税之使，閹孽之黨，以及崇禎時誤國之温體仁、陳演、熊文燦、丁啓睿，皆陽明之徒耶？將魯之亡，由洙、泗之斷斷，是何異癡人之説夢也？戴氏于學，實有所得，而必高自位置以自欺而欺人，亦所謂好爲其拙也。至文章之學，非有夙分而專精其業，亦不能工。戴氏譏司馬子長、班孟堅皆藝而非道，而其所自爲，僅僅通文句耳。藝固不工，道亦未至。若謂文必去整，尤是瞽言。經生之文，自有注疏家法，不計工拙可也，乃必自居于本末兼晐，而既欲明自漢以來未聞之道，又欲掃盡自漢以來一切之文，則志大而近于妄矣。其代冀寧道山陰徐飛山浩所譔夏履橋義莊記，可以采入山陰縣志。

段氏年輩與戴相若，而先戴舉于鄉，入都後始相見，時戴尚爲諸生，段之學亦已卓然成就，而委摯師事，終身北面。戴歿後，寶其遺書，事必盡力，服習師説，没齒不衰，猶有漢儒之風，可謂真師弟也。並時若姚姬傳、程魚門，亦嘗稱弟子于戴，而身後輒有違言，魚門至肆詈其無子，以爲攻宋儒之報。蓋二人實瞢于學，當日亦未深知戴之得失，徒以名盛而推附之，故致其師稱而卒亦不果，戴氏有辭姬傳稱師書，見文集。以視段氏之分量，相去固甚遠矣。

戴氏以二十二歲成策算，二十三歲成六書論，二十四歲成考工記圖注，二十五歲成轉語二十章，言人口始喉下底脣末，按位以譜之，謂與爾雅、方言、釋名相輔而行，俾疑于義者以聲求之，疑于聲者以譜求之，段氏謂此于聲音求訓詁之書也。其書未見。二十六七歲成爾雅文字考，此書段氏言在蘇州吴慈鶴家，未刊。而廿九歲始補休寧縣學生，四十歲舉于鄉，五十一歲始以紀文達、裘文達兩公言，于文襄薦之，特召入四庫館充纂修。五十三歲，會試不第，特命一體殿試，列三甲，授庶吉士。五十五歲卒，時乾隆四十二年丁酉五月也。在館四年，校定書十五種，大戴禮，水經注，儀禮集釋，儀禮釋宫，方言，周髀算經，張邱建，夏侯陽、海島、五曹算經，五經算術，孫子算經，儀禮釋誤，蒙齋中庸講議，項氏家説。皆鉤纂精密，至于目昏足痿，積勞致疾而歿。高宗深契其學，特畀館選。而同時錢籜石、翁覃谿輩尚力詆之，覃谿至欲逐之出館，蓋以其進士翰林，非由八股。而世之以庸濫惡札取巍科高甲者，眯目入館，塗改金銀，不二十年坐致臺輔，賢愚安之，以爲固然。明之文衡山年老召入供奉，得一待詔，而同時姚、楊兩狀元，謂翰苑中豈容畫史，迫逐之去。清康熙間鴻博之舉，髦碩輩登，而當時有野翰林之目，致所謂三布衣者，皆不安其官，竹垞且得譴而去。習俗移人，難曉如此。直至今日，桐城謬種，尚以邵二雲、周書倉及戴氏三君之入館爲壞風氣，變學術，人無人心，亦可畏哉！戴、段兩君，鄉舉房官，皆爲金匱縣知縣韓錫胙，字介屏，吾浙之青田人，亦科名佳話也。江氏、戴氏謂元與魂痕當依三百篇析爲二，段韻當從唐人與真同用，上選拯韻去聲證韻當分出獨用，無錫秦文恭韙其説，奏請刊正韻書，薦錢氏大昕及戴氏任其事。高宗以相沿已久，未允其請，時爲乾隆廿八年癸未。見段氏所載戴氏年譜。

同治辛未（一八七一）六月二十一日

（輯自越縵堂讀書記 文學類）

直隸河渠志　一百二卷，手稿本

張均衡

戴震撰。震字東原，休寧人，乾隆乙未進士，選庶吉士。先是，直隸總督方恪敏公延東原於蓮花池撰次是書。首衛河七卷，次漳水十一卷，次滏水三卷，次大陸澤五卷，次寧晉泊一卷，次滹沱河八卷，次東西淀二十一卷，内唐河三卷，沙河一卷，滋河一卷，府治五卷，易水五卷，涞河一卷，清河五卷。次永定河十六卷，内桑乾河四卷。次白河十九卷，内白河八卷，潮河二卷，榆河四卷，大通河五卷。次薊運河九卷，次陡河一卷，次灤河一卷。内熱河。諸水源流，古今遷變，先生地學略見一斑。此其手稿本，夾籤乙鈎皆先生手筆。惜缺永定河一類。

（輯自適園藏書志卷四）

藝風藏書記（節録）

繆荃孫

尚書義考一卷

休寧戴震撰。稿本。備采衆説而折衷之，原定虞夏書四篇、商書五篇、周書十九篇，止成堯典一卷。見孔檢討所撰墓表。

孟子私淑録三卷

休寧戴震撰。問答體。曲阜孔氏散出書。卷面題字「乾隆十六年，歲次辛未春三月録」三行。

直隸河渠書一百二卷 此書荃孫就手稿詮次補足，闕卷取諸畿輔安瀾志，王履泰删去夾注，大字皆原文也。

國朝戴震撰。稿本。乾隆戊子，方恪敏公觀承總督直隸，延東原先生於蓮花池撰次是書。首衛河七卷，次漳水十一卷，次滏水三卷，次大陸澤五卷，次寧晉泊一卷，次虖沱河八卷，次東西淀二十一卷，内唐河三卷、沙河一卷、滋河一卷、府河五卷、易水五卷、淶河一卷、清河五卷。次永定河十六卷，内桑乾河四卷。次白河十九卷，内白河八卷、潮河二卷、榆河四卷、大通河五卷。次薊運河九卷、次陡河一卷、次灤河一卷。内熱河。諸水源流，古今遷變，孰異孰同，爲利爲害，擘肌分理，考鏡具備。按此書創之於趙東潛，成一百三十二卷，名曰直隸河渠水利書。東原爲删潤存一百零二卷，書名去「水利」二字。詳經韻樓集。後吴江王履泰攘竊此書進呈，易名畿輔安瀾志，仁宗嘉爲有用之書，賞以同知，發北河效用，仍命武英殿刊行。然履泰不學無術，删繁就簡，全去夾注，遂令考訂不明，不如原稿完善多矣。闕永定河。

（輯自藝風藏書記卷一至卷三）

戴氏直隸河渠書跋

繆荃孫

乾隆中葉，方恪敏公觀承總督直隸，延仁和趙東潛氏撰直隸河渠水利書百三十二卷。戊子，復延休寧戴東原先生删定之，改爲直隸河渠書，删去「水利」二字，成書百二卷，減去原書三十卷，而灤河、熱河僅存涯略一卷。蓋恪敏是秋薨於位，而書未竟也。接任總督爲周元理，擬延元和余蕭客氏續成而未果，原稿存戴處，清稿存周處。嘉慶十四年，吴江捐職王履泰竊此書，易名畿輔安瀾志，進呈，上嘉爲有用之書，以同知發北河效用，仍命武英殿刊行。履泰系周督姻戚，得之於周，妄爲删併，略增乾隆戊子以後事實，改百二卷爲五十六卷，移易其先後，原本首衛河終灤河，以地勢自南而北也，今乃首永定河，則義例全無，頓失「廬山真面」。東原殁後，遺書皆歸曲阜孔葓谷户部。葓谷與東原至交，其子廣根又東原之婿，故遺書收藏刊刻引爲己任。此稿原訂六十四册，葓谷合爲二十四册，以卷帙重大，未能刊行。直至履泰書出，東原之子中孚始抱稿本入都核對。金壇段懋堂先生爲東原之高弟，三函致直隸方葆巖總督維甸，請重刻真本，以發東原著作之光，以懲履泰盜名之罪。葆巖即恪敏公之子也，惜書未進呈，重刻亦未果，稿仍歸之孔氏。光緒甲申，孔氏書盡出，此稿流落廠肆，荃孫賤值得之，中又短永定河八卷，藏之篋中，二十年矣。

去春合肥蒯履卿觀察堅囑録副，因爲校定，將先生手書籤改各條，按文叙入，又取畿輔安瀾志核之。原書首衛河七卷，次漳河水十一卷，次滏水三卷，次大陸澤五卷，次寧晉泊一卷，次滹沱河八卷，次東西淀二十一卷，内唐河三卷、沙河一卷、滋河一卷、府河五卷、易水五卷、淶河一卷、清河五卷。次永定河十六卷，内永定河十二卷、桑乾河四卷。次白河十九卷，内白河八卷、潮河二卷、榆河四卷、大通河五卷。次薊運河九卷，次陡河一卷，次灤河一卷。内熱河。案，此二河草創而未潤色。諸水源流，古今變遷，孰異孰同，爲利爲害，擘肌分理，考鏡具備。此據懋堂與方葆巖制府書分卷，止淶水、陡河不同，餘與稿本合。

又原書每水先紀正流，次故道，次凡水，次隄防，次閘壩、涵洞，次橋梁、津渡，次經費官司夫役，次祠廟，次水利。凡水以下，先撮叙在某縣者，某水均頂格，分叙某水則低一格。安瀾志於故道每闌人正流，凡水以下均不先提後叙，刪去夾注，及顛倒處極多，而尚未敢臆補。今謄寫校定，據孔仲搦序云六十四卷即六十四册，今止二十三册，係孔葓谷合併。封面皆其手書，灤河有東原手跋，亦在今方、周兩處。清本不知歸於何處，仍照分卷原目録出，惟東西淀原目二十一卷，今淶水實分三卷，非一卷，共有二十三卷。永定河原目十六卷，今照安瀾志鈔出，只十二卷。又薊運河九卷，末一卷，即陡河。段先生以陡河另爲一卷，不知在薊運九卷之内，戴先生年譜亦懋堂所撰，前云一百十卷，後分記又落去永定河十六卷，東西淀二十三卷，又云三十卷，諸多不合。因仍訂爲百卷。戴先生書灤河未成，何夢華氏所云趙書有灤河十一卷，今不知存否？此灤河二卷，亦鈔自安瀾志，以先生賸稿附之。觀履泰所排比，似據原稿，又據熱河志。未見趙書，今以此本復禮卿，并將原稿贈之，而留清本。如方、戴兩處書復出，未免徒勞半歲之功。然荃孫嗜同菖歜，並不以爲苦也。

（輯自藝風堂文續集卷六）

東原學案序

劉師培

自宋儒高談義理，以爲人同此心，心同此理，以心爲至靈至神之物，凡性命道德仁義禮智，咸爲同物而異名，故條分縷析，區域未明，由於知義理而不知訓詁。不識正名之用。又北宋之初，有孫復、作春秋尊王發微。歐陽修諸儒，立論刻深，辨上下以定民志，程、朱繼興，隱崇斯旨，故朱子盛稱孫復、歐陽修。鉗制民心，以三綱立教，三綱之説，西漢時已有之，見谷永傳，白虎通亦有解釋，惟至於宋代説始大昌，如程子言「餓死事小，失節事大」是也。而明儒吕坤亦曰：「君雖不仁，臣不可以不忠；父雖不慈，子不可以不孝。」而名分之説，遂爲人主所樂聞，立之學官，頒爲功令，自元、明以來，崇尚程、朱之書，以君主利用其説以制天下也。民順其則，不識不知，然禍中生民，蓋數百年於兹矣。近代以來，鴻儒輩出，鄞縣萬氏、蕭山毛氏，漸知宋學之非，或立説著書以與宋儒相詰難。毛西河四書改錯、聖門釋非録，專與宋儒爲難。四書改錯，大學、中庸，以大學推言民好民惡，中庸推言位天地育萬物，皆即忠恕也，已開戴氏解理字之先，焦氏絜矩説亦本之。而集其成者，實惟東原戴先生。

東原之書，以原善、孟子字義疏證爲最著。原善三篇以性爲主，謂仁與禮義由性而生，顯之爲天，明之爲命，實之爲化，此説皆不足據，仍漢儒以五行解性情之遺説，且亦不能脱宋儒言性理之範圍。順之爲道，循之有常曰理。合此五端，是名曰善。大易曰「繼之者善也，成之者性也。」例以戴氏所言，則此説固不誣也。復以材由性生，復以由材而生聽、生視、生思，合聽、視、思三端而生明。因材施教，性善乃成。戴氏説蓋本春秋繁露，繁露深察名號篇云「或曰性有善端，心有善質，尚安非善應之曰非也，繭有絲而繭非絲也，卵有雛而卵非雛也，比類皆然，有何疑焉？」又曰：「質於禽獸之性，則萬民之性善矣。質之人道之善，則民性弗及也。」實性篇曰：「性者天性之樸也，善者王教之化也，無其質則王教不能化，無其王教則質樸不能善。」蓋戴氏之所謂材，即董子之所謂質也，戴氏「因材施教」之説，亦即董子以教化質之義也。善性既成，由是得於心者爲信誠，信者，不渝之謂也。誠者，無妄之謂也。應於世者爲道德，道者，共由之謂也。德者，有得之謂也。訓詁彰明，慎密嚴瑮，陳北溪作字義，墨守朱子之説，不敢有出入，故訛誤之語甚多，惟東原解字其界説最爲精嚴，雖間有武斷，然疵不掩醇。近世定海黄氏作經訓比義，其叙目一篇解字亦極精確，然大半本於戴氏之説，可謂善於所擇矣。其説信美矣。若孟子字義疏證一書，則瑕瑜雜見。東原之解「理」字也，以爲理生於欲，情得其平，是爲循理，戴氏曰：「情得其平，是爲好惡有節，是爲依乎天理。」是則理也者，人心之所同然者也。戴氏曰：「心之所同然者，始可謂之理，謂之義。」則未至於同然，存乎其人之意見非理也，非義也。凡一人以爲然，天下萬世皆曰是，不可易也。此之謂同然，舉理以見心，能區分舉義以見心，能裁斷分之各有不易之，則名曰理，如是而宜名曰義。其説甚精。情欲之不爽失者也，故能戒偏私以公好惡，原善三篇首重去私，而孟子字義疏證謂一人之所欲，天下人之同欲也，我以所欲所惡公於彼，彼亦以所欲所惡公於我矣。舍名分而論是非，戴氏謂後世以理爲意見，尊者以之責卑，長者以之責幼，雖失謂之順，卑者幼者以理爭之，雖得謂之逆，由是下之人不復以天下之同情達於上，又謂人死於法猶有憐之者，死於理其誰憐之？又謂後人負其氣挾其勢位加以口給者理伸，力弱氣慴口不能道詞者理屈。蓋戴氏以理爲勢也。言爲世則，其利溥哉！西國民主政治，凡立一政，行一法，咸取決於多數之民，所謂公好惡也，且倡人類平等之説，舍勢論理，而戴氏所言與之相合，則戴氏之功，豈減盧梭斯鳩哉。蓋東原解理爲分，確宗漢詁，戴氏曰：「理者察之而幾微必區以別之名也，是故謂之分理。」又引中庸「文理」孟子「條理」爲證。案鄭君註「理」，訓理爲「分」。而説文亦曰「知分理之可以相別異也。」理可以分，故曰分理。且肌之可分者曰肌理，腠之可分者曰腠理，文之可分者曰文理，且事事物物莫不有理，故天曰天理，地曰地理，性命曰性命之理，猶之科學家之言心理學、物理學、地理學也。故古人有窮理之學，且古人之所謂理即穆勒名學之所謂倫，皆由對待而生，故理亦必由比較分析而後見。復以理爲同條共貫也，故以理字爲公例，如以理爲人心之所同然者是。較宋儒以渾全解理字者，宋儒以渾全之義解理字，顯與有別之義相背，任氏翼聖已駁之。若朱子言天即理，性即理，夫性天皆有條理，其説誠然，但謂性天即理，則其説大非。宋儒説字，往往逞一己之見，以斥古訓，洵可惜也。迥不同矣。至謂理在欲中，亦非宋儒所可及。宋儒以蔽爲欲，樂記云：「感於物而動，性之欲也。」是欲生於情，情生於性，情欲皆吾性中所固有，即中庸所謂喜怒哀樂六情也。欲生於中，習由外染，故孔子言習遠。蔽由習生，故佛家以蔽爲大戒，如大乘法界無差別論言「一曰自性浄，二曰離垢浄。」復曰「自性無染著。」蓋以本原之性多爲垢染所蔽，非去其染著之垢，則本性之清浄不可見。宋儒本之所謂復性虚靈不昧也。陽明錮蔽之説，亦由於此，特宋儒誤以蔽字解欲字，遂以欲爲外物而必欲屏之矣。復誤解樂記之文，樂記之文易解，其言好惡無節於內，知誘於外，不能返躬天理滅矣。夫物之感人無窮，而人之好惡無節，則是物至而人化物也。人化物也者，滅天理以窮人欲者也。蓋理即公理，人人守公理，則人人自保其權利，不以權力加人，至人以權力加他人，是爲窮人欲。窮人欲由於不返躬，故與公理相背，即樂記所謂滅天理也。故樂記下文有「强者脅弱」數語，則窮人欲指侵犯他人自由言彰彰明矣。非謂有欲即與天理相背也。以爲天理與人欲不兩立，蓋佛書以六欲爲六賊，儒者信其説，遂以去人欲爲存天理。儀徵阮氏已斥之。以天理爲公，以人欲爲私，如朱子之解論語「君子喻義，小人喻利」也，謂義者，天理之所宜；利者，人情之所欲；解「能近取譬」也。謂勝人欲之私，存天理之公，宋儒之言多類此。至於王陽明則以捍格外物解格物矣。惟斷私克欲，宋儒以斷私克欲解「克己」，復以斷私克欲解「勇」字，斯真大謬。天理乃存。然宋儒之説，貴公去私，四字見呂氏春秋。近於逆民，昔孔子以克伐怨欲不行，不可以爲仁。而公綽不欲，孔子稱其不可爲大夫。蓋無欲之人，即無進取之志。是古人本無無欲之説也。東原之説，推私爲公，近於順民。利己爲利己，利物亦所以利己，此説也中國古人言之甚鮮，惟戴氏之言恕始倡明之。又慮民之恣情縱欲也，故復於順欲之中，隱寓節欲之意。孟子言「所欲與聚」，禮言「小人樂得其欲」，此順欲之説也。孟子言「寡欲」，易言「節欲」，禮言「欲不可縱」，此節欲之説也。孔子言「從心所欲不踰矩」，即順欲與節欲并崇之證。若楊朱、魏牟縱情性安恣睢，則不知節欲之故也。節欲猶之節性，儒家言節欲不言無欲，猶之言節性不言滅性也。宋儒慮人民縱欲，至並欲而去之，且謂欲非性中所固有，非也。惟東原以情欲不爽失者爲理，則情欲之爽失者即不得謂之理，此即欲不可縱之義，則東原何嘗不言節欲，又何嘗以欲爲理哉，中儒之言理欲，未有及戴氏者。特嗜欲、欲望之分，東原未及析之耳。西人分欲爲二種：一曰嗜欲，如男女飲食是也，是曰必得之欲；一曰欲望，如名譽財産是也，是曰希望之欲。禮言「飲食男女，人之大欲存焉」，此嗜欲之欲，字或作慾。若論語言欲仁欲立欲達欲善，孟子欲義欲貴欲廣土衆民，則皆希望之欲也。嗜欲之欲當節，而欲望之欲則人生所恃以進取者也，不當言節，惜戴氏未及知之。至東原謂六經羣籍理字不多見，自宋儒以意見當理，始以理爲如有物得於天而具於心。戴氏言六經、孔、孟之言以及傳記羣籍理字不多見，今雖至愚之夫，悖戾恣睢，其處斷一事責詰一人，莫不輒曰理也，自宋以來始相習成俗，則以理爲如有物焉，得於天而具於心，因以心之意見當之也。夫宋儒以理爲絶對之名，析詞已誤。戴氏曰「程、朱改釋、老之指神識者以爲理」，又曰「程、朱以釋、老之真宰真空指爲理」，此説誠然。蓋宋儒以理爲絶對之詞也，故以渾全解理。然宋儒立説尤歧者，則舍理論勢之説也。始也舍理論勢，繼也以勢爲理，如春秋尊王發微、春秋胡氏傳以及二程語録莫不本此。及名分説興，以犯理即爲犯分，呂東萊、朱子皆持此説。蓋宋儒以理爲天，復以君父夫亦爲天，故視君父夫與天，同爲理所從出。即戴氏所謂以意見爲理也。中國學術統於一尊，此以意見爲理之始，然戴氏所謂意見即指名分言也，故有尊者以之責卑數語，復言宋儒言理酷於申、韓，是戴氏之所指斥者，名分之説也，乃用意見二字，語亦稍晦。特理與勢殊不得合爲一物，明呂坤語録曰：「天地間惟理與勢最尊，理又尊之尊也。廟堂之上言理則天子不能以勢相屈，即相奪而理常伸於天下萬世。」是呂氏明分理勢爲二物，理可屈勢，勢不能屈理，即戴氏舍勢論理之所本也。其説最精。且宇宙事物莫不有理，不得諱理而不言。易言「窮理」，孟子言「理義」，是古籍非不言理字。蓋古籍罕言理字者，以理之本訓爲治玉，故或以他字代之。詩言「有物有則」，「則」即「理」字之代字也。是古代言理與公例同。又古代本理以制禮，故理之所包者悉於禮制中見之。禮坊記曰：「禮者所以因人之情而爲之節文者也。」禮生於情，與理之生於情欲者相同，此古代所以多言禮字罕言理字也。理與禮同。有凌次仲復禮説三篇言之最明。若執宋儒解理之誤，至並理字爲諱言，是猶嫉舞文弄法之吏並詆國家法律爲不足道也，有是理哉？戴氏之説因噎廢食之説也。且戴氏所謂理者，指在物之理言之耳。以古人言肌理、腠理、條理、文理，皆即理之在事物者言之也。夫事物之燦然畢陳者固謂之理，理之在事物者目可睹，而指可數者也。然事物之理，心能別之，心之所以能別者獨非理乎？此即所謂心理學也，西人別爲一科。故在物在心，總名曰理。今東原之言曰，理者，察之而幾微必區以別之名，又曰知分理之可以相別異也。夫幾微之區別，分理之別異，理誠在于事物，至謂之察謂之知，豈察知亦在事物乎？夫人心本静，感物而動，物至自知，好惡以形。樂記曰：「人生而静，天之理也。感於物而動，性之欲也。物至自知，然後好惡形焉。」此説最精。王陽明曰：「無善無惡心之體，有善有惡性之用。」蓋人惟腦筋最靈，天下事物易與五官百體相觸者，其事即印入腦筋所謂感也。雖然天下之事不僅一事，天下之物不止一物，事有善惡，物有精粗，今日感一物，明日感一事，積之既久，遂能斷其是非，即由感生智，由智生斷也。蓋天下無一物無一事，則理不生；所感者僅一事一物，則理亦不生。故理也者，必待比較分析而後見者也。然比較分析由心而生，西儒康德之言哲學也，分感覺推理良智爲三，謂感覺必生推理，推理必生良智。良智即孟子所言之「良知」。是辨别之能，本具於人心也。然無事物以感觸之，則此機能不見。康德言推理，必因良智，即知物由於人心之義，非物則心無所感，非心則物不可知矣。樂記之説，即陽明之説所本。無善無惡，由於未與物接也，故理不生。有善有惡，由於既與物接也，故理隨之而生。心理物理互相用，心理由物理，而後起物理亦因心理而後明也。夫所謂感物而動者，即在心之理也，即心觀物，故事物當前不假思索，由感生智，由智生斷，而事物之理燦然大明。有在心之理，然後能别辨事物之理也。此智之端所由爲是非也。孟子曰：「是非之心，智之端也。」是非之心即心理也，故孟子又曰：「是非之心，人皆有之。」人有是非之心，則理具於心明矣。今東原於其可睹可數者，指之爲理，於其不可睹不可數者，獨不信其爲理所包涵。蓋以宋儒言理多求理於空闊之中，而陽明繼興，遂以物備於我，我外無物，宋儒言理雖極渾淪，然格物之説尚有言者，如朱子言即物窮理是也。陽明之説，則與西國柏拉圖、笛卡兒唯心論同。又取佛家三界唯心萬法唯識之説。然謂心物相符可也，謂我外無物不可也。故力矯其偏，以理字專屬事物，不雜心性之空談。程子亦言「在物爲理」，朱子亦言「窮物理」，薛敬軒亦曰「理不外事，惟於事求其理」，又云「古者詩、書、禮、樂俱以事物教人，而窮理亦於事物」。窮究是理字，專指事物言。宋、明儒家亦有是説也。然物由心知，知物即爲心理，中庸言「博學之，審問之，慎思之，明辨之」。夫慎思明辨，所以推吾心之智，以觀事物者也。使心無知物之能，事物何由辨別哉？惜戴氏不知此義。東原亦未及知也。故觀物之念雖明，而觀心之念未啓，戴氏之學術乃唯物之學，而非唯心之學也。此則東原言理之偏矣。日本井上圓了云唯心論者，由物心兩象總由一心而起，然物對心而可知，心對物而可知，二者缺一，亦不能存。心能知物，物因心而被知，一稱主觀，一稱客觀。然云有心而無物，恰如云有主而無客，不知我有知物之心，而使吾心致其用者物也。無心則物無可有之理，無物則心亦無可有之理。今云有物無心，未免過偏。其論有心有物，最爲的當。若如戴氏之説，知客觀而不知反求主觀，未免有物無心之譏矣。

若東原之論性字也，以血氣心知爲性，戴氏曰：「分於陰陽以爲血氣心知，品物區以別焉，舉凡既生之後，所有之事，所具之能，所全之德，咸以是爲本，故易曰『成之者性也』。」此説本於中庸「天命之謂性」。鄭注、朱子注亦以陰陽五行言性。而戴氏亦以性由陰陽而分，蓋仍沿西漢陰陽家之説未足信也。以血氣爲心知所自出，戴氏曰：「血氣心知，性之實體也。」又曰：「有血氣則有心知，由血氣之自然而審察之，以知其必然，是之謂理義。」又曰：「性者，血氣心知本於陰陽五行，人莫不區以別焉是也。而理義者，人之心知有思輒通，能不惑於所行也。」其説甚多，不具引。以心知爲理義，與宋儒論性不同。告子言人性本無仁義，而宋儒則以仁義禮智言性，以證孟子性善之説。程子有言性即氣，氣即性。朱子亦曰天下未有無理之氣，即未有無氣之理，理者具於人性者也。王陽明亦有言生之謂性，生字即是氣字，猶言氣即是性也。而朱子復分本原之性與氣質之性爲二，大抵本於佛典。蓋宋儒以氣質之性由後起，東原則謂血氣之性人得之最先。然血氣之屬，人物所同，而心知智愚各別，草木有生性而無覺性，禽獸有覺性而無悟性。有覺性者具有血氣者也，有悟性者能具心知者也。告子言「生之謂性」，本爲古義，蓋古代性字與生字同，未加心旁，指血氣之性言也。厥後性字從心，乃指心知之性。言心知之性，與血氣之性不同，故孟子之斥告子曰：「然則犬之性猶牛之性，牛之性猶人之性與？」是犬牛之性，與人不同，不得謂有血氣即有心知也。不得謂有血氣即有心知也。至謂心知即義理，亦與原善之説互歧。原善謂「性有教而後善」，則以理義由後起，非義理即心知。夫性有心知即能辨別義理，然人性之初無善無惡，告子曰：「性無善無不善也。」王陽明曰：「無善無惡性之體。」樂記亦曰：「人生而靜。」人生而靜，即空無一物之謂也，故無善無惡。及日與外物相接，乃生辨別義理之能，人日與外物相接，由感而生智，由智而生斷，故必有對待，然後有比較，有比較然後有是非。使不與外物相接知，心之義理何由見之乎？是則理義本性中所固有，特人性有辨別義理之端耳。此用董子「性有善端」之義，説見前文。故易言「繼之者善」，而禮記樂記篇亦曰「應感起物而動，然後心術形焉。」則心知非即義理明矣。蓋東原之所援據者，孟子性善之説也，故以人心所同然者爲理義，以未至於同然者爲意見。戴氏曰：「心之所同然者，始謂之理，謂之義。」若夫未至於同然，存乎其人之意見，非理也，非義也。不知五方之民種類各殊，各以意見爲善惡，善惡之區分，其故有三：一因境遇而生善惡者，不外習慣而已，故各族習慣不同，則各族所定之善惡亦不同；一因嗜好而生，人生有欲大約相同，故善惡各隨其欲而區別；一因輿論而生，輿論者一國人民之意向也，善惡既由習慣而生，然積之既久，遂因輿論以定是非，或爲道德，或爲法律，而一國之中遂以爲公是公非矣。故各國之中，有此以爲善，彼以爲惡者，即此故也。故人性本同，悉因習染生區別。中國儒者言性之歧，悉由於此。論語言性相近，習相遠。相近不指善言，相遠亦不指惡言，説最簡明。中庸言天命之謂性，率性之謂道，所以因同然之性而導之也。召誥言節性。王制言節民性，所以慮民之染於惡也。孟子謂人性皆可爲堯、舜，又言性有四端，所以明人人皆可習於善也，然習於惡者仍多。荀子言善由人爲所以明，人性本無善質，必習於善然後善也。惟言之未析，一若孟言性善，則人性本善，荀言性惡，則人性本惡。不知本性實無善惡，善惡皆由於習尚而善惡者，亦非真善真惡也。晏子曰：「習俗移性。」此語最當。告子以義爲外，亦未可非。

蓋性者至無定之物也，譬之鏡焉，染塵則污，拭水則明，豈有一定之性哉？不獨理義之稱無定，理義者，即意見也。即性善性惡之説亦至無憑，孟、荀之説皆偏。惜東原未見及此耳。且東原言性，既以性善之説爲宗矣，復以懷生畏死爲性，戴氏曰：凡血氣之屬皆知懷生畏死，因而趨利避害。雖明暗不同，不出於懷生畏死而已。是戴氏以懷生畏死爲本原之性也。非襲用荀氏性惡之説乎？以懷生畏死爲性，亦未可非，但既以義理爲性，復以懷生畏死爲性，非明明自歧其説乎？戴氏此説，非惟用荀子之説，且與告子以甘食悦色爲性者同。東原知立説之互歧，於是以懷生畏死爲物蔽，謂無蔽者惟聖人，此説襲用佛書，惟與朱子言氣質之性、陽明言性爲欲蔽者稍異。蓋陽明以欲爲蔽，而戴氏則以意見爲蔽。此何異於宋儒言性之説乎？既以懷生畏死爲本原之性，與宋儒言物蔽者稍殊。復以懷生畏死爲物蔽，則懷生畏死又非本原之性矣。同一書也，而立説互歧若此，此則不明論理學之過也。然近儒著書此類甚多。是則東原立説之誤也。

若夫訓道爲行，戴氏曰：「道猶行也，氣化流行，生生不息，是故謂之道。」又曰：「道者，人倫日用之所行者皆是，在天地則氣化流行，生生不息，是爲道。是故道在人物，則凡生生所有事，亦如氣化之不可已，是謂道。」案戴氏訓道爲行是也。道字之義由道路之道引伸，道路之道人所共由，故凡事之爲人所共由者，亦謂之道。是則道也者所以懸一當然之則，而使民共由者也。易言「一陰一陽之謂道。」又言「立天之道曰陰與陽」，言天氣流行必由陰陽也。易言「立地之道曰柔與剛」，言地氣流行必由剛柔也。故復言坤道時行，又言地道上行也。易言立人之道曰仁與義，言生民遵行者必在仁義也。中庸言率性之謂道，又以君臣父子昆弟爲天下五達道。則道者乃人民率而行之者也。故中庸言道不可離，又言遠人者不可爲道，則道非指高遠者而言明矣。孟子曰：「夫道若大路然。」此解最明。惟道係當然之則，係屬無形，故易言形而上者謂之道。戴氏以氣化流行解道字，仍蹈張子、朱子之説，稍近迂腐。以氣化解道字，不如以道路之道解道字也。至戴氏謂人倫日用所行者皆道，則固確不可易也。訓權爲變，戴氏曰：「權者，所以別輕重也。凡此重彼輕千古不易者，常也，常則顯然共見。其非千古不易之重輕，則重者於是乎輕，輕者於是乎重，變也，變則非智之盡能辨察事情者不足以知之。」案權字有二義：一訓爲平。書呂刑篇云：「上刑適輕，下服。下刑適重，上服。輕重諸罰有權。」此言權用罰之輕重，而使之平也。陸宣公曰：「權之爲義，取類權衡。若重其所輕，輕其所重，謂之權，不亦反乎？」蓋權即公平之義。理之得公平者謂之中，處事酌重輕而合於公平者謂之權。孔子言「未可與權」，孟子言「執中無權猶執一也」，言處事當以公平爲準，不可有一定之意見也。一訓爲變。公羊言「權者反乎經」。孟子嫂溺，援之以手者權也。則指反經之權而言，與訓平之義稍別。蓋權字皆從稱錘取義，事之公平者謂之權，取權物得中之義也。事之偏重者亦謂之權，即取權物稍偏之義也。後儒不知訓平之權，遂以權字爲權變。至入於變詐一流，避其名者，復成拘墟之見，而權之真訓亡矣。即戴氏之解權字，亦以變字之義解之，不知權之得中者即爲常也，其説似誤。立言雖當，然言詞隱曲，必假引伸。唯才訓爲能，戴氏曰：「才者，人與百物各如其性以爲形質，而知能遂區別焉。孟子斥爲『天之降才』是也。」案才之爲訓有二：孟子言「若夫爲不善非才之罪」，此才質之才也。孟子言「有達才者」，此才用之才也。訓質之才，説文訓爲草木之初。訓用之才，當作材，即取材木不可勝用之意。才質之才，不可言有才無才，則以質具於生初，雖有剛柔智愚之殊，然不可不謂之質，故祇可言質美質惡，不得言有才無才。若才用之才，則剛者、知者爲有才之人，柔者、愚者爲無才之人。此孟子所由言才也養不才也。然才用之才，原於才質之才，故戴氏言「各如其性爲形質，而知能遂區也。」且才必因有爲而後見，有志而無所爲則才不見，故才質之剛柔智愚，咸因才能之優絀而後見。然才能之差殊，亦視才質之優劣，故才者本人性之優劣而見之外者也，故觀人者先觀其才，則其爲人可知矣，戴説是也。誠訓爲實，戴氏曰：「誠，實也。據中庸言之，所實者，智仁勇也。實之者，仁也，義也，禮也。」案誠訓爲實是也。易言「閑邪存其誠」，猶言存其實也。易言「修辭立其誠」，言修辭以實爲主也。大學言「物格而後知致，知致而後意誠」，誠即真實無妄也。無妄由於格物，故能無惑，此亦治實學之義也。中庸言「自誠明，自明誠」，此言治學以實爲本。惟實事求是，心乃大明。中庸言「惟至誠能盡之」，即言有實學，然後知心性也。言至誠如神，即言學有實驗者，能測未然也。若中庸言不誠無物，即言天下無無實理之物也，故學當求實。若中庸言誠身有道，則言修身亦當有實功也，故又言至誠無息。復言誠者，自成也，若中庸以擇善固執爲誠，亦即論語博約之義，即不蹈空虛之義也。後儒不達此義，不能真實無妄，凡事皆飾以虛矯，復以循謹老成樸陋者爲誠篤，或曰誠實。蓋古人之誠，無妄之誠也，後世之誠，鄉願之誠也，惟戴氏所解不訛。析詞明辨，遠邁前儒，若東原之解仁義禮智也，以義禮屬於仁，以智該於仁義禮。戴氏曰：仁者生生之德也，仁者可以該義，使親愛長養不協於正大之情，則義有未盡，仁可以該禮，使無親疏上下之别，則禮失而仁亦未爲得。舉仁義禮可以該智，智也者，知此者也。不知仁以安仁，義以正己，立訓迥殊，春秋繁露云：「以仁安人，以義正我，故仁之爲言人也，義之爲言我也。」又云：「仁之法在愛人，不在愛我；義之法在正我，不在正人。」此解最精。古代仁從二人，鄭君訓相爲人偶，言仁道必合兩人，然後見也。論語言「己欲立而立人，己欲達而達人」。孟子言仁民是仁道，乃行善事而以惠德加人之義也。禮運言大同，以及張子西銘皆言仁德，其詳見儀徵阮氏論語論仁、孟子論仁。論古人訓義爲宜，禮曰「義者天下之制也」，制即限制之義。易言「義以方外」，方外即砥礪廉隅之義，故利與義對，言義則有所不爲，利則無所不爲也。易言「禁民爲非曰義」，禮言「去天地之害謂之義」，皆使民有所不爲也。是義乃持躬嚴正而不復侵犯他人之義也。仁義不同，而後儒以救人爲義，混義於仁，故戴氏亦以仁該義禮，然其説甚誤，故特正之。而智之所及，亦非仁義禮所能該，古者智與仁並言，如子貢言仁且智，夫子既聖是也。中庸亦以仁智勇並言，而西國亦分智育、德育、體育爲三，德育近於仁，體育亦近於勇，則智德所該甚廣，雖仁義禮之道，必待智德而後知，然仁義禮之外，豈别無可知之法乎？若勇與信，皆當知者也。故孟子析仁義禮智爲四端。易言元亨利即仁義禮也，中庸言仁義禮，復言有臨有容有執有敬，亦即智仁義禮也。是仁義禮智不同古人於四端之中，雖有偏重一端，而以他端互見者，然未有若戴氏之含渾者也。禮者因人之情，而爲之節文者也。或訓爲理，或訓爲儀，亦與仁義智不同。東原之説名爲伸孟子，實則與孟子相戾也，豈可從乎？

又東原之釋陰陽太極也，以太極爲氣化之陰陽，又謂曰儀曰象曰卦，皆指作易而言。然易言「易有太極，是生兩儀」，即老子一生二之説也。太極爲絶對之名詞，若老子之無，莊子之真宰，佛家之真如，以及揚雄言太玄，宋儒言天理，皆絶對之名詞也。太極者，亦絶對名詞之代表也。陰陽爲相對之名詞，陰陽由太極而生，即左傳所謂物生而後有象，象而後有滋，滋而後有數也，無象則數不能滋生。則陰陽非太極明矣。戴氏以陰陽在氣化爲太極，在作易爲兩儀，然易名起於作易之後，在氣化不當名爲易。今易言易有太極，不别舉一氣化之名屬之太極，則太極與兩儀同爲作易之言。陰陽爲太極之質，猶之性與才也，才生於性，不得以性爲才，則陰陽生於太極，亦不得以太極即陰陽。此又東原言虚靈之失也。蓋東原之時，汪大紳名縉、彭尺木之徒雜佛老之説以釋經，東原以其雜糅二氏也，至詆爲詖淫邪遁，復以宋儒之多出佛、老也，遂集矢程、朱，申漢學以排宋學。且當此之時，學士大夫競治考證之學，非證明古籍，則其説不尊，故東原之言性理也，悉以著於經文者爲據，凡前聖所未言者，悉詆爲異端曲説，即後儒立説之足申孟子者，亦深文周納以折其立説之非，此則東原擇説之偏，治學之要，當實事求是，智者千慮，豈無一失？愚者千慮，豈無一得？前人所未言者，後儒何必弗言？前説所未是者，後儒亦可改更。若戴氏之説，則門户之見極嚴，不知學術爲天下之公器，不能平心考察，故訛誤實多。甚矣，意見之有害於學也。不足爲千古之定論也。

雖然，東原之學小疵不掩大醇。義理必衷訓故，則功在正名；講學不蹈空虛，則學趨實用。凡小儒迂墟之説足以害政蠹民者，咸掃除肅清，棄如苴土，信夫聖人復起，不易斯言矣。戴氏學術最便於民。故理堂、芸臺擷其菁英，焦理堂作論語通釋、格物説、性善説，攻乎異端，解以申戴氏仁恕之説。阮芸臺作論語論仁、孟子論仁論性命、古訓一貫解，亦多本戴氏之説。次仲、伯初率循途轍，凌次仲作復禮説三篇，謂理與禮同，洪伯初有上朱學士書，極論戴氏言義理有功於世道。學術所及，風靡東南，若錢竹汀、孫淵如、孔巽軒、王德甫，其解釋性理咸本於戴氏之説。豈徒説經硜硜遂足伺籍儒林之選哉？戴氏於聲音訓詁、典章制度，以及數學地學，皆造其精微，然全書之中仍以説性理者爲最善。而桐城方氏、方東樹漢學商兑。義烏朱氏，朱一新無邪堂答問。辨章學術，咸於東原有微詞，以蜉蝣而撼大樹，以蜩鳩而笑鵾鵬，鄙儒之説，何損於東原萬一哉！予束髮受書，即服膺東原之訓故，掇拾精語，翦彼蕪詞，以俟知言君子擇焉。

（輯自左盦外集卷十七）

記中央圖書館藏的直隸河渠書稿本二十六册

胡適

民國三十七年九月，我在南京借得中央圖書館所藏直隸河渠書稿本二十六册，費了幾個夜晚，頗有所得，可以修正繆荃孫四十多年前的舊跋，也可以訂正段玉裁一百三十年前的爭論。

這些稿本多數有「荃孫」的圖章，都是繆荃孫在光緒甲申（十年，一八八四）在北京廠甸買得的原書。繆氏有戴氏直隸河渠書跋（藝風堂文續集六），其中要旨有幾點：

一、這是曲阜孔繼涵家出來的書，即是當年戴震死後孔繼涵收藏保存的書。因此，繆荃孫和段玉裁一樣，承認這些稿本都是戴氏直隸河渠書。

二、繆氏叙述此書的歷史如下：

「乾隆中葉，方恪敏公觀承總督直隸，延仁和趙東潛氏撰直隸河渠水利書百三十二卷。戊子（三十三年）復延休寧戴東原先生删定之，改爲直隸河渠書，删去「水利」二字，成書百二卷，……而灤河、熱河僅存涯略一卷。蓋恪敏是秋薨於位而書未竟也。接任總督爲周元理，（胡適按：接任者是楊廷璋，至卅六年始任周元理）擬延元和余蕭客氏續成而未果。原稿存戴處，清稿存周處……東原殁後，遺書皆歸曲阜孔葓谷繼涵……此稿原訂六十四册，葓谷合爲二十四册……光緒甲申孔氏書盡出，此稿流落廠肆。荃孫賤值得之。中又短永定河八卷。」「今只二十三册。」

三、繆氏依據段玉裁與方葆巖制府書，鈔出原書分卷如下：

衛河七卷
漳河十一卷
滏水三卷
大陸澤五卷
寧晉泊一卷
滹沱河八卷

東西淀二十一卷（内有唐河三卷，沙河一卷，滋河一卷，府河五卷，易水五卷，淶水一卷，清河五卷。）
永定河十六卷（内有永定河十二卷，桑乾河四卷）
白河十九卷（内有白河八卷，潮河二卷，榆河四卷，大通河五卷）
薊運河九卷
陡河一卷
灤河一卷

繆氏用稿本對勘，指出這些不同處：

「東西淀原目二十一卷，今淶水實分三卷，非一卷，共有二十三卷。……又薊運河九卷，末一卷即陡河。段先生以陡河爲一卷，不知在薊運九卷之内。」

段氏計算總數爲百零二卷。繆氏「仍訂爲百卷。」

四、繆氏用王履泰的畿輔安瀾志來比勘稿本，得着這樣簡單的結論：「原書每水先紀正流，次故道，次凡水，次隄防，次閘壩涵洞，次橋梁津渡，次經費官司夫役，次祠廟，次水利。凡水以下，先撮叙在某縣者某水，均頂格；分叙某水，則低一格。安瀾志於故道每闌入正流；凡水以下均不先提後叙；删去夾注及顛倒處極多。而尚未敢臆補。」

我研究這些稿本的結果，頗多與段氏、繆氏的結論不同。最主要的一點是，我不承認這些都是戴氏改定的書。我看只有前面四册二十六卷可以斷定是戴氏最後改定本的清鈔本。其餘各卷之中，有些是趙一清改定本，其上有戴震修改的痕跡，也有別人修改的痕跡。還有一些是更早期的底本，大概就是總督方觀承根據他的治河經驗和河渠水利材料編成的初稿本，其上往往有剪割挪移修改的痕跡，有趙一清修改的字跡。

因此，我覺得繆氏説的「原稿存戴處，清稿存繼任總督周元理處」，也不正確。前二十六卷明明是戴氏清稿，餘册則有最早的底本，有趙氏的改定本，有戴氏的修改本，也不能都説是「原稿」。

段玉裁在嘉慶十五年（一八一〇）説此書「惟東原師藏其副爲真本」（經韻樓集七、葉四十）段氏在嘉慶十九年（一八一四）作戴東原年譜，又説，「先生歿後，此書清稿一藏曲阜孔户部府中，一在直隸總督周公名元理家。」（年譜乾隆三十三年條）這兩説都不確。戴氏所藏只有二十六卷是他改定本的清鈔副本，其餘都只是當時修改清鈔後剩餘的底本與鈔本，既非最後改本的「清稿」，也不是戴氏的「副」本。

我分析二十六册的内容，作簡明表如下：

第一册，衛河七卷，是戴震改定本的清鈔本。

第二册，漳水十一卷，是戴震改定本的清鈔本。

第三册，滏水三卷，是戴震改定本的清鈔本。

第四册，大陸澤五卷，是戴震改定本的清鈔本。

以上四册，共二十六卷，都是最後寫定的清鈔本，都標明「直隸河渠書卷之幾」。何以知道這廿六卷是戴震改定本呢？我可以舉出幾條最無可疑的證據。（一）漳水卷裏敘武鄉水下「與鞞鞈、白璧二水合」。「鞞鞈」在古本水經注裏作「鞞鞳」（大典本；黄省曾本）。朱謀㙔本始改作鞞鞈，趙一清的水經注釋也作鞞鞈。只有戴震的兩本水經注都作鞞鞈，自刊本無校語，官本也没有説明校改的根據。我猜想這也許是因爲「鞞鞈白璧」四字都是雙聲，而左傳桓二年有「藻率鞞鞛」，詩大雅公劉有「鞞琫容刀」，鞛與琫音義並同，鞞鞛是配刀的裝飾。無論如何，稿本此處作鞞鞳正是戴震兩本水經注的一個特點，而與作「鞞鞈」的趙一清本不合。（二）更有趣味的是漳水卷裏鄴縣下，有這樣一句：

水經注：又北，滏水入焉。

在各種古本裏，這句都作：

漳水又北，溢水入焉。

趙一清的水經注釋此句校改作：

漳水又北，濫水入焉。（看刊誤四，葉廿七）

只有戴震的兩本水經注把此句改爲：

漳水又北，滏水入焉。

所以河渠書稿本此句作「滏水入焉」最可以證明這是戴氏改定本。（三）稿本滏水的第一卷還特别提出水經注有無滏水篇的問題，説：

蓋漳流善徙，故滏之注漳，或舒或促，遷改不常。或疑水經有滏水篇，恐未必然。古時滏水源近流短，水經注附見于濁漳水篇，其文云：

漳水又北，滏水入焉。

以下不記滏之源流。太平御覽諸書所引水經注當屬此處脱文。今本「滏水入焉」句，滏訛作溢。古今地志無所謂溢水者，其爲轉寫之失無疑。

這正是戴震的主張。戴校官本在「滏水入焉」句下的校語裏引太平御覽五十一字，説「文當在此句之下」。戴氏自刊本(濁漳水篇葉九)此條引太平御覽比官本更多四十多字。趙一清認爲水經注原有滏水篇，故他有補滏水篇，見水經注釋卷十之末。戴震不認水經另有滏水篇，故他的兩本水經注都把滏水附見在濁漳水篇裏。這也可見稿本是戴氏改定本。

第五册　寧晉泊一卷，止有二十葉，是趙一清定本的清本，其上有戴氏修改之處。

第六、七、八册　滹沱河八卷。這三册似是較早的底本，有一個人修改過，筆跡很潦草，不像趙一清，也不像戴震。

第九册，這是殘册，只有十葉半，是滹沱河總叙的最前部分，但是清鈔本，有戴震增改的幾處。

第十册，唐河，沙河，滋河，共五卷。此册是趙一清改本的清鈔本，其上似有兩人修改過，其字跡都不像戴氏。唐河卷一盧奴水下，原鈔本有這一段：

杭人趙一清補注水經，於地理學甚核，嘗遊定州，爲定州牧姚立德作盧奴水考，並附于右。(此下附録盧奴水考，其末有小字云，「杭人趙一清擬」。)

段玉裁（經韻樓集七，葉四七）曾引此段，以爲這是戴氏「採擷趙文」。我們現在得見此册，可以明瞭這是趙一清採録他自己的文字，故用第三人的口氣，作此介紹。從前的人都説方觀承聘請趙一清去修河渠水利書。今年，我得見李玄伯先生所藏東潛詩稿鈔本，才知道方觀承並没有聘請趙一清。方總督委派了順德府知府金文淳擔任修書的事，那時趙一清正住在他妹夫姚立德定州官署裏，他和金文淳是同鄉好朋友，所以金文淳把這位同鄉地理學者請到順德官署裏去替他做修訂直隸河渠水利書的事。因爲趙一清並没有編訂此書的名義，故此書採録他的文字，須用編纂者的口氣介紹他。

這裏附録趙氏文字的末尾注明作者「杭人趙一清撰」，這是趙氏改本附録文字的體例。戴震改定的前二十六卷裏附録文字都一律把作者姓名標在題目之前，例如「明大學士徐溥小灘鎮廣濟橋記」（衛河六）又如「趙文炳永濟閘記」（滏水三），都没有在末尾注明作者。

第十一、十二册　府河五卷。這兩册也是舊底本。其上有趙氏及他人修改處。

第十三册　易水五卷。這册是趙一清定本的清鈔本，毫無可疑。我試舉一條最有力的證據。如葉七按語云：

酈道元所引説文，則是入深深渠，即巨馬河之異名。深深渠如沁水篇之驫驫水，泗水篇之涓涓水，獲水篇之净净溝，是其例矣。

這裏説的是水經注易水篇的一段文字的讀法。舊本是這樣：

〔地理志〕又曰濡水合渠許慎曰濡水入深深渠二號即巨馬之異名

趙一清水經注釋與水經注箋刊誤都把「深深渠」三個字讀作一個水名。刊誤（卷五葉四）列舉「涓涓水」「凈凈溝」等作「名例」，與此稿本按語相同。趙氏的讀法是説「渠」與「深深渠」二號都是巨馬水的異名。趙氏這個讀法與戴震大不相同。戴震把兩個「深」字改作「涞」字，故這段文字讀成了這樣：

又曰「濡水合渠」。許慎曰「濡水入涞」。涞渠二號即巨馬之異名。

戴校官本有説明云：

巨馬河注云，「即涞水也」，又云，「亦曰渠水」。故此言「涞渠二號即巨馬之異名。」原本及近刻兩涞字並訛作深，而説文「入涞」今各本又訛作「入漆涑」。

此稿本讀「深深渠」作水名，又引「涓涓水」等作「名例」，都是趙一清的説法，最可證明這稿本是趙氏改定本的清鈔本。

第十四册　涞水三卷。這是殘存的稿本，經過戴震的大改動。卷首爲戴氏改作的「涞水總叙」的草稿，共一葉又半。餘卷爲舊有「涞水卷五」，墨筆改五爲三。又後方有「涞水卷四」墨筆抹去。故此册是殘稿，我們無從知道涞水原有幾卷，删定爲幾卷。

第十五册　清河五卷。此册也是趙氏定本的幾卷殘本。其一、四、五，皆題「清河卷幾」，但卷二則題「清河卷」三個字，而卷三則題「西淀、東淀卷三」。

第十六册　這就是「清河卷二」的另一鈔本，其上有塗抹改動之處甚多，塗改的草字甚劣，可能是戴震的字。

第十七册　永定河　此册封面舊題「永定河，缺九卷」。原目録尚存，應有十二卷。此册只有卷一與卷二，實缺十卷。這殘存的兩卷是較早的底本，其上有硃筆改過，又有墨筆改過；又有墨筆黏箋甚多，批評頗嚴厲，評改的字跡非趙非戴。

第十八册　桑乾河四卷。是趙氏定本的清鈔本，其卷一有戴震增改處，有兩處增改到一百字以上。

第十九、二十册　白河八卷。原底本，有剪割挪移改動之處甚多，似是趙氏改稿。

第二十一册　潮河二卷，榆河四卷，原底本，有圈讀剪移之處甚多，似是趙氏改稿。

第二十二、二十三册　大通河五卷。原底本，有趙氏改動處。

第二十四、二十五册　薊運河（附陡河、石溜河、沙河）九卷。陡河、石溜河、沙河在第九卷。這兩册封面上皆題「底本」二字。是原底本，有趙氏改動之處。

第二十六册　這是一本單獨的小册，好像不是河渠書的一個部分。此册只有十四葉半。前十葉記發源塞外入灤河、入潮河、入白河的各水。最後四葉半，是戴震鈔的灤河源流考，有戴氏題記云：

戊子余應方制臺之請，寓保定蓮花池園内。適河間同知黄君尋灤河源至，方公以圖示余。録其所實歷及今地名如此。

此下有戴氏小注云：

此條與高石水，俱玉田補寫。（高石水在前十葉裏）

這似是説，寫此兩條時，戴震已離開保定，到了京東的玉田縣了。大概此時方觀承已死，修書的工作不能不停頓了。

段玉裁和繆荃孫都把這一册看作「灤河一卷」。這是錯的。

這是二十六册内容的簡表。總結起來，有幾點值得指出。

第一、繆荃孫説止有二十三册，段玉裁説有二十四册。我們計算，第九册與第十六册是複本，應除去，共有二十四册。末册止有十四葉半，封面也没有題册數，大概繆氏没有計算此册，故説止存二十三册。其實段氏在一百三十年前所見，與繆氏所得，與今日所存，都是這二十六册，並没有失落。

第二、關於稿本的卷數，段氏所記百零二卷實不確，他在戴東原年譜裏所記卷數更錯誤。繆氏訂爲百卷，也是錯的。核實計算，除去複本，除去末册，二十三册共存九十二卷。

第三、段玉裁説趙氏定本有百三十二卷，大概是依據方維甸鈔給他的趙書目録。但他又説：

杭州何夢華元錫來言：「直隷河渠書乃趙東潛作，與戴先生無涉。往者孔洪谷丈收入戴氏遺書中，誤也。」余以二十四册者示之。彼云，「趙氏之書尚多一倍，不止此也。」（經韻樓集七，葉四五。）

我們現在見到了趙氏的改稿，又看見了戴氏改定本的規模，我們可以斷定何元錫的估計是不可靠的。趙氏的定本比戴氏多不了多少，決不會比戴本多出一倍。

第四、戴氏最後定本共有若干卷，我們現在無從確知。稿本現存九十二卷。永定河目録有十二卷，實缺十卷。寧晉泊現存二十葉，原書當不止此。淶水現存三卷，不知定本有若干卷。清河現存本似乎還有殘缺。清河的第三卷題爲「西淀、東淀卷三」，可見原書與定本應該有專叙西淀、東淀的專卷。灤河決不會只有四葉，也許原書不止四卷。安瀾志有洋河二卷，而稿本裏沒有洋河，也許原書有洋河若干卷。總計以上各水，可能于稿本九十二卷之外還有三四十卷。方觀承死後。姚鼐作他的家傳，說他

所著直隸河渠書百三十卷。

這是大致可信的卷數。袁枚作方氏的神道碑，說他

纂河渠考若干卷，辨明水經注滏水之非缺，漢書注泒水之非增，皆勤學經生所不及也。

袁牧雖不曾記明卷數，但他指出了此書内容的兩個特點。泒水一條（水經注卷十四濡水〔即灤河〕篇引漢書地理志，濡水出白檀縣北蠻中，而今本漢志白檀縣下此句作「泒水出北蠻夷」。）是趙、戴兩家水經注同有的主張。但「辨明水經注滏水之非缺」一點，我已在上文詳說了，確是戴震獨有的主張。故我們可以推測袁枚作碑文時，大概曾有機會翻讀那部直隸河渠書的戴氏最後定本。（但也許袁枚只見到戴震代擬的編書凡例或自序之類。）方觀承是桐城人，家住在南京。袁枚、姚鼐也都住在南京。我們因此猜想方觀承死後，也許有一部完全的直隸河渠書一百三十卷存在方氏的南京家裏，這一百三十卷之中，至少有二十六卷是戴震的最後改定的清本，其餘近百卷書，因爲局勢的驟變，因爲方總督的死去，未必都有戴震的詳細修改。其中也許有完全不及修改的趙氏定本。現存的稿本上往往有很潦草的草字修改，狂草而不合草字規律，竟不可辨認！我頗疑這都是戴氏在方總督死的前後最忙亂的情形裏趕做這修書工作的表現。袁枚、姚鼐所見，大概是趕鈔成或凑成的全稿一百三十卷。

第五、我們研究這二十多册稿本，不能不承認直隸河渠書的著作人與編纂人是那位在直隸省内辨了

幾十年河工的方觀承自己。袁枚、姚鼐的碑傳裏都説這書是他的書。杭州名士梁同書(山舟)説的更清楚：

恪敏(方觀承)精三禮，與秦味經司寇同撰五禮通考。宦畿輔時，尤留心水利，先後延趙一清、戴震輯直隸河渠書一百三十餘卷，惜未梓而行之。(名人尺牘小傳)

我們現在看這二十多册稿本，没有一處標明著者是方觀承，但有許多地方可以表示這部大書的原料與底本都出于方觀承，有些地方還明白表示方觀承自己的口氣。例如第二册漳水卷一之末有按語云：

按乾隆二十四年七月上游汛水盛漲，曲臨漳之鄺家村改流，東南直注大名府城。水退後，分爲二枝，一由拐里村遶府城之北，下合衛河。一由成家墳遶趨城南，近壕居民多被淹没。臣觀承即行查明鄺家村改流河道廣八十餘丈，可容納全漳。而數里之外，即已淺阻。

又漳水卷九葉九，提及乾隆二十八年之大水，也稱「臣方觀承」云云。那是趙一清離開順德府的一年。其下又提到「廿九年又加疏治」，其年趙一清已死了，故此諸卷是戴震最後改定本，而本文與按語都稱「臣觀承」。又如第十九、二十册白河各卷都是原來的底本，其卷六附載「乾隆十一年二次及三次水利工程奏」都是方觀承的奏疏，但都不具姓名。這些地方都可以證明這部書原是方觀承的書，趙一清與戴震都止是幫助他整理修訂的學者，他們都知道這裏面有許多關於直隸全省水利的有用材料，所以他們都留了一本副本。他們身後都被人稱爲這部河渠書的作者，那是因爲後人往往估低了方觀承的學術與文學的成就。據袁枚的碑文，方觀承在乾隆元年曾被薦博學鴻詞，但没有受考試。他有詩名，有詩集。據梁同書的小傳，他曾和秦蕙田同纂五禮通考，是一位精於三禮的學者。這樣一位有經學文學工夫的政治家，發願要把他在直隸省幾十年研究河渠水利的結果寫成一部大書。他很看重這部大書，所以他不肯輕易付刻，所以他幾次延請當時研究地理的學者來幫他删改修訂。我們現在看見了這些稿本，看見了其中的最初底本，看見了最後寫定本裏「臣觀承」的語氣，我們更可以明白這部大書確是方觀承自己的書。趙一清和戴震大概都有歷史考訂方面的貢獻，都有文字上修改編制的助力，但他們兩位從没有説過這部大書是他們的著作。我們將來如果有力量，影印這九十幾卷殘稿，我們應該正式標明方觀承是原編纂人，趙一清和戴震止是先後兩次修訂者。

最後，我很惋惜我不曾有時間用這些稿本來比勘嘉慶年間出現的王履泰的畿輔安瀾志。我盼望將來有人能補做這件比勘的工作。

卅七、十一、十一夜（第一次世界大戰「停戰日」的第三十週年紀念）

十二日是假期，重改定此稿。（輯自胡適手稿第一集卷三）

中央圖書館所藏直隸河渠書稿本詳目

胡適

册一	衛河	七卷	戴氏定本清本
册二	漳水	十一卷	戴氏定本清本
册三	滏水	三卷	戴氏定本清本

冊四	大陸澤	五卷	戴氏定本清本
冊五	寧晉泊	一卷（只有廿葉）	趙氏定本清本，有戴氏修改處。
冊六	滹沱河	八卷	底本經過塗改
冊七	滹沱河		
冊八	滹沱河		
冊九（附）	「滹沱水」，約當底本之「卷一」		清鈔本有戴氏增改處
冊十	唐河沙河滋河	五卷	趙氏定本清本，經過修改。修改似出于兩個人。
冊十一	府河上	五卷	底本，經過趙氏及他人修改
冊十二	府河下		
冊十三	易水	五卷	趙氏定本清本
冊十四	淶水	三卷（殘存？）	似是殘存之本
冊十五	清河	五卷（殘存？）	舊清鈔本殘存之本
冊十六（附）	清河卷二		與上冊卷二相同，有戴氏（？）改動處。

册十七	永定河	二卷（殘存）	底本有改動處。永定河十二卷，此册面題「永定河缺九卷」，其實只存一、二卷，故缺十卷。
册十八	桑乾河	四卷	趙氏定本清本，有戴氏修改處。
册十九 册二十	白河 白河	八卷	原底本，剪割挪移改動之處甚多，是趙氏改稿。
册廿一	潮河 榆河	二卷 四卷	底本，有趙氏圈讀剪移修改之處甚多。
册廿二 册廿三	大通河 大通河	五卷	底本，趙氏修改之處。
册廿四 册廿五	薊運河 薊運河 附陵河石溜河沙河	九卷	原題「底本」有修改處，似是趙氏改的

册廿六　　灤河（？）　　（原無數字）

此册僅十四葉半。前十葉爲發源塞外入灤河，潮河，白河之諸水。末四葉半爲戴氏鈔黄同知的灤河考。

比勘安瀾志。此目少洋河，而安瀾志有洋河二卷。此目薊運河九卷，其卷九爲陡河，石溜河，沙河。安瀾志薊運河二卷，而陡河沙河爲一卷，不列石溜河。

若不計灤河殘册，實存九十二卷。

繆荃孫戴氏河渠書跋（藝風堂文績集六）記載不清，我今年費了五六晚之力，始有詳細記録，始能作此目。

（輯自胡適手稿第一集卷三）

四、雜評上

趙戴直隸河渠書辯

段玉裁

戴東原師卒於乾隆丁酉，遺書皆歸曲阜孔户部葓谷繼涵。直隸河渠書六十四册，葓谷裝爲二十四册，計百單二卷，以卷帙重大，故葓谷未能刻，藏於家。葓谷於吾師爲執友，其子廣根又吾師之婿，故遺書收藏刊刻，引爲己任也。

始桐城方恪敏公總督直隸，聘吾師修此書，未竣而恪敏薨。嘉慶十四年，有吴江捐職通判王履泰進畿輔安瀾志一書，蒙恩賞録，命武英殿刊行，實竊取戴書删改而成者。履泰係直督周公元理姻戚，周公係方公後任，於時葆巖制府方十二齡，故書稿入於周氏，而王氏得之。吾師之子中孚意欲赴闕伸辯而未能，爰於孔府攜書稿二十四册，至蘇州屬余校定，此十五年二月也。

余披讀往復，見其書繁重纖悉畢備，因思吾師惟戊子年在恪敏處，一年内何以能成書之多至此？每與李松雲太守言此必有底稿，斷非出戴師一人之手也。是年冬，松雲入都，杭州何夢華元錫來言：「直隸河渠書乃趙東潛作，於戴先生無涉，往者孔葓谷丈收入戴氏遺書中，誤也。」余以二十四册者示之，彼云：「趙氏之書尚多一倍，不止此也。」余曰：「吾故疑吾師一年内不能成書至百二卷之多，今足下云趙書乃更倍此，然則趙爲草創而戴爲删定乎？」屬其將趙書寄來一觀，未至也。

十六年春正月，松雲自都還，以武英殿聚珍板畿輔安瀾志相示，知其確爲竊取戴書，而删繁就簡，不學無術，所爲頓失盧山真面。蓋此書之美在繁，而彼盡將夾行細注删去，令考訂古今者，俱倀倀焉在幽室之中，是可惜也。二月，松雲復以葆巖制府札相示，知夢華已將趙本抄送葆巖，而葆巖問趙氏作此書可有證據，松雲屬余考之。余謂趙氏爲此書惟汪韓門集保定旅懷詩道及之，而董浦謝山皆其老友，集内皆未道及之，即東潛文稿亦無道及之語，然其書稿藏於家，固確然可信爲東潛之作也。至於吾師之書，則有孔洪谷之收藏，有洪舍人榜之戴氏行狀，有孔檢討撝約之戴氏遺書總序，有程方正易田之答余書，有余親聞吾師説撰此書之語，有師親筆「戊子，余應方制府之請，寓保定蓮花池園内，適河閒同知黄君尋灤河源至」之語，皆可據證。夢華乃云「此書無預戴氏」，乃非確語也。松雲云「東原先生非攘竊人書者，若非東原大爲删潤，斷不抄其副本自稱己書。蓋趙草創而戴删改必矣。」松雲所見正與余合。

古人改定他人之作，有並存集中者，如盧、韓之月蝕詩是也。今者二公之書，固當並存。趙雖精於地理，而地理之學尚不及戴，文章之學亦不及戴。在今日而論，自當以戴爲主，以趙書校勘其訛字。戴書唐河卷一中有云：「杭人趙一清補注水經，於地理學甚核，嘗遊定州，爲定州牧姚立德作盧奴水考，並附於右下。」附盧奴水考云云，今此篇見東潛文稿，吾師方採摭趙文，此豈得謂戴書即趙書耶？趙名「直隸河渠水利書」，吾師曰「直隸河渠書」，則「水利」二字吾師所删，以河渠足以包之也。趙本一百三十二卷，吾師一百單二卷。則卷數較少者三十正，吾師所删也。趙本始衛河終唐河，據方葆巖札。戴本始衛河終陡河、灤河，則其次弟之大不同也。戴於灤河一卷未成，而趙有無灤河若干卷，則余所未知也。夢華口説趙灤河十一卷，恐未可信，必須葆巖以目録相寄乃可，果有灤河十一卷，則可補戴書成完璧矣。夢華謂東潛爲丙辰詞科，據鮚埼亭集及詞科掌録，則丙辰詞科者，乃東潛之父谷林、叔父意林，而非東潛父子同詞科也。輒書其梗槩，以復松雲。

（輯自經韻樓集卷七）

大清故貢生汪君墓誌銘序（節録）

汪　中

國初以來，學士陋有明之習，潛心大業，通於六藝者數家，故于儒學爲盛。迨乾隆初紀，老師略盡，而處士江慎修崛起於婺源，休寧戴東原繼之，經籍之道復明。始此兩人自奮於末流，常爲鄉俗所怪，又孤介少所合，而地僻陋無從得書。是時歙西溪汪君獨禮而致諸其家，飲食供具惟所欲，又斥千金置書，益招好學之士，日夜誦習講貫其中。久者十數年，近者七八年、四五年，業成散去。其後江君没，大興朱學士來視學，遂盡取其書上於朝，又使配食於朱子。戴君遊京師，當世推爲儒宗，後數歲，天子修四庫之書，徵領局事。是時天下之士益彬彬然嚮於學矣，蓋自二人始也。

（輯自述學别録）

集韻跋（節録）

桂　馥

曩在京師，與戴東原先生居相近。就談文字，先生每取集韻互訂，謂余曰：「集韻、增韻不背説文，差可依據。」余時有曹楝亭揚州刻本，文多謬誤，灣訛爲沸南，少昊訛爲省天，因屬陳君熷校讎，未及終卷。又屬程君敦與説文對勘，亦不完。及余官長山，乃得與增韻并了之，益信戴君言不誣也。

（輯自晚學集卷三）

説文引經異同叙（節録）

程瑶田

説文之於字雖不能全，不繆於古義，而學有師傳。許氏與鄭氏同時，亦不能無齟齬，然皆不類後人爲鑿空影響之談。然則説經者舍康成、叔重二氏欲望見古人門仞，蓋亦難矣。

昔吾友戴東原語余云：「爾雅、説文二書，寶書也。其異義處，則互有得失。如衛風深則厲，説文厲作砅，釋之曰『履石渡水也』，而爾雅則曰『以衣涉水。繇帶以上爲厲』。此説文之得，而爾雅之失也。」

（輯自通藝録）

示兒切語（節録）

洪　榜

戴氏東原辨音最精，取古所謂牙音、舌頭、舌上、重脣、輕脣、齒頭、正齒、喉音、半舌、半齒凡十類，今戴氏定爲喉、吻、舌、齒、脣五類，四聲均和表所用，是其例也。較古法更爲諧和。
（輯自二洪遺稿 初堂遺稿）

新刻大戴禮跋庚辰

盧文弨

吾宗雅雨先生，思以經術迪後進，於漢、唐諸儒説經之書，既遴得若干種，付剞劂氏以行世，猶以大戴者，孔門之遺言，周元公之舊典，多散見於是書，自宋、元以來，諸本日益訛舛，馴至不可讀，欲加是正，以傳諸學者。知文弨與休寧戴君震夙嘗留意是書，因索其本，并集衆家本，參伍以求其是。義有疑者，常手疏下問，往復再四而後定，凡二年始竣事，蓋其慎也如此。余嘗謂此書之極精粹者，曾子數篇而已，而立事一篇，尤學者所當日三復也。「博學而孱守之」，余素服膺斯言。自爲棘人，每誦「君子思其不可復者而先施焉」數語，輒不禁淚之盈眥也。孔子三朝記，其文不能閎深，疑出漢後人所傅會，學者當分別觀之。戴君丁丑年所見余本，即元時本耳。自後余凡六七讎校，始得自信無大謬誤，刻成覆閲，又得數事，今附見於後，以此益知學問之道無窮，心思之用亦無窮，庶幾來者亦將有所得乎此也。

（輯自抱經堂文集卷）

江慎修先生墓誌銘（節録）

王　昶

余友休寧戴君東原，所謂通天地人之儒也，常自述其學術實本之江慎修先生。乾隆二十七年三月，先生卒，是年東原舉於鄉。明年來京師，求所以志先生者，卒不果。又十餘年，余自蜀還朝，而東原以薦授庶吉士，校理四庫館書，於是取所自爲狀及汪世重等年譜而屬余銘之……至戴君總校四庫書，乃盡取先生二十種寫之，以藏秘府。先生弟子著籍者甚衆，而戴君及金君榜尤得其傳。

（輯自碑傳集卷一百三十三）

江先生傳（節録）

錢大昕

休寧戴震，少不譽於鄉曲，先生獨重之，引爲忘年交，震之學得諸先生爲多。

（輯自碑傳集卷一百三十三）

叙文（節録）

彭紹升

然臺山故好習静，好佛書，自與予交，日以斯道相切劘。已而遇戴子東原講訓詁，治爾雅、説文，入包山讀法華經，究天台教，故其論文也日益辨，而予則以浄土爲歸日。

（輯自二林居集卷三）

辯戴

任兆麟

東原謂：「學者二患：曰私、曰蔽。私生於欲之失，蔽生於知之失。異氏尚無欲，君子尚無蔽。異氏主静爲至，君子强恕以去私，問學以去蔽。」窺其意，陽以異氏爲釋老，而陰以觝排周子也。通書言學聖之要在無欲，又言聖人以主静立人極。爲學之道，知先行後，故必先去蔽而後去私。蓋不蔽則明知也，無欲則公仁也。子産曰：「無欲實難，原憲欲不行焉。」孔子曰：「可以爲難矣。」此周子所謂無欲也。樂記曰：「人生而静，天之性也。」孔子曰：「仁者静。」此周子所謂主静也。

又謂：「血氣得其養，雖弱必强，心知得其養，雖愚必明。」孟子曰：「養其大體爲大人，養其小體爲小人。」以中庸「雖愚必明，雖柔必强」當之，亦謬矣。

又謂：「獨居思仁。」孔子曰「仁者己欲立而立人，己欲達而達人」，豈獨居之謂乎？

「公言言義」，易傳曰：「精義入神，以致用也。」豈公言之謂乎？且重眥以理爲學，以道爲統，以心爲宗，是何言與？東原博於考證，此原善之作，特自抒所見而已，抑未聞聖學之宗旨也。

（輯自有竹居集卷五）

程綿莊文集序（節録）

姚鼐

今觀綿莊之立言，可謂好學深思，博聞强識者矣。而顧惜其好非議程、朱，蓋其始厭惡科舉之學，而疑世之尊程、朱者，皆束於功令，未必果當於道。及其久，意見益偏，不復能深思熟玩於程、朱之言，而其辭遂流於蔽陷之過，而不自知。近世如休寧戴東原，其才本超越乎流俗，而及其爲論之僻，則更有甚於流俗者。綿莊所見，大抵有似東原。東原晚以修四庫書，得官禁林，其書亦皆刻行於世。而綿莊再應徵車，卒不用，而歸老死。其所撰著，僅有留本，不傳於世，將憂泯没。斯則所遭，或幸或不幸也。

（輯自惜抱軒集文後集卷一）

贈戴東原

姚鼐

新聞高論詘田巴，槐市秋來步落花。羣士盛衰占碩果，六經明晦望萌芽。漢儒止數揚雄氏，魯使猶迷顔闔家。未必蒲輪徵晚至，即今名已動京華。

（輯自惜抱軒集詩集卷六）

遊天寧寺

諸世器

一庭黄葉十分清，不許牀頭匣劍鳴。誰與羈人話桑海，本師幸有鄭康成。時東原以事寓此。

（輯自乾隆汾陽縣志藝文）

鄭學齋記書後

章學誠

戴東原云：「鄭學微，而始以鄭氏名學。」其説洵然。時文興，而文辭始有古文之名。同一理也。戴君説經，不盡主鄭氏説，而其與任幼植書，則戒以輕畔康成。人皆疑之，不知其皆是也。大約學者於古未能深究其所以然，必當墨守師説。及其學之既成，會通於羣經與諸儒治經之言，而有以灼見前人之説之不可以據，於是始得古人大體而進窺天地之純。故學於鄭而不敢盡由於鄭，乃謹嚴之至，好古之至，非蔑古也。乃世之學者，喜言墨守。墨守固專家之習業，然以墨守爲至詣，則害於道矣。昔人謂「寧道周、孔誤，勿言馬、鄭非」，墨守之弊，必至乎此。墨守而愚，猶可言也，墨守而黠，不可言矣。愚者循名記數，不敢稍失，猶可諒其愚也。黠者不復需學，但襲成説，以謂吾有所受者也。蓋折衷諸儒，鄭所得者十常七八，黠者既名鄭學，即不勞施爲，常安坐而得十之七八也。夫安坐而得十之七八，不如自求心得者之什一二矣，而猶自矜其七八，故曰德之賊也。惟墨守者流，非愚則黠，於是有志之士，以謂學當求其是，不可泥於古所云矣。夫是者，天下之公允也，然不求於古而惟心所安，則人各有心，略相似也。是堯、舜而非桀、紂，亦咸所喻也。依傍名義，采取前言，折中過與不及，參以三古從二，人皆可與知，能因而自信於心，以謂學即在是，則六經束高閣，而五尺之童皆可抵掌而談學術矣。任氏鋭思好學，非荒經蔑古者也。然未能深有得於古人，而遽疑鄭學，此戴君之所以深懼也，故又以爲戒耳。然墨守之愚及墨守之黠，與夫愚心自是而不爲墨守者。各執似是之非以詰戴君，戴君將反無辭以解，故曰非好學深思，心知其意，難爲淺見寡聞者道也。

（輯自章氏遺書卷八）

記與戴東原論修志

章學誠

乾隆三十八年癸巳夏，與戴東原相遇於寧波道署，馮君弼方官寧紹台兵備道也。戴君經術淹貫，名久著於公卿間，而不解史學；聞余言史事，輒盛氣凌之。見余和州志例，乃曰：「此於體例，則甚古雅，然修志不貴古雅。余撰汾州諸志，皆從世俗，絶不異人，亦無一定義例，惟所便爾。夫志以考地理，但悉心於地理沿革，則志事已竟。侈言文獻，豈所謂急務哉？」余曰：「余於體例，求其是爾，非有心於求古雅也。然得其是者，未有不合於古雅者也。如云但須從俗，則世俗人皆可爲之，又何須擇人而後與哉？方志如古國史，本非地理專門，如云但重沿革，而文獻非其所急，則但作沿革考一篇足矣，何爲集衆啓館，斂費以數千金，卑辭厚幣，邀君遠赴，曠日持久，成書且累函哉？且古今沿革，非我臆測所能爲也。考沿革者，取資載籍。載籍具在，人人得而考之；雖我今日有失，後人猶得而更正也。若夫一方文獻，及時不與搜羅，編次不得其法，去取或失其宜，則他日將有放失難稽，湮没無聞者矣。夫圖事之要，莫若取後人所不得而救正者，加之意也。然則如余所見，考古固宜詳慎；不得已而勢不兩全，無寧重文獻而輕沿革耳。」戴他顧而語人曰：「沿革苟誤，是通部之書皆誤矣。名爲此府若州之志，實非此府若州也而可乎？」余曰：「所謂沿革誤，而通部之書皆誤者，亦止能誤入載籍可稽之古事爾。古事誤入，亦可憑古書而正之，事與沿革等耳。至若三數百年之内，遺文逸獻之散見旁出，與夫口耳流傳，未能必後人之不湮没者。以及興舉利弊，切於一方之實用者，則皆覈實可稽，斷無誤於沿革之失考，而不切合於此府若州者也。」

馮君曰：「方志統合古今，乃爲完書，豈僅爲三數百年以内設邪？」余曰：「史部之書，詳近略遠，諸家類然，不獨在方志也。太史公書詳於漢制，其述虞、夏、商、周，顯與六藝背者，亦頗有之。然六藝具在，人可憑而正史遷之失，則遷書雖誤，猶無傷也。秦、楚之際，下逮天漢，百餘年間，人將一惟遷書是憑；遷於此而不詳，後世何由考其事邪？且今之修方志者，必欲統合今古，蓋爲前人之修是志，率多猥陋，無所取裁，不得已而發凡起例，如創造爾。如前志無憾，則但當續其所有，前志有闕，但當補其所無。夫方志之修，遠者不過百年，近者不過三數十年。今遠期於三數百年，以其事雖遞修，而義同創造，特寬爲之計爾。若果前志可取，正不必盡方志而皆計及於三數百年也。夫修志者，非示觀美，將求其實用也。時殊勢異，舊志不能兼該，是以遠或百年，近或三數十年，須更修也。若云但考沿革，而他非所重，則沿革明顯，毋庸考訂之，州縣可無庸修志矣。」馮君恍悟曰：「然。」

戴拂衣徑去。明日示余汾州府志曰：「余於沿革之外，非無別裁卓見者也。舊志人物門類，乃首名僧，余欲刪之，而所載實事，卓卓如彼，又不可去。然僧豈可以爲人？他志編次人物之中，無識甚矣。余思名僧必居古寺，古寺當歸古蹟，故取名僧事實，歸之古蹟，庸史不解此創例也。」余曰：「古蹟非志所重，當附見於輿地之圖，不當自爲專門。古蹟而立專門，乃統志類纂名目，陋儒襲之，入於方志，非通裁也。如云僧不可以爲人，則彼血肉之軀，非木非石，畢竟是何物邪？筆削之例至嚴，極於春秋。其所誅貶，極於亂臣賊子，亦止正其名而誅貶之，不聞不以爲人，而書法異於圓首方足之倫也。且人物倣史例也，史於姦臣叛賊，猶與忠良並列於傳，不聞不以爲人，而附於地理志也。削僧事而不載，不過俚儒之見耳。以古蹟爲名僧之留轍，而不以人物爲名，則會稽志禹穴而人物無禹？偃師志湯墓而人物無湯？曲阜志孔林而人物無孔子？彼名僧者，何幸而得與禹、湯、孔子同其尊歟？無其識而强作解事，固不如庸俗之猶免於怪妄也。」

（輯自文史通義卷八）

朱陸

章學誠

天人性命之理，經傳備矣。經傳非一人之言，而宗旨未嘗不一者，其理著於事物，而不託於空言也。師儒釋理以示後學，惟著之於事物，則無門户之争矣。理，譬則水也。事物，譬則器也。器有大小淺深，水如量以注之，無盈缺也。今欲以水注器者，姑置其器，而論水之挹注盈虚，與夫量空測實之理，争辨窮年，未有已也，而器固已無用矣。

子夏之門人，問交於子張。治學分而師儒尊知以行聞，自非夫子，其勢不能不分也。高明沉潛之殊致，譬則寒暑晝夜，知其意者，交相爲功，不知其意，交相爲厲也。宋儒有朱、陸，千古不可合之同異，亦千古不可無之同異也。末流無識，争相詬詈，與夫勉爲解紛，調停兩可，皆多事也。然謂朱子偏於道問學，故爲陸氏之學者，攻朱氏之近於支離；謂陸氏之偏於尊德性，故爲朱氏之學者，攻陸氏之流於虚無；各以所畸重者，争其門户，是亦人情之常也。但既自承朱氏之授受，而攻陸、王，必且博學多聞，通經服古，若西山、鶴山、東發、伯厚諸公之勤業，然後充其所見，當以空言德性爲虚無也。今攻陸、王之學者，不出博洽之儒，而出荒俚無稽之學究，則其所攻，與其所業相反也。問其何爲不學問，則曰支離也。詰其何爲守專陋，則曰性命也。是攻陸、王者，未嘗得朱之近似，即僞陸、王以攻真陸、王也，是亦可謂不自度矣。

荀子曰：「辨生於末學。」朱、陸本不同，又況後學之曉曉乎？但門户既分，則欲攻朱者，必竊陸、王之形似；欲攻陸、王，必竊朱子之形似。朱之形似必繁密，陸、王形似必空靈，一定之理也。而自來門户之交攻，俱是專己守殘，束書不觀，而高談性天之流也。則自命陸、王以攻朱者，固僞陸、王；即自命朱氏以攻陸、王者，亦僞陸、王，不得號爲僞朱也。同一門户，而陸、王有僞，朱無僞者，空言易，而實學難也。黄、蔡、真、魏，皆承朱子而務爲實學，則自無暇及於門户異同之見，亦自不致隨於消長盛衰之風氣也。是則朱子之流別，優於陸、王也。然而僞陸、王之冒於朱學者，猶且引以爲同道焉，吾恐朱氏之徒，叱而不受矣。

傳言有美疢，亦有藥石焉。陸、王之攻朱，足以相成而不足以相病。僞陸、王之自謂學朱而奉朱，朱學之憂也。蓋性命、事功、學問、文章，合而爲一，朱子之學也。求一貫於多學而識，而約禮於博文，是本末之兼該也。諸經解義不能無得失，訓詁考訂不能無疏舛，是何傷於大禮哉？且傳其學者，如黄、蔡、真、魏，皆通經服古，躬行實踐之醇儒，其於朱子有所失，亦不曲從而附會，是亦足以立教矣。乃有崇性命而薄事功，棄置一切學問文章，而守一二章句集注之宗旨，因而斥陸譏王，憤若不共戴天，以謂得朱之傳授，是以通貫古今、經緯世宙之朱子，而爲村陋無聞、傲狠自是之朱子也。且解義不能無得失，考訂不能無疏舛，自獲麟絶筆以來，未有免焉者也。今得陸、王之僞，而自命學朱者，乃曰：墨守朱子，雖知有毒，猶不可不食。又曰：朱子實兼孔子與顔、曾、孟子之所長。噫！其言之是非，毋庸辨矣。朱子有知，憂當何如邪？

告子曰：「不得於言，勿求於心，不得於心，勿求於氣。」不動心者，不求義之所安，此千古墨守之權輿也。是非之心，人皆有之。不能充之以義理，而又不受人之善，此墨守之似告子也。然而藉人之是非以爲是非，不如告子之自得矣。

藉人之是非以爲是非，如傭力佐鬬，知争勝而不知所以争也。故攻人則不遺餘力，而詰其所奉者之得失爲何如，則未能悉也。故曰：明知有毒，而不可不服也。

末流失其本，朱子之流别，以爲優於陸、王矣。然則承朱氏之俎豆，必無失者乎？曰：奚爲而無也。今人有薄朱氏之學者，即朱氏之數傳而後起者也。其與朱氏爲難，學百倍於陸、王之末流，思更深於朱門之從學，充其所極，朱子不免先賢之畏後生矣。然究其承學，實自朱子數傳之後起也，其人亦不自知也。而世之號爲通人達士者，亦幾幾乎褰裳以從矣。有識者觀之，齊人之飲井相捽也。性命之説，易入虚無。朱子求一貫於多學而識，寓約禮於博文，其事繁而密，其功實而難；雖朱子之所求，未敢必謂無失也。然沿其學者，一傳而爲勉齋、九峰，再傳而爲西山、鶴山、東發、厚齋，三傳而爲仁山、白雲，四傳而爲潛溪、義烏，五傳而爲寧人、百詩，則皆服古通經，學求其是，而非專己守殘，空言性命之流也。自是以外，文則入於辭章，學則流於博雅，求其宗旨之所在，或有不自知者矣。生乎今世，因聞寧人、百詩之風，上溯古今作述，有以心知其意，此則通經服古之緒，又嗣其音矣。無如其人慧過於識而氣蕩乎志，反爲朱子詬病焉，則亦忘其所自矣。夫實學求是，與空談性天不同科也。考古易差，解經易失，如天象之難以一端盡也。曆象之學，後人必勝前人，勢使然也。因後人之密而貶羲和，不知即羲和之遺法也。今承朱氏數傳之後，所見出於前人，不知即是前人之遺緒，是以後曆而貶羲和也。蓋其所見，能過前人者，慧有餘也。抑亦後起之智慮所應爾也，不知即是前人遺蘊者，識不足也。其初意未必遂然，其言足以懾一世之通人達士，而從其井捽者，氣所蕩也。其後亦遂居之不疑者，志爲氣所動也。攻陸、王者，出僞陸、王，其學猥陋，不足爲陸、王病也。貶朱者之即出朱學，其力深沉，不以源流互質，言行交推；世有好學而無真識者，鮮不從風而靡矣。

古人著於竹帛，皆其宣於口耳之言也。言一成而人之觀者，千百其意焉，故不免於有向而有背。今之黠者則不然，以其所長，有以動天下之知者矣。知其所短，不可以欺也，則似有不屑焉。徙澤之蛇，且以小者神君焉。其遇可以知而不必且爲知者，則略其所長，以爲未可與言也；而又飾所短，以爲無所不能也。雷電以神之，鬼神以幽之，鍵篋以固之，標幟以市之，於是前無古人，而後無來者矣。天下知者少，而不必且爲知者之多也；知者一定不易，而不必且爲知者之千變無窮也；故以筆信知者，而以舌愚不必深知者，天下由是靡然相從矣。夫略所短而取其長，遺書具存，强半皆當遵從而不廢者也。天下靡然從之，何足忌哉！不知其口舌遺厲，深入似知非知之人心，去取古人，任惼衷而害於道也。語云：「其父殺人報仇，其子必且行劫。」其人於朱子蓋已飲水而忘源；及筆之於書，僅有微辭隱見耳，未敢居然斥之也。此其所以不見惡於真知者也。而不必深知者，習聞口舌之間，肆然排詆而無忌憚，以謂是人而有是言，則朱子真不可以不斥也。故趨其風者，未有不以攻朱爲能事也。非有惡於朱也，懼其不類於是人，即不得爲通人也。夫朱子之授人口實，强半出於語録。語録出於弟子門人雜記，未必無失初旨也。然而大旨實與所著之書相表裏，則朱子之著於竹帛，即其宣於口耳之言。是表裏如一者，古人之學也。即以是義責其人，亦可知其不如朱子遠矣，又何争於文字語言之末也哉。

（輯自文史通義卷三）

書朱陸篇後

章學誠

戴君學問，深見古人大體，不愧一代鉅儒，而心術未醇，頗爲近日學者之患，故余作朱陸篇正之。戴君下世今十餘年，同時有横肆罵詈者，固不足爲戴君累。而尊奉太過，至有稱謂孟子後之一人，則亦不免爲戴所愚。身後恩怨俱平，理宜公論出矣，而至今無人能定戴氏品者，則知德者鮮也。凡戴君所學，深通訓詁，究於名物制度，而得其所以然，將以明道也。時人方貴博雅考訂，見其訓詁名物，有合時好，以謂戴之絶詣在此。及戴著論性、原善諸篇，於天人理氣，實有發前人所未發者；時人則謂空説義理，可以無作，是固不知戴學者矣。戴見時人之識如此，遂離奇其説曰：「余於訓詁、聲韻、天象、地理四者，如肩輿之隸也。余所明道，則乘輿之大人也。當世號爲通人，僅堪與余輿隸通寒温耳。」言雖不爲無因，畢竟有傷雅道，然猶激於世無真知己者，因不免於已甚耳，尚未害於義也。其自尊所業，以謂學者不究於此，無由聞道。不知訓詁名物，亦一端耳。古人學於文辭，求於義理，不由其説，如韓、歐、程、張諸儒，竟不許以聞道，則亦過矣。然此猶自道所見，欲人惟己是從，於説尚未有欺也。

其於史學義例、古文法度，實無所解，而久遊江湖，恥其有所不知，往往强爲解事，應人之求，又不安於習故，妄矜獨斷。如修汾州府志，乃謂僧僚不可列之人類，因取舊志名僧入於古蹟。又謂修志貴考沿革，其他皆可任意，此則識解漸入庸妄，然不過自欺，尚未有心於欺人也。余嘗遇戴君於寧波道署，居停代州馮君廷丞，馮既名家子，夙重戴名，一時馮氏諸昆從，又皆循謹敬學，欽戴君言，若奉神明。戴君則故爲高論，出入天淵，使人不可測識。人詢班、馬二史優劣，則全襲鄭樵譏班之言，以謂己之創見。又有請學古文辭者，則曰：「古文可以無學而能。余生平不解古文辭，後忽欲爲之而不知其道，乃取古人之文，反覆思之，忘寢食者數日，一夕忽有所悟，翼日，取所欲爲文者，振筆而書，不假思索而成，其文即遠出左、國、史、漢之上。」雖諸馮敬信有素，聞此亦頗疑之。蓋其意初不過聞大興朱先生輩論爲文辭不可有意求工，而實未嘗其甘苦。又覺朱先生言平淡無奇，遂恢怪出之，冀聳人聽，而不知妄誕至此，見由自欺而至於欺人，心已忍矣。然未得罪於名教也。

戴君學術，實自朱子道問學而得之，故戒人以鑿空言理，其說深探本原，不可易矣。顧以訓詁名義，偶有出於朱子所不及者，因而醜貶朱子，至斥以悖謬，詆以妄作，且云：「自戴氏出，而朱子儌倖爲世所宗，已五百年，其運亦當漸替。」此則謬妄甚矣！戴君筆於書者，其於朱子有所異同，措辭與顧氏寧人、閻氏百詩相似，未敢有所譏刺，固承朱學之家法也。其異於顧、閻諸君，則於朱子間有微辭，亦未敢公然顯非之也。而口談之謬，乃至此極，害義傷教，豈淺鮮哉！或謂言出於口而無蹤，其身既歿，書又無大牴牾，何爲必欲摘之以傷厚道？不知誦戴遺書而興起者尚未有人，聽戴口說而加厲者，滔滔未已。至今徽歙之間，自命通經服古之流，不薄朱子，則不得爲通人。而誹聖排賢，毫無顧忌，流風大可懼也。向在維揚，曾進其説於沈既堂先生曰：「戴君立身行己，何如朱子，至於學問文章，互争不釋，姑緩定焉可乎？」此言似粗而實精，似淺而實深也。

戴東原云：「凡人口談傾倒一席，身後書傳，或反不如期期不能自達之人。」此説雖不盡然，要亦情理所必有者。然戴氏既知此理，而生平口舌求勝，或致憤争傷雅，則知及而仁不能守之爲累歟？大約戴氏生平口談，約有三種：與中朝顯官負重望者，則多依違其説，間出己意，必度其人所可解者，略見鋒穎，不肯竟其辭也。與及門之士，則授業解惑，實有資益；與欽風慕名，而未能遽受教者，則多爲慌惚無據，玄之又玄，使人無可捉摸，而疑天疑命，終莫能定。故其身後，縉紳達者咸曰：「戴君與我同道，我嘗定其某書某文字矣。」或曰：「戴君某事質成於我，我贊而彼允遵者也。」而不知戴君當日特以依違其言，而其所以自立，不在此也。及門之士，其英絶者，往往或過乎戴。戴君於其逼近己也，轉不甚許可之，然戴君固深知其人者也。後學向慕，而聞其恍惚玄渺之言，則疑不敢決，至今未能定戴爲何如人而信之過者，遂有超漢、唐、宋儒爲孟子後一人之説，則皆不爲知戴者也。

（輯自文史通義卷三）

答客問上

章學誠

癸巳在杭州，聞戴徵君震與吴處士穎芳談次，痛詆鄭君通志，其言絶可怪笑，以謂不足深辨，置弗論也。其後學者，頗有訾謷。因假某君叙説，辨明著述源流。自謂習俗浮議，頗有摧陷廓清之功。然其文上溯馬、班，下辨通考，皆史家要旨，不盡爲通志發也。而不知者又更端以相詰難，因作答客問三篇。

（輯自文史通義卷五）

好惡説下

凌廷堪

吾郡戴氏著書，專斥洛、閩，而開卷仍先辨理字。又借體、用二字以論小學，猶若明若昧，陷於阱擭而不能出也。其餘學人但沾沾於漢學宋學之分，甚至有云「名物則漢學勝，理義則宋學勝」者，寧識宋儒之理義乃禪學乎？或謂禪學以理爲障，宋儒以理爲性，其宗旨自別。此黠者欲蓋彌彰之説也。夫楞嚴二障，由華嚴之理事而生，理事無礙爲法界，有礙即爲障，則更爲理事出於釋氏增一證矣。嗟乎！理事體用闌入聖言，俱洛、閩所倡，豈亦金谿、陽明爲之邪！不塞其源，徒遏其流，是亦後學者之過也。開門揖盜，反藉揖者而驅除之，深可慨也夫！

（輯自校禮堂文集卷十六）

汪容甫墓誌銘（節録）

凌廷堪

君最惡宋之儒者，聞人舉其名，則罵不休。又好罵世所祠諸神，如文昌靈宫之屬，聆之者輒掩耳疾走，而君益自喜。漢、唐以後，所服膺者，崑山顧寧人氏、德清胡朏明氏、宣城梅定九氏、太原閻百詩氏、元和惠定宇氏、休寧戴東原氏。嘗云古學之興也，顧氏始開其端。河、洛矯誣，至胡氏而絀；中西推步，至梅氏而精。力攻古文書者，閻氏也。專言漢儒易者，惠氏也。凡此皆千餘年不傳之絕學。及戴氏出，而集其成焉。擬爲國朝六儒頌而未果。

（輯自校禮堂文集卷三十五）

擬璿璣玉衡賦序

凌廷堪

書曰：「在璿璣玉衡以齊七政。」東原戴氏書補傳曰：「考之周髀有北極樞及北極璿璣之名。所謂北極樞者，今之赤極是也。所謂北極璿璣者，今之黃極是也。是知唐、虞時作璿璣運旋於中，所以擬夫黃極者也。衡，橫也；橫帶中圍，周髀所謂七衡以界黃道，其中衡則赤道，或古之遺制歟？」

廷堪案：自漢太初以來，推步家不知有黃極，雖授時之精於測驗，於黃極亦茫如也。至西人始發明之，儒者驚爲創獲，不知其名已見於舜典，其解已具於周髀，後人囿於傳注，未之詳也。戴氏之言，信而有徵，乃竊取其意擬爲璿璣玉衡之賦。至於呂覽引黃帝之言，所謂大圜在上，大矩在下，即弧三角從地心起算之理，則以廷堪之鄙見附焉。

（輯自校禮堂文集卷一）

徽州府訓導夏先生墓誌銘（節録）

阮元

〔夏朗齋〕嘗與培翬論近儒學術，謂兼考據詞章者，惟朱竹垞；兼漢學宋學者，惟江慎修。江氏書無不讀，人知其邃於三禮，而不知其近思録集注實擷宋學之精。又謂戴東原學出江氏，其著書文詞古質，可爲青勝於藍，然不如江氏書平易切實，人人可曉，足裨後學。

（輯自研六室文鈔卷十）

申戴

焦循

王惕甫未定稿載上元戴衍善述戴東原臨終之言曰：「生平讀書，絶不復記。到此方知義理之學可以養心。」因引以爲排斥古學之證。江都焦循曰：非也。凡人嗜好所在，精氣注之，游魂雖變，而靈必屬此。況臨殁之際哉！余丁卯春三月病劇，昏卧七日，他事不復知，惟周易雜卦一篇，往來胸中，明白了析，曲折畢著，平日用力之淺深，嗜好之誠僞，於此時驗之。平日所習，而臨終昧昧忘之者，必其事平日本未嘗精氣注之也。東原生平所著書，惟孟子字義疏證三卷、原善三卷最爲精善。知其講求於是者，必深有所得，故臨殁時，往來於心。則其所謂義理之學可以養心者，即東原自得之義理，非講學家西銘、太極之義理也。余嘗究東原説經之書，如毛鄭詩補注等篇，皆未卒業，則非精神之所專注，宜其不復記也。吾見以貨利起家者，病革時，口惟言田舍事不已，精神所注在田舍也。有奔走場屋而未利者，臨殁無所知，喉中太息於鼎甲某某可羨，精神所注，在科第也。吾於東原臨殁之言，知其生平所得力而精魄所屬，專在孟子字義疏證一書，其他讀書不記者，本非所自得也。是故淺深真僞，非人所能知也，己則知之，己亦不自知也，臨殁則自知之。浮慕於學古之名而託於經，非不研究六書争制度文物之是非，往往不待臨殁而已忘矣。夫東原，世所共仰之通人也，而其所自得者，惟孟子字義疏證、原善，所知覺不昧於昏瞀之中者，徒恃此戔戔也。噫嘻危矣！

（輯自雕菰樓集卷七）

國史儒林文苑傳議（節録）

焦　循

我朝儒學以考核通貫爲長，竊謂爲諸人立傳，宜以道古、潛研兩集所載閻若璩、梅文鼎、萬季野、惠士奇、錢塘、江永、戴震諸傳爲式，舉長編所録，精之又精，核之又核，或直録其篇，或節揭其要。如戴震之學，錢氏詳矣，然其生平所得，尤在孟子字義一書，所以發明理道情性之訓，分析聖賢老、釋之界，至精極妙。錢氏略舉之，尚未詳著之也，悉屏旁觀褒異之虚文，備列當身著述之明證。本朝文集，鉅製孔多，如謝少宰平定兩金川説、六書正説叙，寧史貴直，莫直如之；史貴實，莫實如之；史貴信，莫信如之。不媿美相如，補翼叔重？推斯以索，美不勝收，既以標一人之實跡，即以揚昭代之文治，不亦盛哉！

（輯自雕菰樓集卷十二）

論語通釋自序（節録）

焦　循

循嘗善東原戴氏作孟子字義考證，於理、道、天命、性情之名，揭而明之如天日，而惜其於孔子一貫仁恕之説未及暢發。十數年來，每以孔子之言參孔子之言，且私淑孔子，而得其旨者，莫如孟子。復以孟子之言參之，既佐以易、詩、春秋、禮記之書，或旁及荀卿、董仲舒、揚雄、班固之説，而知聖人之道，惟在仁恕。仁恕則爲聖人，不仁不恕則爲異端小道。所以格物致知，誠意正心，脩身齊家，治國平天下，無不以此。其道大，其事易。自小其器而從事於難，是己而非人，執一而廢百，詎孔子一貫之道哉？

（輯自雕菰樓集卷十六）

讀書三十二贊（節録）

焦　循

孟子字義疏證　戴東原名震，休寧人。

性道之譚，如風如影，先生明之，如昏得朗。先生疏之，如示諸掌。人性相近，其善不爽。惟物則殊，知識罔罔。仁義中和，此來彼往。各持一理，道乃不廣。以理殺人，與聖學兩。

（輯自雕菰樓集卷六）

石埭儒學教諭汪君孝嬰别傳（節録）

焦　循

徽州之學，自江文學永倡其先，戴庶常震、金殿撰榜、程孝廉方正瑶田踵而興焉。江氏精西人法，戴氏飾以古九章割圜，故天文術算，與宣城梅氏相伯仲，東吴錢少詹大昕、教授塘遥相應和。

（輯自雕菰樓集卷二十一）

理説駁戴震作

翁方綱

近日休寧戴震，一生畢力於名物象數之學，博且勤矣，實亦考訂之一端耳。乃其人不甘以考訂爲事，而欲談性道以立異於程、朱。就其大要，則言理力詆宋儒，以謂理者是密察條析之謂，非性道統挈之謂。反目朱子性即理也之訓，謂入於釋、老真宰真空之説，竟敢刊入文集。説理字至一卷之多，其大要則如此，其反覆駁詰牽繞諸語不必與剖説也。惟其中最顯者，引經二處，請略申之。

一引易曰：「易簡而天下之理得矣。天下之理得，而成位乎其中矣。」試問：繫辭傳此二語，非即性道統挈之理字乎？「成位乎其中」者，謂易道也，則人之性即理無疑者也。對上賢人之德，賢人之業，則此句理字以人所具性道統挈言之更無疑也。此處正承天地定位而言，易之「成位乎其中」，豈暇遽以凡事之腠理條理言耶？此不待辨而明者也。

再則，又引樂記「天理滅矣」。樂記曰：「人生而静，天之性也。感於物而動，性之欲也。物至知知，然後好惡形焉。好惡無節於内，知誘於外，不能反躬，天理滅矣。」此句天理對下人欲，則天理即上所云天之性也，正是性即理也之義。而戴震轉援此二文，以謂皆密察條析之理，非性即理之理，蓋特有意與朱子立異，惟恐人援此二文以詰難之，而必先援二經語以實其密理條析之説，可謂妄矣！

夫理者，徹上徹下之謂。性道統挈之理，即密察條析之理，無二義也。義理之理，即文理肌理腠理之理，無二義也。其見於事，治玉治骨角之理，即理官理獄之理，無二義也。事理之理，即析理整理之理，無二義也。假如專以在事在物之條析名曰理，而性道統挈處無此理之名，則易繫辭傳「易簡而天下之理得矣」；樂記「天理滅矣」，即此二文先不可通矣。吾故曰戴震文理未通也。樂記此段下愚既略附記矣，易傳首章下則不敢也，是以别録此篇，題以「駁戴震」，豈得已哉！

（輯自復初齋文集卷七）

附録與程魚門平錢戴二君議論舊草

翁方綱

昨擇石與東原議論相詆，皆未免於過激。戴東原新入詞館，斥詈前輩，亦擇石有以激成之，皆空言無實據耳。擇石謂東原破碎大道，擇石蓋不知考訂之學，此不能折服東原也。詁訓名物，豈可目爲破碎？學者正宜細究，考訂詁訓，然後能講義理也。宋儒恃其義理明白，遂輕忽爾疋、説文，不幾漸流於空談耶？况宋儒每有執後世文字習用之義，輒定爲詁訓者，是尤蔑古之弊，大不可也！

今日錢、戴二君之争辯，雖詞皆過激，究必以東原説爲正也。然二君皆爲時所稱，我輩當出一言持其平，使學者無歧惑焉。東原固精且勤矣，然其曰聖人之道必由典制名物得之，此亦偶就一二事言之可矣，若綜諸經之義，試問周易卦爻彖象乘承比應之義，謂必由典制名物以見之可乎？春秋比事屬辭之旨，謂必由典制名物見之可乎？即尚書具四代政典，有謨訓誥誓之法戒存焉，而必處處由典制名物求之可乎？即詩具徵鳥獸草木而有忠孝之大義，勸懲之大防，必盡由典制名物求之可乎？聖門垂教，論語其正經也，論語、孟子必以典制名物求之可乎？孝經以典制名物求之可乎？戴君所説者，特專指三禮與爾疋耳，三禮云者，經部統籤之稱也，究當分别言之，小戴記，禮之傳也，當合儀禮説之。韓子已言儀禮非後世所用，顧宜知其義而已。其義難知，則合其經傳以求之，學者正宜先知禮運首段之並非歧入異説也，又宜知學記之並非泛事空説也，又宜知玉藻鄭氏所謂脱爛處之不宜徑皆接合也，又宜知樂記十一篇之宜各審其篇次也，此又豈槩以典制名物得之者乎？周官六典何以不略見於諸經，禮記六太何以不同於周官？古籍邈遠，不能詳徵，必欲一一具若目見而詳陳之乎？况禮所具者周典耳，夫子於夏、殷禮皆能言之，以其無徵故民弗從而不言也。今雖周之典制尚有存其略者，而其於善之無徵，民之弗從，則一也。

是以方綱愚昧之見，今日學者但當纂言，而不當纂禮。纂言者，前人解詁之同異、音訓之同異，師承源委之實際，則詳審擇之而已矣。若近日之元和惠氏、婺源江氏，以及戴君之輩，皆畢生殫力於名物象數之學，至勤且博，則實人所難能也。吾惟愛之重之，而不欲勸子弟朋友效之。必若錢君及蔣心畬斥考訂之學之弊，則妬才忌能者之所爲矣，故吾勸同志者深以考訂爲務，而考訂必以義理爲主。

（輯自復初齋文集卷七）

轉注古義考跋（節録）

張炳翔

自戴東原發爲互訓之説，自謂二千年後獨得許君失傳之秘，而段氏玉裁、吴氏穎芳、王氏筠、迮氏鶴壽俱宗之，而不知有乖「建類一首」之旨，適滋後人之攻擊。而究其所以致誤之由，亦不過以流注之注而誤爲注釋之注耳。先生是考辨後人之異，説明許君之本誼於許書，甚屬有功。其後德清許氏宗彦、當塗夏氏炘、吴縣江氏聲、鈕氏樹玉，皆宗先生之意，而推衍之者也。近世湘鄉曾文正公謂轉注之字，大抵以會意之字爲母，亦以得聲者爲子，而母字從無不省畫者。母字之形雖不全，而屬從之字意可相受。如老字省去匕字，可知考耋之意。從老而來推之犛嫠畫眉等部，莫不皆然。

（輯自曹仁虎轉注古義考）

漢學商兑

方東樹

戴氏震曰：「以理爲學，以道爲統，以心爲宗，探之茫茫，索之冥冥，不如反而求之六經。」

按此論乍觀之，頗似篤正，徐而詳之，實謬悠邪説。昔程子受學於周茂叔，亦曰「反而求之六經」，則程、朱固未嘗舍六經而爲學也。且所謂求於六經者何也？非謂求其道，求其理，求其心邪。戴氏宗旨，力禁言理。而所以反求之六經者，僅在於形聲訓詁名物制度之末，譬如良農春穀，盡取精鑿以去，貧子不知，方持糠覈以傲之，何以異於是！朱子曰：「近年以來，乃有假佛釋之似，以亂孔、孟之真者，其法首以讀書窮理爲大禁，嘗欲注心於茫昧不可知之地，以僥倖一旦恍然獨見，然後爲得云云。」據此則凡漢學家所持以謗程、朱者，皆竊朱子之緒論，而反以誣之。初不尋其立言本旨，徒取影響近似，巧以施之，以欺末學無聞者耳。詳見後「朱子論禪學之害」各條。考戴氏嘗言：「吾自十七歲時，有志聞道，謂非求之六經、孔、孟不得，非從事字義名物制度，無由通其語言文字」云云，若是，則與程、朱固爲一家之學矣。兹何又以之爲譏邪？蓋由其私心本志，憎忌程、朱，堅欲與之立異，故力闢求理之學。大本一失，無往不差，然後知其所謂有志聞道，欲求之六經、孔、孟者，特託爲重言，以塗飾學人耳目，使人無疑其畔六經、孔、孟耳！非其智真能測得，有道可聞，六經、孔、孟當求也。不然，理也，道也，心也，未有與六經分而爲二者也。程、朱所學所宗之道，與理與心，亦未聞別於六經之外而求之也，斯固天下萬世學人所可共信者也。伊川謂方道輔，學者於聖人之道，求入其門，不由於經乎？今之治經者衆矣，買櫝還珠之弊，人人皆是。經所以載道也，誦其言辭，解其訓詁，而不及道，乃無用之糟粕耳。冀足下由經求道云云。由是以觀，戴氏之所反而求之於經者，直舍珠而取糟粕，以睥睨程、朱耳。

朱子曰：「聖賢説性命，皆是就實事上説，言盡性，便是盡得三綱五常之道。言養性，便是養得此道而不害，至微之理，至著之事，一以貫之，非虛語也。」陸子曰：「古人自得之，故有其實，言理則是實理，言事則是實事，德則實德，行則實行。」又曰：「宇宙間自有實理，所貴乎學者，爲能明此理耳。此理苟明，則自有實行實事。」又曰：「千虛不博一實，吾生平學問，無他，祇是一實。」又曰：「古人皆是明實理，做實事。」又曰：「做得功夫實，則所説即實事，不説閒話，所指人病，即是實病。」又曰：「吾自幼時，聽人議論似好，而其實不如此者。心不肯安，必求其實而後已。」又曰：「祇就近易處，著著就實，無上虛見，無務高遠，一是即皆是，一明即皆明。」袁絜齋燮言：嘗見象山讀康誥，有所感悟，反己切責，若無所容。據此，則是先儒雖近禪，而所以反求之六經者，其實如此，何嘗茫茫冥冥也，茫茫冥冥，如風如影，政由己討探不得其故而然耳，則其言不亦宜乎？

漢學家皆以高談性命爲便於空疏，無補經術，争爲實事求是之學，衍爲篤論，萬口一舌，牢不可破。以愚論之，實事求是，莫如程、朱。以其理信，而足可推行，不誤於民之興行，然則雖虚理，而乃實事矣！程子論中庸曰：「其味無窮，皆實學也。」即此實字義。漢學諸人，言言有據，字字有考，只向紙上與古人争訓詁形聲，傳注駁雜，援據羣籍，證佐數百千條，反之身己心行，推之民人家國，了無益處，徒使人狂惑失守，不得所用。然則雖實事求是，而乃虚之至者也！愚嘗謂宋學之虚，如飲蕿術之汁，漢學之實，如飽烏頭附子，鴆酒毒脯，裂腸洞胃，狂吼以死而已。斯言誠若太過，然如余此一書所辨各條，無非鴆毒也。觀者幸詳之，知余非誣耳。

子罕言命與仁，性與天道，不可聞。而中庸首言命與性道，曰「道也者，不可須臾離也」，又曰「君子無終食之閒違仁」。孟子遇人，便道性善。夫言各有當而已。形上者道，形下者事，聖人不指性道之名，而所言無非性道。孔子教弟子以孝弟，孟子曰「堯、舜之道，孝弟而已」。夫孝弟之道，通於神明，非性道而何。君子之道，孰先傳焉，孰後倦焉，民可使由，不可使知。以迹求之，似聖人之教，有隱顯耳。歐陽永叔謂聖人教人，性非所先，已誤。顧亭林乃以性道爲末流而力闢之，可乎？吕東萊近思録題詞，論首列陰陽性命之故曰：「後出晚進，於義理本原，雖未容驟語，苟茫然不識其梗概，則亦何所底止？列之篇端，特使知其名義，有所向往而已。餘卷所載講學之方，日用躬行之實，自有科級，循是而進，自卑升高，自近及遠，庶不失纂集之旨云云。」此可以破顧亭林之疑，而爲朱子雪其謗矣。

戴氏曰：「程、朱以理爲如有物焉，得之於天而具於心，啓天下後世人人凭在己之意見而執之曰理，以禍斯民。更淆之以無欲之説，於得理益遠，於執其意見益堅，而禍斯民甚烈，離人情而求諸心之所具，安得不以意見當之？」又曰：「古聖人以體民之情，遂民之欲爲得理，今以己之意見不出於私爲理，是以意見殺人。」

按程、朱以己之意見不出於私，乃爲合乎天理。其義至精至正至明，何謂以意見殺人？如戴氏所申，當體民之情，遂民之欲，亦必民之情欲不出於私合乎天理者而後可。若不問理，而於民之情欲，一切體之遂之，是爲得理，此大亂之道也。程、朱所以有大功於聖道者，政以其認理最真，辨理最精，而惟恐學者誤執意見以爲理也，所以能紹孔、孟之傳，而有大功於世政在此。今戴氏反即以其所精辨者意見不出於私爲理。而轉誣之，於其所用功而全力欲講去之者，人欲。而轉謂不當去。諸家著書，紛然祖述，益推而衍之，以蔑理爲宗，此所謂讒説殄行，震驚朕師者也。

又曰：「古人之學，在通民之欲，體民之情，故學成而民賴以生。後儒冥心求理，其繩以理，酷如商、韓之用法，彼自以爲理得，而天下受其害者衆也。」又曰：「聖人之道，使天下無不達之情，求遂其欲而天下治，後儒不知情之至於纖悉無憾是爲理，而其所謂理者，同於酷吏之所謂法，酷吏以法殺人，後儒以理殺人，浸浸乎舍法而論理，死矣，更無可救矣！」

按情之至於纖悉而無憾是爲理。此是理之極至大通處，自古聖人之心在是，聖人之政即在是，堯、舜、禹、湯、文、武、周公之所已行，孔、孟之所講求而欲行之者。舍是無他事，程、朱豈反不知？顧民之爲道也，生欲既遂，邪欲又生。苟不爲之品節政刑，以義理教之，則私妄熾，而驕奢淫泆，犯上作亂，爭奪之禍起焉。聖人知其然，故養欲給求，以遂其生。又繼之治教政刑，以節其性。司徒之命，修道之教，學校之設，所以明民者。惟義理之用爲急，故曰：「惟天生民有欲，無主乃亂，惟天生聰明時乂。」又曰：「以義制事，以禮制心，此所以能纖悉無憾也。」今謂不當以義理爲教，而第惟民之欲是從，是率天下而亂也。不知何代何王，有此治法？殆莊、老過中皇古之說，荒唐之言耳。如莊子在宥之說如是。然戴氏非能有老、莊元解，不過欲堅與程、朱立異。故其說惟取莊周言「尋其腠理而析之」「節者有閒」等語，解理字爲腠理，以闢程、朱無欲爲理之說，腠理乃是自然出於天者，故莊子謂之天理，乃是語妙，政借用天下萬事，皆順乎天之自然，謂之理之正解。理本於天，謂之天理。欲則攙以人之私妄矯僞，非其自然。無欲爲理，自古聖經典相傳，未有易之者也，何忽以之罪程、朱乎？祇爲自家占度所以居身行己，不能免乎勢利聲色、貪淫邪鄙之爲，故深疾宋儒言理，言道，言正心誠意修身。盗憎主人，魑魅畏明鏡，無髮者忌人譏禿，無目者忌人嘲瞽，羞變爲怒，故奮其横逆而不顧也。不然，何以儒者讀書講道，而痛疾惡怒天理二字？必欲蔑之，著書立說，而不諱言之也哉！蔑天理，爲便於逞人欲，東原即修士，而固無解於無忌憚之人欲矣，而況其承虛接響者邪！則亦仍不出訓詁小學伎倆。不知言各有當，執一以解經，此漢學所以不通之膏肓錮疾，又肆之以無忌憚之言，以汩亂聖人之經教。所謂生於其心，害於其事，作於其事，害於其政者也。且程、朱所嚴辨理欲，指人主及學人心術邪正言之，乃最喫緊本務，與民情同然好惡之欲迥別。今移此混彼，妄援立說，謂當通遂其欲，不當繩之以理，言理則爲以意見殺人，此亘古未有之異端邪説，而天下方同然和之，以蔑理爲宗，而欲以之易程、朱之統也。或問彭魯岡曰：「陽明謂與愚夫愚婦同的，方是同德，當乎？」曰：「須必同夫與知與能，不然，愚夫愚婦之習心習氣，待教化處尚多，何可與同？」

又曰：「君子或出或處，可以不見用，用則必措天下於治安。宋以來儒者，以己之見硬坐爲古聖賢立言之意，而語言文字實未之知，其於天下之事，以己之見强斷行之，而事情原委隱曲實未能得，是以大道失而行事乖，而天下受其咎，不知者且以躬行實踐之儒歸焉不疑。夫躬行實踐，釋氏之教亦爾。孟子闢楊、墨，退之攘佛、老，當其時尊楊、墨、佛、老者，或曰：是聖人也，是正道也。吾所尊而守者，躬行實踐，救人心，贊治化，天下尊之，帝王尊之之人也。然則君子何以闢之哉？愚人睹其功，而不睹其害，君子深知其害故也。」

按爲論披猖至此，肆無忌憚，至乃謂程、朱語言文字未之知，事理原委未能得，致大道失而行事乖，天下受其咎，與揚、墨、佛、老同罪。凡尊信程、朱者，皆愚人不睹其害，惟獨漢學君子，深知而憂之，故力闢之不容己如此。竊以程、朱以前，上溯晚周，其道失行乖與否，天下受咎與否，固與程、朱無與。若程、朱以後，元、明以來，何道之失，何行之乖，天下所受何咎？是爲程、朱所致，事跡昭然，生民共睹，歷歷求之，一字不讎，此真無實不祥之言也。夫躬行君子，孔子所求，今並此黜之，謂不足貴，則天下尚安有白黑也！忿設詖邪至此，而方且自以用必措天下於治安，其徒尊之，謂之集羣儒之大成，「浩氣同盛乎孟子，精義上掩乎康成、程、朱，修詞俯視乎韓、歐。性與天道，了然貫徹，故吐辭爲經，用則施政利民，舍則垂世立教而無弊」。此段氏言之。又曰：「其學有功於六經、孔、孟甚大，使後之學者，無馳心於高妙，而明察於人倫庶物之閒，必自戴氏始也。」此洪氏榜之言。又以能衛戴氏者，爲衛道之儒。此江氏聲之言。邪妄熾結，任意亂道，雖天下之大，無所不有，不應誕肆至此。

盧文弨戴氏遺書序曰「精詣深造，以求至是之歸，胸有真得，故能折衷羣言，而無徇矯之失。其爲説也，未嘗使客氣得參其間，泠然而入，豁然而解。理苟明矣，未嘗過騁其辯以排擊昔人，而求伸其説。其爲道若未足以變易當世之視聽，而實至名歸，一二公卿賢士大夫，洒然異之」云云。按抱經此言，不啻以周公頌王莽，以孔子頌魏忠賢，蓋無一字一語不正與東原相反，而何以稱之不顧世之清議哉？乃嘆抱經、莘楣，皆號通儒端士，惜乎皆學其末而昧其本，於義理白黑，一無所辨，至於此極也！其平生著述，碎細卑狹，局於訓詁文字，所謂焉能爲有亡者，豈不深可惜哉！施朝幹曰：戴東原歿時，有人爲楹帖以輓之曰：「明德之後必有達人，孟子之功不在禹下。」以孔、孟擬東原，豈非小人無忌憚者與！施，儀徵人，乾隆癸未進士，官宗人府丞，湖北學政，無子，此語在其集中。又乾隆末，浙人趙佑爲安徽學政，試徽州，議以東原配食朱子祠堂，休寧諸生葉元習力爭，乃止。嘉慶間，吳人徐頲爲學政，竟行之。此爲至悖，無論東原學行，足祀與否，即其生平專務詆詈朱子而俾之並食一堂，朱子即無言，東原亦豈安乎？徐字直卿，癸丑第三人及第，亦依傍漢學以立門户者。

又曰：「大學開卷，説虛靈不昧，便涉異學，以具衆理而應萬事，非心字之恉。論語開卷，説可以明善而復其初，出莊子，全非孟子擴充言學之意。中庸開卷，説性即理也，如何説性即是理？」

按「虚靈不昧」，狀心之體，無過此四字之確。具衆理，應萬事，說心字之義，亦無如此之確。明善復初，詁明明德，亦無如此諦當。政使出於釋典，用之亦無害，況所明在善，則非般若無知之旨，尚何慮其爲病也？若夫性即是理，此句與孟子性善同功，皆截斷衆流語，固非中賢小儒所及見，況妄庸乎？且戴氏極詆程、朱，固奉康成爲宗主矣，豈知程子此語，正用康成樂記注「理猶性也」語。彼本不知性命爲何說，又失檢鄭注。樂記「天理滅矣」，鄭氏注：「理，猶性也。」惠氏棟駁之曰：「前注云『理分也』，韓非曰：『理，物之文也，方圓短長，粗靡堅脆之分也。』理不作性理說。」又曰：「天理二字，始於樂記。」此余見惠氏舊校禮記本云爾。惠氏刊行書無之，他處亦不見。愚謂韓非之言，與余前所說莊子義同，皆謂自然條分縷析，政理之的解。惠氏不識性，不識理，並不識韓非鄭注所言，而妄生駁辨。由其粗淺，故成其妄而不覺。夫性非他，只是仁義禮智信，五者之德而已。五者所存所發，各有不易之條理，皆出天之自然，是謂天理。觀康成考經說，以血氣吉凶言性，未必深能辨此，而理「猶性也」一語，獨質之聖人而不謬，想必古昔傳舊有是語，康成依而用之，昧者乃反闢其非，豈不可嘆！又按朱子中庸注「性即理也」一語，本於程子，實爲精確不移。陽明卻易之以心即理，則大謬。中庸言率性，而不言率心。孔子稱顔子其心不違仁，若心即是理，豈可曰其理不違仁乎？況陽明以無善無惡，爲心之體，則心即理，尤說不去。夫天理在乎能順而不可滅，不得謂之無善。蓋天地之閒，只是陰陽曲直、從革、潤下、炎上、静厚、發生，五者之氣，絪緼蟠結，人受之以生，則爲剛柔、惻隱、羞惡、辭讓、是非、真實五者之心，此五者在天在人，皆自然不相倍害，謂之理，謂之性，一也。惟所稟不能無差互不齊，故須由教學以復其本然。而教學之法，祇有讀書窮理。陽明之罪，在師心自用，欲學者盡廢去讀書窮理之功，即心以悟，謂一悟無不徹，故主張知行合一，而昧自明誠之教，欲以破朱子之學，而實墮於佛。不知不窮理，則先已不識性。不識性，豈能盡心哉？故姚江之學興，不但説理無根據，即爲教爲學之方，亦無根據。此事如油著麪，五百年來，能確然明白之者，不數覯，吾故不得不辨。遂輕妄立論，漫肆詆呵。余嘗論釋氏認心爲性，認意爲心，固誤。詳見朱子論。然猶説性，若世俗學者，雖讀儒，然書皆逞妄徇私，全從心與意上作用。蓋懵然不知己之有性，又安知性爲何物？其言命，亦祇以死生禍福貧富貴賤當之，是世俗之人，不知己之有性命者衆也久矣。苟知己有四端五常，則知己有性。知四端五常之爲性，則知性之本所從來爲命矣。性命之本，無有不善，使非出於理，何以能善，則性即是理明矣。趙岐稱孟子外書四篇，有性善辨，知此事在孟子當日，已自難與不知者言矣。近錢氏大昕稱荀子書曰：「人之性惡，其善者僞也。」又曰：「不可學，不可事而在天者謂之性，可學而能，可事而成之，在人者謂之僞。僞即爲字。」以爲世人不識字，致使荀子蒙千載惡聲。愚謂辨僞與訛，即爲之假借字，此爲確論，不可易矣。然固無解於性惡之説也。錢氏得僞字訓詁一端，沾沾自喜，遂不暇致詳上文，而以爲足爲荀子白千載之冤，則未然也。荀子本意，謂人之性惡，其出於善者，由人事强爲，亦略如告子杞柳桮棬，戕賊人以爲仁義之旨。錢氏何能代爲之解免也？新學小生，耳食浮游，執論孟子性善之説爲妄，以爲韓子三品之説，本之孔子，而孟子可以啞口矣。豈知聖賢言各有當，孔、孟之説，初不異乎？孔子所謂相近，是言氣質之性，纔説相近，須是有兩般，天之所命，只是一般。朱子解此，直是精微，譬如金重於羽，一鉤金之偶少，則不勝一輿羽之重，而金之重性，羽之輕性，不改也。推之焦土使枯，激水在山，鬱火使滅，而流溼就燥，發生之性，不改也。夫性善亦若是則已矣，孟子所稱蓋如此。若夫中人可上可下，此則視其所禀所習之分數，禀氣有偏，先天也，習則後起也。苟未至於甚，則皆可移。孔子此説，較孟子爲周備，而要非謂性之本體有不善，與孟子之言有殊。孟子特舉其最初者以立教，亦非於孔子之言有背，但未及詳説耳。有教無類，中庸修道之謂教，所以教者，教此禀氣不至於下愚與移於習者耳。使其性非本善，亦何可教，孟子所謂性善，亦謂人皆可與爲善，而慎毋棄而不教，及自暴自棄焉耳。而豈謂滿街皆是性善之聖人，不待教乎？使孟子行政，必首以修道立教爲先務，性善之説，其旨如此，而何嘗悖於孔子乎？如執辭以害意，則孔子既曰不移，又曰無類，不自相矛盾乎？子思曰：「率性之謂道。」使性非本善，何可率也？率之而何能即爲道邪？明王廷相著雅述，謂人性有善有惡，儒者亦不計與孔子言性背馳與否，而曰孟子言性善，是棄仲尼而尊孟子矣，況孟子亦自有言不善之性者，何獨以性善爲名。按此説蔽昧，使孟子之言與孔子背馳，何以爲孟子？使程、朱之言與孔、孟背馳，何以爲程、朱？此未詳讀程、朱之書，而妄説。王字凌川，謚敏肅。程子言論性不論氣不備，論氣不論性不明，二之則不是。不論氣，何以有上智下愚之分？故曰不備。不原其性之本善，則是不達其本，故曰不明。朱子曰：「論性不論氣，孟子性善是也；論氣不論性，荀、楊是也。」孟子無害其爲性，荀、楊則不識性。呂新吾曰：「宋儒有功於孟子，衹是補出氣質之性來，省多少口吻。愚謂朱子雖稱氣質之説始張、程，亦據其炳著者言耳。」其實孟子動心忍性，及性也有命焉。兩處説性，已與堯、舜性之也之性不同。古人言各有當，非會而通之，則衹見其異耳。又李習之水火砂烟之喻，亦氣質之説，特不能如程、張之炳丹青耳。若孔子言氣性，朱子而外，無人道破。

考戴氏生平著述之大，及諸人所推在孟子字義疏證及原善。孟子字義，戴氏自謂正人心之書，余嘗觀之，轇轕乖違，毫無當處。原善亦然，如篇首云云，取中庸、論、孟之字，標舉古義，以刊正宋儒，徒使學者茫然昏然，不得主腦下手處，大不如陳北溪字義。

（以上輯自漢學商兑卷中之上）

戴氏又曰：「自昔儒者，其結髮從事，必先小學。小學者，六書之文是也，周官保氏掌之，以教國子，司徒掌之，以教萬民。而大行人所稱諭書名，聽聲音。又屬瞽史，分職專司，故其時儒者治經有法，不歧以異端。」

按此是門面語，以嚇俗人耳。考實案形，全屬影響。夫保氏、司徒之教，六書僅屬一端。行人、瞽史之司，乃是同文之治。大行人諭書名，鄭君注：「名謂文字。」其注論語「孔子曰必也正名乎」，亦謂正書字，則非也。經典釋文引論語「夫子有言，必也正名乎」，亦如康成解。竊謂論語正名自作名分解，不謂正書字也，不可以隋志小學類「有正名曲説」，附訂於此。既非教法之全在是，又不爲儒者治經之用，且不知是時有何經可治，名何等爲儒者，將謂若後世之經生乎？陋妄無稽，最爲可笑。按周初無經之名，太宰九兩，儒以道得民。康成以爲諸侯保氏，有六藝以教民者。六藝，禮、樂、射、御、書、數也，是當時既無經可治，而儒者又非治經之職也。至於孔氏之門，教弟子孝弟謹信愛衆親仁，餘力則以學文，今概删去，僅以六藝中六書一端，提唱宗旨，張皇門户，偏隘極矣。戴氏號漢學魁傑，諸人推之，以爲集大成者，而其論乃失實牴牾如此，則其餘可知矣！

戴氏曰：「今人讀書，尚未識字，輒薄訓詁之學。夫文字之未能通，妄謂通其語言，語言之未能通，妄謂通其心志，此惑之大者也。論者又謂有漢儒之經學，有宋儒之經學，一主訓詁，一主義理，夫使義理可以舍經而求，將人人鑿空得之，奚取於經乎？惟空凭胸臆之無當於義理，然後求之古經。而古今縣隔，遺文垂絶，然後求之訓詁。訓詁明則古經明，古經明而我心同然之義理，乃因之以明。即如所論，是訓詁爲筌蹄明矣，而何以屬禁義理，皆不求之乎？古聖賢之義理非他，存乎典章制度者是也。從此路歧去，認奴爲郎矣！所以謂之漢學，蓋其門面宗旨如此，故爲異端。昧者乃歧訓詁義理而二之，是訓詁非以明義理，而訓詁何爲？義理不存乎典章制度，勢必流入於異端曲説，而不自知矣。」

按戴氏此論最近信，主張最有力，所以標宗旨，峻門户，固壁壘，示信學者，謂據其勝理，而不可奪矣。若以實求之，皆謬説也。古今學問，大抵二端：一小學、一大學。訓詁名物制度，衹是小學内事。大學直從明新説起，中庸從性道説起，此程子之教所主，爲其已成就向上，非初學之比。如顔子問仁，問爲邦，此時自不時與之言小學事矣。子夏固謂草木有區别，是也，漢學家昧於小學大學之分，混小學於大學，以爲不當歧而二之，非也。故白首著書，畢生盡力，止以名物訓詁典章制度，小學之事，成名立身，用以當大人之學之究竟，絶不復求明新至善之止，痛斥義理性道之教，不知本末也。明道玩物喪志之戒，久爲世口實，不知此止慮其志趣局止於是。即致遠恐泥，君子不多之旨，古人言各有當，教亦多術，同歸於是而已。故當日特又記讀史逐字看過一條，以接引來學可知，非舍學問，空談義理也。若謂舍經空談義理，不事訓詁以求經，則古今無有是事，豈況程子，漢學者不窮理析義，援引脱節，以濟其私，既誣前賢，又自迷誤，致從事差謬。又因以迷誤來學，一言三失，所以爲罪也。以上辨主張訓詁，誤以小學當大學。

若謂義理即在古經訓詁，不當歧而爲二，本訓詁以求古經，古經明而我心同然之義理以明，此確論也。然訓詁不得義理之真，致誤解古經，實多有之，若不以義理爲之主，則彼所謂訓詁者，安可恃以無差謬也？諸儒釋經解字，紛紜百端，吾無論其他，即以鄭氏、許氏言之，其乖違失真者已多矣，而況其下焉者乎！總而言之，主義理者，斷無有舍經廢訓詁之事。主訓詁者，實不能皆當於義理。何以明之？蓋義理有時實有在語言文字之外者，故孟子曰：「以意逆志，不以文害辭，辭害意也。」漢學家專泥訓詁，如高子説詩，所以多不可通。如惠氏古義，臧氏雜記，及近時諸家新説。故宋儒義理，原未歧訓詁爲二而廢之，有時廢之者，乃政是求義理之真，而去其謬妄穿鑿，迂曲不可信者耳。若其不可易者，古今師師相傳，碩學之徒，莫之或徙，宋儒何以能廢之也！如朱子詩集傳訓詁多用毛、鄭。漢學之人主張門户，專執説文、廣雅小學字書，穿鑿堅僻，不顧文義之安，正坐斥義理之學不窮理故也，故義理原出訓詁之外，而必非漢學家所守之訓詁，能盡得義理之真也。如曰不然，試平心而論，漢儒宋儒，説經誰得古聖人語言心志多乎？中庸説性命道教，豈假小學訓詁邪？王厚齋言：「孔子於烝民加四字而意自明。」於緡蠻曰：「於止，知其所止，可以人而不如鳥乎？」此説詩之法，韓子引詩，老成人重於典刑，簡而當矣。愚謂子夏、子貢皆得之於言外，孟子以意逆志，程子祇反覆吟咏上下，豈似今人穿鑿小學字詁邪？以上辨義理本於訓詁之不盡然。

若夫舍經廢訓詁，亦誠有之，但須區別，如陸子以六經爲注腳，有似舍經者，朱子已深斥之。詳見後卷。若程子擺落傳注，所見實勝前儒，則其廢之者，固甚當也。至於朱子極尊訓詁，詳見後卷。而亦有時廢之者。廢其失真，不得聖意，而致貽誤來學者也。今深疾義理，欲伸漢學，恐不能勝，乃以疑似之迹，概誣宋儒爲舍經廢訓詁，空凭胸臆言理云云。此欲欺天下，使耳食無聞者，謂爲信然，同以莫須有之罪歸焉，欲以一手掩天下目也。以上辨程、朱非舍經廢訓詁。

夫謂讀書尚未識字，輒薄訓詁，此自俗士妄人，其於學術大局焉能爲？有亡輕重固不足論，若古今異文，説文所引壁經古文，多不與馬、鄭相應，無論後世古今既遠，傳寫脱誤，或由先師衆説不一。如荀悦申鑒，朱國楨湧幢小品云云，則亦不足爲病。申鑒云：文有磨滅，音有楚、夏，出有先後，或學者先意有所措定，後世相倣，翊以滋僞。湧幢小品云：「古人古事古字，散見雜出，各不相同，見其一，不見其二，閧然糾駮，未免爲古人所笑。」但論其大體無失，可也。如范升所云，以年數少差，掇爲巨謬，遺脱纖微，指爲大尤，則過矣。有一漢學之徒，痛詆歐五代史。明宗紀云：「在位十年，於五代之君，最爲長世。」以爲不應自相牴牾至此。余曰：此十字，當是八字，傳寫偶訛。五代惟唐末帝十一年，餘者多至六七年而已。歐公此語誠小失，然不以辭害意可也。若夫頗通於訓詁而實不識字，詳於制度而實昧於義理，如戴聖、馬融、揚雄，或不識節義字，及進退守身義理，又何説也？困學紀聞引李衡識字説云：「孔光不識進退字，張禹不識剛正字，許敬宗不識忠孝字，柳宗元不識節義字。」又劉念臺人譜類記，稱方遜志先生謂門人曰，汝讀書幾年，尚不識个是乎？蓋忠、孝、信、義、進、退、取、予、廉、恥等字，不待讀蒼雅、説文，而世無不明者。古今學人，或不識得，豈爲不曉訓詁之故與！ 以上辨不識字之人有分別。

至謂古聖賢義理，即存乎典章制度，則試詰以經典所載，曰欽，曰明，曰安，曰恭，曰讓，曰慎，曰誠，曰忠，曰恕，曰仁，曰孝，曰義，曰信，曰慈，曰儉，曰懲忿窒慾，曰遷善改過，曰賤利重義，曰殺身成仁，反而言之，曰驕泰，曰奢肆，曰苟安，曰自欺，曰讒諂，曰貪鄙。凡諸義理，皆關修齊治平之大，實不必存乎典章制度，豈皆爲異端邪説與？ 而如戴氏七經小記學禮篇中，所記冠弁諸制，將謂即以盡天下之義理與？ 震爲江永弟子，永之言曰：「經籍包羅三才，制度名物，特其閒一支一節耳。」斯爲儒者持平之論，而震顧張皇若此，不亦謬乎！ 以上辨義理不必存乎典章制度。

戴氏曰：「自漢以來，不明故訓音聲之原，以致古籍傳寫遞訛，混淆莫辨。」

按此説頗誠有之，而亦不盡然。 蓋聲本於形，故訓本於音聲，音聲故訓，其原合一。 自篆文改隸，字失其形，因失其聲。 失其形，則傳寫遞訛，混淆莫辨，而音聲故訓，隨之以失。 江有誥曰：「説文雖主訓形，然古人聲從形生，不遵説文點畫，無由知得聲之本。 如桼從大聲，而隸從泰；萅從屯聲，而隸從春；卯音卿，而借爲寅卯之卯；草爲染早字，而借爲艸木之艸。 諸如此類，不可勝數。」此顧、江、段、孔諸家，所以必研求古韻，以復三代之音，而正漢、唐以來諸儒之失，欲使羣經音訓得真，又創爲同聲同部之説。 江有誥曰：「古人同聲之字，必是同部。 取三代有韻之文，證之説文諧聲，大抵吻合。 自陸法言聲與韻分，於是一母聲也，而母字入厚，悔字入賄，敏字入軫，海字入海；一者聲也，而者字入馬，瘏字入模，渚字入語；一各聲也，而各字入鐸，路字入暮，客字入陌，諸如此類，不可勝舉。 古韻晦冥，職由此故，此段氏諧聲表所爲，能補顧、江二君之未逮也云云。」又創爲諧聲表，又創爲入聲表，韻學之事，益精益密。 江氏曰：「段氏之十七部諧聲表，實從來講古韻者所未及，但某於其部分，既有更改，平入分配，間有異同，更爲諧聲表一卷，韻學家談及入聲尤難，有明章氏，著韻學集成，分配全誤，顧氏一正之，而得者半，失者半。江氏再正顧氏，而得者十之七，失者十之三。蓋不專以三代之經傳，許氏之諧聲爲據，而調停舊説，是以未能盡善。某更因立入聲表一卷，又曰國朝深明古韻者五人，戴氏未有專書，大旨見聲類表，顧氏之書，經江、戴二家訂正，江氏之書，又經段、孔訂正，但段、孔之書，尚有誤處，不得不爲糾出」云云。段氏曰：「余與顧氏、孔氏，皆一於考古，江氏、戴氏，則專以審音，而晉三於二者九深造，據詩經以分二十一部，大抵述顧氏，江氏及余之説爲多。」又曰：「晉三專據説文之偏旁諧聲，及周、秦人平入同用之章爲據，作入聲表一卷，尤爲精密。不惟陸氏分配之誤辨明，即江、戴異平同入之説，亦可不必。其真知確見，有如此者。」又曰：「古韻分部，肇於鄭庠，分二百六部爲六類，其入聲三。顧氏更析爲十部，其入聲四。江氏析爲十三部，其入聲八。此余師東原戴氏『所謂古音之學，漸以加詳者。』余讀毛詩，有見於支脂之之當分爲三，尤侯真文之當分爲二，因定爲十七部。東原師善之，其作入聲表，取余説之分支脂之者，析脂祭爲二，得十六部，其入聲九。曲阜孔氏作詩聲類，更析東冬爲二，併真文爲一，析屋沃以分隸尤侯，别出緝合九韻爲一，得十八部。」戴氏所謂「自漢以來不明者也」。愚按古人無韻書，陸法言始分爲二百六部，雖未若後人之審，而實爲前此所未有。自吴才老始求古韻，而未有所改配。鄭庠則分爲六部，由是陳、顧、江、戴、段、孔諸家，遞有訂正，皆就陸氏之部而分焉。江氏有詰，稱「自周、沈四聲定，而古音失，法言切韻作，而古音之部分失。顧氏以來，始知離析唐韻，以求合古韻。韻學至今日，幾於日麗中天」云云。此説確矣。但古人無韻書，安得有部分？如謂後人之求聲分部，較法言更精則可，不得謂法言失古人之部分也。觀顧、江、戴、段諸家之書，皆自立部，而强聲以就我，不無武斷。雖曰考之三代有韻之文多合，然已自不能畫一。且六書之義，諧聲祇屬一事，許氏五百四十部之文，固不僅諧聲也。古人造字，心先有諧聲之文，而後有從聲之字，凡從某得聲者，從文生字也，故諧聲之説，祇可施於音學，審韻分部，而不可概論文字，而況可概以説經乎？小學之事，其類有三：曰形，曰聲，曰義。訓詁經傳，則主於義理。雖義理訓詁，有時不出形聲之外，然經傳既集字成辭，則文繁字廣，亦義逐辭成，固不僅用諧聲之文，從聲之字，足成亂也。故諧聲之説，祇可專據詩、易及有韻之文，而不可概論一切經文，而況概以求全經大義乎！六籍故訓，自漢、晉以來，已得八九。陸氏釋文，每經注家之後，又特載爲音諸家，是漢、魏六朝以來，諸儒之於音義，亦大略得之。若夫宏綱鉅義，平心而論，宋儒所得實多。故凡以音韻小學，糾説經之失，不過什一之於仟百，而不可概詆漢、唐以來儒者，而況宋儒所發，微文奥旨，昭炳光明者乎！段氏於説文之學，可謂集大成矣，而其言曰：「經之所藴深也，韻其一端耳。」斯爲篤論矣。六經遭秦火之後，出有後先，音有楚、夏，師承不同，文字互異，又加以蘭臺漆書之改，鄉壁虚造之謬，如許慎、荀悦所論云云，實不盡關訓詁音聲不明之故。自叔重作説文，伯喈定石經，而文字形聲，既已一正矣。江氏有誥論段氏諧聲表曰：「今人通音學已尠，再作説文字體，愈令人難讀，故不得不從隸，惟諧聲表既專就説文論文，則不得不遵説文點畫。」然則諸家之講形聲音韻雖精，固不能出叔重之範圍。而叔重非漢人乎？何以謂之自漢以來，不明故訓音聲之原也？漢儒説經，往往膠執故訓，而乖義理，不可勝舉其失，不止不明音聲。而漢學諸人，輒矜其音學一得，欲張其門户，言之愈精，愈不可奪。世俗學者茫昧，尠明其説，則聽其高談震讋而不敢出聲。若窮極本末，辨析由來，則知聲韻一事，祇屬偏端單義，而非全經閎旨得失所繫，盡在於此學也。但就音學而論，則近世諸家所得，實爲先儒所未逮。故今撮録諸家要論於左方，俾學者略明其端緒。因是而求五家之書之全，固談經者所不可闕之功也。

顧亭林音學五書叙記曰：「聲成文謂之音。夫有文斯有音，比音而爲詩，詩成然後被之樂，此音出於天，而非人之所能爲也。三代之時，其文皆本於六書，其人皆出於族黨庠序，其性皆馴化於中和，而發之爲音，無不協於正。然而周禮大行人之職，九歲屬瞽史諭書名，聽聲音，所以一道德，而同風俗者，又不敢略也。是以詩三百五篇，上自商頌，下逮陳靈，以十五國之遠，千數百年之久，而其音未嘗有異。帝舜之歌臯陶，箕子之賡陳文王、周公之繫，無弗同者。故三百五篇，古人之音書也。魏、晉以下，去古日遠，辭賦日繁，而後名之曰韻。至宋周彦倫、梁沈約，而四聲之譜作。然自秦、漢之文，其音已漸戾於古，至東京益甚。而休文作譜，乃不能上據雅南，旁摭騷子，以成不刊之典，而僅按班、張以上諸人之賦，曹、劉以下諸人之詩，所用之音，撰爲定本，於是今音行，而古音亡，爲音學之一變。下及唐時，以詩賦取士，其書一以陸法言切韻爲準，雖有獨用同用之注，而其分部未嘗改也。至宋景祐之際，微有更定。理宗末年，平水劉淵始併二百六韻爲一百七韻，元黄公紹作韻會因之，以迄於今，按二百六韻，金韓道昭改爲一百六十。劉淵併爲一百七，諓檻兩韻，始併爲一也。元陰時夫又併迥於拯，爲一百六韻，則今通行之韻也。於是宋韻行，而唐韻亡，爲音學之再變。世日遠而傳日訛，此道之亡，蓋二千有餘歲矣。炎武潛心有年，既得廣韻之書，乃始發寤於中，而旁通其説，於是據唐人以正宋人之失，據古經以正沈氏、唐人之失。而三代以上之音部分秩如，至賾而不可亂，乃綜古今音之變，而究考辨正，爲音學五書。」錢氏大昕叙段氏六書音均表曰：「三代以前，無聲韻之書。然三百篇具在，參以經傳子騷，引而伸之，古音可分也。文字終古不改，音聲有時而變，五方言語，且不相通，况數千年之久乎！而昧者乃執隋、唐之韻以讀古經，有所不合，謂之叶韻，謬矣。按此譏朱子用吴棫韻補之謬也。蓋自沈約以來，古韻寖失，吴棫作韻補，始求古韻。朱子釋詩注騷，盡從其說。吴氏古韻有二例：曰通，曰叶。通者，如東冬江相通、支微齊皆灰相通之類是也。叶則音韻俱非，而切響以通之，不知古今音異，經子所用皆本音，無所謂叶也。顧氏所以作音論，列古今音之變，而究其所以不同，考正三代以上之音，注易本音，詩本音。然考四庫提要韻補下，稱棫作毛詩補音、楚辭釋音、韻補，凡五種，今毛詩補音已亡，惟此書存。自陳振孫謂朱子注詩，用棫之說。朱彝尊作經義考，未究此書僅五卷，於補音十卷條下，誤注存字，世遂謂朱子所據即此書。蓋棫音詩音楚詞，皆據其本文。推求古讀，尚能互相比較，粗得大凡，故朱子有取焉。此書則泛取旁搜，無所持擇，顛倒錯亂，皆亘古未有之臆說。世儒不察，乃執此書以誣朱子，又曰棫書雖牴牾百端，而後來言古音者，皆從此而推，益加密云云。明三山陳氏，始知考毛詩、屈宋賦，以求古音。近顧氏、江氏，考之尤審。今段氏復因顧、江兩家之説，證其違，補其未逮，定古音爲十七部」云云。按宋鄭庠，分廣韻二百六部，爲禮部韻略，合於漢、魏、杜、韓所用，而於周、秦未合。顧氏考經騷，分二百六部爲十部，作古音表，較鄭氏爲密。江氏訂其於三百篇所用，有未合者，分二百六部爲十三部，作古韻標準，較顧氏益密，而於三百篇，仍有未合。段氏分二百六部爲十七部，作六書音均表。以上言古韻者之大凡。至於世所通行，陰氏一百六韻之今韻，以沈、陸之書，及唐、宋功令爲準，固爲俗書，而邵子湘作古今韻略，以今韻本求古音，止標漢、魏、杜、韓詩爲準，猶之沈約、鄭庠之失也。戴氏六書論序曰：「大致造字之始，無所馮依。宇宙間事與形，兩大端而已。指其事之實，曰指事，一二上下是也；象其形之大體，曰象形，日月水火是也。文字既立，則聲寄於字，而字有可調之聲，意寄於字，而字有可通之意，是又文字兩大端也。因而博衍之，取乎聲，曰諧聲。聲不諧，而會合其意，曰會意。四者書之體止此矣。由是之於用，數字共一用者，如初哉首基之皆爲始，卬吾台予之皆爲我，其義轉相爲注，曰轉注；一字具數用者，依於義以引伸，依於聲而旁寄，假此以施於彼，曰假借。所以用文字者，斯其兩大端也。六者之次第，出於自然。」錢氏曰：大凡音有天地之元音，有古今之異音。天地元音者，雙聲疊韻也。古今異音者，輕重緩急斂侈也。古斂今侈，亦有古侈今斂。元音皆始於喉，達於舌，經於齒，出於脣。古人皆重脣，後人轉爲輕脣，即神珙五音九弄反紐，亦無輕脣。大下之口相同也，古今之口亦相同也。輕重緩急斂侈，天下之口異，古今之口亦異也。即喉舌齒脣之分，而聯之以雙聲，緯之以疊韻，而翻切之學興焉。有雙聲疊韻，後人因有反切。有反切，則有韻書。有輕重緩急斂侈，後人因有四聲，有韻書、四聲，於是古今之音有異讀。以今韻求古音不得，於是有叶韻協句。以叶協爲非，於是始求古音及本音。求古音本音，必本元音，於是有等韻字母。有等韻字母，於是有華梵之爭。錢氏謂雙聲疊韻等學，非梵學。即三十六母，亦華音，非梵音。特以其爲唐末沙門所傳，又襲彼字母之名。鄭夾漈不加詳考，遂誤認爲天竺之學。雙聲昉於魏、晉以後，古人未知，其實易、書已肇其端。至三百篇，而斯秘大啓。至司馬相如、揚子雲作賦，益暢其旨。於是孫叔然制爲反切，以雙聲疊韻紐弄而成音，遂大顯於世。後人又以雙聲類之，而成字母之學，雙聲在前，字母在後。學者反謂七音之辨，始於西域，豈古聖賢之智，乃出梵僧下耶？ 四聲始於周、沈，其實古人輕重緩急，即四聲。緩與輕者，平上也；重而急者，去與入也。漢代詞賦家，好用雙聲疊韻太多，讀者聱牙，周、沈矯其失，欲令一句之中相間耳。漢人翻切讀若，已是古今輕重緩急不同，故有此通。再轉而爲切韻，再轉而爲四聲，再轉而爲唐韻，再轉而爲宋韻，曰轉音，曰協句，曰叶韻，求之不通者也。顧氏所以有本音之求，曰等韻，曰字母，求之於通者也。邵伯温、温公等，所以有圖也，一字兩音，平側異讀，出於轉音，如觀冠好惡等，此魏、晉經師强生分别，千餘年遵守不易，惟魏華父著論非之，以爲未有四聲反切之前，安知不皆爲平聲？ 大抵後人講六書之音，有從偏旁得聲，有正音，有轉音，有叶音。元音則不然，喉舌齒脣，辨之甚細，所以有併部分部也。由平聲遂求入聲，此又言古韻者之所以益精也。江氏有誥音學十書序例曰：「自周、沈四聲定，而古音失。陸法言切韻作，而古音之部分失。宋吴才老首復古韻，特未免隨文遷就，於古之正音，古之部分，蓋茫乎未之知也。鄭氏庠作古音辨，始分六部。雖分部至少，而仍有出韻，蓋專就唐韻求其合，不能析唐韻求其分，宜無當也。明陳季立始知叶音即古本音，誠爲篤論，然於古韻部分亦未之知也。國朝崑山顧氏，始能析唐韻以求古韻，故得十部，然猶牽於漢以後音也。婺源江氏始專就三百篇以求古韻，故得十三部，然猶惑於今人近似之音也。金壇段氏始知古音之絶不同今音，故得十七部。古韻一事，至今日幾於日麗中天矣。取而譬之，吴才老，古音之先導也；陳季立，得其門而入也；顧氏、江氏，則升堂矣，段氏則入室矣。」又曰：「古有正韻，有合韻，有通韻。最近之部爲通韻，隔一部爲合韻。詩經用正韻者十之九，用通韻者百中之五六，用合韻者百中之一二。計三百五篇，除周頌不論，風、雅、商、魯頌，共詩一千百十有二章，通韻六十見，合韻十餘見，不得其韻者數句而已。知其合，乃愈知其分。即其合用之故，而因以知古部之次第，並可知唐韻誤合之由。」又曰：「古韻無四聲，明陳氏已發其端。江氏申明其説者，不一而足。然標準仍分平上去入四部，則自亂其例矣。想沓齋於去入不能配合，故聽其各見耳。」又曰：「古無四聲，確不可易矣。然以今音讀之，則聱牙而不協，吴氏有以少從多之例，施於叶韻，未免支離牽就。施於四聲，自可諧於今，無背於古。如一章之中平多上少，則改上以從平。上多平少，則改平以從上。去入同此例。」又曰：「顧氏謂古人一字止有一音，四聲互用，不在此例。嘉定錢氏，譏其固滯。然兩漢、魏、晉，固有一字數音者，若三代之文，則無此也。至通韻、合韻，不得不遷就其音，故以叶別之，然亦不過百中一二而已。」又曰：「吴氏韻補，顧氏詩本音，從本音轉紐爲多，亦間有不用本音者。如角之音禄，羹字音郎，以一隅之方音，改易本音，實爲未妥。」又曰：「陳氏毛詩古音考，率用直音，於無可音之字，多借相近者音之，沓齋譏其謬誤。」又曰：「詩集傳之誤，顧氏辨之詳矣，但詩本音之誤，亦復不少，蓋顧氏祇知古有十部，而不知古有二十一部，按此亦勇於自信。故往往以不入韻爲韻，又泥於唐韻次第，不明古部次第通用之理。按古部次第，究屬强爲。孔氏詩聲類，雖有補正三家之處，乃臆爲陰陽九聲之説，穿鑿武斷，功過相參。」又曰：「唐、宋人不知古韻，杜、韓、蘇詩歌雜文，能遵古體，而未達古音。吴才老雖云復古，無論其部分茫如，即所注之音，亦多錯誤，良由七音未細，聲紐未精。顧氏詩本音，臚列唐韻，使學者即唐韻以求古部分，然不注明音切，淺者視之，仍茫如也。」又曰：「戴氏十六部次第，以歌爲首，談爲終。段氏十七部次等，以之爲首，歌爲終。孔氏十八部次第，以元爲首，緝爲終。以鄙見論之，當以之第一，幽第二，宵第三」云云。按歙江氏之分部，仿小徐之作説文序篇，至有意義。又其獨絶前人者，尤在入聲表，學者求六家全書讀之，音學之大旨，盡於是矣。

戴氏曰：衆家之書亡於永嘉，師承不絶獨鄭氏，後儒不足知其貫穿羣經以立言，又苦義疏繁蕪，於是競相鑿空。朱子嘗在朝與議父在孫爲祖承重服，退居時，檢得康成答趙商問，因謂王介甫新經出，士棄注疏不讀，卒有禮文，相視茫如云云。胡紘議寧宗爲孝宗服止應期，朱子心非之，而無以折之。後見鄭志答趙商乃有「諸侯父有廢疾，不任國政，不任喪」之問，而鄭答以「天子諸侯皆斬」之文，方定父在爲祖承重之服，因嘆若無康成，此事終未有斷決云云。

按此事不過以鄭志一條，爲朱子所嘆耳。而張皇賣弄門面弔場如此，殊覺淺陋。鄭之可取，與朱子之取鄭，不止此一端。此正見朱子立心之大，取善之宏，而其不可從者，仍不之從，斯又朱子析理之精也。戴氏此條本意，蓋謂俗儒但知宗朱子，而朱子假非得吾家康成，則亦何所知？而今而後，爾曹可以知朱子之不足重，當亟舍之，而來宗吾康成也。毒螫之恉，蓋在言外。而豈知朱子固集羣儒之大成乎？

又曰：後儒鑿空之説，歧惑學者，其弊有二：一緣詞生訓，一守訛傳謬。緣詞生訓，所釋之義，非其本義。守訛傳謬，所傳之經，並非其本經。

按此論是也，而亦宜分別言之。何者？若去義理，專以訓詁小學説經，雖不鑿空，卻成穿鑿。其緣詞生訓，守訛傳謬，歧惑學者，更有甚焉。如諸漢學家，所著書十百條中，不能一二得真得是，然無不各自矜爲得本經本意，誠有如荀悦申鑒所論云云。必也以義理左驗，兩者相證，而折其衷，庶乎其不差耳。又諸漢學家，皆譏義理爲鑿空，亦是詖辭。須知孔子易繫傳及子夏、子貢、孟子，禮記大學中庸諸篇及孝經等，凡引詩、書，皆不拘求訓詁。即漢儒如費直、匡衡亦然，不獨程子也。然而朱子訓詁諸經，一字一句，無不根極典謨，不如漢學家泛引駁雜，反指朱子引用正信者爲鑿空也。

（輯自漢學商兑卷中之下）

祭金先生文（節録）

張惠言

嗚呼！六經同歸，其指在禮；誰歟明之？北海鄭氏。經唐涉宋，大論日蕪；天鑒大清，篤生巨儒。乾隆之初，婺源江公；刊榛兑途，灑流就東。厥其繼者，休寧之戴；先生起歘，並轡聯佩。戴君宏通，衆流並泳；志脩年短，厥緒未竟。先生精研，思約理積；掉頭庌廡，壼奥獨闢。既啓其室，遂周其藩；桴宲榕楄，既固既完。箋禮九篇，以鄭正鄭；惟其匡救，是謂篤信。一義之發，邇於睫眸；先生不言，千載其幽。較其所成，於戴蓋多；婺源之傳，岱華比峨。

（輯自中華文彙清文彙哀祭）

申戴氏氣説

黄式三

氣之輕清上浮者天，重濁下凝者地。天地，大氣所包也。天之氣，日月相推而明生，寒暑相推而歲成。所謂立天之道曰陰與陽者，道即天氣之推行者是也。張横渠所謂語其推行，故曰道也。形而上者謂之道，形而下者謂之器。陰陽之氣未成形以前爲道，既成形則爲器。五行即五氣，成形則五器也。戴東原説甚憭，儒者不得其解，乃曰陰陽爲器，所以陰陽者理，理乃爲道，離陰陽而言理，因離氣以求道，能不入於空眇邪？地之氣蒸潤而泛濫者爲水澤，凝結而高聳者爲山阜，所謂俯而察于地理者，理即地氣之推行有條理者也。所謂立地之道曰柔與剛者，地道即地理。地理家云：隴葬其麓，支葬其巔，陰陽相交。大較如此，原未有誤。戴東原云「欲知山之脈絡，先看水之去來，水未有不依山脈者」，亦地理之精言也。

僞青囊經「先天體，後天用，理從先，氣從後」，世儒用此説，而離氣求理，烏知地理邪？人秉五行之秀氣以生，其性善，易傳「一陰一陽之謂道，繼之者善也，成之者性也」，謂陰陽相繼續，則不偏，人備之則性善也。禮曰「分于道之謂命，形于一之謂性」，謂人物同稟于陰陽，而人之靈于物者，别爲一類也。所謂立人之道曰仁與義者，人爲萬物之靈，其氣能以仁義相感通也。申喜之母久失在外，以乞歌心悲，詳問而得之。庾黔婁之父遠居于家，以初病心驚，棄官而養之。此其氣之往來感通，微眇非人所測。正如蚌之受精于月，燧之取火于日，磁之引鍼，葵之向日，人莫能言其故，而氣之往來感通，固實如是，王者至誠之德，上足以感天，其保民如保赤，而仁義之化，不見而章，不動而變。人同此氣，因相通如此也。中庸謂「上天之載，無聲無臭」。戴東原以爲言化民之道，亦氣之相通也。必舍氣而空言理，則易傳、中庸之文，反視爲不切之陳言，可乎？凡天地人之氣推行各有其條理，而非氣之外别有一理。求理于氣之先者，二之則不是。理氣無先後，二之不是，本朱子舊説。薛氏、羅氏、劉氏皆申之，似無待辯。然諸注皆是分爲二，何邪？此文是作是述，明眼人自知之，以申戴爲異者，眼孔太小。

（輯自儆居集經説三）

申戴氏理説

黄式三

戴氏東原作孟子字義疏證，言理、言天理有異于昔儒。昔儒言天理之超乎陰陽氣化者曰：陰陽，氣也，形而下也；所以一陰一陽者理也，形而上也。是形上之道，惟天理足以當之矣。戴氏則據易言，「一陰一陽之謂道」，又言「立天之道曰陰與陽」。陰陽即爲天道，不聞辨别所以陰陽始可當道之稱。樂記言天理，指人心中天然之分理，非陰陽而上别有所謂天理。此其異者一。

昔儒既眇言天理，而以天理之賦于人爲性之本矣。戴氏則云：「理者，察之而幾微必區以别之名，是故謂之分理，在物之質曰肌理，曰腠理，曰文理，得其分則有條不紊，謂之條理。」凡經傳中言理，謂人情之不爽失者也，非指潔凈空闊之一物也。此其異者二。

昔儒既言天理爲性之本，則以理之得于天而具于心爲人之所同。其説依據于孟子。戴氏則謂：理至聖人而後無蔽，始能推諸天下萬世而準。易稱：「先天而天弗違，後天而奉天時。」中庸稱：「考諸三王而不謬，建諸天地而不悖，質諸鬼神而無疑，百世以俟聖人而不惑。」如是，始爲得人心之同然；如是，始謂之得理。孟子以聖人先得義理爲人心所同然，其解如此，若未至于同然，而存乎人之意見，不可謂理。六經、孔、孟之書以及傳記羣籍言理者少，今雖至愚之人，悖戾恣睢，其處斷一事，責詰一人，莫不輒曰理者，由自矜理具于心，而遂以心之意見當之也。此其異者三。

昔儒既言天理同具于心，以此理爲完全自足，而人非生知安行，氣稟所拘，未有不污壞。其所受于天之理，有學而後此理漸明，學者是以貴復其初。戴氏則謂：目能辨色，耳能辨聲，心能辨理義。血氣心知，皆有自具之能，是性善即于形氣見之，而非壞于形氣也。戴氏又謂：人因質之昧而失理，學之有可進于智者，人之血氣心知，異于禽獸，心之精爽，學以擴充之，于事靡不得理，是求理不在血氣心知之外也。戴氏又謂：人之形體資乎飲食之養，始于幼小，終于長大，非復其初。人之德性資乎學問之養，始于蒙昧，終于聖智，亦非復其初。孟子是以貴擴充，不言復初也。此其異四、其異五、其異六。

昔儒既言理爲氣稟所壞，因謂人有氣稟，始有情欲之擾，其說以樂記爲依據。戴氏則以理即「情之不爽失」者，「在己與人皆謂之情，無過情無不及情之謂理。」樂記云：「人生而静，天之性；感物而動，性之欲。」欲出于性，由一人之欲推之知天下人之同欲，此謂反躬而依天理；婞一人之欲，而滅没乎天下人之同欲，此謂不能反躬而窮人欲。欲不可窮，非不可有，有而節之，使無過情無不及情，即合乎天理矣。此戴氏之説理，其異七也。

有此七異，聞者驚且諤矣！雖然，盍言共同？程子遺書曰：「天之付與之謂命，禀之在我之謂性，見于事業之謂理。」朱子于孟子注引程子易艮卦之傳曰：「在物爲理，處物爲義。」于近思録又引之于論語或問「吾十有五」章，辨窮理盡性之分云「理以事別」。陳氏北溪，朱門高弟也，曰：「理是事物當然之則，如止仁是爲君當然之則，止敬是爲臣當然之則，孝慈是父子當然之則。理與義對言，理是在物當然之則。義所以處此理者。」明薛氏敬軒、羅氏整庵，大儒之遵守程、朱者也。薛之言曰：「其中脈絡條理，合當如此也。」又曰：「所謂理者，萬事萬物自然之脈絡條理也，循其脈絡條理而行，本無難事，惟不知循理而行，所以崎嶇險阻不勝其難也。」又曰：「論語一書，聖人就事言，而理在其中。論理不及事，末流爲虚無之弊。」又曰：「古者詩、書、禮、樂，俱以事物教人，而窮理亦于事物窮究，故所學精粗本末並該而無弊。後世論理太高，未免有弊。」又曰：「庖丁解牛，祇是循理。」又曰：「理不外事，惟于事求其理。理既明，即以此理處此事，斯得其當。」羅之言曰：「學者溺于明心見性之説，于天地萬物之理不復致思，故常陷于一偏而不可與入堯、舜之道。」又曰：「士之好高欲速者，以理但當求之于心。書可不必讀，讀可不必記，貽後學無窮之禍。」張氏楊園，近儒之竱守程、朱者也。張之言曰：「聖人教人，一則曰窮理，一則曰精義，有物斯有理，處之得宜則義也。故曰有物有則。」又曰：「義之與比，是豈離事而縣想一理乎？世儒好非『在物爲理，處物爲義』之語，多見其惑于邪説而不自知返也。」又曰：「事事物物，各有當然之天理，己所以應之，能各當其則，方爲無私心，而合天理。」程、朱、陳、薛、羅、張之言如此，合戴氏言參之，則理也者，在物當然之則，是聖人所條分縷析而君子所不敢紊也。大學曰「格物」。物者，身心家國之事。此物本非外物，非外而謂格之在外乎？格物之理，所以致心之知，即可見求理于物之不同于告子外義矣。若後儒説理具于心，視此性爲光明洞徹，遂以意見爲理耳。

或曰：戴氏言意見之不可當理，固矣。而昔儒言「人欲浄盡，天理流行」，亦復破之，得無使逞欲者之藉口乎？

曰：否，否！不然也。論語稱「公綽之不欲」，勸季康子以不欲，皆戒私欲也，戴氏所謂學者莫患乎自私也。論語言「欲而不貪」，「富與貴是人所欲」；孟子言「生我所欲」，「欲貴者人之同心」，「廣土衆民，君子欲之」，此皆不諱言欲者。專恣之欲不可有，同嗜之欲不能無也。後儒爲列、莊、淮南之學者，謂儒家設立禮儀，辨别等次，誘之以欲而雩之以節欲。此顯斥儒説而自申其清浄無欲，毁棄禮義之恉，固不可不辯。其援無欲之説以附于程、朱者，謂人欲浄盡即天理流行，故援異端之所謂真宰真空者即全乎聖智，即全乎理，主于去情欲以勿害之，不復以學問擴充之，是尤不可不辯。戴氏之所辯如此而已。

朱子辯樂記曰：「『人生而静，天之性』，未嘗不善，『感物而動，性之欲』，亦未嘗不善。至好惡無節于内，知誘于外，始爲惡。」又于孟子注云：「天理人欲同行異情。」又于大學或問「格致」章云：「飲食男女，皆人情之所有而不能無。」但學者宜察行乎其閒孰爲天理，孰爲人欲，是朱子不用異端絶欲之説也。論語「三月不違仁」之注，程子𢘆以「無私欲爲仁」，朱子更之曰「心不違仁者，無私欲而有其德」，是不謂遏欲即存理也。薛氏敬軒曰：「無欲非道，人道自無欲始。」又曰：「聖賢所謂無欲者，非如釋氏盡去根塵，以其不流于人欲之私，即爲無欲也。」羅氏整庵曰：「樂記所言欲與好惡，與中庸所言喜怒哀樂，同謂之七情，其理皆根于性者也。七情之中欲較重，惟天生民有欲，順之則喜，逆之則怒，得之則樂，失之則哀，故樂記獨以性之欲爲言欲，未可謂之惡。其爲善爲惡，係于有節無節耳。」使後之學者能知此指，不援無欲之説以牽引異端，戴氏之辯，固可以已。

或曰：戴氏之言理欲，前儒既有與之同者矣，而以陰陽之氣爲道，則理氣不分，豈非戴氏之臆創乎？

曰：非也。程伯子于易傳「形而上者謂之道」、「一陰一陽之謂道」，亦嘗合解之，謂陰陽曰道，惟截上下最分明，上者即是道，在人默而識之。朱子答柯國材書曰：「一陰一陽，往來不息，即是道之全體。」羅整庵取此二説，以明理氣之不可分。羅氏又曰：「通天地，亘古今，無非一氣而已。氣本一也，而一動一静，一往一來，一闔一闢，一升一降，循環無已，爲四時之温凉寒暑，爲萬物之生長收藏，爲斯民之日用彝倫，爲人事之成敗得失。千條萬緒而卒不可亂，是即所謂理也，初非别有一物，依于氣而立，附于氣而行也。」凡此與戴氏説同乎？稍不同乎？夫後儒之疑戴駡戴者，爲其説之駁程、朱耳。而以程、朱之所自言，與尊信程、朱者之所言，參互引證，學者可平心讀之，去戴氏之矯枉過正，而取其所長，在善學者之實事求是也。雖然，今之言人同此心，心同此理者，其説如無星之稱、無寸之尺矣，何能與之强辯也哉？

（輯自儆居集經説三）

申戴氏性説

黄式三

荀子之言性，詳于惡，略于善。董子及劉子政、揚子雲之言性，皆兼善惡。孟子非不知口之于味，目之于色，耳之于聲，鼻之于臭，四肢之于安佚，皆人自然之性，而以君子不謂此爲性，必專以心之能説理義者明性之善，得孟子之怡。而諸儒之論性，可以參而貫。宋程子遵孟子言性善，而又云惡亦不可不謂之性，其意蓋同。惟理氣之分，程子創之，朱子承之，而戴氏力辨之耳。

朱子于告子篇注云：「知覺運動之蠢然者，人與物同。」是言人物之氣同。戴氏則云：「知覺運動者，人物之生；知覺運動之所以異者，人物之殊其性。」血氣心知本于陰陽五行，人物自區其類。孟子言同類者舉相似，則異類之不相似可知也。此其異一。

朱子既言氣質之惡人與物同，而中庸注云：「人物各得所賦之理，以爲健順五常之德。」又兼人物以言理之一矣。戴氏則以天命之謂性者，命爲限制之名，如君命之東不得之西，人物生而限于天，故曰天命。大戴禮：「分于道謂之命，形于一謂之性。」分于道者，分于陰陽五行，一言乎分，則其限之于始，各隨所分而形于一也。此其異二。

朱子既言氣質之惡人與物同，而遂以孟子性善之説不論氣爲不備，未能杜絶荀、楊之口。戴氏則謂孟子言形色天性，言平旦之氣，言動心忍性，皆據形氣而言。形氣本于天，備陰陽五行之全，孟子不辠其形氣也。此其異三。

朱子既言氣質之惡人與物同，而其言性善，不得不推理于天，故云：「『人生而静』以上，人物未生，衹可謂之理，未可名爲性，所謂『在天曰命』，方説性時即是人生以後，此理已墮在形氣中，不是性之本體，所謂『在人曰性』。」戴氏則云：信如此，孟子乃追溯人物未生未可名性之時而曰性善。若就名性之時，已在人生以後，已墮入形氣中，不得斷之曰善。且由是言之性，上聖不失性之本體，其下皆失性之本體，直是人無有不惡，不得如孟子言人無有不善。究之孟子就人氣質而言性善，非離氣質而空言天理之善也。此其異四。

朱子既因孟子之言性善而推理于天，于論語夫子相近之言，與夫告子生之謂性，俱以氣質言，因謂孟子之言與夫子異，告子之言與夫子同。戴氏則謂論語言相近，正謂俱近于善，原與孟子言合。告子據自然者爲性，以義爲非自然，轉制其自然使之强以相從，故以義爲外，彼見窮人欲而流于惡者，適足害生，即慕仁義而爲善者，勞于學問，亦于生耗損，于此見定而心不動，其「生之謂性」之説如是。不知凡有血氣之屬，皆知懷生畏死，因而趨利避害。以是言性，是同人于牛犬而無别。而易傳、論語之言性，皆據人之異于物言，原非同于告子也。此其異五。

朱子既以嫥論氣質者斥告子，因以此斥荀子之言氣質，與孟子之言義理者不同。戴氏則謂荀子之重學也，無于内而取于外。孟子之重學也，有于内而資于外。一以氣質爲惡，一以氣質爲善，論性未嘗離氣質也。此其異六。

朱子既信理氣之辨，遂謂才有善有不善，而以孟子之論爲未密。戴氏則謂據其限于所分而謂之命，據其爲人物之本始而謂之性，據其體質而謂之才，性善則才亦善。孟子言性，于陷溺梏亡之後，人見其不善，猶曰非才之罪，以氣爲不善，是于天之降才即罪才也。此其異者七。

有此七異，聞者驚且諤矣。雖然，此非戴氏之創説也。程子之門人楊遵道曰：「觀孟子云，非天之降才爾殊，是不善不在才。又云若夫爲不善非才之罪，則是以情觀之，才非不善。才者爲善之資，譬作器械，有才方可爲也。善之本爲性，能行善者爲才。」楊氏之言固據經以立説矣。朱子之門人劉季文曰：「既言性有氣質，安可合人物而言，自亂其本原？凡混人物而爲一者，必非識性者也。」又曰：「古聖賢言性命，有兼人物言者，有專以人言者。易曰『各正性命』，樂記曰『性命不同』，此乃兼人物而言。然既曰『各正』，曰『不同』，則人物之分亦自昭昭。假如天命之謂性，率性之謂道，或兼人物而言，則犬之性猶牛之性，牛之性猶人之性，當如告子之見。」劉氏説以氣質之在人，必與物異，則知性善之説不宜于氣質外別求義理之性。戴氏謂古之言性，不離才質，不遺理義，知其非臆説也。慈谿東發先生素宗朱子，亦謂言性者自分理義氣質，而後學乃陰陋夫子相近之言。羅整庵曰：「程、張、朱子始別白而言之，孰爲天命之性，孰爲氣質之性，一性而兩名。雖曰二之則不是，而一之又未能也。學者之惑，終莫之解，則紛紛之論，至今不絶于天下，亦復奚怪。」劉蕺山曰：「性學不明，祇因將此理別視爲一物，盈天地間祇有氣質之性，謂別有義理之性不雜于氣質者，臧三耳之説也。」諸儒豈欺人者哉？讀經有所得，雖異于程、朱二子而不敢自隱耳。戴氏之説，讀者求其是而已，何必同。或曰：理氣之辨，道統之大綱也，此説果誤，後學何取法焉？曰：後儒志力行，當于經訓之燦著者尋繹之，以求無背于朱子，而必嘵嘵然自申其不可窮詰之説乎？朱子見人之氣質多粗駁，因謂氣之善者理實主宰之，意亦欲人擴充此善端也。論語注云明善以復其初，亦謂學以擴充其善，不汩本心之善端也。戴氏所謂朱子引莊子語而指歸異也。且朱子見人之氣質粗駁者，或爲物欲所誘，或爲柔昧所拘，兢兢然以變化氣質爲教，此即孟子不謂性及忍性之説，所當法朱子者在此也，夫必好爲捕風捉影之談乎哉！

（輯自儆居集經説三）

讀戴氏即位改元考

黄式三

春秋隱、莊、閔、僖四公不書即位，賈、服諸儒謂四公行即位禮，史書之，而孔子不書。杜氏謂不行即位禮，史不書，孔子因史。案隱公十一年左傳曰：「宋不告命，故不書。」又曰：「滅不告敗，勝不告克，不書于策。」此言孔子修春秋，列國征伐之事，有不書者，由史之不書于策也。傳曰不書即位，未見其史不書策之實。即位見羣臣，禮不容己，十二公蓋皆行之。惟時有常變，遂禮有詳略。孔子書其備禮者，不書其不備禮者，以見隱公有讓位之心。莊、閔、僖三公尋遭變殺禮之意，其遭變不殺禮者，由是見其失焉。謂四公同行即位之禮，杜氏已譏之；謂四公不行即位之禮，戴氏復非之。書此備諸儒之所未言也。

（輯自儆居遺書春秋釋）

漳北滱南諸水考

沈 垚

中原之水，雖有水經注詳於前，但水道古今不同，有意略中原，殊非詳内略外之義。又諸水多沿方俗之稱，不能合古今以求其是，則亦得失參半焉。戴吉士震撰直隸河渠書六十四卷，想於水所經歷及古今遷變之故言之必詳，惜不可得見。垚以漳北、滱南諸水，水經注既放軼，水道提綱於滹沱外他水又概從略，因取酈注逸文之散見於寰宇記者，參以他書，分别考之。而深覬東原先生河渠書得一見之，而析所疑也。

（輯自洛帆樓文集卷三）

休寧戴先生

唐 鑑

先生諱震，字東原。舉人。乾隆三十八年，詔開四庫館，總裁以纂修薦，賜進士，改庶吉士。館中有奇文疑義，輒就咨訪。所校大戴禮記、水經注最精核。又著有聲韻考四卷、聲類表九卷、方言疏證十卷，又原象四篇、迎日推策記一篇、句股割圜記三篇、續天文略三卷、策算一卷，又詩經二南補注二卷、毛鄭詩考四卷、考工記圖二卷、孟子字義疏證三卷、屈原賦注七卷、通釋二卷、文集十二卷。先生故訓之學也，而欲諱其不知義理，特著孟子字義疏證，乃至詆程、朱爲老爲佛，謂理爲我所本無，程、朱言性即理也，其視性如人心中有一物，此即老氏之所謂無，佛氏之所謂空，稍變之而爲此說。孟子無之，然孟子有曰仁義禮智根於心，先生有意匿之乎？抑並此句而忘之乎？大抵考據訓詁可以明典章制度，不可以窮義理。典章制度非全無義理，特其外迹耳，特其末節耳。聖賢工夫全在明善復性，以不失乎天之所以予我者而謂理。「爲我所本無」是何言哉？後之慕先生者，有歙縣淩先生廷堪進士，官教授，撰禮經釋例十三卷，又著後魏書音義、燕樂考、元遺山年譜、校禮堂集，五物、九祭、釋牲、旅酬、楚茨諸説經之文，俱有考覈。惟復禮三篇，謂窮理二字出於宋儒，則並夫子説卦傳而忘之，亦大可異矣。

（輯自學案小識卷十四）

處士顔先生元（節録）

戴　望

孟子明言「爲不善，非才之罪」，「非天之降才爾殊」，「乃若其情，則可以爲善」，又曰：形色，天性也，若曰氣質有惡，是於天之降才，即罪才矣，是歧天人而使之二本矣。况曰性善，謂知愚之性同是善耳，亦未嘗謂全無差等。孔子曰：「性相近也，習相遠也。」性之相近，如真金多寡輕重不同，而其爲金相若也。惟其有差等，故不曰同。惟其同一善，故曰近。其引蔽習染，溺色溺貨，以至無窮之罪惡，則皆以習而遠於善，即所謂倍蓰無算，不能盡其才者也。先生此言，合孔、孟而一之，其有功於聖道最大。同時陸道威、李文貞雖見及之，而牽於程、張不能决。乾隆中，戴吉士震作孟子緒言，始本先生此説言性，而暢發其旨。其一謂聖門弟子，不可輕議諸賢。一月皆至於仁，一日皆至於仁，每學之而愧未能，後儒乃曰：或月一至仁，則猶日至矣。或日一至仁，則但時至刻至矣。子路鼓瑟，不合雅頌，而門人不敬，孔子即不謂然。孟子謂游於聖人之門者難爲言，舉七十子之服孔子，其辭不遺一人，後儒乃動詆宰我、樊遲、季路、冉求、子貢、子張、游、夏諸子，而欲升周、程與顏、曾接席，是自視賢於孟子矣。蓋聖門弟子，以兢業爲本，唯在實學實習實用之天下，而後儒侈言性天，薄事功，故其視諸賢甚卑也。先生初由陸、王、程、朱而入，返求之六經、孔、孟，得所指歸，足正後儒之失。而陋者目不睹先生之書，即訾謷之，以爲是背程、朱，不可從也。夫不究其言之始終，而唯震於程、朱之名，囿於元、明以來之功令，并孔、孟之言而反之，則其所詆者，非詆先生，乃詆聖言也。且羣經教學成法，昭昭具在，亦何嘗教人以性爲先，以靜坐讀書爲學功哉！而後人以習行爲難，且於古經之稍近奧賾者，亦不欲讀，惟日奉小學、近思録、章句、集注、綱目、語類等書，齊之六經之列，童而習之，無人爲主，莫知其非。其視先生之學，欲復聖門舊章，則相顧卻走而不前者，其宜矣。

（輯自顏氏學記卷一）

純常子枝語（節録）

文廷式

戴東原先生孟子字義疏證，精警沈摯。余以爲講漢學家不必揚其波，講宋學家則當引爲諍友也。其言有曰：「今之治人者視古賢聖體民之情、遂民之欲多出於鄙細隱曲，不措諸意，不足爲怪，而及其責以理也，不難舉曠世之高節，著於義而罪之。尊者以理責卑，長者以理責幼，貴者以理責賤，雖失謂之順；卑者、幼者、賤者以理争之，雖得謂之逆。於是下之人不能以天下之同情、天下之所同欲達之於上；上以理責其下，而在下之罪，人人不勝指數。人死於法猶有憐之者，死於理其誰憐之！」此一段沉着痛快，尤中宋學流弊之失。然余謂宋學所以行之數百年而舉世莫敢非者，正在乎此。蓋挾尊長貴者之勢以劫持卑幼貧弱，其事易行而有藉也，於是五倫之道亦甚異於三代矣。

（輯自純常子枝語卷七）

釋戴

章炳麟

明太祖誦雒、閩儒言，又自謂法家也。儒法相漸，其法益不馴。蓋或韓非有言：「人主不自刻以堯，而責人臣以子胥，是幸殷人之盡如比干。盡如比干，則上不失，下不亡。不權其力而有田成，而幸其身盡如比干，故國不得一安。廢堯、舜而立桀、紂，則人不得樂所長而憂所短。失所長則國家無功，守所短則民不樂生。以無功御不樂生，不可行于齊民。如此則上無以使下，下無以事上。」安危篇。顧太祖不知也。比明中世，人主喜怒僻違，而不循法，諫官有所長短，不以法律彈正，時藉雒、閩重言，以爲柄矜。記所謂援其所不及，煩其所不知。人主窮迫，亦以其言檢下，下復相朋以要主。姦心難知，人主孤立，則庶事叢脞，終于嫚令謹誅，萬事自此墮矣！雒、閩諸儒制言以勸行己，其本不爲長民，故其語有廉棱，而亦時時軼出。夫法家者，輔萬物之自然而不敢爲，與行己者絶異。任法律而參雒、閩，是使種馬與良牛並駟，則敗績覆駕之術也。清憲帝亦利雒、閩，刑爵無常，益以恣睢。會遭平世，無槷疑沮事者，然而吏惑于視聽，官困于詰責，惴惴莫能必其性命，寃獄滋煩，莫敢緩繼。

戴震生雍正末，見其詔令謫人不以法律，顧摭取雒、閩儒言以相稽，覞司隱微，罪及燕語。九服非不寬也，而迾之以叢棘，令士民摇手觸禁，其盡傷深。震自幼爲賈販，轉運千里，復具知民生隱曲，而上無一言之惠，故發憤著原善、孟子字義疏證，專務平恕，爲臣民訴上天，明死于法可救，死于理即不可救。又謂衽席之間，米鹽之事，古先王以是相民，而後人視之猥鄙。其中堅之言盡是也。震所言多自下摩上，欲上帝守節而民無癉。焦循攄之云：「詩教亡于明，故言不本性情，而聽者厭倦。至于忿毒相尋，以同爲黨，以比爲争，或假宫闈、廟祀、儲貳諸名，千百人嚚于朝，以激君怒，害及其身，禍延其國。」毛詩補注序。記曰：「臣不重辭，則君不勞。」亦庶幾得震意哉！如震所言，施于有政，上不呰苛，下無怨讟，衣食孳殖，可以致刑措。究極其義，及于性命之本，情欲之流，爲數萬言，夫言欲不可絶，欲當即爲理者，斯固隸政之言，非飭身之典矣。辭有枝葉，乃往往軼出閾外，以詆雒、閩。紀昀攘臂扔之，以非清浄潔身之士，而長流汙之行，雖焦循亦時惑。輓世或盗其言，以崇飾慆淫。今又文致西來之説，教天下奢，以菜食襲衣爲恥，爲廉節士所非。誠明震意，諸款言豈得託哉？雒、閩所言，本以飭身，不以隸政，震所訶又非也。凡行己欲陵，而長民欲恕。陵之至者，止于釋迦。其次若伯夷、陳仲。持以閱世，則關雎爲淫哇，鹿鳴爲流湎，文王、大明爲盗言矣。不如是，人不與鳥獸絶。雒、閩諸儒，躬行雖短，其言頗欲放物一二，而不足以長民。長民者，使人人得職，篠蕩其性，國以富强，上之于下，如大小羊羜相⿰⺶韋羵而已，本不可自别于鳥獸也。夫商鞅、韓非雖陗，不踰法以施罪，勸民以任功，徒以禮義，厲民猶難，況遏其欲？民惟有欲，故刑賞可用。鄉若以此行己，則終身在鶉鵲之域也。以不諭故交拏，交拏故交弊，察其所以，皆失其本已。明之君臣，負雒、閩之法度。紀昀以來，負戴震之法度。

問者曰：戴震資名于孟子，其法不去欲，誠孟子意耶？章炳麟曰：長民者，輔萬物之自然而不敢爲，稍欲割制，而去甚、去奢、去泰，始于道家。儒、法皆仰其流，雖有陗易，其致一也。雖然，以欲當爲理者，莫察乎孫卿。孫卿爲正名一首，其言曰：「凡語治而待去欲者，無以道欲，而困于有欲者也。凡語治而待寡欲者，無以節欲，而困于多欲者也。有欲無欲，異類也，生死也，非治亂也。欲之多寡，異情也，情之數也，非治亂也。欲不待可得，而求者從所可。欲不待可得，所受乎天也。求者從所可，受乎心也。人之所欲生甚矣，人之所惡死甚矣。然而人有從生成死者，非不欲生而欲死也。故欲過之而動不及，心止之也。心之所可中理，欲雖多，奚傷于治？欲不及而動過之，心使之也。心之所可失理，欲雖寡，奚止于亂？故治亂在于心之所可，亡于情之所欲。不求之其所在，而求之其所亡，雖曰我得之，失之矣。性者，天之就也。情者，性之質也。欲者，情之應也。以欲爲可得而求之，情之所必不免也。以爲可而道之，知所必出也。故雖爲守門，欲不可去，性之具也。雖爲天子，欲不可盡。欲雖不可盡，可以近盡也。欲雖不可去，求可節也。所欲雖不可盡，求者猶近盡。欲雖不可去，所求不得，慮者，欲此欲字乃猶之聲誤。節求也。道者進則近盡，退則節求，天下莫之若也。」以上孫卿語。極震所講，與孫卿若合符。以孫卿言性惡，與震意佛，故解而赴原善。夫任自然者，則莫上老聃矣。寄于儒名，更賓老聃，以孟軻爲家子，斯所謂寓言哉！震書多姍議老、莊，不得要領，而以浮辭相難，彌以自陷也，其失也。老、莊書本非易理，戴君雖明六藝儒術，寧能解齊物論耶？又釋氏經論，蓋戴君所未睹，徒刺取禪人常語，而加駁難，尤多紕繆。當是時，學者以老、莊、商、韓爲忌，其勢不能無廢百家。念在長民，顧以持法爲諱。題旌其名，與儒行、曲禮無别，令血氣不柬者，得介以非修士，牽于性善無詰姦之術，而大臣得挾愚汙之人，以漁厚資，貨財上流而巧説者用，莫有議其非也。故莊子曰：「脣竭則齒寒，魯酒薄而邯鄲圍，聖人生而大盜起。」

（輯自文録卷一）

説林上（節録）

章炳麟

叔世有大儒二人，一曰顔元，再曰戴震。顔氏明三物出於司徒之官，舉必循禮，與荀卿相似。戴君道性善，爲孟軻之徒。持術雖異，悉推本於晚周大師，近校宋儒爲得真。戴君生雍正亂世，親見賊渠之遇士民，不循法律，而以洛、閩之言相稽。哀矜庶戮之不辜，方告無辜於上，其言絶痛。桑蔭未移，而爲紀昀所假，以其懲艾宋儒者，旋轉以泯華、戎之界。壽不中身，憤時以隕，豈無故耶？

（輯自文録卷一）

瑞安孫先生傷辭（節録）

章炳麟

炳麟始交平陽宋恕平子，平子者，與瑞安孫先生爲姻，因是通於先生。當是時，吴、越間學者，有先師德清俞君，及定海黄以周元同，與先生三，皆治樸學，承休寧戴氏之術，爲白衣宗。先生名最隱，言故訓審慎過二師。著周禮正義、墨子閒詁、古籀拾遺、經迻、札迻。

（輯自文録卷二）

清儒（節録）

章炳麟

震生休寧，受學婺源江永，治小學、禮經、算術、輿地，皆深通。其鄉里同學有金榜、程瑶田，後有凌廷堪、三胡。三胡者，匡衷、承珙、培翬也，皆善治禮。而瑶田兼通水地、聲律、工藝、穀食之學。震又教于京師，任大椿、盧文弨、孔廣森皆從問業，弟子最知名者，金壇段玉裁，高郵王念孫。玉裁爲六書音韻表以解説文，説文明。念孫疏廣雅，以經傳諸子相證明，諸古書文義詰詘者皆理解，授子引之，爲經傳釋詞，明三古辭氣，漢儒所不能理繹。其小學訓詁，自魏以來，未嘗有也。王引之嘗被詔修字典，今字典繆妄如故，豈虚署其名邪？抑朽蠹之質不足刻彫也？近世德清俞樾、瑞安孫詒讓，皆承念孫之學。樾爲古書疑義舉例，辨古人稱名牴牾者，各從條列，使人無所疑眩，尤微至。世多以段、王、俞、孫爲經儒，卒最精者，乃在小學，往往得名家支流，非漢世凡將、急就之儕也。凡戴學數家，分析條理，皆參密嚴瑮，上溯古義，而斷以己之律令，與蘇州諸學殊矣。

……

初，大湖之濱，蘇、常、松江、大倉諸邑，其民佚麗。自晚明以來，憙爲文辭比興，飲食會同，以博依相問難，故好鎦覽而無紀綱，其流偏江之南北。惠棟興，猶尚該洽百氏，樂文采者相與依違之。及江永、戴震起徽州，徽州于江南爲高原，其民勤苦善治生，故求學深邃，言直覈而無温藉，不便文士。震始入四庫館，諸儒皆震竦之，願斂衽爲弟子。天下視文士漸輕，文士與經儒始交惡。而江、淮閒治文辭者，故有方苞、姚鼐、劉大櫆，皆產桐城，以效法曾鞏、歸有光相高，亦願尸程、朱爲後世，謂之桐城義法。震爲孟子字義疏證，以明材性，學者自是疑程、朱。桐城諸家，本未得程、朱要領，徒援引膚末，大言知壯，案：方苞出自寒素，雖未識程、朱深旨，其孝友嚴整躬行足多矣。諸姚生于紈絝綺襦之間，特稍恬惔自持。席富厚者自易爲之，其佗躬行，未有聞者，即非誠求宋學，委蛇寧靜，亦不足稱實踐，斯愈庳也。故尤被輕蔑。從子姚鼐，欲從震學，震謝之，猶亟以微言匡飭。鼐不平，數持論詆樸學殘碎。其後方東樹爲漢學商兑，徽識益分。東樹亦略識音聲訓故，其非議漢學，非專詆讕之言。然東樹本以文辭爲宗，横欲自附宋儒，又奔走阮元、鄧廷楨閒，躬行佞諛，其行與言頗相反。然漢學自三數大師外，亦多拘牽之見。詩宗毛公是也，顧未能簡異鄭箋。鄭箋多襍三家，文義又觚戾不調，將何取焉？易宗孟氏，乃因說文敘中有易孟子爲古文之說，不知其爲文誤，而强仞爲先秦師說。其于費氏，又重鄭輕王，不悟王易多同馬氏，古文家說固然。王、鄭言易，其高下亦奚啻霄壤乎！又王肅雖多誣造，然其探本賈、馬之說，尚爲古文舊誼，與康成雜糅今古有殊。今人寧尊鄭氏，而黜賈、馬，其見已鄙，釀嘲之由，宜在兹乎！

陽湖惲敬、陸繼輅，亦陰自桐城受義法。其餘爲儷辭者衆，或陽奉戴氏，實不與其學相容。儷辭諸家，獨汪中稱頌戴氏，學已不類。其佗率多辭人，或略近惠氏，戴則絶遠。夫經說尚樸質，而文辭貴優衍，其分涂自然也。文士既以嬰蕩自喜，又恥不習經典。于是有常州今文之學，務爲瑰意眇辭，以便文士。今文者：春秋，公羊；詩，齊；尚書，伏生；而排擯周官、左氏春秋、毛詩、馬、鄭尚書。然皆以公羊爲宗。始武進莊存與，與戴震同時，獨憙治公羊氏，作春秋正辭，猶稱說周官。其徒陽湖劉逢禄，始專主董生、李育，爲公羊釋例，屬辭比事，類列彰較，亦不欲苟爲恢詭。然其辭義温厚，能使覽者說繹。及長洲宋翔鳳，最善傅會，牽引飾說，或采翼奉諸家，而雜以讖緯神秘之辭。翔鳳嘗語人曰：說文始一而終亥，即古之歸臧也。其義瑰瑋，而文特華妙，與治樸學者異術，故文士尤利之。

（輯自檢論卷四）

學隱

章炳麟

魏源爲李兆洛傳，稱乾隆中葉，惠棟、戴震、程瑶田、江聲、段玉裁、王念孫、錢大昕、孫星衍及臧庸兄弟，争治漢學，錮天下智惠爲無用。包世臣則言戴震終身任館職，然揣其必能從政。二者交歧。由今驗之，二家皆信矣。源之言有未合者。戴震精于輿地，錢大昕習于史事，孫星衍明于法律，非祇治漢學也。雖欲有用，亦寧能廢此三物？世臣之説，蓋謂治在力行不在多言。郡縣良吏，悃愊無華，必不出于尚口者。戴氏少爲裨販，涉歷南朔，閭里姦邪、米鹽瑣細，盡知之矣。故獨許其能從政，亦非虚擬。

吾特未知魏源所謂用者，爲何主用也。處無望之世，衒其術略，出則足以佐寇。反是，欲與寇競，即網羅周密，虞候迦互，執羽籥除暴，終不可得。進退跋疐，能事無所寫，非施之訓詁，且安施邪？古者經師如伏生、鄭康成、陸元朗，窮老箋注，豈實泊然不爲生民哀樂，亦遭世則然也。今觀世儒如李光地、湯斌、張廷玉者，朝讀書百篇，夕見行事，其用則賢矣。若夫袁宏之頌，荀彧者曰「始救生人，終明風概」，數子其能瞻望乎哉！故曰「大儒臚傳，小儒欭顪」，詩、禮之用則然。比度于無用者，孰賢不肖，則較然察矣。

惠棟歿，吴材哀，學者皆擁樹戴氏爲大師，而固不執漢學。其識度深淺，亦人人殊異。若戴氏者，觀其遺書，規摹閎遠，執志故可知。當是時，知中夏黮黯不可爲，爲之無魚子蟣蝨之勢足以藉手，士皆思偷愒禄仕久矣，則懼夫諂媚爲疏附，竊仁義于侯之門者。故教之古學，絶其恢譎異謀，使廢則中權，出則朝隱。如是足也！李充説論語葉公問孔子于子路事曰：葉公問之，將欲致之爲政。夫子乃抗論儒業，大明其志，使如此之徒，絶望于覬覦。江熙亦曰葉公惟知執政之貴，不識天下復有勝遠。故欲子路抗明素業，無嫌于時，得以清波濯彼穢心。余念惠、戴諸公意亦準是，非特自督同志，且令王賊絶望。如孫星衍之倫，未達斯意，然其明罰飭法，本之平恕，亦猶愈于附上罔下者也。借使中用如魏源，能反其所述聖武記以爲一書，才士悉然，戴氏方承流奔命不給，何至槁項自縶，縛無能之辭哉？

或曰：弁冕之制，紳舄之度，今世爲最微。而諸儒流沫討論，以存其梗概，是亦當務之用也。任大椿著弁服釋例。大椿之學出自戴氏。張惠言著儀禮圖。惠言學出金榜，榜與震亦最相善。

章炳麟曰：諸學皆可以馴致躬行。近世爲樸學者，其善三：明徵定保，遠于欺詐；先難後得，遠于徼幸；習勞思善，遠于媮惰。故其學不應世尚，多悃愊寡尤之士也。昧者或不識人事臧否，苟務博奧，而足以害民俗，亂政理。自惠氏爲明堂大道録，已近陰陽。而孫星衍憙探道臧房中之説。張琦説風后握奇經，神仙兵符，幾于一矣。琦嘗知館陶縣，其後山東有義和團。劉逢禄以公羊傳佞諛滿州。大同之説興，而漢、虜無畔界。延及康有爲，以孔子爲巫師。諸此咎戾，皆漢學尸之。要之造端吴學，而常州爲加厲。

魏源深詆漢學無用，其所謂漢學者，戴、程、段、王，未嘗尸其名，而魏源更與常州漢學同流。妖以誣民，誇以媚虜，大者爲漢姦、劇盜，小者以食客容于私門。三善悉亡，學隱之風絶矣！

（輯自檢論卷四）

明抄本水經注跋

王國維

明抄本水經注四十卷，海鹽朱氏藏，每半葉十一行，行二十字，與宋刊殘本、明柳大中抄本、吴門顧氏所藏明影宋抄本行款并同。取宋刊殘本校此本，凡佳處、誤處與字之别構，一一相同。取永樂大典本、孫潛夫本、袁壽階所校明影宋抄本校之，亦十同八九，蓋即從宋刊本抄出也。今宋刊本僅存十一卷有奇，永樂大典本存二十卷，孫潛夫、袁壽階校本存十五卷。餘如柳大中本、歸震川本、趙清常本、陸孟鳬、錢遵王、顧抱沖諸家所藏舊鈔本，今已無可蹤跡。而此本獨首尾完具，今日酈書舊本，不得不推此本爲第一矣。

余既以此本校於朱王孫本上，以與舊校宋刊本、大典本相參證，復以宋本、大典本所闕諸卷，就戴校聚珍本勘之，知戴本於明抄佳處亦十得八九，蓋本於大典。其有明抄不誤，而戴本仍從通行本或别本改者。如潁水注：「潁水又東逕項城中，楚襄王所郭以爲别都，都内西南小城，項縣故城也，舊頳州治。」案「頳」者，豫之别字，諸本併訛作「潁」。考項縣在漢、魏時本屬豫州汝南郡，至後魏孝昌四年始置潁州，不得爲項縣地。而天平二年置北揚州，乃治項城，是項縣故城當是舊豫州治，不得爲後魏潁州治也。且下文云：「又東逕刺史賈逵祠。」刺史上不著州名，乃承上文舊豫州治言之。魏志本傳逵爲豫州刺史。

則此本作預州是，諸本作「穎」者誤也。沔水注引世本「舜居饒内」，明黃省曾刊本同。饒内，諸本并作「嬀汭」。案：「饒内」乃「嬴内」之訛。唐寫本尚書釋文，於堯典末出「嬴内」二字云：「嬴，字又作嬴，居危反。又水名。内，音汭，如鋭反。」周語「武王反及嬴内」，宋公序補音曰：「上音嬀下音汭。今案別本或作嬴，非是。古文尚書作嬴，與嬀同。」案：嬴字無讀居危反之理，當從別本作嬴。天聖、明道本上嬴内作嬴下，故謂之嬴亂作嬴，蓋即宋公序所謂別本也。宋校本盡改作嬴。宋說非是，然可證梅本尚書本作嬴内，或訛爲嬴内，嬴、嬴、饒字相近，因訛爲「饒」矣。諸本改爲「嬀汭」非是。

温水注：「林邑都治典沖，中略。秦、漢象郡之象林邑也。中略。後去『象』，有林邑之號。」諸本并作「後去象林林邑之號」。案酈意謂林邑國號本出象林，後省象字，故爲林邑。若如諸本，則不辭矣。葉榆水注「晉太康地記封溪縣屬交阯，馬援以西于治遠，路逕千里，分置斯縣」。諸本西于并作西南。黃省曾本作西千。案漢書地理志、續漢書郡國志，交阯郡皆有西于縣，下注亦云：「其次一水東逕封溪縣南，又西南逕西于縣南。」則上注亦當作「西于」明矣。

餘如汝水注「筠栢交陰」，諸本陰并作蔭。渠水注「衛褚師圃亡在中牟」，諸本圃并作固。又「徙邦于大梁」，黃本同。諸本邦并作都。又「以爲夏州後滅之」，諸本滅并作城。陰溝水注「從事史右北平無終牟化」，諸本牟并作年。睢水注「蠡南如西」，諸本作「蠡臺而西」，戴校作「蠡臺如西」。又「東與滭湖水合」，諸本滭并作澤。又「顧訪病嫗即其母也」，諸本嫗并作姬。瓠子水注「揚雄河東賦」，諸本東并作水。泗水注「諸孔氏丘封」，諸本并奪丘字。巨洋水注「追至巨昧水上」，黃本同。諸本昧并作洋。淄水注「淄水未下」，諸本并作「淄水來山下」。沔水注「温泉水冬夏揚湯」，諸本揚湯并作湯湯。涢水注「初流淺狹後乃寬廣」，諸本寬廣并作廣厚。江水注「吾門大極」，黄本同。諸本并作疲極，戴本作大亟。又「劉備自涪攻之」，諸本并作「劉備自將攻雒」。葉榆水注「江北對交阯朱䳒縣」，諸本北并作水。均以此本爲長，而戴校并不從，不識大典本與此本有異同，抑由戴氏校勘未密，或竟舍大典本而從他本。要之宋本與大典本既殘闕，益感此本之可貴矣。

三百年來治酈氏書者，殆近十家，然朱王孫雖見宋本，而所校不盡可據。全氏好以己所訂正之處，託於其先人所見宋本。戴氏則託於大典本。而宋本與大典本勝處，朱、戴二本亦未能盡之。雖於酈書不爲無功，而於事實則去之彌遠。若以此本爲主，盡列諸本異同及諸家訂正之字於下，亦今日不可已之事業歟，甲子二月。

（輯自觀堂集林卷十二）

東原學案

徐世昌

東原爲慎修高弟，慎修精三禮及天文、算法、訓詁、音韻之學，東原推闡師説，深造密微。惟慎修不非薄紫陽，東原則頗多論難。自來治程、朱之學者，以雜佛學斥陸、王。東原乃以雜佛學譏程、朱，見仁見智，要亦自成一家言。世或謗之或諱之，是何視學術之隘也！述東原學案。

戴震字東原，休寧人。幼讀書字必求其義，塾師授以説文，三年盡得其節目。年十七有志聞道，從婺源江慎修游，講習禮經制度名物及象緯、推步、樂律、音韻，皆洞徹其原本。乃益研精爾雅、方言諸書及漢儒傳注。由聲音、文字以求訓詁，由訓詁以尋義理，實事求是，不偏主一家；亦不過騁其辨，以排擊前賢。嘗曰：「今人讀書，尚未識字，輒薄訓詁之學。夫文字之未能通，妄謂通其語言，語言之未能通，妄謂通其心志，此惑之甚者也。論者又曰：『有漢儒之經學，有宋儒之經學，一主于訓詁，一主于義理。』此愚之大不解者。夫使義理可以舍經而求，將人人鑿空得之矣，奚取乎經學，惟空憑胸臆之無當于義理，然後求之古經。求之古經，而遺文垂絶，今古懸隔，然後求之訓詁。訓詁明，則古經明，而我心所同然之義理乃因之而明。古聖賢之義理非他，存乎典章制度者也。昧者乃歧訓詁、義理而二之，是訓詁非以明義理，而訓詁胡爲？義理不存乎典章制度，勢必流入于異端曲説，而不自知矣。」

年二十九補諸生，性介特，多與物忤，落落不自得，家貧甚，閉户著述不輟。年三十三爲乾隆二十年，入京師時，紀昀、王鳴盛、錢大昕、朱筠、王昶諸公官京朝，以學問爲尚，先生皆與爲友。秦尚書蕙田領算學求精於推步者，延主其邸，佐五禮通考，分輯觀象授時一門。既而王尚書安國延教其子念孫從受經。二十七年舉於鄉，屢赴禮部試不第。裘尚書曰修延教其子行簡。直隸總督方公觀承聘修直隸河渠書，未竟，觀承卒。朱文正公方官山西布政使，往游，聘修汾州、汾陽府縣志。三十八年開四庫館，以薦充纂修官。三十九年，復試禮部不第，命與讀諸貢士同赴殿試，賜同進士，選庶吉士。先生在館，以大戴禮及水經注平生嘗致力，有校本。又於永樂大典中輯出儀禮識誤、儀禮集釋、儀禮釋宫、項氏家説、蒙齋中庸講義及算經五種，先後奏上。四十二年卒，年五十有五。

先生爲學，大指在精求正詁，通三代典章制度，而因以確知義理之歸，極深研幾，志願至閎大。晚欲標舉綱要爲七經小記，七經謂詩、書、易、禮、春秋、論語、孟子。首爲詁訓篇，次爲原象篇，次爲學禮篇，次爲水地篇，而終以原善篇。惟原善原象有成書，他述作多未竟。既卒，曲阜孔繼涵刻所著毛鄭詩考正、杲溪詩經補注、原善、孟子字義疏證、聲韻考、聲類表、原象、句股割圜記、策算、考工記圖、續天文略、水地記、方言疏證、文集及所校正水經注、算經十書，號戴氏遺書。又有尚書義考、經考、屈原賦注，皆别行。又有書未成，及成而未刻者六書論、爾雅文字考、大學補注、中庸補注、轉語凡數種。爲方氏所撰直隸河渠書，嘉慶中有王履泰者得其稿有所删移，更名畿輔安瀾志，上諸朝，得刊行，其原稿至光緒中始出，凡百有二卷。參史傳、漢學師承記、先正事略、年譜、行狀。

（輯自清儒學案卷七十九）

釋理

劉師培

説文云：「理，治也。」段氏訓理爲剖析，又援戴氏孟子字義疏證説以闡其誼。今考禮記樂記鄭注云：「理，分也。」蓋理與釐同，其義取于離析。故事物可以離析者謂之理，人心所以離析事物者，亦謂之理。凡古籍所謂分理、條理、文理、腮理、腠理者，均指事物之昭然易别言也。禮記禮運篇以義理爲禮文，樂記言理發諸外，民莫不承順，亦指秩然可别言，均爲在物之理。若周詩蒸民篇「有物有則」，則即在心之理。孟子曰：「心之所同然者何也？謂理也，義也。」又曰：「事非之心智之端也。」均指此言，乃人心恃以離析事物者也。由是而言，物由心別者理也，心能別物者亦理也。宋儒以理爲渾全之物，昧於訓理爲分之旨。戴氏詮理，又以理爲專屬事物。然物由心知，知物即在心之理。嗣凌、阮諸氏，以禮該理，蓋較戴氏爲尤偏矣。

（輯自左盦集亨册）

轉注説

劉師培

轉注之説，解者紛如。戴、段以互訓解之，此不易之説，惟以爾雅釋詁爲證，則泛濫而失所厥歸。古代字各有訓，有可以互訓者，有不可互訓者。釋詁「始也、君也」。各節大抵萃别名之字，該以洪名，即以一洪名釋衆别名。如「初、哉、首、基」，初爲裁衣之始，哉爲艸木之始，即才。首爲人體之始，基爲牆始是也。又如君訓足以該公侯，公侯之訓不足該君，則不克互訓明矣。説文所詮之詁，或如本字之誼，僅得其一體，如馬字訓武訓怒，牛字訓事，是此亦不克互訓者也。若斯之屬，咸與互訓之例别。説文序言：「建類一首，同意相受。」周禮保氏正義引作「口類一首，文意相受，左右相注」，左右相注即彼此互釋，則轉注當指互訓言，非以轉注該一切訓釋也。其曰「建類一首」者，則許書所謂轉注，指同部互訓言，不該異部互訓言也。江氏以建類一首爲同在一部之字是也。謂同部之字從部首之字得義均爲轉注，其説則非。孫氏以同部互訓爲轉注是也，以祥祉福也福祐也爲例立説，又非。若王氏釋例以異部互訓亦爲轉注，失與段同。魏、朱及曾説，均未合。

故惟考老爲正例。晉衛恒曰：「轉注考老是也，以老爲耉考也，蓋以老字之誼與壽考之考相同，故互相訓釋。」此深得許君之旨者也。恒爲晉人，去漢未遠，故所釋未訛。考老而外，若艸部蔆芰互訓，許君説之曰：「蔆，楚謂之芰，秦謂之薢茩。」由許説觀之，蓋互訓之起，由於義不一字，物不一名，其所以一義數字，一物數名者，則以方俗語殊，各本所稱以造字。許君於芰蔆二字既明標其例，則艸部茅菅互訓；又莪字下云：「蘿，蒿屬。」蘿字下云：「莪也。」疑當作「莪，蘿也，蒿屬。」亦互訓。言部諫證互訓；木部柟梅互訓，極棟互訓，栝檃互訓，穀楮互訓，棧棚互訓；穴部竅空互訓，人部何儋互訓；頁部顙頟互訓；火部爇燒互訓；心部戇愚互訓；魚部鰼鰌互訓，系部纏繞互訓，或本爾雅，或本方言，蓋均方俗異稱致義有二字，物有二名者也。且許書二字互訓，恒係音近之字，如艸部菲芴互訓；言部讙譁互訓；支部改更互訓；鳥部鵠鴻互訓；許以堆爲鴻雁之鴻。入部入内互訓；本部檻櫳互訓；禾部稻稌互訓；頁部顛頂部互訓；欠部歔欷互訓；䖵部强蚚互訓，均雙聲也。艸部蓋苫互訓，苗蓨互訓，走部趁䞘互訓；口部吒噴互訓；言部譸詶互訓，諷誦互訓；刀部刑剄互訓；火部炙灼互訓；金部鏶鍱互訓，均叠韻也。若艸部蕾蓄互訓，茦莿互訓，則又音義均同，僅以省形不省形而區者也。即口部嘘吹互訓；木部柱楹互訓，柱盈音近，與袋讀若朱同例。欃楔互訓，古談部之字多轉入脂部。柧棱互訓；橐部囊橐互訓；金部錠鐙互訓；阜部障隔互訓，亦均古音相近。此轉注之正例也。

正例而外，變例孔多。如山部「崝，嶸也」，「嶸，崝嶸也」；手部「捾，搯捾也」，「搯，捾也」，此轉注之變例一也。艸部「芽，萌芽也」，芽字疑衍。「萌，艸芽也」；「蕘，艸薪也」，「薪，蕘也」；木部「榮，桐木也」，「桐，榮也」；「枯，槀也」，「槀，木枯也」；又枓勺也，杓枓柄也，亦此例。勺也，當作杓也。貝部「贅，以物質錢」，「質，以物相贅」；馬部「驚，馬駭也」，「駭，驚也」；辵部「辿，迻也」，或從彳，即徙字。「迻，遷徙也」；月部「脛，胻也」，「胻，脛耑也」；土部「垣，墻也」，「墻，垣蔽也」；阜部「陬，阪隅也」，「隅，陬也」，此轉注之變例二也。木部「根，木株也」，「株，木根也」；「標，木杪末也」，「杪，木標末也」；「橋，水梁也」，「梁，水橋也」；巾部「常，下帬也」，「帬，下常」；絲部「紂，馬緧也」，「緧，馬紂」，此轉注之變例三也。阜部：「隩，水隈崖也。隈水曲隩也。亦近此例。艸部「蔣，苽也」，「苽，雕苽，或作菰誤。名蔣」；食部「饟，周人謂餉曰饟」，「餉，饟也」；阜部「陂，阪也」，「阪，陂者曰阪」，此轉注之變例四也，又玉部「珥，瑱也」，「瑱，以玉充耳也」，亦屬轉注變例。然變例轉注之字，音亦恒近。如萌芽、枯蒿、驚駭、蔣菰、陂阪、珥瑱，均屬於雙聲；崝嶸、鞮鞮、脛胻、陬隅、標杪、紂緧、饟餉，均屬於疊韻。辿迻、贅質之屬，亦復古音相近。故許君作序，特舉考老疊韻互訓字以爲例也。特許書轉注雖僅指同部互訓言，然擴而充之，則一義數字，一物數名，均近轉注。如及逮、邦國之屬，互相訓釋，雖字非同部，其爲轉注則同。

又方言一書，均係互訓，以數字音同爲尤衆，則以音近之字古僅一詞，語言遷變，矢口音殊，本音造字，遂有數文，故形異義同，音恒相近。方言卷一大字條標例至詳，即爾雅、小爾雅諸書，所載其有音近可互相訓釋者，亦均轉注之廣例，特不可援以釋許書耳。

（輯自左盦集亨册）

六儒頌 並序（節録）

劉師培

昔吾鄉汪容甫先生，以東南經學亭林開其先，河洛圖書至胡氏而絀，中西推步至梅氏而精，閻氏力闢古文，惠氏專精漢易，至東原集大成。擬作六儒頌，未成而殁。夫亭林以濟世之才，抱堅貞之節，説經稽古，亦深寧東發之儔。定九殫精數學，於觀象授時，厥績良多。東原好學深思，心知其意，而詮明理欲，説軼宋儒，近世經師莫之或先矣。若閻、胡、惠三家，説經雖多創獲，然閻學末流穿鑿疑經，胡學末流言淆雅俗，惠學末流篤信膠古，此則必當審辨者也。爰繼汪先生志，作六儒頌。

休寧戴先生東原

宋儒末流，援儒入禪。疇匡厥非，原善一編。執己量物，去私泯偏。理寓欲中，道藴以宣。治經之要，識字爲基，正名辨物，大道乃窺。探賾索隱，廣業甄微。功擬鄭、朱，亦儒亦師。

（輯自左盦集貞册）

五、雜評下

戴東原哲學

梁啓超

一　研究東原哲學之主要資料

（此節略）

二　著手研究東原哲學以前應注意的幾個問題

第一，我們最詫異的，是東原做那麽一部「自成一家言」的哲學書，爲什麽書名叫做孟子字義疏證？照名目看起來，很像是一部注釋專經而且偏重逐字訓詁的，内容卻全不是那回事，豈不可怪？我現在先解答這個問題。

東原說：「經之至者道也，所以明道者詞也，所以成詞者字也，由字以通其詞，由詞以通其道，必有漸。」與是仲明論學書。這幾句話，後來成了漢學家的口頭禪，人人都説「通經宜先識字」。卻是做了識字工夫便算完結，經通不通且不管，所以爾雅、説文之學大興，卻於思想上更没有一毫關係，把人都弄呆了。這是把手段看成目的，所以有此弊，東原卻真是以識字爲手段而别有「聞道」的目的在其後，這部書正是實現這種程序。

識字和聞道真有那麽密切的關係嗎？真是非由字不能通詞非由詞不能通道麽？一點也不錯。一個字表示一個概念，字的解釋弄不清楚，概念自然是錯誤混雜或囫圇，概念錯誤混雜囫圇，所衍出來的思想當然也同一毛病，所以「辨名當物」，是整理思想第一步工夫。有人説：「古今哲學家都是打的名辭上筆墨官司。」不記得是歐洲那位哲學家的話。這句話從一方面看像含有嘲諷的意味，從他方面看卻是絶對的實情，而且絶對的有用。中國思想界不能健康發展，正坐很少人做這步工夫，東原怕算是頭一個哩！

人類的概念是一天比一天復雜的，語言文字無論長得怎樣快，變得怎樣靈活，總不能以同速率的進步來應新增概念的要求，所以不能借舊字舊話來表新增的概念，字還是那個字，話還是那句話，裏頭所函的概念内容，早已相去萬里了。名辭上筆墨官司，都是因爲這樣打起來的，在泰西那麽靈活的語系裏頭，這種毛病尚且不能免，何況我們的文字那麽呆的，用幾千年前造下來有一定點畫的一個字，鑿四方眼似的，硬要他盡那「表現幾千年後逐年新增加概念」的職務，那裏有不一塌糊涂的道理？我們天天讀孔、孟的書，卻是拿後來新增遞變的概念安在書中的字上頭，那裏還看得見真的孔、孟！不信，試拿譯外國語假做個比方，佛典裏頭譯過來的「空」字，我們一望便浮出「虚無」的概念，歐語譯過來的「自由」字，我們一望便浮出「放縱」的概念，你想和原來的意味差多麽遠！因此心經裏頭的「色即是空」，許多人都解作「女色是個虚局」。羅素著的向自由之路也可以解爲「向放縱之路」。你想這是多麽大的危險！我們拿已經變質的概念放在古字裏頭去讀古書，危險正復如此。東原説：「言之謬非終於言也，將轉移人心。心受其蔽，必害於事害於政。」疏證序。概念錯誤，生思想錯誤，影響延及社會，這是當然的。東原這部書，把哲學上許多重要名辭，各各求出他本來的概念，確是思想上正本清源的工作。

第二，東原是很有自由思想的人，爲什麽他的書中像擺出孟子距楊墨、韓愈攘佛老的牌子，像是要「別黑白而定一尊」，怕有點不對罷，我請解答這個問題。

思想是要自由的，但卻不能囫圇，卻不能模棱對於和自己不同的見解，必要辯駁，或者乃至排斥。辯駁排斥，不能説是侵人自由，因爲他也可以照樣的辯駁我排斥我，我們不贊成韓愈的態度，因爲他要「人其人火其書」，不贊成董仲舒的態度，因爲他要「絶其道勿使並進」。東原雖好辯，卻没有這種樣子。他對於敵派的攻擊，是很公正的，很穩健的。洪蕊登説：「戴氏之書，非故爲異同，非緣隙釀嘲，非欲奪彼興此。」上朱笥河書。這幾句話批評得對極了，試拿毛西河攻擊程、朱的書，陸稼書攻擊陸、王的書，和東原各書相對照，便可以見出東原的態度確是「學者的」了，所以這一點不成問題。

還有一點，須知東原所最用力者，不在排斥敵派，乃在排斥那些「利用敵人資本，假冒本號招牌」的人。宋儒偷佛、老的話作爲自己的家當，這種事實是不能不承認的。佛、老見解對不對，另一問題，但斷不能説孔、孟學術和佛、老是一家，是不是呢？東原説：「譬猶子孫未睹其祖父之貌者，誤圖他人之貌爲其貌而事之，所事固己之祖父也。貌則非矣，實得而貌不得，亦何傷？嗚呼！誤圖他人之貌者，未有不化爲他人之實者也。」答彭允初書。宋儒之説孔、孟正是如此。東原的工作，則段茂堂所謂「以六經、孔、孟之旨還之六經、孔、孟，以程、朱之旨還諸程、朱，以陸、王佛氏之旨還諸陸、王、佛氏」。年譜頁三十四。以嚴格言之，也可以説，東原并没有攻擊别派的行爲，不過將這派那派研究出他們的真相，理清楚他們的系統，叫他們彼此不相蒙混，這種工作，無論對於某種學問，在批評家或歷史家是最必要的，我們認東原爲最忠實於這種工作的人。

第三，東原這種哲學，總算他自己有獨到之處的，爲什麽不老實説是姓戴的這樣説，偏拉拉扯扯，説是姓孔姓孟的這樣説？他常説：「爲學要空諸依傍。」與某書。又説：「以己説爲聖人所言，是誣聖，借其説以飾吾之語以求取信，是欺學者。」疏證卷中頁四。像他這樣，還不是依傍孔、孟嗎？究竟他所説的孔、孟是否真孔、孟，自己有無假冒孔、孟招牌？若説并非假冒，那麽，姓戴的原没有什麽創造，不過將姓孔姓孟的所説背演一番，我們是否該叫他做「東原哲學」。況且孔、孟去今二千多年了，如果東原的話即是孔、孟的話，在今日是否還有時代的價值，我現在請解答這個問題。

我信東原決非假冒孔、孟招牌的。他做學問的方法，每立一義，「必徵之古而靡不條貫，合諸道而不留餘議，鉅細畢究，本末兼察，乃敢自認爲十分之見」。與姚姬傳書。我們按着他的話去讀易經、論語、孟子，處處都「涣然冰釋」，按着和他反對方面宋儒們的話去讀，便有許多扞格矛盾。因此我們不能不承認他的話和孔、孟同條共貫。若問他自己有創造没有，我敢説，他的學問并不是東涂西抹，隨意拉孔、孟假定的見解，這見解本是他從實際生活上體驗出來的，假定既立之後，還未自認爲「十分之見」，再將這見解和從前各派各人所說的比較印證，覺得什麼陸、王、程、朱、荀、楊乃至釋、老都和自己不合，獨有孔、孟和自己合，再將孔、孟許多方面的話，逐件拿出來磨勘自己的見解，覺得處處都合，他於是確信自己所見到的果然是真理。而這種真理是孔、孟「先得我心之所同然」的，於是乎他毅然決然說自己見解和孔、孟見解一致。王陽明說：「六經皆我注脚。」東原正是如此。不信，試看原善這書的體例，自然可以明瞭。他是先作成每卷的第一章，標出自己見解，每卷第二章以下，卻是引六經、孔、孟的話來注釋第一章。到底還是「我注六經」呀還是「六經注我」呢？我還有一句徹底的話，我確信絕對的創造是沒有的，任何新穎任何高奇的思想，總要受幾分歷史傳下來的影響，只要在全人類千萬年相續不斷的「創造綫」上添上一分半寸，就算是創造，所以東原的誦法孔、孟，不是因襲，乃是創造。

若問他所說既和二千年前的孔、孟相同，是否在今日還有價值，這個問題很容易解答，凡學說有含時代性的，有不含時代性的。例如君主政治好麽，議會政治好麽，蘇維埃政治好麽，這是含時代性的。「民爲貴社稷次之」的原理，這是不含時代性的。井田好麽，共産好麽，幾爾特好麽，這是含時代性的，「不患寡而患不均」的原理，這是不含時代性的。含時代性的學説，要估量他的時代價值，不含時代性的學説的價值，是不必且不該用時代去估量的。東原所闡發的孔、孟學説，全部是不含時代性的，所以不發生時代價值問題。

有人説，依進化法則，二千年前人的學問，應該不及二千年後人，東原專從孔、孟幾部古書上討生活，引爲同調，豈不是往退化那條路上走嗎？我説，此話不然。我們雖不敢説今人必不及古人，也不敢説古人必不及今人，不含時代性的學説，僅可以幾千年前的人發明了，幾千年後的人無以易之，況且一二千年的光陰，在我們短命的個人看起來覺得很長，放在那「有幾十萬年歷史的全人類進化綫上」其實很短，就令我們確信進化之説，也不能把這瞥眼一過的二千年太過誇大，説我們的智慧一定比二千年前人的智慧强，所以像東原這様將二千年有智慧的人——孔、孟的話，研究出他的真相而加以引申發明，我認爲是必要而且有益的事業。

三　東原時代思想界的形勢及東原思想之淵源

自佛教入中國後，和中國固有之儒教思想所發生的關系凡三變，其始取各幹各不相聞問的態度，三國、六朝時便是。其次取各樹一幟間相攻擊的態度，隋、唐間便是。其後取外貌分離骨子混合的態度，宋至明便是。宋儒如周、邵、張、朱之流都是出入釋、老多年，不知不覺雜襲其説，以傅會古經，遂造成「理學」一派。看疏證卷上葉十一、十四、十六、十九至二十二卷中葉四、卷下葉二十六答彭進士書——經韻本文集卷八。陸、王繼起，愈趨極端，到明的末年，儒門的「心學」和佛門的禪宗完全打成一片了。明、清之交，反動四起，黄晦木、毛西河、胡東樵諸人，首先將宋儒幾件法寶——太極圖、河圖、洛書等等三拳兩脚打碎了。同時顧亭林又大倡「無所謂理學，經學即理學」之説，把學者眼光引到古來的經典上頭，於是清代特色的考證學漸漸起來。然而理學界中陸、王學派的方面，還有孫夏峰、李二曲、黄犁洲、李穆堂等輩，都是很有魄力的人，在那裏固守殘壘，同時有些不喜歡學陸、王又不能做考證學的人，只好走程、朱學派那條路上去，況且那時皇帝和滿朝闊官，都極力替程、朱捧場，所以康熙、雍正之間，可以説是程、朱學和經學中分天下。

當時有異軍突起的一個學派，倡之者爲顔習齋和他的門生李恕谷。他們的學派，是要將孔、孟和程、朱分家的，他們反對周濂溪所謂「主静立人極」，反對程伊川所謂「有義理之性有氣質之性」，反對朱晦庵所謂「心具衆理」，所謂「人欲净盡天理流行」。他們解「道」字説：「道者，人所由之路也，故曰道不遠人，宋儒則遠人以爲道也。」習齋四書正誤卷四。解「理」字説：「理者，木中紋理也，指條理言。」同卷六。「事有條理，理即在事中，離事物何所爲理乎？」恕谷論語傳注問。「凡事必求分析之精是謂窮理。」習齋存學編二。「聖經無在倫常之外而别有一物曰道曰理者。」恕谷中庸傳注同。他們説：「性本無惡，凡惡皆由於引蔽。」習齋存性篇。諸如此類，許多嶄新的哲理，都和宋儒主張根本不同。這個學派，李恕谷在世時候，曾很發展過一會子。後來也漸漸衰落下去了。

到東原少壯的時候，考證學——即漢學在南方已大占優勢，稍爲前輩一點的人如惠定宇、江慎修等，皆卓然自成壁壘。東原同輩的人，如錢竹汀、王西莊、紀曉嵐、盧抱經、王述庵等各各以考證經史之學爲一時領袖，所謂「乾嘉學派」，在這時候確立了。但我們應該注意一件事，乾、嘉學派，大致是由亭林「經學即理學」那句話衍出來，但亭林的確是想在六經中求義理，乾、嘉學派則將義理擱在一邊，專以研索六經裏頭的名物訓詁爲學問最終目的，他們對於什麽朱、陸之争，儒、佛之争，純采「不理」主義。換一句話説，就是跳出哲學的圈子外專做他們考證古典的零碎工作。若勉强問他們的人生觀怎麽樣，對於哲學上幾個重要問題作何見解，我老實不客氣説，他們依然是「程、朱中毒」。因爲個個都從八股出身，從小讀熟的集注或問，早已蟠踞住他們的下意識，長大之後，渾身撲在亂書堆中，對於這些問題都不復理會，自然是由著下意識支配了。所以那時許多鼎鼎大名的學者，——他們雖然口頭上鄙夷宋學，——我敢説一句放肆的話，「一個個都是稀稀薄薄朦朦朧朧的程、朱游魂披上一件許、鄭的外套」。那時候思想界的形勢大略如此。

還有一派，是彭允初、羅臺山、汪大紳這班人，對於佛教有很深的信仰，專一要做會通儒佛的工作，在當時學界也有點勢力，應該附記。

東原是安徽人，生在那個時代，他所受環境的影響怎麽樣呢？

第一，他的鄉先輩，在明、清之交有兩位學者，一是桐城的方密之，一是歙縣的黄扶孟，兩位都是講聲音訓詁學有嶄新見解的人。密之是一位老名士，他的書當然人人共讀，扶孟的書，是東原在四庫館時采進的，可見他很推重他。東原受了他們兩位的影響，所以從小就注意聲音訓詁，用力日深，便生出「由字通詞由詞通道」的見解。

第二，江慎修是他及門問業的先生，對於名物度數測算訓詁等等學問都極深造，卻又極服膺程、朱之學。東原在他門下，考證工作，既受過充分的訓練，對於宋儒學説，比當時的漢學家也研究得獨深。

看他著述中所徵引，知道他對於周、程、張、朱的書是全部細讀過的。研究結果，促成他對於宋學徹底的反動。

第三，我深信東原的思想，有一部分是受顏、李學派影響而成，雖然在他的著作中一點實證也找不出來，但我覺得這件事有可能性。試大略尋一尋他的綫索：一，方望溪的兒子方用安爲李恕谷門生，望溪和恕谷論學不合，用安常私自左袒恕谷，是桐城方家有能傳顏、李學的人。東原和方家人素有往來，方希原即其一，集中有與方希原書。所以他可以從方家子弟中間接聽見顏、李的緒論。二，恕谷很出力在江南宣傳他的學派，當時贊成反對兩派人當然都不少，即如是仲明這個人，據恕谷年譜知道恕谷曾和他往復論學，據東原集又知道他曾和東原往復論學，仲明年譜中也有批評顏、李學的話，或者東原從他或他的門下可以有所聞。三，程綿莊是當時江南顏、李學派的大師，綿莊死的時候，東原已三十歲了。他們兩位曾否見面，雖無可考，但程綿莊和程魚門是摯友，魚門、東原交情也不淺，東原最少可以從二程的關系上得聞顏、李學説乃至得見顏、李的書。我還打算做一篇顏習齋與戴東原，子細討論這個問題。

東原既是密之、慎修的鄉後學，受他們影響成就他的考證學。他卻是「十七歲即有志聞道」的人，與段茂堂書，見年譜葉三。對於哲學上許多問題，不甘以「不理」態度自滿足，中年得顏、李學派的幫助，再應用向來的治學方法往前探討，漸漸便鎔鑄出他的「東原哲學」來了。

四　東原哲學内容一——客觀的理義與主觀的意見

以上説了一大堆話，還没有到題，真成了「博士買驢」了。如今只好翦斷殘言，叙述東原哲學的内容。

宋儒自命其學曰「理學」，他們所謂理，「如有物焉，得於天而具於心」。疏證卷上葉三。所以他們的「理」可以説是先天的超時間空間的，他們以爲學問的最高目的，全在體驗出這個「理」，所以叫做「理學」。東原以爲這樣講「理」，只能謂之「意見」而不能謂之理，他於是在疏證劈頭第一段先給「理」字下一個定義，他説：

理者，察之而幾微必區以别之名也，是故謂之分理。在物之質曰肌理，曰腠理，曰文理。得其分則有條不紊，謂之條理。疏證卷上葉一。

依這話，「理」是要從客觀的事物看出來的。詩經説：「天生烝民，有物有則。」「物」是事物，「則」便是理，以秉持爲經常曰則，以各如其區分曰理。卷上葉三大意。所以宋儒説「理在人心」，東原説「理在事情」。葉五。「則」存於「物」中，舍事物而言理，便非聖賢所謂理了。這話有什麽根據呢？他引孟子「理義之悦我心，猶芻豢之悦我口」，釋之曰：「味也，聲也，色也，在物而接於我之血氣，理義在事而接於我之心知。」葉六。是「理」必爲客觀的存在甚明。理既憑藉客觀的事物而始存在，所以「事物之理，必就事物剖析至微而後能得」。卷下葉二十。東原所謂理，大略如此。

物理之客觀的剖析是容易知道的，事理要怎樣纔能剖析呢？東原以爲要從「情」和「欲」上頭求出來。他說：「凡事爲皆有於欲，無欲則無爲矣。有欲而後有爲，有爲而歸於至當不可易之謂理。無欲無爲，又焉有理。」卷下葉二十四。理之來源在「爲」，「爲」之來源在「欲」，既已得一種假定了，怎樣纔能「爲而歸於至當不可易」呢？東原以爲關鍵在「情」，他說：「理也者，情之不爽失者也。自然之分理，以我之情絜人之情而無不得其平是也。」卷上葉二。這話怎麽解呢？東原之意以爲，既同屬人類，則「一人之欲，天下人之同欲也」。葉二。然則我欲這件事物，知道別人也欲，我不欲的知道別人也不欲，所以論語說「已所不欲勿施於人」，大學說「所惡於上，無以使下，所惡於下，無以事上……」「曰『所不欲』，曰『所惡』，不過人之常情，不言理而理盡於此，惟以情絜情故也」。葉五。所以斷不能舍情求理，所以他又說：「通天下之情，遂天下之欲，權之而分釐不爽謂之理。」卷下葉十九。

理既從同情同欲上看出來，所以可以得有客觀的萬人同認之標準，東原以爲必須適合此標準纔是理，而不然者，則不謂之理而謂之「意見」。他說：

孟子云：「心之所同然者，謂理也，義也。」心之所同然者始謂之理謂之義，則未至於同然存乎其人之意見者非理也非義也。凡一人以爲然，天下萬世皆曰是不可易也，此之謂同然。舉理以見心能區分，舉義以見心能裁斷，分之各有其不易之則名曰理，如斯而宜名曰義，是故明理者明其區分也，精義者精其裁斷也，不明往往界於疑似而生惑，不精往往雜於偏私而害道，求理義而智不足者也，故不可謂之理義。自非聖人，鮮能無蔽，有蔽之深，有蔽之淺者，人莫患乎蔽而自智，任其意見執之爲理義，吾懼求理義者以意見當之，孰知民受其禍之所終極哉。卷上葉三。「各有其不易之則名曰理」，是就客觀的事物本身言。「如斯而宜名曰義」，是就客觀的事物相互關系言。「心之所同然」是客觀的標準。

「意見」從那裏來呢？東原以爲離卻客觀的事物條理與同情同欲的公認標準，而欲從主觀上别求一個先天的理，便是「意見」。他説：「宋儒言理無不在，視之如有物焉，將使學者皓首，茫然求其物不得。」卷上頁十六。又説：「既以爲理爲如有物焉，則不以爲一理而不可，而事必有理，隨事不同，故又言『心具衆理應萬事』心具之而出之，非意見固無可以當此者。」卷下頁二十。他的意思以爲他們既説有個理超出事情以外，這樣東西又没有法拿出來給人看，只好是閉目冥想，況且依他們這種説法，那麽，這個理自然該是一個渾一體。無如客觀的事物，各自有各的理，渾一的話到底説不過去，於是又拿理和心結合起來，説心裏頭本來包藏着種種的理，你的心包藏你主觀的理，我的心包藏我主觀的理，這不是各人的意見是什麽呢？「理與事分爲二而與意見合而爲一」。卷上頁十。你想這毛病多麽大呢！東原覺得這種學説害人太大，所以説道：

程、朱以理爲「如有物焉，得於天而具於心」，啓後世人人憑在己之意見而執之曰理以禍斯民，更淆以無欲之説，於得理益遠，於執其意見益深，而禍斯民益烈，豈理禍斯民哉！不自知其爲意見也，離人情而求諸心之所具，安得不以心之意見當之。答彭允初書。

爲什麽這種講理法會禍民呢？他説：

既人人各自以心之意見當理，於是負其氣，挾其勢位，加以口給者理伸，力弱氣慴口不能道辭者理屈。嗚呼！其孰謂以此制事以此治人之非理哉？即其人廉潔自持，心無私慝，而至於處斷一事責詰一人，憑在己之意見，是其所是而非其所非，方自信嚴氣正性嫉惡如讎，而不知事情之難得，是非之易失於偏，往往人受其禍，己且終身不寤，或事後乃明而悔已無及。嗚呼！其孰謂以此制事以此治人之非理哉？疏證卷上葉四。

又說：

及其責以理也，不難舉曠世之高節，著於義而罪之，尊者以理責卑，長者以理責幼，貴者以理責賤，雖失謂之順。卑者幼者賤者以理爭之，雖得謂之逆，於是下之人不能以天下之同情天下所同欲達之於上。上以理責其下，而在下之罪人人不勝指數，人死於法，猶有憐之者，死於理，其誰憐之！疏證卷上葉十二。

又說：

後儒不知情之至於纖微無憾謂之理。而其所謂理同於酷吏之所謂法，酷吏以法殺人，後儒以理殺人，浸浸乎舍法而論理，死矣，更無可救矣……聖賢之理義，即事情之至是無憾，後儒乃別有一物焉與生俱生而制夫事……冥心求理……天下自此多迂儒，及其責民也，民莫能辯，彼方自以爲理得，而天下受其害者衆也！文集卷九與某書。

哎！這幾段話讀起來多麼沈痛呵。天下幾多不平等不自由的事，受者不知感幾大的苦痛，而施者以爲當然。在家庭裏社會裏國家裏充滿了愁痛鬱抑憤恨乖離，不是釀起大亂，便是把全個社會憔悴銷沈下去完結，據東原看起來，一切罪惡根源，都起於誤拿意見當做理。他所以不能不大聲疾呼以「正人心」者在此。

五　東原哲學内容二——情欲主義

依前段所説，可知義理和情欲不能分爲二事了。所以東原説：「理者存乎欲者也。」疏證卷上頁十。然而宋儒不是這般説，他們以爲「不出於理則出於欲，不出於欲則出於理」，所以嚴辯理欲，説君子小人之分就在這一點。他們做學問的最終目的，是要做到「人欲净盡天理流行」，東原以爲這種話有極大的流弊，所以駁他。東原把「欲」和「私」分别講，依他的見解，「欲」是中性的，説不上好壞。「欲之失爲私」，卷上頁十一。是因「欲」過了制限生出來的，纔可以説是壞。他從這裏指出儒教和佛老根本不同之處，説道：

聖賢之道，無私而非無欲，老、莊、釋氏無欲而非無私，彼以無欲成其自私者也。案謂自私其神識。此以無私通天下之欲者也。卷下頁十九。

爲什麽儒教不主張無欲呢？他説：

孟子言「養心莫善於寡欲」，明乎欲不可無也，寡之而已。人之生也，莫病於無以遂其生，欲遂其生亦遂人之生，仁也。欲遂其生而於戕人之生而不顧者，不仁也。不仁實始於欲遂其生之心，使其無此欲，必無不仁矣。然使其無此欲，生道窮促，亦將漠然視之，己不必遂其生而遂人之生，無是情也。卷上頁九。

這段話含有很深刻的真理，善惡本來不是絕對的。仁與不仁，像是兩極端，其實只是從一根綫上發生出來。一個欲字，仁與不仁都要靠做根核，所以說是中性。然則我們到底要欲不要欲呢？便先要問你要生不要生，換句話說，問你要詛咒人生呀，抑或贊美人生？東原以爲老氏自外其形骸貴其真宰，所以要「使民無知無欲」，後之釋氏，其說似異而實同。卷上頁十八。吾儒不然。

詩曰：「民之質矣，日用飲食。」記曰：「飲食男女，人之大欲存焉。」聖人治天下，體民之情，遂民之欲而王道備。頁十九。

儒教以人生爲立脚點，所以一切理義都建設在體人情遂人欲上頭。佛、老立脚點不同，他們主張無欲，可以自成片段。宋儒并不打算脱離人生，卻雜取佛、老的話主張無欲，便鬧成四不像了，所以東原要駁他。

東原以爲宋儒辯理欲之説，可以生出三種大毛病：頭一件，令好人難做，有生命的人類，總是要生活的，生活自然離不了物質的條件，一切行爲都起於欲望，有欲望纔有行爲，纔説得到行爲之合理不合理，無欲無爲，還有什麼理？聖人教人，只要人的欲望行爲皆在合理的範圍内活動，所以只講無私，不講無欲。至於「饑寒愁怨飲食男女常情隱曲之感」，雖君子也如何免得掉？辯理欲的道學先生們，專拿這些事來挑剔，這樣「責備賢者」法，一定鬧到滿天下沒有一個彀人格的人了。第二件，養成苛刻殘忍的風俗，説無欲便是君子，那些君子自命的人，一點也不體貼人情，專憑自己的「意見」就説是「理」，種種横謬舉動，自己覺得「不出於欲」，便説是問心無愧。凡自己「意見」所認爲非的，便説這個人是「自絶於理」，這是多麼殘酷啊！第三件，迫着人作僞，古聖賢替社會國家做事，總是體貼人情。凡實生活上細微曲折的都打算周備，堯、舜憂四海困窮，文王視民如傷，那一件不是替人民謀「人欲」？辯理欲的先生們，把理和欲認爲不相容的兩件事，自己修養，以「不出於欲」爲合理，治人當然也以「不出於欲」爲合理，舉凡人類物質生活極重要的事項，輕輕拿「人欲」兩字抹殺去，一切不在意，專講什麽「天理」「公義」。孟子説得好：「救死而恐不贍，奚暇治禮義。」除卻以欺僞相應，更有何法，這不是率天下跑到作僞那條路嗎？譯疏證卷下頁二十四、二十五大意。東原提倡情欲主義的理由，大略如此。簡單説一句，東原所以重視情欲，不過對於宋儒之「非生活主義」，而建設「生活主義」罷了。

六　東原哲學内容三——性的一元與二元

宋儒所以把理欲看成兩橛，有他們哲學上的根據。他們以爲人類的「性」，由兩部分合成，一部分是義理之性，是善的，一部分是氣質之性，是惡的。他們做學問方法，是主張「變化氣質」、「明善以復其初」，東原以爲他們的根本錯誤就在此點，所以很詳細的駁正他。

原來中國哲學的起原和歐洲有點不同。歐洲哲學，以求知爲出發點，中國哲學，以利行爲出發點。歐人説「哲學起於驚異」，這話對於他們的老祖宗希臘人怕是對的，希臘人生在風景極佳的海邊，養成愛美好奇的性質，一切學術思想，都從「驚奇」之一念孕育出來。「宇宙萬有從那裏來呢」？「有他實在的本體没有」，「若有，是怎樣一件東西」？「主宰宇宙的神有没有」？……諸如此類，是他們哲學上的問題。所以生出來的派别，是「宇宙一元多元」，「萬有唯物唯心」，「有神無神一神多神」等等。這些事項，都是和現實的人生距離很遠，爲他們「驚奇的智識欲」所驅，一步一步向前追求。中國文化，起自大平原，向極現實極平常的方面發展，一切思想，都以現實的人生爲根核，所謂「本諸身徵諸庶民」者便是，所以他們那些問題，我們一概也没有。我們哲學史上發生最早而争辯最烈的，就是「人性」問題。詳細點説，是「性善」、「性惡」；「性無善無惡」；「性有善有惡」的問題。這個問題，是一切教育一切政治之總出發點，因爲有性善性惡主張之歧異，教育方針當然各各不同，而一切社會組織政治設施之根本觀念，都隨而移動。這個問題，和現實生活之直接關系如此其深切，所以無論何派哲學家都參加討論，東原便是最近一位有力的參加者。

性的問題，爲什麽會這樣的糾紛復雜呢？因爲人類生活包含精神、物質兩方面，這兩方面常常發現出矛盾現象。在許多人類裏頭，好的人，壞的人，品類千差萬别，即以一個人而論，好的事，壞的事，或先後雜做，或同時并做，這種現象所以然之故。我們的哲學家都要在「性」上頭找一個交代，所以論性的話在我們哲學書上占最主要的部分。孔子只是囫囫圇圇的説個「性相近」，後來儒家分出來兩大派，孟子斬釘截鐵的説「性善」，荀子斬釘截鐵的説「性惡」。他們都能舉出極强的理由，煞是好看，但和孟子同時的還有三説：第一説「性無善無不善」，這是主張性是「無記性」的，用佛典術語。説不上善或惡。

第二説,「性可以爲善可以爲不善」,這是主張性有做善不善的可能性。既兩方都有可能性,那麽他本身當然是「無記」的了,所以這一説也可以説是由前一説引申出來。第三説,「有性善有性不善」,這説便主張没有萬人同一的性。换句話説,就是認性没有普遍性。當時告子説的「性猶杞柳」便是采用第二説。又説「性猶湍水」,便是采用第一説。其實兩説本有連帶關系的,剛纔已説過。到後來董仲舒「性禾善米」之喻,是第二説的變相。揚雄的「性善惡混」,是第一説的變相。韓愈的「性有三品」,是第三説的變相。宋學未發生以前性論的形勢大略如此。

性是儒家哲學最重大的問題,因爲儒家講的是人生哲學,非解决這問題不可。别家却没有看得那麽重了,所以如老子如墨子書中關系這問題的討論很少。自魏、晉以至隋、唐,道家和佛教次第在思想界占勢力,他們的哲學可以説是超人生的——非現實生活的。他們的主要問題,不在人性,而在超人的「真宰」、「真空」。看疏證卷上頁十六十七。這個問題本來不應該和性的問題混在一塊講的,宋儒受佛、老學説的影響很深,却又不肯把儒家面目抓破,勉强想要會通,所以越弄越糊涂。看疏證卷上頁十九、二十,卷中頁四頁五頁十九。宋儒要把「真宰」、「真空」放在人性裏頭,却是「食色性也」的性。事實上無論如何也不能否認,他們没有法子,只好把性分爲兩橛,説是「有義理之性有氣質之性」,這種主張我們給他起一個名字叫做「性的二元論」。

性的二元論,在哲學界當了專制帝王將近一千年,對於他舉叛旗的頭一位是顔習齋,第二位便是戴東原。東原説:

宋儒以理爲如有物焉得於天而具於心，人之生也，由氣之凝結生聚，而理則湊泊附着之。原注朱子云：「人之所以生，理與氣合而已，天理固浩浩不窮，然非是氣則有是理而無所湊泊，故必二氣交感凝結生聚，然後是理有所附着。」因以此爲完全自足。原注程子云：「聖賢無論天德，蓋自家元是天然完全自足之物。」其所謂理別爲湊泊附着之一物，猶老、莊、釋氏所謂「真宰」、「真空」之湊泊附着於形體也。理既完全自足，故不得不分理氣爲二本而咎形氣。蓋其說雜糅傅合而成，令學者眩惑疏證卷上頁十七、頁十九。分理氣爲二本，即我所謂性的二元論便是。這種二元論，據東原看來，是有歷史的，他說：「老、莊釋氏所謂性所謂道，專主所謂神者爲言，目的要使神離形體而長存。原注老氏言長生久說以死爲返，其真所謂長生者形化而神長存也。釋氏言不生不滅，所謂不生者不受形以生也，不滅者即其神長存也。所以歧而分之，內其神而外形體，以形體爲傳舍。他們的結論，歸到分血氣物質的。心知精神的。爲二本。荀子性惡之說，於一般人的心知外，別提出一個『禮義的聖心』，雖能合血氣心知爲一本，然而別有一個禮義之本，也是二本。到程、朱也是合血氣心知爲一本，卻又別增一本，所別增的一本，荀子說是聖人特別給我們的，所以叫做『聖心』。程、朱說是天特別給我們的，所以叫做「天理」，其實程、朱之學皆借階於老、釋，僅僅以理字易其所謂『真宰』、『真空』，而餘無所易。」節譯疏證卷上頁二十及頁二十三、二十四。又說：「老、釋就一身分言之，有形體，有神識，而以神識爲本。推而上之，以神爲有天地之本，遂求諸無形無迹者以爲實有，而視有形有迹爲幻，故別形神爲二本。宋儒以形氣神識同爲己之私，而理得於天，推而上之，於理氣截之分明，以理當其無形無迹之實有，而視有形有迹爲粗，故別理氣爲二本。」卷中頁四。東原大反對這種二元論，説道：

天下惟一本無所外，有血氣則有心知，有心知則學以進於神明，一本然也。有血氣心知，則發乎血氣心知之自然者明之盡之使無幾微之失，斯無往而非仁義，一本然也。苟岐而二之，未有不外其一者。疏證卷上頁二十四。

性善性惡，本來兩方面都持之有故，言之成理。贊成那方面，原可聽人自由，最不可解者，宋儒口口聲聲推尊孟子，但把他們的話綜合起來，倒反和荀子得同一的結論。東原是主張性善説的人，所以不得不和他們爭辯。禮記有「人生而静，天之性也，感於物而動，性之欲也」幾句話，程子因説：「人生而静以上上不容説，纔説性時便已不是性。」朱子又引申之説道：「人生而静以上是人物未生時，止可謂之理，未可名爲性。所謂在天曰命也，纔説性時，便是人生以後，此理已墮在形氣中，不全是性之本體矣。所謂在人曰性也。」卷中頁十七引。這兩段話都是宋學先生們認爲最精深玄妙的，我們讀起來，當然會聯想到老子説的「有物混成先天地生」。禪宗説的「看取父母未生前面目」那些話來，你想，這是離人生問題多麼遠啊！和儒家哲學的根本精神，豈有一毫相像？東原駁他們道：

如其説，是孟子乃是追遡人物未生未可名性之時而曰性善，若就名性之時，已是人生以後，已墮在形氣中，安得斷之曰善？由是言之，將天下古今惟上聖之性不失其性之本體，自上聖而下，語人之性，皆失其性之本體。是孟子言「人無有不善」者，程子、朱子乃言「人無有不惡」，其視理儼如有物，以善歸理，雖顯遵孟子性善云云。究之孟子就人言之者，程、朱乃離人而空論夫理……孟子不曰性無有不善而曰人無有不善，性者飛潛動植之通名。性善者，論人之性也……舉凡品物之性，皆就其氣類別之……舍氣類更無性之名。醫家用藥，在精辯其氣類之殊，不別其性則能殺人。使曰此氣類之殊者，已不是性，良醫信之乎？試觀之桃與杏，取其核而種之，萌芽甲坼根幹枝葉，爲華爲實，形色臭味，桃非杏也，杏非桃也，無一不可區別，由性之不同是以然也。其性存乎核中之白，——即俗呼桃仁杏仁者——形色臭味無一或闕也……何獨至於人而指夫分於陰陽五行以成性者，曰「此已不是性也」，豈然哉？疏證卷中頁十七十八。

這段話的後半，拿桃仁杏仁作比，說明性是整個的單一的，不是湊合的外加的，最合真理。杜裏舒的生物哲學只是發明此理。宋儒乃於血氣心知以外，別加上一件東西名之曰理。而這個理又在「人生而靜以上」，明明不是本來所有的了。所以顏習齋說：「徒令人歆其所本無而憎其所本有。」存性篇。東原說：「宋儒爲什麼另截出一理義之性而別歸之於天呢？他們的意思以爲，若說理是由別處來，則理像是我所本無，說理是天給我的，便可以算得是本有，但既是本有，何以又須加學問去窮他明他存他呢？豈不是矛盾嗎？所以又說是爲氣質所污壞，以便言本有者轉而如本無，因此便把性的名移到理上頭，而氣化生人生物適所以病性了，豈不可怪！」譯卷中葉十八、十九大意。須知習齋、東原這些話，不是和宋儒爭閑氣，因這這是教育學上絕大問題。孔子說：「人能弘道，非道弘人。」依宋儒的說法，便要靠外來的一個道來弘人，相去多麼遠呢！

七　東原哲學内容四——命定與自由意志

命定與自由意志，是哲學上很重要的問題。這兩件事像是絶對不相容，東原是兩説都主張而令他不矛盾。他釋命字之定義道：「如聽於所制者然之謂命。」原善上，文集卷八葉四。又説：「據其限於所分而言謂之命。」疏證卷下葉一。他還有較詳細的解釋道：

凡「命」之爲言，如命之東則不得而西，皆有數以限之，非受命者所得踰……譬於大樹，有華實葉之不同，而華實葉皆分於樹，形之鉅細，色臭之濃淡，味之厚薄，又華與華不同，實與實不同，葉與葉不同，一言乎分，則各限於其所分。取水於川，盈罍盈瓶盈缶，凝而成冰，其大如罍如瓶如缶，或不盈而各如其淺深，水雖取諸一川，隨時與地，味殊而清濁亦異，由分於川則各限於所分。答彭允初書文集卷八葉四。

他説命定的意義大略如此。東原的文章，没有一個字不經過斟酌。他説「如聽於所制者然」。顯得並不是有什麽造化主在那裏宰制，卻是像似有的樣子。他所講命定，全是「分限」的意思。分限從那裏來呢？一曰遺傳的分限，如樹的華實葉之喻便是。二曰環境的分限，如水隨時隨地而異味殊清濁之喻便是。三曰受動的——即别方面的動作加於我的——分限，如水被汲於罍瓶缶之喻便是。這三種分限，我們都是不能不承認的，雖不是有什麽造化主在暗中扯綫叫我們如此如此。但我們在這幾個分限的圈子内，没有法子跳出，比方任憑你怎樣的講求養生，你斷不能活到一百五十歲，這種法則，叫做命定。

既有這種命定，然則我們種種活動不是白饒嗎？ 又不然。孟子說：「口之於味也，目之於色也，耳之於聲也，鼻之於臭也，四肢之於安佚也，性也，有命焉。君子不謂性也，仁之於父子也，義之於君臣也，禮之於賓主也，智之於賢者也，命也，有性焉，君子不謂命也。」這段話向來最稱難解，宋儒因說：「氣質之性君子有弗性者焉。」借來替他們的性的二元論做武器，東原解得最好。他說：

「謂」，猶云藉口耳。君子不藉口於性以逞其欲，不藉口於命之限之而不盡其材。「不謂性」非不謂之爲性，「不謂命」非不謂之爲命。疏證卷中葉二十二。

他的意思以爲耳目聲色之欲，越享用豐富越好，固然是人性所同然，但有環境地位種種限制，不能藉口於性。說是我該享用的，便求分限外的享用，仁義禮智種種美德，有人得天獨厚，做得很圓滿，別的人爲才質所限，比不上他。例如顏淵聞一知十，子貢聞一知二，我們或者聞十不能知五，豈不是智的分限嗎？ 所以說是「命也」。但我們畢竟有能知之性，所以說「有性焉」。不能因爲分限不如人，就不復求知，所以說：「不謂命」——不藉口於分限。雖有性而不藉口於性以抹煞命，是承認命定說，叫人安心在遺傳環境之下做分內事。雖有命而不藉口於命以抹煞性，是承認自由意志說，叫人常常向上一步實踐道德責任，這便是東原的意思。

八　東原哲學内容五——宇宙觀（暫闕）

這一節我是爲時候不彀，趕不及做，容將來再補成，學者若想自己研究，可看文集卷八頁一至三的法象論，頁四至五的原善上，疏證卷中頁一至四的天道條。

九　東原哲學内容六——修養實踐談

前文説過，中國哲學，以利行爲出發點，東原當然也是如此。他極力闡發孟子性善之旨，積極的修養方法，不外「擴而充之」那句話。他著書中關於這一點，也有許精語，但都是引申孟子的話，今不多述了。現在有一個緊要問題，依他説，人性皆善，性善的人爲什麽會爲惡？宋儒歸咎氣質，他既不以爲然，那麽，其咎究竟在何處？既已會爲惡，怎樣的對治那惡？宋儒講的主静立極格物窮理種種方法，他既不以爲然，那麽，該用什麽方法？如今請看東原解答這個問題。他説：

人之不盡其才，患二：曰私曰蔽。

私也者，其生於心爲溺，發於政爲黨，成於行爲慝，見於事爲悖爲欺，其究爲私已。

蔽也者，其生於心爲惑，發於政爲偏，成於行爲謬，見於事爲鑿爲愚，其究爲蔽已。

鑿者其失爲誣，愚者其失爲固，誣而罔省，施之事亦爲固。悖者在事爲寇虐，在心爲不畏天明，欺者在事爲詭隨，在心爲無良。

去私莫如强恕，解蔽莫如學。文集卷八頁七原善下。

這一段是東原全部著述中極緊要的話，雖然文字太過簡絜古奧，讀下去還可以了解，我也不多加注釋了，現在要詳述他「去私」、「解蔽」兩義。

「私」的來源在那裏呢？他說：「私生於欲之失。」疏證卷上葉十一。又說：「得乎生生者仁，及於是而害仁之謂私。」原善下。人類之有欲望，是東原所承認的而且尊重的。因爲「仁」的動機全從這裏來，雖然，用之不得其當，卻會生出不仁的結果。因爲愛自己纔有欲，愛便是仁的根核，但愛自己很容易弄到損人利己，所以也會趨到不仁。看疏證卷上葉十。怎麽纔能除卻那「欲之失」以去私呢？他說：「人之知，小之能盡美醜之極致，大之能盡是非之極致，然後遂己之欲者，廣之能遂人之欲，達己之情者，廣之能發人之情。」疏證卷下葉三。樂記說：「感於物而動，性之欲也，不能返躬，天理滅矣。」東原解釋道：「及其感而動，則欲出於性，一人之欲，天下人之同欲也，故曰『性之欲』。遂己之好惡，忘人之好惡，往往賊人以逞，欲返躬者，以人之逞其欲思身受之之情也。」同上葉二。如是則「以我之情絜人之情而無不得其平。」同上。這就叫做「强恕」。能恕，私自然會去，結果則「不私，即其欲皆仁也」。卷下葉三。以上講去私的話，比較上也不過平平。其實東原所最注重者還在去蔽，他説「求去私不求去蔽，重行不先重知，非聖學也」。卷下葉二十三。前文所引「人之知能極是非之致」，也可見連强恕都是由知而來，所以去蔽是東原的修養第一義。

「蔽」的來源在那裏呢？他說：「蔽生於知之失。」卷上葉十一。又說：「得乎條理者智，隔於是而病智之謂蔽。」原善下。又説：「朱子屢言『人欲所蔽』，以爲無欲則無蔽，非中庸『雖愚必明』之道也。有生而愚者，雖無欲亦愚也，欲之失爲私不爲蔽，自以爲得理而所執之實謬，乃蔽。」卷上葉十一。又説：「宋儒曰『人欲所蔽』，故不出於欲則自行無蔽。古今不乏嚴氣正性疾惡如讎之人，是其所是而非其所非，執顯然共見之重輕，實不知有時權之而重者於是乎輕，輕者於是乎重，其是非輕重一誤，天下受其禍而不可救。」卷上葉十九。合這幾段話看來，東原所謂蔽者，莫過於不顧客觀的事情，而專憑主觀的意見。他常説：「不以人蔽己，不以己自蔽。」文集卷九答鄭用牧書。其實人苟真能不以己自蔽，那裏會被人所蔽呢？所以蔽皆起於主觀。

他説：「解蔽莫如學。」怎樣學法呢？他説：「最要體會孟子『條理』二字，得其條理，由合而分，由分而合，則無不可爲。」年譜葉四十五。拿現在話講，即專從客觀的虚心研究事物條理，綜合一番又分析一番，分析一番又綜合一番便是。不獨如此，他還説：「明理者明其區分也，精義者精其裁斷也。」疏證卷上葉三。綜合分析都是明其區分的工夫，是偏重客觀方面，還要精其裁斷，便是看主觀的判斷力如何。不過這種裁斷，與區分工夫並行，自然和純粹主觀的意見有别了。

學爲什麽能去蔽呢？東原以爲學的功用在訓練自己心知的官能，他説：「聞見不可不廣，而務在能明於心，一事豁然使無餘藴，更一事而亦如是，久之心知之明進於聖智，雖未學之事，豈足以窮其智哉！」疏證卷下葉二十一。每研究一件事理，務要正面反面平面側面都觀察到，求其徹底了解，這種工作，並不專爲這一件事，是要借來磨練我智慧，磨練多次，自然會成一個有智慧的人。所以他又説：「知得十件而都不到地，不如知得一件卻到地也。」年譜葉四十五。他於是極言學問功用之大，說道：

人之血氣心知，性也，血氣資飲食以養，其化也，即爲我之血氣，非復所飲食之物矣。心知之資於問學，其自得之也亦然。以血氣言，昔者弱而今者強，是血氣之得其養也。以心知言，昔者狹小而今也廣大，昔者闇昧而今也明察，是心知之得其養也，故曰「雖愚必明」。人之血氣心知，往往不齊，得養不得養，遂至於大異，苟知問學猶飲食，則貴其化，不貴其不化。記問之學，入而不化者也，自得之則居之安，資之深，取之左右逢其源，我之心知極而至乎聖人之神明矣。疏證卷上頁九。

他所謂解蔽莫如學的大旨，大略如是。這些話驟看過去像是專從智識方面講，無與於德性。其實不然，東原意思以爲天下罪惡起於蔽者什而八九，不蔽則幾於至善了。原善下末段大意。從這一點說，也可以說東原哲學是「新知行合一主義」。東原說：

儒者之學，將以解蔽而已矣。解蔽斯能盡我生，盡我生斯欲盡乎義命之不可以已，欲盡乎義命之不可以已而不吾慊志也，吾之行已，要爲引而極之當世與千古而無所增，窮居一室而無所損。文集十一沈處士戴笠圖序。

讀這幾句話，不獨可以見出東原精粹的學術，並可以見出他俊偉的人格了。

（輯自飲冰室文集卷四十）

戴東原的哲學

胡適

戴震生於雍正元年的十二月（一七二四，一月十九日）那時清初的一班大師都死完了。但他們的影響都還存在。他雖然生在那多山的徽州，居然也能得着一種很高等的小學與經學的教育。二十歲後，他從婺源的江永受學；江永「治經數十年，精於三禮及步算，鐘律，聲韻，地名沿革」。江永不但是一個大學者，並且是一位朱學的大家，曾做一部近思録集注。戴震的著作之中，有一部經考，共五卷，新近刻在無齋叢書裏。我們看這部書，可以知道戴氏對於程、朱的書，對於清初一班大師的書，都曾做過很勤密的研究。在治學的方法一方面，他更是顧炎武、閻若璩的嫡派傳人。他不但用那比較考證的方法來治古音，並且用那方法來治校勘，來講故訓。他的天才過人，所以他在這幾方面都有很好的成績。

我們看他的兩部哲學書——孟子字義疏證和原善——不能不疑心他曾受着顔、李學派的影響。戴望作顔氏學記，曾説戴震的學説是根據於顔元而暢發其旨（學記一，頁四）。我們至今不曾尋出戴學與顔、李有淵源關系的證據。我個人推測起來，戴學與顔學的媒介似乎是程廷祚。程廷祚（一六九一——一七六七）二十歲後即得見顔、李的書；二十四歲即上書給李塨，並著閑道録，時在康熙甲午（一七一四），自此以後，他就終身成了顔、李的信徒，與常州的惲鶴生同爲南方顔、李學的宣傳者。程廷祚是徽州人，寄籍在江寧。戴震二十多歲時，他的父親帶他到江寧去請教一位同族而寄寓江寧的時文大家戴瀚。此事約在乾隆七八年（一七四二——一七四三）。後來乾隆二十年（一七五五）戴震入京之後，他曾屢次到揚州（一七五七，一七五八，一七六〇），都有和程廷祚相見的機會。他中式舉人在乾隆二十七年（一七六二）；他屢次在江寧鄉試，也都可以見着程廷祚。況且程廷祚的族侄孫程晉芳也是徽州人，寄籍淮安。是戴震的朋友；戴氏也許可以從他那邊得見程廷祚或顏、李的著作。程晉芳極推崇程廷祚，而不贊成顏、李之學。他作正學論，力詆顏、李，並駁戴震，大爲程、朱辯冤。所以他明知程廷祚得力於顏、李——有與家綿莊先生書可證——而他作綿莊先生墓誌銘，竟不提及顏、李之學。

依段玉裁的記載，戴震的原善三篇作於癸未（一七六三）以前、甲戌（一六五四）以後的十年之間。戴氏年譜，頁十六。這十年正是戴氏往來揚州、江寧之間，常得見程廷祚的時期。段氏又說乾隆三十一年（一七六六）曾聽得戴震自說，「近日做得講理學一書」，即是孟子字義疏證的初稿。年譜，頁十七。這正是程廷祚死的前一年。依這種種可能的機會看來，我們似乎很可以假設程廷祚是顏學與戴學之間的媒介了。

我們研究戴震的思想變遷的痕迹，似乎又可以假定他受顏、李的影響大概在他三十二歲（一七五五）入京之後。這一年的秋天，他有與方希原書，說：

聖人之道在六經。漢儒得其制數，失其義理；宋儒得其義理，失其制數。譬有人焉，履泰山之巔，可以言山；有人焉，跨北海之涯，可以言水。二人者不相謀，天地間之鉅觀，目不全收，其可哉？抑言山也，言水也，時或不盡山之奥，水之奇。奥奇，山水所有也；不盡之，闕物情也。與方希原書。

他在這時候還承認宋儒「得其義理」，不過「不盡」罷了。同年他又有與姚姬傳書，也説：

先儒之學，如漢鄭氏、宋程子、張子、朱子，其爲書至詳博，然猶得失中判。其得者，取義遠，資理閎……其失者即目未睹淵泉所導，手未披枝肆所歧者也；而爲説轉易曉。學者淺涉而堅信之，用自滿其量之能容受，不復求遠者閎者。故誦法康成、程、朱，不必無人，而皆失康成、程、朱於誦法中，則不志乎聞道之過也。誠有能志乎聞道，必去其兩失，殫力於其兩得。

這裏他也只指出漢儒、宋儒「得失中判」。這都是他壯年的未定之見。文集中有與某書，雖不載年月，然書中大旨與孟子字義疏證定本的主張相同，其爲晚年之作無疑。那書中的議論便與上文所引兩書大不相同了。他説：

治經先考字義，次通文理。志存聞道，必空所依傍；漢儒故訓有師承，亦有時傅會；晉人傅會鑿空益多；宋人時恃胸臆爲斷，故其襲取者多謬，而不謬者在其所棄。我輩讀書原非與後儒競立説。宜平心體會經文。有一字非其的解，則於所言之意必差，而道從此失……宋已來，儒者以己之見硬坐爲古賢聖立言之意，而語言文字實未之知，其於天下之事也，以己所謂「理」强斷行之，而事情原委隱曲實未能得，是以大道失而行事乖。與某書。

這時候他的態度更顯明了：漢儒的故訓也不免「有時傅會」；至於宋儒的「義理」，原來是「恃胸臆以爲斷」，「以己之見硬坐爲古賢聖立言之意」。這時候他不但否認宋儒「得其義理」，竟老實説他們「大道失而行事乖」了。

我們看這幾篇書，可以推知戴氏三十二歲入京之時還不曾排斥宋儒的義理；可以推知他在那時候還不曾脱離江永的影響，還不曾接受顏、李一派排斥程、朱的學説。如果他的思想真與顏、李有淵源的關系，那種關系的發生當在次年（一七五六）他到揚州以後。

戴震在清儒中最特異的地方，就在他認清了考據名物訓詁不是最後的目的，只是一種「明道」的方法。他不甘心僅僅做個考據家，他要做個哲學家。在這一點上，他有很明白的宣言。他説：

> 經之至者，道也。所以明道者，其詞也。所以成詞者，字也。由字以通其詞，由詞以通其道，必有漸。與是仲明書。

又説：

> 君子務在聞道也。今之博雅能文章，善考覈者，皆未志乎聞道。徒株守先儒而信之篤，如南北朝人所譏「寧言周、孔誤，莫道鄭、服非」，亦未志乎聞道者也。答鄭丈用牧書。

他又説：

> 後之論漢儒者，輒曰，「故訓之學云爾，未與於理精而義明」。則試詰以「求理義於古經之外乎？若猶存古經中也，則鑿空者得乎」？嗚呼，經之至者，道也。所以明道者，其詞也。所以成詞者，未有能外小學文字者也。由文字以通乎語言，由語言以通乎古聖賢之心志，譬之適堂壇之必循其階而不可以躐等。是故鑿空之弊有二：其一，緣詞生訓也；其一，守訛傳謬也。緣詞生訓者，所

釋之義非其本義；守訛傳謬者，所據之經并非其本經……二三好古之儒，知此學之不僅在故訓，則以志乎聞道也，或庶幾焉。古經解鉤沉序。

戴氏這種見解，當時那班「餖飣補苴」的學者都不能了解，只有章學誠能指出：

凡戴君所學，深通訓詁，先於名物制度而得其所以然，將以明道也。時人方貴博雅考訂，見其訓詁名物有合時好，以爲戴之絶詣在此。及戴著論性原善諸篇，於天人理氣，實有發先人所未發，時人則謂空説義理，可以無作。是固不知戴學者矣。章氏遺書朱陸篇書後

章學誠常罵戴氏，但他實在是戴學的第一知己。

戴氏認清了「此學不僅在故訓」，這是他特異於清儒的第一要點。當時的人深信「漢儒去古未遠」的話，極力崇奉漢儒；戴氏卻深知宋儒的義理雖不可靠，而漢儒的故訓也不可株守，所以學者「必空所依傍」，「平心體會經文」。清代的經學大師往往誤認回到漢儒便是止境了；戴震晚年不説「回到漢儒」了。卻説「必空所依傍」，「回到經文」。這「必空所依傍」五個字，是清儒的絶大多數人決不敢説的。當時的學者王鳴盛曾評論惠棟和戴震兩人道：「今之學者斷推兩先生，惠君之治經求其古，戴君求其是。」洪榜東原先生行狀引。空所依傍，而唯求其是，這是戴學的第二異點。

戴氏既以「明道」、「聞道」爲目的，我們應該先看看他所謂「道」是什麽。他説「道」字，含有兩種意義：一是天道，一是人道。天道即是天行，人道即是人的行爲。他説：

道猶行也。孟子字義疏證，以下省稱疏證，章十六。

在天地，則氣化流行，生生不息，是謂道。在人物，則凡生生所有事亦如氣化之不可已，是謂道。同書，三二。

我們現在也依這個分別，先論他的天道論。

戴震的天道論，是一種自然主義。他從周易的繫辭傳入手，而繫辭傳的宇宙論實在是一種唯物的、自然的宇宙論，故王弼可用老、莊的哲學來講易，而宋儒自周敦頤、邵雍從道士隊裏出來，也還可依附周易，做成一種儒道糅合的自然主義。戴氏說：

道猶行也。氣化流行，生生不息，是故謂之道。易曰，「一陰一陽之謂道。」洪範：「五行：一曰水，二曰火，三曰木，四曰金，五曰土。」行亦道之通稱。原注：詩載馳：「女子善懷，亦各有行。」毛傳云，「行，道也。」「竹竿」，「女子有行，遠兄弟父母。」鄭箋云，「行，道也。」舉陰陽則賅五行，陰陽各具五行也。舉五行即賅陰陽，五行各有陰陽也。疏證十六。

他在原善裏也有同樣的主張：

道，言乎化之不已也……生生者，化之原。生生而條理者，化之流。原善上，章一。

一陰一陽，蓋言天地之化不已也，道也。一陰一陽，其生生乎。其生生而條理乎，以是見天地之順，故曰一陰一陽之謂道。同書上，三。

易曰：「天地之大德曰生。」氣化之於品物，可以一言蓋也：生生之謂歟？同書上，四。

他論天道的要旨只是：

一陰一陽，流行不已，夫是之爲道而已。疏證十七。

他只認陰陽五行的流行不已，生生不息，便是道。這是一種唯物論，與宋儒的理氣二元論不相同。宋儒依據易繫辭「形而上者謂之道，形而下者謂之器」的話，建立他們的二元論，如朱子説：

陰陽，氣也，形而下者也。所以一陰一陽者，理也，形而上者也。道即理之謂也。

戴氏駁道：

氣化之于品物，則形而上下之分也。形乃品物之謂，非氣化之謂……形謂已成形質。形而上猶曰「形以前」。形而下猶曰「形以後」。原注：如言「千載而上，千載而下」。詩「下武維周」，鄭箋云，「下猶後也」。陰陽之未成形質，是謂形而上者也，非形而下，明矣。器言乎一成而不幾，道言乎體物而不可遺。不徒陰陽非形而下；如五行水火木金土，有質可見，固形而下也，器也。其五行之氣，人物咸禀受于此，則形而上者也。疏證十七。

他老實承認那形而上和形而下的都是氣。這種一元的唯物論，在中國思想史上，要算很大膽的了。他的宇宙觀有三個要點：（一）天道即是氣化流行；（二）氣化生生不已；（三）氣化的流行與生生是有條理的，不是亂七八糟的。生生不已，故有品物的孳生；生生而條理，故有科學知識可言。最奇特的是戴氏的宇宙觀完全是動的，流行的，不已的。這一點和宋儒雖兼説動静，而實偏重静的宇宙觀大不相同。戴氏也兼説動静，他説：

生則有息，息則有生，天地所以成化也。原善上，一。

但他說的「息」只是一種潛藏的動力：

生生之呈其條理，「顯諸仁」也。惟條理是以生生，「藏諸用」也。顯也者，化之生於是乎見。藏也者，化之息於是乎見。生者至動而條理也。息者至靜而用神也。卉木之株葉華實，可以觀夫生。果實之白，即核中之仁。全其生之性，可以觀夫息。原善上，四。

我們看他用果實中的「白」來形容「息」，可以知道他雖也說息說靜，卻究竟偏重生，偏重動的氣化。

他對於宋儒的二元的宇宙論，一面指出易繫辭「易有太極，是生兩儀，兩儀生四象，四象生八卦」的話本是指卦書的，宋儒誤「兩儀爲陰陽，而求太極於陰陽之所由生」看疏證中，三。一面又指出宋儒所以不能拋棄二元論，只因爲他們借徑於佛老之學，受其蔽而不自覺。他說：

在老、莊、釋氏，就一身分言之，有形體，有神識，而以神識爲本。推而上之，以神爲有天地之本，遂求諸無形無迹者爲實有，而視有形有迹爲幻。在宋儒，以形氣神識同爲己之私，而理得於天。推而上之，於理氣截之分明，以理當其無形無迹之實有，而視有形有迹爲幻。原注：朱子辯釋氏云，「儒者以理爲不生不滅，釋氏以神識爲不生不滅。」因視氣曰空氣，視心曰性之郛郭。是彼別形神爲二本，而宅於空氣宅於郛郭者爲天地之神與人之神。此別理氣爲二本，而宅於空氣宅於郛郭者爲天地之理與人之理……其以理爲氣之生宰，如彼以神爲氣之主宰也。以理能生氣，如彼以神能生氣也。以理壞於形氣，無人欲之蔽，則復其初，如彼以神受氣而生，不以物欲累之，則復其初也。皆改其所指神識者以指理，徒援彼例此，而實非得之於此。疏證十九。

以上述戴氏的宇宙觀。他是當日的科學家，精於算數曆象之學，深知天體的運行皆有常度，皆有條理，可以測算，所以他的宇宙觀也頗帶一點科學色彩，雖然説的不詳不備，究竟不愧爲梅文鼎、江永、錢大昕的時代宇宙論。參看戴氏的原善八篇及續天文略二卷。當時輸入的西洋天文學猶是第谷 Tycho。以前地球中心説，故續天文略説，「天爲大圜，以地爲大圜之中心。」但當時人推求地球所以不墜之故，以爲「大圜氣固而内行，故終古不墜」，又説「梅文鼎所謂人居地上不憂環立，推原其故，惟大氣舉之一言足以蔽之」。當時人把氣看作如此重要，故戴氏的宇宙論以氣化爲天道。

在叙述戴氏論天道之後，我們應該接着叙述他的性論，因爲他的性論是從他的天道論來的。戴氏論性最愛引大戴禮記的兩句話：

分於道謂之命，形於一謂之性。

他解釋這兩句話道：

言分於陰陽五行以有人物，而人物各限於所分以成其性。陰陽五行，道之實體也。血氣心知，性之實體也。有實體，故可分。惟分也，故不齊。古人言性惟本於天道，如是。疏證十六。

分於道者，分於陰陽五行也。一言乎分，則其限之於始，有偏全厚薄清濁昏明之不齊，各隨所分而形於一，各成其性也。同書二十。

所以他下「性」的定義是：

性者，分於陰陽五行以爲血氣心知，品物區以别焉。同書十九。

他說道的實體是陰陽五行。性的實體是血氣心知，而血氣心知又只是陰陽五行分出來的。這又是一種唯物的一元論，又和宋儒的理氣二元的性論相衝突了。宋儒說性有兩種：一是氣質之性，一是理性；氣質之性其實不是性，只有理性才是性；理無不善，故性是善的。戴氏說血氣心知是性，這正是宋儒所謂氣質之性。他卻直認不諱。他說：

記曰：「夫民有血氣心知之性，而無哀樂喜怒之常。應感起物而動，然後心術形焉。」此樂記語。凡有血氣心知，於是乎有欲。性之徵於欲，聲色臭味而愛畏分。既有欲矣，於是乎有情。性之徵於情，喜怒哀樂而慘舒分。既有欲有情矣，於是乎有巧與智。性之徵於巧智，美惡是非而好惡分。生養之道，存乎欲者也。感通之道，存乎情者也。二者自然之符，天下之事舉矣。盡美惡之極致，存乎巧者也；宰御之權，由斯而出。盡是非之極致，存乎智者也；賢聖之德，由斯而備。二者亦自然之符，精之以底於必然，天下之能舉矣。原善上，五。

戴氏書中最喜歡分別「自然」和「必然」：自然是自己如此，必然是必須如此，應該如此。自然是天，必然是人力。他說：

耳目百體之所欲，血氣資之以養，所謂性之欲也……由性之欲而語於無失，是謂性之德。性之欲，其自然之符也。性之德，其歸於必然也。歸於必然，適全其自然。此之謂自然之極致。原善上，六。

這裏說自然和必然的區別，很分明。血氣心知之性是自然的；但人的心知巧與智。卻又能指導那自然的性，使他走到「無失」的路上去，那就是必然。必然不是違反自然，只是人的智慧指示出來的「自然之極致」。宋儒排斥氣質之性，戴氏認爲根本上的大錯誤。他説：

喜怒哀樂，愛隱感念，愠懆怨憤，恐悸慮嘆，飲食男女，鬱悠戚咨，慘舒好惡之情，胥成性則然，是故謂之道。原善中，一。

他又説：

凡血氣之屬，皆知懷生畏死，因而趨利避害，雖明暗不同，不出乎懷生畏死者同也。人之異於禽獸者不在是……人則能擴充其知，至於神明，仁義禮智無不全也。仁義禮智非他，心之明之所止也；知之極其量也……孟子言，今人乍見孺子將入於井，皆有怵惕惻隱之心。然而所謂惻隱，所謂仁者，非心知之外，别如有物焉，藏於心也。己知懷生而畏死，故怵惕於孺子之危，惻隱於孺子之死。使無懷生畏死之心，又焉有怵惕惻隱之心？推之羞惡、辭讓，是非亦然。使飲食男女與夫感於物而動者，脱然無之，以歸於静，歸於一，又焉有羞惡，有辭讓，有是非？此可以明仁義禮智非他，不過懷生畏死，飲食男女，與夫感於物而動者之皆不可脱然無之，以歸於静，歸於一，而恃人之心知異於禽獸，能不惑乎所行，即爲懿德耳。古賢聖所謂仁義禮智，不求於所謂欲之外，不離乎血氣心知。疏證二一。

他這樣公然承認血氣心知之性即是性，更不須懸想一個理來「凑泊附著以爲性」。人與禽獸同有這血氣心知——「禽獸知母而不知父，限於知覺也；然愛其生之者，及愛其所生，與雌雄牝牡之相愛，同類之不相噬，習處之不相齧，進乎懷生畏死矣。」——但人能擴充心知之明，能「不惑乎所行」，能由自然回到必然，所以有仁義禮智種種懿德。

戴氏也主張性是善的，但他說性善不必用理氣二元論作根據。他說：

> 耳能辨天下之聲，目能辨天下之色，鼻能辨天下之臭，口能辨天下之味，心能通天下之理義；人之才質得於天，若是其全也！孟子曰，「非天之降才爾殊」；曰，「乃若其情，則可以爲善矣，乃所謂善也。若夫爲不善，非才之罪也」。唯據才質爲言，始確然可以斷人之性善。原善中，四。

這是他的性善說的根據。孟子的話本來很明白；我們看荀子極力辨「能不能」與「可不可」的分別，更可以明白當日論性善的人必曾注重那「可以知之質，可以能之具」。戴氏論性善也只是指出人所同有的那些「可以知之質，可以能之具」。他又指出孟、荀的不同之點是：

> 荀子之重學也，無於內而取於外；孟子之重學也，有於內而資於外。夫資於飲食能爲身之營衛血氣者，所資以養者之氣，與其身本受之氣，原於天地，非二也。故所資雖在外，能化爲血氣以益其內。未有內無本受之氣與外相得，而徒資焉者也。問學之於德性，亦然。疏證二六。

戴氏之說頗似萊卜尼茲 Leibnitz：他並不否認經驗學問是從外來的，但他同時又主張人的才質「有於內」，所以能「資於外」。

程子、朱子的理氣二元論說「性止是搭附在氣稟上，既是氣稟不好，便和那性壞了」。此朱子語。朱子又說：

人生而静以上，是人物未生時，止可謂之理，未可名爲性，所謂在天曰命也。才說性時，便是人生以後，此理已墮在形氣中，不全是性之全體矣，所謂在人曰性也。

戴氏駁他說：

據樂記，「人生而静」與「感於物而動」對言之，謂方其未感，非謂人物未生也。中庸「天命之謂性」，謂氣禀之不齊，各限於生初，非以理爲在天在人異其名也。疏證二七。

人之得於天也，一本。既曰血氣心知之性，又曰天之性，何也？本陰陽五行以爲血氣心知，方其未感，湛然無失，是謂天之性，非有殊於血氣心知也。原善上，五。

對於氣質壞性一層，他的駁論最痛快：

彼荀子見學之不可以已，非本無，何待於學？而程子、朱子亦見學之不可以已，其本有者，何以又待於學？故謂爲氣質所污壞，以便於言本有者之轉而如本無也！於是性之名移而加之理，而氣化生人生物適以病性。性譬水之清，因地而污濁。不過從老、莊、釋氏所謂「真宰」「真空」者之受形以後昏昧於欲，而改變其說。特彼以真宰真空爲我，形體爲非我；此仍以氣質爲我，難言性爲非我，則惟歸之天與我，而後可謂之我有；亦惟歸之天與我，而後可爲完全自足之物，斷之爲善，惟使之截然別於我，而後雖天與我完全自足，可以咎我之壞之，而待學以復之。以水之清喻性，以受污而濁喻性墮於形氣中污壞，以澄之而清喻學。水静則能清，老、莊、釋氏之主於無欲，主於静寂若夫古賢聖之由博學、審問、慎思、明辨、篤行以擴而充之者，豈徒澄清已哉？疏證二七。

是也。因改變其說爲主敬，爲存理，依然釋氏教人認本來面目，教人常惺惺之法。這是他的哲學史觀的一部分。程、朱終是從道家、禪家出來的，故雖也談格物致知，而終不能拋棄主敬；他們所謂主敬，又往往偏重靜坐存理，殊不知格物是要去格的，致知是要去致的，豈是靜坐的人幹得的事業？戴氏認清宋儒的根本錯誤在於分性爲理氣二元，一面仇視氣質形體，一面誤認理性爲「天與我完全自足」的東西，所以他們講學問只是要澄清氣質的污染，而恢復那「天與我完全自足」的理性，所以朱子論教育的功用是「明善而復其初」。宋儒重理性而排斥氣質，故要「澄而清之」；戴氏認氣血心知爲性，才質有於內而須取資於外，故要「由博學、審問、慎思、明辨、篤行以擴而充之」。這是戴學與理學大不相同的一點。

戴氏論性善，以才質爲根據，他下的「才」的定義是：

才者，人與百物各如其性以爲形質，而知能遂區以別焉，孟子所謂「天之降才」是也。氣化生人生物，據其限於所分而言，謂之命；據其爲人物之本始而言，謂之性；據其體質而言，謂之才。由成性各殊，故才質亦殊。才質者，性之所呈也。舍才質。安睹所謂性哉？疏證二九。

他說才是性的表現；有什麽性，便呈現什麽才質；譬如桃杏之性具於核中之白，但不可見，等到萌芽甲坼生根長葉之時，桃仁只生桃而不生杏，杏仁只生杏而不生桃，這就是性之呈現，就是才。「才之美惡，於性無所增，亦無所損」。同上。這種說法，又是一種一元論，又和宋儒的二元論衝突了。程子說：

性無不善；而有不善者，才也。性即理……才稟於氣，氣有清濁，稟其清者爲賢，稟其濁者爲愚。

朱子説程子這話比孟子説的更精密。戴氏説這是分性與才爲二本，又是二元論來了。他説：

孟子道性善。成是性斯爲是才，性善則才亦美……人之初生，不食則死，人之幼稚，不學則愚。食以養其生，充之使長；學以養其良，充之至於賢人聖人。其故一也。才雖美，譬之良玉……剥之蝕之，委棄不惜，久且傷壞無色，可寶減乎其前矣。又譬之人物之生，皆不病也。其後百病交侵……而曰天與以多病之體，不可也……因於失養，不可以是言人之才也。疏證三一。

他用病作譬喻，説「人物之生，皆不病也」。這話是禁不起近世科學的證明的。分性與才爲二本，是錯的；戴氏説有是性便有是才，是不錯的。但「性善則才亦美」一句話也只有相對的真實，而不可解作「凡性皆善，故才皆美」。宋儒説善由於性而惡由於氣質，自然是不對的。但戴氏認血氣心知爲性，而又要説凡性皆善，那也是不能成立的。人物固有生而病的，才質也有生而不能辨聲辨色的，也有生而不能知識思想的。所以我們只可説，戴氏的氣質一元的性論確是一種重要的貢獻，但他終不肯拋棄那因襲的性善論，所以不免有漏洞了。

戴氏説「唯據才質爲言，始確然可以斷人之性善」。其實，據才質爲言，至多也只可以説人「可以」爲善。我們試列舉戴氏書中專論性善的話如下：

性者，飛潛動植之通名。性善者，論人之性也……專言乎血氣之倫，不獨氣類各殊，而知覺亦殊。人以有禮義異於禽獸，實人之知覺大遠乎物，則然。此孟子所謂性善。疏證二七。

知覺運動者，人物之生；知覺運動之所以異者，人物之殊其性……性者，血氣心知本乎陰陽五行，人物莫不區以別焉，是也。而理義者，人之心知有思輒通，能不惑乎所行也……人之心知，於人倫日用，隨在而知惻隱，知羞惡，知恭敬辭讓，知是非，端緒可舉，此之謂性善。疏證二一。

這兩條的意義都很明顯。他說的是性善，而舉的證據只是人的智慧遠勝於禽獸。故戴氏說人性善只是對於禽獸而言；只是說「人之知覺大遠乎物」。這本是極平常的科學知識，不幸被那些因襲的玄學名詞遮蓋了，挂着「性善論」的招牌，反不容易懂得了。

所以我們應該丢開「性善」的套語，再來看戴氏的性論。他說：

人生而後有欲，有情，有知。三者，血氣心知之自然也。給於欲者，聲色臭味也；而因有愛畏。發乎情者，喜怒哀樂也；而因有慘舒。辨於知者，美醜是非也；而因有好惡。聲色臭味之欲，資以養其生。喜怒哀樂之情，感而接於物。美醜是非之知，極而通於天地鬼神……是皆成性然也。有是身，故有聲色臭味之欲；有是身，而君臣父子夫婦昆弟朋友之倫具，故有喜怒哀樂之情。惟有欲有情而又有知，然後欲得遂也，情得達也。天下之事，使欲之得遂，情之得達，斯已矣。惟人之知，小之能盡美醜之極致，大之能盡是非之極致；然後遂己之欲者，廣之能遂人之欲；達己之情者，廣之能達人之情。道德之盛，使人之欲無不遂，人之情無不達，斯已矣。三十。

他把情、欲、知三者一律平等看待，都看作「血氣心知之自然」。這是對於那些排斥情欲，主静，主無欲的道學先生們的抗議。他在那三者之中，又特别提出知識，特别贊美他「小之能盡美醜之極致，大之能盡是非之極致」。因爲有知，欲才得遂，情才得達。又因爲有知，人才能推己及人，才有道德可説。理想的道德是「使人之欲無不遂，人之情無不達」。這是他的性論，他的心理學，也就是他的人生哲學。

戴氏是當日「反理學」的運動中的一員健將，故他論「道」，極力避免宋、明理學家的玄談。他説：

語道於天地，舉其實體實事而道自見……語道於人，人倫日用，咸道之實事。疏證三二。

他論人道，只是一種行爲論。他説：

道者，居處，飲食，言動，自身而周於身之所親，無不該焉也。疏證三二。

人道重在一個「修」字，因爲：

人之心知有明闇。當其明，則不失，當其闇，則有差謬之失……此所謂道，不可不修者也。三二。

他説：

人道本於性，而性原於天道……易言天道而下及人物，不徒曰「成之者性」而先曰「繼之者善」……善，其必然也。性，其自然也。歸於必然，適完其自然。此之謂自然之極致。三二。

他又説：

古賢聖之所謂道，人倫日用而已矣。於是而求其無失，則仁義禮之名因之而生。非仁義禮有加於道也。於人倫日用行之無失，如是之謂仁，如是之謂義，如是之謂禮而已矣。

行之無失，就是修其自然，歸於必然。

他在這裏又對於宋儒的二元論下一種總攻擊：

> 宋儒合仁義禮而統謂之理，視之如有物焉，得於天而具於心，因以此爲形而上，爲沖漠無朕；以人倫日用爲形而下，爲萬象紛羅；蓋由老、莊、釋氏之舍人倫日用而別有所貴道，遂轉之以言夫理。在天地則以陰陽不得謂之道；在人物則以氣禀不得謂之性，以人倫日用之事不得謂之道。六經、孔、孟之言，無與之合者也。三三。

從這裏我們可以回到戴氏在哲學史上的最大貢獻：他的「理」論。戴氏論性即是氣質之性，與顏元同；他論「道猶行也」，與李塨同；不過他說的比他們更精密，發揮的比他們更明白，組織的也比他們更有條理，更成系統。戴氏說「理」，也不是他個人的創獲。李塨和程廷祚都是說理即是文理，條理。惠棟在他的易微言裏，也有理字一條，引據了許多古書，想比較歸納出一個定義出來。惠棟自己得着的結論卻是很奇特的，他說：

> 理字之義，兼兩之謂也。

「兼兩」就是成雙成對的。陰陽，剛柔，仁義，短長，大小，方圓……都是兼兩。這個結論雖是可笑，然而惠棟學的許多例證，卻可以幫助李塨、程廷祚的理字解。例如他最贊嘆的三條都出於韓非子：

> 一、凡物之有形者，易裁也，易割也。何以論之？有形則有短長，有短長則有小大，有小大則有方圓，有方圓則有堅脆，有堅脆則有輕重，有輕重則有白黑許多「則」字不通。短長，大小，方圓，堅

脆，輕重，白黑之謂理。理定而物易割也。

二、道者，萬物之所然也，萬理之所稽也。理者，成物之文也……萬物各異理，而道盡稽萬物之理……

三、凡理者，方圓，長短，粗靡，堅脆之分也。故理定而後物可得道也。

惠棟從這裏得着「兼兩」的妙義，然而別人卻從此更可以明白理字的古義是條理，文理，分理。戴震説理字最好：

理者，察之而幾微必區以別之名也。是故謂之分理。在物之質曰肌理，曰腠理，曰文理。得其分，則有條而不紊，謂之條理。孟子稱孔子之謂集大成曰：「始條理者，智之事也；終條理者，聖之事也。」聖智至孔子而極其盛，不過舉條理以言之而已矣……中庸曰：「文理密察，足有別也。」樂記曰：「樂者，通倫理者也。」鄭康成注云：「理，分也。」許叔重説文解字序曰：「知分理之可相別異也。」古人所謂理，未有如後儒之所謂理者矣。疏證一。

戴氏這個定義，與李塨、程廷祚的理字解大旨相同。他們都説理是事物的條理分理；但顏、李一派的學者還不曾充分了解這個新定義的涵義。這個新定義到了戴氏的手裏，方才一面成爲破壞理學的武器，一面又成爲一種新哲學系統的基礎。

宋儒之學，以天理爲根本觀念。大程子説：「吾學雖有所傳授，天理二字卻是自家體會出來。」程子以下，一班哲學家把理看作「不生不滅」，看作「如有物焉，得於天而具於心」。

朱子說，「理在人心，是謂之性。心是神明之合，爲一身之主宰。性便是許多道理，得之天而具於心者。」於是這個人靜坐冥想出來的，也自命爲天理；那個人讀書傅會出來的，也自命爲天理。因此宋、明的道學又稱爲理學。理學的運動，在歷史上有兩個方面，第一是好的方面。學者提倡理性，以爲人人可以體會天理，理附着於人性之中；雖貧富貴賤不同，而同爲有理性的人，即是平等。這種學説深入人心之後，不知不覺地使個人的價值抬高，使個人覺得只要有理可説，富貴利禄都不足羡慕，威武刑戮都不足畏懼。理既是不生不滅的，暫時的失敗和壓制終不能永遠把天理埋没了，天理終有大白於天下的一日。我們試着這八百年的政治史，便知道這八百年裏的智識階級對政府的奮鬥，無一次不是掮着「理」字的大旗來和政府的威權作戰。北宋的元祐黨禁（一一〇二），南宋的慶元黨禁（一一九六），明初成祖的殺戮學者（一四〇二），明代學者和宦官或權相的奮鬥，直到明末的東林黨案（一六二四——一六二七），無一次没有理學家在裏面做運動的中堅，無一次不是政府的權威大戰勝，卻也無一次不是理學家得最後的勝利。生前竄逐的，死後不但追封賜謚，還常常請進孔廟裏去陪吃冷猪肉咧。生前廷杖打死的，死後不但追封賜謚，還往往封蔭及於三代，專祠遍於國中咧。明末理學家吕坤説的最好：

天地間唯理與勢最尊，理又尊之尊也。廟堂之上言理，則天子不得以勢相奪。即相奪，而理則常伸於天下萬世。（語録，焦循理説引。）

我們試想程子、朱子是曾被禁錮的，方孝孺是滅族的，王陽明是廷杖後貶逐的，高攀龍是自殺的——就可以知道理學家在争自由的奮鬥史上占的重要地位了。在這一方面，我們不能不頌贊理學運動的光榮。

第二是壞的方面。理學家把他們冥想出來的臆説認爲天理而强人服從。他們一面説存天理，一面又説去人欲。他們認人的情欲爲仇敵，所以定下許多不近人情的禮教，用理來殺人，吃人。譬如一個人説「餓死事極小，失節事極大」，這分明是一個人的私見，然而八百年來竟成爲天理，竟害死了無數無數的婦人女子。又如一個人説「天下無不是的父母」，這又分明是一個人的偏見，然而八百年來竟成爲天理，遂使無數無數的兒子媳婦負屈含寃，無處伸訴。八百年來，「理學先生」一個名詞竟成了不近人情的别名。理與勢戰時，理還可以得人的同情；而理與勢攜手時，勢力借理之名，行私利之實，理就成了勢力的護身符，那些負屈含寃的幼者弱者就無處伸訴了。八百年來，一個理字遂漸漸成了父母壓兒子，公婆壓媳婦，男子壓女子，君主壓百姓的唯一武器；漸漸造成了一個人道，不近人情，没有生氣的中國。

戴震生於滿清全盛之時，親見雍正朝許多慘酷的大獄，常見皇帝長篇大論地用「理」來責人；受責的人，雖有理，而無處可伸訴，只好屈伏受死，死時還要説死的有理。我們試讀大義覺迷録，處處可以看見雍正帝和那「彌天重犯」曾静高談「春秋大義」。一邊是皇帝，一面是「彌天重犯」：這二人之間如何有理可説？如何有講理的餘地？然而皇帝偏不肯把他拖出去剮了；偏要和他講理，講春秋大義，講天人感應之理！有時候，實在没有理可講了，皇帝便説，「來！把山西巡撫奏報慶雲的摺子給他看看。」「來！把通政使留保奏報的慶雲圖給他看看。」「來！把雲貴總督鄂爾泰進獻的嘉穀圖發給他，叫他看看稻穀每穗有四五百粒至七百粒之多的，粟米有每穗長至二尺有奇的！」這都是天人感應之理。

至於荆、襄、岳、常等府連年的水灾，那就是因爲「有你這樣狂背逆亂之人，伏藏匿處其間，秉幽險乖戾之氣，致陰陽愆伏之干；以肆擾天常爲心，以滅棄人理爲志，自然江水泛漲，示儆一方。灾禍之來，實因你一人所致，你知道麽？有何説處？」那位彌天重犯連忙叩頭供道，「一人狂背，皆足致灾，此則非精通天人之故者不能知。彌天重犯聞之，豁然如大寐初醒。雖朝聞夕死，亦實幸矣。」大義覺迷録卷三，頁一至二。這樣的講理，未免把理字太輕薄了。戴震親見理學之末流竟致如此，所以他的反動最激烈，他的抗議最悲憤。

戴震説：

> 六經、孔、孟之言，以及傳記羣籍，理字不多見。今雖至愚之人，悖戾恣睢，其處斷一事，責詰一人，莫不輒曰「理」者，自宋以來，始相習成俗，則以理爲如有物焉，得於天而具於心，因以心之意見當之也。於是負其氣，挾其勢位，加以口給者，理伸；力弱氣慴，口不能道辭者，理屈。嗚呼，其孰謂以此制事，以此制人之非理哉？……昔人知在己之意見不可以理名，而今人輕言之。夫以理爲如有物焉，得於天而具於心，未有不以意見當之者也。疏證五。

他又説：

> 嗚呼，今之人其亦弗思矣！聖人之道，使天下無不達之情，求遂其欲，而天下治。後儒不知情之至於纖微無憾是謂理；而其所謂理者，同於酷吏之所謂法。酷吏以法殺人，後儒以理殺人，浸浸乎舍法而論理，死矣！更無可救矣！與某書。

這是何等悲憤的呼喊！

宋儒都不能完全脱離禪宗「明心見性」的觀念；陸、王一派認心即是理，固不消説；程、朱一派雖説「吾心之明莫不有知，而天下之物莫不有理」，然而他們主張理即是性，得之天而具於吾心，這和陸、王的主張有何差異？至多我們只能説陸、王一派説理是純粹的主觀的；程、朱一派知道理在事物，同時又深信理在人心。程、朱的格物説所以不能徹底，也正因爲他們對於理字不曾有徹底的了解。他們常説「即物而窮其理」，然而他們同時又主張静坐省察那喜怒哀樂未發之前的氣象。於是久而久之，那即物窮理的也就都變成内觀返視了。戴震認清了理在事物，只是事物的條理關系；至於心的方面，他只承認一個可以知識思想的官能。他説：

思者，心之官能也。凡血氣之屬皆有精爽；其心之精爽，鉅細不同。如火光之照物，光小者其照也近。所照者，不謬也。所不照，斯疑謬承之。不謬之謂得理。其光大者，其照也遠，得理多而失理少。且不特遠近也，光之及又有明闇，故於物有察有不察。察者，盡其實。不察，斯疑謬承之。疑謬之謂失理。失理者，限於質之昧，所謂愚也。惟學可以增益其不足而進於智……故理義非他，所照所察者之不謬也……理義豈别若一物，求之所照所察之外？而人之精爽能進於神明，豈求諸氣稟之外哉？疏證六。

他又説：

耳目口鼻之官，臣道也；心之官，君道也。臣效其能而君正其可否。理義非他，可否之而當，是謂理義。然又非心出一意以可否之也。若心出一意以可否之，何異强制之乎？是故就事物言，非事物之外別有理義也。有物必有則，以其則正其物，如是而已矣。就人心言，非別有理以予之，而具於心也。心之神明，於事物咸足以知其不易之則，譬有光皆能照，而中理者乃其光盛，其照不謬也。八。

他認定心不是理，不過是一種思想判斷的官能。這個官能是「凡血氣之屬」都有的，只有鉅細的區別，並不專屬於人類。心不是理，也不是理具於心。理在於事物，而心可以得理。心觀察事物，尋出事物的通則，疏證三說，「以秉持爲經常曰則」。疑謬便是失理，不謬之謂得理。心判斷事物，「可否」就是判斷。並不是「心出一意以可否之」；只是尋求事物的通則，「以其則正其物」。

至於怎樣尋求事物的通則，戴震卻有兩種說法：一種是關於人事的理。一種是關於事物的理。前者是從儒家經典裏出來的；後者很少依據，可算是戴氏自己的貢獻。

先說關於人事的理。戴氏說：

理者，情之不爽失者也。未有情不得而理得者也。凡有所施於人，反躬而靜思之：人以此施於我，能受之乎？凡有所責於人，反躬而靜思之：人以此責於我，能盡之乎？以我絜之人，則理明。天理云者，言乎自然之分理也。自然之分理，以我之情，絜人之情，而無不得其平，是也。疏證二。

在己與人，皆謂之情。無過情，無不及情之謂理。三。

惟以情絜情，故其於事也，非心出一意見以處之。苟舍情求理，其所謂理無非意見也。未有任其意見而不禍斯民者。五。

這是用論語的「恕」字和大學的「絜矩之道」來解釋理字。他又引孟子「心之所同然者，謂理也，義也」的話，而加以解釋道：

心之所同然，始謂之理，謂之義；則未至於同然，存乎其人之意見，非理也，非義也。凡一人以爲然，天下萬世皆曰是不可易也，此之謂同然。……分之各有其不易之則，名曰理。如斯而宜，名曰義。是故明理者，明其區分也。精義者，精其裁斷也。……人莫患乎蔽而自智，任其意見，執之爲理義。吾懼求理義者以意見當之；孰知民受其禍之所終極也哉？四。

關於人事的理，他只主張「以情絜情」。這是儒書裏鉤出來的求理說；所謂「恕」，所謂「一貫」，所謂「絜矩之道」，都是這個。他假定「一人之欲，天下人之同欲也」，疏證二。故可以「以我之情絜人之情而無不得其平」。但那個假定的前提是不很靠得住的。「一人之欲」，而自信爲「天下人之同欲」，那仍是認自己的意見爲天理，正是戴氏所要推翻的見解。所以「以情絜情」的話，雖然好聽，卻有語病；「心之所同然」的話比較更穩當些。要求心之所同然，便不可執著個人所欲，硬認爲天下人之同欲；必須就事上求其「不易之則」。這就超過「以情絜情」的套話了。戴氏著孟子字義疏證，自託於説經，故往往受經文的束縛，把他自己的精義反蒙蔽了。他自己的主張實在是：

人倫日用，聖人以通天下之情，遂天下之欲，權之而分理不爽，是謂理。疏證四十。

心之明之所止，於事物區以別焉，無幾微爽失，則理義以名。原善中，四。

這是用心的靈明，去審察事情，使他無幾微爽失；這豈是「以情絜情」的話包括得盡的嗎？

其實戴氏說理，無論是人情物理，都只是要人用心之明，去審察辨別，尋求事物的條理。他說：

事物之理，必就事物剖析至微，而後理得。疏證四一。

段玉裁給他做年譜，曾引他的話道：

總須體會孟子「條理」二字，務要得其條理，由合而分，由分而合，則無不可爲。年譜頁四五。

他又與段玉裁書說：

古人曰理解者，即尋其腠理而析之也。年譜頁三四。

這三條須參互合看。他說「剖析」，說「分」，說「析」，都是我們今日所謂「分析」。他說的「合」，便是我們所謂「綜合」。不分析，不能得那些幾微的區別；不綜合，不能貫通那些碎細的事實而組成條理與意義。戴氏這樣說理，最可以代表那個時代的科學精神。宋儒雖說「即物而窮其理」，但他們終不曾說出怎樣下手的方法。直到陳第、顧炎武以後，方才有一種實證的求知的方法。戴氏是真能運用這種方法的人，故他能指出分析與綜合二方面，給我們一個下手的方法。他又說：

天地人物事爲，不聞無可言之理者也。詩曰「有物有則」是也……實體實事罔非自然而歸於必然，天地人物事爲之理得矣。夫天地之大，人物之蕃，事爲之委曲條分，苟得其理矣，如直者之中懸，平者之中水，圓者之中規，方者之中矩。然後推諸天下萬世而準……中庸稱「考諸三王而不謬，建諸天地而不悖，質諸鬼神而無疑，百世以俟聖人而不惑」。夫如是，是爲得理，是爲心之所同然……舉凡天地人物事爲，求其必然不可易，理至明顯也。從而尊大之，不徒曰「天地人物事爲之理」，而轉其語曰「理無不在」，視之如有物焉，將使學者皓首茫然，求其物不得。三十。

這一段說的正是科學的目的。科學的目的正是「舉凡天地人物事爲，求其必然不可易」。宋儒雖然也說格物窮理，但他們根本錯在把理看作無所不在的一個，所以說「一本而萬殊」。他們雖說「萬殊」，而其實只妄想求那「一本」；所以程、朱論格物雖說「今日格一事，明日格一事」，而其實只妄想那「一旦豁然貫通」時的「表裏精粗無不盡，而吾心之全體大用無不明」。戴氏卻不存此妄想；他只要人「就事物剖析至微」「求其必然不可易」。他所謂「推諸天下萬世而準」，只是科學家所謂「證實」verification；正如他對姚鼐說的：

尋求而獲，有十分之見，有未至十分之見。所謂十分之見，必徵之古而靡不條貫，合諸道而不留餘議，鉅細畢究，本末兼察。與姚姬傳書。

十分之見即是「心之所同然」，即是「推諸天下萬世而準」。這是科學家所謂證實了的真理。

戴氏是顧炎武、閻若璩以來考證之學的嫡派傳人；他做學問的方法他的名學一面重在「必就事物剖析至微」，一面重在證實。就事物剖析至微而後得來的「理」，比較歸納出來的「則」，只是一種假設的理ahypothesis，不能說是證實的真理。必須經過客觀的實證，必須能應用到同樣的境地裏而「靡不條貫」，方才可算是真正的理。戴氏有與王鳳喈書，討論尚書「堯典」「光被四表」的光字，最可引來說明他的治學方法。光字蔡沈訓爲「顯」，似無可疑了；然而孔安國傳卻有「光，充也」之訓，孔穎達正義指出此訓是據爾雅釋言的。戴氏考郭本爾雅只有「桄，熲，充也」之文；陸氏釋文曰：「桄，孫作光，古黃反。」桄字不見於六經，而説文有「桄，充也」之訓。孫愐唐韻讀爲「古曠反」。禮記樂記有「鐘聲鏗鏗以立號，號以立横，横以立武」，鄭注「横，充也」；又孔子閑居篇有「横於天下」之文，鄭注也訓爲充。釋文於樂記之横字，讀爲「古曠反」。戴氏因此推想禮記之兩個横字即是爾雅和説文的桄字，他因此下一個大膽的假設道：

堯典古本必有作「横被四表」者。横被，廣被也。正如記所云「横於天下」、「横於四海」是也。横四表，格上下，對舉。溥徧所及曰横，貫通所至曰格……横轉寫爲桄，脱誤爲光。追原古初，當讀「古曠反」。

此書作於乾隆乙亥（一七五五）；過了兩年（一七五七），錢大昕檢得後漢書馮異傳有「横被四表，昭假上下」之語，是一證；姚鼐又檢得班固西都賦有「横被六合」，是二證。七年之後（一七六二），戴震的族弟受堂又檢得王莽傳有「昔唐堯横被四表」，這更明顯了。洪榜案淮南原道訓，「横四維而含陰陽」，高誘注「横讀桄車之桄」，這更可證明漢人横字和桄字通用。這是第五證。段玉裁又舉李善注「魏都賦」引東京賦「惠風横被」，今本東京賦誤改作「惠風廣被」，這是第六證。戴震假設堯典，「光被」即是「桄被」，即是「横被」，現在果然全證實了。這就是「徵之古而靡不條貫」。

戴震的心理學裏只有欲望，情緒，心知三大區分。疏證三十，引見上。心知是一身的主宰，是求理的官能。但他的心理學裏没有什麽「得於天而具於心」的理。這樣的主張又和宋儒以來的理欲二元論相沖突了。宋儒說：

> 人欲云者，正天理之反耳。朱子答何叔京。

這樣絶對的二元論的結果便是極端的排斥人欲。他們以爲「去人欲」即是「存天理」的唯一方法。這種排斥人欲的哲學在七八百年中逐漸造成了一個不近人情，冷酷殘忍的禮教。戴震是反抗這種排斥人欲的禮教的第一個人。他大聲疾呼地喊道：「酷吏以法殺人，後儒以理殺人，浸浸乎舍法而理論，死矣！更無可救矣！」與某書，引見上。他很大膽地說，「理者，情之不爽失者也」；「情之至於纖微無憾是謂理」。這分明是說：

> 理者，存乎欲者也。疏證十。

這和上文引的朱子「人欲云者，正天理之反」的話恰恰相反。戴氏最反對「無欲」之說，他以爲周敦頤、朱熹一班人主張無欲的話都出於老、莊、釋氏，不是中庸上說的「雖愚必明」之道。他說：

> 有生而愚者，雖無欲，亦愚也。凡出於欲，無非以生以養之事。欲之失爲私，不爲蔽。自以爲得理，而所執之實謬之字似當作者。乃蔽而不明。天下古今之人，其大患，私與蔽二端而已。私生於欲之失，蔽生於知之矣。欲生於血氣，知生於心。因私而咎欲，因欲而咎血氣。因蔽而咎知，因知而咎心。心字孔刻本誤脱，今依上文增。老氏所以言常使民無知無欲……後之釋氏，其論說似異而實同。宋儒出入於老、釋，故雜乎老釋之言以爲言。疏證十。

宋儒常說「人欲所蔽」，故戴氏指出「欲之失爲私，不爲蔽」。他曾說：

人之生也，莫病於無以遂其生。欲遂其生，亦遂人之生，仁也。欲遂其生，至於戕人之生而不顧者，不仁也。不仁實始於欲遂其生之心。使其無此欲，必無不仁矣。然使其無此欲，則於天下之人生道窮促，亦將漠然視之。已不必遂其生，而遂人之生，無是情也。同。

戴氏的主張頗近於邊沁 Bentham 彌爾 J. S. Mill 一派的樂利主義 Utilitarianism。樂利主義的目的是要謀「最大多數的最大幸福」。戴氏也主張：

聖人治天下，體民之情，遂民之欲，而王道備。同。

道德之盛，使人之欲無不遂，人之情無不達，斯已矣。三十。

他雖不明說「樂利」，但他的意義實很明顯。他痛恨宋以來的儒者：

舉凡饑寒愁怨，飲食男女，常情隱曲之感，則名之曰人欲，故終其身見欲之難制。其所謂存理，空有理之名，究不過絕情欲之感耳。何以能絕？曰，主一無適。此即老氏之抱一無欲。故周子以「一」爲學聖之要，且明之曰：「一者，無欲也。」四三。

他駁他們道：

天下必無舍生養之道而得存者。凡事爲皆有於欲。無欲則無爲矣。有欲而後有爲。有爲而歸於至當不可易之謂理。無欲無爲，又焉有理？同上。

他這樣抬高欲望的重要，在中國思想史上是很難得的。他的結論是：

老、莊、釋氏主於無欲無爲，故不言理。聖人務在有欲有爲之咸得理。是故君子亦無私而已矣，不貴無欲。同上。

聖賢之道無私而非無欲。老、莊、釋氏無欲而非無私。彼以無欲成其自私者也。此以無私通天下之情，遂天下之欲者也。（疏證四十）

顔元、李塨的學派提倡「正德，利用，厚生」，也是傾向於樂利主義的。戴氏注重「生養之道」，主張「無私而非無欲」，與顔、李學派似有淵源的關系。

戴氏以爲「凡出於欲，無非以生以養之事」。排斥人欲，即是排斥生養之道。理欲之辨的流弊必至於此。宋、明的儒者詆毁王安石，鄙薄漢、唐，都只爲他們瞧不起生養之事。

戴氏説：

宋儒程子、朱子易老、莊、釋氏之所私者而貴理，易彼之外形體者而咎氣質。其所謂理，依然如有物焉，宅於心。於是辨乎理欲之分，謂不出於理，則出於欲；不出於欲，則出於理。雖視人之饑寒號呼，男女哀怨，以至垂死冀生，無非「人欲」！空指一絶情欲之感者爲天理之本然，存之於心。及其應事，幸而偶中，非曲體事情，求如此以安之也。不幸而事情未明，執其意見，方自信天理非人欲，而小之一人受其禍，大之天下國家受其禍。徒以不出於欲，遂莫之或寤也。凡以爲理宅於心，不出於欲則出於理者，未有不以意見爲理而禍天下者也。四十。

執意見以爲理，用來應付事情，不肯「曲體事情」，而固執意見，結果可以流毒天下。不但在「應事」的方面如此；在責人的方面，理欲之辨的流弊也很大。戴氏説：

今之治人者，視古賢聖體民之情，遂民之欲，多出於鄙細隱曲，不措諸意：不足爲怪。而及其責以理也，不難舉曠世之高節，著於義而罪之。尊者以理責卑，長者以理責幼，貴者以理責賤，雖失，謂之順。卑者幼者賤者以理爭之，雖得，謂之逆。於是下之人不能以天下之同情，天下所同欲，達之於上。上以理責其下，而在下之罪，人人不勝指數。人死於法，猶有憐之者。死於理，其誰憐之！嗚呼，雜乎老、釋之言以爲言，其禍甚於申、韓如是也！六經、孔、孟之書，豈嘗以理爲如有物焉，外乎人之性之發爲情欲者，而强制之也哉？十。

這一段真沉痛。宋、明以來的理學先生們往往用理責人，而不知道他們所謂「理」往往只是幾千年因襲下來的成見與習慣。這些成見與習慣大都是特殊階段君主，父母，舅姑，男子等等。的保障；講起「理」來，卑者幼者賤者實在没有開口的權利。「回嘴」就是罪！理無所不在；故背理的人竟無所逃於天地之間。所以戴震説：「死矣！無可救矣！」「死於法猶有憐之者。死於理，其誰憐之！」乾、嘉時代的學者稍稍脱離宋儒的勢力，頗能對於那些不近人情的禮教，提出具體的抗議。吴敬梓、袁枚、汪中、俞正燮、李汝珍小説鏡花緣的著者。等，都可算是當日的人道主義者，都曾有批評禮教的文字。但他們只對於某一種制度下具體的批評；只有戴震能指出這種種不近人情的制度所以能殺人吃人，全因爲他們撑着「理」字的大旗來壓迫人，全因爲禮教的護法諸神——理學先生們——抬出理字來排斥一切以生以養之道，「雖視人之饑寒號呼，男女哀怨，以至垂死冀生，無非人欲！」

戴氏總論理欲之辨凡有三大害處。

第一，責備賢者太苛刻了，使天下無好人，使君子無完行。他說：

以無欲然後君子，而小人之爲小人也依然行其貪邪，猶執此以爲君子者謂不出於理則出於欲，不出於欲則出於理。此四十六字，孔刻本在下文三十三字之下，文理遂不可讀。今細審原文上下文理，移此四十六字於此。於是讒說誣辭反得刻議君子而罪之。此理欲之辨使君子無完行者，爲禍如是也！四三。

第二，養成剛愎自用，殘忍慘酷的風氣。他說：

不寤意見多偏之不可以理名，而持之必堅；意見所非，則謂其人「自絶於理」。此理欲之辨適成忍而殘殺之具，爲禍又如是也！四三。

第三，重理而斥欲，輕重失當，使人不得不變成詐僞。他說：

今既截然分理欲爲二，治己以不出於欲爲理。治人亦必以不出於欲爲理。舉凡民之饑寒愁怨，飲食男女，常情隱曲之感，咸視爲人欲之甚輕者矣。輕其所輕，乃吾重。「天理」也，「公義」也，言雖美，而用之治人則禍其人……古之言理也，就人之情欲求之，使之無疵之爲理。今之言理也，離人之情欲求之，使之忍而不顧之爲理。此理欲之辨適以窮天下之人盡轉移爲欺僞之人，爲禍何可勝言也哉！四三。

這三大害之中，第三項也許用得着幾句引申的注語。譬如愛生而怕死，乃是人的真情；然而理學先生偏說「餓死事極小，失節事極大」。他們又造出貞節牌坊一類的東西來鼓動婦女的虛榮心。於是節婦坊、貞女祠的底下就埋葬了無數的「饑寒愁怨，飲食男女，常情隱曲」的嘆聲。甚至於寡婦不能忍饑寒寂寞之苦的，或不能忍公婆虐待之苦的，也只好犧牲生命，博一個身後的烈婦的虛榮。甚至於女兒未嫁而夫死了的，也羨慕那虛榮而殉烈，或守貞不嫁，以博那「貞女」、「烈女」的牌坊。這就是戴氏說的「今之言理也，離人之情欲求之，使之忍而不顧……適以窮天下之人盡轉移爲欺僞之人」。

戴氏的人生觀，總括一句話，只是要人用科學家求知求理的態度與方法來應付人生問題。他的宇宙觀是氣化流行，生生不已；他的人生觀也是動的，變遷的。他指出人事不能常有「千古不易之重輕」。他指出「有時權之而重者，於是乎輕；輕者於是乎重」。這叫做「變」。他說：

「變則非智之盡能辨察而準，不足以知之。」「古今不乏嚴氣正性疾惡如讎之人，是其所是，非其所非，執顯然共見之重輕，實不知有時權之而重者於是乎輕，輕者於是乎重。其是非輕重一誤，天下受其禍而不可救。豈人欲蔽之也哉？自信之理非理也。」四十。

這種「辨察是非輕重而準」的作用叫做「權」。

孟子曰：「執中無權，猶執一也。」權，所以別輕重。謂心之明至於辨察事情而準，故曰權。學至是，一以貫之矣。意見之偏除矣。四二。

最可注意的是戴氏用「權」來釋論語的「一貫」。論語兩次說「一以貫之」；朱子的解說孔子對曾子說一貫的一章道：

聖人之心，渾然一理，而泛應曲當，用各不同。曾子於其用處蓋已隨事精察而力行之，但未知其體之一耳。

戴震最反對朱子説的「渾然一理」、「其體之一」的話。他自己解釋「一以貫之」道：

一以貫之，非言以「一」貫之也……聞見不可不廣，而務在能明於心。一事豁然使無餘蘊，更一事而亦如是；久之心知之明進於聖智，雖未學之事，豈足以窮其智哉？……致其心之明，自能權度事情，無幾微差失。又焉用知「一」求「一」哉？四一。

這一段最可注意。一貫還是從求知入手。求知並不僅是「多學而識之」，只是修養那心知之明，使他格外精進。一貫並不是認得那「渾然一理」，只是養成一個「泛應曲當」、「權度事情無幾微爽失」的心知。這個心知到了聖智的地步，「取之左右逢其源」，「自無弗貫通」了。

戴氏不肯空談知行合一。他很明白地主張「重行須先重知」。他説：

凡異説皆主於無欲，不求無蔽；重行，不先重知。四十。

聖人之言無非使人求其至當以見之行。求其至當，即先務於知也。凡去私不求去蔽，重行不先重知，非聖學也。四二。

聖賢之學由博學、審問、慎思、明辨，而後篤行，則行者行其人倫日用之不蔽者也。四十。

從知識學問入手，每事必求其「豁然使無餘蘊」，逐漸養成一個「能審察事情而準」的智慧，然後一切行爲自能「不惑於所行」。這是戴震的「一以貫之」。

（輯自臺灣版胡適文存）

戴震説的理及求理的方法

容肇祖

戴震(一七二四——一七七七)二百年的紀念,過去一年多了。胡適先生説,「思想的透闢,氣魄的偉大,二百年來,戴東原真成獨霸」,這是不錯的。我以爲戴震説的理及求理的方法,是戴學的精髓,所以使戴震在中國哲學史上站立了一個頂重要的位置的原因。這篇文,就是專論這一點,溯其源流,並及其所激起的反動。間或評論得失,本諸一得之見,願識者教之。

一、戴震説理的著作

凡是説一個人的思想,必先要知道他一生的著作的次第先後。從著作的次第先後,有以見他的思想變遷,然後可以討論他的哲學。個人思想的變遷,有時由駁雜入純粹,也有時由純粹入駁雜;因乎個人環境的影響,心力的發展,而思想也許隨年月的先後而有不同。戴震的思想,從下列的三部書中,可以見出:

原善三章(一七五三——一七六三)。一七六六年次成三卷。

緒言三卷(一七六五——一七七二)。

孟子字義疏證三卷(一七七六——一七七七)。

此外，散見於戴東原集。（有二種本子：一爲孔氏微波榭刻戴氏遺書本，十卷；一爲段氏經韻樓叢書本，十二卷，附有段玉裁著戴東原先生年譜及覆校札記）

原善，上中下三篇，段玉裁説是「癸未（一七六三）以前，癸酉（一七五三）、甲戌以後十年内作。」戴氏年譜十四頁。蓋即戴震三四十歲間作。段又説：「先生嘗言作原善首篇成，樂不可言，喫飯亦別有甘味。」頁同上。可見此書爲戴震早年得意之作。段又説：「始先生作原善三篇，見於户部（孔繼涵）所刊文集中者也，玉裁既於癸未抄寫熟讀矣。至丙戌（一七六六），見先生援據經言，疏通證明之，仍以三章者分爲建首，比類合義，古賢聖之言理義舉不外乎是。」年譜三十六頁。

緒言和孟子字義疏證著作的先後，同是戴氏弟子，而程瑶田與段玉裁所見不同。他們的争辨，具見段玉裁答程易田丈書。（易田，即瑶田字。見段氏經韻樓集卷七，五十二—五十五頁）程説：「丙申（一七七六）影抄時，戴本首頁有『壬辰（一七七二）菊月寫本』六字。自壬辰至丙申，未嘗改竄。自丙申冬日南下，而戴君丁酉遽捐館矣。固知疏證非定本，緒言乃定本也。」程以爲戴氏先作疏證，後作緒言；緒言即由疏證改定而出之本。

段説：「竊揣此書創始於乙酉（一七六五）、丙戌，成於己丑（一七六九）朱方伯署中，是爲緒言。改定於丙申冬後，丁酉春前，是爲孟子字義疏證。」段氏證明疏證爲最後的定本，理由如下：

（一）師卒於丁酉五月廿七日。答彭允初書，幾五千言，暢言性理，有云「原善所指，加以孟子字義疏證反覆辨論，咸與足下之道截然殊致，叩之則不敢不出耳」。書作於殁前一月，見洪君榜所作行狀。是示彭允初者疏證，非緒言。又是年與玉裁書云：「僕生平著述之大，以孟子字義疏證爲第一，此正人心之要。今人無論正邪，盡以意見名之曰理，而禍斯民，故疏證不得不作。」……而作札之日乃四月廿四，距屬纊，才六十餘日耳……丁酉四月間與彭、段書，皆盛言疏證，是四月以前改定，自序可知。

（二）孔葓谷（繼涵）於師最爲親近，緒言果爲後定之本，葓谷斷無不知者，斷不憒憒舍其定本而刊其初稿……再檢丁小山丁未（一七八七）以後來札，亦祇言孟子字義疏證，不及緒言。且云：「得原善初稿二本，孟子字義疏證初稿一本，細細校勘，知孔刻之脱誤。」丁君亦於師處往來最熟者，乙未至丁酉，君皆在都門。倘緒言爲定本，而葓谷不刻，丁君必議之。然則小山亦知有疏證不知有緒言。

（三）緒言三卷：上卷自立説；中卷尊孟子；下卷駁告子、荀子、楊子、周、程、張、邵、朱、王文成諸子，及老、莊、釋氏。疏證亦三卷：上卷，理十五條；中卷，天道四條，性九條；下卷才三條，道四條，仁義禮智二條，誠二條，權五條。自仁義禮智二條以上，緒言言之，而誠，權二目則未之及。誠之一目，所以正程、朱説中庸「所以行之者一也」謂一爲誠之誤。權之一目，所以正程、朱説「一以貫之」之誤；言處事必有權以爲重輕之準，非是執理無權。程、朱之説，但執意見之理，不顧人情，此是執理無權也。二目補緒言之所未備；而二目以前諸條，取緒言删裁處，添補處，更換處，是三者皆大費鑪錘……且分列諸目，使學者讀之了然。雖辭意多同，而疏證尤爲百鍊之金，精鑿之米。且有自序一篇，説明用孟子字義爲目之故，而用韓子「求觀聖人之道必自孟子始」之語爲歸宿，戴氏隱然以道自任，上接孟子，意可見矣。

觀上段氏所持之理由，則緒言爲藁本，而疏證爲最後改定本，較爲可信。胡適先生説「疏證卷下末一段，是全書的結論——卷下目録中權五條，即權三條之訛，因這裏實得四條，而末一段不象是衹言權，實爲一篇的結論。有首序，有後序，爲最後之定本無疑」。這亦可證疏證爲戴氏晚年最後之作。鄙意以爲戴氏著原善，先有三章，然後援據經言，疏通證明，成爲三卷。則由緒言的自立説而改作解釋孟子字義，亦不爲不類。段玉裁序戴東原集説道：「始玉裁聞先生之緒論矣，其言曰：『有義理之學，有文章之學，有考覈之學。義理者，文章考覈之原也。熟乎義理，而後能考覈能文章。』玉裁竊以謂義理文章未有不由考覈而得者。」這裏可見，戴和段思想的不同，而段氏的衹能成就考覈的學問，也都爲此。而由戴氏的著作去看，則原善自三章而擴爲三卷，自緒言而易爲孟子字義疏證，俱是由於熟乎義理然後趨赴考覈的。從這裏可以知戴氏著作的先後，及其思想的變遷的緣故，而戴氏之真面目顯然可見。以下便述他所説的理。

二、理的解釋

戴震説的理，以爲「理」不是如程、朱所説的「如有物焉，得於天而具於心」。他以爲「理」是抽象的，是事物上的法則，是必然的——即科學上的定律。他解釋如下：

理，言乎其詳緻也。原善卷上。

凡物之質，皆有文理。（亦呼文縷，理縷，語之轉耳）粲然昭著曰文；循而分之，端緒不亂曰理。故理又訓分，而言治亦通曰理。緒言卷上，七頁。粵雅堂叢書本。

理者，察之而幾微必區以別之名也。是故謂之「分理」。在物之質曰「肌理」，曰「腠理」，曰「文理」。得其分，則有條而不紊，謂之條理。孟子字義疏證卷上，一頁。新印活字本。

他說的理，就是說在事物中所得的條理。他又說道：

舉凡天地人物事爲，虛以明夫不易之則曰理。所謂則者，匪自我爲之，求諸其物而已矣。詩曰：「天生烝民，有物有則，民之秉彝，好是懿德。」孔子曰：「爲此詩者其知道乎！」「故有物必有則；民之秉彝也，故好是懿德。」理也者，天下之民無日不秉持爲經常者也，是以云「民之秉彝」。凡言與行得理之謂懿德。得理非他，言之而已是，行之而當，爲得理；言之而非，行之而不當，爲失理。緒言卷上，八頁。

他以爲則，匪自我爲之，必求諸物，即科學上客觀的尋求於事物上之「法則」。又以爲理是天下之民無日不秉持爲經常，即人類行爲的定則。言行之得當與否，就是得理與失理的分別。

他以爲「理」是抽象的；不是實質的。宋儒看理「如有物焉，得於天而具於心」，就由於誤以抽象爲實質。他分析說道：

以字定名，有指其實體實事之名；有稱夫純美精好之名。如曰人，曰言，曰行，指其實體實事之名也；曰聖，曰賢，稱夫純美精好之名也。曰道，曰性，亦指其實體實事之名也。道有天道，人道。天道，陰陽五行是也；人道，人倫日用是也。曰善，曰理，亦稱夫純美精好之名也。曰中，曰命，在形象，在言語，指其實體實事之名也。在心思之審察，能見於不可易，不可踰，亦稱夫純美精好之名也。緒言卷上，二十七頁。

理，譬之中規中矩也，稱其純美精好之名也。實體實事罔非自然，而歸於必然，天地人物事爲之理得矣。自然之極則，是謂理。緒言卷下十一頁。

天地、人物、事爲，不聞無可言之理者也。詩曰「有物有則」是也。物者，指其實體實事之名；則者，稱其純粹中正之名。實體實事罔非自然，而歸於必然，天地、人物、事爲之理得矣。夫天地之大，人物之蕃，事爲之委曲條分，苟得其理矣，如直者之中懸，平者之中水，圓者之中規，方者之中矩，然後推諸天下萬世而準。疏證卷上，十三頁。

這可以見他所説的理，是實體實事自然上必然的法則。他以爲這必然的法則，是人心的明白能够分别出來的，即人人所承認的必然的法則。他説道：

心得其常，耳目百體得其順，純懿中正，如是之謂理義。故理義非他，心之所同然也。何以同然？心之明之所止，於事情區以别焉，無幾微爽失，則理義以名。原善卷中。

他以爲理是可以由人自己去觀察出來，但是不能認主觀的意見爲理。他説道：

理義非他，可否之而當，是謂理義。然又（這二字，緒言作「聲色臭味之欲，察其可否，皆有不易之則。故理義者」二十字）非出心一意以可否之也。（緒言無這一字）若心出一意以可否之，何異强制之乎？是故就事物言，非事物之外別有義理也。（這十六字緒言作「因乎其事，得其不易之則，所謂」十二字）有物必有則，以其則正其物，如是而已矣。疏證卷上，八頁；緒言卷上，十九頁。

舉理以見心能區分；舉義以見心能裁斷。分之各有其不易之則，名曰理；如斯而宜，名曰義。是故明理者，明其區分也；精義者，精其裁斷也。不明往往界於疑似而生惑；不精往往雜於偏私而害道；求理義而智不足者也，故不可謂之理義。疏證卷上，三頁。

程、朱分性爲氣質之性與義理之性兩部分，把理欲的界限劃開，所謂「不出於理則出於欲，則出於理」。戴震很是反對，說道：

循理者，非別有一事，曰此之謂理，與飲食男女之發乎情欲者分而爲二也；即此飲食男女，其行之而是爲循理，行之而非爲悖理而已矣。此理生於心知之明，宋儒視之爲一物，曰「不離乎氣質，而亦不雜乎氣質」，於是不得不與心知、血氣分而爲二，尊理而以心爲之舍。緒言卷下，十五——十六頁。

戴震蓋以爲理是生於心知之明，不是另有一物從天上掉下來的，是存乎情欲之中，必然而無憾的。他說道：

陰陽流行，其自然也。精言之，期於無憾，所謂理也。理非他，蓋其必然也。陰陽之期於無憾也，猶人之期於無失也。能無失者，其惟聖人乎！聖人而後盡乎人之理。盡乎人之理非他，人倫日用盡乎其必然而已矣。語陰陽而精言其理，猶語人而精言之至於聖人也。緒言卷上，五頁。他反對絶對推崇理性而排斥情欲的見解，以爲「理者，存乎欲者也」。「欲其物，理其則也。」疏證卷上，九頁。他更大膽的發表遂欲達情的主張，説道：

天下之事，使欲之得遂，情之得達，斯已矣。疏證卷下，三頁。

但是他並不是提倡縱欲任情的，要在情欲中求其無疵，求其不惑乎所行。欲，求其節而不窮；情，求其無過而無不及。他説道：

古者之言理也，就人之情欲求之，使其無疵之爲理。今之言理也，離人之情欲求之，使之忍而不顧之爲理。此理欲之辨，適以窮天下之人盡轉移爲欺僞之人，爲禍何可勝言哉！疏證卷下，二十三頁。

仁義禮智非他，不過懷生畏死、飲食、男女與夫感於物而動者之皆不可脱然無之以歸於静，歸於一，而恃人之心知異於禽獸，能不惑乎所行，即爲懿德耳。疏證卷中，九頁。

天理者節其欲而不窮人欲也。是故欲不可窮，非不可有。有而節之，使無過情無不及情，可謂之非天理乎？疏證卷上，十二頁。

他更從情的方面，下理的定義道：

理也者，情之不爽失也。疏證卷上，一頁。

在己與人皆謂之情，無過情無不及情之謂理。疏證卷上，二頁。

看上，可知他對於理的解釋了。以下説他的求理的方法。

三、求理的方法

從上可以見戴震對於理的解釋。他以爲理是事物上的條理，客觀上所得的事物的法則，故此他很重分析的研究。他説道：

> 事物之理，必就事物剖析至微而後理得。疏證卷下，十八頁。

這可見他是用着科學上分析的方法，去研究他所謂的理。

他很用政治與社會的眼光，看出了當日一般迂儒所説的理是不對，所用以求理的方法是不對，他説道：

> 君子或出或處，可以不見用，用必措天下於治安。宋已來儒者，以己之見，硬坐爲古聖賢立言之意，而語言文字實未之知。其於天下之事也，以己之所謂理，强斷行之，而事情原委隱曲實未能得，是以大道失而行事乖……自以於心無愧，而天下受其咎，其誰之咎？不知者且以躬行實踐之儒歸焉不疑……聖人之道，使天下無不達之情，求遂其欲而天下治。後儒不知情之至於纖微無憾是謂理，而其所謂理者，同於酷吏之所謂法，酷吏以法殺人，後儒以理殺人……古人之學在行事，在通民之欲，體民之情，故學成而民賴以生。後儒冥心求理，其繩以理，嚴於商、韓之法，故學成而民情不知，天下自此多迂儒。戴集九，與某書，經韻樓叢書本。

他既覺得「以己之所謂理强斷行之」是不對；「冥心求理」是不對。他從根本上找出當日一般人的病源，然後提出他所自得的求理的二種方法；説道：

人之不盡其才，患二：曰私，曰蔽。私也者，生於其心爲溺，發於政爲黨，成於行爲慝，見於事爲悖爲欺；其究爲私己。蔽也者，其生於心爲惑，發於政爲偏，成於行爲謬，見於事爲鑿爲愚；其究爲蔽之以己。鑿者其失誣；愚者其失爲固。誣而罔省，施之事亦爲固。私者之安若固然爲自暴；蔽者之不求牖於明爲自棄。自暴自棄，夫然後難與言善，是以卒之爲不善，非才之罪也。去私莫如强恕；解蔽莫如學。原善卷下。

强恕與學，爲戴震提出的二種求理的方法。他下面引書經説道：

無偏而無黨，則於天下之人大共以與之也。無黨矣而無偏，則於天下之事至明以辨之也。原善卷下。

可知他説的强恕，即是求大共以與之；學即是求至明以辨之。强恕與學，是戴震切身所得的求理的方法，他自述的説話，很可以用爲這二種方法的解釋。他答鄭丈用牧書道：

立身守二字，曰不苟；待人守二字，曰無憾。事事不苟，猶未能寡恥辱；念念無憾，猶未能免怨尤：此數十年得於行事者。其得於學：不以人蔽己，不以己自蔽；不爲一時之名，亦不期後世之名。戴集九，第十頁。

可見他所説的强恕的方法，即立身不苟與待人無憾。學的方法，即不以人蔽己，不以己自蔽。以下便分説這二種方法。

（甲）强恕

說他的求理的方法，可先說强恕。强恕二字的定義，是先要知道。强恕二字，他自己解釋道：

平所施謂之恕。

禮者，天則之所止，行乎人倫庶物，而天下共安於分無不盡，是故恕其屬也。

遂己之欲，亦私；遂人之欲，而仁不可勝用矣。快己之欲，忘人之欲，則私而不仁。以上皆見原善卷下。

戴震在四十四歲以前，對於强恕的方法，只是提出綱領，並未詳細解釋。到了他作孟子字義疏證時，便暢說出來了。但是對於恕字的定義，也微有點不同。他從前以爲「平所施謂之恕」，後來便說「以己推之則恕」。疏證卷上，二十頁。由這以己推之則恕的解釋，於是成立了一種所謂「以情絜情」的學說。他說的如下：

凡有所施於人，反躬而靜思之，「人以此施於我，能受之乎？」凡有所責於人，反躬而靜思之，「人以此責於我，能盡之乎？」以我絜之人，則理明。天理云者，言乎自然之分理也。自然之分理，以我之情絜人之情，而無不得其平是也。疏證卷上，一頁。

好惡既形，遂己之好惡，忘人之好惡，往往賊人以逞欲。反躬者，以人之逞其欲，思身受之之情也。情得其平，是爲好惡之節，是爲依乎天理。疏證卷上，二頁。

昔人知在己之意見不可以理名，而今人輕言之。夫以爲理爲如有物焉，得於天而具於心，未有不以意見當之者也。今使人任其意見則謬，使人自求其情則得。子貢問曰，「有一言而可以終身行之者乎？」子曰，「其恕乎——己所不欲，勿施於人。」大學言治國平天下，不過曰「所惡於上，毋以使下，所惡於下，無以事上」，以位之卑尊言也；「所惡於前，毋以先後，所惡於後，無以從前」，以長於我與我長言也；「所惡於右，無以交於左，所惡於左，毋以交於右」，以等於我言也。曰「所不欲」，曰「所惡」，不過人之常情，不言理而理盡於此。惟以情絜情，故其於事也，非心出一意見以處之。苟舍情求理，其所謂理，無非意見也。未有任其意見而不禍斯民者。疏證四—五頁。

以上是他的以情絜情的學說。這學說，即承襲我國傳習的道德上的見解，所謂「己所不欲，勿施於人」者而擴充之。蔡元培先生說道：

東原始以人之欲爲己之欲之界，以人之情爲己之情之界，與西洋功利派之倫理學所謂各人自由而以他人之自由爲界者同。中國倫理學史（三），第六十頁。

這話是不錯的。但是以情絜情的學説，是一種消極的道德。戴氏所謂「遂己之好惡，忘人之好惡，往往賊人以逞欲」，如果能用這以情絜情的方法去律己，當然可以免除這種弊病。這當然是很適用的。但是如果把以情絜情的方法，應用於積極的方面，以爲施於人的標準，這是有流弊的。因爲人的好惡不是一致的，斷不能以己之好惡，作爲他人的好惡的標準。如果以人以此施於我之能受，爲我施於人的標準，可是不無語病了。戴震以情絜情的學説，就是由於他的大前題「欲出於性，一人之欲，天下人之同欲也」疏證卷上，二頁。的謬誤。欲不是很簡單的東西，從細細的分析上去看，人的欲望，也有由於習慣的養成，不能是完全同一的。概言之，「人是同有欲的」，這是可以說；如果說「人是同所欲的」可就不對了。「遂己之好惡，忘人之好惡，往往賊人以逞欲」，即所謂侵犯他人的自由，這固然是不好；而施於人以己所能受者，亦不免有時流於困苦他人的毛病。則所謂「以情絜情而無爽失於行事」，當不易做到。

上述的「以情絜情」的學說，即戴氏「强恕」的學說之進一步，爲戴氏所說的二種求理方法之一。但是這種方法，戴氏在四十歲與未作疏證以前，是不大主張，而且以爲是不能離學而獨存，即說這方法是不能不靠學去補助。他說道：

忠信由於質美。聖賢論行，固以忠信忠恕（這二字，疏證删去）爲重。然如其質而見之行事，苟學不足，則失在知而行因之謬。雖其心無弗忠弗信弗恕，（此二字，疏證删去）而害道多矣。緒言卷中，十五頁；疏證卷下，十三頁。

他又說道：

聖人仁且智，其見之行事，無非仁也，無非禮義也。三者無憾，即大學所謂「止於至善」也。故仁與禮義，以之衡斷乎事，是爲知之盡；因而行之，則實之爲德行，而忠信忠恕更不待言。在下學如其材質所及，一以忠信忠恕行之，至於知之極其精，斯無不協於仁義。是以論語云「主忠信」。曾子曰：「夫子之道忠恕而已矣。」中庸曰：「忠恕違道不遠。」凡未至乎聖人，未可語於人，未能無憾於禮義，但盡其所知所能，謂之忠信忠恕可也。曰仁，曰誠，則聖人始足以當之，然而非有他也，忠信忠恕之極其量也。忠信忠恕能去私矣，仁與禮義必無或敝（敝，即蔽之誤，與私對舉）而後可以言之。躬行而知未盡，曰仁曰誠，未易幾也。緒言卷中，十五頁。這段與上文所引是同一段。疏證全删去，改爲「行之差謬不能知，徒自期於心無愧者，其人忠信而不好學往往出於此，可以見學與禮之重矣」數句。

看上面所述，一則説「苟學不足，則失在知而行因之謬」；又説「害道多」；又説「躬行而知未盡，曰仁曰誠未易幾」。可見戴震四十歲以前，對於恕的方法，不無微辭，蓋嫌其「躬行而知未盡」，而戴震之意重學，不大重强恕，可見。及後作疏證，則前之不滿於忠恕者，祇以歸之於忠信，而於恕則較爲推重，成立一種以情絜情的學説。他説道：

中庸曰「中恕違道不遠」；孟子曰，「强恕而行，求仁莫近焉」；蓋人能出於己者必忠，施於人者以恕，行事如此，雖有差失亦少矣。凡未至乎聖人，未可語於仁，未能無憾於禮義；如其才質所及，心知所明，謂之忠恕可也。聖人仁且智，其見之行事，無非仁，無非禮義，忠恕不足以名之；然而非有他也，忠恕至斯而極也。故曾子曰，「夫子之道，忠恕而已矣」。（原注：而已矣者，不足之辭，亦無更端之辭）下學而上達，然後能言此。疏證卷下，十九頁。

看上，則知他作疏證時對於忠恕二字，較之他作緒言時，更爲推重了。大概戴震的思想，有這樣的變遷，不外因乎兩種的原故：（一）由於他熟於義理然後去考覈，由考覈之所得，於是所受傳統學説的束縛愈牢。「夫子之道，忠恕而已矣」爲孔子門弟子之言，自不能不尊仰，於是以爲由忠恕之道足以盡人之理。（二）强恕或以情絜情的學説爲戴震對於政治上的不平等而發，越年愈久，感慨愈多，如説——

「今之治人者，視古賢聖體民之情，遂民之欲，多出於鄙細隱曲，不措諸意，不足爲怪。而及其責以理也，不難舉曠世之高節著於義而罪之。尊者以理責卑，長者以理責幼。貴者以理貴賤，雖失，謂之順；卑者，賤者以理爭之，雖得，謂之逆。於是下之人不能以天下之同情，天下所同欲，達之於上。上以理，責其下，而在下之罪，人人不勝指數。人死於法，猶有憐之者。死於理，其誰憐之？」（疏證卷下，十一頁。）

觀上，則戴震對於當日政治上不平等之感喟可見。章炳麟先生說道：

戴震生雍正末，見其詔令謫人，不以法律，顧摭取雒、閩儒言以相稽，覘司隱微，罪及燕語。九服非不寬也，而迺之以叢棘，令士民搖手觸禁，其盡傷深。震自幼爲賈販，轉運千里，復具知民生隱曲，而上無一言之惠。故發憤著原善、孟子字義疏證，專務平恕，爲臣民愬上天，明死於法可救，死於理即不可救。（釋戴。）

觀此，可見戴震立說的一種原故。戴氏因此而成立了他的「遂民之欲，達民之情」的政治哲學，這是他的强恕的學說最好的一點。劉光漢說道：

宋儒倡說，以權力之强弱，定名分之尊卑，於是情欲之外，別有所謂義理。三綱之說，中於民心，而君上之尊，遂無復起而抗之者矣。戴氏此言，本於樂記，力破宋儒之謬說，孔門恕字之精義，賴此僅存，不可謂非漢學之功也。」（中國民約精義卷三，三十三頁。）

這可說是能知戴氏立說的本意。

（乙）學

戴震以學爲求理的一種的方法，他以爲「解蔽莫如學」，又自以爲得於學的是「不以人蔽己，不以己自蔽」。他以爲「人之心知有明闇，當其明則不失，當其闇則有差謬之失」。疏證卷下，六頁。故此他以爲求理的方法，在擴充心知之明。他以爲學就是所以擴充心知之明，說道：

凡血氣之屬，皆有精爽。其心之精爽，鉅細不同。如火光之照物，光小者其照也近，所照者不謬也；所不照，斯（斯，疏證作「所」字，誤；緒言不誤。覩下文可明白）疑謬承之。不謬之謂得理。其光大者其照也遠，得理多而失理少。且不特遠近也（也，緒言作「而已」二字）光之及，又有明闇，故於物有察有不察，察者盡其實，不察斯疑謬承之。（緒言這裏多「同乎不照」四字）疑謬之謂失理。失理者，限於質之昧，所謂愚也。惟學可以增益其不足而進於智。益之不已，至乎其極，如日月有明，容光必照，則聖人矣。此中庸「雖愚必明」，孟子「擴而充之」之謂。（這十六字緒言沒有）聖人神明之盛也，其於事靡不得理，斯仁義禮智全矣。（這七字緒言作「理」）義非他，所照所察者之不謬（緒言這二字作「當否」）也。何以不謬（這二字緒言作「得其當否」四字），心之神明也。疏證卷上，六頁；緒言卷中，十七頁。

人之相去遠近明昧，其大較也。學，則就其昧焉者牖之明而已矣。疏證卷中，十一頁；緒言卷中，十八頁。

人之初生，不食則死；人之幼稚，不學則愚。食以養其生，充之使長；學以養其良，充之至於賢人（這二字，緒言沒有）聖人，其故一也。疏證卷下，五頁；緒言卷中，十一頁。

他以爲學所以擴充心知之明，即所以爲行的地步。他是有一種實用主義，以爲空談心性是不可，即重行不重知亦不可。必得要由博學、審問、慎思、明辨而後篤行。他反對空談心性的玄學，説道：

老聃、莊周、告子、釋氏以自然爲宗，不知性之區別，而徒貴其神，去其情欲之能害是者，即以爲已足，與聖賢之由博學、審問、慎思、明辨以求牖於明者異，是故斷之爲異説，不得同於荀子也。緒言卷下，十一頁。

聖賢之學，由博學、審問、慎思、明辨而後篤行。則行者，行其人倫日用之不蔽者也，非如彼之舍人倫日用以無欲爲能篤行也。疏證卷下，十七頁。

他反對重行不重知，以爲知是很要緊，必需使心之明至於辨察事情而準，方爲得理。他説道：

聖人之言，無非使人求其至當以見之行。求其至當，即先務於知也。凡去私不求去蔽，重行不先重知，非聖學也。孟子曰：「執中無權，猶執一也。」權所以別輕重，謂心之明至於辨察事情而準，故曰權。學至是，一以貫之矣，意見之偏除矣。疏證卷下，二十一頁。

他又説道：

聞見不可不廣，而務在能明於心。一事豁然，使無餘蘊，更一事而亦如是。久之，心知之明，進於聖智，雖未舉之事，豈足以窮其智哉？……心精於道，自無弗貫通，非多學而識所能盡；苟徒識其迹，將日逐於多，適見其不足……六經、孔、孟之書，語行之約，務在修身而已；語知之約，致其心之明而已。未有空指一而使人知之求之者。致其心之明，自能權度事情無幾微差失，又焉用知一求一哉？疏證卷下，十九—二十頁。

這可見他説的學，即是去蔽，即是求致心知之明。他以爲學是所以致心知之明的萬應良方，但是食古不化的，非自得的學，則不能益吾之智勇。他説道：

就人言之，有血氣則有心知；有心知，雖自聖人而下，明昧各殊，皆可學以牖其昧而進於明。疏證卷上，十九頁。

人之血氣心知本乎陰陽五行者（這五字，緒言作「天也者」三字），性也。如血氣資飲食以養，其化也，即爲我之血氣，非復所飲食之物矣。心知之資於問學，其自得之也亦然（這二字，緒言作「即爲我之心知」五字）。以血氣言，昔者弱而今者强，是血氣之得其養也。以心知言，昔者狹小而今也廣大，昔者闇昧而今也明察，是心知之得其養也，故曰「雖愚必明」（這五字緒言没有）。人之血氣心知，其天定（這三字緒言作「本乎天」）者往往不齊；得養不得養遂（這一字，緒言作「則」）至於大異。苟知（這二字緒言作「人之」）問學猶飲食，則貴其化，不貴其不化。記問之學，入（緒言作「食」）而不化者（這一字，緒言没有）也。自得之，則居之安，資之深，取之左右逢其源。（這裏，緒言有「化而爲我之心知也。大致善識善記，各如其質。昔云『魂强善識，魄强善記』。凡資於外以養者，皆由於耳目鼻口，而魄强則能記憶，此屬之魄者存之已爾。至於無取乎記憶問學，所得非心受之而已。乃化爲我之心知」）我之心知，極而至乎聖人之神明矣。疏證卷上，八—九頁；緒言卷下，十七—十八頁。

學以牖吾心知，猶飲食以養吾血氣。「雖愚必明，雖柔必强。」可知學不足以益吾之智勇，非自得之學也。戴集卷九，與某書。

戴震以學爲求理的方法，就是以學爲足以去蔽，足以擴充心知之明，去明白事情，他説道：

夫事至而應者心也。心有所蔽，則於事情未之能得，又安能得理乎？疏證卷上，九頁。

又以爲「人之材質有等差，是以重問學，貴擴充」。疏證卷上，十六頁。又説道「凡學未至貫本末，徹精粗，徒以意衡量，就令載籍極博，猶所謂思而不學則殆」。戴集卷九，與任孝廉幼植書。故此，他對於學，是應用科學的方法去研究事物，以爲「事物之理，必就事物剖析至微而後理得」。他的研究的方法，是很精細的，從他治經的方法中可以見出；他説道：

凡僕所以尋求於遺經，懼聖人之緒言闇汶於後世也。然尋求而獲，有十分之見，有未至十分之見：所謂十分之見，必徵之古而靡不條貫，合諸道而不留餘議，鉅細畢究，本末兼察；若夫依於傳聞以擬其是，擇於衆説以裁其優，出於空言以定其論，據於孤證以信其通，雖溯流可以知源，不目睹淵泉所導，循根可以達杪，不手披枝肆所歧，皆未至十分之見也——以此治經，失不知爲不知之意，而徒增一惑以滋識者之辨之也……既深思自得而近之矣；然後知孰爲十分之見，孰爲未至十分之見。如繩繩木，昔以爲直者，其曲於是可見也；如水準地，昔以爲平者，其坳於是可見也。夫然後傳其信不傳其疑；疑則闕，庶幾治經不害。戴集卷九，與姚姬傳書。

梁啓超先生謂「其所謂十分之見與未至十分之見者，即科學家定理與假説之分」。清代學術概論，六十頁。

可謂能知戴氏者。觀此，很可以知清代的「樸學」，確有「科學」的精神。

上述戴震所説的兩種求理的方法。戴震雖則是以爲「以情絜情」是可以得理，但是他又説「凡去私不求去蔽，重行不先重知，非聖學也」，可見他仍是偏重於學，於求知的。他以爲「强恕以去私，學以去蔽」可見兩種求理的方法，是並行不悖，互相補助的。他是反對學人冥心求理，「自以爲得理而所執之實謬」的一種人，以爲這是蔽而不明，故此很偏重於學的一方面。他説道：「舍乎道問學，則惡可命之尊德性乎？」（戴集卷九，與是仲明論學書。）他的意思可見。

四、戴震學説的淵源

戴震的學説，多淵源於荀子。戴震説「解蔽莫如學」，而荀卿則有解蔽篇，又有勸學篇爲荀子一書的冠首。戴震之説荀子，有云：

荀子非不知人之可以爲聖人也。（這八字，緒言作「義理爲人心之同然也」九字）其言性惡也，曰：「塗之人可以爲禹。」「塗之人皆内可以知父子之義，外可以知君臣之正。其可以知之質，（這一字，緒言作「實」）可以能之具，在塗之人可以爲禹明矣。」「使塗之人伏術爲學，專心一志，思慮熟察，加日懸久，積善而不息，則通於神明，參於天地矣。故聖人者，人之所積而致也。聖可積而致，然而皆不可積，何也？可以而不可使也。」「塗之人可以爲禹則然，塗之人能爲禹，未必然也。雖不能爲禹，無害可以爲禹。」此於性善之説，不惟不相悖，而且若相發明。終斷之曰：「足可以偏行天下，然而未嘗有能偏行天下者也。」「能不能之與可不可，其不同遠矣。」蓋荀子之見，歸重於學而不知性之全體，其言出於尊聖人，出於重學崇禮義。首之以勸學篇，有曰：「誦數以貫之，思索以通之，爲其人以處之，除其害者以持養之。」又曰：「積善成德，神明自得，聖心循焉。」荀子之善言學如是。（是，緒言作「此」）且所謂通於神明，參於天地者，又知禮義之極致，聖人與天地合其德在是。聖人復起，豈能易其言哉？疏證卷中，十二頁；緒言卷中，一、二頁。

他對於荀子，一則曰「此於性善之說不惟不相悖，而且若相發明」，一則曰「善言學」，一則曰「聖人復起豈能易其言」，則他的言學的淵源於荀子可見。

章炳麟先生謂「以欲當爲理者，莫察乎孫卿」。因舉荀子正名篇，以見戴震學説之所從出，以爲「極震所議，與孫卿若合符，以孫卿言性惡，與震意拂，故解而赴原善。」釋戴。可謂善能知戴氏者。

戴震的思想，是由程、朱、陸、王的末流而起的反動。他是反對冥心求理的一個人。他的思想的淵源，梁啓超先生説「有一部分是受顏、李學派的影響而成」。他説戴氏受顏、李派影響的綫索：一，以爲是從方家子弟中，間接聽見顏、李的緒論（戴集中有與方希原書）；二，以爲從是仲明，或他的門下，於顏、李的學説有所聞（戴集有與是仲明論學書）；三，以爲戴氏可以從程綿莊和程魚門的關係上得聞顏、李學説，乃至得見顏、李的書（因魚門與綿莊與東原俱有交情）。（詳見梁啓超先生著東原哲學，十八、十九頁，戴東原二百年生日紀念論文集）這些證據，雖不完全。而顏元（一六三五—一七〇四）解「理」字説「理者，木中紋理也，其中原有條理。」（四書正誤卷六十四頁，四存學會本）李塨（一六五九——一七三三）說：「事有條理，曰理即在事中……理，虚字也，可爲物乎？天事曰天理，人事曰人理，物事曰物理。詩曰『有物有則』，離事物何所爲理乎？」（論語傳注問，二十六頁）又說，「聖經言道，皆屬虚字，無在陰陽倫常之外，而别有一物曰道曰理者。」論語傳注問，二頁。這些說理，與戴震所言，俱皆相合，則戴震之與顔、李學說，當不無關係。但是戴震說求理的方法，注重於學以去蔽，則又非顔、李之所能及，不得以爲盡出於顔、李。

五、戴震學說的後繼

戴震爲漢學家的巨擘，他的訓詁之學，不乏傳人，如段玉裁，如王念孫、引之父子；典章之學，則有任大椿；獨義理之學，則於諸弟子中，幾成絶響。當時祇有一洪榜，讀戴氏所作孟子字義疏證，以爲功不在禹下。洪撰東原氏行狀，載與彭進士尺木書，朱筠見之，以爲可不必載。洪有上朱笥河書，力爲戴氏申辨。江藩作漢學師承記，嘆曰，「洪君可謂衛道之儒矣。」但是洪榜早死（卒年三十五），於戴氏之學未能有所發揮，而觀其所作上朱笥河書，則門户之見多於闡述之言，祇有「使後之學者，無馳心於高妙而明察於人倫庶物之間，必自戴氏始」一句稍爲膚切。見漢學師承記卷六。這樣看去，則洪氏仍未足爲戴氏真正的傳人。

除戴氏弟子外，私淑於戴氏而足爲戴氏說理方面的傳人者，爲江都焦循（一七六三——一八二〇）。他作有申戴一篇，斥王惕甫借戴氏臨終之言，以厚誣戴氏之非，以爲戴氏臨終之言「所謂『義理之學可以養心』者，即東原自得之義理，非講學家西銘、太極之義理也」。他又説道：

> 吾於東原臨殁之言，知其生平所得力，而精魄所屬，專在孟子字義疏證一書，其他讀書不記者，非所自得也。雕菰樓集卷七，申戴。

足證爲能知戴氏者。

焦循既深服膺於戴氏，故他所著的孟子正義，多採戴震之説，復作論語通釋一卷，即仿戴氏的孟子字義疏證而作。他的論語通釋自序，説道：

> 循嘗善東原戴氏作孟子字義疏證，於理、道、天命、性、情之名，揭而明之若天日，而惜其於孔子一貫忠恕之説，未及闡發。數十年來，每以孔子之言，參孔子之言，且私淑孔子而得其旨者莫如孟子，復以孟子之言參之，既佐以易、詩、春秋、禮記之書，或旁及荀卿、董仲舒、揚雄、班固之説，而知聖人之道，惟在仁恕。仁恕則爲聖人，不仁不恕則爲異端小道。所以格物，致知，誠意，正心，修身，齊家，治國，平天下，無不以此。故其道大，其事易。自小其器而從事於難，是己而非人，執一而廢百，詎孔子一貫之道哉？并見雕菰樓集，卷十六。

看上，可知，焦循是偏重於恕的一方面，即所謂「聖人之道惟在仁恕」是本來戴震説的求理的方法，是分强恕與學二方面，而戴氏的意思是側重在學，到焦循則學的方面不大注意，而側重於恕的一方面。雖然焦循説的仁恕一貫，時有比戴震更精到的地方，但是戴氏的求理的方法，到焦循手裏，可説是祇得一半。他有格物解三篇，很足表見他的學説，如下：

格物者何？絜矩也。格之言來也；物者對乎己之稱也……己所不欲，勿施於人，則足以格人之所惡；己欲立而立人，己欲達而達人，則足以格人之所好。爲民父母，不過民之所好好之，民之所惡惡之，用之於家則家齊，用之於國則國治，用之於天下則天下平。物格則知所好惡。誠意者，誠此好惡也。故曰「如好好色，如惡惡臭」，「好而知其惡，惡而知其美」，能格物以致知也。「人莫知其子之惡，莫知其苗之碩」，不能格物以致知也。故格物者，絜矩也。絜矩者，恕也。「所藏乎身不恕而能喻諸人者，未之有也」。不能格物，則所藏乎身不恕矣。雕菰樓集卷九，格物解一。

「飲食男女，人之大欲存焉」。聖人於己之有夫婦也，因而知人亦欲有夫婦；於己之有飲食也，因而知人亦欲有飲食安飽。先以及父兄，因以及妻子。人人親其親，長其長而天下平矣。於是與人相接也，以我之所欲所惡，推之於彼；彼亦以彼之所欲所惡推之於我。各行其恕，自相讓而不相争，相愛而不相害，平天下所以在絜矩之道也。孟子稱公劉好貨，太王好色，與百姓同之，使有積倉而無怨曠，此伏羲、神農、黄帝、堯、舜以來修己安天下之大道。若必屏妃妾，減服食，而於百姓之饑食仳離漠不關心，是克伐怨欲不行，苦心潔身之士，孔子所謂難而非人者也。絶己之欲，不能通天下之志，物不可格也。格物解二。

感於物而動，性之欲也。故格物不外乎欲己與人同此性，即同此欲。舍欲則不可以感通乎人；惟本乎欲以爲感通之具，而欲乃可窒。人有玉而吾愛之，欲也。若推夫人之愛玉亦如己之愛玉，則攘奪之心息矣。能推則欲由欲寡，不能推則欲由欲多。不知格物之學，不能相推，而徒日遏其欲，且以教人日遏其欲，天下之欲可遏乎哉？（格物解三。）看上，可見焦循的思想，是從戴震的學說，所謂「强恕以去私」，所謂「以情絜情」而出。但是焦循的學說，很有能補戴氏「以情絜情」的學說之流弊者，他說道：

孟子曰「物之不齊，物之情也」。雖其不齊，則不得以己之性情，例諸天下之性情，即不得執己之所習所學所知所能，例諸天下之所習所學所知所能。故有聖人所不知而人知之，聖人所不能而人能之。知己有所欲，人亦各有所欲；己有所能，人亦各有所能……多識於己，而又思以通之於人，此忠恕也，此一貫之學也。（一以貫之解，雕菰樓集卷九；論語通釋，四頁，字句微異。）

焦循的學說，看看上文所引，可知他是對於戴震的强恕的學說很了解，而且他所說的「不得以己之性情例諸天下之性情，即不得執己之所習所學所知所能，例諸天下之所習所學所知所能」，是很能免去「以情絜情」的學說的流弊。而所謂「多識於己，而又思以通於人，此忠恕也」，是很能把忠恕說到妥當的地位。總言之，焦循的對於求理的方法，爲得戴氏學說之一半。戴氏的精神是偏重於求知；而焦氏的精神則偏重在達情。焦循有云，「聖人之道，日新而不已，譬諸天度，愈久而愈精，各竭其聰明才智以造於微，以所知者著焉，不敢以爲述也，則庶幾其述者也。」（述難一，雕菰樓集卷七。）焦循於戴氏强恕的學說，可謂善述，惜乎其於「學以去蔽」的學說，未能更有所發明。

六、戴震學説的反動

程、朱的末流弄壞了，便是死守朱子傳注、不去即物窮理的迂儒；陸、王的末流，便是高談心性，空疏而不去做學問。戴震是主張「舍乎道問學，惡可命之尊德性」的一種人，不特要打倒陸、王的高談德性一派，連程、朱的排斥情欲主義也要打倒。我國的思想界，自宋、明以後，排斥情欲，高談心性，已成爲正統派的思想。到明亡以後，思想界便生變異，然程、朱派與陸、王派，猶能各有傳人，固守殘壘。到戴震的説理一出，於是不能不有種種的反動，下文約略分别叙説。

對於戴震的學説，而起反動者，分陸、王派與程、朱派二種。而程、朱派中又各有不同。兹先述陸、王派的反動。

與戴氏同時而互相辨難者爲彭紹升（一七四〇——一七九六）。戴氏卒前一月有與彭允初書，而彭所著之二林居集有與戴東原書。彭蓋近於陸、王一派，對於佛教有很深的信仰，而欲融會儒佛於一爐者。彭的思想，淵源於高攀龍，他説道：

高子之言格物，以性善爲宗；言主敬，以胸中無絲豪事爲本。其善發程、朱以藴以契思、孟之傳者與？二林居集卷二，四頁；讀高子書。

彭與戴的分别，一是尊德性，一是道問學，各走極端，自然各不相下。彭與戴東原書，亦不外乎這種的争辨。他説道：

天命不外乎人心，天道不外乎人事，是故離人而言天不可也，是二書之所極論也（二書，指原善與孟子字義疏證）。或其外徇於形名，内錮於意見，分別追求，役役焉執筌蹏爲至道，而日遠乎無聲無臭之本。然不知天，其何以知人？是故外天而言人不可也，程伯子云：「天人本無二，不必言合。」一語之下，全體洞然，殆二書所未及察也……又曰「老、莊尚無欲，君子尚無蔽」，似亦未盡。無欲則誠，誠則明；無蔽則明，明則誠。未有誠而不明，明而不誠者也。其謂「君子之欲也，使一於道義」，夫一於道義，則無欲矣。程伯子云：「天地之常心，普萬物而無心；聖人之常情，順萬事而無情。故君子之學，莫若廓然而大公，物來而順應。」無欲之旨，蓋在於是，固非必杜耳目絕心慮而後乃爲無欲也……疏證以朱子「復其初」之云，本莊周書而訾之，以爲「德性資於學問，進而聖智，非復其初明矣」。是謂德性不足以盡道，必以學問加之，則德性亦不足尊矣。夫學問非有加於德性也，蘄有以盡乎其量而已。盡乎其量，則聖智矣。故曰「堯、舜性之也，湯、武反之也」，明其無所加也。反之者，復其初之謂也……合觀二書之旨所痛攻力闢者，尤在「以理爲如有物焉，得於天而具於心」，謂涉於二氏。先儒語病，則不無。然外心以求理，陽明王子已明斥其非矣。將欲避真宰真空之説，謂「離物無則，離形色無天性」，以之破執可也，據爲定論，則實有未盡。以鄙意言之，離則無物，離天性無形色。何也？物譬之方員，則譬之規矩，未有舍規矩而爲方員者也。舍規矩而爲方員，則無方員矣。形色譬之波，性譬之水，未有舍水而求波者也。舍水而求波，則無波矣。於此欠分明，則於易所謂「神」，詩所謂「上天之載」，皆將遷就以傅吾之説，而先聖之微言滋益晦，其究也，使人逐物而遺則，徇形色，薄天性，其害不細。二林居集卷三，十七、十八頁。

這書是對於戴氏的學説提出駁議的。戴氏有答彭進士允初書，洋洋數千言，就是爲駁覆這書而發。戴氏自認爲與彭的見地根本不同，説道：

今賜書有引爲同，有别爲異，在僕乃謂盡異，無毫髮之同。

戴氏答彭書，既對他的駁議逐條細辨，復向彭氏説道：「非語言之能空論也，宜還而體會六經、孔、孟之書，本文云何？」戴氏是經學考證家，自然易將彭氏的根據打破。他解釋詩「上天之載，無聲無臭」，既廣爲援證，復解説道：

夫晝日當空，何嘗有聲有臭以令人知？而疇不知之，不可引「上天之載無聲無臭」以言其至乎。

他又示之欲與情、理的解釋道：

在宋儒惑於老、釋無欲之説，謂「義亦我所欲」，爲道心，爲天理；餘皆爲人心，爲人欲。欲者，有生則願遂其生，而備其休嘉者也；情者，有親疏長幼卑尊，感而發於自然者也；理者，盡乎情欲之微，而區以别焉，使順而達，各如其分寸毫釐之謂也。欲不患其不及而患其過，過者狃於私而忘乎人，其心慝，其行溺，故孟子曰，「養心莫善於寡欲」。情之當也，患其不及而亦勿使之過；未當也，不惟患其過，而務自省以救其失。欲不流於私則仁；不溺於爲慝則義；情發而中節則和：如是之謂天理。情欲未動，湛然無失，是爲天性。非天性自天性，情欲自情欲，天理自天理也。

戴氏既於彭氏之説，詳爲辯論，復究尋彭氏之所宗主，而判之曰：

莊子所謂「復其初」，釋氏所謂「本來面目」，陽明所謂「良知之體」，不過守己自足，既自足必自大，其去中庸「擇善固執」，「博學、審問、慎思、明辨、篤行」，何啻千萬里。

又說道：

足下所主者老、莊、佛、陸、王之道，而所稱引盡六經、孔、孟、程、朱之言。誠愛其實乎？則其實遠於此。如誤以老、莊、佛、陸、王之實爲其實，則彼之言深切著明，而此費遷就傅合，何不示以親切著明者也？誠借其名乎？則田王孫之門，猶有梁丘賀在。戴東原集，卷八。

看上，可見戴氏對於彭氏的學說，很能看出他的弱點。本來尊德性一派的學說，都不免帶有佛教的色彩，而冒掛着儒家的招牌，戴氏是很能看出。彭與戴學說的不同，好象歐洲哲學史上理性主義與經驗主義的分別。戴氏以爲人性有偏全、厚薄、清濁、分明的不齊，必得要由博學、審問、慎思、明辨、篤行，以漸漸擴充人的智慧；彭氏以爲性是完全自足的，天賦的，學問只不過是用來回復性的本來面目，使之盡量回復。這即尊德性與道問學二者之分。戴氏恐人由尊德性之故，不去做學問工夫，借尊德性的名目去偷懶，故此很是排斥這一路，看他所說的「不過守己自足，既自足必自大，其去中庸擇善固執，博學、審問、慎思、明辨、篤行，何啻千萬里」之言可見。戴氏答彭書後，一月即卒，彭氏亦再沒有覆書。戴氏的根據充實，詞鋒犀利，可說是很能把陸、王一派的攻擊打倒。但是戴氏卒後，攻擊戴氏的學說者不是陸、王一派，而是爲程、朱辨護的一派人，以下再爲分述。

上述的爲陸、王派的反動，這裏以下述說程、朱派的反動。本來程、朱學派到後來分有二種：一爲主敬派；一爲致知派。主敬派便以爲「自考亭以還，斯道已大明，無煩著作，直須躬行耳」。明儒薛瑄語。這派的人，很有抱着信仰程、朱的觀念，去躲懶不做工夫。另一派爲致知派的人，便做着「即物而窮其理」的工夫，專一去從事於學問的事業。到王守仁輩出，程、朱的正統被王門學派奪去。到清，則考證學派興。後來的考證學派便成爲正統派，即所謂乾、嘉學派。考證學派，本來是很近於程、朱之後的致知派。而程、朱的思想，因制科的關係，早已深入人心，雖有一些學者昌言反對，但總不敵時下流行的勢力。故當時很有一些做經學考證學問的人，耳濡目染於程、朱的思想，以爲程、朱學説是不容反對的；也有一些做學問工夫的人，承致知派的遺風，自命爲朱學嫡派；也有一些文人，本「文以載道」的見解，依託附庸於程、朱，自以爲程、朱派的衛道功臣。以下便分述這三種人對於戴氏學説的反動。

朱筠（一七二九—一七八一）爲經學兼小學家，與戴震有賓主之誼，然於戴震死後，對於戴氏的説理已不無微言。所謂「性無天道不可得聞，何圖更於程、朱之外，復有論説乎」之言，（見江藩漢學師承記卷六，八頁。）直與明儒薛瑄所謂「自考亭以還，斯道已大明，無煩著作，直須躬行耳」相類，實爲一種頑固的説話。朱筠雖爲經學家，然受時下崇拜程、朱傳注的風氣之影響很深，自難破除。

其次則有程晉芳（一七一八—一七八四），本是一位文學家，及官京師，與朱筠、戴震游，乃治經，究心訓故，故亦爲經學家。他著有正學論七篇，爲程、朱一派作辯護，很不免帶有頭巾氣。他的正學論第二篇有爲戴氏而發者，他説道：

近有人謂「孔子不輕言性，而宋儒好言性」，以此爲異於孔氏之學。又謂「人之爲人，情而已矣;聖人之教人也,順乎情而已矣。尊性而卑情,即二氏之術也」。夫子「罕言性」,非不言也。「夫子言性與天道不可得聞」,則亦有時而聞也。易曰「窮理盡性以至於命」,此非孔氏之書乎?孔子三傳而中庸出焉,四傳而孟子出焉,言性言天,不一而足,不指爲程、朱之開先,而轉咎程、朱爲創始乎?且所謂情者,何也?使喜怒哀樂發皆中節,則依然情之本乎性者也。如曰吾情有不得已者,順之勿抑之,則嗜慾横決,非始於情之不得已乎?勉行堂文集卷一,四頁。

這是一種對於戴氏指理爲在情欲之中的反響。但是以嗜慾横決爲始於情之不得已以攻擊戴氏,則實爲未曾明瞭戴氏的學說。戴氏提倡即情欲中求理,並不是教人縱欲任情。他是教人在情欲中求其無疵,求其不惑乎所行。戴氏有說道:「天理者,節其欲而不窮人欲也。是故欲不可窮,非不可有。有而節之使無過情與不及情,可謂之非天理乎?」則所謂嗜慾横決,斷不是戴氏學說所有的毛病。

上述的一種人爲耳濡目染於程、朱的學說,以爲程、朱是不容反對的。這裏述的是一個在學問上很有切實的根底,承朱門下致知派的遺風,自命爲朱學嫡派的一種人。章學誠(一七三八——一八〇一)是一位史學大家,並且是戴震的朋友。他的文史通義裏有朱陸篇,即爲戴氏而作。他說道:

今人有薄朱氏之學者,即朱氏之數傳而後起者也。其與朱氏爲難,百倍於陸、王之末流,思更深於朱門之從學;充其所極,朱子不免先賢之畏後生矣。然究其承學,實自朱子數傳之後起也,其人亦不自知也……朱子求一貫於多學而識,寓約禮於博文;其事繁而密,其功實而難;雖朱子之所求,未敢必謂無失也。然沿其學者,一傳爲勉齋、九峰(黄幹、蔡沈),再傳而爲西山(真德秀)、鶴山（魏了翁）、東發（黄震）、厚齋（王應麟），三傳而爲仁山（金履祥）、白雲（許謙），四傳而爲潛溪（宋濂）、義烏（王禕），五傳而爲寧人（顧炎武）、百詩（閻若璩），則皆服古通經，學求其是，而非專己守殘，空言性命之流也……生乎今世，因聞寧人、百詩之風，上溯古今作述，有以心知其意：此則通經服古之緒，又嗣其音矣。無如其人慧過於識，而氣蕩乎志，反爲朱子詬病焉，則亦忘其所自矣。夫實學求是，與空談性天不同科也。考古易差，解經易失，如天象之難以一端盡也。曆象之學，後人必勝前人，勢使然也。因後人之密而貶羲、和，不知即羲、和之遺法也。今承朱氏數傳之後，所見出於前人，不知即前人之遺緒，是以後曆而貶羲、和也。

章氏這種論調，不特不排斥戴氏，而且引爲同調，以爲「即朱氏之數傳而後起者」。章之於戴，雖不無貶辭，而其實於戴氏的學問有相當的了解。他又説道：

凡戴君所學，究於名物制度而得其所以然，將以明道也。時人方貴博雅考訂，見其訓詁名物，有合時好，以爲戴之絶詣在此。及戴著論性、原善諸篇，於天人理氣，實有發先人所未發，時人則謂空説義理，可以無作。是固不知戴學者矣。朱陸篇書後。

從上看來，則章氏對於戴氏的説理，實爲戴氏的知己。但是戴氏的攻擊朱熹，則爲章氏之所最不喜歡。故章氏對於戴氏多貶辭，其間蓋不無門户之見。

除上述二種的反動外，尚有一派，本「文以載道」的見解，掛上程、朱的招牌，於是對於戴震的學説，亦起一種强有力之反動。桐城方東樹（一七七二——一八五一）就是一個最大的代表。方氏著有漢學商兑一書，專攻擊漢學，不免帶有「衛道」的偏見。雖對於漢學中的毛病，間有道著處，而所打倒的不是戴震的學說，祇是打中漢學家的末流。然方氏究竟爲文學家而不是哲學家，（張之洞國朝著述諸家姓名略列之古文家而不列之理學家，實爲確有所見。）其攻擊戴氏學説之處，多皮傅影響之談，而且自立壁壘不堅，每每流於武斷。他反對戴震的學説，説道：

案程、朱以己之意見不出於私乃爲合乎天理，其義至精至正至明，何謂以意見殺人？如戴氏所申，當體民之情，遂民之欲，則彼民之情，彼民之欲，非彼民之意見乎？夫以在我之意見不出於私，合乎天理者不可信，而信彼民之情之欲，當一切體之遂之，是爲得理。罔氣亂道，但取與程、朱爲難而不顧，此爲大亂之道也。程、朱所以有大功於聖道者，以其認理最真，辨理最精，而惟恐學者誤執意見以爲理也，所以能紹孔、孟之傳，而有大功於世政在此。今戴氏反即以其所精辨者（原注：意見不出於私爲理。）而轉誣之；於其所用功而全力欲講去之者（原注：人欲。）而轉謂不當去。諸家著書，紛然祖述，益推而衍之，以蔑理爲宗，此所謂「讒説殄行，震驚朕師」者也。漢學商兑卷中之上，十九頁。

他又説道：

按情之至於纖悉而無憾是爲理，此是理之極至大通處，自古聖人之心在是，聖人之政即在是，堯、舜、禹、湯、文、武、周公之所已行，孔、孟之所講求而欲行之者，舍是無他事。程、朱豈反不知？顧民之爲道也，生欲既遂，邪欲又生，苟不爲之品節政刑，以義理教之，則私妄熾，而驕奢淫佚，犯上作亂，争奪之禍起焉。聖人知其然，故養欲給求以遂其生，又繼之治教政刑以節其性。司徒之命，修道之教，學校之設，所以明民者，惟義理之用爲急。故曰「惟天生民有欲，無主乃亂」，「惟天生民時乂」。又曰「以義制事，以禮制心」，此所以能纖悉無憾也。今謂不當以義理爲教，而第惟民之欲是從，是率天下而亂也。不知何代何王，有此治法，殆莊、老過中，皇古之説，荒唐之言耳。（原注：如莊子在宥之説如是）然戴氏非能有老、莊元解，不過欲堅與程、朱立異，故其説惟取莊周言，尋其腠理而析之節者有間等語，解理字爲腠理，以闢程、朱無欲爲理之説，則亦仍不出訓詁小學伎倆。不知言各有所當，執一以解經，此漢學所以不通之膏肓錮疾，又肆之以無忌憚之言，以汩亂聖人之經教，所謂「生於其心，害於其事，作於其事，害於其政」者也。且程、朱所嚴辨理欲，指人主及學人心術邪正言之，乃最喫緊本務，與民情同然好惡之欲迥別。今移此混彼，妄援立説，謂當通遂其欲，不當繩之以理，言理則爲以意見殺人，此亘古未有之異端邪説，而天下方同然和之，以蔑理爲宗，而欲以易程、朱之統也。（漢學商兑卷中之上，二十頁。）

看上文所論，方氏之辨難，蓋未能對於戴氏的學説認清，而遽肆叫囂者，徒存先入之見，以爲門户之争，反唇相稽，亦衹不過自暴露其短而已。

此外對於戴震的學説而起反動者，則有唐鑑。唐爲程、朱之學，著國朝學案小識。他説戴震道：「先生本訓詁家，欲諱其不知義理，特著孟子字義疏證以詆程、朱。」以門户之見解，一筆抹殺戴氏義理之學，其立言更出方東樹下矣！

戴震的學説出後，他所引起的反動極多，而且自他死後，他的學説，除了焦循能得他的學説之一半外，更没有傳人。這雖是戴氏的失敗，然亦未嘗絶無所成就。一，從戴震以後，一般人知道注重於學，知道用科學的方法去研究學問。二，從戴震以後，排斥情欲主義已起人懷疑，引起一些人從情欲中去求理，去解決社會的問題。前者的結果，爲有清一代古學昌明的好成績，從王念孫、引之父子，以至後來的孫詒讓，現在的王國維先生，俱受有影響。後者，則在戴氏卒前二年生之俞正燮（一七七五——一八四〇）對於婦女問題很能就情欲中找出理：（一）著貞女説，以爲「婦女貞烈豈是男子榮耀」；（二）著節婦説，以爲「再嫁者不當非之，不再嫁者敬禮之」；（三）著妒非女人惡德論，以爲「妒在士君子爲惡德，謂女人妒爲惡德者，非通論也」，提倡一夫一妻的制度；（四）書舊唐書輿服志後，以爲「古有丁男丁女，裹足則失丁女，陰弱則兩儀不完」；又出古舞屣賤服，女賤則男賤」，反對女子的纏足。他的提倡婦女平等的見地，在情欲中求理，可説爲感受戴氏學説影響之最好的一個舉例。（以上所引，俱見癸巳類稿卷十三）謂俞氏爲感受戴氏學説的影響，雖没確證，然俞與戴同爲安徽人。又俞氏癸巳存稿有汪先生事輯逸（汪名廷榜）一篇，敘汪「晤戴震、李惇，與訂交，學益廣」。俞與汪相諗，於戴説當不無所聞。然而戴氏往矣！戴氏的學説，以今日的眼光看，他的注重强恕與學，或可稱爲今日注重教育與平等主義的先河。

十四年二月九日

（輯自國學季刊一九二五年第二卷一號）

戴東原的詩學

吴時英

導言

中國古經最難講的是易、詩、春秋，昔人所謂「易無達占，詩無達詁，春秋無達辭」。但詩雖無達詁，而辭句簡短，容易記誦，所以讀經者多喜從詩入手。清代學者皆治小學，常藉詩經中的訓詁、音韻作材料。因此清代的經師大半研究詩經。戴東原是集清學大成的人，小學尤爲精通。他所著的聲韻考、方言疏證……關於小學的書，常引詩作證，可知他對於詩很有一番研究。而且他不單就小學方面研究詩，對於詩經本身也很有獨到的見解。可惜他的詩經補註僅做到召南，使我們不能得到他的全部意見。不過僅就這二十五篇的註解，也很可以看出戴氏治詩的態度。再參考他的毛鄭詩考正和文集中幾篇短文，他治詩的方法，與對於詩的重要見解，都可以得到。現在正當戴先生誕生二百年的紀念，國中學者多肆力於戴學的研究，我也不自揣量，大膽把他的詩學介紹於學人。

戴東原時代的詩學

學者研究學問，常受時代的影響；無論是反動，是附合，都不能説與時代潮流無關。就以詩學而論，東漢以後毛傳、鄭箋盛行，説詩家皆以申毛述鄭爲職志。南宋以後，朱熹集傳爲一般學者所尊奉，於是發明集傳的著作也隨處皆是;反攻朱說的也有一二,這都是順時代潮流而產生的。我們要研究戴氏的詩,先也要知道當時詩學界的情況。

元、明兩朝以科舉取士,詩用朱子集傳。數百年來雖有少數擁毛、鄭者時懷反側,而多數學者都謹奉朱說無敢有異義,教授兒童也用集傳作讀本,如果不是專門研究詩經的人,簡直不知道毛傳、鄭箋是什麽,毛萇、鄭玄是何如人。詩學只有集傳獨霸一時,風行天下,幾乎成爲家喻户曉的聖經。

清初的學者力攻宋學,於詩也就不能不加非議。他們不主張以己意說詩,總要謹守小序,準依漢儒。他們詆集傳爲臆說,多從事考究名物,訓釋字義;時或流於意氣,雖一字一句都要力反朱傳。四庫總目說:

仲漢儒者,意亦不盡在於經義,憤宋儒之詆漢而已。各挾一不相下之心,而濟以不平之氣,激而過當,其勢然歟。(四庫總目詩類)

當時反動的情形,即此可以概見。

清代取士雖仍用朱說,而欽定的詩經傳說類彙、詩義析中已不盡採朱說,而參用小序與古注疏。四庫館臣多漢學家,他們對於詩左袒毛、鄭,排斥朱熹。四庫存目中屏而不録的詩類,大約是宗朱的著述,以己意說詩者屢遭詆疵。他們說:

宋鄭樵恃其才辯,無故而發難端。南渡諸儒始以掊擊毛、鄭爲能事……然朱子從鄭樵之說,不過攻小序耳,至於詩中訓詁用毛、鄭者居多。後儒不考古書……遂併毛、鄭而棄之。是非惟不知

毛、鄭爲何語，殆併朱子之傳亦不辨爲何語矣。（四庫總目毛詩正文）

先儒學問大抵淳實謹嚴，不敢放言高論。宋人學不逮古，而欲以識勝之，遂各以新意説詩……末流所極，至於王柏詩疑，乃併舉二南而删改之。儒者不肯信傳，其敝乃至於誣經，其究乃至於非聖，所由來漸矣。（四庫總目詩補傳）

王柏也是以新意説詩的宋人之一，他以爲野有死麕是淫詩，不應列於正經的召南，毅然删去。又以何彼穠矣篇中有「平王之孫」一語，斷定這篇詩作於東遷以後。甘棠追美召伯，也不是周初的詩，一併移入王風。他這種辦法當然無謂，不過也算一種見解。四庫館臣卻對於他深惡痛絶，時加辱罵。歐陽修是最初廢序説詩的人，四庫館臣懾於他的大名，不敢謗議，便在他著的詩本義項下借題發揮道：

自唐以來，説詩者莫敢議毛、鄭，雖老師宿儒亦謹守小序。至宋而新義日增，舊説俱廢。推原所始，實發於修。然……修作是書，本出於和氣平心……未嘗輕議二家（毛、鄭）……後之學者或務立新奇，自矜神解，則變本加厲之過，固不得以濫觴之咎，歸於修矣。

朝廷編纂的御書對於毛、鄭詩説這般擁護，自然毛、鄭的研究變作時髦的事情，大家都不敢自外，恰如現在治國學者研究戴學一樣。

但自清初至戴氏的時候，詩學界的大勢雖然是擁毛攻朱，詳細考察起來，卻有不同的兩派。第一派對於朱子集傳施以强烈的攻擊，特別標出擁毛的旗幟。這一派中的重要人物是朱鶴齡、陳啓源、閻若璩、毛奇齡、段玉裁諸人，可以稱作激烈派。

陳啓源的毛詩稽古録，排斥朱熹的説法，而兼及其他不遵傳説詩的人。詳證博引，壁壘森嚴，可推爲攻朱的主將。朱鶴齡的毛詩通義專以「通古序之義」爲目的，對於朱説也是排棄不遺餘力。閻若璩的毛朱詩説，毛奇齡的白鷺洲主客説詩、續詩傳鳥名多非難朱熹的話。奇齡更挾以意氣，吹毛求疵，不問事實，專以攻朱爲快，可以算攻朱的急先鋒。段玉裁寫定毛詩故訓傳，想把一切非毛之學逐出於詩學之外；尤其深惡朱傳，他在題辭裏很沈痛地宣言：

夫人而曰「治毛詩」，而所治者乃朱子詩傳，則非毛詩也……夫人而曰「治毛詩」，而有其名無其實。然則毛詩故訓傳三十卷之編，烏可以已也？

他們的强硬態度即此可以看出大概。後來陳奐的毛詩傳疏、胡承珙的毛詩後箋，更是謹守家法，非發明毛傳之言不言，毛學可算臻於極盛。

第二派主張調停朱、毛，折衷序、傳；雙方兼採不立門户。重要人物是惠周惕，嚴虞惇，范家相，姜炳璋，顧鎮等。他們可以稱作折衷派。

范家相的詩瀋、顧鎮的虞東學詩，都是兼採毛、朱，間附己意。嚴虞惇的讀詩質疑，首列詩序，後附毛傳、鄭箋、集傳的解説。姜炳璋的詩序廣義，以小序爲古序，以大序爲後人所續，雖不廢棄，卻把牠與小序分開。解詩也兼採兩家的意見。

不過這一派中除了惠周惕，其餘諸人雖意在調和，實則偏袒毛氏。他們解詩多以小序爲據，而以朱説爲參考。嚴虞惇的讀詩質疑把毛詩正文的序，朱熹集傳的序同弁卷首，但他卷中解詩十之七八從毛，僅有十之二三從朱。姜炳璋要算這一派中最平允的了，可是他説：

古序爲國史之定論，學詩津梁，集傳集諸儒之大成，取士正鵠。集傳未安，寧安古説。（詩序廣義總論）

可見他們的態度實是側重毛詩，並没把兩家放平等的地位上。

這一派中最可注意的就是惠周惕。他的詩説「於毛傳、鄭箋、朱傳無所專主，多自以己意考證」（四庫總目），和戴氏的態度差不多。

惠周惕更應受我們注意的還不是在他能以己意考證，是在他的意見多與戴氏相合。惠氏在戴氏之前，戴氏的詩學或者不能不受惠氏的影響。

戴東原時代的詩學界情況大約如此。

戴氏治詩的態度

戴東原也是折衷派中的一個，他的態度同惠周惕差不多，或者比惠周惕還平允。要是我們不避過甚之嫌，簡直可以説是偏袒朱熹。在漢學彌漫的潮流中，而且自身在這個潮流中也要占重要位置，他的態度卻能够這樣平正，不帶絲毫門户之見，真可以使我們佩服。

他的詩經補註解釋二南二十五篇，没有一篇直引小序。只在螽斯、芣苢、甘棠三篇的總説裡，引小序爲附帶的説明。樛木、行露兩篇便正式否認小序：

毛詩篇義（即小序）曰：「樛木，后妃逮下也。」未聞其審。

毛詩篇義曰：「行露，召伯聽訟也。」未聞其審。

至於他自己對於這二十五篇的解説，沒有一篇完全依小序，更沒有每篇都歸到后妃之德，文王之化。還有一點可使人驚詫的，是：這二十五篇中列有九篇不依毛、朱，自己以意解説。有幾篇竟和後來痛駁詩序的崔述東壁差不多。

除了己意解説的九篇，僅有汝墳、摽有梅的解説比較與毛詩序相近，其餘各篇中和朱熹集傳的詩柄（集傳中每篇有幾句總述詩意的話俗稱爲詩柄）相近的倒有六篇。爲明白他的態度起見，我現在寫出來比較：

葛覃篇：

后妃之本也；后妃在父母家，則志在女功之事。（毛序）

蓋后妃既成絺綌而賦其事。（朱集傳詩柄）

不忘女功也……蓋當服葛之時……而追賦之。（戴氏詩經補註葛覃總説）

卷耳篇：

后妃之志也……內有進賢之志……朝夕思念至於憂勤也。（毛序）

后妃以君子不在，而思念之，故賦此詩。（詩柄）

感念君子行邁之憂勞而作也。（戴説）

茉莒篇：

后妃之美也；和平，則婦人樂有子矣。（毛序）

婦人無事相與採此茉莒，而賦其事以相樂也。（詩柄）

言室家之樂，以見治化之盛有徵也。（戴説）

草蟲篇：

大夫妻能以禮自防也。（毛序）

諸侯大夫行役在外，其妻獨居……而思其君子如此。（詩柄）

感念君子行役未返之詩也。（戴説）

殷其雷篇：

勸以義也；召南之大夫遠行從政……其室家能閔其勤勞；勸以義也。（毛序）

婦人以其君子從役在外，而思念之，故作此詩。（詩柄）

感念君子行役而作也。（戴説）

野有死麕篇：

惡無禮也。（毛序）

南國被文王之化，女子有貞潔自守，不爲强暴所污者，故詩人……美之。（詩柄）

言禮教之興，雖里巷之女無可犯以非禮者也。（戴說）

我們看這六篇沒有一篇不照着集傳的詩柄說，即使不完全照着詩柄，比較起來，總是距詩柄近，離詩序遠。這是戴氏對於毛序詩與朱詩柄的態度。

至於字的訓詁，章句的意義，戴氏兼採毛傳、鄭箋、朱集傳，有時取毛傳、鄭箋；有時取朱集傳；有時三說兼用，而以己意評斷。

戴氏解釋螽斯篇「宜爾子孫，蟄蟄兮」，便取毛、鄭的說法：

毛、鄭以宜爾子孫直言后妃，集傳以爲亦指螽斯，毛、鄭是也。（詩經補註）

毛傳曰「蟄蟄相集也」，集傳曰「蟄蟄亦多意」。震按毛傳是也。」（詩經補註）

戴氏解釋兔罝篇「肅肅兔罝」便是取集傳的說法：

毛傳曰「肅肅，敬也」，集傳曰「肅肅，整飭貌」。震按毛、鄭以爲肅肅兔罝爲其人之不忘恭敬，集傳以爲罝之整飭，集傳是也。（詩經補註）

摽有梅首章的註解，戴氏於毛、鄭、朱三家的說法都不取。他說：

震按毛、鄭皆以此詩專爲女子年二十當嫁者而言……又皆以梅之落喻年衰，鄭則兼取梅落見已過春而至夏，似迂曲難通。集傳以爲女子貞信自守，懼其嫁不及時而有强暴之辱，豈化行之世，女宜有此懼耶？亦非也。（詩經補註）

小星首章他又兼用三家的說法，他說：

震按上二言集傳是也；下二言毛、鄭是也。（補註）

以上不過每種舉一個例，其實他在每章的註解内都雜引毛傳、鄭箋、朱集傳，很少有單用一説的地方。

毛鄭詩考正裡面反駁毛、鄭的話，更不可勝數。

自來説詩家對於訓詁很少有非難毛傳的，對於名物制度更不敢自抒己見了。獨有戴氏時時非難，甚或加以詆斥。我試舉幾個例。

卷耳篇二章「我姑酌彼金罍」，毛傳穿鑿其辭，解爲人君的黄金罍。戴氏不以爲然，駁毛傳道：

金者，五金之統名，不限於黄金。（詩經補註）

采蘩篇「于以采蘩」，毛傳釋爲公侯夫人執蘩以助祭。戴氏駁他：

蘩不在七菹之數，其用未聞。毛謂「公侯夫人執蘩」，因詩傅會，非禮制也。（補註）

他的毛鄭詩考正裏面考正毛傳許多錯謬，後面説到他的治詩方法還要引證。這裏爲節省篇幅計，暫不多説。不過單就上面所已引的各條例看來，我們已知道戴氏治詩不惟不偏袒毛、鄭，還能以己意説詩。清代學者斥人以新意解詩，而不知清學的領袖也是以新意解詩的一個人。二百年來也没有人注意到他，真可算一件奇事。

戴氏詩在詩學界之位置

戴震雖然是折衷派中的一個，他解詩雖然兼取毛、鄭、朱三家的説法，可是他每篇都以己意爲衡，絲毫都不曲徇。

他的詩説和清初一般説詩家是不同的：他們的詩説是復古的，退步的；有的退到鄭箋的時代，有的退到毛傳的時代，至少也退到朱熹集傳之後。只有惠周惕、戴東原兩家的詩説是進步的，能够在朱熹前面進一兩步。雖然他們兩氏的進步很少，也許一隻足前進，一隻足稍往後退。但當我們想到當時反動的情形，便對於這兩位能獨抒己見的説詩家不能不表示十二分的佩服。

惠周惕著的詩説是劄記體，不依次解詩。戴氏的詩經補註卻依次解詩，而且每篇後面都有總説。總説的前兩句差不多可以算他自己替詩作的序。

就他的序看來，二南二十五篇有九篇是出於他自己的意思。這九篇中如：

兔罝，美用賢也。（毛序：「后妃之化也。」）

行露，美聽訟者之詩也。（毛序：「美召伯聽訟也。」）

羔羊，美官職修也。（毛序：「鵲巢之功致也。」）

還離舊説不遠，不過不附會到后妃、夫人、召伯，而用抽象的説法，比舊説已很進步。至於：

桃夭，歌於嫁子之詩也。

鵲巢，言夫人始嫁之禮也……周初作之以爲房中之樂。

采蘋，女子教成之祭所歌也。

言春蒐之禮也。

便和舊説大不相同，把指實事的詩一概解作不指實事的樂；掃除一切附會，可算詩學一大進步。到了騶虞，他竟不遵毛傳「騶虞義獸也」的解釋，簡直把「騶虞」訓作「騶御」、「虞人」，而指這篇詩是：

這幾篇還不算奇，最奇的是關雎與樛木兩篇，竟與崔述讀風偶識中的解釋相近。崔述的詩學比朱熹進步，一般人都承認，崔氏自己也説過：

余獨以爲朱傳誠有可議，不在於駁序説者之多，而在從序説者之尚不少……朱子既以序爲揣度附會矣，自當盡本經文，以正其失。何以尚多依違於其舊説？此余之所爲朱子惜者也。（讀風偶識序）

就崔氏自己的序看，可見他的詩學的位置應當在朱熹之前。戴東原的詩學比朱熹的見解高，而又不及崔述。我們可以斷定他的詩的位置是在朱、崔之間。

要證實我這個斷定，只消把戴氏對於關雎這一篇的解説引來就够了；他的主要觀念藉此也可以得到。

關雎就序説應當是「后妃樂得淑女配君子」，朱熹心裡不相信這句話，又不敢脱離詩序的範圍，便曲解作：

周之文王生有聖德，又得聖女姒氏以爲之配。宮中之人於其始至，見其有幽閒貞静之德，故作是詩。

朱氏的解釋雖較序近情理，苦與詩意不合。戴氏便明白說：

古者天子諸侯内宮之人有數，皆不得任意廣求……予繹此詩：蓋言必窈窕淑女，乃宜配君子。未得其人，求之不可不專。且至所以明事之當重無過於此者。關雎之言夫婦，鹿鳴之言君臣，歌之房中，歌之燕饗，俾聞其樂章，知君臣夫婦之正焉。禮樂教遠矣，非必指一人一事也。（詩經補註）

他又在總說裡申論：

關雎求賢妃也；故其三章曰「求之不得」，難之也。難之也者，重之也。蓋周初作之以爲房中之樂……南、豳、雅、頌有專爲樂章，非咏時事者。（詩經補註）

他說了一大篇，不如崔述說：

此篇乃君子自求良配，而他人代寫其哀樂之情耳。（讀風偶識）

明白乾脆，但戴氏提出一個重要觀念：「詩中有專爲樂章不指一人一事的詩」。他以己意解的幾篇詩都應用這個觀念（見前）。依這個觀念，許多詩從前講不通的也可以講通，不必如從前説詩的人處處附會。這是詩學上很有價值的一個意見。戴氏似乎從惠周惕得來的。

惠氏說：

按小序曰「關雎，后妃之德也；葛覃，后妃之本也；卷耳，后妃之志也」云云未嘗指言后妃夫人爲何如人。後之訓詁家推跡其自始，以爲太姒耳……今觀其辭有勸勉教戒諷諭之意。蓋欲爲后妃夫人者如詩言云爾，不必言后妃夫人何人也……古之燕享皆有樂，樂必有詩。二雅如此者極多，何風獨不然邪？（詩説）

惠、戴兩氏的意見完全相同，不過惠氏後來又下一個轉語：

難者曰「然則周南、召南與文王、太姒無與邪」？曰「不然也。作詩主意或本於文王、太姒，而周公棣以爲房中樂，則以是告後之爲后妃夫人者矣」。

可見惠氏還不澈底，不如戴氏的「專爲樂章非必指一人一事」的主張有膽力。這個意見到了崔東壁述才成熟。他既不説是太姒，他也不用「樂章説」來敷衍，他直截了當以爲一切諸侯夫人都有資格。他説：

舊説以此五篇（關雎、葛覃、卷耳、樛木、螽斯）皆爲太姒之德。然玩其辭意，未見其必爲太姒者。毛傳、鄭箋亦但言后妃，亦未指爲何王之后。在文王、太姒之德固應如是，即文王、太姒之化，亦當如是。正不必定屬之太姒也。所謂「君子」云者，諸侯大夫之通稱，而葛覃之刈，卷耳之采，皆不似諸侯夫人事，……未可直以太姒也。（讀風偶識）

就戴、崔兩氏的話，我們可以看出戴氏詩的位置。可惜戴氏的詩經補註僅有二南，使我們不能多得材料。現在我再引朱、戴、崔三家釋樛木篇的話比較一下，用以結束此篇：

朱熹集傳：

后妃能逮下而無嫉妬之心，故衆妾樂其德而稱願之。

戴震詩經補註：

樛木，下美上也。

集傳以爲衆妾樂后妃之德而稱願之，恐君子之稱不可通於婦人，乃云「自衆妾而指斥后妃猶言小君内子也」，是與他處「樂只君子」獨别不然矣。詩辭本無從知爲后妃所作。

崔述讀風偶識：

若樛木則未有以見其必爲女子，而非男子也。或爲羣臣頌禱其君，亦未可知。要之，此二詩者（並指螽斯）皆上惠恤其下，而下愛敬其上之詩也。

朱熹還未脱詩序的説法，戴氏則排去一切，獨出己意，和崔述相差不遠了。

我在這一章裏引的材料雖少，卻可看出戴氏兩種精神：（一）不附會；（二）依詩辭解經。有這兩種精神，他所解的詩一定比朱熹進步，而爲詩學界闢一新境地。可惜他的書没有完成；完成了的一部分又因他自己漢學家的頭銜壓住，竟没有人看他的意義。我想戴先生在九泉之下一定没瞑目。

戴氏對於詩經中問題的見解

戴氏的詩經補註没有提到詩經中的問題。毛鄭詩考正只是考證訓詁名物，也未討論詩中的問題。

他對於詩中問題的意見僅有幾篇短文可以參考。我且分别介紹出來：

（一）賦、比、興的問題

詩中有所謂「六義」，出於詩序：

詩有六義焉：一曰風；二曰賦；三曰比；四曰興；五曰雅；六曰頌。（關雎序）

只「風、雅、頌」序中有解釋，「賦、比、興」卻没有解釋。於是議論紛紛，成爲詩中一個不能解決的問題。

關於賦、比、興的意見，雖然很多，大家都承認：

賦、比、興，是詩之所用；風、雅、頌，是詩之成形。（孔穎達毛詩正義）

换句話説，就是：

風、雅、頌，詩之體也；賦、比、興，詩之言也。（鄭樵風雅頌辨）

再要詳細一點，可以借成伯璵的話來作定義：

賦者，敷也；指事而陳布之也。然物類相從，善惡殊態，以惡類惡，名之爲比……以美類美，謂之爲興。（成伯璵毛詩指説）

成氏以善惡來分「興」、「比」，還沿襲漢儒的思想。朱熹才不加善惡的觀念，單説：

賦者，敷陳其事而直言之者也。（葛覃）

興者，先言他物以引起所詠之辭也。（關雎）

比者，以彼物比此物也。（螽斯）

後來的説詩家都承認朱子的定義，不表異議。不過賦、興、比雖然分作三物，在詩中卻很難分别，只有朱熹把三種分得清清楚楚；他在集傳裏註釋詩句用「興也」、「比也」、「賦也」、「興而比也」、「賦而比也」、「比而興也」、「賦而興也」、「賦而興又比也」多種繁雜的語句。後人多以他過於瑣碎，不表贊同。

毛傳僅在以山川草木鳥獸起句的詩下面註興也，賦、比皆無説明。孔穎達以「毛傳特言興也，爲其理隱故也」。惠周惕説「毛公傳詩獨言興不言比賦，以興兼比賦也」。（詩説）

惠氏的説法不見得是毛公的本意，不過惠氏自己主張興包比、賦，特借來作證明的材料。

戴氏對於這個問題獨標新解，他以爲：

詩之比、興，舉比以通賦與興……賦者，比之實也；興者，比之推也。得比義於興，不待言，即賦之中復有比義。（詩比義述序）

惠氏主張「興兼比賦」已反乎從來説詩家「賦詩而備比興之義」的見解，戴氏主張「比通賦興」更是言人所不敢言。我們試看他所舉的兩個例：

樛木篇「南有樛木，葛藟纍之」，本是興，而又以樛木下垂葛藟得上蔓爲后妃逮下衆妾得親附之比。這是「比通於興」的例。

十月之交篇「日有食之，亦孔之醜，彼月而微，此日而微」，本是直賦其事；又因「日君象，月臣象」，遂以日失其明甚於月，喻君之虧弊甚於臣。這是「比通於賦」的例。

他的意見對不對是另一問題，這裏無暇詳論。但無論如何，總算一種新見解。

（二）鄭衛風是否淫聲的問題

就詩序的解釋，鄭、衛風沒有幾篇淫詩，連「出其東門，有女如雲，雖則如雲，匪我思存，縞衣綦巾，聊樂我員」，描寫吊膀子的詩，也説是「閔亂」。朱子以鄭、衛淫聲即是鄭、衛風，才敢把中間許多篇解作淫奔之詩。

後來擁護詩序者對朱説肆力攻擊，甚至於大發感慨道：

夷雅樂於新聲，雜淫哇於正始，經學之繆，未必不由此濫觴矣。（嚴虞惇讀詩質疑論雅樂）

信朱者又從而反攻，旗鼓相當，争辯不已，遂爲詩中的一個大問題。這樁公案，可以借范家相的一段話來説明。

後之駁朱子者其説大抵有五：

謂淫邪之人雖寡廉鮮恥，亦不至自道其淫私，播之歌咏，使道路傳爲非笑。況狹邪輕薄之人，未必盡工篇什。一也。

季札觀樂，歌鄭、衛之風，未嘗斥言其淫。若如朱子説，則夫子猶將棄之，季子何故美之？二也。

詩爲中聲所止。如三百篇不必盡比於樂，則魯之樂工何從取其聲而歌之？三也。

鄭伯如晉而六卿所歌皆淫詩，何以對上國之卿不歌雅音而歌邪音，好揚其本國之醜？四也。

諸儒皆以樂之非雅者爲鄭，故子夏以宋、鄭、衛淫於色。而宋本無詩，其聲亦鄭聲也。非鄭風即爲鄭聲。五也。（詩瀋）

攻朱者的訴詞已盡於此。替朱辯護者不過就朱説略爲引伸，没有什麽新意見，此處不多引。擁護者丟開詩辭不管，專就古書考證。頂容易解決的問題鬧得烏烟瘴氣。戴氏也是如此。他説：

樂記魏文侯曰：「吾端冕而聽古樂，則唯恐卧；聽鄭、衛之音則不知倦。」子夏謂其所好者溺音。許叔重五經異義以鄭詩解論語「鄭聲淫」，而康成駁之曰：「左傳説：煩手淫聲謂之鄭聲，言煩手躑躅之聲使淫過矣。」其註樂記桑間、濮上之音引紂作靡靡之樂爲證，不引桑中之篇，明桑間、濮上其音由來久矣。凡所謂聲，所謂音，非言其詩也……然則鄭、衛之音非鄭詩衛詩，桑間、濮上之音，非桑中詩，其義甚明。（書鄭風後）

戴氏對於這個問題的意見，不能免守舊之説，不如惠周惕爽快承認：

朱子釋詩……凡於鄭風小序刺時刺忽閔亂之作力詆其謬，改爲淫奔之詩，其言亦辯而正。（詩説）

從這一點上，我們看出戴氏還不能盡脱漢學家的本來面目。但放開經文，單就考證來説，他的論證可算謹嚴。

（三）雅有無正變的問題

雅分正變出於詩序。漢儒以小雅中自鹿鳴至菁菁者莪二十二篇，大雅中自文王至卷阿十八篇爲

「正雅」，小雅自六月以下，大雅自民勞以下，皆爲「變雅」。自來説詩家都遵依其説。只有鄭樵倡「雅有小、大，無正、變」之論：

雅有小、大，已見於夫子未删之前，無可疑者。然無所謂正、變者。正、變之説，不出於夫子，而出於序，未可信也……蓋詩之次第皆以後先爲序，文、武、成、康詩最在前，故二雅首之。厲王繼成王之後，宣王繼厲王之後，幽王繼宣王之後，故二雅皆順其序……則「無有正、變之説」斷斷乎不可易也。（雅非有正變辨）

鄭樵以詩依世代編次爲理由，而謂雅無正、變。戴東原卻以詩不依世代爲理由，而謂雅有正、變。他的意見恰與鄭氏相反。他説：

鹿鳴已下二十二篇，漢經師以爲「正雅」，亡其詞者六。故鄭康成詩譜云「小雅十六篇爲正經」。采薇、山車、杕杜，漢世有謂爲懿王時詩者，據詩中曰「王命」曰「天子」。毛、鄭解爲殷王，徒泥「正雅」作於周初耳。苟其詩得乎義之正，而爲治世之正事，何非「正雅」乎？……南陔已下則又周初雅樂，未可泥今之篇什次第定作詩時世也。（書小雅後）

戴氏雖論小雅，不及大雅，而他的意見與鄭氏針鋒相對，殺是有趣。

戴氏能够破詩依時代的見解，納三家詩的説法，以采薇、出車、杕杜爲懿王時詩，而駁毛、鄭。膽量之大，識力之高，令人猜想不到他是清初謹守家法的詩學界中的人物。

以上介紹戴氏對於詩的三種見解，皆獨標新解，自成一説。識力遠大，迥非陳奐、胡承珙輩墨守家法爲序傳作忠僕者可比。很有值得一看的價值。

戴東原治詩之方法

戴氏的毛鄭詩考正引據翔實，考證謹嚴；糾正毛、鄭的地方字字精審，句句允當，令人無懈可攻。毛、鄭未講通的語句他也解釋得意義明白。

但我們現在所應當注意的不在他已考出的結果，而在他用來考正的方法。他所用的方法就是考據學的方法。「無稽者不信，不信者必反復參證而後即安。」（錢大昕戴震傳）幾句話可以表示他的方法的精神。考據方法的全體也無須我介紹，此處我僅指出他治詩學用的一個特別方法。

其實，這個方法在詩學中雖算特別，而在清代考據學中卻是很普通的；即梁任公先生指出的：

羅列事項之同類者爲比較的研究，而求得其公則。（見前清一代中國思想界之蛻變）

我用戴氏的話來給牠取個名字，叫做：

「通證」的方法；或以詩證詩的方法。

這個方法的大概如此：

取詩中同樣的字歸納攏來求一個共通的解釋；或者取同樣組織的辭句歸納來得一個共同的辭例。

戴氏對於毛傳同字隨處易解很不滿意，極力詆斥「緣辭生訓」。他在草蟲篇説：

毛傳曰「草蟲，常羊也；阜螽，蠜也」……震按「阜」，大也；如「四牡孔阜」之「阜」。喓喓狀其聲，故概曰草蟲；趯趯狀其躍，故目之曰阜螽。螽之屬不一，螽其統名也。草蟲……則凡小蟲草生者之通語也。爾雅「蛗螽，蠜；草蟲，蝜蠜」……蓋因詩辭而別其名類以傅合之。爾雅周、秦之際所記，解釋詩書，往往緣辭生訓，以爲盡可證實，則違經矣。（詩經補註）

他用「四牡孔阜」的「阜」來證明阜螽的「阜」應作「大」解，也是以詩證詩的一個例。又在大雅文王篇中説：

經傳中言「丕顯」多矣，古人金石銘刻多作「不顯」。二字通用甚明。傳箋各緣辭生訓，失其本始。（毛鄭詩考正）

又在生民篇中説：

字義推之經中有通證庶少差失。説者往往緣辭生訓，偏舉一隅，感滋多矣。（毛鄭詩考正）

又在桑柔篇中説：

所施不同，義歸於一。説者緣辭生訓，一篇之中遂多差違。（毛鄭詩考正）

以上就我所翻到的順便引幾條，藉此可以看出戴氏的精神，也可以明白戴氏通證方法的意義。現在就他所已研究的材料引幾個例。

（一）字義的通證

周南卷耳篇「采采卷耳」毛傳説「采采，事采之也」；朱熹説「采采，非一采也。」意思雖不同，都把牠當動詞，作「採取」解。

戴氏不以他們的解説爲然，他斷定「采采」是形容詞，應作「衆多貌」解。試看他的通證：

詩曰「采采芣苢」，又曰「蒹葭采采」，又曰「蜉蝣之翼，采采衣服」，皆一望衆多者。卷耳、芣苢又以見其多而易得之物。（詩經補註）

戴氏的證法在這段中很明白地表顯出來。爲使人明瞭他的精神，再多舉幾個例。

螽斯篇「宜爾子孫，振振兮」，毛傳釋爲「仁厚也」。戴氏攻擊道：

毛詩於「振振公子」，「振振君子」，皆曰「信厚也」；於「振振鷺」曰「羣飛貌」……緣辭生訓，故説各不同。（詩經補註）

他自己把這些字歸納攏來作一番通證，結果斷定：

「振振」，儀容之盛也。

於是他在麟之趾、殷其雷篇中釋「振振公子」，「振振君子」都不照毛傳，而解爲「儀之盛也」。（見詩經補註）

他又把詩中有「昭假」的詩句，收來作一番通證，而斷定：

詩凡言「昭假」，義爲昭其誠敬以假於神，昭其明德以假於天。精誠表見，曰昭；貫通所至，曰假。（毛鄭詩考正周頌）

他又把雲漢篇中所有的「寧」字收攏來通證一番，説道：

寧，乃也；語之轉。篇内「寧丁我躬」，「胡寧忍予」，「寧俾我遯」，「胡寧瘨我以旱」並同。（毛鄭詩考正）

他又把詩中凡有「綏」字的詩句收攏來求其通證，斷定：

詩中凡言「綏」者，如「綏以多福」，「綏我眉壽」，「以綏後禄」，辭義並歸主祭者受神降之福。（毛鄭詩考正周頌）

（二）校正訛字的通證

卷耳篇「云何吁矣」毛傳説「吁，憂也」；鄭箋説「云何乎其亦憂矣；深閔之辭」。戴氏以爲這個字是錯了的，應當作「盱」。試看他的通證：

「吁」當作「盱」。何人斯之詩曰「壹者之來，云何其盱」，都人士之詩曰「我不見兮，云何盱矣」，皆不得見而遠望之意。爾雅云「盱，憂也」，毛詩於「盱」不復釋，則皆蒙卷耳傳矣。今此詩及傳作「吁」者，後人轉寫之訛耳。（詩經補註）

這是他用通證法來校正訛字的例。爲節省篇幅計不多舉例。

（三）數字同義的通證

詩中「聿」、「曰」、「遹」三字傳、箋隨處易解；或爲「述」，或爲「遂」。戴氏以爲不便，他用通證證三字可以互用，同爲承明上文之辭。他説：

詩中「聿」、「曰」、「遹」三字可互用……皆承明上文之辭耳，非空爲辭助，亦非發語詞。而爲遂，爲述，爲自，緣詞生訓，皆非也。（毛鄭詩考正唐風）

戴氏證得的結果很有價值。雖尚有討論的餘地，但他的精神使我們佩服不已。

（四）語式的通證

詩中有許多語句，可以求出一定的公式。譬如「亦孔之厚」，「亦孔之哀」，「亦孔之醜」，「侯栗侯梅」，「侯薪侯蒸」，「維熊維羆」，「以陰以雨」，「悠悠我思」，「悠悠我心」，「悠悠我里」，都可以求出一定的公式。照着公式，對於同樣的語句很易解釋。戴氏也注意到這一點，他對於「有」字曾加通證。賓之初筵篇「有壬有林」，毛傳解「壬，大也」；「林，君也」；意爲「大君」，指祭祀的孝子而言。戴氏不承認他的話，自己通證後得一個結果：

詩中如「有蕡」、「有鶯」之類，並形容之辭。

他就這個意思解「有壬有林」道：

此以形容百禮既至，禮無不備……壬壬然盛大，林林然多而不亂。（毛鄭詩考正）

依戴氏的話可以成立一個公式：

有＋形容字＝形容字＋然

一切同樣的語句，都可以依此解釋了。

關於語式的研究，戴氏的毛鄭詩考正中不過初具端倪。我引這一個例，表示他曾經注意到此就够了。

在這篇裏，我把戴氏的通證方法詳細介紹，我的意思是使現在治詩的人注意這個方法，向詩經本身裏去尋解釋，除去從前説詩家不問經文的毛病。

結論

戴氏對於詩學有許多有價值的意見，可以供現在研究詩經者的參考。而我們更應當特别注意的就是他的治詩方法。

歷來説詩家解釋詩中訓詁不是望文生義，（即戴氏所謂緣辭生訓）就是放開經文閉眼考證。這種態度實在荒謬得很。

我們現在研究詩中最好是仿效戴氏的方法，在詩經本身裏面去求解釋，去歸納每個字的真義。然後這一堆瓦礫才可以弄清。

我誠懇希望：兩百年前的大儒替我創造的工具，我們能應用來掘出埋没了幾千年的瓌寶。

戴氏二百年紀念前晴之日

（輯自戴東原二百年生日紀念論文集）

戴東原

錢穆

（傳略、戴學大要略）

東原論學之第一期

東原早歲之學同於江氏，其說可徵之於與是仲明論學書。按：是仲明名鏡，陽湖人。與顧昀滋、朱止泉同講學於無錫之共學山居。據是仲明年譜，乾隆十四年己巳（仲明年五十七）春游徽州，翌年庚午五月之徽州，游黃山。而東原書云：「僕所爲經考，未嘗敢以聞於人，恐聞之而驚顧狂惑者衆。昨遇名賢枉駕，望德盛之容。令人整肅，不待加以誨語也。又欲觀末學所事得失，僕敢以詩補傳序並『辨鄭衛之音』一條檢出呈覽。今程某奉其師命，來取詩補傳，僕此書尚俟改正，未可遽進，請進一二言，惟名賢教之。」又云：「羣經六藝之未達，儒者所耻，僕用是戒其頹惰，據所察知，特懼忘失，筆之於書，識見稍定，敬進於前不晚，名賢幸諒。」云云。相其語氣，疑是己巳庚午兩年是、戴相晤於徽州時事也。段氏戴先生年譜，謂「與是仲明論學書當在丁卯，時東原在揚州，仲明江陰人，客游於揚者，欲索先生詩補傳觀之，先生答此書，平生所志所加功，全見於此，亦以諷仲明之學非所學也。仲明築室江陰舜過山講學，其人不爲先生所重，故諷之」。段氏此説，純出推想，以仲明爲江陰人，故疑東原游揚始晤。查是仲明年譜，丁丑已年六十五，並無客游揚州事。且戴書引辭撝謙，明爲東原未達時語。段氏爲戴譜，年已八十，譜中謂「撝方言分寫本至玉屏，今四十餘年」，又謂「丁小疋終於寧波官舍，又將十年」諸條可證，故譜中頗有誤憶誤排者。又段編戴集與是書題注癸酉，亦與年譜違異，可證年譜不足盡據。惟段編戴集，年五十八歲，去東原之卒亦已十六年，癸酉之注，亦非有確據，特因書中有「出示詩補傳序」一語，而詩補傳序成於癸酉仲夏故也。癸酉尚在東原入都前，於書中語氣較似。然是歲仲明在舜山，仍無緣與東原相遇。竊疑今東原集詩補傳序雖明書癸酉仲夏，然或是東原後定之稿，其出示仲明者尚在前。其後丙戌，東原又改注二南，名曰杲谿詩經補注，段氏曰：「今二南著録而詩補傳已成者不著録」，然考東原詩比義述序，謂「昔壬申癸酉歲，震爲詩補傳未成，别録書内辨證成一帙」，則癸酉詩補傳明明未成書。段氏戴譜「癸酉詩補傳成，有序在癸酉仲夏」，此亦只據序文年月推定爾。又考東原爾雅文字考序，謂「偶有所記，懼過而旋忘，録之成帙，亦聊以自課」，語意〔與〕與是書「戒其頽惰特懼忘失」云云相似，段定此書亦在戊辰己巳庚午間。大抵爾雅文字考、詩補傳、屈原賦注諸書，皆先後略同時。則與是書雖不能確定其年月，謂在癸酉東原未入都前，諒無大誤。謂：

僕自少時家貧，不獲親師，聞聖人之中有孔子者，定六經示後之人，求其一經，啓而讀之，茫茫然無覺。尋思之久，計於心曰，經之至者道也，所以明道者其詞也，所以成詞者字也。由字以通其詞，由詞以通其道，必有漸。求所謂字，考諸篆書，得許氏説文解字，三年知其節目，漸睹觀古聖人制作本始。又疑許氏於故訓未能盡，從友人假十三經注疏讀之，則知一字之義，當貫羣經，本六書，然後爲定。東原始從江慎修游，當在其庚午至紫陽書院時，此書云家貧不獲親師，則在庚午未識慎修時語也。惟段譜謂壬戌東原自邵武歸即就正於慎修，則背師之誚，又不俟於他日婺源老儒之稱矣。未知段譜果何據也。

此爲東原主從字義明經義之理論。又曰：

至若經之難明，尚有若干事：誦堯典數行至乃命羲、和，不知恒星七政所以運行，則掩卷不能卒業。誦周南、召南自關雎而往，不知古音，徒强以協韻，則齟齬失讀。誦古禮經，先士冠禮，不知古者宫室衣服等制，則違於其方，莫辨其用。不知古今地名沿革，則禹貢職方失其處所。不知少廣旁要，則考工之器不能因文而推其制。不知鳥獸蟲魚草木之狀類名號，則比興之意乖。而字學故訓音聲，未始相離，聲與音，又經緯衡從宜辨。漢末孫叔然創立反語，厥後考經論韻悉用之，釋氏之徒從而習其法，因竊爲己有，謂求自西域，儒者數典不能記憶也。中土測天用勾股，今西人易名三角八綫，其三角即勾股，八綫即綴術；然而三角之法窮，必以勾股御之，用知勾股者，法之盡備，名之至當也。管、吕言五聲十二律，宫位乎中，黄鐘之宫四寸五分爲起律之本，學者蔽於鐘律失傳之後，不追溯未失傳之先，宜乎説之多鑿也。凡經之難明，右若干事，儒者不宜忽置不講。僕欲窮其本始，爲之又十年，漸於經有所會通。前云得許氏説文解字三年，此云爲之又十年，則此書年歲亦約略可推矣。

此爲東原主從名物度數通經義之理論。又曰：

僕聞事於經學，蓋有三難，淹博難，識斷難，精審難。僕誠不足與於其間，其私自持，曁爲書之大概，端在乎是，前人之博聞强識，如鄭漁仲、楊用修諸君子，著書滿家，淹博有之，精審未也。則有略是而謂大道可以徑至者，如宋之陸，明之陳、王，廢講習討論之學，假所謂尊德性以美其名。然舍夫道問學，則惡可命之尊德性乎？此乃朱、王之辨，非漢、宋之辨。

此爲東原主從道問學一邊以達大道之理論。統觀全書，所論爲學門徑及其趣解，全是江氏一派。然東原自述爲學全出冥搜暗索，則江、戴乃規模闇合，非東原之必有待於江氏之啓迪矣。此徽學之自成風尚。

東原畢生治學，其最大計劃，厥爲七經小記。段玉裁記之云：

七經小記者，先生朝夕常言之，欲爲此以治經也。所謂七經者，先生云：詩、書、易、禮、春秋、論語、孟子是也。治經必分數大端以從事，各究洞原委，始於六書九數，故有詁訓篇，有原象篇，繼以學禮篇，繼以水地篇，約之於原善篇。聖人之學，如是而已矣。戴東原先生年譜。

又曰：

學禮篇，先生七經小記之一也，其書未成，蓋將取六經禮制糾紛不治言人人殊者每事爲一章發明之。今文集開卷記冕服，記爵弁服，記朝服，記玄端服，記深衣，記中衣裼衣襦褶之屬，記冕弁冠，記冠衰，記括髮免髽，記經帶，記繅籍，記捍決極，凡十三篇，是其體例也。水地記，亦七經小記之一，使經之言地理者於此稽焉。按水地記未成書。

詁訓篇，亦先生七經小記之一。經學非詁訓不明，先生欲作此書而未及爲，轉語二十章，亦未卒業，然爾雅文字考、方言疏證猶存，亦可稍窺涯略矣。

原象凡八篇，一、二、三、四四篇即先生之釋天也；五、六、七三篇，即句股割圜記上中下三篇也；其八篇則爲矩以準望之詳也。迎日推策記亦舊時所爲，成書皆在壬午東原四十歲。以前，至晚年合九篇爲原象，以爲七經小記之一，天體算法全具於此。

始先生作原善三篇，繼見先生援據經言，疏通證明之，仍以三章者分爲建首；比類合義，古賢聖之言理義，舉不外乎是，孟子字義疏證亦所以闡明此旨也，爲七經小記之一。先生之學上承孔、孟，於此可見。均見東原先生年譜。

此爲東原計劃七經小記之大概。金榜嘗言：「東原發願成七經小記，余語之曰，歲不我與，一人有幾多精神？東原答曰：「當世豈無助我皆。」亦見年譜。蓋東原畢生盡瘁於是，而其意則備見於與是仲明書中惟較之朱子格物補傳所謂即凡天下之物，莫不因其已知之理而益窮之，以求至乎其極。一旦豁然貫通者，則方法門徑固近似，而對象意趣實不侔。朱子格物，在即凡天下之物而格，今則只求即凡六經之名物訓詁而格耳。清儒自閻百詩以下，始終不脱讀書人面目，東原漢學大師，又承江永門牆，最近朱子格物一路，然亦只格得六經書本上名物，仍是漢學家精神也。

東原以乾隆甲戌入都，時東原年三十二歲。據錢竹汀自編年譜：「乾隆十九年甲戌，年二十七歲，移寓橫街。無錫秦文恭公邀予商訂五禮通考。休寧戴東原初入都，造寓談竟日，嘆其學精博，明日，言於文恭公，公即欣然同車出親訪之，因爲延譽，自是知名海内。」按竹汀年譜，始編在五十七歲，上距甲戌僅三十年，事屬親歷，不致遽誤。又王昶（述菴）爲東原墓誌銘，謂「余之獲交東原，蓋在乾隆甲戌之春，維時秦文恭公蕙田，方纂五禮通考，延致於味經軒，偕余同輯時享一類，凡五閱月而别」。此亦親歷之事，不容誤也。而洪榜爲東原行狀，誤謂東原以乙亥歲北上，實不足據。懋堂爲戴譜，則距其事已逾六十年，又非親歷，更不能得其詳，亦定入都在乙亥，而云「蓋是年入都，冬，紀文達公刻考公記圖成」，下一「蓋」字，正見其無確據。因是年戴館紀家，又紀刻戴書，故疑在是年，而上年甲戌，段譜不能著一字，不知東原正以是年入都也。初見錢竹汀，竹汀嘆其學精博，薦之秦蕙田，蕙田聞其善步算，即日命駕延主其邸，朝夕講論五禮通考中觀象授時一門，以爲聞所未聞。據年譜。翌年夏，紀曉嵐初識東原，見其考工記圖而奇之，因爲付梓。見考工記圖注紀序。是年，東原又成句股割圜記三篇，秦蕙田全載於通考。據年譜。一時學者，推服東原，本在名物數度。而東原與方希原書即方矩，同居汪氏不疏園者。其爲學自漢注唐疏以洎宋五子之書，皆博涉遍觀。嘗謂孔門而後，言絶義乖，儒流滅裂，然人道不終爲鬼魅者，程、朱之力也。語見耆獻類徵四百三十九胡賡善所爲權厝誌。晞原之學，蓋猶是慎修矩矱也。亦謂：

古今學問之途，其大致有三：或事於義理，或事於制數，或事於文章。事於文章者，等而末者也……聖人之道在六經，漢儒得其制數，失其義理。宋儒得其義理，失其制數。譬有人焉履泰山之嶺可以言山，有人焉跨北海之涯可以言水，二人者不相謀，天地間之鉅觀，目不全收，其可哉！

是時東原固猶以義理推宋，以制數尊漢。同年與姚姬傳書，謂誦法康成、程、朱，不必無人，而皆失康成、程、朱於誦法中。亦漢、宋並舉，無所軒輊。而其所欲爲之七經小記，則實偏於制數一邊也。

東原既爲時賢所知，而江先生之名，亦隨東原而顯。東原爲江先生事略狀，稱：

戴震嘗入都，秦尚書蕙田客之，見書笥中有先生曆學數篇，奇其書，戴震因爲言先生。尚書撰五禮通考，摭先生說入觀象授時一類，而推步法解則取全書載入，憾不獲見先生禮書綱目也。戴震與太倉王光禄鳴盛言先生之學，後光禄與戴震書啓通問，必稱敬候先生。

王昶爲江永墓誌銘，亦稱：

余友休寧戴君，所謂通天地人之儒也，嘗自述其學術，實本之江慎修先生。

錢大昕與東原書，亦謂「前遇足下於曉嵐所，足下盛稱婺源江氏推步之學不在宣城下」。又曰，「豈少習於江，而特爲之延譽耶？」是東原初入都，其學尚與江氏沆瀣一氣，並時學者同推江、戴，亦以二人所治相近似也。焦循國史儒林文苑傳議謂江、戴師弟，談天異轍，江永宗西法，戴震重中法。此乃據其後東原校四庫諸古算書而言之。竊考東原論學之變，蓋在丁丑。乾隆二十二年，東原三十五歲。游揚州識惠氏松崖之後。

（戴學與惠棟略）

東原論學之第二期

東原於乾隆丁丑二十二年，東原年三十五。南游揚州，識松崖於鹽運使盧雅雨見曾署，自是客揚州者四年。東原論學宗旨，其時以後蓋始變，此可以集中題惠定宇先生授經圖一篇證之。其文大意謂：

前九年震自京師南還，始覿先生於揚……明年，聞先生歿於家。今徒拜觀遺像……自愧學無所就……莫能窺先生涯涘。然病夫六經微言，後人以歧趨而失之也。言者輒曰，有漢儒經學，有宋儒經學，一主於故訓，一主於義理。此誠震之大不解者也。夫所謂理義，苟可以舍經而空憑胸臆，將人人鑿空得之，奚有於經學？惟空憑胸臆之卒無當於賢人聖人之理義，然後求之古經而遺文垂絶，今古縣隔也，然後求之故訓。故訓明則古經明，古經明則賢人聖人之理義明，而我心之所同然者乃因之而明。賢人聖人之理義非他，存乎典章制者是也。松崖先生之爲經也，欲學者事於漢經師之故訓，以博稽三古典章制度，由是推求理義，確有據依，彼歧故訓理義二之，是故訓非以明理義，而故訓胡爲？理義不存乎典章制度，勢必流入異學曲説而不自知。其亦遠乎先生之教矣。

東原是文作於乾隆乙酉，三十年，東原年四十三，見年譜。而議論與前舉已大異。其先以康成、程、朱分説，謂於義理制數互有得失者，今則并歸一途，所得盡在漢，所失盡在宋，義理統於故訓典制，不啻曰即故訓即典制而義理矣。是東原論學一轉而近於吴學惠派之證也。其後四年，己丑，乾隆三十四年，東原年四十七。東原爲松崖弟子余蕭客序古經解鉤沈，年譜。謂：

後之論漢儒者，輒曰故訓之學云爾，未與於理精而義明，則試詁以求理義於古經之外乎？若猶存古經中也，則鑿空者得乎？……經之至者，道也，所以明道者，其詞也，所以成詞者，未有能外小學文字者也。由文字以通乎語言，由語言以通乎古聖賢之心志，譬之適堂壇之必循其階而不可以躐等。是故鑿空之弊有二，其一緣詞生訓也，其一守訛傳謬也。緣詞生訓者，所釋之義非其本義，守訛傳謬者，所據之經并非其本經。今仲林余字。得稽古之學於其鄉惠君定宇，惠君與余相善，蓋嘗深嫉乎鑿空以爲經也。

據是觀之，東原此數年論學，其深契乎惠氏故訓之説無疑矣。東原卒後，凌廷堪爲作事略狀，謂東原於揚州見元和惠棟，論學有合，決非虚語。王昶爲東原墓誌銘，亦謂「惠、戴見於揚州，交相推重」。王鳴盛亦言，方今學者，斷推惠、戴兩先生。惠君之治經求其古，戴君求其是，究之舍古亦無以爲是。見洪榜東原行狀。謂舍古無以爲是者，上之即亭林舍經學無理學之説，後之即東原求義理不得鑿空於古經外之論也。然則惠、戴論學，求其歸極，均之於六經，要非異趣矣。江藩漢學師承記洪榜傳，稱榜爲衛道儒，又全録其與朱筠河發明東原論學一書，可證其時不徒東原極推惠，而爲惠學者亦尊戴，吴、皖非分幟也。其異者，則徽學原於述朱而爲格物，其精在三禮，所治天文律算水地音韻名物諸端，其用心常在會諸經而求其通。吴學則希心復古，以辨後起之僞説，其所治如周易，如尚書，其用心常在溯之古而得其原。故吴學進於專家，而徽學達於徵實，王氏所謂惠求其古，戴求其是者，即指是等而言也。

東原言義理三書

東原言義理者有三書：一、原善，二、緒言，三、孟子字義疏證。今據段玉裁所爲東原年譜，約略考定其成書之年代如次：

年譜云：「先生大制作若原善上中下三篇，若尚書今文古文考，若春秋改元即位考三篇，皆癸未以前癸酉甲戌以後十年内作也。玉裁於癸未皆嘗抄謄。先生嘗言『作原善首篇成，樂不可言，吃飯亦別有甘味』。」東原年四十一。

此定東原原善三篇皆癸未以前作者，由懋堂於癸未皆嘗抄謄也。至的在何年，則不可知。懋堂謂是癸酉甲戌以後十年内者，此亦約略之辭，並無確據。以今考之，原善三篇，大約在丁丑游揚州識松崖以後，以東原論學至是始變也。松崖治易，既主還復於漢儒，而漢易率主象數占筮，少言義理，故松崖又爲易微言，會納先秦、兩漢諸家與易辭相通者，依次列舉，間出己見。其目爲：

元、體元、无、潛、隱、愛、微、三微、知微之顯、幾、虛、獨、蜀獨同義、始、素、深、初、本、至、要、約、極、一、一、致一、一貫、一貫、忠恕之義、一貫之道、子、藏、心、養心。以上爲上卷。

道、遠、玄、神、幽贊、幽明、妙、誠、仁、中、善、純、辨精字義、易簡、易簡缺。性命、性反之辨、三才、才、情、積、天地尚積、聖學尚積、王者尚積、孟子言積善、三五、乾元用九天下治義、大、理、人心道心、誠獨之辨、生安之辨、精一之辨。以上爲下卷。

大抵上卷言天道，下卷言人道，所謂義理存乎故訓，故訓當本漢儒，而周、秦諸子可以爲之旁證也。當時吴派學者實欲以此奪宋儒講義理之傳統，松崖粗發其緒而未竟。松崖卒年六十二，其弟子江藩謂：「先生年五十後，始專心經術，早年頗研文詞，有漁洋山人菁華録訓纂二十四卷。史籍，有後漢書補注二十四卷。旁及諸子百家雜説及釋道二藏，其精力所注，尤在周易述一書，爲之三十年，書垂成而疾革，遂闕鼎至未濟十五卦，及序卦、雜卦傳二篇。」漢學師承記。學者精力有限，松崖已靡精耗神於此，不得復深探潛索於彼，故雖抽其緒而未究厥奥也。而東原原善三篇，則其文頗似受松崖易微言之影響。張臯文評東原句股割圜記，謂其書務爲簡奥，變易舊名，恒不易了。此東原早年作風如此，即原善三篇，亦有故爲簡奥之病，而其即故訓中求義理之意，則固明明與松崖出一轍也。

年譜云：乾隆丙戌，三十一年，東原年四十四歲。玉裁入都會試，見先生云近日做得講理學一書，謂孟子字義疏證也。玉裁未能遽請，先生没後，孔户部廣森。付刻，乃得見，近日始窺其閫奥。蓋先生原善三篇，論性二篇既成，又以宋儒言性，言理，言道，言才，言誠，言明，言權，言仁義禮智，言智仁勇，皆非六經、孔、孟之言，而以異學之言糅之，故就孟子字義開示，使人知人欲净盡天理流行之語病，所謂理者必求諸人情之無憾而後即安，不得謂性爲理。

懋堂此年但聞東原自稱近日做得講理學一書，而實未見，及後讀孔刻遺書有孟子字義疏證，姑推以爲即今年之所著耳，其實亦無確據。余考東原字義疏證成書尚晚，證詳下。此年所著，蓋非其書也。

年譜又云：「原善卷上卷中卷下，孔户部所刊戴氏遺書第九。合爲一册。始先生作原善三篇，見於户部所刊文集中者也，玉裁既於癸未抄寫熟讀矣。至丙戌見先生援據經言疏通證明之，仍以三章者分爲建首，比類合義，古聖賢之理義，舉不外乎是。孟子字義疏證，亦所以闡明此旨也。」

今按東原有原善自序，謂：

余始爲原善之書三章，懼學者蔽以異趨也，後援據經言，疏通證明之，而以三章者分爲建首，次成上中下三卷，比類合義，燦然端委畢著矣。天人之道，經之大訓萃焉。以今之去古聖哲既遠，治經之士莫能綜貫，習所見聞，積非成是，余言恐未足振兹墜緒也，藏之家塾，以待能者發之。

今文集段氏經韻樓本。所收，即始爲之三章，遺書本則修改之上中下三卷也。上卷十一章，中卷五章，下卷十六章，而每卷首章即文集本之三篇，惟語有改省。又文集有讀易繫辭論性、讀孟子論性兩篇，又即爲遺書本原善卷上卷中之二章，蓋以篇幅較長，可以分別成文，故又收之文集耳。或東原當時既成原善三篇，又成讀易繫辭、孟子論性兩篇，遂增擴而爲原善三卷也。丙戌，懋堂入都，親見東原本原善三篇舊稿，援據經言疏通證明之，則東原所告懋堂近日做得講理學一書者，實即原善三篇之擴大本，懋堂不察，未經面質，後遂誤認爲東原所告乃指字義疏證也。今定原善三卷本成於丙戌東原四十四歲之年，則上推原善三篇，其初成亦決距此不甚遠，至遲在癸未，因是年懋堂已抄謄及之。至早在丁丑，遇松崖之年。先後不出十年也。乙酉，東原過蘇州，題松崖授經圖。原善擴大成書，即在其翌年。東原深推松崖，謂舍故訓無以明理義，原善三卷，即本此精神而成書。故曰：「天人之道，經之大訓萃焉。」則東原論學著書，其受松崖之影響，居可見矣。

年譜云：「孟子字義疏證原稿名緒言，有壬辰乾隆三十七年，東原年五十。菊月寫本，程氏易田於丙申四十一年，東原年五十四。影抄。」

按緒言一書，孔刊遺書未收，錢竹汀大昕。王述菴昶。洪蕊登榜。孔巽軒廣森。述東原著書亦未及，惟粤雅堂叢書有之。程易田以孟子字義疏證非定本，定本改名緒言，又言於丙申影抄是書，戴本首頁有壬辰菊月寫本六字，自壬辰至丙申未嘗改竄。懋堂則以疏證爲定本，而緒言是其初稿，語詳經韻樓集卷七答程易田丈書。蓋懋堂之辨是也。惟謂疏證成於東原四十四歲時則亦誤，其時所成者乃原善三卷本，已詳前論。至緒言成書年月，據程易疇與段懋堂札，謂壬辰東原館京師朱文正珪家，自言曩在山西方伯署中，僞病者十數日，起而語方伯，我非真病，乃發狂打破宋儒家中太極圖耳。段氏謂僞病十餘日，正是造緒言，竊揣此書創始於乙酉丙戌，成於己丑朱方伯署中。以上俱詳經韻樓集卷七答程易田丈書。今考東原四十六歲戊子，應直隸總督方觀承聘，修直隸河渠書一百二卷二十四册。適方氏卒，其書未竣，以卷秩之重大，故孔氏刊遺書亦未及。其後書爲吴江王履泰所竊，易名畿輔安瀾志，語詳經韻樓集卷七與方葆巖（觀承子）兩書，又有趙戴直隸河渠書辨。蓋東原此書，亦自襲趙東潛原本也。此後五年，僕僕道途，往來燕、晉間，精力全耗於方志。己丑，會試不第，朱石君珪招游山西，以是年五月往，而秋後又自藩署至汾州，修汾州府志三十四卷，庚寅乃竣。是年又還都待辛卯會試，又不第。復游晉，修汾陽縣志。翌年壬辰，自汾陽入京會試不第而赴浙江，主金華書院。據程易田轉述其僞病之説，緒言草創應在己丑秋前客山西藩署時無疑。懋堂謂創始乙酉丙戌必誤。辨詳前。

惟易疇影抄是書，首頁有壬辰菊月寫本字樣，則殆東原是年到浙，又將己丑舊稿定一番也。據此則緒言一書，應是創始於己丑秋前，而完成於壬辰之菊月，又考錢大昕孝廉胡君墓誌銘，謂胡亦常同謙既下第南歸，與休寧戴東原同舟，至富春江乃别，舟中盡鈔東原所著書攜歸，特刊之東粤云云。東原緒言惟刊於粤雅堂叢書，而不識所自來，若即系胡氏傳鈔本，則緒言成於游浙前，又得一證。惟程易田影抄本，與今粤雅堂刊本，是否有異同，今仍無從詳論。至丙申瑶田影抄時未嘗改竄，而疏證尚在後，否則東原何弗示瑶田以疏證，而顧出其已廢之初稿耶。

年譜又云先生丁酉乾隆四十二年，東原五十五歲，東原即卒是年。正月十四日，作書與玉裁曰：「僕自十七歲時，有志聞道，謂非求之六經、孔、孟不得，非從事於字義制度名物，無由以通其語言。爲之三十餘年，灼然知古今治亂之源在是。古人曰理解者，即尋其腠理而析之也，曰天理者，如莊周言依乎天理，即所謂彼節者有間也。古賢聖人以體民之情遂民之欲爲得理，今人以己之意見不出於私爲理，是以意見殺人，咸自信爲理矣。此猶舍字義制度名物，去語言訓詁，而欲得聖人之道於遺經也。」

又丁酉四月二十四日作札與玉裁云：「僕足疾已逾一載，不能出户，定於秋初乞假南旋，實不復出也。僕生平著述最大者爲孟子字義疏證一書，此正人心之要……今人無論正邪，盡以意見誤名之曰理，而禍斯民，故疏證不得不作。」

又丁酉四月有答彭進士紹升書，洪榜作先生行狀，云此先生没前一月手書也。先生以所作原善、孟子字義疏證示彭君，彭君有書與先生，刻其文集內。先生答此書。

今按東原特提理欲之辨以駁宋儒，其説惟見於疏證，原善、緒言皆無之。丁酉與懋堂兩書，鄭重道及，正是初成書後語也。疏證之作，定在丙申瑶田抄緒言之後，而即成於是年。至翌年丁酉正月與段懋堂書，正爲理字義解，乃疏證最後新得，故屬草既竟，即以函告。及四月一札，乃云「僕生平著述最大者爲孟子字義疏證一書」，則其新著初成躊躇滿志之情也。段懋堂謂緒言改定於丙申冬後，丁酉春前，是爲孟子字義疏證，亦答程書語。其説最是，若疏證早成在前，東原極自得意，以瑶田與東原之交情，不應影抄其緒言而不獲見其後定之疏證，故使瑶田亦疑疏證之非定本，而東原若非預知今年五月將不起，亦何以疏證早成在前，久默不告懋堂，至是乃連續及之乎？文集卷八（經韻樓本）孟子字義疏證序題下附注丙申二字，是懋堂亦知疏證成於丙申，惜乎編年譜時，未能據之爲定論。其與彭允初書，由允初在京師，以二林居制義示東原，並索觀東原原善，是允初亦不知東原尚有疏證，東原乃並出新著疏證示之，允初貽書討論，東原答書謂南旋定於何日，是其時允初在京師也。又吴江陸朗夫燿有復戴東原言理欲書，切問齋文鈔。謂：

春杪接書，久未裁復……足下究心典籍，高出羣儒，修述之事，方期身任，胡遽有秋令假歸之語……來教舉近儒理欲之説，而謂其以有蔽之心，發爲意見，自以爲得理，而所執之理實謬，可謂切中俗儒之病。

細按此書，蓋在丁酉夏東原卒前。東原於春杪致書，謂秋令假歸者，即是與懋堂書所云足疾已逾一載，定於秋初乞假南旋也。時朗夫在濟南，東原疏證新成，不克郵示，而特寫疏證新得理欲一辨大意告之。

蓋東原言義理三書，惟理欲之辨，得之最後，在丙申丁酉之交。今集中有與某書，經韻樓本卷九。不知某是誰人，及答彭允初書，又兩與段懋堂書，及此與陸朗夫書，可指數者已五通，大率盡在丁酉。東原固自深喜其說，故一時屢屢道之，此又足證疏證成書定在丙申也。今考與某書有云：

治經先考字義，次通文理，志在聞道，必空所依傍。漢儒故訓有師承，亦有時傅會，晉人傅會鑿空益多，宋人則憑胸臆爲斷，故其襲取者多謬，而不謬者在其所棄。我輩讀書……宜平心體會經文，有一字非其的解，則於所言之意必差，而道從此失……宋已來儒者，又己之見硬坐爲古賢聖立言之意，而語言文字實未之知。其於天下之事也，以己所謂理强斷行之，而事情原委隱曲實未能得。是以大道失而行事乖。

則東原自字義明義理之説，至此仍未變，惟謂漢儒故訓亦有時傅會，此在序余蕭客古經解鉤沉已微發其意，謂經自漢經師所授受，已差違失次，其所訓釋復各持異解是也。此東原早年亦言之，知一字之義，當貫羣經，本六書，然後爲定，其識自遠超乎依傍漢儒故訓者。故洪榜與朱筠書見漢學師承記。謂：

戴氏論性道，莫備於其論孟子之書，而其所以名其書者，曰孟子字義疏證焉耳，然則非言性命之旨也，訓故而已矣，度數而已矣！

固不得謂無當於東原論學宗旨也。按戴集九乙亥與姚姬傳書，謂「凡僕所以尋求於遺經，懼聖人之緒言闇汶於後世也」。疏證前稿取名「緒言」，即謂是聖人緒言耳，與「字義疏證」涵旨正同，惟不如「字義疏證」之顯豁，非有別解也。又集八原善序謂「余言恐未足以振兹墜緒」，緒言之「緒」，即「振兹墜緒」之「緒」。又按東原同時交游有錢大昕曉徵，號竹汀（一七二八—一八〇四，年七十七），經史淹雅，一時無兩。東原知名當世，亦由竹汀推挹。然東原謂「並世學人必以竹汀爲第二」蓋以第一人自居也。竹汀之學，所涉甚廣，而識力不高，持論惟循惠、戴藩籬。嘗謂：「六經者聖人之言，因其言以求其義，則必自詁訓始，詁訓必自漢儒，以其去古未遠。」（潛研堂文集卷二十四臧玉琳經義雜識序）又云：「有文字而後有詁訓，有詁訓而後有義理，訓詁者，義理之所出，非别有義理出乎訓詁之外者也。」（文集二十四經籍纂詁序）此二文皆成於嘉慶己未，時竹汀年七十二矣。此等議論，不過爲惠、戴詁訓義理之辨推波助瀾，無足深論。據竹汀年譜，始讀説文，研究聲音文字訓詁之原，已在乾隆庚寅，竹汀年四十三，上距惠、戴揚州締交亦十三年矣。則竹汀治聲音訓詁之學，實聞惠、戴而起者，宜東原之以第二人處之也。其後如方植之漢學商兑，夏卯生仲子集，詆病漢學，竹汀亦不免。而並時儕偶如周春松靄（參讀清文匯卷二十五周春答同年錢竹汀少詹序），章學誠實齋（參讀下章），皆貽書竹汀，期其於漢學偏弊，有所救正。良以惠、戴而外，學足以拔趙立漢，别樹一幟者，端推竹汀也。惜其識不足以及此，輕爲隨逐，雖得一時風尚之朋，亦受後世門户之誚焉。然觀竹汀所言，固可證一時學人意氣議論之所同湊在是矣。惟時人所以推重東原者，則並不在此。東原自癸巳乾隆三十八年，東原年五十一。被召入都充四庫纂修官，所校官書，如水經注，九章算術，五經算術，海島算經，周髀算經，孫子算經，張丘建算經，夏侯陽算經，五曹算經，儀禮識誤，儀禮釋宮，儀禮集釋，大戴禮，方言諸書，皆天文算法地理水經小學方言一類，即東原初入京時所由見知於時賢者，至是而時賢仍以此推東原。所謂漢儒得其度數，宋儒得其義理，並世自以度數推東原，不以義理也。故洪初堂榜撰東原行狀，載與彭尺木書，朱笥河見之，曰：可不必載，性與天道不可得聞，何圖更於程、朱之外復有論説！戴氏可傳者不在此。漢學師承記洪傳。可見當時學者見解矣。此在東原亦自知之，故曰：

六書九數等事，如轎夫然，所以舁轎中人也。以六書九數等事盡我，是猶誤認轎夫爲轎中人也。段玉裁戴東原集序。

東原不欲以六書九數自限，在初入都時已然，而昌言排擊程、朱，則實始晚年。章實齋說之云：

古人著於竹帛，皆其宣於口耳之言也……今之黠者則不然……以筆信知者，而以舌愚不必深知者……其人於朱子，蓋已飲水而忘源。及筆之於書，僅有微辭隱見耳，未敢居然斥之也，此其所以不見惡於真知者也。而不必深知者，習聞口舌之間，肆然排詆而無忌憚，以謂是人而有是言，則朱子真不可以不斥也。文史通義朱陸篇。

乾隆三十八年章、戴相遇寧波道署時，東原議論已變，漸詆程、朱，而爲緒言猶不爾，故實齋譏其筆舌分用，又斥之爲黠也。余見北京大學圖書館藏章氏遺書鈔本，有答邵二雲書一首，暢論其事，謂：「戴氏之言，因人因地因時，各有變化，權欺術禦，何必言之由中。戴譏躬行實踐，釋、老所同，非儒者所以自異，（按此疑章氏見東原集與某書言之，東原字義疏證，實齋似未見。）然則戴之踐履，遠遜宋人，乃其所以求異於釋老耶。是則闢釋老者，固便於言是行非者耶。此則戴之癥結，不可爲諱。戴氏筆之於書，多精深謹嚴，至騰之於口，則醜詈程、朱，詆侮董、韓，自許孟子後之一人，可謂無忌憚矣。其身既死，誦戴遺書而得其解者，尚未有人，聽戴口說而益其疾者，方興未已。以僕所聞，一時通人，表表人望者，有謂異日戴氏學昌，斥朱子如拉朽者矣。有著書闢宋理學，謂六經、語、孟無理字，以易傳窮理盡性爲後儒之言，而忘義理悦心已見孟子者矣。漢儒言仲尼没而微言絶，七十子喪而大義乖，蓋言經典存文，不如口耳之授受。今尊戴而過者，亦以其法求之，不知其筆金玉而言多糞土，學者宜知所抉擇也」。然實齋又云：

戴君……一代鉅儒，而心術未醇，頗爲近日學者之患，故余作朱陸篇正之。戴君下世，今十餘年，同時有横肆罵詈者，固不足爲戴君累……戴君所學，深通訓詁，究於名物制度，而得其所以然，將以明道也。時人方貴博雅考訂，見其訓詁名物，有合時好，以謂戴之絶詣在此，及戴著論性、原善諸篇，於天人理氣，實有發前人所未發者，按緒言、疏證兩書，東原卒後十許年，實齋猶未見，故所舉論如是。時人則謂空説義理，可以無作，是固不知戴學者矣。文史通義朱陸篇書後。又北大所藏章氏遺書鈔本，有與史餘村一書，謂：「近三四十年學者風氣，淺者勤學而闇於識，深者成家而不通方，皆深痼之病，不可救藥。有如戴東原氏，非古今無其偶者，而乾隆年間，未嘗有其學識，是以三四十年中，人皆視以爲光怪陸離，而莫能名其爲何等學。譽者既非其真，毀者亦失其實。僕言戴氏學識雖未通方，而成家實出諸人之上。所惜心術不正，學者要須慎别擇耳。」今按實齋屢斥東原心術，今永樂大典本水經注行世，東原攘竊趙書一案坐實，大可爲實齋説添有力之佐證矣。

是深知東原之爲轎中人而非轎夫者，當時亦惟實齋。惟東原晚年之矜心勝氣，詆彈逾量，實齋深不滿。然此亦可證東原議論思想前後不同，及其言義理三書完成之先後，傳播之廣狹，與夫心術學術之隱微，所不盡傳於後者，以及當時學者對東原評價之一斑也。

東原哲學之大體

東原言義理三書之年代既定，而東原哲學之大體可繼是而求。蓋東原三書思想，雖大體一貫，而其間亦有議論詳略，意向輕重，可以徵東原學説之與年俱變者。最先爲原善：

原善

原善先成三篇，既乃擴爲三卷，三篇文極簡奥，三卷始詳，而意解無大變。今據遺書三卷本觀之，其言天道，主乎陰陽氣化，故曰：

道言乎化之不已也……生生者化之原，生生而條理者化之流。卷上。

其言性本乎形質能才，故曰：

性言乎本天地之化分而品物者也，限於所分曰命，成其氣類曰性，各如其性以有形質而秀發於心徵於貌色聲曰才。卷上。

故欲與覺皆性也；曰：

有天地然後有人物，有人物而辨其資始曰性。人與物同有欲，欲也者，性之事也；人與物同有覺，覺也者，性之能也。卷上。

善用其欲與覺則爲仁智，故曰：

欲不失之私則仁，覺不失之蔽則智，仁且智，非有所加於事能也，性之德也。卷上。

性言乎其自然之本，仁智要乎其必然之則，故曰：

言乎自然之謂順，言乎必然之謂常，言乎本然之謂德。天下之道盡於順，天下之教一於常，天下之性同於德。

又曰：

凡有血氣心知，於是乎有欲，性之徵於欲，聲色臭味而愛畏分。既有欲矣，於是乎有情，性之徵於情，喜怒哀樂而慘舒分。既有欲有情矣，於是乎有巧與智，性之徵於巧智，美惡是非而好惡分。生養之道，存乎欲者也，感通之道，存乎情者也，二者自然之符，天下之事舉矣。盡美惡之極致，存乎巧者也，宰御之權由斯而出；盡是非之極致，存乎智者也，賢聖之德由斯而備；二者亦自然之符，精之以底於必然，天下之能舉矣。

又曰：

由天道而語於無憾，是謂天德，由性之欲而語於無失，是謂性之德；性之欲，其自然之符也，性之德，其歸於必然也，歸於必然，適全其自然，此之謂自然之極致……知其自然，斯通乎天地之化，知其必然，斯通乎天地之德。卷上。

其循自然而達乎必然者則貴智，故曰：

懷生畏死血氣之倫盡然，故人莫大乎智足以擇善也。卷中。

耳能辨天下之聲，目能辨天下之色，鼻能辨天下之臭，口能辨天下之味，心能通天下之理義，人之才質得於天，若是其全也……惟據才質爲言，始確然可以斷人之性善……物不足以知及天地之中正，是故無節於内各遂其自然斯已矣。人有天德之知，能踐乎中正，其自然則協天地之順，其必然則協天地之常，莫非自然也，物之自然不足語於此。卷中。

明智之所得爲理義，故曰：

心之明之所止，於事情區以别焉，無幾微爽失，則理義以明。卷中。

故人性之所貴，在乎動而能得夫理義，不在無欲與静也，曰：

雖犬之性，當其氣無乖亂，莫不沖虚自然也，動則蔽而罔罔以行。人不求其心不蔽，於是惡外物之惑己而强禦之，可以謂之異乎？是以老聃、莊周之言尚無欲，君子尚無蔽；尚無欲者，主静以爲至，君子動静一於仁。卷中。

仁智之反面爲私蔽，故曰：

人之不盡其才患二，曰私曰蔽……去私莫如强恕，解蔽莫如學……仁且智者，不私不蔽者也。得乎生生者仁……得乎條理者智。卷下。

是故去生生之道者，賊道者也，細民得其欲，君子得其仁。遂己之欲，亦思遂人之欲，而仁不可勝用矣；快己之欲，忘人之欲，則私而不仁……智以知之，仁以行之。卷下。

故其言格物致知也，則曰：

格之云者，於物情有得而無失，思之貫通不遺毫末，夫然後在己則不惑，施及天下國家則無憾，此之謂致其知。卷下。

此東原原善三卷之大旨也。而東原自道其所以得此者則曰故訓，故曰：

徵之古訓，協於時中，充然明諸心而後得所止。卷下。

東原此等見解頗與同時惠氏易微言相近，微言據易繫，亦主以陰陽氣化言宇宙，故曰：

孟子論性而及才，才者天之所降，故曰降才……在天曰陰陽，在地曰柔剛，在人曰仁義。故孟子論爲不善云非才之罪，因舉義仁禮智而云或相倍蓰而無算者，不能盡其才者也。繼而言天之降才，繼又言存乎人者有仁義，而云牿亡之後未嘗有才，知才爲天之所降明矣。

是松崖亦據孟子，主性即在形質才能之中也。又曰：

理字之義，兼兩之謂也。人之性禀於天，性必兼兩，在天曰陰與陽，在地曰柔與剛，在人曰仁與義，兼三才而兩之，故曰性命之理。

樂記言大理，謂好與惡也，好近仁，惡近義，好惡得其正謂之天理，好惡失其正謂之滅天理，大學謂之拂人性，天命之謂性，性有陰陽剛柔仁義，故曰天理。後人以天人理欲爲對待，且曰天即理也尤謬。

是松崖解樂記亦謂天理即人性好惡之正也。又曰：

道家論一貫與宋儒同，與孔子異。道家以一爲終，故莊子曰，得其一而萬事異，聖人以一爲始，故夫子曰，吾道一以貫之，此儒與道之别也。

貫皆有積義……論語吾道一以貫之，釋詁云：「貫，習也。」習者重習，亦有積意，荀子曰「服習積貫」，又曰「貫日而治詳之」。

東原曰君子慎習而貴學，原善卷下。所謂以必然全其自然者，亦與松崖辨儒道一貫之論相似也。松崖又曰：

忠，一也，以忠行恕，即一以貫之也。

此東原以人之有欲通天下之欲爲仁，以人之有覺通天下之覺爲智之説也。惠氏易微言多列故訓，而少發揮，其書固不如東原原善之精潔而明暢，然據易繫，中孟子合才性，通理欲，泯天人，洽終始，重積學，而反虛無，則大體不能謂不近。今以東原交游行迹先後，合之其著述議論之異同，而謂原善一書，或頗受松崖易微言影響，雖無明據，亦非盡渺茫矣。李慈銘越縵堂日記謂見翁覃谿手批戴氏遺集，其評論性諸篇，謂此等文字與惠定宇易述後編言性相似。覃谿識力縱不足知戴，然此語頗非無見。當時實知惠、戴兩家言義理亦相通，不如近人乃盛尊東原而抑惠也。又阮元揅經室集國史儒林傳序，亦謂惠棟、戴震等精發古義，詁釋聖言。尤證當時謂惠、戴言義理，同從古訓出發也。

緒言

東原原善絶不排詆宋儒，而緒言則頗排宋。據上記發狂打破宋儒家中太極圖之説可證。其最要者則爲理氣之辨，曰：

六經、孔、孟之書，不聞理氣之分，而宋儒創言之，又以道屬之理，實失道之名義也。

大致在天地，則氣化流行生生不息是謂道。在人物，則人倫日用凡生生所有事亦如氣化之不可已是謂道。

程、朱……蓋見於陰陽氣化無非有迹可尋，遂以與品物流形同歸之粗，而別求之無迹象以爲其精……恍然覺悟理氣之分如是。

而不知：

陰陽流行其自然也，精言之期於無憾，所謂理也。理非他，蓋其必然也。陰陽之期於無憾也，猶人之期於無失也……期於無憾無失之爲必然，乃要其後，非原其先，乃就一物而語其不可譏議，奈何以虚語夫不可譏議指爲一物與氣渾淪而成主宰樞紐其中也。

故：

就天地人物事爲求其不易之則是爲理……就天地人物事爲求其不易之則，以歸於必然，理至明顯也。謂理氣渾淪不害二物之各爲一物，將使學者皓首茫然求其物不得。

蓋理不在氣之外，更不在氣之先，又非別有一物以爲氣之主宰，特人物事爲一種必然不可易之則也。此所謂人物事爲一種必然不可易之則者，即爲人物事爲本身内具之條理，故曰：

舉生生即該條理，舉條理即該生生……知條理之説者，其知理之謂矣。

何以識此條理？則曰人心之明。

理義也者，心之所通也。天之氣化，生生而條理；人物分於氣化，各成其性。而清者開通，則能知性知天，因行其所知底於無失，斯所以還於天地之德而已矣。

其至者爲聖人。

全而盡之無憾……知之極其量也。

欲求心知之明，則在學問。蓋：

必然之與自然，非二事也，就其自然明之盡而無幾微之失焉，是其必然也。如是而後無憾，如是而後安，是乃聖賢之所謂自然也。彼任其自然而失者無論矣，貴其自然，靜以保之，而視學問爲用心於外，及其動應，如其才質所到，亦有自然不失處。不過才質之美，偶中一二，若統其所行，差謬多矣。且一以自然爲宗而廢學問，其心之知覺有所止，不復日益，差謬之多，不求不思，終其身而自尊大，是以聖賢惡其害道也。

東原又謂後世言理，相當於古人之言命。命與理皆人物事爲本身一種必然之制限，求能識此制限，則有待乎人之學問與智慧也。故曰：

古人多言命，後人多言理，異名而同實。耳目百體之所欲，由於性之自然，明於其必然，斯協乎天地之中，以奉爲限制而不敢逾，是故謂之命。命者非他，就性之自然，察之精，明之盡，歸於必然，爲一定之限制，是乃自然之極則。若任其自然而流於失，轉喪其自然，而非自然也。故歸於必然，適完其自然……夫耳目百體之所欲，血氣之資以養者，生道也，縱欲而不知制之，其不趨於死也幾希？

故欲與德出於一根。

性之欲，其自然也，性之德，其必然也。自然者，散之見於日用事爲；必然者，約之各協於中。

知其自然，斯通乎天地之化；知其必然，斯通乎天地之德。

繼是而言性善，曰：

材質者，性之所呈也，離材質，惡睹所謂性哉？……物但能遂其自然，人能明於其必然……存乎材質之自然者性也……其歸於必然者命也，善也。以上均卷上語。

宋儒之異於前人者，以善爲性之本量，如水之本清，而其後受污而濁乃氣禀使然……是以務於理氣截之分明，以理爲性之本，爲無不善，以氣之流行則有善有不善，視理儼如一物，雖顯遵孟子性善之云，究之以才説性時，便是人生以後，此理已墮在氣質之中，孟子安得概之曰善哉？

蓋東原之言性善，猶其言理氣也，故曰：

極於至善之謂理。

而所以極於至善則仍在心知之明，故曰：

聖賢論行，固以忠信忠恕爲重，然如其質而見之行事，苟學不足，則失在知而行因之謬，雖其心無弗忠弗信弗恕，而害道多矣。

躬行而知未盡，曰仁曰誠，未易幾也。

故：

凡血氣之屬，皆有精爽。其心之精爽鉅細不同，如火光之照物，光小者，其照也近，所照者不謬也，所不照，斯疑謬承之。不謬之謂得理。其光大者，其照也遠，得理多而失理少。且不特遠近而已，光之及又有明闇，故於物有察有不察。察者盡其實，不察，斯疑謬承之，同乎不照。疑謬之謂失理。失理者限於質之昧，所謂愚也。惟學可以增益其不足而進於智，益之不已，至乎其極，如日月有明，容光必照，則聖人矣……故理義非他，所照所察者之當否也。何以得其當否，心之神明也。人之異於禽獸者，雖同有精爽，而人能進於神明也。理義豈別若一物，求之所照所察之外，而人之精爽能進於神明，豈求諸氣稟之外哉？

東原繼此而辨智愚善惡之不同，曰：

智愚者，遠近等差殊科而非相反，善惡則相反之名……人之成性，其不齊在智愚……任其愚而不學不思，乃流爲惡，愚非惡也。性無有不善明矣。以上均卷中語。

本此而評騭前人學術之異同，則曰：

孔子之後，異說紛起，能發明孔子之道者，孟子也；卓然異於老聃、莊周、告子而爲聖人之徒者，荀子也；嘗求之老、釋，能卓然覺寤其非者，程子、張子、朱子也。然先入於彼，故其言道爲氣之主宰樞紐，如彼以神爲氣之主宰樞紐也；以理能生氣，如彼以神能生氣也；以理墮在形氣之中，變化氣質則復其初，如彼以神受形氣而生，不以形氣物欲累之則復其初也。皆改其所指爲神識者以指理。故言儒者以理爲不生不滅，豈聖賢之言哉？天地之初理生氣，豈其然哉？

又曰：

人之異於禽獸者，人能明於必然，禽獸各順其自然也。孔、孟之異於老聃、莊周、告子、釋氏者……見乎天地人物事爲有不易之則之爲必然，而博文約禮以漸致其功。彼謂……法自然無以復加矣。孟子而後，惟荀子見於禮義爲必然，見於不可徒任自然，而不知禮義即自然之極則。宋儒亦見於理爲必然，而以理爲太極，爲生陰生陽之本，爲不離陰陽，仍不雜於陰陽，指其在人物爲性，爲不離氣質，仍不雜乎氣質，蓋以必然非自然之極則…… 一似理亦同乎老聃、莊周、告子、釋氏所指者……惟尊理而重學，遠於老聃、莊周、告子、釋氏矣。

實體實事罔非自然而歸於必然，天地人物事爲之理得矣。自然之極則是謂理。老聃、莊周、告子、釋氏以自然爲宗……去其情欲之能害是者，即以爲已足，與聖賢之由博學審問慎思明辨以求牖於明者異，是故斷之爲異説，不得同於荀子也。

周子論學聖人主於無欲，王文成論致知主於良知之禮，皆以老釋廢學之意論學，害之大者也。

荀子之所謂禮義，即宋儒之所謂理，荀子之所謂性，即宋儒之所謂氣質……荀子以禮義與性爲二本，宋儒以理與氣質爲二本，老聃、莊周、釋氏以神與形體爲二本。然而荀子推崇禮義，宋儒推崇理，於聖人之教不害也，不知性耳。老聃、莊周、釋氏守己自足，不惟不知性而已，實害聖人之教者也。以上均卷下語。

統觀緒言立論，亦主精察自然條理以建必然之則，即以必然之則完成自然之極致，大體與原善並無不同，惟全書議論多針對宋儒，其結論則以濂溪、陸、王爲主本體重自然與老、釋同斥，程、朱、横渠則以不棄道問學一邊與荀子同爲得聖學之一體，其論歸於重智，非智則無以精察自然以立必然之則也。而於理字尤釋之再三，曰：

自然之極則是謂理。

期於無憾，所謂理也，理非他，蓋其必然也。

就天地人物事爲求其不易之則是爲理。

理要其後，非原其先。

知條理之説者，其知理之謂矣。

心之精爽所照者不謬，是謂得理。

可否之而當，是謂理義。

然此所謂自然之極則，天地人物事爲不易之則，爲我可否之標準，使我照物而不謬者，將於何求之，東原猶未明白言之也。空以言夫不易之則，仍將使學者皓首茫然求其物不得。故東原緒言主旨，固在指陳理要其後非原其先之一意，而於理之大本，仍未確説，則去宋儒理生氣之説，雖立論不同，而渺茫亦略似矣。故東原又謂：

古人多言命，後人多言理，異名而同實。

宋儒推崇理，於聖人之教不害。

蓋東原緒言立意，在辨宋儒理氣論之妄，而別立一天地人物事爲不易之則以代之。其辨僅在原先要後之間，既無以大異乎宋儒之渺茫，則亦終無以大闢宋儒之説也。至其孟子字義疏證則不然。

孟子字義疏證

東原孟子字義疏證，其大不同於緒言者，厥爲其對理字所下之界説。其開宗明義第一句即曰：

理者，察之而幾微必區以別之名也。

此猶是緒言之意，而繼是則曰：

理也者，情之不爽失也，未有情不得而理得者也……天理云者，言乎自然之分理也，自然之分理，以我之情絜人之情，而無不得其平是也。

在己與人皆謂之情，無過情無不及情之謂理。均見卷上。

夫而後確切指明理之即爲人情。又曰：

理者，存乎欲者也。卷上。

凡事爲皆有於欲，無欲則無爲矣，有欲而後有爲，有爲而歸於至當不可易之謂理。無欲無爲，又焉有理？卷下。

夫而後確切指出理之本於人欲，合而言之則曰：

通天下之情，遂天下之欲，權之而分釐不爽謂之理。卷下。

以情欲言理，實疏證中創見，東原爲緒言時，猶未得此説也。既以情欲言理，於是本此而辨古今言理之大別，曰：

古之言理也，就人之情欲求之，使之無疵之謂理；今之言理也，離人之情欲求之，使之忍而不顧之謂理。卷下。

又曰：

苟舍情求理，其所謂理無非意見也，未有任其意見而不禍斯民者。卷上。

又曰：

理欲之辨……謂不出於理則出於欲，不出於欲則出於理。其言理也，如有物焉，得於天而具於心，於是未有不以意見爲理之君子……不寤意見多偏之不可以理名，而持之必堅，意見所非，則謂其人自絶於理。此理欲之辨，適成忍而殘殺之具，爲禍又如是也。卷下。

蓋理既出乎情欲，故舍情欲而言理，無不失理，而流爲其人之意見也。以一己之意見爲理而强人以從，則其勢必至於禍天下。東原本此而極言宋儒辨理欲之爲禍，曰：

宋儒程子、朱子，易老、莊、釋氏之所私者而貴理，易彼之外形骸者而咎氣質，其所謂理，依然「如有物焉宅於心」。於是辨乎理欲之分，謂「不出於理則出於欲，不出於欲則出於理」，雖視人之饑寒號呼，男女哀怨以至垂死冀生，無非人欲，空指一絶情欲之感者爲天理之本然，存之於心。及其應事，幸而偶中，非曲體事情，求如此以安之也；不幸而事情未明，執其意見方自信天理非人欲，而小之一人受其禍，大之天下國家受其禍，徒以不出於欲，遂莫之或寤也。凡以爲「理宅於心」，「不出於欲則出於理」者，未有不以意見爲理而禍天下者也。卷下。

又曰：

聖人治天下，體民之情，遂民之欲而王道備。人知老、莊、釋氏異於聖人，聞其無欲之説，猶未之信也，於宋儒則信以爲同於聖人。理欲之分，人人能言之。故今之治人者，視古賢聖體民之情遂民之欲，多出於鄙細隱曲，不措諸意，不足爲怪。而及其責以理也，不難學曠世之高節，著於義而罪之。尊者以理責卑，長者以理責幼，貴者以理責賤，雖失謂之順；卑者幼者賤者以理争之，雖得謂之逆。於是下之人不能以天下之同情、天下所同欲達之於上，上以理責其下，而在下之罪人不勝指數。人死於法，猶有憐之者，死於理，其誰憐之？嗚呼！雜乎老、釋之言以爲言，其禍甚於申、韓如是也。

其他類此者不勝舉，而緒言則無一語及是。故在緒言惟以天地人物事爲不易之則爲理，至如何而始爲天地人物事爲不易之則，固未及也，疏證始以情欲遂達至於纖悉無憾者爲理，而理字之界説遂顯。故緒言惟辨理氣，疏證始辨理欲。緒言以程、朱崇理爲無害於聖教，惟不知性耳，疏證則以程、朱爲不知理，同於釋、老，而大害於世道。故緒言尚道問學，重智，所以精察事物之理，而疏證則尚忠恕，主絜矩，使人自求之於情。曰：

使人任其意見則謬，使人自求其情則得。子貢問曰：「有一言而可以終身行之者乎？」子曰：「其恕乎？己所不欲，勿施於人。」大學言治國平天下，不過曰「所惡於上毋以使下，所惡於下毋以事上」，曰所不欲，曰所惡，不過人之常情，不言理而理盡於此。惟以情絜情，故其於事也非心出一意見以處之。卷上。

又曰：

性，譬則水也。欲，譬則水之流也……依乎天理，爲相生養之道，譬則水由地中行也。窮人欲……譬則洪水横流……聖人教之反躬，以己之加於人，設人如是加於己，而思躬受之之情，譬之禹之行水，行其所無事。

此所謂忠恕反躬者，亦緒言所未及，而疏證所特詳也。故以通情遂欲至於不爽失爲理，以推己反躬忠恕絜情爲得理之所由，實東原晚年最後思想所止，亦孟子字義疏證一書之所爲作也。故曰：

人之生也，莫病於無以遂其生。欲遂其生，亦遂人之生，仁也，欲遂其生，至於戕人之生而不顧者，不仁也。不仁實始於欲遂其生之心，使其無此欲，必無不仁矣。然使其無此欲，則於天下之人，生道窮促，亦將漠然視之，己不必遂其生而遂人之生，無是情也。卷上。

又曰：

所謂惻隱所謂仁者，非心知之外别有如物焉藏於心也。己知懷生而畏死，故怵惕於孺子之危，惻隱於孺子之死。使無懷生畏死之心，又焉有怵惕惻隱之心？推之羞惡辭讓是非亦然。使飲食男女與夫感於物而動者脱然無之，以歸於静，歸於一，又焉有羞惡有辭讓有是非？此可以明仁義禮智非他，不過懷生畏死飲食男女與夫感於物而動者之皆不可脱然無之以歸於静歸於一，而恃人之心知異於禽獸，能不惑於所行，即爲懿德耳。卷中。

凡此皆確切指出理之即本於人欲，即出於懷生畏死飲食男女之情，爲緒言所未及，而疏證三卷所不厭再三申述之新義也。然所以求通情遂欲以達於不爽失者，則實不盡於推己反躬忠恕絜矩而已，仍必有以通夫物情焉，得於事理焉，而後可以不惑於所見，則聰明聖智仍不可闕。故疏證既發新義，仍取舊見，於緒言尚智一節，猶所保留。曰：

惟有欲有情而又有知，然後欲得遂也，情得達也……人之知，小之能盡美醜之極致，大之能盡是非之極致。然後遂己之欲者，廣之能遂人之欲，達己之情者，廣之能達人之情。道德之盛，使人之欲無不遂，人之情無不達，斯已矣。欲之失爲私，私則貪邪隨之矣，情之失爲偏，偏則乖戾隨之矣，知之失爲蔽，蔽則差謬隨之矣。不私則其欲皆仁也，皆禮義也，不偏則其情必和易而平恕也，不蔽則其知乃所謂聰明聖智也。卷下。

又曰：

人之患有私有蔽，私出於情欲，蔽出於心知……凡異説皆主於無欲，不求無蔽，重行不先重知……聖賢之學，由博學、審問、慎思、明辨而後篤行，則行者，行其人倫日用之不蔽也。

聖人之言，無非使人求其至當以見之行，求其至當，即先務於知也。凡去私不求去蔽，重行不先重知，非聖學也。均見卷下。

惟先務於知，故重學問，尚擴充，曰：

試以人之形體與人之德性比而論之，形體始乎幼小，終乎長大，德性始乎蒙昧，終乎聖智。其形體之長大也，資於飲食之養，乃長日加益，非復其初，德性資於學問，進於聖智，非復其初明矣。

人物以類區分，而人所稟受，其氣清明，異於禽獸之不可開通。然人與人較，其材質等差凡幾。古賢聖知人之材質有等差，是以重學問貴擴充。卷上。

此東原辨老、釋復初之說，即理要其後非原其先之意也。惟東原以聖智言德性，則其意似仍重於推己反躬忠恕一邊，故曰：

人能出於己者必忠，施於人者以恕，行事如此，雖有差失亦少矣。凡未至乎聖人，未可語於仁，未能無憾於禮義，如其才質所及，心知所明，謂之忠恕可也。聖人仁且智，其見之行事，無非仁，無非禮義，忠恕不足以名之，然而非有他也，忠恕至斯而極也。卷下。

此又東原推極忠恕而達於聖智之說也。凡此皆東原孟子字義疏證一書所特著之議論，而不見於緒言者，蓋即東原晚年之新得也。其他承襲緒言舊說者不備舉。統觀兩書，緒言主要在辨理氣之先後，而疏證則主在辨理欲之異同。緒言於宋儒程、張、朱三家尚未認爲害道，而疏證始拈理欲一辨，力加呵斥。緒言開卷首論道之名義，由形上形下道器之辨而及於理氣之先後，此在惠氏易微言已引韓非子書分説道理二字，謂宋儒説道與理同，只見得一偏，東原似從此點發揮。原善只言道與性，亦未及辨道與理也，至疏證則開卷即辨理字，全卷十五條均從理字闡述，第二卷始及天道及性，天道四條性九條。下卷旁及其他。才三條，道四條，仁義禮智二條，誠二條，權五條。觀其目次之先後，與文辭之繁省，即可見兩書中心思想之轉移。段懋堂言緒言、疏證兩書異同云：「緒言三卷，上卷自立説，中卷尊孟子，下卷駁告子、荀子、楊子、周、程、邵、朱、王文成諸子及老、莊、釋氏，言之綦詳矣。疏證亦三卷，上卷性十五條（性乃理字誤）中卷天道四條，性九條，下卷才三條，道四條，仁義禮智二條，誠二條，權五條。自仁義禮智以上，緒言言之，而誠權二目則未之及。誠之一目，所以正程、朱説『一以貫之』之誤，言處事必有權，以爲輕重之準，非是執理無權。程、朱之説，但執意見之理，不顧人情，此是執理無權也。二目補緒言之所未備。」（答程易田書）今按權字一目與上卷理字十五條相足，最爲疏證新創，著眼此處，即可見兩書異同最要點矣。惟原善三卷中頗已及性情欲異同之辨，如云：

人與物，同有欲，欲也者性之事也……欲不失之私則仁。

生養之道存乎欲者也，感通之道，存乎情者也。二者自然之符，天下之事舉矣。

由性之欲而語於無失，是謂性之德。

去生養之道者，賊道者也。細民得其欲，君子得其仁。

此皆與疏證議論相通，則疏證理欲一辨，其大意在爲原善三卷時早已孕育。至以私與蔽爲人之二患，而曰去私莫如强恕，解蔽莫如學，亦在原善下卷有之。原善又言：

詩曰：「民之罔極，職涼善背。爲民不利，如云不克。民之回遹，職競用力。民之未戾，職盗爲寇。」在位者多涼德，而善欺背以爲民害，則民亦相欺而罔極矣；在位者行暴虐而競强用力，則民巧爲避而回遹矣；在位者肆其貪，不異寇取，則民愁若而動摇不定矣；凡此非民性然也，職由於貪暴以賊其民所致。亂之本鮮不成於上，然後民受轉移於下，莫之或覺也。乃曰民之所爲不善，用是而讎民，亦大惑矣。

其言感慨深沉，尤足與在上者以理殺人之意相發。豈東原抱其奇才，畢生不遇，少爲稗販，涉歷南朔，閭里姦邪，爲鹽瑣細盡知之，此章炳麟語。因有以感通夫細民之幽怨，而發之特爲深切歟？然則東原思想固仍不失徽學精神也。其晚年見解，在爲原善時固已樹其崖略，惟辨理欲而歸罪宋儒，則獨爲疏證創論。惟此是東原最後之說，爲前所不及耳。故原善辨性欲，緒言辨理氣，至疏證辨理欲乃會合前兩書爲一說，而其對宋儒之見解，則原善全未提及，緒言已有譏排，而疏證最爲激昂，此則其大較也。

東原思想之淵源

戴望爲顏氏學記，嘗謂乾隆中戴震作孟子緒言，本習齋說言性而暢發其旨，卷一顏先生傳。近人本此，頗謂東原思想淵源顏、李。東原時，惟徽人程綿莊廷祚治顏、李學，東原與綿莊雖相知，而往來之詳已難考。綿莊寄籍江寧，東原三十五歲後頗往來揚州，自是有原善之作，然並不譏宋。按綿莊雖治顏、李，亦不詆宋學，詳本書第五章。東原四十四歲自言近日做得講理學一書，即原善三卷本也。明年綿莊卒，東原爲緒言尚在後，謂疏證思想自綿莊處得顏、李遺說而來頗難證。綿莊有族姪程魚門晉芳，與東原交游，後爲正學論，極詆顏、李，遂及東原。勉行齋文集正學論三。殆以東原疏證亦斥程、朱，故與顏、李並提，非必謂東原之說即自顏、李來也。今考東原思想最要者，一曰自然與必然之辨，一曰理欲之辨，此二者，雖足與顏、李之說相通，而未必爲承襲。至從古訓中明義理，明與習齋精神大背。若徒以兩家均斥程、朱謂其淵源所自，則誣也。至辨本體，辨理氣，辨性與才質異同，自明儒已多論及，東原不必定得其說於顏、李。其訓義理天理字爲條理，則東原治古訓，宜可自得。朱子答王子合云：「道即理也。以人共由而言謂之道，以其各有條理而言則謂之理。」宋儒亦豈真不知理之爲條理者。且毛西河所著書，亦極辨宋儒理字，散見其論語稽求篇、聖門釋非録、四書賸言、補中庸説諸書。朱一新無邪堂答問卷四論大學在明明德，謂「毛西河大學問實用李恕谷説，而段懋堂又暗襲西河」，惟懋堂説明明德，乃記其師東原作大學補注爲言開宗二句之義，因述以傳者。見經韻樓集卷三。東原可不知顏、李，不容不知西河。東原庚辰與任幼植大椿書，謂毛大可賊經害道，（見文集卷九。）此特譏其考證，時尚未有原善。焦里堂讀書三十二贊，雕菰樓集卷六。有毛氏聖門釋非録，無顏、李。孟子正義備引東原疏證，及程易田論學小記，亦屢引毛氏賸言釋非録諸書，而不及顏、李。方植之謂阮氏平日教學者，必先看西河文集，見漢學商兑中之上。凌次仲則謂毛氏四書改錯，最爲簡要可貴，如醫家之大黄，有立起沉疴之效，爲斯世所不可無。校禮堂文集卷二十五與阮中丞論克己書。又過蕭山詩，竟謂：「千古精言萃考亭，竟將二氏入遺經。姚江亦是濂溪派，認取蕭山萬叠青。」校禮堂詩集卷十四。推重西河如此。此皆治戴氏義理之學者，稱道毛西河，然不稱道顏、李也。然思想之事，固可以閉門造車，出門合轍，相視於莫逆，相忘於無形者。王船山論道器，論自然與成性，論懲忿窒欲，陳乾初論天理從人欲中見，論擴充盡才後見性善，其可與東原説相通者，亦夥矣，未必東原定見王、陳書也。學者於交游誦讀間，固可以多方啓發，自得深造，不必堅執一二端，以臆定其思想淵源之所自。惟謂東原遊揚州，見惠定宇，而論學宗旨稍變，其爲原善，或頗受定宇易微言影響，則差近實耳。且易微言理字條云：「理字之義，兼兩之謂也。樂記言天理謂好與惡也。好近仁，惡近義，好惡得其正謂之天理，好惡失其正謂之滅天理，大學謂之拂人性。天命之謂性，性有陰陽剛柔仁義，故曰天理。後人以天人理欲爲對待，且曰天即理也，尤謬。」豈不與東原疏證大意至似，即此後凌次仲諸論亦自此出。惠、戴至近，何必遠尋之顏、李耶？鄭玄注樂記云：「理猶性也。」與伊川性即理之説正合，即惠氏亦以滅天理與拂人性相訓，則宋儒謂理乃得於天而具於心者，自指人性言，亦未可深斥也。且惠氏論學，主尊古，故頗引周、秦諸子，謂猶足與經籍相證。今考東原思想，亦多推本晚周，雖依孟子道性善，而其言時近荀卿。荀主性惡，極重後天人爲，故曰：「明於天人之分，則可謂至人矣。」又曰：「聖人清其天君，正其天官，備其天養，順其天政，養其天情，以全其天功。」均見天論篇。此即東原精研自然以底於必然之説也。又曰：「凡語治而待去欲者，無以道欲而困於有欲者也，凡語治而待寡欲者，無以節欲而困於多欲者也。心之所可中理，欲雖多，奚傷於治？心之所可失理，欲雖寡，奚止於亂？故治亂在於心之所可，亡於情之所欲。故雖爲守門，欲不可去，性之具也。雖爲天子，欲不可盡，所欲雖不可盡，求者猶近盡。欲雖不可去，所求不得，慮者欲節求也。道者進則近盡，退則節求，天下莫之若也。」正名篇。東原謂理者就人之情欲求之，使之纖悉無憾之謂理，正合荀卿進近盡退節求之旨。而荀子則要其歸於禮，曰：「人生而有欲，欲而不得則不能無求，求而無度量分界則不能不爭，爭則亂，亂則窮。先王惡其亂也，故制禮義以分之，以養人之欲，給人之求，使欲必不窮乎物，物必不屈於欲，兩者相持而長，是禮之所起也。」禮論篇。戴學後起，亦靡勿以禮爲説，此又兩家思理之相通而至似者也。即東原所謂解蔽莫如學者，解蔽一語，亦出荀書，則東原之有會於荀卿者至深矣。故其爲緒言，以荀子與宋之程、張、朱四子等類，而曰荀子推崇禮義，宋儒推崇理，於聖人之教不害，不知性耳。東原所最斥者乃復初反本之説，則正亦荀子所深非矣。故曰：「荀子知禮義爲聖人之教，而不知禮義亦出於性，知禮義爲明於其必然，而不知必然乃自然之極則，適所以完其自然也。荀子之重學也，無於内而取於外，孟子之重學也，有於内而資於外。」緒言卷中，又疏證卷中。自東原觀之，荀之與孟，未達一間耳。晚周諸子，善斥自然者莫過荀子，東原即以其意排老、釋，而復以孟子性善之論移加於荀子。近人章炳麟言之曰：「極震所議，與孫卿若合符，以孫卿言性惡，與震意怫，故解而赴原善。」文録卷一釋戴。此爲善論東原之學矣。戴學近荀卿，同時程易田已言之，語詳本章末節。又焦里堂繼東原爲論語通釋，亦時引荀子語，錢大昕潛研堂集先已爲荀子辨誣，當時學人本自致力於荀子，故不覺其言思之染涉者深也。至東原疏證以理欲之辨極詆宋儒，章氏亦論之云：

雒、閩諸儒制言以勸行己，其本不爲長民，故其語有廉稜，而亦時時軼出夫法家者，輔萬物之自然而不敢爲，與行己者絶異。任法律而參雒、閩，是使種馬與良牛並駟，則敗積覆駕之術也……戴震生雍正末，見其詔令謫人不以法律，顧摭取雒、閩儒言以相稽。覘司隱微，罪及燕語……令士民摇手觸禁，其晝傷深。震自幼爲賈販，轉運千里，復具知民生隱曲，而上無一言之惠，故發憤著原善、孟子字義疏證，專務平恕……震所言多自下摩上，欲上帝守節而民無癉……如震所言，施於有政，上不呰苛，下無怨讟，衣食孳殖，可以致刑措……夫言欲不可絶，欲當即爲理者，斯固埭政之言，非飭身之典矣……晚世或盜其言以崇飾慆淫，今又文致西來之説教天下奢，以菜食褧衣爲恥，爲廉節士所非。誠明震意，諸款言豈得託哉？釋戴。

此論最爲得情。近儒道尊東原者自太炎，特取其排程、朱，以清末治程、朱率惡言革命也。又謂東原著書特發憤於清廷之酷淫，皆一時權言耳。檢論成於民國三年，排斥程朱之談，太炎亦復不取。然其分辨欲當即理乃逮政之言非飭身之典，實旨言也。至東原著書初意，是否如太炎所云云，兹可勿論耳。方植之漢學商兑亦云：

程、朱所嚴辨理欲，指人主及學人心術邪正言之，乃最吃緊本務，與民情同然好惡之欲迥别。今移此混彼，妄援立説，謂當通遂其欲，不當繩之以理，言理則爲以意見殺人，此亘古未有之異端邪説。卷中之上。

此雖詆毀逾分，然辨理欲字義，則實與章氏所論，各得其義之一面。章氏謂東原論理欲，乃爲當時從政者而發，植之則謂宋儒辨理欲，本亦爲立言從政者之心術言之也。惟其如此，故東原辨理欲，雖語多精到，而陳義稍偏，頗有未圓。今姑舉孟子盡心口之於味一章論之，孟子曰：

口之於味也，目之於色也，耳之於聲也，鼻之於臭也，四肢之於安佚也，性也，有命焉，君子不謂性也。仁之於父子也，義之於君臣也，禮之於賓主也，智之於賢者也，聖人之於天道也，命也，有性焉，君子不謂命也。

朱子集注引程子曰：

五者之欲性也，然有分，不能皆如其願，則是命也，不可謂我性之所有而求必得之也。

朱子按：

不能皆如其願，不止爲貧賤，蓋雖富貴之極，亦有品節限制，則是亦有命也。

朱子又云：

此二條者，皆性之所有，而命於天者也。然世之人以前五者爲性，雖有不得而必欲求之，以後五者爲命，一有不至則不復致力。故孟子各就其重處言之，以伸此而抑彼也。張子所謂養則付命於天，道則責成於己，其言約而盡矣。

集注於此章解義明白，無可非難；而東原疏證則曰：

欲根於血氣，故曰性也，而有所限而不可踰，則命之謂也。仁義禮智之懿，不爲盡人如一者，限於生初，所謂命也，而皆可以擴而充之，則人之性也。謂猶之藉口於性耳，君子不藉口於性以逞其欲，不藉口於命之限而不盡其材。後儒未詳審文義，失孟子立言之指，不謂性非不謂之性，不謂命非不謂之命。由此言之，孟子之所謂性，即口之於味，目之於色，耳之於聲，鼻之於臭，四肢之於安佚之爲性，所謂人無有不善，即能知其限而不踰之謂善，即血氣心知能底於無失之爲善，所謂仁義禮智，即以名其血氣心知，所謂原於天地之化者之能協於天地之德也。疏證卷中。

夫程子明云五者之欲性也，朱子亦云此二條者皆性之所有，則非不謂之性矣，東原必謂宋儒未詳審文義，失孟子立言之指，已近深文。且孟子明以耳目口鼻四肢與仁義禮智分説，而東原必爲併成一片，謂性即味色聲臭安佚之謂，性善即知其限而不踰以底於無失之謂。若性善專指此一邊，則與孟子原文兩排分説者顯異，實不如集注云此二條皆性所有一語，於孟子原義爲允愜也。且孟子指惻隱羞惡辭讓是非爲吾心之善端，擴而充之，則爲仁義禮智，決不能即以「口之於味，目之於色，耳之於聲，鼻之於臭，四肢之於安佚」之能知其限而不踰以底於無失者，謂即惻隱羞惡辭讓是非之心也。孟子又謂孩提之愛親敬長，達之天下而爲仁義，此又不能以味色聲臭安佚之能知其限而不踰以底於無失者，爲即愛親敬兄之本也。東原謂：

仁義禮智非他，不過懷生畏死，飲食男女，與夫感於物而動者之皆不可脱然無之，以歸於靜，歸於一，而恃人之心知異於禽獸，能不惑乎所行，即爲懿德耳。疏證卷中。

此所謂感於物而動者，語意頗含混。若專從人類個己懷生畏死飲食男女之情，以求其不爽失，求其知限而不踰，則所得即無異於荀子之所謂理義所謂性惡矣。何者？因其全由私人懷生畏死飲食男女之情仔細打算而來，若人類天性，不復有一種通人我泯己物之心情故也。東原謂「使無懷生畏死之心，又焉有怵惕惻隱之心」，疏證卷中。是已然與言擴充惻隱以爲仁者不同。孟子言惻隱，並不是推此心之懷生畏死而始爲惻隱也。儒家思想所以必仁智雙提，而仁字地位所以猶在智字之上者，東原於此似少領會。故孟子曰「養心莫善於寡欲」，又曰「養其大體爲大人，養其小體爲小人」。在孟子所分別言之者，在東原均打併歸一，是東原之所指爲性者，實與荀卿爲近，惟東原以孟子性善之意移而爲説耳。推而上之，及於論語，其言亦並不與東原之意合，此陳蘭甫東塾讀書記已言之。其言曰：

克己復禮，朱子解爲勝私欲；爲仁由己，朱子解爲在我。兩己字不同解，戴東原孟子字義疏證駁之。澧謂朱注實有未安，不如馬注解克己爲約身也。按克己一解，惠士奇禮説先創新説，然克己訓勝私，左傳述楚靈王事即然，劉炫闡之甚詳，即馬訓約身，約身亦勝私耳。東塾此條乃取戴説，何也。或疑如此則論語無勝私欲全天理之説，斯不然也。勝私欲之説，論語二十篇中，固多有之。「富與貴，是人之所欲也，不以其道，不處也」，不處者，勝之也。原憲問「克、伐、怨、欲不行焉」，不行者，勝之也。原注：夫子雖曰仁則吾不知，然固曰可以爲難矣。「棖也慾，焉得剛，慾者多嗜欲，剛者能勝之也。又有不明言欲者。「君子有三戒」，戒色、戒得。色與得者，欲也。戒者，勝之也。「樂驕樂」，「樂佚遊」，「樂宴樂」，皆欲也，明其爲損，則當勝之也。論語雖無理字，然其意以理欲對言者甚多。「君子喻於義，小人喻於利」，義即理也，利即欲也。「君子懷德，小人懷土，君子懷刑，小人懷惠」。懷德、懷刑即理也，懷土、懷惠即欲也。「君子上達，小人下達」，上達即理也，下達即欲也。「君子固窮，小人窮斯濫矣」，固窮即理也，原注：易固窮，固守其窮也。濫即欲也。「君子謀道不謀食，憂道不憂貧」，謀道憂道即理也，謀食憂貧即欲也。「志士仁人，無求生以害仁」，仁即理也，求生即欲也。喻義喻利二語，尤爲包括。故朱子請陸象山爲白鹿洞學者講之，至於「無求生以害仁，有殺身以成仁」，則勝私欲，全天理，至矣極矣，蔑以加矣。讀書記卷二論語。

此言論語亦明明分兩種境界，不得謂此一境界全從彼一境界出也。孟子言性善，亦惟謂此一境界，其原亦本之人之心性，並非由外爍我，並不謂人心中惟有此一境界。此層東塾讀書記亦言之，謂孟子所謂性善者，謂人人之性皆有善也，非謂人人之性皆純于善也。孟子書中亦明明分説兩種境界，而東原必歸之於一，又不歸之於仁義，而必歸之於食色，是東原之言近於荀子之性惡，斷然矣。朱蓉生無邪堂答問辨戴説極明盡，大意謂古書言欲，有善有惡，程、朱語録亦然。其教人遏欲存理，特恐欲之易縱，專舉惡者言之，烏可以辭害意。天賦人有食色之欲，未嘗有食淫之欲。其有之者，人自縱之。謂食色之性，人不可無，此何待言。疏證有云：欲之失爲私，私則貪邪隨之，是東原未嘗不知欲中有惡也。孟子謂心之所同然者爲理義，未嘗謂心之所發皆合於理義也。心統性情，其情可以爲善，亦可以爲不善。東原以孟子言情非性情而云情猶素也實也，曲說至此，可謂自生荆棘。其論皆是。余觀船山議論，頗多與東原相同。然船山極尊宋儒，又曰，庶民者流俗也，流俗者禽獸也，人之所以異於禽獸者，君子存之，小人去之，壁立萬仞，止争一綫。俟解，詳前引。亦分兩境界言，其識超於東原矣。

戴學之流衍

東原既卒，其私淑學者凌廷堪次仲爲東原先生事略狀，有云：

先生之學，無所不通，而其所由以至道者則有三，曰小學，曰測算，曰典章制度。至於原善、孟子字義疏證，由古訓而明義理，蓋先生至道之書也。先生卒後，其小學之學，則有高郵王念孫、金壇段玉裁傳之；測算之學，則有曲阜孔廣森傳之；典章制度之學，則有興化任大椿傳之，皆其弟子也。昔河間獻王實事求是，夫實事在前，吾所謂是者，人不能强辭而是之也，如六書九數及典章制度之學是也。虚理在前，吾所謂是者，人既可别持一説以爲非，吾所謂非者，人亦可别持一説以爲是也，如義理之學是也。故於先生之實學詮列如左，而義理固先生晚年極精之詣，非造其境者，亦無由知其是非也。其書具在，俟後人之定論云爾。

何謂朱筠一書；朱尺木與彭載其全，行狀作東原爲洪榜。難非多頗，議論疏證東原於當時以良，此說次仲

蓋。駁論有皆疏證東原於，諸人芳晉程、綱方翁、姚鼐如時同；之删因立中子東原，議論生復後朱、程圖

此爲亦仲次故，駭怪世爲乎宜，抗諍加驟東原，久已世行說之朱、程又，見獨在卓則理義，是共於立訂考

年東原爲，子弟大東原爲段懋堂即。少者理義於注，多者訂考於靡自亦，萃所力心平生東原顧。也說婉

議平生東原且。知可他其則，見乃後身東原於均疏證、緒言，代年其指確能不已，書三理義東原於，譜

鑿臆憑之儒宋詆深既，疏證著年晚。習夙訂考是仍，理義言其，境一之理義明而訓古由脱未終始亦，論

敢不蓋。途之經訂古考是求事實於力盡惟益而，說空理義爲願不更自，者學其傳則，訓古諸本一而，空

意種此表代可正，文此仲次，端一之實篤慎謹者學亦此，學爲以者至由所其循依惟而，至所之師其希遽

也見。

段懋堂戴先生年譜，記東原初謂：「天下有義理之源，有考覈之源，有文章之源。」後數年，又曰：「義理即考覈、文章二者之源也，義理又何源哉？」而其後懋堂重刻戴東原集作序，乃曰：

玉裁竊以謂義理文章，未有不由考覈而得者。自古聖人制作之大，皆精審乎天地民物之理，得其情實，綜其終始，舉其綱以俟其目，與以利而防其弊，故能奠安萬世。先生之治經，凡故訓、音聲、算數、天文、地理、制度、名物，人事之是非善惡，以及陰陽氣化、道德性命，莫不究乎其實。蓋由考覈以通乎性與天道，既通乎性與天道而考覈益精，文章益盛。用則施政利民，舍則垂世立教而無弊。淺者乃求先生於一名一物一字一句之間，惑矣！

東原以義理爲考覈之源，而懋堂以考覆爲義理之源，此非明背師説，乃正所以善會師説也。聖人制作，此義理爲考覈之源也；後人鑽研經籍，因明義理，此考覈爲義理之源也。懋堂之説，正是東原平日戒人鑿空以求義理之旨耳。而懋堂之所謂考覈，其意並不專在名物字句間，爲嚴元照娱親雅言序，謂：

考覈者，學問之全體。學者所以學爲人也，故考覈在身心性命倫理族類之間，而以讀書之考覈輔之。今之言學者，身心倫理之不務，謂宋之理學不足言，謂漢之氣節不足尚，别爲異説，簧鼓後生，此又吾輩所當大爲之坊者。

是懋堂言考覈並不主排宋也。其與陳恭甫書，謂：

今日大病，在棄洛、閩、關中之學不講，謂之庸腐，而立身苟簡，氣節壞，政事腐，天下皆君子而無真君子，未必非表率之故也。故專言漢學不講宋學，乃真人心世道之憂，而況所謂漢學者如同畫餅乎！

時懋堂已八十，又與王石臞書，謂：

今日之弊，在不當行政事，而尚勦説，漢學亦與河患同。然則理學不可不講，先生其有意乎？

又爲朱子小學跋，自謂：

喜言訓詁考覈，尋其枝葉，略其根本，老大無成，追悔已晚。

又曰：

漢人之小學，一藝也；朱子之小學，蒙養之全功也。

懋堂畢生精力，萃其説文解字注一書，乃不自滿假，自居一藝，極推朱子，謂其本末兼晐，未嘗異孔子之教。此其度量意趣，誠深遠矣！而懋堂又有推尊東原配祀朱子議，則懋堂終不免爲不知東原。凌氏排宋尊漢，乃與東原一轍，然若言其主張考覈，則固三人之所同也。

而東原言考覈，則實有其至精力見。嘗謂：

凡僕所以尋求於遺經，懼聖人之緒言闇汶於後世也。然尋求而獲，有十分之見，有未至十分之見。所謂十分之見，必徵之古而靡不條貫，合諸道而不留餘議，鉅細畢究，本末兼察。若夫依於傳聞以擬其是，擇於衆説以裁其優，出於空言以定其論，據於孤證以信其通，雖溯流可以知源，不目睹淵泉所導，循根可以達杪，不手披枝肄所歧，皆未至十分之見也。以此治經，失不知爲不知之意，而徒增一惑以滋識者之辨也。乙亥與姚姬傳書。

又曰：

先儒之學……其得者取義遠，資理閎，書不克盡言，言不克盡意。學者深思自得，漸近其區。不深思自得，斯草薉於畦而茅塞其陸。其失者即目未睹淵泉所導，手未披枝肄所歧者也，而爲説轉易曉，學者淺涉而堅信之，用自滿其量之能容受，不復求遠者閎者……則不志乎聞道之過也。仝上。

又曰：

其得於學，不以人蔽己，不以己自蔽，不爲一時之名，亦不期後世之名。有名之見其弊二，非掊擊前人以自表襮，即依傍昔儒以附驥尾，二者不同，而鄙陋之心同。是以君子務在聞道也。答鄭丈用牧書。

此皆東原論考據至精至卓之説也。惟東原既自喜，往往言之踰其度，章實齋記其口語，謂：

今之學者，毋論學問文章，先坐不曾識字。

又曰：

予弗能究先天後天河、洛精蘊，即不敢讀元亨利貞；弗能知星躔歲差天象地表，即不敢讀欽若敬授；弗能辨聲音律呂古今韻法，即不敢讀關關雎鳩；弗能考三統正朔周官典禮，即不敢讀春王正月。章氏遺書卷二十二與族孫汝楠論學書。

實齋此語記於乾隆丙戌，東原年四十四，實齋年二十九。蓋初識東原，其言即所與是仲明書中語，東原欲著七經小記亦此意，蓋常常稱説云爾也。實齋當時聞而重媿其言，謂：

充類至盡，我輩於四書一經，正乃未嘗開卷卒業，可爲慚惕，可爲寒心。仝上。

後乃頗疑東原言之有過，因曰：

近日言學問者，戴東原氏實爲之最，以其實有見於古人大體，非徒矜考訂而求博雅也。然戴氏之言又有過者。戴氏言曰：「誦堯典至乃命羲、和，不知恒星七政，則不卒業。誦周南、召南，不知古音，則失讀。誦古禮經先士冠禮，不知古者宮室衣服等制，則迷其方。」戴氏深通訓詁，長於制數，又得古人之所以然，故因考索而成學問，其言是也；然以此概人，謂必如其所舉，始許誦經，則是數端皆出專門絶業，古今寥寥不數人耳，猶復此糾彼訟，未能一定，將遂古今無誦五經之人，豈不誣乎？孟子言井田封建，但云大略，孟獻子之友五人，忘者過半，諸侯之禮則云未學，爵禄之詳則云不可得聞，使孟子生後世，戴氏必謂未能誦五經矣。馬、班之史，韓、柳之文，其與於道，猶馬、鄭之訓詁，賈、孔之疏義也，戴氏則謂彼皆藝而非道，此猶資舟楫以入都，而謂陸程非京路也。曾子之於聖門，蓋篤實致功者也，然其言禮則重在容貌顔色辭氣，而籩豆器數，非君子之所貴。由是言之，文章之用，較之區區掇拾之功，豈可同日語哉？章氏遺書卷二十九又與正甫論文。

實齋此書約在嘉慶丁巳，書中云近與朱少白書，爲論學文之要，據遺書補答朱少白諸書應在丁巳也。去東原卒已二十年矣。其所以難東原者良是，然在篤信東原者，方謂求道必於六經，而通經必先治訓詁制數，則將長如實齋之乍聞東原語，寒心慚惕，重媿於四書一經未嘗開卷卒業，而揖心孜孜，夫何餘間敢效其師之高談性命義理，以復蹈宋儒往者以憑空臆見爲理之失，則東原之學所以流衍於身後而專在小學測算典制三者間，其事亦固然，無足怪者。實齋又爲東原鄭學齋記見文集十一。書後，謂：

戴君説經，不盡主鄭氏説，而其與任幼植書，是文集九。則戒以輕畔康成，人皆疑之，不知其皆是也。大約學者於古未能深究其所以然，必當墨守師説，及其學之既成，會通於羣經與諸儒治經之言，而有以灼見前人之説之不可以據，於是始得古人大體而進窺天地之純。故學於鄭而不敢盡由於鄭，乃謹嚴之至，好古之至，非蔑古也。乃世之學者，喜言墨守……墨守而愚，猶可言也，墨守而黠，不可言矣。愚者循名記數，不敢稍失，猶可諒其愚也，黠者不復需學，但襲成説，以謂吾有所受者也。蓋折衷諸儒，鄭所得者十常七八，黠者既名鄭學，即不勞施爲，常安坐而得十之七八也。夫安坐而得十之七八，不如自求心得者之什一二矣，而猶自矜其七八，故曰德之賊也。惟墨守者流，非愚則黠，於是有志之士，以謂學當求其是，不可泥於古所云矣……然不求於古，而惟心所安，則人各有心，略相似也，是堯、舜而非桀、紂，亦咸所喻也。依傍名義，采取前言，折中過與不及，參以三占從二，人皆可與知能。因而自信於心，以謂學即在是，則六經束高閣，而五尺之童，皆可抵掌而談學術矣。文史通義外篇二。

實齋此文，發明戴氏治學精神極深切。戴派學者固知通經貴在明道，而所以通經者又不尚墨守，故於訓詁名物制數，咸能貫串羣經以求一是，又不敢師心蔑古，空談勸說，故雖守東原强恕推情之教者，猶必以研古治禮爲歸。綜此諸端觀之，可以悟戴學流衍，所以終匯於訓詁名物制數之所以然也。

（輯自中華書局影印臺灣版中國近三百年學術史第八章）

（戴學與程瑤田略）

戴氏聲類表蠡測

趙邦彦

戴東原晚年作聲類表九卷，未爲序例而卒，二百年來無人爲之通解銓釋。其書文之以内外轉輕重聲，淆之以古音今音。曲阜孔氏取戴氏與段若膺論韻書冠諸篇首，陳義略深，非初學所能卒解。段氏作叙，復當垂老之年，未克將著者本旨多所發明。兹略爲之説庶讀者有資焉。

（一）九類二十五部之分

第一類

歌	哿	箇	鐸
戈	果	過	鐸
模魚虞	姥語麌	暮御遇	鐸藥覺
古音支	紙	寘	
古音麻	馬	禡	陌
古音麻	馬	禡	昔

第二類

登蒸	等拯	嶝	德職
蒸	拯	證	職
哈	海	代	德
之	止	志	職
古音尤	有	宥	屋

第三類

東冬	董腫	送宋	屋沃
東鍾	腫	送用	屋燭
古音江	講	絳	覺
尤侯	有厚	宥候	屋
尤幽	有	宥	屋
尤幽	有黝	宥幼	屋
古音虞	麌	遇	覺
古音虞	麌	遇	燭
古音豪	皓	號	沃
古音蕭	篠	嘯	錫屋有目無字

第四類

唐	蕩	宕	鐸
陽	養	漾	藥
唐陽	蕩養	宕漾	覺
豪豪	皓皓	號號	鐸
古音肴巧效覺次列古音收第三類			
肴	巧	效	覺
宵	小	笑	藥
宵蕭	小篠	笑嘯	藥錫
古音庚耕	梗耿	映諍	陌麥

第五類

庚耕	梗耿	映諍	陌麥
庚清	梗靜	映勁	陌昔
清青	靜迥	勁徑	昔錫
支	紙	寘	昔
佳	蟹	卦	麥
齊	薺	霽	錫
齊		霽	錫齒音支紙

第六類

痕臻	很隱	恨震焮	没質櫛
真殷	軫隱	震焮	質迄
真諄	軫準	震	質
魂文	混吻	慁問	没物古音術
真諄文	準吻軫	稕問	質術物
諄	準	稕	質術
脂微	旨尾	至未	質迄
脂微	旨尾	至未	術物
皆	駭	怪	黠
齊	薺	霽	屑
灰支	賄	隊	没
古音先	銑	霰	質

第七類

寒删山	旱潸産	翰 諫	曷黠鎋
删山	潸産	諫 襉	黠鎋
元仙	阮獮	願 綫	月薛
朱仙	銑獮	霰 綫	屑薛
桓删仙	緩潸獮	换諫綫	末黠鎋薛
删山	潸	諫 襉	黠薛
先	銑	霰	質
皆		泰怪夬 祭祭有目無字	曷黠鎋
皆	駭	怪 夬	黠鎋
		祭	薛
皆		泰 祭	末黠鎋薛
		祭 廢	薛月
齊		霽 祭	屑薛
元	阮	願	月
	自元以後有目無字	廢	月

第八類

侵	寑	沁	緝
以上 覃談	古音 感敢	勘闞	合盍
咸	鹻	陷	洽
鹽	琰	豔	葉
鹽添	琰忝	豔㮇	葉帖

第九類

覃談咸銜	感敢鹻檻	勘闞陷鑑	合盍洽狎葉
鹽嚴	琰儼范	豔釅梵	葉業之
鹽添	琰忝	豔㮇	葉帖
凡	范		

右表求備韻目，略舉大要，其詳具見原書。排比之法，横則四聲相配。如第一類歌哿箇鐸各二行，歌一行第一格歌，每間一行與哿箇鐸各成四聲，餘字同位者皆然。其有錯綜諸韻者，依法各求其相應之行及同位，無或失之。九表但求標舉韻目或有不相應者，惟如第六類真諄文之上聲爲準吻軫，則當爲戴氏排列之偶誤，觀左右兩行即知移軫於準之前而四聲皆正矣。至二十五部之分。則據與段氏書以求之。其言曰：「以九類分二十五部，若入聲附而不列，則十六部。阿第一，烏第二，堊第三，按表有惡無堊廣韻堊惡同聲。膺第四，噫第五，案表有醫無噫廣韻二字同聲。億第六，翁第七，謳第八，屋第九，央第十，夭第十一。案夭廣韻平上兼收，表中上聲，小行下列之平聲。宵行則列妖，妖夭同聲。約第十二，嬰第十三，娃第十四，戹第十五，此十二部皆收鼻音。殷第十六，衣第十七，乙第十八，安第十九，靄第二十。遏第二十一，此六部皆收舌齒音。音第二十二，邑第二十三，醃第二十四。案表列淹無醃，廣韻二字同聲。諜第二十五，案諜表無，廣韻入聲，三十三業音余業切，屬喻母，前二十四字皆取影母，諜雖同爲喉音，似不如取腌字以歸一律，腌於業

切，影母，表列之。此四部皆收脣音。」按阿在卷一葉一歌下影母位，後不言位皆可在影母位求之。烏在葉二横行下，至亦在同卷葉一鐸韻行，考諸家古韻分部，戴氏蓋與婺源江氏爲近。江氏之第七歌戈分麻分支，參照江氏古韻標準。與此合，分支韻字亦大體相同，故定支、紙、寘古音字與歌、戈合爲阿之類。戴氏曰：「五支有從歌、戈流變者，當別立韻目表之。」見聲韻考三葉八。而自著書似違其説，幾疑或與麻、之分入兩類矣。戴氏自違其説解見後。又曰：「麻韻半由歌、戈流變。半由魚、虞、模流變。」論韻書。婺江氏之三部七部亦同，故定自葉七麻開口内轉重聲古音迄葉九合口内轉輕聲古音合於歌、戈，以後開口内轉重聲古音起至卷末入於魚、虞、模。此與江氏大略相同者也。斂江氏之五六兩部亦有相同處，又凡所謂相同不過平聲舉例，戴氏入聲與諸家異。戴氏曰：「蓋陌、麥、昔、錫爲庚、耕、清、青及支、佳之入，今音字也。其古音字與鐸通者，陌韻之陌、莫、伯、白、圻、宅、澤、赫、客、格、索、柞、啞、虩、綌、劇、戟、逆、虢、擭等字，麥韻之獲、愬等字。昔韻之昔、舄、席、夕、繹、奕、射、釋、尺、赤、斥、摭、炙、石碩、碧等字，錫韻之赦、謫等字，是爲歌、戈、麻及魚、虞、模之入。」見論韻書。麥韻錫韻表中不收。故表中陌、昔歸於鐸。麥、錫之不合，係戴氏晚年之改正。又曰：「覺韻之朔、斲等字，藥韻若、箸、略、蠓、卻、臄、碏、斫、縛、矍、蠖等字，當別出歸於鐸爲歌、戈、麻之入。」論韻書。故表合陌、昔、藥、覺、與鐸爲一類，自立一部可，附於前三部亦可。戴氏所謂二十五部，若入聲附而不列則十六部也，故一卷得喉音之三部，又按膺在卷二葉一蒸韻行，噫在同卷四葉之韻下，故蒸登爲一部，之咍爲一部，尤、有、宥、屋、古音入於之咍，戴氏曰：「裘、求據説文本一字，而俅及逑、觩、捄從求得聲，今音入十八尤。古音裘、俅與之、咍通爲一韻，求、逑、觩與侯、幽通爲一韻」，聲韻考三葉五。可證也。案此與婺江氏異，與歙江氏似。古韻至歙江氏而大成於此，可見戴氏言古韻有勝前人處。億在同卷葉二職韻行，入聲附爲一類，二卷計得三部，翁在卷三葉一東韻行，謳在同卷葉四侯韻行，故東、冬、鍾與江古音爲一部。江次東、冬、鍾之後較然明白，據此推卷一五支不列歌、戈之後，戴氏似有支古音與魚虞模亦相近之意，然分部蓋無關。九卷以阿起定阿爲元音也，以烏繼之。阿之闔口也，以底脣末，即論韻書所謂收喉音者，其音引喉收鼻音者，其音引喉穿鼻收舌齒音者，其音舒舌而衝齒收脣音者，其音斂脣以此爲次似幾於自然也。聲韻考三葉七。云：「廣韻別立四江以次東、冬、鍾後，殆有見於古用韻之文江歸東、冬、鍾不入陽唐，故特標一目可證。尤、侯、幽爲一部，虞、豪、蕭古音入之。」聲韻考三葉八云：「十虞別從侯、幽流變者次侯、幽後。」又云：「三蕭四宵五肴六豪案表不收宵、肴，亦晚年之改正。別出從侯、幽流變者歸於蕭，次侯、幽後。」可證屋在葉一屋韻下，諸入聲附爲一部，由是三卷亦得三部。央在卷四陽韻行，夭在同卷葉五小韻行，故陽、唐爲一部，葉一至葉七下面。庚、耕古音入之。葉六下面起至卷末。聲韻考三葉五云：「十二庚十三耕別出從陽、唐流變者歸於庚，得一確證，豪、肴、宵、蕭爲一部。」婺江氏之第二部。聲韻考三葉九云：「陽、唐、庚與宵、肴、豪，其入聲藥、覺、沃。」原注：「樑分十九鐸，翟分二十陌、二十一麥、二十三錫來屬。」按說有與九卷異者，亦晚年之改訂。二部之分亦得其據，而戴氏以入聲爲分配之樞紐其旨亦同見。約在同卷葉一藥韻行，諸入聲附爲一部。由是四卷亦得三部。嬰在卷五葉四清韻下，九卷爲九類劃然不亂，如本卷葉一下面耕韻有嬰字不取，而下取嬰，蓋戴氏於此等處有連類相通承前起後之意，觀四五二類表自明，同者準此。娃在同卷葉十一佳韻，無古音相雜，分別不難。庚、耕、清、青爲一部，婺江氏之第九部。支、佳、齊爲一部，㡯在同卷葉三麥韻行，諸入聲附爲一部。即葉十佳、蟹、卦、麥開口内轉重聲以前爲一部，以後爲一部，入聲附爲一部。由是卷五亦得三部。綜四卷是爲鼻音之十二部，殷在卷六葉一殷韻行，衣在同卷葉六微韻行。卷末古音先銑、霰、質，則以婺江氏之四部證之。江韻爲真、諄、臻、文、殷、魂、痕、分、先。痕、臻、真、殷、諄、魂、文與先古音爲一部，脂、微皆齊、灰、支婺江氏之第二部，惟小有出入。爲一部，即卷六脂、旨、至、質開口内轉及古音先爲一部，以後爲一部。乙在同卷葉二質韻下，諸入聲附爲一部。由是六卷亦得三部。安在卷七葉一寒韻行，靄在同卷葉九泰韻行，故寒、山、元、仙、桓、先、删爲一部。婺江氏之第五部。皆、齊及去聲祭、泰、夬、廢爲一部。遏在同卷葉一曷韻行，諸入聲附爲一部。由是卷七亦得三部。合上卷三部爲舌齒音之六部，音在卷八侵韻行，覃以下諸韻古音，即江脊齋所謂實有古音改讀入侵者，故一卷爲一部。邑亦在同卷葉一緝韻行，諸入聲附爲一部。腌在卷九葉三鹽韻行，諜在葉四業二行，一格四位。表無當據補。故自覃、談迄凡、范爲一部，諸入聲附爲一部，兩卷共得唇音之四部。綜計九類二十五部。若網在綱。有條不紊矣。

從來考論古韻分部者多未採及戴氏斯篇，夏炘古韻表集説既不録，胡秉虔之古韻考亦惟取論韻書舉其大凡，未克詳爲釐定。余特考其分合，皆有根據，而戴氏古韻分部之細目皆可知焉。茲又用平聲舉例、附以入聲。簡表如次。

(一)歌戈麻之半支之一支 ⎫
　　　　　　　　　　　　 ⎬(三)入聲鐸等
(二)魚虞模麻之半…… ⎭

（四）蒸登……
（五）之咍尤之一支 }（六）入聲職等
（七）東冬鍾江……
（八）尤侯幽及虞蕭豪之一支 }（九）入聲屋等
（十）陽唐及耕庚之一支
（十一）蕭宵肴豪…… }（十二）入聲藥等
（十三）庚耕清青
（十四）支佳齊…… }（十五）入聲麥等
（十六）真諄臻文殷魂痕及先之一支
（十七）脂微齊皆灰及支之一支…… }（十八）入聲質等
（十九）元寒桓删山先……
（二十）齊皆（及去聲祭泰夬怪廢） }（二一）入聲曷等
（二二）侵及覃談鹽添咸之分——（二三）入聲緝等
（二四）覃談鹽添嚴咸銜凡——（二五）入聲業等

（二）字母之排列

九卷之中不列字母。然三十六母之排比。絶不混淆。表之如左。

見溪影曉	端透	照穿知徹審	精清心	幫滂非敷
羣喻匣微	定泥來	床日禪澄孃	從疑邪	並明奉

二行清濁相配，見無濁，故二行首格九卷之中始終無字。泥、來無清，故一行七八兩格亦空。餘準之。聲相近者，諸韻相聯次，卷一葉二模、魚、虞是其例。模、魚、虞之後重列模、魚、虞，則各爲前之濁聲，取清聲不取濁聲，則只列一行，卷四葉八庚一行是其例。取濁聲不取清聲亦只列一行，卷七葉七弨、淵皆烏立切。並次。同卷八葉霰四行駽、絢同聲，縣、眩亦同聲也。觀三十六母之次，知、徹、澄有與照、穿、牀合之可能。孃之歸日又幾爲今日之定論。然考之全書三格實無八母同列一表中者。以廣韻反切照陳氏澧切韻考外篇求之，八母有雜列一表中者，惟戴氏辨母實取後來等韻諸書，以指掌圖校之，則合者又見其分。非與敷並列。不過非母於四十格中其位如此，不可云與敷爲奉之濁也。或戴氏當日爲四十格所限，四十格之中清濁分配之結果，不取非與幫同位，是其辨别重唇與輕唇處。全書中非母字無與敷相雜，亦無與奉相對。通九卷凡非微二母字必别立一卷。六葉九微四聲合口内轉輕聲列非母四字微母四字最爲明顯。唇音四位三位屬重唇，末一位屬輕唇，判然不相混。雖考之廣韻聲類，非、敷、奉有與幫、滂、並合。然合以指掌圖，則爲非、敷、奉者，指掌圖皆在幫、滂、並。陳蘭浦云，非四母但有三等，無一等二等四等。幫四母，雖四等俱有而遇三等無字之處，指掌圖則以非四母相補。戴氏於此或未能辨耶。考表列唇音最

爲簡略。幾惟就等韻諸書按位轉録，不取其友嘉定錢氏大昕「古無輕唇」之說。故可知辨次字母主今音者多，疑母在從、邪之間，亦取今方音，並微與喻亦然。江氏音學辨微云：「官音方音呼微母字多不能從唇縫出，呼微如惟，混喻母矣。」戴氏蓋取此。陳蘭甫云，觀其無、武、務三字與余、庾、豫同列，則是併微與喻也。考無、武、務三字與跗、甫、付三非母字同列合口内轉輕聲表，不與前余、庾、豫相亂。戴氏之意，或以微與喻爲同位，可以相轉而同乎。是謂正轉，說詳後。是亦以今音爲本上求古之合，而後來言古字母者，說微喻古合所由昉歟？

（三）開合内外轉輕重聲

戴氏深信晚近等韻之書，於宋楊倓韻譜、元劉鑑切音指南等備極欽崇。其學出於江氏，徵顧亭林考古功多審音功淺之失，兩者並重，其流遂致以等韻分別廣韻之字類。以之上求於古而謀其合，此於戴氏所著書灼然可知。九卷雖言古韻，等分實取韻譜諸書。曰開口内轉重聲，開口一等。開口内轉輕聲，開二。開口外轉重聲，開三。開口外轉輕聲，開四。合口内轉重聲，合一。合口内轉輕聲，合二。合口外轉重聲，合三。合口外轉輕聲，合四。即等韻家之所謂八等。此覈之等韻諸書，徵以戴氏之說，確切不可移易。凡見等諸母字開口等分與等韻書絶無歧異。卷一葉一磋指南果攝開一，此入開四，卷二葉三佁開一此入開三茝佰開二此入開三，及下開口外轉輕聲表收腆字開一入開四，卷六葉五䝈合四入合三，卷七葉八堅牽賢開四煙祆開二同在合四爲異。是或別有所本，或戴氏改作。或係訛誤，謹闕疑於此。照五母知四母惟具二三兩等，照等三等字入三等，祇卷六葉七帥黜二字合三入合一爲異，二等字概附入一等，知四母二等字入二等，三等字則附入四等，非微之三等附入四等，敷奉之三等附入一等，亦極不雜亂。其分別如斯。將當日審音定其固宜如是乎？抑爲表所限勢難別出乎？私疑不離後者近是。聲韻考二曰：「鄭樵本七音韻鑑爲内外轉圖，及元劉鑑切韻指南，皆以音聲洪細別之爲一、二、三、四等列，故稱等韻。各等又分開口呼、合口呼，即外聲、内聲。」又云：「昔人論韻，審其洪細爲一、二、三、四等列，如平聲二冬、十一模、十五灰、二十三魂、二十六桓，全韻皆内聲一等。案即合口内轉重聲。十六咍、二十四痕、二十五寒、六豪、七歌、二十二覃、二十三談，全韻皆外聲一等。案即開口内轉重聲。十九臻、案全韻皆開二照母等四字入開一。五肴、二十六咸、案照母等四字入開一。二十七銜案照諸母字入開一。全韻皆外聲二等。案即開口内轉輕聲。二十文，全韻皆内聲三等。案即合口外轉重聲唇音，非微二母字合二。二十八嚴、二十九凡，全韻皆外聲三等。案即開口外轉重聲。三蕭、二十幽、案表在合四與此異。二十五添，全韻皆外聲四等。案即開口外轉輕聲。上、去、入大致準此。餘韻或主辨等，兼内聲、外聲爲一類。如十一唐、十七登及十四泰，一等。案即兼開口内轉重聲，合口内轉重聲。三江、案照諸母字在開一。十三佳、案照諸母字入開一。十四皆、案膗字入開一。二十七刪、案刪字入開一，跧、㨹二字入合二。二十八山、案彈孱山入開一。十三耕案争錚崢三字入開一。及十七夬，案嘬呰㗭入開一。二等。案即兼開口内轉，輕聲合口内轉輕聲。八微、案非、微二字入合二菲肥入合一。十二齊案齊韻只開四合四此誤。二十二元，三等。案即兼開口外轉重聲合口外轉重聲。一先、十五青，四等，並兼内聲外聲。案二韻俱八等。上、去、入準此，或因字少，不煩別出，則兼數等爲一韻。鍾韻兼三等、四等，案即兼合口外轉，重聲合口外轉輕聲。腫韻之三等、四等字爲腫之上聲，惟湩、鳩二字屬一等，爲冬之上聲，以字少不立部目。又臻、櫛二韻無上、去聲字者，其上、去聲字在隱、焮二韻内。臻韻、櫛韻並二等。欣韻、迄韻並三等，惟上聲隱韻、去聲焮韻兼二等三等。其二等𧤛、齔等字，即臻、櫛二韻之上、去也，亦以字少不別立部目。」此與九卷相勘，二十幽、十二齊外無不吻合。聲韻考先成，其異者宜可藉此正之，而二十五部分等之法，亦了然無疑矣。

（四）某古音

書中有云某古音者，如卷一支、紙、寘開口外轉重聲古音等，蓋即以古音讀之，如支韻犧，讀虚何切；陂，讀彼禾切是。此從江氏古韻標準。然此等字除江、麻數韻外，多兩收。夫一類字即收於某部似無煩互見，一以古音讀之，一以今音讀之，論者多謂其合古今之音良是，案常熟戴子方有此説。余則謂所以明古今韻轉之跡居多。又卷四葉三豪等開口内轉重聲注云，舌音肴巧效覺，則因三格屬照五母字皆在肴巧效覺韻。又云次列古音收第三類，則豪四聲各四行，二四兩行自爲清濁已，入第三類即卷三。也。卷六葉三，魂文八韻合口内轉重聲，下注云「古音術，」則没韻行下雖係術韻字。

（五）正轉旁轉

戴氏曰：「正轉之法有三。一爲轉而不出其類，脂轉皆，之轉咍，支轉佳，是也。一爲相配互轉，真、文、魂、先轉脂、微、灰、齊，换轉泰，咍、海轉登等，侯轉東，厚轉講，模轉歌，是也。一爲聯貫遞轉。蒸、登轉東，之、咍轉尤，職、德轉屋，東、冬轉江，尤幽轉蕭，屋、燭轉覺，陽、唐轉庚，藥轉錫，真轉先，侵轉覃，是也。以正轉知其相配及次序而不以旁轉惑之，以正轉之同入相配定其分合而不徒恃古人用韻爲證。蓋援古以證其合易明也，援古以證其分不易明也。」與段氏論韻書。由是可知一類中相轉或連比之類相轉，是謂正轉。又論段氏六書音韻表云：「東韻字有從、蒸、登流變者，而列爲第六部。隔越七八兩部，尤從之、哈流變，蕭從尤、幽流變，而以蕭、宵、肴、豪、虡、之、哈後。尤、幽、矦前，未知音聲相配故耳。支、佳韻字，雖有從歌、戈流變者，虞韻字雖有從矦、幽流變者，皆屬旁轉，不必例以正轉。」論韻書。據此凡隔類相轉謂之旁轉。正轉爲主，旁轉所以濟其窮。所舉在段表爲旁轉者，在此皆爲正轉矣。

（六）同位位同

東原氏轉語二十章其書未見，僅自序一篇録於文集。二十章之存佚蓋不可知，然以之附會九卷深覺其形似。自序云：「今別爲二十章，各從乎聲。以原其義。夫聲自微以至顯，言者未終，聞者已解。辨於口不繁，則耳治不惑。」又曰：「古今言音聲之書，紛然淆雜，大致去其穿鑿，自然符合者近是。昔人既作爾雅、方言、釋名，余以爲猶闕一卷書，創爲是篇，用補其闕。」可知轉語之作，雖取古今音聲之書，亦審之於口，以上求古之合。此造作之旨相似者也。又曰：「人口始喉下底脣末，按位以譜之，其爲聲之大限五，小限各四。」茲觀字母之排次，亦不相抵觸，而二十章之不泯三十六母之跡，或可以論定。横通九卷，皆爲同母，清濁間之，故曰：「台、余、予、陽，自稱之詞。在次三章。按四字皆屬喻母，在首格三位，按位求之，隨韻可得，其無者當系脱落。吾、卬、言、我，亦自稱之詞，在次十有五章。吾四字皆疑母。截四章爲一類，類有四位。三與十有五，其位皆至三而得之，位同也。按疑母位在二十章，爲第十五在四格内則位第三，故云皆至三而得之。凡同位爲正轉，位同爲變轉。按正轉即同母字，變轉即同位之母。爾、汝、而、戎、若，謂人之詞。而、如、若、然，義又交通，爾五字皆日母，在十一位。並在此十有一章。周語：『若能有濟也。』注云：『若，乃也。』檀弓：『而曰然。』注云：『而，乃也。』魯語：『吾末如之何。』鄭康成讀『如』爲『那』。曰『乃』、曰『奈』、曰『那』乃三字屬疑母。在次七章。七與十有一，數其位皆至三而得之。若此類，遽數之不能終其物。是以爲書明之。凡同位則同聲，同聲則可通乎其義。位同則聲變而同，聲變而同則其義亦可比之而通。更就方音言，吾郡歙邑讀若『攝』，失葉切，案屬審母。唐張參五經文字、顔師古注漢書地理志已然。『歙』之正音讀如『翕』。廣韻許及切，屬曉母。『翕』與『歙』聲之位同者也。案表無歙字。用是聽五方之音及小兒學語未清者，其展轉訛溷，必各於其位。斯足證聲之節限位次，自然而成，不假人意厝設也。」此就其結構言亦相聰合，夫今日言古字母者，曰「古無輕唇音」、曰「泥孃歸日」、曰「微合於喻」，至知徹、澄或云與端、透、定合，或云與精、清、從合，尚無定論。實則以聲轉之説通之，包羅當猶廣也。

（七）陰陽聲入聲

陰陽聲之説，自戴氏創之，惟其界説如何，則無確切之斷定。與段氏論韻書云：「大箸六、蒸、登。七、侵、鹽、添。八、覃、談、咸、銜、嚴、凡。九、東、冬、鍾、江。十、陽、唐。十一、耕、庚、清、青。十二、真、臻、先。十三、諄、文、欣、魂、痕。十四，元、寒、桓、刪、山、仙。凡九部。舊皆有入聲，以金石音喻之，猶擊金成聲也。十一、之、咍。二、蕭、宵、肴、豪。三、尤、幽。四、侯。五、魚、虞、模。十五、脂、微、齊、皆、灰。十六、支、佳。十七，歌、戈、麻。凡八部。舊皆無入聲，前七部以金石音喻之，猶擊石成聲也。惟第十七部歌、戈，與有入者近，麻與無入者近，舊遂失其入聲，於是入聲藥、鐸溷淆不分。僕審其音，有入者如氣之陽，如物之雄，如衣之表；無入者如氣之陰，如物之雌，如衣之裏。又平、上、去三聲，近乎氣之陽，物之雄，衣之表；入聲近乎氣之陰，物之雌，衣之裏。故有入之入與無入之去近，此得其陰陽雌雄表裏之相配。而侵以下九韻獨無配，則以其爲閉口音而配之者，更微不成聲也。」據此則陰陽聲之判別，蓋金石、雄雌、表裏諸語可以盡之。按其論段氏部類諸語以區分九類，亦諜然已解，如土委地。歌、戈與有入者近，是謂陽聲；案觀堂師云戴氏所舉九類，其第一類乃陰聲非陽聲，見集林八。此仍戴氏之意。模、魚、虞舊本無入。是謂陰聲。麻與無入者近，與古音支之一支同爲陰聲。此第一類之陰陽也。登、蒸舊有入聲，之、咍及古音尤舊無入聲，此第二類之陰陽也。東、冬、鍾、江舊有入聲，尤、侯、迄古音蕭。舊無入聲，此第三類之陰陽也。陽、唐舊有入聲，豪、肴、宵、蕭舊無入聲。論韻書云：「陽、唐與宵、肴、豪相配，歌、戈、麻與魚、虞、模相配。」戴氏固明言陰陽相配之旨矣。古音庚、耕舊有入聲，四聲切韻表云：「庚、梗、敬、唐韻作映。陌二等開口呼，古通唐、蕩、宕、鐸。」故與耕四韻，當入陽唐，同爲陽聲，此第四類之陰陽也，列於宵蕭之後，則以明四五兩類之聯貫遞轉而已。耕、庚、清、青舊有入聲，支、佳、齊，舊無入聲，此第五類之陰陽也。痕、臻、真、殷、諄、魂、文，舊有入聲，脂、微、齊、皆、灰，舊無入聲。古音先，舊亦有入聲，因古與真類通，故列於此。四聲切韻表所云先四聲四等開口合口呼古通真軫震者，此第六類之陰陽也。寒、刪、山、元、仙、先，舊有入聲，皆齊、舊無入聲，此第七類之陰陽也。案第七表元以後有目無韻，故不論。八、九兩類爲閉口音，舊有入聲，古今無異論，無陰聲與之相配。戴氏所謂配之者更微不成聲也。試以此檢九表，䚡理了然，其陰陽對轉亦目視而可睹，辨音而可知。按自戴氏創陰陽聲之説，孔廣森繼之作詩聲類，嚴可均繼之作説文聲類，雖各有異同，要爲東原氏導其先路。所謂之、蒸對轉，支、耕對轉等等，何一非此書詔之。世之讀聲類表而茫無涯際者蓋不乏人，其或心知其意，秘而不宣，舉世惑之，不知淵源所自，故余不憚煩瑣爲之判析，想亦究心音韻者之快事也。

以入聲爲分配之樞紐，蓋取楊倓韻鏡諸書，戴氏亦自言之。舊無入者，今皆得其入，一類之中，異平同入，即所謂樞紐者也。觀表及論韻書自可知之，兹故不贅。戴氏曰：「平、上、去三聲近乎氣之陽，物之雄，衣之表，入聲近乎氣之陰，物之雌，衣之裏，故有入之入，與無入之去近。」見前。可知陽聲入聲，實近於無入之去。謂近於陰聲可。謂凡陽聲無入聲，亦無不可。江氏晉三古韻二十二部表凡陽聲皆無入，此與後説合。今之言陰陽聲者曰，陰聲其音下收於喉而不上揚，陽聲則不下收而上出於鼻。凡陽聲之收鼻音有三種：一曰獨發鼻音，二曰上舌鼻音，三曰撮脣鼻音。又曰入聲者介於陰陽之間，緣其音本出於陽聲，當有收鼻音。顧入聲音至短促，不待收鼻其音已畢，頗有類於陰聲。然細察之，雖無收音，實有收勢，因入聲介於陰陽之間，故可兼承陰聲陽聲而與二者皆得通轉。參考錢氏文字學音篇。此與前説相同，亦即戴氏以入聲爲分配陰陽之樞紐之説也。

余於戴氏著作之大僅窺一二，惟聲類表結撰大旨約略已具，初學得此，不無一助。從來言等韻者横列三十六母。直貫四聲韻部。戴氏反之。發千年來未發之覆。後王念孫作雅詁表。即取法於是。夫以今日古韻之闡明，使有作者求古字母之轉變。似九卷之意作爲一書，俾誠疑於義者以聲求之，疑於聲者以義正之，古訓於焉大明。此余表章聲類表之私意也。又余於聲音訓詁之學所知實淺，世有高明之士，讀吾文而多所匡正，謹當拜而受之矣。

轉語二十章即聲類表九卷。横一行爲一卷，此語近人某君已言之，惟何以知其即爲九卷，似未能明白指出。又謂戴氏全取方言，不值究討，私意亦謂未盡然。不敢掠美，附誌於此。又所據聲類表係蜀刊本。尚有校勘記數葉，以無關宏旨，從略。

（國學論叢一九二八年第一卷四期）

戴東原對於古音學的貢獻

馬裕藻

緒言

古音二字的意義，在清代講聲韻學者的習慣，往往認爲周秦音的專稱一方對於切韻以降的音稱爲今音。和現在一般所用的意義微有廣狹不同。吾人現在所稱的古音，當然爲廣義的，凡論今日以前之音者皆可謂之古音學；不過往往沿清代的習慣，有時將這古音的名詞作爲周、秦音的專稱。

戴東原的歷史和他對於哲學上的貢獻，已見國學季刊第二卷第一號。此外戴氏對於天文、地理、歷數、樂律、禮制、古音諸端的貢獻，其功甚大，均有研究的價值。此篇略就戴氏古音學説的一部分陳説一二，其詳祇得俟諸異日再説。

戴氏古音學説的淵源和他的影響

在戴氏以前研究古音學的人，以顧氏寧人炎武，江氏慎修永爲最著。戴氏古音學説，得於江氏慎修爲多。

顧氏分周秦古音爲十部，詳見他所著的古音表，此處衹能將十部的大略列在下面，以供參考。

在列寫顧氏古音表大略之先，有一點要聲明的：就是清代言周、秦古音的各家，對於所分韻部的名目，各各不同，兹爲便利起見，擬用近人所定的名目來作對照。近人所定名目之中，以黄氏季剛侃二十八部所用的較爲適當二十八部的名目所以認爲適當的理由，大家是知道的，故不贅説。此處先將黄氏二十八部的名目列圖於次：

黄氏古韻二十八部：廣韻平聲入聲各韻目，分注每部之下。

陰聲	入聲	陽聲
歌 歌戈麻	曷 月曷末鎋薛	寒 元寒桓刪山仙
	屑 質櫛屑	先 真臻先
灰 脂微皆灰	没 術物迄黠没	魂 諄文殷魂痕
齊 支齊佳	錫 麥昔錫	青 耕清青

模魚虞模	鐸藥鐸陌	唐陽唐庚
侯侯	屋屋燭覺	東東鍾江
蕭尤幽蕭		
豪宵肴豪	沃沃	冬冬
哈之哈	德職德	登蒸登
	合緝合洽	覃侵覃咸
	怗盍葉怗狎業乏	添談鹽添銜嚴凡

以上是黄氏所定二十八部的名目。現在列叙顧氏十部，並將黄氏韻目注在下方，加以括弧，即可一目了然。

顧氏古音表十部：

東冬鍾江第一舉平以該上去入下仿此（東冬）

支脂之微齊佳皆灰哈第二（齊灰哈錫屑没曷德）

魚虞模侯第三（模侯鐸屋）

真諄臻文殷元魂痕寒桓删山先仙第四（魂寒先）

蕭宵肴豪幽第五（蕭豪沃）

歌戈麻第六（歌）

陽唐第七（唐）
耕清青第八（青）
蒸登第九（登）
侵覃談鹽添咸銜嚴凡第十（覃添合怗）

江氏對於顧氏的十部，稱「考古功多，審音功淺」，於是以平聲上聲去聲各分爲十三部，又分入聲爲八部。

江氏古韻標準平上去聲十三部入聲八部：加括弧者爲黄氏韻目。

平上去聲第一部（東冬）
平上去聲第二部（齊灰咍）
平上去聲第三部（模）
平上去聲第四部（魂先）
平上去聲第五部（寒）
平上去聲第六部（豪）
平上去聲第七部（歌）
平上去聲第八部（唐）
平上去聲第九部（青）

平上去聲第十部（登）
平上去聲第十一部（蕭侯）
平上去聲第十二部（覃）
平上去聲第十三部（添）
入聲第一部（屋沃）
入聲第二部（没屑）
入聲第三部（曷）
入聲第四部（鐸附豪部字在廣韻入聲者）
入聲第五部（錫）
入聲第六部（德）
入聲第七部（合）
入聲第八部（怗）

江氏因審音的工夫頗深，所以他彌縫顧氏的缺點，往往依賴審音的力量。按審音是研究等韻的一種功夫，並不能用來審周秦的聲韻，江氏不過偶然得到他的若干裨助就是了。我們看顧氏寧人，段氏若膺玉裁等人不講審音，一樣對於周秦古音有大發明，就可明白了。他分平上去第四第五部的理由，説是「真諄臻文殷魂痕爲一類，口斂而聲細；元寒桓删山仙爲一類，口侈而聲大；而先韻者，界乎兩韻之間，一半從真諄，一半從元寒者也。」又分平上去第六部第十一部的理由，説是「蕭宵肴豪之音，口開而聲大；尤侯幽之音，口弇而聲細：均應分爲兩部。」又分平上去第十二部第十三部，説是「侵至凡九韻與真至仙十四韻相似，當以音之侈弇分爲兩部；神珙等韻分深攝爲内轉，咸攝爲外轉是也。」由此看來，江氏和顧氏不同的地方，就在他的嚴於審音，能別音呼等第這一點。江氏著古韻標準，外有四聲切韻表、音學辨微二書，他辨明廣韻等韻的條理，頗能剖析入微，更可以明了江氏講古音的方法了。

戴東原的古音學説是淵源於江氏慎修。段若膺戴氏年譜説：「戴氏二十歲時（乾隆七年，即公歷一七四二年）對於江氏，一見傾心，取平日所學就正焉。」又説：「先生丙申（公歷一七七六年）與玉裁論韻書云：江先生撰古韻標準時，曾代爲舉艱鰥二字，辨論其偏傍得聲，江先生喜而採用之。」又江氏古韻標準例言説：「余既爲四聲切韻表，細區今韻，歸之字母音等；復與同志戴震東原商定古韻標準，詩韻舉例，於韻學不無小補等。」由此可以知道戴氏研究古音學，和江氏關係極深，受江氏影響的地方很多。江氏精於審音，所以戴氏對於周秦古音，也往往由等呼區別，聲類異同，幫助他的研究。他的著述雖然没有完全成功，但是看他主張的大體，就可以知道他的淵源了。

同時研究古音學的人，如洪氏初堂榜，段氏若膺，王氏懷祖念孫，孔氏㢲軒廣森等，受戴氏古音學説之影響的，非常之多。不過諸人之中，除洪氏外，皆不拘拘於審音之功，和戴氏恰有些不同。

這時候，錢氏曉徵大昕對於周、秦聲紐創見頗多，戴氏也和他往還，但在古音學上，似乎没有受錢氏的甚麽影響。按戴氏年譜説：「戴氏四十一歲時乾隆二十八年，即公歷一七六三年秦蕙田聞江慎修及東原論元與魂痕當依三百篇析爲二，殷韻當從唐人與真同用，上聲拯韻去聲證韻當分出獨用，奏請刊正韻書，薦東原與錢曉徵任其事，帝以相沿已久，未允。」可見戴氏的古音學，在當時是和錢氏受社會同樣崇拜的。

戴氏古音學説的概略

戴氏著述之中，講古音學的，除聲韻考，聲類表二書外，其餘多單篇文字，經韻樓本戴東原集三四兩卷中大略可見。六書音韻表序見卷第十。現在就依據戴氏的著述，分别説明他所主張的大體，我以爲戴氏對於古音學的重要貢獻，約有數端，故採取其中最重要的幾項，叙述於下：

（甲）九類二十五部説的創設

戴氏對於周秦古韻，其初癸巳，即公歷一七七三年。定爲七類，分二十部。答段若膺論韻一篇裏説：

「癸巳春，僕在浙東，據廣韻分爲七類，侵已下九韻皆收脣音，其入聲古今無異説，又方之諸韻，聲氣最歛，詞家謂之閉口音，在廣韻雖屬有入之韻，而其無入諸韻無與之配，仍居後爲一類。其前，昔無入者今皆得其入聲，兩兩相配，以入聲爲相配之樞紐。真已下十四韻皆收舌齒音，脂微齊皆灰亦收舌齒音，入聲質術櫛物迄月没曷末黠鎋屑薛合爲一類。東冬鍾江陽唐庚耕清青蒸登皆收鼻音，支佳之咍蕭宵肴豪尤侯幽亦收鼻音，入聲屋沃燭覺藥陌麥昔錫職德。分蒸登之咍職德爲一類，東冬鍾江尤侯幽屋沃燭覺爲一類，陽唐蕭宵肴豪藥爲一類，庚耕清青支佳陌麥昔錫爲一類。弓馮熊雄夢鸞等字由蒸登轉東，尤郵牛丘裘紑謀等字由之咍轉尤，服伏𧀼福鬱彧牧姆繆等字由職德轉屋；而東冬轉爲江，尤侯轉爲蕭，屋燭韻字轉爲覺；陽唐轉爲庚及藥韻字轉陌麥昔錫。音之流變無定方，而可以推其相配者有如是。歌戈麻皆收喉音，魚虞模亦收喉音，入聲鐸合爲一類。以七類之平上去分十三部，及入聲七部，得二十部。」今爲研究戴説者便於閲覽起見，更列圖於次：

戴氏七類二十部：

一
真臻諄 殷文魂 痕先仙 元删山 寒桓（先寒魂）
脂微齊皆灰（灰）
入聲 質櫛術 迄物没 屑薛月 黠鎋曷 末（曷没屑）
收 喉 齒

七	六	五	四	三	二
侵覃談 鹽添咸 銜嚴凡	歌戈麻	清青 庚耕	陽 唐	東冬 鍾江	蒸 登
（添覃）	（歌）	（青）	（唐）	（冬東）	（登）
	魚虞模	支 佳	蕭宵 肴豪	侯尤 幽	之 哈
	（模）	（齊）	（豪）	（蕭侯）	（哈）
入聲 緝合盍 葉怗洽 狎業乏	入聲 鐸	入聲 陌麥 昔錫	入聲 藥	入聲 屋沃 燭覺	入聲 職德
（怗合）	（鐸）	（錫）	豪部字廣韻在入聲者	（沃屋）	（德）
收唇音	收喉音	收鼻音			

後丙申，即公歷一七七六年。改爲九類，分二十五部。答段若膺論韻說：「僕初定七類者，上年改爲九類，以九類分二十五部：若入聲附而不列，即十六部。阿第一，烏第二，堊第三，此三部皆收喉音；膺第四，噫第五，億第六，翁第七，謳第八，屋第九，央第十，夭第十一，約第十二，嬰第十三，娃第十四，戹第十五，此十二部皆收鼻音；殷第十六，衣第十七，乙第十八，安第十九，靄第二十，遏第二十一，此六部皆收舌齒音；音第二十二，邑第二十三，醃第二十四，諜第二十五，此四部皆收脣音。收喉音者其音引喉，收鼻音者其音引喉穿鼻，收舌齒者其音舒舌而衝齒，收脣音者其音斂脣，以此爲次，似幾於自然。」今更依戴氏改訂之說，別列新圖於下：

戴氏九類二十五部：

阿歌戈麻（歌）	烏魚虞模（模）	堊鐸（鐸）	收喉音
膺蒸登（登）	噫之咍（咍）	億職德（德）	收鼻音
翁東冬鍾江（東冬）	謳尤侯幽（侯蕭）	屋屋沃烛覺（屋沃）	
央陽唐（唐）	夭蕭宵肴豪（豪）	約藥（豪部字廣韻在入聲者）	
嬰庚耕清青（青）	娃支佳（齊）	戹陌麥昔錫（錫）	
殷真諄臻殷文魂痕先（魂先）	衣脂微齊皆灰（灰）	乙質櫛屑術物迄没黠（屑没）	收舌齒音
安元寒桓刪山仙（寒）	靄祭泰夬廢（曷部字廣韻在入聲者）	遏月曷末鎋薛（曷）	

音侵（覃）　　邑緝（合）
醃覃談鹽添咸銜嚴凡（添）　　諜合盍葉怗洽狎業乏（怗）　收唇音

觀戴氏之圖，可以知道他是依江氏四聲切韻表分配入聲的方法，將昔人認爲無入之韻，現在皆使之得他們的入聲，兩兩相配，用入聲作他們相配的樞紐，大體都能言之在理。戴氏自己也有説明，詳見答段若膺論韻。不過他説歌戈麻與有入者同，與無入者異，將他配魚虞模，而且用鐸來作兩者相配的樞紐，殊覺不當。按戴氏答段若膺論韻説：「於永樂大典内得宋淳熙初楊倓韻譜，宋張麟之韻鏡序説「近得樞密楊侯倓淳熙間所撰韻譜」。大概和戴氏所見同爲一書。校正一過，其書亦即呼等之説，於舊有入者不改，舊無入者悉以入隸之，與江先生四聲切韻表合。僕巳年癸巳，即公歷一七七三年。定聲韻考，别十九鐸不與覺藥通者，又分覺藥陌麥昔錫之通鐸者，爲歌戈之入；謂江先生以曷爲歌之入，末爲戈之入者，應改正。楊氏雖不能辨别藥鐸之異，而以藥鐸配陽唐，配蕭宵肴豪，又以鐸配歌。」由此看來，是戴氏因爲采取楊氏的學説，就不得不與江氏立異。可惜戴氏未將此書傳布，我們現在不能看見楊氏的原書，也就無從知道他的真相是怎樣了。

戴氏九類二十五説，他的重要特點約有五端：

（一）二十五部改用喉音的字來作標目。其中所用的字，雖有不習見者，但是和一般用數字、卦名、詩經韻字及廣韻舊目等各種方法互相比較，他們的優劣相差很遠；無如後人不能心知其意，以致無人附和，直到現在受綴音文字的影響，纔有人知道他這方法的優點，這是很可怪異的事情。

（二）他説：「廣韻有入之韻，就是附鼻聲的。猶擊金在聲，如氣之陽，如物之雄，如衣之表；無入之韻，就是不附鼻聲的。猶擊石成聲，如氣之陰，如物之雌，如衣之裏。」後來孔氏顨軒著詩聲類，他說：「有本韻，有通韻，有轉韻。通韻聚爲十二，取其收聲之大同。本韻分爲十八，乃又剖析於斂侈清濁毫釐纖眇之際：曰元之屬，耕之屬，真之屬，陽之屬，東之屬，冬之屬，侵之屬，蒸之屬，談之屬，是爲陽聲者九；曰歌之屬，支之屬，脂之屬，魚之屬，侯之屬，幽之屬，宵之屬，之之屬，合之屬，是爲陰聲者九。此九部者，各以陰陽相配而可以對轉。」此種學說，可以明白知道是從戴氏學說出來的，孔氏又有大戴禮記補注，大概也是受戴氏影響的，因爲不在古音學範圍以內，姑且從略。但是也有欠妥當的地方。

孔氏顨軒十八部：

陽聲		陰聲	
原類第一	（寒）	歌類第十	（歌）
丁類第二辰通用	（青）	支類第十一脂通用	（齊錫）
辰類第三	（魂先）	脂類第十二	（灰没曷屑）
陽類第四	（唐）	魚類第十三	（模鐸）
東類第五	（東）	侯類第十四	（侯屋）
冬類第六綅蒸通用	（冬）	幽類第十五宵之通用	（蕭沃）
綅類第七	（覃）	宵類第十六	（豪）
蒸類第八	（登）	之類第十七	（咍德）

談類第九　（添）　合類第十八　（合怗）

按原爲元之屬，丁爲耕之屬，辰爲真之屬，綅爲侵之屬；孔氏因詩經各韻中無「元耕真侵」諸字，故用「原丁辰綅」代之。

（三）九類中除收脣音二類外其餘七類，皆各將陽聲陰聲入聲三者合爲一類，其中惟有阿烏非陰陽相對，戴氏的説法不很的當。可以説是最近古音二十八部説的先導。孔氏雖然發明陰聲陽聲對轉的道理，但是他將入聲仍舊并在陰聲裏面，可以説孔氏並不能完全了解戴氏的意思。孔氏又以談類和合類對轉，他説：「緝合諸韻爲談鹽咸嚴之陰聲，皆閉口急讀之，故不能備三聲，唐韻所配入聲，惟此部爲近古，其餘部古悉無入聲，但去聲之中，自有長言短言兩種讀法，每同用而稍别畛域，後世韻書遂取諸陰部去聲之短言者，壹改爲諸陽部之入聲。」這種説法更是支離難通了。

戴氏之後，有劉氏申受逢禄，姚氏秋農文田，皆分周、秦古韻爲二十六部。劉氏無成書，其説見於劉禮部集。姚氏著古音諧，其説頗詳。他們兩家雖然都是分二十六部，但是内容亦各微有不同，不過他們將入聲一部分獨立，是和戴氏的主張一樣。兩家分部的標目，此處姑且從略。

（四）分祭泰夬廢及月曷末黠鎋薛詩經中「掇，捋」至「伐，桀」諸字皆是，詳見答段若膺論韻。與元寒桓删山仙相配，於是後人才知道祭泰夬廢不與脂微皆灰相合的證據。後來王氏懷祖分至屑祭曷盇怗緝合四部，可以説是從戴氏的啓發而來的。又有江氏晉三有諧箸諧聲表，也和戴氏的學説暗合，詳見段氏答江氏書，現在不再贅述。此處僅將王氏分部説列圖於下：

王氏懷祖二十一部：

東第一	平	上	去		（東冬）
蒸第二	平	上	去		（登）
侵第三	平	上	去		（覃）
談第四	平	上	去		（添）
陽第五	平	上	去		（唐）
耕第六	平	上	去		（青）
真第七	平	上	去		（先）
諄第八	平	上	去		（魂）
元第九	平	上	去		（寒）
歌第十	平	上	去		（歌）
支第十一	平	上	去	入	（齊錫）
至第十二			去	入	（屑）
脂第十三	平	上	去	入	（灰没）
祭第十四			去	入	（曷）
盍第十五				入	（怗）

緝第十六				入	（合）
之第十七	平	上	去	入	（咍德）
魚第十八	平	上	去	入	（模鐸）
侯第十九	平	上	去	入	（侯屋）
蕭第二十	平	上	去	入	（蕭沃）
宵第二十一	平	上	去	入	（豪）

按王氏懷祖以爲宵部（豪）有入，雖和戴氏的學說相合，但是他著毛詩羣經楚辭古韻譜，上虞羅氏新排印本。對於宵部，並不曾將入聲分開；又其子伯申引之的經義述聞引懷祖說，以爲「凡從翟，從樂，從卓，從龠，從爵，從虐，從敫，從勺，從隺，從弱之字，古皆讀平聲，詳見段氏六書音韻表」。可見王氏並不堅持宵部有入之說。

（五）根據他所定正轉的方法，表明各部的相配和次序，而且用正轉的同入相配來定他的分合，不專依賴詩經等書的用韻來作他的證據。戴氏所說的正轉，大概是依收喉，收鼻，收舌齒，收脣來定他的次序。據戴氏說：「正轉之法有三：一爲轉而不出其類，脂轉皆，之轉咍，支轉佳是也；一爲相配互轉，真文魂先轉脂微灰齊，換轉泰，咍海轉登等，侯轉東，厚轉講，模轉歌是也；按此就是陰聲陽聲對轉的道理，不過說模可以轉歌，是欠妥當的。一爲聯貫遞轉，蒸登轉東，之咍轉尤，職德轉屋，東冬轉江，尤幽轉蕭，屋燭轉覺，陽唐轉庚，藥轉錫，真轉先，侵轉覃是也。」此種轉法，可以參看上面九類二十五部圖。按著圖中所列的次序去考求他如何的遞轉，是很容易明了的。由此可以知道戴氏對於他自己所定的次序，是深信其爲合於音理之自然的；凡是不依他的次序的，就稱爲旁轉，認爲不合他的規律。段氏箸六書音韻表，分古音爲十七部，其中如發明支脂之的分別，戴氏雖稱他卓識可以千古，但是戴氏往往要用他自己所定九類二十五部的次序去攻擊段氏十七部的次序。現在要明白戴氏攻擊段氏的意思如何，應當先將段氏所定的次序考察一下。段氏十七部圖如次：

	平	上	去	入	
第一部	平之咍	上止海	去志代	入職德	（咍德）
第二部	平蕭宵肴豪	上篠小巧皓	去嘯笑效號		（豪）
第三部	平尤幽	上有黝	去宥幼	入屋沃燭覺	（蕭屋沃）
第四部	平侯	上厚	去候		（侯）
第五部	平魚虞模	上語麌姥	去御遇暮	入藥鐸	（模鐸）
第六部	平蒸登	上拯等	去證嶝		（登）
第七部	平侵鹽添	上寑琰忝	去沁豔㮇	入緝葉怗	（覃合）
第八部	平覃談咸銜嚴凡	上感敢豏儼檻儼范	去勘闞陷鑑釅梵	入合盍洽狎業乏	（添怗）
第九部	平東冬鍾江	上董腫講	去送宋用絳		（東冬）
第十部	平陽唐	上養蕩	去漾宕		（唐）
第十一部	平庚耕清青	上梗耿靜迥	去映諍勁徑		（青）

第十二部	平真臻先	上軫銑	去震霰	入質櫛屑	（先屑）
第十三部	平諄文欣魂痕	上準吻隱混很	去稕問焮慁恨		（魂）
第十四部	平元寒桓删山仙	上阮旱緩潸産獮	去願翰换諫襇綫		（寒）
第十五部	平脂微齊皆灰	上旨尾薺駭賄	去至未霽祭泰怪夬隊廢	入術物迄月没曷末黠鎋屑	（灰没曷）
第十六部	平支佳	上紙蟹	去寘卦	入陌麥昔錫	（齊錫）
第十七部	平歌戈麻	上哿果馬	去箇過禡		（歌）

段氏十七部的次序，戴氏很有不滿意的地方，現在略舉一二，就可知道他的梗概。戴氏答段若膺論韻説：「第九，第十，第十一，此三部之次，觀江從東冬流變，庚從陽唐流變，得其序矣。東韻字有從蒸登流變者，而列爲第六部，隔越七八兩部。尤從之哈流變，蕭從尤幽流變，而以蕭宵肴豪處之哈後，尤幽侯前，未知聲音相配故耳。支佳韻字雖有從歌戈流變者，虞韻字雖有從侯幽流變者，皆屬旁轉。」這是因爲段氏三部四部及十六部十七部的次序，和戴氏的次序相去太遠。所以就稱他爲旁轉。至於段氏的是非，是别一問題，此處暫不討論。

戴氏到了晚年，箸聲類表分爲九卷，對於開口，合口，内轉，外轉，重聲，輕聲等的區别，以及今音古音的轉移，皆依他所定九類的次序，一類一類的分别叙述，可見他對九類的學説是深信不疑的了。

滕陽張氏蕓心耕著古韻發明，他的書雖是兼采顧、江、戴三家的學説，但是分部完全依著戴氏。許氏印林瀚對張氏説：「大著以九類括二十五部，以二十五部括廣韻二百六部，於各部中核其何爲正音，何爲流變，何爲俗訛，以次排比，皎若列眉。廣韻之失其部者，則挹彼注兹，别收於後。」由此可知研究戴氏古音學者，張書亦有可供參考的地方。

（乙）廣韻的分析

聲韻表一書有二本，一微波榭本，一經韻樓本，互有詳略。大體多爲研究廣韻以及和廣韻相關諸韻書的文章，原書易得，所以此處不再詳列。

聲韻考中，有考定廣韻獨用同用四聲表一篇。他那表中對於廣韻韻部的次第和四聲相承的條例，叙説得非常明確，並將通行各本廣韻韻目爲後人所淆亂的地方都加以訂正。現在轉録於下。表中所注「獨用」、「同用」諸語，是唐時許敬宗所奏定，以便屬文之士應試用的。

戴氏考定廣韻獨用同用四聲表：

上平聲	上聲	去聲	入聲
東一獨用	董一獨用	送一獨用	屋一獨用
冬二鍾同用	湩鳩字附見腫韻	宋二用同用	沃二燭同用
鍾三	腫二獨用	用三	燭三
江四獨用	講三獨用	絳四獨用	覺四獨用
支五脂之同用	紙四旨止同用	寘五至志同用	

脂六	旨五	至六	
之七	止六	志七	
微八獨用	尾七獨用	未八獨用	
魚九獨用	語八獨用	御九獨用	
虞十模同用	麌九姥同用	遇十暮同用	
模十一	姥十	暮十一	
齊十二獨用	薺十一獨用	霽十二祭同用	
		祭十三	
		泰十四獨用	
佳十三皆同用	蟹十二駭同用	卦十五怪夬同用	
皆十四	駭十三	怪十六	
		夬十七	
灰十五咍同用	賄十四海同用	隊十八代同用	
咍十六	海十五	代十九	
		廢二十獨用	
真十七諄臻同用	軫十六準同用	震二十一稕同用	質五術櫛同用

諄十八
臻十九
文二十獨用
欣二十一獨用
元二十二魂痕同用
魂二十三
痕二十四
寒二十五桓同用
桓二十六
删二十七山同用
山二十八
下平聲
先一仙同用
蕭三宵同用
宵四
肴五獨用

準十七
䪩齔字附見隱韻
吻十八獨用
隱十九獨用
阮二十混很同用
混二十一
很二十二
旱二十三緩同用
緩二十四
潸二十五産同用
産二十六
上聲
銑二十七獮同用
篠二十九小同用
小三十
巧三十一獨用

稕二十二
齔字附見焮韻（按焮韻無齔字）
問二十三獨用
焮二十四獨用
願二十五慁恨同用
慁二十六
恨二十七
翰二十八換同用
換二十九
諫三十襇同用
襇三十一
去聲
霰三十二綫同用
嘯三十四笑同用
笑三十五
效三十六獨用

術六
櫛七
物八獨用
迄九獨用
月十没同用
没十一
（按麧字附見没韻）
曷十二末同用
末十三
黠十四鎋同用
鎋十五
入聲
屑十六薛同用

豪六獨用
歌七戈同用
戈八
麻九獨用
陽十唐同用
唐十一
庚十二耕清同用
耕十三
清十四
青十五獨用
蒸十六登同用
登十七
尤十八侯幽同用
侯十九
幽二十
侵二十一獨用

皓三十二獨用
哿三十三果同用
果三十四
馬三十五獨用
養三十六蕩同用
蕩三十七
梗三十八耿静同用
耿三十九
静四十
迥四十一獨用
拯四十二等同用
等四十三
有四十四厚黝同用
厚四十五
黝四十六
寑四十七獨用

號三十七獨用
箇三十八過同用
過三十九
禡四十獨用
漾四十一宕同用
宕四十二
映四十三諍勁同用
諍四十四
勁四十五
徑四十六獨用
證四十七嶝同用
嶝四十八
宥四十九候幼同用
候五十
幼五十一
沁五十二獨用

藥十八鐸同用
鐸十九
陌二十麥昔同用
麥二十一
昔二十二
錫二十三獨用
職二十四德同用
德二十五
緝二十六獨用

覃二十二談同用	感四十八敢同用	勘五十三闞同用	合二十七盍同用
談二十三	敢四十九	闞五十四	盍二十八
鹽二十四添同用	琰五十忝同用	豔五十五㮇同用	葉二十九怗同用
添二十五	忝五十一	㮇五十六	怗三十
咸二十六銜同用	豏五十二檻同用	陷五十七鑑同用	洽三十一狎同用
銜二十七	檻五十三	鑑五十八	狎三十二
嚴二十八凡同用	儼五十四范同用	釅五十九梵同用	業三十三乏同用
凡二十九	范五十五	梵六十	乏三十四

讀了上表，於是廣韻韻目的真相，現在才感到大體可以明了，也是戴氏小小的一點貢獻。其中有須加按語的，就用括弧以示區別。

戴氏分析廣韻，對於等呼區別及聲類異同，此處聲類的聲字不作聲紐解。非常注意，現在略爲分述於次：

（一）等呼區別　戴氏將廣韻各韻等呼加以區別，其説大體原於江氏慎修。江氏四聲切韻表，汪龍刻本難得，通行者以陸建瀛翻刻汪本爲佳；此外如貸園、粵雅堂諸叢書所刻，俱是羅有高本，錯誤幾不可讀。對於審音，定位，分類，辨等，可謂窮極精微。戴氏聲韻考卷二説：「廣韻上聲二腫『湩』字下云：『此是冬字上聲。』蓋昔人論韻，審其洪細，爲一二三四等列。如平聲冬模灰魂桓全韻皆一等合口呼，咍痕寒豪歌覃談全韻皆一等開口呼，臻肴咸銜全韻皆二等開口呼，文全韻三等合口呼，嚴凡全韻皆三等開口呼；上去入大致準此。餘韻或主辨等，兼合口呼開口呼爲一韻：如唐登及泰一等，江佳皆删山耕及夬二等，微齊元三等，先青四等，并兼合口呼開口呼；上去入準此。或因字少不煩别出，則兼數等爲一韻：鍾韻兼三等四等，腫韻之三等四等字爲鍾之上聲，惟『湩鳩』二字屬一等，爲冬之上聲，以字少不别立部目；又臻櫛二韻無上去聲字者，其上去聲字在隱焮二韻内，臻韻櫛韻並二等，欣韻迄韻並三等，惟上聲隱韻去聲焮韻兼二等三等，其二等『𧤛、齔』等字即臻櫛二韻之上去也，按廣韻去聲焮韻無二等字。亦以字少不别立部目；然則欣隱焮迄宜改文吻問物之前，而真與諄臻欣通，軫與準隱通，震與稕焮通，質與術櫛迄通，斯於四聲無所舵戾。」由此而各韻的開合洪細以及韻的等列，可謂朗若列眉。且戴氏以爲「等韻之説雖後人新立，而二百六韻之譜實以此審定部分，則呼等亦隋、唐舊法，不過後人竊其意以名專學」；所以戴氏對於周秦古韻，由七類再分爲九類的原因，他在答段若膺論韻裏説明是呼等的關系。他的大意説：「段衣乙及音邑五部字數過多，推之等韻，他部皆止於四等，此獨得四等者二，故增安靄遏及醃諜五部。至若殷乙及謳，更析之則呼等不全。」按末句是説明他所以不分魂先殷屑没乙及侯蕭謳與段氏主張不同的理由。現在爲易於了解戴氏此節學説起見，再就陳氏蘭甫澧切韻考外篇的二百六韻分并爲四等開合圖攝考，摘取數語，移置於次，以當説明。

真諄臻文殷魂痕七韻九類爲開口合口二圖説

圖口一等　痕韻

開口二等　臻韻

開口三等　真韻第一類第二類　殷韻

開口四等　真韻第一類

合口一等　魂韻

合口二等　無

合口三等　真韻第三類　諄韻　文韻

合口四等　諄韻

元寒桓删山先仙七韻十三類爲開口合口二圖説

開口一等　寒韻

開口二等　删韻第一類　山韻第一類

開口三等　元韻第一類　仙韻第一類

開口四等　先韻第一類　仙韻第一類

合口一等　桓韻

合口二等　删韻第二類　仙韻第二類　入聲鎋韻　第二類

合口三等　元韻第二類　仙韻第二類第三類

合口四等　仙韻第三類

侵韻二類爲獨韻一圖説

一等　無字

二等　第一類第二類

三等　第一類第二類

四等　第一類

覃談鹽添咸銜嚴凡八韻爲獨韻一圖説

一等　覃韻　談韻

二等　咸韻　銜韻

三等　鹽韻第一類第二類　嚴韻　凡韻

四等　鹽韻第一類　添韻

支脂之微四韻十類爲開口合口二圖説

開口一等　無

開口二等　支韻第二類　脂韻第二類　之韻

開口三等　支韻第一類第二類　脂韻第一類第二類　之韻　微韻第一類

開口四等　支韻第一類　脂韻第一類　之韻

合口一等　無

合口二等　支韻第三類

合口三等　支韻第三類　微韻第二類

合口四等　支韻第四類　脂韻第二類第三類

齊佳皆灰咍五韻去聲多祭泰夬廢四韻。十四類爲開口合口二圖說

開口一等　泰韻第一類　咍韻

開口二等　佳韻第一類　皆韻第一類

開口三等　祭韻第一類

開口四等　齊韻第一類　祭韻第一類

合口一等　泰韻第二類　灰韻

合口二等　佳韻第二類　皆韻第二類　夬韻

合口三等　祭韻第二類　廢韻

合口四等　齊韻第二類　祭韻第二類

由是而真至仙，侵至凡，以及脂微齊皆灰與祭泰夬廢，所謂同呼而具四等者二之義，可不煩言而解了。

（二）聲類異同　戴氏又就二百六韻之次第考之，以爲聲類異同亦不甚遠。微波榭本的聲韻考說：「東冬鍾，一類也，江則古音同東冬一類，今音同陽唐一類。支佳，一類也；脂微及祭泰夬廢，一類

也；之咍，一類也。齊韻半屬脂微，半屬支佳；而皆灰二韻則半屬脂微，半屬之咍。魚虞模，一類也。真諄臻文殷元魂痕寒桓删山先仙，一類也。蕭宵肴豪，一類也。歌戈，一類也；麻，一類也，古音半同歌戈一類，半同魚虞一類，元已來麻韻又歧而二，陽唐，一類也。庚耕清青，一類也。蒸登，一類也。尤侯幽，一類也。侵覃談鹽添咸銜嚴凡，一類也。古音蓋十有三類，今音十五類，上去入統乎此。」由此證明聲類大限無分古今。兹更列圖以明之。

今音十五類齊皆灰麻分見兩類	古音十三類齊皆灰麻分見兩類
東冬鍾	東冬鍾江
支佳齊	支佳齊
脂微齊皆灰祭泰夬廢	脂微齊皆灰祭泰夬廢
之咍皆灰	之咍皆灰
魚虞模	魚虞模麻
真至仙十四韻	真至仙十四韻
蕭宵肴豪	蕭宵肴豪
歌戈	歌戈麻
麻	
麻之分	

陽唐江	陽唐
庚耕清青	庚耕清青
蒸登	蒸登
尤侯幽	尤侯幽
侵至凡九韻	侵至凡九韻

以上所說，係戴氏晚年的議論，根據段氏六書音韻表中支脂之分爲三部的學說，而修正他自己早年之說的。按戴氏年譜說，經韻樓本的聲韻考，係段氏刻於蜀中，爲未修正之本。現在將二本對照，可以看出經韻樓本聲韻考中的早年之說，是略依劉鑑切韻指南的十六攝說，定今音爲十五類：江宕二攝合并。而當時所定的古音十三類，又因此受了拘束，不曾見到支脂之三部應當分開。但是我們看了他修正以後的學說，這早年之說就無甚重要，所以此處也就從略了。

戴氏欲別定一種韻目，曾有一個主張。他說：「隋、唐二百六韻，據當時之音撰爲定本，雖未考古音，不無合於今大戾於古，然別立四江以次東冬鍾後，殆有見於古用韻之文，江歸東冬鍾，不入陽唐，故特表一目，既不没今音，且不使今音古音相雜以成一韻；惜不能盡從斯例。如五支有從歌戈流變者，當別出而立韻目表之，次歌戈後別立儀韻，上去聲四紙別立杝韻，五置別立陂韻。十虞別出從侯幽流變者，次侯幽後。別立禺韻，上去聲九麌別立俯韻，十遇仍舊目，別出本類字改立芋韻。十二齊別出古通支佳者次支佳後。別立圭韻，上去聲十一薺別立傒韻，十二霽別立係韻。十三佳如五支。別立騧韻，上去聲十二蟹別立灑韻，十五卦別立瘥韻。十四皆十五灰別出古通之咍者，次之咍後。別立荄韻及杯韻，上去聲十三駭十四賄仍舊目，其皆之上聲別立鍇韻，灰之上聲別立匯韻，十六怪別立戒韻，十八隊別立誨韻。十六咍別出古通脂微者，次脂微後。別立開韻，上去聲十五海別立愷韻，十九代別立溉韻。三蕭四宵五肴六豪別出從侯幽流變者歸於蕭，次侯幽後。蕭之本類字并於宵，上去之別出者歸二十九篠，三十四嘯，而二韻本類字并於三十小，三十五笑。九麻別出從魚模流變者，次魚模後。別立家類，上去聲三十五馬四十禡仍舊目，其從歌戈流變者別立瓦韻及駕韻。十二庚十三耕別出從陽唐流變者歸於庚。庚之本類字并於耕，上去之別出者歸三十八梗四十三映，而二韻本類字并於三十九耿四十四諍。十八尤別出從之咍流變者歸於尤，次之咍後。尤之本類字并於二十幽，上去之別出者歸四十四有四十九宥，其本類字并於四十六黝五十一幼。入聲一屋別出從職德流變者，次職德後。別立服韻。一屋二沃四覺別出從藥流變者，次藥後。屋別立瀑韻，沃覺仍舊目，其本類字別立篤韻及角韻。十八藥別出古與鐸通者，次鐸後。別立若韻。十九鐸二十陌二十一麥二十三錫別出古與藥通者，次藥後；鐸別立襮韻，陌麥錫別立翟韻。別麥昔錫之從鐸流變者，歸於陌；陌之本類字并於麥，麥字歸二十四職，改爲檗韻，昔字歸二十陌，改本類字爲脊韻。別錫之從屋燭流變者，次屋燭後。別立戚韻。」依戴氏之主張，則所謂既合於今又不戾於古之韻目，此或庶幾近之。據戴氏書廣韻四江後，説一先當分爲二，此處未分，其他應分而未分者，亦尚有之。

按戴氏所增立之廣韻韻目，曾就前分七類表標明其位置。今依七類次序列圖於次，以使觀覽：

戴氏原依七類增立廣韻韻目圖

（一）真諄殷文痕魂先仙元删山寒桓——脂微灰齊祭廢皆夬泰開分咍來屬。——入聲質櫛術迄物没

屑薛月黠轄曷末

以上收舌齒音

(二)蒸登——之咍尤荄分皆來屬。杯分灰來屬。——入聲職麥字歸職。德服分屋來屬。

(三)東冬鍾江——幽侯蕭禺分虞來屬。——入聲屋燭篤分沃來屬。角分覺來屬。戚分錫來屬。

(四)陽唐庚——宵肴豪——入聲藥覺沃瀑分屋來屬。襮分鐸來屬。翟分陌麥錫來屬。

(五)耕清青——支佳圭分齊來屬。——入聲脊昔改。錫檗麥改。

以上收鼻音

(六)歌戈麻儀分支來屬。騧分佳來屬——魚虞模家分麻來屬——入聲鐸陌昔字歸陌。若分藥來屬。

以上收喉音

(七)侵覃談鹽添咸銜嚴凡——入聲緝合盍葉怗洽狎業乏

以上收脣音

以上爲戴氏分析廣韻説的大概。對於韻目次第,等呼區別,聲類異同,俱有獨得之見,我們由此更可以明了他的周、秦古韻説之立足點了。

(丙)轉語二十章的發明

戴氏箸轉語二十章,將三十六字母并爲二十類,因爲他的主張,以爲反切在韻譜之前,字母在韻譜之後；且守温三十六字母以前，舍利已創字母三十，又有辨字五音法、五音聲論，亦皆先於守温，所以不依江氏「三十六字母不可增減不可移易」之説。現在依照聲類表所列諸字的位置，可以知道他所定聲類的次序以及合并的内容。下列一圖藉供參考。

戴氏聲類表的聲類次序圖：

	正		次	
一	見		見濁	
二	溪		羣	
三	影		喻微	
四	曉		匣	
五	端		端濁	
六	透		定	
七	泥清		泥	
八	來清		來	
九	知	照	知濁	照濁
十	徹	穿	澄	牀
十一	娘清	日清	娘	日

十二	審		禪
十三	精		精濁
十四	清		從
十五	疑清		疑按戴氏將疑母列在從母之下，最不可解。
十六	心		邪
十七	邦		邦濁
十八	滂		竝
十九	明清		明
二十	非	敷	奉

戴氏文集有轉語二十章序一篇。序裏説：「六書依聲託事，假借相禪，其用至博，操之至約。今別爲二十章，各從乎聲以原其義。人口始喉，下底脣末，按位以譜之，其爲聲之大限五，上限各四，參看前圖。於是互相參伍，而聲之用備矣。參伍之法，台余予陽自稱之辭，在次三章，吾卬言我亦自稱之辭，在次十五章，截四章爲一類，類有四位，三與十五數，其位皆至三而得之，位同也。凡同位爲正轉，位同爲變轉。爾汝而戎若謂人之辭，而如若然義又交通，竝在次十一章，乃奈那在次七章，七與十一數，其位亦至三而得之。凡同位則同聲，同聲則可以通乎其義；位同則聲變而同，聲變而同則其義亦可以比之而通。」如上所説，戴氏實以聲紐之轉求訓詁之相通，可稱爲古音學上最大的發明。他的序裏又説：「昔

人既作爾雅、方言、釋名，余以爲猶闕一卷書，創爲是編，用補其闕，俾疑於義者以聲求之，疑於聲者以義正之。」這是何等自負的話！但是此書終未箸成，殊覺可惜。孔氏顨軒序戴氏遺書，亦云未見。

王氏懷祖箸釋大、釋始諸文，對於聲紐的分合，雖然和戴氏不能完全相同，但是可以知道他是採取戴氏意思而作的。王氏又有方言疏證補，亦是補戴氏書而作的。可惜書已不全，祇就所存殘稿，可以曉得他的大略，釋大有上虞羅氏新排印本。

錢氏獻之㚝作詩音表，專主聲類以言詩音，或者間接是受戴氏的影響，亦未可知。但是錢氏所説聲紐定位，和戴氏不同。

洪氏初堂著四聲韻和表，他的配置和戴氏大略相同，不過小有出入。現在列圖於下，以便和戴氏的聲類次序圖，兩兩對照觀之。

洪氏四聲韻和表的聲類次序圖：

	清	濁	
發聲	見	羣	
送聲	溪		
内收聲	影	喻	微
外收聲	曉	匣	

喉音

發聲	端		吻音
送聲	透	定	吻音
內收聲		泥	吻音
外收聲		來	吻音
發聲	知 照		舌音
送聲	徹 穿	澄 牀	舌音
內收聲		日	舌音
外收聲	審	禪	舌音
發聲		精	齒音
送聲	清	從	齒音
內收聲		疑 娘	齒音
外收聲	心	邪	齒音
發聲	邦		唇音
送聲	滂	竝	唇音
內收聲		明	唇音
外收聲	非 敷	奉	唇音

戴氏轉語二十音，因爲未有成書的緣故，可知道的祇有序文裏的一點學説。而且王氏懷祖的箸作，亦祇有釋大殘篇，由王氏静安國維在他的破碎遺稿裏檢查整理出來，僅有牙喉八母字，尚可籀讀；其餘多不可考。但是戴氏，王氏所引的端緒，我們如能繼續努力，將來一定和清儒古韻研究的成績後先媲美，這是可以斷言的。

結　論

戴氏對於古音學的貢獻，既如上述。因爲他在古音學上有這樣大的成績，所以對於六書訓詁，特見甚多。此類箸述，除方言疏證已有成書外，其文集中，如爾雅文字考序、爾雅注疏箋補序、與王鳳喈書、論韻書中字義答秦蕙田、答江慎修先生論小學書、六書論序、六書音韻表序諸文，頗多引而未發之論。段氏之説文解字注，王氏之廣雅疏證，殆無不受其沾溉，他日當别爲專篇論之，此篇不及詳也。

（輯自國學季刊一九二九年第二卷二期）

漢字聲統序例

楊樹達

問者又曰：自戴東原與段若膺書，首倡以音符爲系統，作説文諧聲表，於是段氏著有六書音韻表（乾隆四二年，西曆一七七七），嚴可均有説文聲類（嘉慶七年，西一八〇二），戚學標有漢學諧聲（嘉慶八年，西一八〇三），姚文田有説文聲系（嘉慶九年，西一八〇四），江沅有説文解字音韻表（嘉慶十四年，西一八〇九），朱駿聲有説文通訓定聲（道光十三年，西一八三三），張成孫有説文諧聲譜（道光十六年，西一八三六），苗夔有説文聲讀表（道光二十二年，西一八四二）。美矣！備矣！蔑以加矣！則子之書殆可不作也。

曰：否否！不然也。戴氏之發明音統，誠爲創獲，顧諸家之書所謂以聲爲系之聲，乃實爲兼包聲韻二事之音，换言之，則以廣義之聲爲系，與以狹義之聲爲系者異。戚氏自撰凡例，言其書略用聲近者相比附，不拘聲取音，兼與韻不同。今觀其書第一卷以一乙乞吉啻質桼栗勿等字爲次，第二卷以十入𠘧昌等字爲次，則大都以韻相比附，非以雙聲之聲相比附也。此其不同者一也。又諸家自姚氏、戚氏外皆用音符爲綫索以尋求古韻，而各定其部類，故段氏、江氏分十七部，嚴氏分十六部，朱氏分十八部，張氏分二十部，苗氏分七部，蓋其書爲諸家意中之古韻書，與吾書據音符之聲爲基本以求今聲之變遷者殊異。此其不同者二也。諸家之書大部皆以説文爲名，故其字不出九千餘字之外，此與吾書兼採通用之字者異，此其不同者三民。

（輯自積微居文録卷上）

戴東原的倫理學

蔡元培

東原之特識，在窺破宋學流弊，而又能以論理學方式證明之。其言曰：「六經、孔、孟之言，以及傳記羣籍，理字不多見。今雖至愚之人，悖戾恣睢，其處斷一事，責詰一人，莫不輒曰理者，自宋以來，始相習成俗，則以理爲『如有物焉得於天而具於心』，因以心之意見當之也。於是負其氣，挾其勢位，加以口給者，理伸；力弱氣慴，口不能道辭者，理屈。」又曰：「自宋儒立理欲之辨，謂『不出於理則出於欲，不出於欲則出於理』，於是雖視人之飢寒號呼，男女哀怨，以至垂死冀生，無非人欲，空指一絶情欲之感爲天理之本然，存之於心。及其應事，幸而偶中，非曲體事情，求如此以安之也；不幸而事情未明，執其意見，方自信天理非人欲，而小之一人受其禍，大之天下國家受其禍。」又曰：「今之治人者，視古聖賢體民之情，遂民之欲，多出於鄙細隱曲，不措諸意不足爲怪。而及其責以理也，不難舉曠世之高節，著於義而罪之。尊者以理責卑，長者以理責幼，貴者以理責賤，雖失謂之順；卑者、幼者、賤者以理爭之，雖得謂之逆。於是下之人不能以天下之同情、天下所同欲達之於上，上以理責其下，而在下之罪，人人不勝指數。人死於法，猶有憐之者，死於理，其誰憐之？」又曰：「理欲之辨立，舉凡飢寒愁怨、飲食男女、常情隱曲之感，則名之曰人欲，故終身見欲之難制。且自信不出於欲，則思無愧怍，意見所非，則謂其人自絶於理。」又曰：「既截然分理欲爲二，治己以不出於欲爲理，治人亦必以不出於欲爲理。舉凡民之飢寒愁怨、飲食男女、常情隱曲之感，咸視爲人欲之甚輕者矣。輕其所輕，乃『吾重天理也，公義也』，言雖美，而用之治人則禍其人。至於下以欺僞應乎上，則曰『人之不善』。此理欲之辨，適以窮天下之人盡轉移爲欺僞之人，爲禍何可勝言也哉！」其言可謂深切而著明矣。

至其建設一方面，則以孟子爲本，而博引孟子以前之古書佐證之。其大恉謂：「天道者，陰陽五行也；人之生也，分於陰陽五行以爲性，是以有血氣心知。有血氣，是以有欲，有心知，是以有情有知。給於欲者，聲色臭味也，而因有愛畏。發乎情者，喜怒哀樂也，而因有慘舒。辨於知者，美醜是非也，而因有好惡。」是東原以欲情知三者爲性之原質也。然則善惡何自而起，東原之意，在天以生生爲道，在人亦然，仁者，生生之德也。是故在欲則專欲爲惡，同欲爲善；在情則過不及爲惡，中節爲善；而其條理則得之於知。故曰：「人之生也，莫病於無以遂其生。欲遂其生，亦遂人之生，仁也。欲遂其生，至於戕賊人之生而不顧者，不仁也。不仁實始於欲遂其生之心，使其無此欲，必無不仁矣。然使其無此欲，則於天下之人生道始促，亦將漠然視之。己不必遂其生，其遂人之生，無是情也。」又曰：「在己與人，皆謂之情。無過情無不及情之謂理。理者，情之不爽失也。未有情不得而理得者。凡有所施於人，反躬而靜思之，人以此施於我，能受之乎？凡有所責於人，反躬而靜思之，人以此責於我，能盡之乎？以我絜之人，則理明。」又曰：「生養之道。存乎欲者也。感通之道，存乎情者也。二者自然之符，天下之事舉矣。盡善惡之極致，存乎巧者也，宰御之權，由斯而出。盡是非之極致，存乎智者也，賢聖之德，由斯而備。二者亦自然之符，精之以底於必然，天下之能舉矣。」又曰：「有是身，故有聲色臭味之欲。有是身，而君臣父子夫婦昆弟朋友之倫具，故有喜怒哀樂之情。惟有欲有情而又有知，然後欲得遂也，情得達也。天下之事，使欲之得遂，情之得達，斯已矣。惟人之知，小之能盡美醜之極致，大之能盡是非之極致，然後遂己之欲者廣之能遂人之欲，達己之情者廣之能達人之情。道德之盛，使人之欲無不遂，人之情無不達，斯已矣。」

凡東原學說之優點有三。（一）心理之分析。自昔儒者，多言性情之關係，而情欲之别，殆不甚措意，於知亦然。東原始以欲情知三者爲性之原質，與西洋心理學家分心之能力爲意志、感情、知識三部者同。其於知之中又分巧智兩種，則亦美學、哲學不同之理也。（二）情欲之制限。王荆公、程明道，皆以善惡爲即情之中節與否，而於中節之標準何在，未之言。至於欲，則自來言絶欲者，固近於厭世之義，而非有生命者所能實行。即言寡欲者，亦不能質言其多寡之標準。至東原而始以人之欲爲己之欲之界，以人之情爲己之情之界，與西洋功利派之倫理學所謂人各自由而以他人之自由爲界者同。（三）至善之狀態。莊子之心齋，佛氏之涅槃，皆以超絶現世爲至善之境。至儒家言，是以此世界爲範圍。先儒雖侈言胞與民物萬物一體之義，而竟無以名言其狀況。東原則由前義而引伸之，則所謂至善者，即在使人人得遂其欲，得達其情。其義即孔子之所謂仁恕，不但其理顛撲不破，而其致力之處，亦可謂至易而至簡者矣。凡此皆非漢、宋諸儒所見及。而其立説之有條貫，有首尾，則尤其得力於名數之學者也。（乾、嘉間之漢學，實以言語學兼論理學，不過範圍較隘耳。）惟羣經之言，雖大義不離乎儒家，而其名詞之内容，不必一一與孔、孟所用者無稍出入。東原囿於當時漢學之習，又以與社會崇拜之宋儒爲敵，勢不得有所依傍。故其全書，既依託於孟子，而又取羣經之言一一比附，務使與孟子無稍異同，其間遂亦不免有牽强附會之失。而其時又不得物質科學之助力，故於血氣與心知之關係，人物之所以異度，人性之所以分於陰陽五行，皆不能言之成理。此則其缺點也。東原以後，阮文達作性命古訓、論語論仁論，焦理堂作論語通釋，皆東原一派，然未能出東原之範圍也。

（輯自中國倫理學史）

論戴震的佚著經雅

胡錦賢

經雅是戴震辨釋草木鳥獸蟲魚之名，而没有定稿的一部專著。由於這部未刊著作没有見之諸家記載，戴震自己亦未曾提及，因而自清代中葉以來，世間不知有此作矣。

最近，我有幸受安徽省古籍整理出版規劃委員會的委托，校注整理了戴氏的這部未刊著作。通過整理和初步研究，對經雅有了一些膚淺的認識。

一

經雅書稿是近代藏書家徐恕於一九五九年遺囑捐獻給湖北省圖書館收藏的。必須指出的是，經雅的發現，實際是一九七七年國家組織編輯全國古籍善本書目時期，湖北省圖書館在整理書目時始注意到的，當時即給予了專門鑒定，認定經雅確爲戴震的手迹，一九八六年出版的全國古籍善本書目經部四中即著録了此稿本，題：「經雅　不分卷，清戴震撰，稿本。」這是經雅稿本的首次著録。

原件爲兩册，一函裝。封面以篆書題簽：「經雅　戴東原先生稿本。」書稿前後無序跋，共四十二頁八十四面，每面按八行書寫。收録的條目，因統計的方法不同，可能會有不同的結果，如果包括形狀稍異而有不同的名稱者在内，約五百一十條左右（如釋畜：「赤馬曰騂，赤馬黑鬣曰騮，騮馬白腹曰騵，驪白曰駁」，算作四個條目。同物異名者不算）。全稿分雅記、經雅兩大部分，未標卷次。雅記分作兩篇，爲釋獸、釋畜；經雅分作五篇，爲釋鳥、釋蟲、釋魚、釋草、釋木。因其中釋蟲又分爲三，釋魚又分爲二，故蟲、魚兩篇分别列有目録，其他各篇均未列目録。釋草、釋木兩篇凡條目和異名下均標列有注音反切，没有標示出處；其他各篇，凡條目和異名下一般都標示有書名出處，而無注音反切。條目下辨釋名稱或形狀的内容爲正文，用大字單行書寫；考辨文字和注音反切，均用小字接正文後雙行書寫。全稿包括出處文字，近三萬言。

原稿是以清秀的端楷書寫的。因初作之稿，體例未善，故書稿又作了不少修改，并增删了一些條目。全稿的基本格局大體形成，語句次序也基本理順。改訂的文字爲行書字體，有些文字較難辨認。

書稿開卷爲雅記。「雅記」標題下方有三枚印記，底下的兩枚爲「南洲」、「繼涵之印」，上面的一枚爲「翰生秘籍」。正文第六頁「經雅」標題下方題「新安戴震著」。釋魚首頁有「翰生秘籍」、「湖北省圖書館藏書」印兩枚。稿之末尾有「翰生」、「故才高者，菀其鴻裁」（用文心雕龍辨騷中語）兩枚印章。又扉頁與稿中間各有「濰縣高翰生藏經籍」印一枚。

據原件上的印記，知稿本原爲曲阜孔繼涵所藏，「南洲」是孔繼涵的别號（據闕里文獻考）。孔繼涵與戴震友善，而且是親家，梁啓超謂戴氏遺著「多存曲阜孔繼涵家」，「孔氏擬盡刻先生書而未能，已刻者名曰戴氏遺書，凡十五種。」（見戴東原著述纂校書目考）戴震死後六年，孔繼涵亦去世，在這六年中書稿有無流出，孔廣森是否見到過經雅，孔廣森戴氏遺書總序中未曾提及，因而經雅何時流出孔家，目前尚無考。據繆荃孫藝風堂文續集戴氏直隸河渠書跋，曾謂孔繼涵所藏戴氏書稿，「光緒甲申（一八八四）年盡出」，經雅之稿是否此時流至高鴻裁手中，亦未可知。

經雅得以保存於湖北省圖書館，是徐恕的一大功勞。徐恕字行可，武昌人，藏書近十萬册，於一九五六、一九五九年全部獻給了新中國。其事迹見清代藏書樓發展史、湖北省圖書館收藏名家藏書紀事。今訪徐恕之子徐孝宓先生（前任湖北省圖書館館長），徐謂其父藏書并不圖名，收書得書亦未留下記載，所獻書中有許多都没有蓋上徐氏家印。其高風亮節可見。至於徐家具體何時何緣得經雅的，已不可考。

二

關於經雅的寫作時間，雖無文字記載，但還是有迹可考的。據幾個方面的材料推測，經雅當是作者早年的作品。

戴震晚年作書與段玉裁曰：「僕自十七歲時，有志聞道，謂非求之六經孔、孟不得，非從事於字義、制度、名物，無由以通其語言。」（見段玉裁戴先生年譜）欲聞古聖賢之道，當先通六經語言。關於戴震的這一治學主張的確立，在戴震的早年作品中有所反映。戴震在與是仲明論學書中曰：「僕自少時家貧，不獲親師，聞聖人之中有孔子者，定六經示後之人，求其一經，啓而讀之，茫茫然無覺。尋思之久，計於心曰：經之至者道也，所以明道者其詞也，所以成詞者字也。由字以通其詞，由詞以通其道，必有漸。」與是仲明論學書作於乾隆癸酉（一七五三），戴震時年三十一歲。

戴震接着又説：「至若經之難明，尚有若干事：誦堯典……不知恒星七政所以運行，則掩卷不能卒業；誦周南、召南……不知古音，徒强以協韻，則齟齬失讀；誦古禮經……不知古者宫室、衣服等制，則迷於其方，莫辨其用；不知古今地名沿革，則禹貢職方失其處所；不知少廣旁要，則考工之器不能因文而推其制；不知鳥獸蟲魚草木之狀類名號，則比興之意乖……僕欲究其本始，爲之又十年，漸於經有所會通，然後知聖人之道。」

洪榜戴先生行狀亦論及此事，曰：「凡經之難明，有此數事。先生日夜孳孳，蒐集比勘，凡天文、曆算、推步之法，測望之方，宫室、衣服之制，鳥獸、蟲魚、草木之名狀，音和、聲限古今之殊，山川、疆域、州鎮、郡縣相沿改革之由，少廣、旁要之率，鐘實、管律之術，靡不悉心討索……其學彌博而探指彌約，其資愈敏而持力愈堅，年二十余而五經立矣。」

從這幾段文字可知，戴震自十七歲時爲聞道而從事字義、制度、名物方面的研究，爲之十年，做了上述若干事，「漸於經有所會通」。按這十年所做若干事，經雅正爲辨釋鳥獸蟲魚草木名狀而作，就應當是在這一階段寫作的。這十年是戴震潛心訓詁而十分重要的一個階段，完成這一階段，才會「於經有所會通」。戴震約在二十七歲時完成這一階段的研究，故洪榜謂「年二十余而五經立矣」。戴震三十一歲時作與是仲明論學書，實際是對這一階段的總結。由此可見，謂經雅是戴震十七至二十七歲這一階段的作品，是合乎情理的。

又戴震在答江慎修先生論小學中曾舉爾雅「杜甘，棠」之例，謂杜澀棠甘，赤棠爲杜，白棠爲棠，毛傳「甘棠，杜也」之説，是失其讀。并舉爾雅「梨山，樆」、「榆白，枌」二例爲證。而這些在經雅中已經有了反映，文字叙述也基本相同。段玉裁謂答江慎修先生論小學書當作於「乙丑」（一七四五），此年戴震二十三歲。戴震的「杜甘，棠」之説，又采入他的毛詩補傳和杲溪詩補注之中，文字大同小異。梁啓超謂毛詩補傳與杲溪詩補注爲同一書。按與是仲明論學書，戴震三十一歲時毛詩補傳書稿已經成形，只待修訂。此旁證之一。

只是戴震的「杜甘，棠」之説，段玉裁并不同意他老師的這一觀點（詳見説文解字注「杜」字注）。但這却又同時證明了經雅確爲戴震的作品，是無可置疑的。

而從原件上看修訂的筆迹，墨色較深，説明修訂與初作必相隔了很長的時間。戴震在世只五十五載，這筆迹上的層次亦可説明經雅初稿作於戴震的早年。此可爲旁證之二。而修訂應是比較晚的事，洪榜謂戴震「卒之前數月，手自整理所著書，命工寫録，亦未得竟」（見戴先生行狀），經雅有可能爲此時所修訂。

三

其書總名爲「經雅」，而釋獸、釋畜兩篇題名爲「雅記」。分析原因，「經雅」之名，是作者取六經中草木鳥獸蟲魚之名，旁匯先秦諸子、漢魏古籍和傳、注、箋，比照爾雅體例，辨釋其古今雅俗之名，比較經、傳、注、箋與爾雅之異同，故名「經雅」。

書中所言「經」者，即指六經，因六經爲孔子所整理。而爾雅爲釋六經而作。郭璞爾雅序云：「夫爾雅者，所以通詁訓之指歸，叙詩人之興咏，總絶代之離辭，辨同實而殊號者也。……若乃可以博物不惑，多識於鳥獸草木之名者，莫近於爾雅。」戴震亦云：「古故訓之書，其傳者莫先於爾雅，六藝之賴是以明也，所以通古今之異言，然後能諷誦乎章句，以求適於至道……儒者治經，宜自爾雅始。」（見爾雅文字考序）

於是戴震治六經名物，以爾雅爲津梁，貫羣經而旁匯諸子百氏及漢魏古籍、傳、注、箋，綜核考辨。草木鳥蟲魚多異名，故辨釋以名號，獸畜少異名，則釋之以形狀，爾雅體例本亦如此（參見王國維爾雅草木鳥獸蟲魚釋例）。而戴氏經雅本爲辨名而作，獸畜少異名，名不足以相釋，則主要釋之以形，故題名曰「雅記」，以别於草木鳥蟲魚之例。「雅記」見於方言，戴震解爲「常記」，有古正之記的意思，這里即用其意。「記」亦詁訓之别名，古人以記命書名者，如禮記、考工記之類。「雅記」之記，即記其「狀類」而已。

作爲一部雅學作品，經雅與前人雅學著作有無關係？經雅之中多次引用了埤雅、爾雅翼之説，而有一處引用了方以智的通雅，説明經雅之作，可能受到埤雅、爾雅翼、通雅等雅學著作的某些影響，而有自己的宗旨和特色。梁啓超曾謂桐城方以智的訓詁之學，一定對戴震有所影響，衹是未找到實據，看來梁氏的推斷是有道理的。在清代羣雅之中，經雅是繼方以智的通雅、吴玉搢的别雅之後的又一部雅學著作，此前人論雅學史所未涉及也。

四

戴震作經雅，雖然是沿着前人的路子走的，但經雅的主旨在考辨六經中草木鳥獸蟲魚的名實，以爲通經之助，因而有其自己的研究方法和特色。

戴震在十七歲時即認爲：「一字之義，當貫羣經，本六書，然後乃定。」（見與是仲明論學書）他的這一治學精神，即貫穿於經雅全稿之中。經雅每考辨一物，即綜核條貫羣經、爾雅及諸子百氏、漢儒之傳、注、箋之説。

爾雅既爲六經之通釋，爲何還要旁匯諸子百氏和漢儒傳、注、箋呢？戴震在爾雅注疏箋補序中實已講得明白，他説：「援爾雅附經而經明，證爾雅以經而爾雅明。然或義具爾雅而不得其經，殆爾雅之作，其時六經未殘闕歟？爲之旁摭百氏，下及漢代，凡載籍去古未遥者，咸資證實，亦勢所必至。」戴震認爲，援爾雅以證經，是因爲爾雅之前六經未殘闕，據爾雅可以「尋求遺經」。如戴震曾舉釋言「桄，充也」，今六經無「桄」字。援漢儒之説，是因爲漢去古不遠，其説可資證實「轉寫訛舛」。如六經無「桄」字，而説文亦有「桄，充也。」書堯典「光被四表」，漢書、後漢書均引作「横被四表」，鄭玄注樂記亦曰：「横，充也。」戴震據爾雅和漢儒所言，知古本堯典必作「横被四表」，即本作横，轉寫作桄，脱誤爲光。這些即可説明，漢儒傳、注、箋可爲綜考故訓之助。而魏晉間大儒，有些亦有師承，如孫炎即受學於鄭康成之門人，張揖亦多聞古藝，因而魏晉古籍資料亦往往可爲據證。

戴震利用漢魏人的資料，悉心考證，而不囿於舊説，讀經雅即可見一斑。如左傳定公十四年：「野人歌之曰：『既定爾婁豬，盍歸吾艾豭？』」杜預、孔穎達均訓婁豬爲求子豬，訓艾豭爲老公豬。今辭源、辭海、漢語大詞典等皆沿襲此説，自杜預以來，竟未曾有過異議。而戴氏經雅則釋婁豬爲家系之豬，艾豭爲外舍之豭。且看雅記釋畜「豭」下釋曰：

艾豭，外舍之豭也。婁豬，家系之豬也。婁，系也，公羊傳曰：「牛馬維婁。」何休注：「系牛曰婁。」婁豬，舊説「求子豬也」，後人遂以爲牝豕曰婁豬。予謂婁豬與艾豭對。艾猶外也，國語云：「國君好艾，大夫殆，好内，適子殆，社稷危。」韋昭亦以艾爲外，謂嬖臣。孟子以少艾與妻子并稱，妻子爲内，少艾爲外也。艾豭指宋朝，爲外舍之男，則婁豬指南子，爲有系於内者也。

因左傳這里講的是南子與宋朝淫亂之事，故以婁豬比之南子，以艾豭喻之宋朝。舊解婁豬爲求子豬，是引申了的意義，從字義上推求，不如家系之豬可靠、貼切。婁豬既爲家系之豬，則艾豭訓爲外舍之豭，比較妥貼，「歸吾艾豭」，歸即對寄外而言，故戴氏又將艾豭比之史記秦始皇本紀之「寄豭」。寄豭即寄外之種豬。今考桓寬鹽鐵論未通：「五十已上曰艾老，杖於家，不從力役。」方言六：「艾，長老也。東齊魯衛之間，凡尊老謂之叟，或謂之艾。」（參見禮記曲禮上）據此細心思索，既然五十以上爲艾（謂如艾之蒼白色），杖於家，不從力役，則氣血已衰，何能爲淫亂之事？又古以艾爲老，是作敬詞用，將其用之老公豬，實不當。可見戴氏經雅的訓釋勝於舊説。然而戴氏的這一説解，一直鮮爲人知。

戴震以古小學存於今者，惟爾雅、方言、説文數家，曰：「自爾雅外，惟方言、説文切於治經。」（見段玉裁戴先生年譜）故經雅中除爾雅外，多援用方言、説文之説。如經雅中常有「某地謂之」，即多取之方言。有爾雅失其傳者，則求之方言、説文，或益之廣雅。如經雅釋草「綏」下釋曰：「説文云：『（葰），薵屬，可以香口』。是也。」綏即葰之借字，儀禮既夕禮：「實綏澤焉。」鄭玄注：「綏，廉薑也。」廣雅釋草：「廉薑，葰也。」故經雅釋曰：「綏，薵屬。亦作葰。」而爾雅無此義。諸如此例，不一而足。

經雅於草、木兩部分的注音反切，主要録自大徐本説文（即取唐韻），説文無者即取之廣韻。其中，偶有改字。標音亦是辨名，戴震早年曾研究切韻之學。戴氏於草、木兩篇標音，并附列異體字，大抵因這兩部分的名稱古今音讀常有不同，異名和異體字甚多。所列異體字，多見於説文。可見戴氏於這兩部分尤注重六書之説，以窮源知變。

經雅釋名術語的運用，一般以古謂之、爾雅謂之、亦謂之、或謂之、某地謂之爲序。「古謂之」指古籍中所記上古之詞，如少皞時常以鳥名爲官名，左傳記之，即予以反映；還有詩中所記之商時語，如經雅「梟，古謂之流離。」流離見詩邶風旄丘，梟見詩大雅瞻卬，雖同見於詩，但流離爲商周時古黎人語，故云。又如「鷂，古謂之鳶。」鳶見於詩大雅旱麓，爲文王時語。郭璞注爾雅，以周代爲中古，故上古之詞曰「古謂之」。爾雅代表的是周代雅言，即當時的社會通語和當時古籍中的常語。「亦謂之」指同一書中的異稱。「或謂之」一般指諸子、漢魏古籍和傳、注、箋之詞。「某地謂之」，則是取諸方言。如此綜核條貫，讀一物而其古今雅俗之名、羣經之異同可見。蟲、魚、鳥、草四篇中亦常有「夏小正謂之」，是因夏小正一篇，相傳是夏代遺書，也是我國現存最古的一部月令，故戴震將夏小正之説特别地標出。戴震曾説：「所謂十分之見，必徵之古而靡不條貫，合諸道而不留餘議，鉅細畢究，本末兼察。」（見與姚孝廉姬傳書）又説：「最要體會『條理』二字，得其條理，由合而分，由分而合。」（見段玉裁戴先生年譜引）他的這一「條理」精神，在經雅里無處不體現着。

經雅釋草木鳥獸蟲魚之名及辨其同異的具體方法，亦如爾雅體例，或取諸其物之形，或取諸其物之色、味、聲、大小、牡牝、功用、生活習性等；或以雙名釋單名（俗名多偶，雅名多奇），或辨之總名與别名，或辨之通言和常語，或辨之雙聲與叠韻。此外，分類更加以條理，如釋馬一項，又按黑、白、赤、黄等基本色調加以分類，鐵驪、青驪均統列於黑馬條下，白馬黑鬣曰駱、彤白雜毛曰騢，均統列於白馬條下，便於誦記。鳥、獸兩部分注意利用了司馬相如賦，賦中所述鳥獸，基本予以收列。全書注重名實的考辨，略於形狀。考辨注意參考漢書音義、史記三家注、唐本草、埤雅、爾雅翼、本草綱目等成就較高的著作。説解注重實證，去其蕪雜，釋文十分簡練。

五

經雅一直未得刊行，原因大致有二：其一，此非戴震精神專注之作，未成定稿。戴震之後學焦循謂：「東原生平所著書，惟孟子字義疏證三卷、原善三卷最爲精善。余嘗究東原説經之書，如毛鄭詩補注等篇，皆未卒業，則非精神所專注。」（見雕菰集申戴）梁啓超謂「先生著作最矜慎，凡自認爲『未至十分之見』者，棄之不稍顧惜」。這些亦道出了經雅未成定稿的原因。戴震的生平宏願在作七經小記，以闡述古聖賢之道，可惜中壽夭逝，未能卒業。按戴震的志向，最要緊的是孟子字義疏證之類論道之書，「此正人心之要，不得不作」，其他説經之書，不過爲通經或自課而已，定稿刊行之事，自可俟諸他日。難得經雅之稿經戴震親筆修改，但許多地方尚需加工，如有些條目的解釋過簡，顯然是倉促之筆，有些篇名出處僅用單字標示，改訂的文字亦諸多不清，天頭眉批亦不少，整理甚難。其二，書稿輾轉數人之手，均未得付梓機遇，而邵晉涵、程瑶田、段玉裁、王念孫輩又相繼有傑作問世，其稿作爲單行本刊行，更是維艱。

經雅雖未刊行，然此稿專釋草木鳥獸蟲魚之名，博覽先秦漢魏古籍，搜羅完備，古今雅俗之稱條貫分明。而考辨舊説，屢有發明，其稿又從未面世，其中必有參考價值。

但是，對於經雅的價值，還必須歷史地來看待它。作爲戴震早年的作品，今天來看，價值已不在有多少發現，因爲與戴震同時及其後，受戴震的影響而有重大成就的人已不少。因此，我認爲經雅的價值，首先在於它和其他作品一起反映了一位大師的治學道路和所涉足的地方。戴震反對宋明理學之徒的主觀理智哲學，認爲道不求於經之故訓、典章制度，而求之於心，是剽襲釋氏之言以解儒經，因而自「宋以來，孔孟之書，盡失其解」（見答彭允初書）。「道不同不相謀」，他認爲要知孔孟之道，須先通六經語言。於是他早年精研字義、制度、名物，以通六經語言爲整理思想最基本的功夫。經雅則正是這種觀點下實踐的產物，説明他早年的確對草木鳥獸蟲魚作了系統地研究。

其次，它反映了戴震的研究方法。通過經雅，人們可以清楚地看到，戴震每辨釋一物，必綜核先秦兩漢羣籍，徵之爾雅和漢儒之説，合諸道而更加以條理之。他的辨名識字功夫不是停留在某字詞之間，而是在羣籍之間、諸道之間。他曾批評那種簡單地「依於傳聞以擬其是，擇於衆説以裁其優，出於空言以定其論，據於孤證以信其通」的作法，認爲「雖溯流可以知源，不目覩淵泉所導，循根可以達杪，不手披枝肄知歧，皆未至十分之見也。」（見與姚孝廉姬傳書）這也就是戴震所强調的，在一事必徵之古、綜其全而核之，巨細必究，信乃有徵。經雅正是這些論述的實踐和結晶。

戴震還强調，治學當「不以人蔽己，不以己自蔽；不爲一時之名，亦不期後世之名」，方能獲得真知。他還反對那種爲考證而考證，周旋於一字一物之間而没有思想的人，强調君子治學，當志乎聞道。他曾説：「今之博雅能文章、善考核者，皆未志乎聞道。徒株守先儒而信之篤，如南北朝人所譏『寧言周、孔誤，莫道鄭、服非』，亦未志乎聞道者也。」（見答鄭丈用牧書）經雅雖只是爲考辨名實而作，不過三萬言，却是貫穿着他的這些治學精神的，也是他研究六經，尋求聖賢思想，不可缺少的一個步驟。所以對經雅，不能孤立地去看待它。

戴震晚年曾作書與段玉裁，總結自己研究六經、孔、孟之書三十余年，謂「灼然知古今治亂之源在是」。接着又感慨地説：「古賢人聖人以體民之情，遂民之欲爲得理，今人以己之意見不出於私爲理，是以意見殺人，咸自信爲理矣。此猶舍字義、制度、名物，去語言、訓詁，而欲得聖人之遺經也。」（見段玉裁戴先生年譜）戴震的治學道路和研究方法，使他成就爲一位考據大師和一位偉大的思想家。他的治學精神和研究方法，值得我們好好地學習，而他那體民富民的偉大思想，更值得我們永遠地紀念。

由於經雅是戴震早年寫作的，初稿有一些錯誤和欠妥之處，如經雅釋蟲誤以周語上之「杜伯」爲䗈(蝛)，周語之杜伯當爲人名。此白璧微瑕，仍不失爲大家之作。

經雅之稿流落兩個多世紀，難得前哲將其保存完好，歸於國庫。又值安徽省古籍整理出版規劃委員會廣爲搜羅，纂輯戴震全書，使其得見天日，誠爲戴氏與學術界之幸。我以爲，今研究戴震乃至乾嘉學派，凡戴氏之書存於世者，雖早期作品亦不能忽視，因爲這也是戴震治學通往精深之處的一個脚印。

（輯自文獻一九九四年第三期）

六、書考

戴東原著述纂校書目考

梁啓超

焦里堂曰：「東原生平所著書，惟孟子字義疏證三卷、原善三卷最爲精善。其他説經之書，皆未卒業，蓋非精神所專注也。」（雕菰樓集中戴篇）吾謂東原即此二書，自足千古，餘皆筌蹄耳，不著不足爲輕重。百五十年來學者罕知東原，其誦美之者亦不過欲使之與當時所謂漢學家争一日之短長，務侈陳其著述之富而尸祝之，甚者爲之張目攘臂以與趙東潛争水經注。夫東潛無水經注，則不復能爲東潛，東原則雖水經注無一字自己出，豈有損於東原豪末者哉！其他著述準此可知也。東原所矢宏願在七經小記之六種，原善即其一，餘五種未就，集中諸文，多其長篇，夭於中壽，不竟所業，差可惜耳！其少作則考工記圖、句股割圜記，皆稱絶業。詩補傳、尚書義考等雖未成，然經始義例，後此作者津逮也。汾州府志、直隸河渠書等，皆因前舊有所是正，固非專著，汾志凡例，則斯學楷式矣。五禮通考之觀象授時一編，殆經其發凡鑑定，四庫提要聞出先生手者不少，但除手校各書外（目詳下），其他篇亦未由確指也。先生殁後，遺著多存曲阜孔繼涵家。繼涵，先生摯友。其子廣根，先生女夫。從子廣森，先生高第弟子也。

孔氏擬盡刻先生書而未能。已刻者名曰戴氏遺書，凡十五種：

毛鄭詩考正五卷

杲溪詩經補注二卷（未成）

考工記圖三卷

孟子字義疏證三卷

聲韻考四卷

聲類表十卷

原善三卷

原象一卷

續天文略二卷

水地記一卷

方言疏證十三卷

水經注三十五卷

策算一卷

句股割圜記三卷

文集十卷

原刻於毛鄭詩考正題爲遺書之一，詩經補注爲遺書之二，原善、疏證同爲遺書之九，聲韻考、聲類表同爲遺書之十四，原象爲遺書之十五，文集爲遺書之二十三。段譜云：「未識次第之意，後人勿疑已刻有二十三種也。」此外則

屈原賦注七卷（廣州廣雅書局刻本）

緒言三卷（南海伍氏粤雅堂刻本）

尚書義考二卷（貴池劉氏聚學軒刻本）

經考五卷（南陵徐氏無齋刻本）

重編文集十二卷（金壇段氏經韻樓刻本）

先生著述現存者盡此矣。其所校算書，收入孔氏微波榭算經十書中。其餘所校經典，有聚珍版，汾州府志、汾陽縣志，當地皆有刻本。

本篇依段著年譜，以著作先後爲次，無論已成未成、已刻未刻、或存或佚、爲著爲校、獨著共著，皆列入。仿朱氏經義考例全録原序，有應考證論列者則綴以案語。癸亥十二月十一日啓超記

策算一卷（乾隆九年先生二十二歲著，孔氏微波榭算經十書本，有自序。）

書成於乾隆甲子長至日，先生著述，此爲最先。初名籌算，後增改，更今名。（據段譜）其書首策式，次乘，次除，次命分，次開方。孔繼涵刻古算經，以附九章算術之末。段玉裁曰：「凡學九章者，必發軔於此。」

自序云：「漢書律曆志：『算法用竹徑一分，長六寸，二百七十一枚而成六觚，爲一握。』古算之大略可考如是，其一枚謂之一算，亦謂之籌。梅福傳：福上書曰：『臣聞齊桓之時，有以九九見者。』所謂『九九』，蓋始一至九，因而九之，終於八十一。周髀算經商高曰『數之法出於圓，圓出於方，方出於矩，矩出於九九八十一』是也。以九九書於策，則盡乘除之用，是爲策算。策取可書，不曰籌而曰策，以別於古籌算，不使名稱相亂也。策列九位，位有上下，凡策，或木或竹，皆兩面，一與九、二與八、三與七、四與六共策。五之一面空之，爲空策。合五策而九九備。如是者十，各得十策。別用策一，列始一至九各自乘，得方冪之數，爲開平方。策算法雖多，乘除盡之矣。開方亦除也，平方用廣，立方用罕，故策算專爲乘除開平方舉其例，略取經史中資於算者，次成一卷，俾治九章算術者首從事焉。乾隆甲子長至日東原氏戴震叙。」

六書論三卷（乾隆十年先生二十三歲著，已佚，有自序。）

段譜云：「今其稿未見，故不著録。」然則此書自茂堂時已佚矣，集中存一叙，可見其崖略。六書之最難解而滋聚訟者莫如轉注，先生釋轉注爲互訓，實千古創見。大約本書所注重者專在此點，其說詳答江慎修先生論小學書（見文集）。

自序云：「自昔儒者其結髮從事，必先小學。小學者，六書之文是也。周官保氏掌之以教國子，司徒掌之以教萬民，而大行人所稱諭書名聽聲音，又屬瞽、史分職專司，故其時儒者治經有法，不歧以異端。後世道闕，小學不修，古文絶於嬴氏，佐隸起於獄吏。漢興蓋百年，始徵小學之士，令說文字未央廷中。光武時，馬援上疏論文字之訛謬，及賈侍中修理舊文，而許叔重從受古學，撰説文解字，則在安和已後。今考經史所載，漢時之言六書也，説歧而三：一見周禮注引鄭司農解；一見班孟堅藝文志；其一則叔重説文解字序，頗能詳言之。班、鄭二家，雖可以廣異聞，而綱領之正，宜從許氏。厥後世遠學乖，罕睹古人制作本始，謂諧聲最爲淺末者。後唐徐鍇之疏也，以指事爲加物於象形之文者；宋張有之謬也，謂形不可象則指其事，事不可指則會其意，意不可會則諧其聲者。諸家之紛紊也，謂轉聲爲轉注者，起於最後，於古無稽，特蕭楚諸人之臆見也。蓋轉注之爲互訓，失其傳且二千年矣。六書也者，文字之綱領，而治經之津涉也。載籍極博，統之不外文字，文字雖廣，統之不越六書，綱領既違，訛謬日滋，故考自漢以來迄於近代，各存其説，駁別得失，爲六書論三卷。凡所不載，智者依類推之，以拾遺補藝，將有取乎此也。時乾隆乙丑孟冬戴震撰。」

考工記圖二卷（乾隆十一年先生二十四歲著。乾隆二十年先生三十三歲爲補注，二十年河間紀氏刻本，遺書本有自作後序，有紀昀序。）

此書成於乾隆十一年丙寅，後序所謂柔兆攝提格也。越八年，紀文達昀謀刻之，先生乃傅以注，故段譜題曰考工記圖注。紀序云：「戴君東原始爲考工記作圖也，圖後附以己説而無注，乾隆乙亥夏，余初識戴君，奇其書，欲付之梓。遲之半載，戴君乃爲余删取先後鄭注而自定其説以爲補注。又越半載，書成，仍名曰考工記圖，從其始也。」然則此書初本有圖有説而無注，今本乃徇紀文達之請續增者也。

後序云：「考工諸器，高庳廣狹有度，今爲圖斂於數寸紙幅中，或舒或促，必如其高庳廣狹，然後古人制作昭然可見。不則如磬氏之磬，何以定其倨句；㮚氏之量，何以測其方圜徑冪；韗人之皋陶，何以辯其晉鼓鼖鼓。又如鳧氏之鐘，後鄭云：『鼓六，鉦六，舞四，其長十六。』又云：『今時鐘或無鉦間。』既爲圖觀之，直知其説誤也。句股法，自銑至鉦，八而去二，則自鉦至舞，亦八而去二，銑爲鐘口，舞爲鐘頂。記曰：銑曰鉦者，徑也。曰銑間曰鉦間曰鼓間者，崇也。曰修曰廣者，羨也。羨之度舉舞，則鉦與銑可知，而鉦間因銑鉦舞之徑以得其崇。然則記所不言者，皆可互見，若據鄭説，有難爲圖者矣。其他戈戟之制，後人失其形似，式崇式深，後人疏於考論。鄭氏注固不爽也。車輿宫室，今古殊異，鐘縣劍削之屬，古器猶有存者，執吾圖以考之羣經暨古人遺器，其有合焉爾。」

轉語二十章（乾隆十五年先生二十五歲著，已佚，有自序。）

（原引自序及段譜二十五歲下的文字，今删。）

啓超案：此書孔序云未見，段譜云未成，繹序文蓋已成而佚耳。清初學者，頗注意從發音上是正文字，吴修齡、劉獻廷皆有所撰述，惜其書並佚。皖人方以智作通雅，黄生作字詁，皆注意及此。先生之轉語二十章，或頗受方、黄影響，其書若存，亦今日議造新字母者之資也。

爾雅文字考十卷（乾隆十四年先生二十七歲著，未刊，有自序。）

（原引自序文字，今删。）

屈原賦注七卷通釋二卷音義三卷（乾隆十七年先生三十歲著，二十五年歙縣汪氏刻本，廣州廣雅書局重刻本，有自序，有盧文弨序，有汪梧鳳跋。）

（原引自序文字，今删。）

啓超案：段譜引汪跋有「自乾隆壬申秋得戴氏注讀之」語，知書成於壬申前。壬申先生年三十耳。又云：「戴氏遺書皆孔户部刊板，雖已刻者皆重刊，獨此書但有歙汪氏刊板而已。」汪刻今極難得，光緒末複刻於吾鄉廣雅書局，可喜也。盧抱經序云：「戴君以餘力爲屈原賦二十五篇作注，微言奥旨，具見疏抉，其本顯者不復贅焉，指博而辭約，義創而理確。其釋三后純粹，謂指楚之先君，夏康娱以自縱，謂康娱連文篇中凡三見，不應以爲夏太康……九歌東皇等篇，皆就當時祀典賦之，非祠神所歌。九章無次第，不盡作於頃襄王時。懷沙一篇，則以史記之文相參定……」（抱經堂文集六）孔巽軒戴氏遺書總序云：「研音之下，雅愛三閭，以爲娀臺訪女，近窈窕之遺聲，湘水搴芳，續榛苓之逸響，叔師注而未詳。辯招附而不可，核之漢志名從主人爲屈原賦注四卷。」（巽軒所著書五十九），據此知先生此注，創解甚多，且於篇次亦重加釐定也。

詩補傳無卷數（乾隆十八年先生三十二歲著，未成。有自序，遺書中杲谿詩經補注似即此書。）

（原引自序文字，今删。自序見文集。）

啓超案：孔序云：「别爲詩補傳未成，成周南、召南二卷。」是以遺書中之杲谿詩經補注即詩補傳也。段譜亦云：「補傳改稱補注」此書蓋先生累年草創而迄未成者也。其論無邪之旨是否切當且勿論，至其專就全詩考其字義名物於各章之下，而不以作詩之意衍其説，則洵治詩良法也。

句股割圜記三卷（乾隆二十年先生三十三歲著，二十三年歙縣吴氏刻本，微波榭算經十書本，有吴思孝序。）

卷末自識云：「總三篇，爲圖五十有五，爲術四十有九，記二千四百一十七字。因周髀首草之言，衍而極之，以備步算之大全，補六藝之逸簡，治經之士，於博見洽聞，或有涉乎此也。」

吴序云：「戴君以所爲句股割圜記示余：讀其文殆非秦、漢已後書。其於古今步算之大全，約以二千言而盡，可謂奇矣……記中立法稱名，一用古義，蓋若劉原甫之禮補亡，欲踵古人傳記之後，不得不爾也。余獨慮習今者未能驟通古，乃附注今之平三角弧三角法於下。」

啓超案：書中有題「吴曰」，即吴思孝（字行先）以今術附注也。惟據段譜云：「注亦先生所自爲，假名吴君，如左太冲三都賦注假名張載、劉逵也。」張皋文謂「此書務爲簡奥，變易舊名，恒不易了」。似頗中其病。

金山志無卷數（乾隆二十二年先生三十五歲著，已佚。）

段譜謂先生客揚州盧轉運見曾所曾作此書，繫諸本年。

原善三卷（乾隆十八九年至二十八九年先生三十一二歲至四十一二歲著，段輯文集本、遺書本，有自序。）

自序云：「余始爲原善之書三章，懼學者蔽以異趣也，復援據經言疏通證明之。而以三章者分爲建首，次成上中下三卷，比類合義，燦然端委畢著矣。天人之道經之大訓萃焉。以今之去古，聖哲既遠，治經之士，莫能綜貫，習所見聞，積非成是。余言恐未足振兹墜緒也，藏之家塾，以待能者發之。」

啓超案：此書失著作年月，據段譜推定爲先生三十至四十約十年内所作也。文集（經韻樓本）與遺書兩收之，而其文不同。文集本即序所謂始爲三章也，別有讀易繫辭論性、讀孟子論性兩篇，不入正文。遺書本則修改之本，序所謂成上中下三卷者也。每卷各冠以文集本之三章，而雜引羣經之文爲左證。上卷十一章，中卷五章，下卷十六章。其每卷之首章，雖即文集本而語加詳。其以下各章所引經證，亦不限於繫辭、孟子，合兩本讀之，可以見先生著述之謹慎與進德之綿密也。

原象一卷、迎日推策記一卷（先生四十歲以前著，遺書本。）

段譜云：此二書遺書合爲一册。原象凡八篇，一篇二篇三篇四篇即先生之釋天也。初名釋天，以堯典璇璣玉衡、中星、周禮土圭、洪範五紀四者命題，而天行之大致畢舉。璇璣玉衡，漢後失傳，先生乃詳其儀制於四篇之末。五篇、六篇、七篇，即句股割圜記之上中下三篇也。其八篇則爲矩以準望之詳也，迎日推策記亦舊時所爲。玉裁與釋天皆於癸未抄寫，則成書皆在壬午前可知。（案壬午爲乾隆二十七年）至晚年合九篇爲原象，以爲七經小記之一，天體算法全具於此。

聲韻考四卷（乾隆三十一年先生四十四歲著。段氏蜀中刻本，李氏廣州刻本，孔氏曲阜刻本，遺書本。）

卷一上半，論反切之始，韻書之始，四聲之始。卷一下半，及卷二，論隋陸法言切韻，宋祥符廣韻，宋景德韻略，宋景祐禮部韻略，宋寶元集韻。卷三論古音。卷四則附以雜論音韻之文六篇。段譜云：「李、孔二刻與段刻詳略不同。」今遺書本殆即孔刻重印也。

緒言三卷（乾隆三十一年先生四十四歲著。南海伍氏粵雅堂叢書本。）

啓超案：此書不見於遺書。錢竹汀（大昕）、王述菴（昶）、洪蕊登（榜）、孔巽軒（廣森）所述先生著書皆不著録，獨粵雅堂採刊之。伍崇曜跋云：「曲阜孔氏所刊戴氏遺書及阮文達、江鄭堂、紀先生著撰，均未及是書。此册與原善單行，不知何人所刻。」今據段茂堂經韻樓集，知此書即孟子字義疏證之初稿也。段集有答程易田丈書内述程書云：「孟子字義疏證，孔滐谷所刻者尚非定本，其定本改名緒言，抄本現在。」又第二書云：「緒言丙申影抄時，戴本首頁有『壬辰菊月寫本』六字，自壬辰至丙申未嘗改竄。」段氏復書，反覆證明疏證之爲定本，文多不具引。（看經韻樓集卷七，五二至五五頁。）今以兩書對勘，相同者十而六七，而疏證組織更爲精密，則此書爲彼書稿本無疑。然彼書所芟汰之部分，其粹語仍不少，粵雅刻此以存其朔，不可謂非戴學之功臣也。（後有好事者重刻疏證，而以所删之緒言附各條之末，亦一佳事也。）諸家著録者皆以此書爲疏證前身，故不複列。但内容既有出入，前功不容湮没，仍以兩存之爲是。又案：段譜以疏證爲先生四十四歲時所著，因其年先生嘗語茂堂謂「近日做得講理學一書」也，既疏證爲改定後命名，則此年所著者正是緒言耳。

直隸河渠書一百十一卷（乾隆三十三年先生四十八歲著，無刻本。）

（此處原引段譜乾隆三十三年條下部文字，今删。）

啓超案：此書爲先生一大著述，被駔儈冒竊塗改，深可痛惜。段茂堂有與方葆巖兩書，（啓超案：葆巖名維甸，觀承子也。）其一叙本書編纂及被竊始末，請爲申理，其二則商量付刻，不知究竟刻否。

其原本初在曲阜孔氏，次歸先生之子中立，次歸方氏（方氏所得不知爲原本抑録副），若未刻則恐已不復在人間矣。

啓超又案：方恪敏修此書，先聘趙東潛（一清），後聘先生，故此書爲趙著爲戴著，復滋疑議。段茂堂有辯一篇，考定爲趙氏原本，戴爲删定，持論最允。今全録之以備掌故。

（此處所引段氏趙戴直隸河渠書辯全文，今略。）

汾洲府志三十四卷（乾隆三十四年先生四十七歲纂。汾州刻本。）

（原引段譜乾隆三十四年條下文字，今删。）

啓超案：章實齋有與先生論修志書，而先生集中未有論此者。汾志例言，亟宜録出單行也。

汾陽縣志□□卷（乾隆三十六年先生四十九歲纂。汾州刻本。）

（原引段譜乾隆三十六年條下文字，今删。）

校水經注四十卷（乾隆三十八年先生五十一歲校成，自刻本，武英殿聚珍版本、遺書本。有提要，有自序，有孔繼涵後序。）

（原引自序、孔繼涵序、段譜乾隆三十九年條下文字，今删。）

啓超謹案：校定水經注，實先生畢生大業之一。經始於乾隆三十年乙酉，越九年，至三十八年癸巳乃告成。乙酉八月初校定一卷，自記云：夏六月閲胡朏明禹貢錐指引水經注，疑之，展轉推求，始知朏明所由致謬之故，實由唐以來經注互訛……今得其立文定例，就酈氏所注考定經文，别爲一卷，兼取注中前後倒紊不可讀者而爲之訂正，以附於後。是役也，爲治酈氏書者棼如亂絲而還其注之脈絡，俾得條貫，非治水經而爲之也（文集六書水經注後）。段茂堂云：「按此水經一卷今未著録，然別注於經，令經、注不相亂，此卷最爲明晰。後召入四庫館纂修此書，綱領不外乎是，特以討論字句加詳耳（年譜十五頁）。」據此可見先生著此書之動機及其先後孳精進益之跡，此書大段成於壬辰以前，癸巳入四庫館，不過據永樂大典本稍補葺耳。聚珍本全列校語，最能表出先生孳索之勤，遺書實宜刊此本。聚珍版爲官書，反可以用遺書寫定本也。

啓超又案：孔巽軒總序題此書爲四十卷，即聚珍版卷數，循宋以來之舊也。遺書本以水爲篇，不復釐分卷數，其理由詳自序中。

啓超又案：與先生同時先後校水經注者，有趙東潛（一清）及全謝山（祖望）。趙、戴所校，大體相同，趙年輩稍先於戴，而其書由梁燿北（玉繩）、處素（履繩）兄弟刊行，傳布在聚珍版戴本後。於是此事成爲疑案，爲趙、戴暗合耶？爲趙勦戴耶？爲戴勦趙耶？聚訟至今不決。段茂堂謂：「趙書經梁處素校刊，有不合者擥戴本以正之。」（段譜頁二十六）段又有書與梁燿北詰問此事，凡千餘言，略云：「趙書成於乾隆甲戌，戴書成於乙酉，相距十二年，趙先於戴；戴書出於甲午，趙書出於丙午，相距十三年，戴先於趙。其果閉户造車出門合轍耶？何以東原氏條舉義例，誠夫不著一字也？兩先生之齒，趙長於戴，其將謂戴取諸趙歟？則東原之德行，非盗竊人物以欺天下者也……且兩先生者，面未嘗相識也，足未嘗相過也，音問未嘗相通也，誠夫之書，秘藏高庋，至其孫刊行，未嘗稍傳於外也，此兩家子弟共知，不可誣者也，將謂趙取諸戴歟？則誠夫之學，亦必非盗竊人物以欺天下者也。未詳其卒年，即乙酉以後。獲聞東原氏之説補綴己書，亦必明言所出，斷不深没其文默默而已也。此僕所不能無疑也。丙午丁未間，盧召弓先生爲予言，梁氏燿北處素昆仲校刊趙氏水經注，參取東原氏書爲之。僕今追憶此言，意足下昆仲校刊時一切仍舊，獨經注互訛之處，不從戴則多不可通，故勇於從戴，以補正趙書以成酈書善本，與戴並行，所以護酈，而非所以阿趙，足下昆仲之意則善矣。但亦不宜深没其文默默而已也。」（經韻樓集卷七）據此，似趙、戴原無互勦之事，所以生此疑案者，全由梁氏兄弟。燿北清白士集中亦未有復茂堂書辯此事（處素前卒），似是默認。惟魏默深（源）則爲趙鳴不平，其書趙校水經注後云：「考趙氏書未刊以前先收入四庫全書，今四庫書分貯在揚州文匯閣、金山文宗閣者，與刊本無二，是戴氏在四庫館先睹預竊之明證。其後聚珍官版刻行，又在其後。若謂趙氏後人刊本採取於戴，則當與四庫著録之本判然不符而後可，豈四庫書亦爲趙氏後人所追改乎？」（此文不見古微堂集，據周壽昌思益堂日札卷四引。）張石洲（穆）似亦有是説。（據徐時棟煙嶼樓文集云，然張氏㐆齋集中無此文。）果爾，則召弓、茂堂之對於燿北兄弟所懷疑，純屬錯誤。而東原竟不免盜竊之罪矣。然據孔葓谷爲戴書作序，稱「東原治水經注，始於乾隆乙酉夏，越八年壬辰，刊於浙東，未及四之一，奉召入都」，則先生未入四庫館以前之八年，已經從事此書，且有刊本。茂堂亦言：「先生更正經、注，定於乾隆乙酉，入都即以示紀文達、錢曉徵、姚姬傳及玉裁，不過四五人。錢、姚皆録於讀本，玉裁亦以明人黄省曾刊本依倣以硃分勒，自此傳於四方。」（段譜頁二十五）然則東原必非入四庫館後睹趙著而剽竊，固無待言，東原固必非穿窬，薕谷、茂堂又豈妄語者哉！竊意趙、戴之於此書，皆用過十年苦功，造詣各臻其極，其治學方法又大略相同，閉門造車，出門合轍，並非不可能之事。茂堂尊師太過，以爲似此絶詣非東原莫能，及睹趙書，愕眙之餘，乃誤疑燿北。又因茂堂揚戴抑趙，引起反動，終有石洲、默深之反脣，實則兩皆失之也。兹案關係東原人格，吾故不憚詞費，臚舉兩造之説而平亭之如右。

啓超又案：魏默深又云：「戴氏臆改經、注字句，輒稱永樂大典本，而大典現貯翰林院，源曾從友人親往翻較，即係明朱謀㙔等所見之本，不過多一酈序，其餘删改字句，皆係戴之僞託。」啓超未見大典，不敢置一詞，且於水經注素未研究，更不敢斷言戴氏「臆改」者之是否悉當，但以爲如其當也，則雖不出大典何害，戴氏之學，本空諸依傍而以求是爲主也。

校周髀算經二卷（乾隆三十八年至四十二年先生五十一歲至五十五歲校成。算經十書本。）

啓超案：先生在四庫館五年所纂輯校定之書□種，除九章算術、五經算術（俱三十九年）、海島算經、儀禮識誤（俱四十年），四種聚珍版記有年月外，其餘則段氏據浙江文瀾閣四庫本不能得其校上年月，今類列於此。

段譜云：此經爲算經十書之首，而三千年來學者昧其旨趣。先生謂此古蓋天之法，自漢以迄元、明皆主渾天，明時歐羅巴人入中國，始稱别立新法。然其言地圜，即所謂地法覆槃滂沱四隤而下也，其言南北里差，即所謂北極左右夏有不釋之冰，中衡左右冬有不死之草，是爲寒暑推移隨南北不同之故也。其言東西里差，即所謂東方日中，西方夜半，西方日中，東方夜半，晝夜易處，如四時相反，是爲節氣合朔加時早晚隨東西不同之故也。新法曆書述第谷以前，西法三百六十五日四分日之一，每四歲之小餘成一日，即所謂三百六十五日者三，三百六十六者一也。西法出於周髀，所謂天子失官，學在四夷者歟！而刻本脱誤，多不可通，古本五圖，而失傳者三，訛舛者一，凡皆正之補之，學者可以從事，如道河積石，源流正矣。有提要一首。

纂校九章算術九卷（乾隆三十八年至四十二年先生五十一歲至五十五歲校成，算經十書本。）

段譜云：九章算術，晉劉徽撰，先生以世人罕有其書，近時以算名者，如王寅旭、謝野臣、梅定九諸子，咸未之見。丁亥歲因曹君竹虚入翰林院，觀永樂大典，知有是書，病其離散錯出，思綴集之而不能。癸巳奉召，乃盡心排纂成編，併考訂訛異，附案語。其注中所指朱實青實黄實之類，皆按圖而言，圖既不存，則注猝不易曉，因推尋注意，爲之補圖，以成完帙。純皇帝御製詩冠於端首，命聚珍版刊行，而古九數之學大顯矣。已而屈君魯傳刻於常熟，孔户部復刻於曲阜云。

纂校五經算術二卷（乾隆三十八年至四十二年，先生五十一歲至五十五歲校成，算經十書本。）

段譜云：五經算術二卷，舉尚書、孝經、詩、易、論語、三禮、春秋之待算乃明者列之，而推算之術，悉加甄鸞按三字於上，故知是書甄鸞所撰也。唐有李淳風注，唐明算科五經算即是書，於永樂大典中得之，先生校成恭上，有提要一篇。

纂校海島算經一卷（乾隆三十八年至四十二年，先生五十一歲至五十五歲校成，算經十書本。）

段譜云：海島算經亦晉劉徽撰，唐李淳風注。徽本以周禮九數中重差命名，不名海島，後人因卷首「以海島立表設問」，遂改名之。唐選舉志稱算學生九章、海島，共限習三年，試九章三條，海島一條，其書惟散見永樂大典中，先生與九章同爲表章，有提要一首。

纂校孫子算經三卷（乾隆三十八年至四十二年，先生五十一歲至五十五歲校成，算經十書本。）

段譜云：唐之選舉算學孫子、五曹，共限一歲習肄，舊本久佚，從永樂大典裒集編次爲二卷。朱錫鬯文集跋云：出於孫武。先生辯其非是，有提要一首。

纂校張丘建算經三卷（乾隆三十八年至四十二年，先生五十一歲至五十五歲校成，算經十書本。）

段譜云：是書亦唐人明算科十經之一也，限一年業成。此書久佚，有毛晉汲古閣影鈔宋槧，猶北宋時本。先生詳加校勘，補舊有圖今缺者四，補脱字若干。有提要一首。

纂校夏侯陽算經三卷（乾隆三十八年至四十二年，先生五十一歲至五十五歲校成，算經十書本。）

段譜云：唐選舉志所列算書十種，此亦居其一。傳本久佚，永樂大典内有之，逐條割裂，分附九章算術各類之下。幾不得其端緒，幸有原序原目可考。先生尋繹編次，條貫其文，今裒輯排比，又得元豐京監本釐爲三卷，有提要一首。

纂校五曹算經五卷（乾隆三十八年至四十二年，先生五十一歲至五十五歲校成，算經十書本。）

段譜云：五曹算經作者不知爲誰，唐時明算詳孫子、五曹共限一歲業成。元、明以來無刻本，散見永樂大典内，經文尚逐條完善，先生參伍考校，俾還舊觀，遂爲絶無僅有之善本。

校大戴禮記□卷（乾隆三十八年至四十二年，先生五十一歲至五十五歲校成，刻本有無未詳。）

段譜云：是經盧運司見曾刊於揚州，學士盧文弨洎先生庚辰冬辛巳夏二次校定，稱善本矣。但辛巳所校，未及剜改，先生在四庫館永樂大典内散見者僅十篇，以與各本及古籍中摭引大戴記之文參互考核，附案語於下方，是經乃可與三禮並讀。有提要一首，四十二年六月恭校上。

校儀禮集釋□卷（乾隆三十八年至四十二年，先生五十一歲至五十五歲校成，武英殿聚珍本。）

段譜云：儀禮集釋，宋李如圭撰。全録鄭康成注而旁徵博引，以爲之釋。先生據以補注疏本脱字二十四，改訛字十四，删衍字百六。其鄉射、大射二篇已闕，參取惠（棟）、沈（大成）二家本所校宋本，證以唐石經，以成儀禮完帙，可誦習，有提要一首。

纂校儀禮釋宫□卷（乾隆三十八年至四十二年，先生五十一歲至五十五歲校成，武英殿聚珍本。）

段譜云：儀禮釋宫，宋李如圭撰，從永樂大典中録序，有提要一首。

纂校儀禮識誤□卷（乾隆三十八年至四十二年，先生五十一歲至五十五校成，武英殿聚珍本。）

段譜云：儀禮識誤，宋張淳撰。朱子云：「號爲精密，較他本最勝。」於永樂大典内綴録成編，先生加案語正其得失，俾瑜瑕不相揜，有提要一首。

方言疏證十三卷（乾隆三十八年至四十二年，先生五十一歲至五十五歲校成，武英殿聚珍本，遺書本。）

（原引自序文字，今删。）

啓超謹案：四庫方言校本，題乾隆四十四年五月恭校上，時先生没已兩年矣。然提要云：「逐條搜引諸書，一一疏通證明，具列案語。」蓋全部采用疏證，其提要亦先生手撰也。據段譜先生三十三歲時曾將方言分寫於説文每字之上，知先生治此書，蓋二十餘年矣。

儀禮考正一卷（先生在四庫館時著，未刻。）

孔巽軒戴氏遺書總序云：「君入書局，分淹禮，乃取忠甫識誤、德明譯文，殫求亥豕之差，期復鴻都之舊，互相參檢，頗有整齊。削康成長衍之條，退喪服厠經之傳，爲儀禮正誤一卷。」

段譜云：「今其書藏曲阜孔氏，玉裁未得見。」

孟子字義疏證三卷（乾隆四十二年先生五十五歲寫定，遺書本，有自序。）

（原引自序文字，今删。）

段茂堂云：「先生原善三篇、論性二篇既成，又以宋儒言性、言理、言道、言才、言誠、言明、言權、言仁義禮智、言智仁勇，皆非六經孔、孟之言而以異學之言糅之，故就孟子字義開示，使人知『人欲净盡天理流行』之語病，所謂理者，必求諸人情之無憾而後即安，不得謂性爲理。」（年譜）

又云：「先生是年（乾隆四十二年丁酉）與玉裁書云：僕生平著述之大，以孟子字義疏證爲第一，此正人心之要，今人無論正邪，盡以意見名之曰理而禍斯民，故疏證不得不作。」（經韻樓集七答程易田丈書。）

啓超謹案：是書目次，理十五條（卷上），天道四條，性九條（卷中），才三條，道四條，仁義禮智二條，誠二條，權五條（卷下），雖就孟子引其端，實則貫通羣經，自成一家言，誠哉著述之大此爲第一也。據段氏所考證，其書蓋創始於乙酉丙戌，成於乙丑，名爲緒言，改定於丙申冬後丁酉春前，更名孟子字義疏證（答程易田丈書）。蓋前後凡經十二三年，至臨歿前數月始泐爲定本也。

聲類表九卷（乾隆四十二年先生五十五歲著。遺書本。）

段譜云：「丁酉五月上旬作聲類表凡九卷，所云九卷者，即與予書所謂九類每類爲一卷也。先是癸巳春，先生在浙東金華書院，以古音分爲七類，至丙申與予書，則七類又改爲九類，至臨終十數日之前，因成此書，孔户部刻諸微波榭，而冠以與段若膺論韻六千字者是也。九卷每類於今音古音無不兼綜，户部書云：『凡五日而成。』固由精熟詣極，然先生神思亦恐太瘁矣。形太用則極，神太勞則敝，烏呼，孰知此爲先生著書之絶筆也哉！户部書至蜀，命予作序。彼時予恐淺陋不敢爲，今三十年後乃成之，併洊谷亦久下世矣。」（啓超案，段序見經韻樓集六。）

著述年月失考者：

毛鄭詩考正四卷（遺書本）

此書僅有周南、召南，餘未成。

尚書義考二卷（貴池劉氏聚學軒叢書本。）

啓超謹案：此書未入遺書，段譜亦未言及，惟孔巽軒總序及王述庵昶所作先生墓誌銘有其目。而洪蘂登榜所作行狀别有今文尚書經二卷，殆即此書異名也。卷首有義例十四條，三千餘言。先生所著書，未見有申明義例鄭重如是者，殆其精心結構之作，惜僅得堯典一篇而止。使天假之年，此書獲成，必能掩江聲、段玉裁、王鳴盛三家之書而上之也。

春秋即位改元考一卷（文集本。）

段譜云：癸未以前、癸酉甲戌以後十年内作，先生自言倘能如此文字做得數十篇，春秋全經之大義舉矣。

學禮篇（未成，文集本。）

段譜云：「學禮篇先生七經小記之一也，其書未成，蓋將取六經禮制，糾紛不治，言人人殊者，每事爲一章發明之。今文集中開卷記冕服、記爵弁服、記朝服、記玄端、記深衣、記中衣褖衣襦褶之屬，記冕弁冠、記冠衰、記括髮免髽、記經帶、記繅藉、記捍決極，凡十三篇，是其體例也。嘗言此等須注乃明。」

大學補注一卷中庸補注一卷（未成，未刻。）

段譜云：「二書向未得見，今乃得哲嗣中孚郵寄讀之。蓋亦癸未以前所爲，未暇竟成之耳。其言理皆與原善、孟子字義疏證無纖微不合者。皆存鄭注而補之。大學之説親民，説格物，中庸之説致中和，説上下察，尤可補先儒所不到，始户部與玉裁書欲刊大學補注，然未果而卒。」

經考五卷（南陵徐氏鄦齋叢書本。）

啓超謹案：此書不見諸家著録，惟洪狀有經論四卷，似即指此。然書名及卷數均有異同。徐氏所刻，卷端題云：「段福山王氏天壤閣傳鈔本。」蓋王文敏懿榮所曾藏也。卷末一短跋云：「是書從河間紀先生所借録，經餘姚邵二雲手校一過，無甚訛錯矣。乾隆己丑九月十八日益都李文藻記於京城虎坊橋柏永順胡同巷寓。」李文藻嘗刻聲韻表，見段譜，蓋服膺戴學之一人。己丑爲乾隆三十四年，先生四十七歲耳。此書所記，諸經皆徧，每條皆録前人之説，末加按語，亦有並無按語者，蓋隨時劄記以作資料，實長編之體也。其中有已採入集中者，如卷二「堯典中星」、「璇璣玉衡」兩條，一部分已採入原象，卷五「稱元」、「周正朔」、「書王」等條；一部分已採入春秋即位改元考，卷五爾雅條；一部分已採入答江慎修先生論小學書。其餘尚多。先生著作最矜慎，凡自認爲「未至十分之見」者，棄之不稍顧惜，段、孔諸賢不著録此書，豈先生志歟？然後學得此，可以察先生用力之次第，則徐氏傳刻之功，蓋不在伍氏刻緒言下矣。此書殆作於早年，卷四「大戴禮記八十五篇」條下，有按語題「乾隆丁丑夏東原氏記」。丁丑爲乾隆二十二年，先生三十五歲，大抵全書皆丁丑前後作也。

曆問一卷、古曆考二卷（曆問未刻，古曆考遺書本名續天文略。）

（原引段譜文字，今删。）

水地記三十卷（未成。遺書本一卷。）

（原引段譜文字，今删。）

啓超案：先生書之未成者，最可惜莫如此書。段譜所記，極能説明其治地學之方法，後有好學者，可踵事而成也。

唐宋文知言集二卷（未刻）

段譜云：集上五十九篇，集下七十二篇，旋又有删去，及上移下者，皆於宜興儲在陸唐宋十家文内摘取者也。玉裁請問分上下之詣，曰集上理與辭俱無憾，集下則不惟其理惟其辭也。昔抄目録，今尚謹藏，觀其别裁，可以見先生古文之學之一斑矣。

氣穴記一卷

藏府象經論四卷

葬法贅言四卷

右三書皆見洪狀，想已佚。

文集十卷（遺書本）**戴東原集十二卷**（段氏經韻樓本。）

啓超謹案：孔滸谷刻遺書，以文集十卷列諸二十三。凡文已附見諸專書者則不復録，蓋合諸書爲全集也。段茂堂重纂戴東原集，將論音韻、論六書、論轉注、論義理之學諸大篇仍補入，復有書札爲滸谷所未及見者，泐爲十二卷。其文略以類從，卷一爲通釋羣經之文，卷二爲考證三禮名物數度之文，卷三爲論小學訓詁之文，卷四爲論音韻之文，卷五爲論天象之文，卷六爲論水地之文，卷七爲論算學之文，卷八爲論義理之文，卷九爲泛論學術書札，卷十爲諸書序跋，卷十一爲酬贈雜文，卷十二爲傳狀碑誌等。段氏自序云：「略以意類分次其先後，不分體如他文集者，意欲求其學者之易爲力也。」

（輯自飲冰室文集卷四十）

戴先生所著書考

胡樸安

尚書義考二卷

聚學軒叢書本。孔廣森戴先生墓表、清史列傳皆作一卷，王昶戴先生墓誌銘作二卷，洪榜戴先生行狀作「今文尚書經二卷」。按此書原定虞夏書四篇，商書五篇，周書十九篇，僅成堯典一篇。故孔墓表、清史列傳皆一卷也。遺書未梓入，劉世珩得稿本於曲阜孔氏，前有義例十三條，分爲二卷，刊入聚學軒叢書中。

毛鄭詩考正五卷

戴氏遺書毛鄭詩考正四卷，首卷鄭氏詩譜，共五卷。錢大昕戴先生傳、王昶戴先生墓誌銘、漢學師承記、清史列傳皆作四卷，當是未合鄭氏詩譜計也。

杲溪詩經補注二卷

戴氏遺書本。王昶戴先生墓誌銘作詩經補注一卷，洪榜戴先生行狀作毛詩補注一卷，清史列傳作詩經二南補注二卷。按此爲未成之書，止於騶虞，其題詩經補注或毛詩補注者，據全書之名而言之也。其題詩經二南補注者，據已成之書而言之也。稿本或爲一卷，故王墓誌銘、洪行狀皆云一卷。刻遺書時區分爲二卷，故清史列傳云二卷也。

考工圖記三卷

河間紀氏本戴氏遺書本三卷，花雨樓叢書題考工圖記注二卷，錢大昕戴先生傳、王昶戴先生墓誌銘、洪榜戴先生行狀、漢學師承記、清史列傳皆作二卷。

中庸補注不分卷

國粹學報本。王昶戴先生墓誌銘、洪榜戴先生行狀皆作一卷，段玉裁戴氏年譜云中庸補注一卷，未成，至「柔遠人也，懷諸侯也」而止，是未成之書也。國粹學報據稿本刊。

孟子字義疏證三卷

戴氏遺書本。錢大昕戴先生傳、王昶戴先生墓誌銘、洪榜戴先生行狀皆作三卷，惟錢傳作孟子字義説。

緒言三卷

奥雅堂叢書本。伍跋云：「孔氏所刊戴氏遺書及阮文達、江鄭堂、紀先生著録均未及是書，此册與原善單行，不知何人所刻，特拈出重梓焉。按是書即孟子字義疏證。段玉裁戴氏年譜云孟子字義疏證原稿名緒言，有壬辰菊月寫本，程氏易田於丙申景鈔。」伍氏不讀年譜，並不讀孟子字義疏證，而云孔氏未刊，可謂粗心。惟細校，與孟子字義疏證亦有不同處，此是初稿也。清史列傳有孟子字義疏證，又有緒言，此受粤雅堂之誤也。胡適戴氏三種，孟子字義疏證與緒言並刊，當亦是失於考校。兹全集内緒言不收入，而記其目於此。

經考五卷

鄦齋叢書本。南陵徐氏假福山王氏天壤閣傳鈔本，付刊後，又據李南澗原本重加校正。此書原委，據李文藻跋，是從河間紀先生借録而經餘姚邵二雲手校者，洪榜戴先生行狀有經説四卷，不知即是此書否。

經考附録稿本七卷

歙縣許氏藏汪氏不疏園初寫本共七卷。按其體例與經考同，皆博引衆説，間加按語；精審嚴密亦同。以二書互校，則附録者，乃補經考所未備而爲之疏通證明。

方言疏證十三卷

武英殿聚珍本。戴氏遺書、錢大昕戴先生傳作方言疏證，王昶戴先生墓誌銘作方言考證十三卷，皆同。

續方言手稿不分卷

中央研究院景印手寫本。是書未見著録，民國十七年，劉半農得於北平廠肆，是亦未成之書也。

聲類表九卷

戴氏遺書本。錢大昕戴先生傳亦作九卷，王昶戴先生墓誌銘作十卷，洪榜戴先生行狀作四卷。

聲韻考四卷

戴氏遺書本。錢大昕戴先生傳、王昶戴先生墓誌銘、洪榜戴先生行狀皆作四卷。

原善三卷

戴氏遺書本。錢大昕戴先生傳、王昶戴先生墓誌銘、漢學師承記、清史列傳皆作三卷，洪榜戴先生行狀作一卷。按段玉裁戴氏年譜云原善卷上卷中卷下，孔户部所刊戴氏遺書合爲一册。先生始作原善時分爲上中下三篇，見于户部所刊東原文集中者也。其云一卷者，或未刊時爲一册，故云一卷。其云三卷者，文集中之三篇是先生初稿，其後更援注言疏通證明之，内容加富，以一篇爲一卷，區分爲三卷也。

原象一卷

戴氏遺書本。錢大昕戴先生傳、王昶戴先生墓誌銘、洪榜戴先生行狀皆作一卷。按原象八篇，合迎日推策記其九篇。其第一篇至第四篇，即文集中之原象。一璿璣玉衡、二中星、三土圭、四五紀，惟五紀一篇文集僅有一半，其第五第六第七篇即文集中之句股割圜記三篇，其第八篇當亦是句股割圜記文字，而爲句股割圜記中所未有。第九篇迎日推策記即文集中之迎日推策記，而頗異同。又文集中有九道八行説、周髀北極璿璣四游解一、周髀北極璿璣四游解二、記夏小正星象四篇，當亦可收入原象中。又王昶戴先生墓誌銘有迎日推策記一卷，當即是原象中與文集中之迎日推策記，非另一書也。

續天文略二卷

戴氏遺書本。上中二卷，而無下卷，清史列傳作三卷，當是佚一卷也。

句股割圜記三卷

戴氏遺書本。王昶戴先生墓誌銘、洪榜戴先生行狀皆作三卷。錢大昕戴先生傳作一卷。按段刻文集中有句股割圜記三篇，其云一卷者，指三篇而言，其云三卷指三篇，擴充爲三卷而言也。

策算一卷

戴氏遺書本。錢大昕戴先生傳亦作一卷。洪榜戴先生行狀有經史籌算一卷，而無策算，不知是一書否。

水地記一卷

戴氏遺書本。王昶戴先生墓誌銘作七册，洪榜戴先生行狀作三十卷。按此書不止一卷，知佚者必多也。

屈原賦注十二卷

汪刻本。注七卷，通釋二卷，音義三卷，共十二卷也。洪榜戴先生行狀作屈原賦注一卷、通説一卷、音義一卷。清史列傳作屈原賦注七卷、通釋二卷。按段玉裁戴氏年譜云，歙縣汪君梧鳳庚辰仲春跋云，自壬申秋得屈原賦注九卷讀之，是九卷也。按九卷者，合通釋二卷言之，賦注仍七卷。

屈賦注初稿上卷

此稿本亦汪氏不疏園寫本，爲歙縣許氏所藏。此書至天問止，其一卷，與現行之屈原賦注不同。

其於每節釋義釋詞釋韻均極精核。

東原文集十二卷

鎮海張氏本。戴氏遺書本十卷。經韻樓本十二卷，比遺書本多文二十二篇。而遺書本有經韻樓本無者亦有四篇。光緒十年，鎮海張壽榮用經韻樓本增入遺書本四篇，並將校語散附各篇之末，以便讀者。經韻樓本卷七句股割圜記三篇，爲遺書本所無。遺書句股割圜記另刻且有圖説，其原象、原善遺書均行另刻者，而遺書本經韻樓本文集中，悉行編入，另刻者，内容增多，則在文集中者似可删也。王昶戴先生墓誌銘作六卷，洪榜戴先生行狀作四卷，各據當時所見未刊本而言，錢大昕戴先生傳作十卷，據戴氏遺書本而言。清史列傳作十二卷，據經韻樓本而言也。

以上戴先生遺書見存者。

儀禮考正一卷

王昶戴先生墓誌銘一卷，漢學師承記作儀禮正誤，卷數同。

學禮篇一卷

洪榜戴先生行狀學禮篇一篇，段玉裁云此七經小記之一，其書未成。

春秋即位改考一卷

洪榜戴先生行狀春秋即位改元考一卷。

大學補注一卷

王昶戴先生墓誌銘、段玉裁戴氏年譜皆作大學補注一卷。

爾雅文字考十卷

王昶戴先生墓誌銘爾雅文字考十卷，東原文集有爾雅文字考序一篇，段玉裁戴氏年譜云書稿藏曲阜孔户部家，吴方伯蠡濤名俊者，先生壬午同年也，户部既没，方伯之子慈鶴就其家取諸户部長子博士廣根，云將以付梨棗，今稿尚在吴處未刊。按現在不知猶存否。

六書論三卷

東原文集有六書論序一篇，段玉裁戴氏年譜二十三歲下云：「是年孟冬成六書論三卷。」

轉語二十章

東原文集有轉語序一篇，段玉裁戴氏年譜二十五歲下云：「是年春成轉語十二章。」段玉裁云此於聲韻求訓詁之書也。訓詁必出聲音，惜此書未成，孔檢討廣森序戴氏遺書亦云未見，據段氏言是亦未之書也。小學考著録云存，或據戴氏自序而云存，章太炎云佚，或求之未得而云佚也。民國十八年，江陵曾廣源著戴東原轉語補釋，以爲聲類表即轉語表與序合即爲轉語二十章，並未選缺，乃就表之字録成二十章，而補釋之，未知果合於戴先生之原書否也。

曆問一卷

古曆考二卷

段玉裁戴氏年譜云曆問一卷，儀鄭堂總序作二卷、古曆考二卷，洪舍人榜撰先生行狀有此二書，玉裁皆未之見。孔檢討作總序有之，則其稿在户部家可知矣。户部所刊遺書乃有續天文略二卷，而無曆問、古曆考，疑古曆考即天文略也。據段説，曆問仍爲佚書矣。按王昶戴先生墓誌銘亦有曆問一卷，古曆考二卷。

九章補圖一卷

漢學師承記：「九章補圖一卷。」

氣穴論一卷

洪榜戴先生行狀：「氣穴論一卷。」

葬法贅言一卷

洪榜戴先生行狀：「葬法贅言一卷。」

藏府象法論一卷

洪榜戴先生行狀：「藏府象法論一卷。」

制義一卷

洪榜戴先生行狀：「制義一卷。」

直隸河渠書

王昶戴先生墓誌銘作六十四册，漢學師承記、清史列傳皆作六十四卷，段玉裁戴氏年譜云：「乾隆三十三年戊子，四十六歲，是年應直隸總督方恪敏公之聘，修直隸河渠書一百十一卷，未成，會恪敏薨，接任者前任大學士楊公廷璋，不能敬禮，先生辭之。先生殁後，此書清稿一藏曲阜孔户部府中，一存直隸總督吴江周公元理家，嘉慶己巳有吴江王履泰者捐納通判也，其父乃周公之甥婿，履泰因此得先生之書掩爲己有，删削幾半，益以乾隆己丑以後事實，名畿輔安瀾志，繕寫進呈，上謂此有用之書也，命武英殿刊板，恩賞履泰同知，發永定河試用。先生嗣子中孚聞之，至曲阜取原稿一百十一卷，入都欲辨正，而無肯言於上者，中孚抑鬱攜歸。」是書乃有此一段公案，然王履泰雖能欺於一時，究不能盗於身後也。

汾州府志

段玉裁戴氏年譜云：「汾州太守孫君和相聘修府志，成汾州府志三十四卷。其書之詳核，自古地志所未有。玉裁曾節鈔府志例言、圖表、沿革、星野、疆域、山川、古跡，將付諸梓，以爲修志楷式。」

金山志

段玉裁戴氏年譜云：「先生有金山志一小册，當是鹽運使盧雅雨屬先生所爲，曾摘一段語玉裁，云金山上偶見奇景，修此一段。」

以上戴先生遺書之佚失者。

水經注

周髀算經

孫子算經

張丘建算經

夏侯陽算經

五曹算經
儀禮釋宫
儀禮集釋
蒙齋中庸講義
大戴禮
項氏家説

以上戴先生手校之書。

戴震算學天文著作考

錢寶琮

（輯自安徽叢書第六期）

引　言

戴震，字東原，安徽休寧人。雍正元年十二月二十四日（西曆一七二四年一月十九日）生，乾隆四十二年五月二十七日（西曆一七七七年七月二日）卒，年五十五。童年讀十三經注疏及許氏説文解字頗有心得。繼復留心算數。乾隆甲子（一七四四），年二十二，撰策算一卷。庚午（一七五〇），年二十八，始師事婺源江永。魏建功戴東原年譜。永，字慎修，治經數十年，精於三禮及步算、鐘律、聲韻、地名沿革，博綜淹貫，巍然大師。從江先生者，同時有鄭牧、汪肇龍、程瑶田、金榜等，各有所受。惟震獨得其全。乙亥，震撰句股割圜記三篇。以避讎入都，館於刑部尚書秦蕙田家，爲之纂五禮通考中之觀象授時一門。於各史天文志、律曆志及西洋新法算書、大清會典推步法等又多一番整理，其學益進。嗣後數年，所撰論文述天文曆法者頗多，大都爲研經之士應具之常識。乾隆二十七年（一七六二），舉於鄉。三十八年（一七七三）詔開四庫館，徵海内淹貫之士司編校之職。總裁薦震充纂修官。四庫子部天文算法類書及「存目」提要，皆出震之手筆。四十年，會試不第。奉旨與中式者同赴殿試。賜同進士出身，授職翰林院庶吉士。震供職四庫館，自癸巳迄丁酉疾終凡四年，編校甚勤。纂次永樂大典，得失傳之書多種，於天文算法類得原本革象新書五卷，九章算術九卷，孫子算經三卷，海島算經一卷，五曹算經五卷，夏侯陽算經三卷，五經算術二卷，數學九章十二卷等種，皆爲之重爲編次。武英殿聚珍版本，及曲阜孔繼涵所刊微波榭本算經十書，皆取震所校訂之本。算經十書中祖沖之綴術及董泉三等數二書失傳已久，不可復得。孔氏刊算經十書時以震所撰之策算一卷、句股割圜記三卷附刊其間，以補其闕。洪榜戴東原行狀、段玉裁戴東原年譜、江藩漢學師承記戴震傳、阮元疇人傳戴震傳、清史列傳戴震傳、魏建功戴東原年譜。

中國在明以前，算學天文學已各有悠久之歷史與偉大之成績。惟因治學方法與西國稍有不同，所獲成績自有差異。在歷史上，東西文化頗多接觸之機會，但授受之成效則未見十分顯著。隋、唐時期之印度曆算學，及元、明時期之回回曆算學，輸入之材料非不豐富，譯述之工作非不努力，而中國算學天文學發展之途徑，終未因而稍有變易，所得外來影響亦屬甚微。拙著中國算學史。迨明之末世，中學失傳已久，西洋耶穌會教士所輸入之算學天文又遠駕於印度、回回學術之上。國人乃起而儘量接受，提倡新學不遺餘力，一矯前人尊古排外之陋習。清初，研究實學之風氣既開，疇人之治西學者亦知搜求古籍，見二者互有短長可以兼收而並蓄也，輒撰論以溝通之。梅文鼎之歷算叢書即本此旨而作。江永讀其書而衍繹之，撰書八卷（一七四〇），號曰翼梅，而於梅氏以中法牽强附會西學之處，實多糾正。顧自雍正元年以後，西洋最新學説既少輸入之機會，乾隆朝復以政府之力從事振興中國舊學。一時學者又轉而尊古排外，學術思潮爲之一變。梅文鼎之孫瑴成對於江氏翼梅頗有微辭，以爲江氏「用力雖勤，揆之則古稱先，開聖距邪之旨，則大戾矣」，竟不肯爲之撰序。梅氏歷算全書歷學疑問跋。戴震雖學於江氏，得西洋曆算之真傳，而所有論著則皆受時代思潮之影響，未能貫澈江氏實事求是之精神。戴氏，在四庫館未開以前，所撰書如句股割圜記、迎日推策記諸篇盡屬西學，徒以古人傳記之文體重爲編纂，幾使讀之者疑其爲中學所固有。在四庫館既開之後，震多見中國舊有之曆算著作，所撰天文算法類書提要又竭力爲舊學宣傳。但戴氏在館時期太促，對於中國古代曆算學之發展史猶有「未至十分之見」，故提要諸篇多皮傳影響之談。戴氏於乾嘉古算學復興運動，實爲一草創之功臣，而非發揚之健將也。

乙亥（一七五五），震與王内翰鳳喈書云「信古而愚，愈於不知而作。但宜推求，勿爲株守」。琮按震癸巳以前，天文曆算諸作，失之株守執拗，近於信古而愚；癸巳以後，四庫書提要及算經十書校勘，失之鑿空妄斷，近於不知而作。震於學問之事頗知其中甘苦。其勸戒後進論學書札，類皆至理名言，堪爲學者圭臬。然但知誨人，不能飭己，實非所望於一代大師也。

震學術淹博。所撰書，除天文算學外，傳者有原善三卷，孟子字義疏證三卷，考工記圖三卷，聲韻考四卷，類類表十卷，文集十卷，方言疏證十三卷，毛鄭詩考正五卷，杲溪詩經補注二卷等。其他關於水利方志之書卷帙甚富。在四庫館時所校定之書，算經十書外，亦有宋李如圭儀禮釋宮、儀禮集釋，宋項安世項氏家説，宋袁甫蒙齋中庸、大戴禮，漢揚雄方言，晉酈道元水經注等書。戴之校勘水經注使酈書有善本可讀，堪稱一時傑作。至道光甲辰張穆得全祖望校本，乃謂戴校本剿襲全氏，攻擊甚力。近儒王國維復訪得震竊書證據多端，撰聚珍本戴校水經注跋，於戴氏治學態度頗致不滿。琮治算經十書，讀戴校本，與王氏有同感焉。王氏戴校水經注跋又言「其著他書亦往往述其所自得而不肯言其所自出。其平生學術出於江慎修。故其古韻之學根於等韻，象數之學根於西法，與江氏同。而不肯公言等韻，西法，與江氏異」。持論雖嚴，足以破惑。然東原學問才力要非流輩所及。惟所遺憾者在自視過高，强作解人，是以難免後人訾議耳。

策算

策算一卷，自序題「乾隆甲子（一七四四）長至日」，震所撰算書之第一種也。震所謂策算，即西洋籌算也。明天啓中意大利人羅雅谷至中國，以訥白爾算籌Napieys yods演算便捷，譯其書爲中語，號曰籌算，附於崇禎歷書而傳於世。阮元疇人傳卷四十四。明、清之際算家多習其術。但西人本法，數字横書，故用直籌。梅文鼎以其不合中土筆墨之宜，改爲横籌直寫。且用兩半圓以替原法之斜綫，而便於併算。梅氏於康熙戊午（一六七八）撰籌算七卷詳論乘、除、開方、開立方、用籌方法。戴氏所撰策算，在梅氏後六十餘年，亦採横籌直寫之制，惟不用半圓而仍取原法之斜綫。戴氏撰書之前有何師承，殊不可考，其自序固未言其所自出也。震因西洋算籌與中國古代算籌效用不同，故改稱爲「策」。自序云「以九九書於策則盡乘除之用，是爲策算。策取可書。不曰籌而曰策，以别於古籌算，不使名稱相亂也」。但後世算家習此術者仍沿用籌算之名，絶無稱「策算」者。豈以戴氏之改稱爲多事歟？策算乘除題，以周易二篇策數，焦氏易林卦變，漢書律曆志度量衡制，律管長度，及曆法計算題爲例。其開平方題，以論語「道千乘之國」面積求方邊題，及考工記「輸人」、「磬氏」句股求弦題爲例。開立方術罕用，故不爲舉例演算。自其所舉例題及卷中説明觀之，震此書似專爲研治經史之士而作，與梅氏籌算七卷，例題凌雜米鹽，説明不厭詳盡者，體例迥異也。

句股割圜記

中國算學在元以前，祇有句股測望術，及弧矢割圓術，而不知有今之所謂三角學。元授時曆術，依據句股弧矢舊法，創立有黄道度數（longitude）求赤道度數（yight ascension），及赤道内外度（declination）二法，始於弧三角術有所貢獻。但自郭守敬授時歷草後，元、明算家未能繼續研究從事增訂，使國人自創之三角術止於此二法，殊堪痛惜。明末西洋耶穌會教士來華傳教。崇禎朝立新法曆局於京師，使徐光啓、李之藻等會同西教士之明天算者共修曆書，整理曆法。西洋三角術乃於是時輸入中國。自崇禎四年至七年（一六三一——三四）共譯天文算法書一百三十七卷，號稱崇禎曆書。入清後又加修訂，改稱新法算書一百卷。其中討論三角八綫之關係者有大測二卷，討論平面三角形及球面三角形之解法者有測量全義十卷，皆屬崇禎四年（一六三一）所譯之書。平面三角形術有正弦定理，餘弦定理，正切定理等等；球面三角術有直角三角形解法三十公式，及斜三角形解法公式

$$\frac{\sin A}{\sin a}=\frac{\sin B}{\sin b}=\frac{\sin C}{\sin c},$$

$$\cos A=\cos B\cos C+\sin B\sin C\cos a,$$

$$\cos A=\frac{\cos a-\cos b\cos c}{\sin b\sin c},$$

$$\cos A=\frac{\operatorname{veys}a-\operatorname{veys}(c-b)}{1/2\{\cos(c-b)-\cos(c+b)\}},$$

等式。清初梅文鼎讀新法算書，病其譯筆粗率，説理欠明，先後自撰平三角舉要五卷，弧三角舉要五卷（一六八三），環中黍尺五卷（一七〇〇），塹堵測量二卷（一七〇三）等書，以盡其理。江永以梅氏書撰非一時，繁複無次序，又自撰算賸一卷（一七四〇），作爲其翼梅之第八卷。算賸細目有正弧三角會通、垂弧法趨捷、次形三篇，皆論球面三角術。雖新法無多，而簡明易讀，亦有可採。清順治中，西人穆尼閣在南京授青州薛鳳祚三角術及對數術。其球面三角術於測量全義諸法之外，又介紹納白爾推理諸公式（Napieys analogies），半角公式、半弧公式等。然薛氏所譯天學會通（一六五二）作圖草率，往往不與法

相應。缺誤處竟若殘碑斷碣，頗不易讀。梅文鼎勿庵歷算書目世人讀者甚少。故對於後之治三角術者影響甚微。

句股割圜記三篇爲戴震於乙亥（一七五四）入都，館於紀昀家所作。戊寅（一七五七），歙人吴思孝爲之撰序而梓行焉。刑部尚書秦蕙田時方纂輯五禮通考，其觀象授時一門既多採震天文律曆之説，又全録句股割圜記三篇，以爲古今算法大全之範。此記上篇言平面三角形解法，中篇言球面直三角形解法，下篇言球面斜三角形解法。所舉公式不出梅氏諸書之範圍，僅圖證稍有變更耳。震自識於終篇曰「終三篇，凡爲圖五十有五，爲術四十有九，記二千四百十四字。因周髀首章之言，衍而極之，以備步算之大全，六藝之逸簡。治經之士於博見洽聞，或有涉乎此也」。記文簡括，不易了解。篇中自爲圖注，并條舉術文，以便讀者。所用名詞或選用古名，或逕造新名，不肯與當代算家通用者雷同。吴思孝以通行之平弧三角術語爲之補註於下。設無自撰圖註，及吴思孝補註，句股割圜記之難讀，恐非殘碑斷碣所可比擬矣。據段玉裁所撰東原先生年譜附録云「先生言精神好時，句股割圜記三篇不必要註。便就本文可以了然」。「先生言割圜全體衹吃一杯茶時洞然了澈」。「先生言割圜上二篇成。下一篇難做。卻中立法稱名一用古義。蓋若劉原甫之禮補亡，欲踵古人傳記之後，體固不得不爾也」。吴思孝序云「余讀其文辭，殆非秦、漢以後書」。又云，「記取太史公信陵君列傳玩味一番，遂成下篇」。阮元疇人傳（一七九九）論曰「所爲步算諸書類皆以經義潤色，縝密簡要，準古作者。……自有戴氏，天下學者乃不敢輕言算數而其道始尊」。段玉裁撰先生年譜（一八一五）則謂「先生於性與天道了然貫澈，故吐辭爲經。

如句股割圜記三篇，原善三篇、釋天四篇、法象論一篇皆經也」。一時文人無不服其高古。但後來算家讀其書者則頗有不滿之辭。焦循釋弧自序（一七九八）云「戴書務爲簡奥，變易舊名，恒不易了」。李善蘭則古昔齋算學劉世仲序（一八六四）云「勿庵之書唯恐人一解；東原之書唯恐人能解。公私之判，遐哉邈矣！」凌廷堪致焦循書（一七九六），論句股割圜記對震所用名詞，攻擊尤力。且云「記中所立新名」，恐讀之者不解，乃託吴思孝以注之。如「矩分今曰正切」云云。夫古有是言而今曰某某可也。今戴氏所立之名皆後於西法。是西法古而戴氏今矣，而反以西法爲今，何也？段玉裁謂「句股割圜記以西法爲之注，亦先生所自爲，假名吴君思孝」。然則吴君之顛倒今古，亦戴氏之過也。

秦蕙田五禮通考出版後，震復將割圜記原稿屢屢改易。後出之稿所用名詞又與前稿稍有不同。晚年纂七經小記以所撰釋天四篇爲原象之一、二、三、四，割圜記三篇爲原象之五、六、七。又撰文論量角單位，八綫定義，方圓相容，整六邊形及十邊形之周，半角正弦，半角正切，和角較角之正弦餘弦諸公式等事，凡五百十九字以補割圜記三篇之遺漏，爲原象之第八篇。孔繼涵於乾隆丁酉（一七七七）刊戴氏遺書所録原象八篇是也。昭代叢書續篇補（一八四三）卷二亦録戴氏原象八篇與孔刊本相同。段玉裁校刊經韻樓本戴東原集（一七九二）割圜記三篇與釋天四篇不列於一卷之内，而無原象之第八篇，當係根據段氏抄本，其時第八篇或未寫成也。今之四部叢刊本戴東原集則據經韻樓本影印者也。戴氏句股割圜記最後之稿本，復取原象之第五、第八兩篇合爲記之上卷，而第六第七兩篇爲中卷下卷。孔氏微波榭本算經十書所附刊者是也。校讀各本文字互異之處，可以考證其寫成之先後。大約五禮通考本最先，記上中下三篇共二四一七字，較震自識多三字。次經韻樓本三篇，共二二六八字。又次戴氏遺書本原象五、六、七、八四篇，共二七八五字。最後微波榭本三卷，共二七三五字。五禮通考本及微波榭本皆有圖註及吴思孝補註，餘二種則爲無注本。原象第八篇（即微波榭本上卷所增録者）之寫成，疑在震入四庫館得讀九章算術劉徽注，及西洋新法算書大測或御製數理精蘊之後。震於記中文字屢有改易而自注及吴思孝註則率依舊稿，往往不與本文相應，此則微波榭本之劇疵也。

句股割圜記上篇稱圜曰圜。稱角曰觚，綫段曰矩。稱直角三角形鋭角之對邊曰句，底邊曰股，斜邊曰弦，後又改稱徑隅（用周髀算經舊名）。稱直角曰倨句角中矩，鋭角曰句於句股，鈍角曰倨於句股（用考工記舊名）。稱正弦曰内矩分，餘弦曰次内矩分，正切曰矩分，餘切曰次矩分，正割曰徑引數，餘割曰次引數。稱角度曰圜度，或曰規度，繼改稱規限，最後定爲圜限。稱兩三句形相似曰同度，後改稱同限。稱對角曰正觚，夾角曰本觚（以上用新定名詞）。中篇稱赤經之餘弧曰緯度，後改稱緯限。稱黄經之餘弧曰緯弧。稱黄赤道交角曰經度，後改稱經限。稱赤緯曰經弧。用經緯二字與古疇人家言及新法算書俱不合，尤易引起誤解。其他名詞與同時代算學著作互異者尚多，兹不具録。

句股割圜記中之内矩分，次内矩分，矩分等，即他書之正弦、餘弦、正切等，與半徑俱爲綫段，非比率。此八綫之相互關係，可以句股定理或相似形定理推得之。微波榭本句股割圜記上卷有下列諸公式：

$$2\gamma = \frac{\sin^2 A}{\mathrm{ve\gamma s}A} + \mathrm{ve\gamma}A ,$$

$$\cot A = \frac{\gamma^2}{\tan A} ,$$

$$\sec A = \tan A + \tan 1/2(90 - A) ,$$

$$\sin^2 A + \cos^2 A = \gamma^2 ,$$

$$\tan^2 A + \gamma^2 = \sec^2 A ,$$

$$\gamma^2 + \cot^2 A = \mathrm{cosec}^2 A ,$$

$$\sin^2 2A + (1 + \cos 2A)^2 = (2\cos A)^2 ,$$

$$\sin^2 2A + \mathrm{ve\gamma s}^2 2A = (2\sin^2 A)^2 ,$$

$$\sin \frac{A}{2} = \sqrt{\frac{1}{2}\gamma \mathrm{ve\gamma s}A} ,$$

$$\tan \frac{A}{2} = \mathrm{cosec}A - \cot A ,$$

$$\cos \frac{A}{2} = \frac{\sin A \sin A/2}{\mathrm{ve\gamma s}A} ,$$

$$\sin 2A = \frac{2\sin A\cos A}{\gamma} ,$$

$$\cos 2A = \gamma - \frac{2\sin^2 A}{\gamma},$$

$$\sin(A \pm B) = \frac{\sin A\cos B}{\gamma} \pm \frac{\cos A\sin B}{\gamma},$$

$$\cos(A \pm B) = \frac{\cos A\cos B}{\gamma} \mp \frac{\sin A\sin B}{\gamma}.$$

解平面三角形術有正弦定理，正切定理，而無餘弦定理。卷末自註則附錄三邊求容圓半徑，半角正切，及面積諸公式以爲又術。

中卷論球面直三角形ABC（C爲直角）內，A角與a、b、c三弧之關係先證明下之三等式

$$\tan A : \cot b = \text{snA} : \cot c = \tan a : \cos b = \sin a : \cos c,$$

因得

$$\gamma\sin a = \sin c\sin A,$$

$$\gamma\cos A = \tan b\cos c,$$

$$\gamma\sin b = \tan a\cot A,$$

$$\gamma\cos c = \cos a\cos b,$$

諸公式。其B角與b、a、c三弧之關係亦可倣求矣。又利用弧角相易之法，得下列諸式：

$$\cos A = \cos a\sin B,$$

$$\cos B = \cos b \sin A ,$$

$$\cos c = \cot A \cot B ,$$

而球面直三角形解法備矣。

下卷論球面斜三角形解法，亦備録「次形」大小相易，弧角相易諸法，而未究其用。所録解斜三角形公式祇下列二定理：

$$\frac{\sin A}{\sin a} = \frac{\sin B}{\sin b} = \frac{\sin C}{\sin c} ,$$

$$\frac{1/2\{\mathrm{vers}(a+b) - \mathrm{vers}(a-b)\}}{\gamma} = \frac{\mathrm{vers}\ c - \mathrm{vers}(a-b)}{\mathrm{ver}C} .$$

三弧求角，及兩弧與一夾角求對邊，梅文鼎環中黍尺法用餘弦入算，而震則用正矢入算。吴思孝註以爲梅氏用餘弦，宜審其同向或異向而定其相減或相加，不如此記用兩矢，得以相減爲常例也。又謂梅氏以 a + b 爲半周時餘弦爲半徑，a − b 爲 0 時餘弦亦爲半徑，「此勿庵遷就之法，非算理也」，因疑「兩餘弦加減立法之根殆屬假借」。按測量全義原有正矢計算之公式，上式固非東原所創。但因當時傳入之八綫表不列正矢一行，故梅氏改用餘弦以便實際演算。惜梅氏不知餘弦有正負之分而演算條件乃稍繁瑣耳。至 0 角與兩直角之餘弦絶對長度等於半徑，梅氏實未誤。吴註不知而作，著書者亦應負相當責任。

天文著作

震於乙亥（一七五五）入都時，刑部尚書秦蕙田方纂修五禮通考，求精於推步之士。錢大昕舉震；蕙田即日命駕，延至其邸爲之纂觀象授時一門。觀象授時十四卷，「推本六經以著其原，遞考累代以窮其變，會歸本朝以集其成」觀象授時凡例。爲古今天文曆法分類集成之書。凡日月之纏離交食，五星之遲疾伏見，恒星之行而漸差，及受六曜之淩犯，皆有精算密合。所引之書首十三經及各家注疏，次子部書之涉天文曆法者，次各史天文志、律曆志、讀文獻通考、西洋新法算書及大清會典，又次則引李光地說、梅文鼎說、江永說，而以震之天文曆法諸說附焉。震說多藉西洋新法，與古人辯難，立論自較清楚。惟天體力學未傳入中國以前，中西天文家種種天體運動說原俱臆測之談。震辭雖辯，而於事實則相去尚遠。第一卷震釋周髀算經「北極璿璣」云：「今人所謂赤極即魯論之北辰，周髀之北極樞也。今所謂黃極者黃道之極，即周髀之北極璿璣也。虞書『察璿璣玉衡以齊七政』，蓋設璿璣以擬黃極，故周髀即以璿璣爲黃極之名。或言古人不知有黃極非也。」其釋周髀「七衡六間」又云：「古未有黃赤道之名，但謂之衡。虞書之璿璣既爲黃極，則玉衡以界黃道而定節氣。黃道必別爲側絡之衡，準黃極取正，赤道取赤極取正也。」第三卷釋堯典「在璿璣玉衡以齊七政」，引震之書補傳，亦詳録古測天儀器設璿璣以擬黃極，玉衡以界黃道之論。按尚書堯典「璿璣玉衡」之訓詁原有二說。其一說，以北斗（Ursa major）魁四星爲機，杓三星爲衡。北斗七星繞北極環行，觀其所指之方向，可以建立四時，確定曆法。西漢天文學家多主之。又一説，以古測天器渾天儀之圓盤爲機望遠管爲衡。以珠飾機以玉爲管而察日月五星之運行。東漢以後天文家多主之。二説各有所授，莫衷一是。震之書補傳又於二説之外立一新解。但周髀算經卷下之北極璿璣，係當時距北極約5°2′之一星，拙著周髀算經考。與黄道極判若天淵，何可混而爲一？顧觀光周髀算經校勘記。此近北極之星，清算學家陳杰、鄒伯奇俱以爲帝星（B Ursa minor），近人高均以爲庶子星（A Ursa minor），高均北極璿璣考。究不能確定。此星何以有璿璣之名，固難考證。周髀作者或有假借堯典「璿璣」二字以名之之意。然不得謂堯典「璿璣」因周髀「北極璿璣」而得名也。震既牽合堯典璿璣，周髀北極璿璣，黄道極三事爲一，復撰釋天第一篇，及周髀北極璿璣四游解二篇戴東原集卷五。以實其説，可謂極穿鑿附會之能事矣。觀象授時第五卷釋堯典「日中星鳥以殷仲春」，「日永星火以正仲夏」，「宵中星虚以殷仲秋」，「日短星昴以正仲冬」，所測四仲中星，引震書補傳謂與春秋時期所測者不同，而與夏小正所載星象大致相合。震因以歲差之理，證明堯典所記四仲中星係唐、虞時期實測之結果。推論殊欠精密。竺可楨論以歲差定尚書堯典四仲中星之年代。

震之書補傳不知撰自何時，其後亦不傳於世。所見者僅觀象授時所引三節耳。觀象授時卷五，卷十所引，又有震之詩補傳，後亦無傳。按震集中有毛詩補傳序一篇題癸酉仲夏，戴東原集卷十。則在乙亥入都前二年也。

震所撰文論天文者有釋天四篇，迎日推策記一篇，九道八行説一篇，周髀北極璿璣四游解二篇，記夏小正星象一篇等目。震常言「治經必分數大端以從事，各究洞原委。始於六書九數，故有訓詁篇，有原象篇。繼以學禮篇，繼以水地篇；約之以原善篇。聖人之學如是而已矣」。段玉裁戴東原先生年譜以所撰釋天四篇句股割圜記四篇共八篇爲原象，爲其七經小記之一種。孔刻戴氏遺書第十五及昭代叢書續篇補卷二皆刊原象八篇，又附録其迎日推策記而爲九篇也。段玉裁校刻戴東原集則以爲原象有九篇而迎日推策記爲其一。但又言「原象説天體，割圜説步算，言各有當」，而以震之天文論説作文集之第五卷，割圜記及其他算學論説則列入第七卷焉。玉裁抄録釋天及迎日推策記在癸未年，故知諸篇之撰著時代當在壬午（一七六二）以前。惟段抄本釋天第四篇内容較孔刊本少，而迎日推策記内容則甚多而非常龐雜，恐是未經寫定之初稿，釋天前三篇文字與孔刻本亦稍有異同。其他天文論説年代無考，亦不詳其寫成之先後。

釋天四篇爲治經而作，與宋王應麟六經天文篇用意大致相同。惟應麟集後世天文家言以詮釋六經，而震則有借重六經以闡明天文之意。沈楙悳原象跋云「首篇言日之發斂以赤道爲中，月之出入以黄道爲中，而大綱立矣」。二篇言中星所以明歲差。三篇言土圭測影以明里差。四篇言洪範「五紀；歲，日，月，星辰，曆數」，在隨時考驗，故有推步之術。此數語確能叙録釋天四篇之大意。蓋震之書補傳、詩補傳諸作既未寫成，乃撰此四篇以爲讀經之一助耳。第一篇論黄赤道極，解釋堯典「璿璣玉衡」；第二篇論歲差，解釋堯典四仲中星及夏小正、詩經、春秋傳星象；第三篇論里差，解釋周禮地官「日東景夕，日西景朝」二語；第四篇論曆法宜隨時測驗，而推本於洪範「五紀」，持論大致與觀象授時所録者相同，惟文字稍有差異耳。

迎日推策記記日月五星之軌道，大致以江氏翼梅卷五七政衍説爲宗。但變易舊有名詞：稱本輪(Deferent)曰左旋之規，均輪(Epicycle)曰右旋之規，月行之負圈曰附綴之規，次輪曰次右旋之規，次均輪曰次左旋之規。復以中國古代天文家言附會其説。又論天體測望常有地半徑差及蒙氣差，爲推步者之所宜注意。全篇言簡意賅，頗不易讀。按史記封禪書「黄帝迎日推策」，係武帝時方士公孫卿札書中語，識者固疑其不經。震信之爲上古推步之祖，而以「迎日推策」名其記，非愚則妄也。

九道八行説專論月道與黄道之離合。因漢書天文志，後漢書律曆志俱有九道八行之名，而無明白之詮釋，立一説以爲其新解也。

震所撰又有續天文略上中二卷，孔氏爲之刊入戴氏遺書之十三。自序云：「天文一事，樵所不知，而欲成全書固不可闕而不載。是以徒襲舊史，未能擇之精，語之詳也。今更爲目十：曰星見伏昏旦中，曰列宿十二次，曰星象，曰黄道宿度，曰七衡六間，曰晷影短長，曰北極高下，曰日月五步，曰儀象，曰漏刻。或補前書闕遺，或賡所未及，凡占變推步不與焉。考自唐、虞以來下迄元、明，見於六經史籍，有關運行之體，約而論之著於篇。」其書未成。「北極高下」以上爲卷上卷中，其「日月五步」以下當爲卷下，蓋闕如也。按乾隆三十二年(一七六七)敕撰續通志以繼鄭樵之業。當事者或挽震撰續天文略，後不及採用，故書未完成也。震之天文説見於續天文略二卷者與釋天諸篇大致相同。星見伏昏旦中篇云，「虞、夏與周先後一月，不聞古人以爲疑。而各隨其時代仰觀之象著於令以示民，則歲差之故，古人明知之。漢初乃失其傳」。於七衡六間篇論云，「赤道極居中，黄道極環繞其外，晝夜旋運而有移徙，故人以璇機名之。蓋同爲樞機而有移徙不移徙之殊，璇以言乎其移徙也」。立説之謬妄無稽，實較釋天四篇爲尤甚。

四庫天文算法類書提要

乾隆三十八年（一七七三）春，詔開四庫全書館。其年秋，震以舉人特召充校勘永樂大典，纂修及分校官。四庫天文算法類書：推步之屬三十一部四百二十七卷，算書之屬二十五部二百十卷，皆依撰述時代先後爲序，編入總目。每部各爲撰提要一篇，將本書原委撮舉大凡，并詳述著者世次爵里，作一極簡要之紹介。其書之著作時代及名稱，卷數等事，有疑竇者，亦各爲考據辯正。篇後題名者胥屬紀昀、陸錫熊、戴震三人。昀與錫熊在四庫館皆任總纂官之職，天文算法非素諳習。各篇提要皆出震之手筆無疑。又推步之屬二十三部一百二十七卷，算書之屬，四部二十三卷，未列於四庫全書之内，僅將書名及各書提要附録於天文算法類書總目之後，稱曰「存目」以備考核。推步書目後附識云「諸家算術爲天文而作者入此門。其專言數者别立爲算書一類」。有李之藻圜容較義一卷，依例應入算書類，誤入推步類似是編目者之失檢。

四庫全書總目在天文算法類各書提要之前，有總序云「今仰遵聖訓，考校諸家，存古法以溯其源，秉新制以究其變。古來疏密，釐然具矣」。震撰諸書提要於天文算法書之源流演變未嘗不三致意焉。惜所舉古法往往渺茫難稽，必欲附會之以爲後世新法之所自出，持論自多武斷。周髀算經提要云「榮方問於陳子以下，徐光啓謂爲千古大愚。今詳考其文，惟論南北影差以地爲平遠，復以平遠測天，誠爲臆説。然與本文已絶不相類……其本文之廣大精微者，皆足以存古法之意，開西法之源」。震於周髀之首章「周公問於商高」一節，信以爲句股之鼻祖，實成周六藝之遺文。於卷下論北極璿璣四游所極及七衡六間，信以爲古蓋天學之遺法，且引李之藻渾蓋通憲圖説以其爲西法所自出。震之所認爲於理可通者皆奉爲古法，其不可通者則詆爲後人臆説。任意推斷，殊欠縝密。利瑪竇乾坤體義提要云「是書上卷皆言天象：以人居寒暖爲五帶與周髀七衡略同，以七政恒星天爲九重，與楚辭天問略同，以水火土氣爲四大元行則與佛經同」。測量法義提要云「首造器，器即周髀所謂矩也。次論景，景有倒正即周髀所謂仰矩覆矩卧矩也。次設問十五題以明測望高深廣遠之法，即周髀所謂知高知遠知深也」。諸説穿鑿附會殊堪發噱。

中國算學之發展不知始於何代。漢書藝文志所載算書僅許商算術，杜忠算術兩種。隋書經籍志序録則有九章算術等二十餘種。唐初以明算取士，以周髀算經、九章算術、海島算經、孫子算經、夏侯陽算經、張丘建算經、五曹算經、五經算術、祖沖之綴術及唐王孝通緝古算術十種立於學官，世稱爲算經十書者是也。夏侯陽算經與綴術二書已於宋初失傳。宋元豐七年所刊京監本算經十書誤以中唐時人韓延所撰算書爲夏侯陽算經，而綴術則終付闕如。算經十書外，唐以前算書惟數術記遺一種亦爲唐代算學生必修之書，全今尚有傳本，餘均失傳無考矣。自宋以後中國算學或由天元新術向高深研究方面發展，或由珠盤口訣向商業應用方面發展。算經十書以研治者少，流傳不廣。清初，古算書僅周髀算經、數術記遺兩種爲刻叢書者所採録，餘均罕有傳本。至乾隆癸巳開四庫館，降旨博採遺篇，始得張邱建算經，及緝古算術兩種於吏部侍郎王杰家。其九章、孫子、海島、五曹、夏侯陽、五經算等種皆自永樂大典録出。算經十書乃復北宋之舊觀矣。震於癸巳秋到館視事。至甲午十月三十日與段玉裁書云「數月來纂次永樂大典散篇……於算書得九章、海島、孫子、五曹、夏侯陽五種，皆久佚而存於是者，可貴也」。然則震纂次校訂之功固不可没也。

算經十書中，周髀算經因首章周公、商高之問答，世稱爲周公遺書，九章算術有劉徽序謂爲周官「九數」之流，孫子算經，顧名思義，似是春秋末年孫武子所作。三書皆屬秦以前作品，在好古者視之似無疑義矣。清初之治目録學者疑古辨僞之風氣頗盛。至乾隆時此風雖已稍衰，而四庫著録之書撰提要者往往明斥其僞。震於算書之著作時代在提要中亦常有論證，蓋時勢使然也。震確信周髀算經爲成周六藝之遺文，惟以平遠測天一節則詆爲後人臆説之誤入正文者。九章算術提要云，「九章算術蓋周禮保氏之遺法，不知何人所傳」。魏劉徽、唐王孝通皆言漢初張蒼曾爲删補。震則謂「今考書内有長安、上林之名。上林苑在武帝時，蒼在漢初，何緣預載？知述是書者在西漢中葉後矣」。不以張蒼删補之説爲然。琮按九章算術各章之寫成，疑不在一時。均輸章題演漢武時所創均輸法，寫成時代在漢武元鼎二年（一一五）以後當無疑義。其他證據可考九章非漢初作品者頗多。（拙著中國算學史第五章）惟震所引長安上林之名則似不足爲有力之證據。史記高祖本紀言五年二月甲午，即皇帝位於汜水之陽。戍卒婁敬説上入關，據秦之固。即日車駕西都長安，始治宫殿。又蕭何傳云「何爲民請曰：長安地陋；上林中多空地棄。願令民得入田，毋收槀爲獸食。上大怒曰：相國多受賈人財物，爲請吾苑。」長安南郊之上林之爲皇家私苑，在高祖時已成定制，非始於武帝時也。孫子算經提要云「今考書内設問有云，長安、洛陽相去九百里，又云，佛書二十九章，章六十三字，則後漢明帝以後語」。辯正本書爲孫武子原著之不確。琮按震所取辯僞證據雖未能縝密，而敢於素無問題之三部算書，在提要中提出意見，其創闢榛蕪之功，已足多矣。

夏侯陽算經據唐書經籍志所載有甄鸞注，當在甄鸞之前。而自序及本書内屢稱甄鸞，又似在甄鸞之後。其撰著時代頗難考定。震提要云「書内又稱宋元嘉二年徐受重鑄銅斛，至梁大同元年甄鸞校之，則陽疑隋初人。……其辨度量衡，……及課租庸調，……皆據隋制言之。則陽爲隋人，蓋無可疑」。琮按永樂大典本，或元豐京監本夏侯陽算經，原非唐初立於學官之夏侯陽原著。書内所引度量衡制，賦税、職官俸給等事皆唐貞元以後制度，決非隋制。拙著夏侯陽算經考。震之斷陽爲隋人者，蓋誤以此書爲唐初立於學官之夏侯陽算經原本也。

數術記遺舊題漢徐岳撰，北周甄鸞注。書中稱「於太山見劉會稽」，注者以爲太山劉洪後爲會稽太守，故有是稱。震考劉洪履歷，嘗爲會稽東部都尉。徵還，未至。領丹陽太守，卒於官。故提要云「洪官會稽後未嘗家居，不得言於泰山見之。且洪在會稽乃官都尉，其爲太守實在丹陽。而以爲官會稽，錯誤殊甚……唐代選舉之制，九章、五曹而外兼習此書。此必當時購求古算，好事者因託爲之而嫁名於岳耳」。震辯此書非徐岳所選，考據甚確。惟以爲唐初以後人所僞託，則所據理由似尚欠充分也。拙著中國算學史第八章。

金、元之際，我國算學界有一極大之發明，使中國算學開一新紀元。發明維何？立一元或多元以爲未知數，使加減乘除有所憑籍，依題理演算以立開方式也。其術與今代數術假設XY等字爲未知數，造方程式，用意相仿。立一元以演算者世稱天元術；立多元以演算者世稱四元術。金末元初，此學發展頗速，著作甚多。凡句股、弧矢、垛積、招差諸問題，昔之認爲難解者，至是均得籍此新法迎刃而解矣。顧自十四世紀中葉以後，珠算術漸漸流行，習算者日趨簡易，天元四元術竟乏人董理。明人學術疏淺，大都不知天元爲何物。顧應祥撰測圓海鏡分類釋術祗詳開方細草，而於天元演段之草則云「無下手之術」，竟爲删去，貽千古不知而作之譏。清康熙時西洋代數學傳入中國，號曰借根方。聖祖在蒙養齋論梅瑴成曰「西洋人名此書名阿爾熱八達，譯東來法也」。梅瑴成赤水遺珍。按借根方爲西洋十六世紀中之代數術，導源於阿拉伯。其演算體制與中國天元術絶然不同。中國算學史第十四章。二者各有優劣而不相因襲。聖祖之説殊屬無據。但四庫館未開時，金、元人之算書大都失傳已久，間有存者亦湮没不彰。清初算家通天元術者可稱絶無其人。梅瑴成（一六八一——一七六三）讀授時曆草，疑天元術頗與借根方法相似，因確信聖祖之傳説。且以借根方法解李治測圓海鏡一則，卷二第十五題。及朱世傑四元玉鑑題二則或問歌彖門第一題第三題。以證其説。

震測量法義提要云「古立天元一法即西借根方法」。數理精蘊提要云「末部借根方法即古立天元一之術，唐、宋諸算家咸用之」。數學九章提要云「此書大衍術中所載立天元一法，能舉立法之意而言之。……凡諸法所不能得者，皆隨所用而無不通。後元郭守敬用之於弧矢，李冶用之於句股方圓，歐邏巴新法易其名曰借根方，用之於九章八綫。其源開自九韶，亦可謂有功於算術矣」。測圓海鏡提要云「按立天元一法見於秦九韶九章大衍數中。厥後授時草及四元玉鑑等書皆屢見之。而此書言之獨詳」。諸説皆襲梅瑴成赤水遺珍之成見。測圓海鏡提要又云「迨我國家醲化翔洽，梯航鱗萃，歐邏巴人始以借根方法進呈。聖祖仁皇帝授蒙養齋諸臣習之。梅瑴成乃悟即古天元一法。於赤水遺珍中詳解之，且載西名阿爾熱巴達即華言東來法。知即冶之遺書流入西域又轉而流入中原也」。措詞誇大實較瑴成所説爲尤甚。又按數學九章提要云「是書分爲九類：……一曰大衍，以奇零求總數爲九類之綱」又云「零數求總數足以盡奇耦和較之變，至爲精妙」。秦九韶大衍求一術爲解一次同餘式問題而設。其應用題在本書内僅大衍類九題及天時類「治曆演紀」一題耳。不得稱爲九類之綱也。中國算學史第十六章。且大衍求一術之立天元一亦與金、元人之天元術微有不同。震屢言立天元一法爲九韶所創亦無明證。震於我國古代算學絶續之交，頗知尊重古學，從事提倡，洵屬盛舉。但四庫算書類二十五部中，天元術書僅採李冶測圓海鏡十二卷編修李潢家藏本。及益古演段三卷永樂大典輯本。兩部。梅瑴成所習之四元玉鑑，當可訪求。然竟爲四庫館所未收則殊難索解矣。

算經十書校勘

明代官書永樂大典事韻算部凡三十五卷，兼收古今算書約二十種。但經分門輯録，於作者原本不免多所割裂。且疏於校勘，舛誤極多。震入四庫館任校勘永樂大典及纂修之職，於散篇中纂次算經十書，而詳加校訂之。四庫所收算經十書中周髀、九章、海島（四十年四月恭校上）、孫子（四十一年二月）、五曹（四十一年六月）、夏侯陽（四十一年二月）、五經算（三十九年十月）七種皆屬永樂大典輯本。當時武英殿所印行之算書，亦取上列戴校之七種。凡原本經注文字概用大字而震之校勘案語則雙行夾注於下。四庫本與武英殿本之戴校雖未至不訛不漏之境，而底本之是非則猶可覆按也。

同時震之兒女親家曲阜孔繼涵氏刊行算經十書，即世所盛稱之微波榭本。總序云「今得毛氏汲古閣所藏宋元豐京監本七種。又假戴東原先生所輯永東大典中海島、五經算，而十書備其九」。綴術已失傳，故祇九種。微波榭本周髀、九章、孫子、五曹、夏侯陽及緝古六種之後皆另有一頁記明元豐七年九月校定字樣，并秘書省官銜姓名，獨張邱建算經後失之。孔氏九章算術跋題「乾隆癸巳闕里孔繼涵識於京師」，孫子算經卷後則題「大清乾隆三十八年癸巳闕里孔氏依汲古閣影宋刻本重雕」。據此則孔氏在震纂次永樂大典之前已得汲古閣之影宋刻本七種矣。微波榭本算經十書附録康熙甲子（一六八四）毛扆跋云「從太倉王氏得孫子、五曹、張邱建、夏侯陽四種，從章丘李氏得周髀、緝古二種，後從黄俞邰又得九章；皆元豐七年秘書省刊版……因求善書者刻畫景摹，不爽毫末，什襲而藏之」。今故宫博物院所藏天禄琳瑯閣書中有汲古閣影宋鈔本周髀、九章、孫子、五曹、張邱建、夏邱陽、緝古七種，當即孔繼涵所得於毛氏之本。其九章算術僅有前五卷，非全帙也。

九章算術又有常熟屈曾發乾隆丙申年（一七七六）刻本。震爲之撰序戴東原集卷七。云「癸巳夏奉召入京師，與修四庫全書。躬逢國家盛典，乃得盡心纂次，訂其訛舛。審知劉徽所注，舊有圖而今闕者，補之。書既進，聖天子命即刊行。又御製詩篇冠之於首。古書之隱晦，蓋有時焉。誠甚幸也。吾友屈君魯傳亦好是學，願得九章刊之。從余録一本。今秋之仲，曲阜孔君體生訪求得算書若干卷，係毛氏扆影摹宋刻者。……余急假之孔君。獨九章卷六已後闕。因更校改數字以寄屈君」。據此則孔氏得汲古閣影宋鈔本在震纂次永樂大典算書之後，與微波榭本算經十書所標年歲，顯有不能符合之處。琮前撰周髀算經考、孫子算經考、夏侯陽算經考三篇民十八年春。頗疑孔氏之言不實。然未能博引旁徵，所得結論猶有遺憾。後從李樂知先生借鈔故宫所藏毛本與微波榭本對校異文表，民十九年三月。復與武英殿本比較研究。於是各本文字異同得窺崖略。今按毛氏影宋鈔本誤文甚多與大典本相參證實各有短長。微波榭本周髀等七種算經據孔氏序謂依毛氏影宋本重雕。但與毛本對校則異文頗多。其修改之處幾全與殿本之戴校相符合。海島算經、五經算術二種及九章算術之後四章皆取戴校之永樂大典輯本付印。又九章算術各卷之後附刻震之訂訛補圖，五曹算經卷一後，附震訂訛二術。凡此諸端皆可證孔氏刻書在乾隆三十九年之後。孫子算經卷後所標乾隆三十八年重雕字樣，殊有僞託之嫌，孔氏得汲古閣影宋鈔本，據震九章算術序文觀之，疑在四十年乙未（一七七五）之仲秋，而孔氏刻書至早須在是年之冬也。震借讀毛本後，復將已所校勘之大典輯本覆校一過，故殿本算書之戴校與毛本相合者亦十居八九。

惟震於四十一年二月校畢夏侯陽算經，撰提要云「傳本久佚，惟永樂大典内有之」，似不知有汲古閣影宋鈔本者，殊不可解。震豈欲攘毛本之長爲已所訂正之字，故諱言其實耶？

九章算術方程章正負術曰「同名相除，異名相益。正無入負之，負無入正之。其異名相除，同名相益。正無入正之，負無入負之」。「無入」二字各本相俱作「無人」。惟宋末楊輝詳解九章算法引九章原文作「無入」，且注云「本是同名相加，因鄰位無算可入，故正無入者仍爲正，負無入者仍爲負。古本誤刻「無人」者非」。查楊輝算書亦爲永樂大典所採録，震纂次大典算書時必會見到。取其説以校九章亦意中事也。今方程章正負術戴校正作「無入」，而案語中未引楊説，且擯棄詳解九章算法於四庫之外，殊有遺憾。嘉慶庚午（一八一〇），阮元充文穎館提調官，又從永樂大典鈔録算書百餘番，楊輝書乃復顯於世。然詳解九章算法闕前四章，亦非全帙矣。

震於算經十書之校勘，用力頗勤，實有不可没之功績。然原本顯有誤文而不知訂正，及原本未誤而妄事改竄之處，亦復不少。蓋校勘算書，事屬創舉。震於短時期内校訂久經湮晦之算書至九種之多，欲求其無訛無漏，自是甚難。惟震之校訂古算書，輒以後世習用之法修改原本之文字，未肯虚心考證則有遺憾耳。微波榭本算經十書版本最爲精美。但以震所校訂者爲定本，毛本或大典本原文皆經改竄。倘無四庫本及殿本傳世，中國古算學之發展史幾致不可究詰。凡原本誤文震未能訂正者，後之讀者猶得從容考證以圖修訂，如李潢、汪萊之於九章算術，顧觀光、孫詒讓之於周髀算經皆是也。其原文未誤而妄事改竄者，後人易爲所蔽，是正頗難。李潢九章算術細草圖説堪稱九章善本。誤文爲震校所漏者概爲補訂，震所謂舛誤不可通者，一一疏而通之。但潢之微波榭本爲底本，於震所誤訂改竄之處，往往仍其舊貫，未能一一是正，殊屬可惜也。琮近年來校讀微波榭本算經十書，覺震所妄改而後人不能翻案之處甚多。略舉數端如下，以見一斑。

（一）古算法凡被除數皆稱實，除數稱法。以法除實得商，其古文術語爲「實如法而一」。其實數爲名數者，如寸數升數之類，術語或曰「實如法得寸數」，或曰「實如法得一寸」。「實如法得一寸」者，謂實數與法數相等則商得一寸也。九章算術衰分章、均輸章、句股章術文皆有此寫法。漢書律曆志言「故以成之數，忖該之積，如法爲（依孟康注疑「得」字之誤）一寸，則黄鐘之長也」。孟康注云「得一寸則所謂得九寸也」。言『一』者，張法辭」。「如法得一寸」猶以法除實得商九寸之意，可作九章術語之旁證。微波榭本九章算術所有「實如法得一」五字後皆無單位名稱，殊失古人遺意。震校九章算術，以爲「實如法得一」五字語氣已完，最後之單位名稱皆屬後人妄加，擅行删去。

（二）九章算術少廣章開立圓術，李淳風注引祖恒之開立圓術曰「以二乘積，開立方除之即立圓徑」，乃試以古周率3入算，術本未誤。震則以爲文字有脱誤，改作「以二十一乘積，十一而一，開立方除之即立圓徑」。致令後文「置三分之二，以圓冪率三乘之，如方冪率四而一，約而定之以爲丸率」一節爲不可通。又注云「故曰丸居立方三分之一也」三應是二字之誤，震亦未爲校正。

（三）九章算術方程章方程術，劉徽注云「爲齊同者，謂中行直減右行也」。「直減」云者謂中行各項減右行各項，且作幾度減之，使中行最上項減盡而止。設欲消去

$$2x + 3y + z = 34 \quad (\text{A})$$

$$3x + 2y + z = 39 \quad (\text{B})$$

(A)式之 X 項，依九章方程術以(B)式 X 之係數3乘(A)式，得

$$6x + 9y + 3z = 102 \quad (A')$$

再從(A')式內，兩度減去(B)式，即得

$$5y + Z = 24 \quad (A'')$$

不必以(A)式X之係數2，遍乘(B)式而後相消也。中國算家在宋以前解聯立一次式皆用此法。震習見後世互乘相消之術，妄以劉注爲舛誤，改作「爲齊同者，謂中行上禾亦乘右行也」，致令劉注與九章原術不合。下文劉注「亦令兩行相乘去行之中禾也」句，義不可通。據楊輝詳解九章算法所引此句無「乘」字，震則未爲校正。又孫子算經卷下「今有甲乙二人持錢各不知數」題術，原本用直除術，故云「以右行再減左行」。「再減」云者作兩度減也。戴校添入「以左方二。乘右方，上得四，中得二，下得九十六」十八字，改從後世之互乘相消法。然而「再減」二字則殊屬費解矣。

(四)孫子算經乘除算草，稱所置算籌最上一層之數曰「頭位」。此與後世算書中「上位」二字同意。震未解「頭位」二字之意，所校武英殿本，或改作「上位」，或添一「上」字於前，或因仍未改。於微波榭本則概行改作「上位」，殊屬多事。

(五)古開方算法開平方不盡，則所得之根，整數之後帶有分數。其術有二：

(1) $$\sqrt{N} = a + \frac{N - a^2}{2a}$$

（2）　$$\sqrt{N}=a+\frac{N-a^2}{2a+1}$$

孫子算經開平方題二則，各演一術，原不矛盾。震校第二題，分數之母改從（1）術，亦多事也。

（輯自浙江大學科學報告一九三四年第一卷第一期）

戴震全書後記

楊應芹

戴震全書于一九八九年列入安徽古籍叢書首批整理出版計劃，一九九二年又列入中國古籍整理出版十年規劃和「八五」計劃。編纂始于一九九〇年初；一九九三年底，完成了全書正文部分（即一至六册）的搜集和整理工作；一九九六年初，完成了附録部分研究資料收集和人名索引的編訂。

回顧戴震全書整理編纂的過程，還是有不少工作值得一記的，同時也有必要對有關問題作簡要的説明。

一

戴震是清代乾嘉學派的領袖人物，百科全書式的大學者，因此戴震全書的編纂首先要在「全」上做文章，盡量把他的著作收齊全。

一七七九年，微波榭本戴氏遺書列二十三種，實際刊印十二種，另算經十書收有句股割圜記等四種，合計爲十六種。一九三六年，安徽叢書本戴東原先生全集增印爲二十二種

（影印遺墨除外），漏刊算經十書中的九章算經訂譌補圖和五經算術考證。一九四二年，四川省圖書館圖書集刊創刊號刊出了孟子私淑録三卷。至此，戴震已刊著作爲二十五種。我們編纂戴震全書，正趕上了中國古籍善本書目編輯出版的好機會，在全國各有關圖書館、博物館的大力支持下，終于搜集到經雅、毛詩補傳、水地記初稿等十二種未刊書稿，以及讀淮南子洪保、手校水經注批語等三十篇佚文。這樣，新編戴震全書才名副其實，並有可能成爲百年來最全的本子。

我們在搜集佚著的同時，也注意到要廣泛地搜集已刊著作的不同版本，因爲這是整理編纂好一部古籍圖書的基礎。我們曾經致函全國各大圖書館，征集戴震著作的版本，同時還派人外出查訪。經過幾年的努力，我們把戴震著作的版本已基本收齊。如聲韻考，我們找到了十種不同的本子，東原文集找到了十一種。其他著作，除原始刻本外，還找到了稿本、抄本，以及由盧文弨、孔繼涵、邵晉涵、王念孫、孫詒讓、王國維、胡適等名家批校的本子。版本收齊了，我們就有可能從中挑選出理想的底本和主校本。如經考、中庸補注的底本，我們分别採用了國家圖書館藏的李文藻原抄本和長留閣原抄本，而當年安徽叢書本戴東原先生全集在收集這兩部著作時，用的則是據以上二本爲底本的傳抄本。

我們對不同版本的搜羅，也包括文集中單篇文章的原始出處。經韻樓本文集卷四顧氏音論跋，其文末一段多出了「三百篇」至「音論」，計一百零六字。核之微波榭本聲韻考，無此一百零六字。后經查核上海圖書館藏手稿本聲韻考方得以證實，這一百零六字被作者親筆删去了。

二

要編纂好戴震全書，除了在「全」字上做文章外，關鍵還要在整理上下功夫。該書的整理主要是校勘、標點，另外還有簡要的注釋和專門著作的有關説明。

（一）校勘。戴震著述有一個明顯的特點，就是旁征博引，引文在他的書中占有很大的篇幅。因此，該書的校勘不僅是通常版本的對校，而且引文必須查核原書。這樣做有時不免要大海撈針，但若不這樣做，隱蔽的錯誤則難于發現，標點也準確不了。孔氏家抄本水地記初稿淮水有這樣一段引文，我們姑且按未查核原書而標點如下：

郡國志：「臨潁皋東南長五十里，名曰龍脾岡。」嵩高山記：「嵩山東南三百里有龍脾，沃壤可居，即今臨潁縣治也。」

查後漢書郡國志，没有上述文字。由此可見書名就錯了，于是祇有從漢書、水經注等往下檢索，最後終于從元和郡縣圖志卷八中找到了與之基本相同的文字，「郡國志」乃無疑爲「元和志」之誤。「龍脾」與「龍牌」，原不知孰是，元和郡縣圖志均作「龍脾」，則「龍牌」也無疑是錯的。水經注卷四十已引有嵩高山記，作者爲北魏盧元明，晚于司馬彪約二百年。因此早于元和郡縣圖志的作者李吉甫三百年，則嵩高山記當爲引文中的引文。因此，校改後的引文標點應該是：

> 元和志：「臨潁皋東南長五十里，名曰龍脾岡。嵩高山記：『嵩山東南三百里有龍脾，沃壤可居。』即今臨潁縣治也。」

這樣，即校改了原文的錯誤，又避免了標點的錯誤。嚴格查核引文出處，對于保證戴震全書的整理質量，起到了很大的作用。

（二）標點。我們的基本辦法是：先讀懂白文，然後下筆標點。這個辦法看似平常，而做起來絶非易事。戴震説，不知恒星七政之所以運行，則讀不懂堯典；不知古音，則讀不懂周南、召南；不知古代宫室衣服之制，則讀不懂士冠禮。事實上，要讀懂戴震的著作，没有這些知識也是不行的」；因爲戴震的著作涉及到文字、音韻、歷史、地理、天文、算學等多方面，而且文字簡奥，又多用古語。我們的整理者雖然都學有專長，但在學識的廣博上，卻無人可與戴震相比。因此，要真正讀懂戴震的著作，祇有一本又一本不厭其煩地去查閲工具書，一遍又一遍地反復琢磨推敲。有位先生説，他所標點的著作幾乎都能背誦出來。此絶非誇大之詞，而實實在在反映了戴震全書整理者在標點上所下的功夫。

戴震全書整理工作條例還規定：「現有部分著作的標點本可以參考，但不得照搬照抄，因襲舊誤。」我們在實際操作中發現，這一規定不但適用于著作，也適用于著作中的引文。如水地記初稿中引有大量水經注的文字，整理者便找了一本最新的標點本查核。原也想省點事，就用原書標點，但細一推敲，卻不敢遵從。略舉數例如下：

〔一〕河水南入楨陵縣西北，緣胡山，歷沙南縣東北，兩山、二縣之間而出。（原書五三頁）

〔二〕北有小金台……是其基構可得而尋訪。諸耆舊咸言，昭王禮賓。（原書二三一頁）

〔三〕湫水……逕貫復城北復南，擊鄙所築也。（原書四〇四頁）

據漢書地理志云中郡楨陵，「緣胡山在西北」，則例〔一〕「緣胡山」當連標專名號，「楨陵縣西北」爲「緣胡山」的限制語，表明位置，因此「北」後逗號應删去。同樣，「沙南縣東北」爲「兩山」的限制語，「北」後逗號亦當去。例〔二〕應作「是其基構可得而尋，訪諸耆舊，咸言昭王禮賓」云。例〔三〕「賈復城」，乃東漢賈復征服南方郾王後所築（詳見後漢書賈復列傳），「南」後逗號應上移到「北」後，「復」即賈復，「郾」即郾王，分别要加專名號。

對于古書的標點，很難做到絲毫無誤，因此涉及到已有標點的著作，祇能借鑒，而不能照抄，這樣便可避免因襲舊誤，並有望在前人的基礎上再提高一步。

（三）簡注。其對象僅限于：

〔一〕古今對應的科技術語。如「平圜」（即圓）、「方圜」（即圓和正方形）、「渾圜」（即球）、「術」（即定理、公式，以上皆見句股割圜記）。

〔二〕不同于普通語詞的專門概念。如「氣化」（指陰陽之氣運動變化而産生萬物，見原善卷上）。

〔三〕鮮爲人知的稱指。如「屈匄」（對赫連勃勃的蔑稱）、「京杜地名」（指京相璠春秋土地名和杜預釋例土地名，以上皆見水地記初稿）。

〔四〕易生歧解或難于判斷的詞語。如「序」（意謂記述）、「太行左轉」（指由晉南的太行山轉而向北）。水地記：「酈道元水經注序敦薨之水，自焉耆國北逕連城……注泑澤。」按，有關敦薨之水的源流，其内容見于水經注卷二，這裏是戴震的概述。水經注序未及此水。如果「序」字不注釋，則會誤認爲「敦薨之水」云云是出自水經注之酈氏原序。關于「太行左轉」，戴震所説的「太行」與我們今天所説的「太行」所指範圍有别。我們通常所説的「太行」是指南北走向、位于山西省與河北、河南二省交界處的那座大山脈；而戴震所説「沁水東、丹水西曰太行」（水地記），則是晉、豫交界的那一段太行山。作者按黄河流向自西而東記述水地，故水地記初稿河水曰：「太行左轉，爲上黨郡。」上黨即今山西省長治市。此處若不加注釋，便可能令人費解。

常用辭典工具書可查到的詞語（如「少廣」即開方、「旁要」即勾股，已見于辭源），一般不作爲注釋的對象。注釋的原則：力所能及，寧闕勿濫。

（四）説明。主要是交代版本，簡介内容，希望能起到導讀的作用。

戴震全書在整理的過程中，曾製訂有具體的整理細則和嚴格的質量標準。在重點抓好整理初稿的基礎上，實行整理者互審、同行專家復審、疑難問題集體會審的三級審稿制。全書由常務副主編統稿。各卷在發稿之前，均經主編親自抽查。

儘管我們的整理是下了功夫，但錯漏仍在所難免。殷切地希望讀者專家批評指教，以便再版時得以改正。

三

戴震全書的整理出版，是在安徽省古籍整理出版規劃委員會和安徽省新聞出版局的直接領導下進行工作的。本書在整理出版立項論證時，曾得到張岱年、任繼愈、金克木、吴小如諸先生的充分肯定和熱情支持。後來，張岱年先生又應安徽省古委會的聘請，擔任了戴震全書的主編，同行專家王文楚、何紹庚、邵榮芬、陳久金、許威漢、劉學鍇等擔任了本書的審訂工作，國家圖書館、北京大學圖書館、首都博物館、湖北省圖書館、南通市圖書館爲本書提供了珍貴的館藏，謹此一並致謝。